D0840198

MANAGEMENT
DE PROJET

Clifford F. Gray

Erik W. Larson

Adaptation française : Yves Langevin

**Chenelière
McGraw-Hill**

CHENELIÈRE ÉDUCATION

Management de projet
Yves Langevin

Traduction de : *Project management : the managerial process*
de Clifford F. Gray et Erik W. Larson © 2006 McGraw-Hill/Irwin
(ISBN 0-07-297863-5)

© 2007 Les Éditions de la Chenelière inc.

Édition : Sylvain Ménard
Coordination : Majorie Perreault, Monique Pratte
Traduction : Jeanne Charbonneau, Johanne Charlebois
  et Anne Courtois
Révision linguistique : Guy Bonin
Correction d'épreuves : Odile Dallaserra
Infographie : Yvon St-Germain
Conception de la couverture : Michel Bérard, Josée Brunelle

**Catalogage avant publication
de Bibliothèque et Archives Canada**

Gray, Clifford F.

  Management de projet

  Traduction de la 3e éd. de : Project management : the managerial
  process.

  Comprend des réf. bibliogr. et un index.

  ISBN 2-7651-0453-0

  1. Gestion de projets.   2. Budgets temps.   3. Gestion du
  risque.   I. Larson, Erik W., 1952-   . II. Titre.

HD69.P75G7214 2006   658.4'04   C2006-940973-0

CHENELIÈRE ÉDUCATION

7001, boul. Saint-Laurent
Montréal (Québec)
Canada H2S 3E3
Téléphone : (514) 273-1066
Télécopieur : (514) 276-0324
info@cheneliere.ca

Tous droits réservés.

Toute reproduction, en tout ou en partie, sous quelque forme et par
quelque procédé que ce soit, est interdite sans l'autorisation écrite
préalable de l'Éditeur.

ISBN 2-7651-0453-0

Dépôt légal : 1er trimestre 2007
Bibliothèque et Archives nationales du Québec
Bibliothèque et Archives Canada

Imprimé au Canada

3   4   5   ITG   12   11   10   09

Nous reconnaissons l'aide financière du gouvernement du Canada
par l'entremise du Programme d'aide au développement de l'industrie
de l'édition (PADIÉ) pour nos activités d'édition.

Gouvernement du Québec – Programme de crédit d'impôt pour
l'édition de livres – Gestion SODEC.

Dans cet ouvrage, le masculin est utilisé comme
représentant des deux sexes, sans discrimina-
tion à l'égard des hommes et des femmes, et
dans le seul but d'alléger le texte.

Plusieurs marques de commerce sont mentionnées dans cet ouvrage. L'Éditeur n'a pas établi
de liste de ces marques de commerce et de leur
propriétaire, et n'a pas inséré le symbole approprié à chacune d'elles puisqu'elles sont nommées
à titre informatif et au profit de leur propriétaire,
sans aucune intention de porter atteinte aux
droits de propriété relatifs à ces marques.

À propos de l'adaptateur

Yves Langevin

À titre de chef des processus de planification chez Wyeth, Yves Langevin est responsable de la bonne marche du système de planification de l'achat des matières premières jusqu'à la complétion des produits finis. Il a géré de nombreux projets d'amélioration adoptant la philosophie de production à valeur ajoutée. Ayant plus de 15 ans d'expérience, il a œuvré dans le domaine de l'enseignement et de la consultation. À HEC Montréal, il a créé et dispensé des cours reliés à la planification des opérations et à l'utilisation des nouvelles technologies de gestion. Il œuvre à titre de professeur associé à l'Université Senghor, où il donne des formations professionnelles en management de projet. Finalement, la consultation l'a amené à assister des clients dans la sélection et l'implantation de systèmes de gestion ainsi que dans les projets de réingénierie logistique.

Il possède une maîtrise en Sciences appliquées en génie industriel de l'École polytechnique de Montréal, ainsi qu'un baccalauréat en Administration des affaires de HEC Montréal.

Depuis près de 15 ans, il développe et anime des ateliers en gestion de projet, en gestion des opérations ainsi qu'en simulation de systèmes manufacturiers. Il a écrit de nombreux articles portant sur la gestion des systèmes ERP qui ont été publiés dans différentes revues canadiennes. Il a donné plus de vingt conférences locales et internationales portant sur l'amélioration de la productivité dans les entreprises de classe mondiale.

Yves Langevin est un membre actif de l'American Production and Inventory and Control Society (APICS). Il est certifié en gestion de la production par l'APICS et détient le titre de « Certified Fellow in Production and Inventory Management » (CFPIM).

À Pascale et Victor
Y. L.

Avant-propos

Notre but, en concevant cet ouvrage, était de fournir aux étudiants une vision globale propre à faciliter l'intégration de la gestion de projet dans celle des organisations. Une vision globale, ou holistique, consiste à examiner la façon dont les projets contribuent à la réalisation des objectifs stratégiques d'une entreprise. En matière d'intégration, nous verrons notamment les processus permettant de sélectionner les projets qui soutiennent le mieux la stratégie d'une entreprise et dont les procédés techniques et les procédés de gestion de l'organisation favorisent l'exécution. L'aspirant gestionnaire de projet doit avoir pour objectifs de comprendre le rôle des projets dans son entreprise et de maîtriser les outils, les techniques et les habiletés interpersonnelles requis pour les gérer en vue d'orchestrer leur exécution du début jusqu'à la fin.

On accorde de plus en plus d'attention au rôle des projets dans les organisations. Ils constituent peu à peu des outils importants dans la mise en œuvre et la réalisation des objectifs stratégiques. Aux prises avec une concurrence féroce à l'échelle de la planète, de nombreuses entreprises ont recentré leurs activités autour d'une philosophie de l'innovation, du renouveau et de l'apprentissage pour pouvoir survivre. Une telle philosophie suppose une entreprise souple orientant son développement par les projets. La gestion de projet s'est développée au point de devenir une discipline professionnelle possédant son propre ensemble de connaissances et de compétences. De nos jours, il est presque impossible d'imaginer quelqu'un à quelque niveau que ce soit d'une entreprise qui ne jouirait pas d'un certain savoir-faire en matière de gestion de projet.

Le lectorat

Le présent manuel s'adresse à un vaste ensemble de lecteurs. On y traite des habiletés et des concepts qu'utilisent les gestionnaires pour proposer des projets, les planifier, prévoir les ressources nécessaires à leur mise en œuvre, établir leurs budgets et diriger des équipes chargées de les exécuter avec succès. En outre, ce manuel devrait aider les étudiants et les futurs gestionnaires de projet à comprendre pourquoi les entreprises ont élaboré un véritable processus de gestion de projet en vue d'en retirer un avantage concurrentiel. Les lecteurs y trouveront des concepts et des techniques analysés de façon assez détaillée qu'ils pourront utiliser immédiatement en cas de nouveaux projets. Pour les gestionnaires de projet expérimentés, il s'agit d'un guide et d'un ouvrage utiles à la résolution de certains problèmes types qui surviennent au cours d'un projet. Aussi, les dirigeants pourront s'en servir pour mieux comprendre le rôle des projets dans les missions de leur entreprise. Les analystes y trouveront des notions qui les aideront à expliquer les données nécessaires à la mise en œuvre de projets et les opérations effectuées par les logiciels dont ils ont hérité ou qu'ils se seront procurés. Les membres du Project Management Institute (PMI) estimeront que notre ouvrage s'avère assez bien structuré pour répondre aux besoins de quiconque désire se préparer à la certification PMP (professionnel en management de projet). Ce manuel couvre en détail les sujets les plus importants du *Guide du corpus des connaissances en management de projet (Guide PMBOK)*. Le personnel, peu importe son niveau dans l'organisation, affecté à des projets y trouvera son compte non seulement parce qu'il lui permettra de justifier l'utilisation des outils et des techniques de la gestion de projet, mais aussi parce qu'il y découvrira des idées sur la façon d'améliorer sa contribution au succès de ses projets.

Notre analyse met l'accent sur le fonctionnement du processus de gestion et aussi, ce qui importe davantage, sur les raisons d'être de ce processus. Les concepts, les principes et les techniques présentés ici s'appliquent en toutes circonstances. Autrement dit, notre ouvrage ne se spécialise pas dans l'étude d'un secteur particulier ou d'un type de projet donné. Nous l'avons écrit pour quiconque gérera toutes sortes de projets dans plusieurs environnements organisationnels différents. Dans le cas de certains projets de petite envergure, il est possible d'omettre quelques étapes des techniques décrites, mais le modèle conceptuel proprement dit s'applique à toutes les entreprises qui comptent sur le succès de leurs projets pour leur survie.

Notre démarche peut servir aux organisations uniquement orientées vers les projets telles que les entreprises de construction, les organismes de recherche et les cabinets d'experts-conseils en génie. De même, elle peut aussi profiter aux entreprises qui mettent en œuvre un grand nombre de petits projets tout en poursuivant leurs efforts pour livrer des produits et fournir des services au quotidien.

Le contenu

Pour cette première édition en langue française, nous avons tenu compte de rétroactions provenant d'étudiants et d'enseignants.

▶ Nous avons développé les analyses de la gestion du changement, de la gestion des conflits, des plans de communication, des appels d'offres et des modèles de maturité des projets.

▶ Nous avons révisé les chapitres sur les organisations (chapitre 3) et sur le contrôle du rendement des projets pour que leur terminologie concorde avec celle du *Guide du corpus des connaissances en management de projet*.

▶ Nous avons entièrement révisé l'analyse de la valeur acquise dans le but de faciliter la compréhension des étudiants.

▶ Nous avons ajouté des exercices à plusieurs chapitres et révisé un bon nombre des exercices sur ordinateur.

▶ Nous avons intégré au manuel des exemples et quelques captures d'écrans du logiciel MS Project.

▶ La rubrique « Coup d'œil sur un cas réel » renferme de nombreux nouveaux exemples de gestion de projet et de nouvelles rubriques « Recherche en action » continuent à mettre en évidence des applications pratiques de ce type de gestion.

Les questions suivantes résument les sujets et les problèmes auxquels les gestionnaires de projet consacrent la plus grande partie de leurs efforts. Quel est le rôle stratégique des projets dans les entreprises modernes ? Comment établir un ordre de priorité pour les projets ? Quels types d'organisations et de gestion améliorent les chances de succès des projets ? Comment les gestionnaires de projet orchestrent-ils le réseau complexe des relations entre les vendeurs, les sous-traitants, les membres de leur équipe, les cadres supérieurs, les cadres fonctionnels et les clients qui influent sur le succès d'un projet ? Quels facteurs contribuent au développement d'une équipe de projet très performante ? Quel système de gestion mettre en œuvre pour exercer un certain contrôle sur un projet ? Comment les gestionnaires se préparent-ils à l'exécution d'un nouveau projet en pays étranger ? Comment faire carrière en gestion de projet ?

Les gestionnaires de projet doivent pouvoir tenir compte de toutes ces considérations pour se montrer efficaces. De telles questions et les problèmes qu'elles soulèvent forment des liens qui permettront d'obtenir une vision intégrée de la gestion de projet. Le contenu de chaque chapitre s'inscrit dans un cadre général qui incorpore ces sujets de façon globale.

Les études de cas et les instantanés de la profession croquée sur le vif proviennent d'expériences qu'ont vécues des gestionnaires chevronnés. L'avenir des gestionnaires de projet paraît prometteur, mais la réussite de leur carrière dépendra du succès des projets gérés.

De façon plus détaillée, ce manuel porte sur tous les éléments de base présents dans le *Guide du corpus des connaissances en management de projet* du Project Management Institute (*Project Management Body of Knowledge – PMBOK*). Le manuel débute par un chapitre visant à sensibiliser le lecteur à l'importance de la gestion de projet dans l'environnement concurrentiel actuel. Les deux chapitres suivants permettent de situer la gestion de projet dans l'organisation. Les structures et la culture organisationnelles sont détaillées pour voir comment elles s'adaptent à la gestion de projet. Par la suite, les chapitres 4 à 8 sont consacrés à la définition d'un projet. Par l'étude de ces chapitres, vous parviendrez à maîtriser la création d'un projet pour gérer parfaitement les particularités de celui-ci. Les 9e et 12e chapitres expliquent comment optimiser la durée et les coûts d'un projet. Pour mener un projet à terme en atteignant les objectifs initiaux, le chef de projet travaille avec une équipe. La gestion de cette équipe et le leadership que le chef de projet doit déployer dans son travail font partie des sujets traités aux chapitres 10 et 11. Les derniers chapitres ont pour objet le contrôle, l'évaluation de la performance et la clôture des projets, sujets très importants pour boucler le cycle de la gestion des projets. Les lecteurs apprécieront le glossaire bilingue ainsi que la liste des acronymes toujours utiles pour favoriser l'apprentissage rapide de nouvelles compétences de gestion. Enfin, une annexe fait le lien entre les exercices proposés dans la simulation et les chapitres du manuel.

Remerciements

Pour réaliser un projet important, nous avons souvent besoin de conseillers fidèles permettant de structurer les livrables et de nous ouvrir l'esprit aux orientations possibles. Plusieurs professeurs ont joué ce rôle dans l'accomplissement de ce projet. Je tiens à remercier Mario Bourgault, de l'École polytechnique de Montréal, Claudio Benedetti, de l'École de technologie supérieure de Montréal, Pierre Cadieux, de l'Université du Québec à Rimouski, Yves Gélinas, de l'Université du Québec en Outaouais, et Silvia Ponce, de HEC Montréal. Par leurs conseils, ces professeurs ont contribué à la qualité de cet ouvrage.

Avant même d'avoir l'idée de créer un ouvrage de référence en gestion de projet, il faut développer son expertise en pédagogie afin de rendre le manuel compréhensible par la communauté étudiante. Sans cette connaissance pédagogique bâtie sur deux décennies, je n'aurais pas été en mesure de produire un ouvrage de ce calibre. Je remercie particulièrement les professeurs qui, par la confiance qu'ils m'ont manifestée, m'ont permis de développer cette expertise pédagogique. Laurent Villeneuve, de l'École polytechnique de Montréal, ainsi que Jean Nollet, Federico Pasin, Sylvain Landry et Jacques Roy, tous de HEC Montréal, m'ont tous accordé cette confiance au fil des années.

La création d'un ouvrage de cette envergure ne se fait pas sans la collaboration d'une équipe dévouée mettant tous les efforts nécessaires afin d'en arriver à un résultat digne de mention. Cet ouvrage n'aurait pas été possible sans l'apport des membres de l'équipe de Chenelière/McGraw-Hill: Guy Bonin, Jeanne Charbonneau, Johanne Charlebois, Anne Courtois, Odile Dallaserra, Julie Fournier et Yvon St-Germain.

La cohésion de cette équipe performante a été rendue possible grâce à un chef d'orchestre de haut calibre permettant la coordination du travail individuel. Par cette excellente coordination, les individus ont été en mesure d'atteindre un résultat collectif d'une grande qualité. Je veux remercier chaleureusement les deux chargées de projet qui ont participé à la création de cet ouvrage: Majorie Perreault et Monique Pratte.

Finalement, la mise en place d'un projet requérant une équipe relevée ne peut être réalisée sans une vision véhiculée par une personne de premier choix. Pour sa disponibilité et sa compréhension, je remercie infiniment Sylvain Ménard, éditeur chez Chenelière/McGraw-Hill. Sylvain a pris le projet à cœur et a fourni des ressources dès les premiers instants. Il est important d'être entouré de personnes croyant en nos rêves si on veut pouvoir les réaliser.

Note aux étudiants

Vous trouverez le contenu de cet ouvrage très pratique, pertinent et actuel. Les concepts qui y sont analysés sont relativement simples et font appel à l'intuition. Au cours de votre étude de chaque chapitre, nous vous invitons à essayer de comprendre non seulement le « comment », mais aussi le « pourquoi » des procédés et des méthodes qui y sont expliqués. Nous vous encourageons à vous servir de ce manuel comme guide à mesure que vous gravirez les trois niveaux de compétence suivants, soit :

- les connaissances ;
- la capacité d'agir ;
- la capacité de s'adapter à de nouvelles situations.

La gestion de projet est orientée à la fois vers les personnes et vers les techniques. Cette discipline requiert une bonne compréhension des relations de cause à effet et des interactions entre les dimensions sociales et techniques des projets. En améliorant vos compétences dans ces domaines, vous augmenterez grandement votre compétitivité en tant que gestionnaire de projet.

L'importance de la spécialité en gestion de projet s'accroît à un rythme exponentiel. Il est presque impossible de concevoir dans l'avenir une carrière en gestion qui ne comporte pas au moins un volet relatif à la gestion de projet. Les curriculum vitae des gestionnaires seront bientôt principalement constitués de descriptions de leur participation et de leurs propres contributions à des projets.

Nous vous souhaitons bonne chance dans l'étude de ce manuel et dans vos futurs projets.

Table des matières abrégée

Table des matières

Chapitre 5
L'estimation de la durée et du coût d'un projet   133

Chapitre 6
L'élaboration d'un plan de projet   165

Chapitre 7
La gestion des risques   223

Management de projet

Le processus de gestion

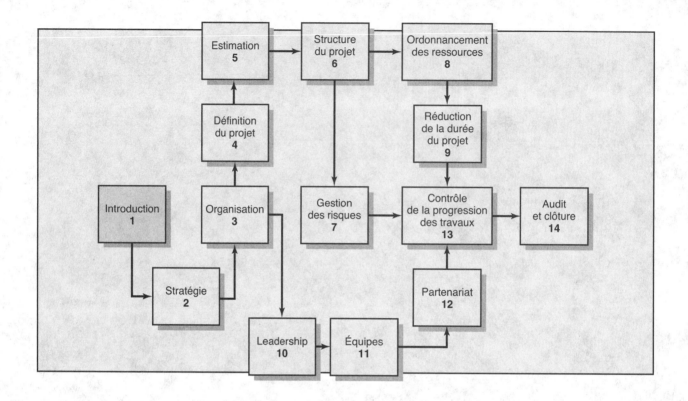

Des méthodes modernes de gestion de projet

Qu'est-ce qu'un projet?

L'importance de la gestion de projet

La gestion actuelle de projet: une méthode intégrée

Résumé

CHAPITRE 1

Des méthodes modernes de gestion de projet

L'art et la science de la gestion de projet deviendront bientôt l'essence même de la formation en gestion, de l'excellence opérationnelle et de la valeur ajoutée.

Tom Peters, auteur et consultant

Le moment est bien choisi pour lire un manuel sur la gestion de projet. Selon les dirigeants d'entreprise et les experts du monde des affaires, cette discipline apparaît comme la tendance de l'avenir, car elle fournit un ensemble d'outils efficaces qui permettent au gestionnaire d'améliorer sa capacité de planifier, de mettre en œuvre et de gérer des activités en vue d'atteindre des objectifs organisationnels précis. Toutefois, la gestion de projet constitue plus qu'un simple ensemble d'outils. Il s'agit d'un style de gestion par objectifs qui accorde beaucoup d'importance à l'établissement de relations de collaboration entre des employés aux fonctions et aux personnalités différentes. Toutes sortes de possibilités intéressantes s'offrent à quiconque est doué en gestion de projet.

Aux États-Unis, l'approche par projet est depuis longtemps une façon de faire des affaires dans le secteur de la construction, pour les contrats de l'US Department of Defence, à Hollywood et dans les grandes sociétés d'experts-conseils. En ce moment, ce type de gestion envahit toutes les sphères économiques. Les possibilités de réalisation des équipes de projet sont illimitées, de l'agrandissement des ports à la restructuration des hôpitaux en passant par la mise à niveau des systèmes d'information. Les trois géants de l'industrie automobile attribuent leur capacité à reprendre une part intéressante du marché de l'auto à l'utilisation d'équipes de gestion de projet capables de développer rapidement de nouveaux produits dotés des dernières caractéristiques technologiques. Les retombées de la gestion de projet sont particulièrement visibles dans le domaine des technologies de l'information où les héros populaires de l'heure sont de jeunes professionnels dont les efforts colossaux permettent un flot constant de nouveaux logiciels et matériel informatique.

La gestion de projet ne se limite pas au secteur privé. Elle constitue aussi un moyen d'accomplir de bonnes œuvres et de résoudre certains problèmes sociaux. Par exemple, les efforts visant à fournir des secours d'urgence aux habitants d'une région dévastée par un tsunami, à élaborer des stratégies destinées à réduire la criminalité et l'usage de stupéfiants en milieu urbain ou à organiser un projet communautaire de réaménagement d'un terrain de jeu mettent souvent à profit des techniques et des habiletés liées aux méthodes modernes de gestion de projet.

La croissance rapide du Project Management Institute (PMI) constitue sans doute le meilleur indicateur du développement de la gestion de projet et de l'intérêt qu'elle suscite.

Cet organisme professionnel regroupe des spécialistes du domaine. Entre 1993 et 1997, le nombre de membres de cet organisme a quadruplé, dépassant les 24 000 inscriptions. De nos jours, il compte plus de 200 000 membres dans 125 pays. Les projets couvrent une vaste gamme de secteurs. C'est pourquoi le PMI a mis sur pied des groupes de discussion spéciaux. Ces groupes permettent à des représentants de différentes industries de partager leurs idées à propos de la gestion de projet dans les domaines qui les intéressent plus particulièrement, tels que l'aérospatiale, l'automobile, la construction, le génie, les services financiers, les technologies de l'information, les produits pharmaceutiques et les télécommunications.

La gestion de projet ne se limite pas aux seuls spécialistes. En général, elle constitue une partie vitale du travail de chacun de nous. Voici ce qu'en dit Brian Vannoni, autrefois de General Electric Plastics [1] :

> Nous avons très peu de gestionnaires de projet à plein temps. Chez nous, ceux qui s'acquittent de cette tâche peuvent être ingénieurs des procédés de fabrication, scientifiques, techniciens en contrôle de processus ou mécaniciens d'entretien. Certains sont bardés de diplômes, d'autres non. Autrement dit, chez GE Plastics, n'importe qui, à n'importe quel niveau et dans n'importe quelle fonction peut devenir gestionnaire de projet.

Les entreprises reconnaissent que tous leurs employés peuvent profiter d'une formation en gestion de projet et non pas seulement ceux qui y aspirent.

L'intérêt croissant pour la gestion de projet s'observe aussi dans le milieu universitaire. Il y a une dizaine d'années, les grandes universités offraient seulement un ou deux cours en gestion de projet, principalement destinés aux ingénieurs. De nos jours, nombre d'établissements d'enseignement supérieur proposent de nombreuses sessions de cours dans cette spécialité. Le noyau de départ formé d'ingénieurs compte maintenant des étudiants en administration des affaires qui développent des spécialisations au sein de différentes fonctions de l'entreprise. Des étudiants d'autres spécialités telles que les sciences de la santé, les sciences informatiques et les sciences pures embrassent aussi la gestion de projet. Ces étudiants découvrent que leurs connaissances en gestion de projet leur procurent de nets avantages au moment de trouver un emploi. Un nombre croissant d'employeurs recherchent des diplômés aptes à gérer des projets. Lorsqu'on s'efforce de développer de telles habiletés, il est logique de commencer par comprendre le caractère unique de chaque projet et les attributs particuliers du gestionnaire de projet.

Qu'est-ce qu'un projet ?

Qu'ont en commun les grands titres suivants ?

▸ La nouvelle génération de téléviseurs à haute définition arrive sur le marché

▸ Le tournage du dernier *James Bond* est presque terminé

▸ Le concert Live 8 a permis de sensibiliser des millions de personnes à la lutte contre la pauvreté en Afrique

▸ Les travaux de construction d'un nouveau stade de football commencent

▸ Des piles à oxyde solide pourraient remplacer les piles traditionnelles

Tous ces événements sont attribuables à la gestion de projet. Un projet peut se définir comme suit :

> Un projet est un effort complexe, non répétitif et unique, limité par des contraintes de temps, de budget et de ressources ainsi que par des spécifications d'exécution conçues pour satisfaire les besoins d'un client.

1. KERZNER, Harold. *Applied Project Management,* New York, John Wiley & Sons, 2001, p. 221.

À l'image de la plupart des activités organisationnelles, le but principal d'un projet consiste à satisfaire le besoin d'un client. Mis à part cette similitude, les caractéristiques d'un projet contribuent à différencier celui-ci des autres activités d'une organisation. Voici les principales caractéristiques d'un projet :

1. Un objectif clairement établi
2. Une durée déterminée qui comprend un commencement et une fin
3. Habituellement, la participation de plusieurs services et spécialistes
4. En général, l'exécution d'un travail jamais effectué auparavant
5. Des exigences précises en matière de temps, de coûts et de rendement

En premier lieu, un projet a un objectif clairement défini, par exemple construire un ensemble d'habitations collectives de 12 étages avant le 1er janvier ou commercialiser la deuxième version d'un progiciel le plus rapidement possible.

Cet objectif unique est rarement présent au sein des entreprises où les employés accomplissent quotidiennement des tâches répétitives.

En deuxième lieu, en raison de son objectif, le projet a une fin clairement définie, par opposition aux emplois traditionnels dans lesquels les tâches et les responsabilités sont de nature continue. La plupart du temps, les employés passent d'un projet à un autre plutôt que de conserver un emploi fixe. Ainsi, après avoir participé à l'aménagement d'une usine de dessalement dans le golfe du Mexique, un ingénieur peut ensuite collaborer à la construction d'une raffinerie de pétrole en Malaisie.

En troisième lieu, contrairement à une grande partie du travail effectué en entreprise qui est subdivisée d'après la spécialisation des fonctions, un projet fait généralement appel aux efforts combinés d'une gamme de spécialistes. Au lieu de vaquer à leurs occupations dans des bureaux séparés sous la direction de différents gestionnaires, les participants à un projet, qu'ils soient ingénieurs, analystes financiers, spécialistes en marketing ou experts en contrôle de la qualité, travaillent en étroite collaboration sous la direction d'un gestionnaire de projet pour mener ce projet à terme.

En quatrième lieu, un projet se distingue par sa nature non répétitive et par le caractère unique de certains de ses éléments. Visiblement, lorsqu'on effectue quelque chose de nouveau, par exemple fabriquer un véhicule hybride ou faire atterrir deux véhicules téléguidés sur Mars, on doit nécessairement résoudre des problèmes restés jusque-là sans solution et accomplir des progrès sur le plan technologique. Par contre, il faut aussi reconnaître que même un projet de construction de base, qui comporte des ensembles prédéterminés d'opérations et des procédés routiniers, nécessite une certaine adaptation aux besoins des clients qui rend ce projet unique.

Enfin, des exigences particulières en matière de temps, de coûts et de rendement lient chaque projet, les projets étant évalués en fonction du travail effectué, de leurs coûts et de leur durée. Ces trois contraintes imposent un degré de responsabilité plus élevé que celui observé dans la plupart des emplois habituels. Elles mettent aussi en relief une des principales fonctions de la gestion de projet, qui consiste à établir un équilibre reposant sur des concessions mutuelles en matière de temps, de coûts et de rendement, tout en répondant aux attentes du client.

Ce qu'un projet n'est pas   On devrait éviter de confondre un projet avec le travail de tous les jours. Un projet n'est pas un travail routinier ni répétitif. En général, un travail quotidien requiert l'exécution d'une tâche identique ou de tâches similaires à de nombreuses reprises. Par contre, on exécute un projet une seule fois et, une fois achevé, ce projet a pour résultat un nouveau produit ou un nouveau service. Le tableau 1.1 compare le travail courant et un projet. Il importe de distinguer ces deux catégories. Trop souvent, on gaspille certaines ressources pour exécuter des activités quotidiennes qui ne s'inscrivent pas nécessairement

TABLEAU 1.1

Des comparaisons entre le travail courant et un projet

Travail courant répétitif	Projet
Prendre des notes en classe.	Rédiger un travail de session.
Enregistrer quotidiennement les produits des ventes dans le grand livre.	Installer un stand de vente pour une réunion de comptables professionnels.
Répondre à une demande d'une chaîne d'approvisionnement.	Développer un système d'information pour une chaîne d'approvisionnement.
Faire des gammes au piano.	Composer une sonate au piano.
Procéder à la fabrication en série d'un iPod d'Apple.	Concevoir un appareil électronique d'une dimension de 5 cm sur 10 cm permettant le stockage de 10 000 pièces musicales grâce à une interface liée à un ordinateur personnel.
Fixer des étiquettes sur un produit fabriqué.	Développer un projet d'identification par radio-fréquence (RFID) pour un grand détaillant.

dans les stratégies à long terme de l'organisation qui exigent la création de produits innovateurs.

En pratique, on emploie souvent indifféremment les termes « programme » et « projet », d'où une certaine confusion. Les programmes et les projets se ressemblent en ce qu'ils se concentrent sur la réalisation d'objectifs et qu'ils requièrent des plans et des ressources pour y parvenir. Ils ont besoin d'outils, de méthodes et de lignes de conduite similaires pour être menés à terme. Leurs différences se situent principalement du côté de la portée et de la durée. *Un programme se compose d'une série de projets, coordonnés et reliés les uns aux autres, qui se poursuivent sur une longue période en vue d'atteindre un objectif.* Il s'agit en quelque sorte d'un *groupe* de projets de niveau supérieur, tous conçus pour atteindre le même objectif. Citons, comme exemple, le programme spatial russe de 2006-2015 visant à développer l'exploration habitée ainsi que la robotique de l'espace.

Le cycle de vie d'un projet

Le cycle de vie d'un projet constitue une autre façon d'illustrer le caractère unique d'un projet. Certains gestionnaires de projet se servent de ce cycle comme pierre angulaire de leur gestion. Le cycle de vie d'un projet est la période qui s'écoule de la naissance d'une idée jusqu'à la fin de son exploitation. La durée d'un projet est donc limitée. De plus, l'ampleur et la focalisation des efforts varieront selon l'endroit où l'on se situe dans le cycle de vie du projet. La documentation sur la gestion de projet fait état de différents modèles de cycles de vie. Nombre d'entre eux sont caractéristiques d'un secteur ou d'un type de projet particulier. Un projet de développement d'un nouveau logiciel, par exemple, peut comporter cinq phases : 1) la définition du projet ; 2) la conception ; 3) le codage ; 4) l'intégration et l'essai ; 5) la maintenance. La figure 1.1 illustre un cycle de vie typique.

En général, le cycle de vie d'un projet comporte quatre phases successives : 1) la définition ; 2) la planification ; 3) l'exécution ; 4) la clôture. Tout commence au moment où le projet obtient le feu vert. L'effort débute lentement, atteint progressivement un maximum puis son niveau diminue jusqu'au moment de la livraison.

1. **L'étape de la définition**   On définit les spécifications du projet, on établit ses objectifs, on forme des équipes et on assigne les principales responsabilités.

2. **L'étape de la planification**   Le niveau d'effort augmente. On élabore des plans pour déterminer tout ce que le projet implique, le moment de l'ordonnancement, à qui il profitera, le niveau de qualité qui devra être conservé et le budget qui sera retenu.

3. **L'étape de l'exécution**   Une importante partie du travail physique et intellectuel du projet a lieu à cette étape. On fabrique le produit physique (par exemple, un pont, un rapport ou

FIGURE 1.1
Le cycle de vie d'un projet

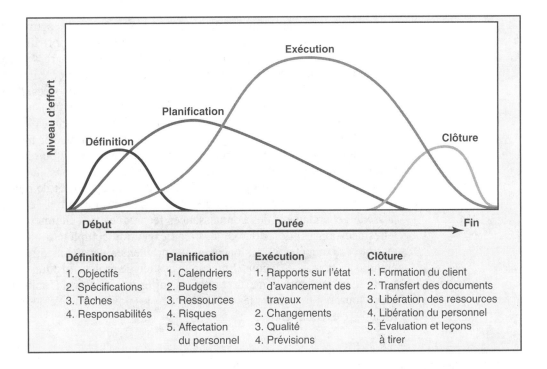

un logiciel). On évalue la durée, les coûts et les spécifications pour contrôler les résultats. Le projet respecte-t-il les délais prévus, le budget proposé et les spécifications ? Quelles sont les prévisions en ce qui a trait à chacune de ces mesures ? Des révisions ou des changements s'avèrent-ils nécessaires ? Le cas échéant, lesquels ?

4. **L'étape de la clôture**   L'étape de la clôture comprend deux activités : la livraison du projet au client et le redéploiement des ressources. La livraison du projet peut comprendre la formation d'un client et un transfert de documents. Le redéploiement, de son côté, consiste généralement à libérer les matières et le matériel utilisés au cours d'un projet au profit d'autres projets et à assigner de nouvelles tâches aux membres de l'équipe.

Certaines équipes déterminent le moment où les principales tâches seront effectuées à l'aide du cycle de vie de leur projet. L'équipe de conception, par exemple, peut planifier un engagement important des ressources à l'étape de la définition, tandis que l'équipe chargée de la qualité prévoit que ses efforts s'intensifieront au cours des dernières étapes du cycle de vie du projet. La plupart des entreprises ont un portefeuille de projets exécutés simultanément, chacun se trouvant à une phase différente de son cycle de vie. C'est pourquoi une planification et une gestion rigoureuses au niveau de l'organisation et des projets leur sont essentielles.

Le gestionnaire de projet

Pour atteindre certains objectifs prédéterminés, le gestionnaire de projet exploite au maximum les ressources humaines et matérielles à sa disposition. Dans un sens étroit, il remplit les mêmes fonctions que tous les autres gestionnaires, c'est-à-dire qu'il planifie, établit des calendriers, motive son personnel et veille au contrôle. Il existe différents types de gestionnaires, chacun répondant à des besoins particuliers. Le directeur du marketing, par exemple, se spécialise dans la distribution d'un produit ou d'un service ; le directeur de production concentre ses efforts sur la transformation des ressources en produits ; le directeur financier s'assure que l'organisation dispose des fonds nécessaires pour poursuivre ses activités. Le gestionnaire de projet se distingue des autres, car il dirige des activités temporaires et non répétitives et jouit d'ordinaire d'une certaine latitude par rapport au reste de l'entreprise.

On s'attend à ce que le gestionnaire de projet réunisse les ressources nécessaires pour mener à terme un projet d'une durée fixe en tenant compte de contraintes de temps et de contraintes budgétaires et en respectant les spécifications imposées. Il agit à titre de lien direct avec le client et gère l'interface entre ses attentes et ce qui peut raisonnablement être accompli. En outre, le gestionnaire de projet s'occupe de la haute direction, de la coordination et de l'intégration de l'équipe de projet, souvent constituée de membres à temps partiel fidèles à leur service fonctionnel. Il assume la responsabilité du rendement, bien qu'il ait fréquemment trop peu d'autorité. Il s'assure que les concessions mutuelles nécessaires relatives aux exigences du projet en matière de durée, de coûts et de rendement sont demandées. Et pourtant, contrairement à ses collègues gestionnaires, le gestionnaire de projet possède généralement des connaissances techniques très rudimentaires pour prendre de telles décisions. Il doit donc orchestrer l'exécution complète d'un projet en amenant les ressources compétentes à s'occuper des problèmes pertinents au moment opportun et à prendre les bonnes décisions. En clair, la gestion de projet constitue une profession très particulière qui oblige à se mesurer à toutes sortes de situations. L'objectif du présent manuel est de fournir aux lecteurs les connaissances, les points de vue et les outils qui leur permettront de relever un tel défi.

L'importance de la gestion de projet

La gestion de projet n'est désormais plus une activité que l'on effectue lorsque des besoins spéciaux se manifestent. Elle gagne de plus en plus en popularité dans le monde des affaires. À ce propos, voyez la rubrique à la page suivante. Un pourcentage croissant des efforts d'une entreprise typique est consacré à l'exécution de projets. On peut s'attendre à ce que les projets jouent un rôle de plus en plus important dans l'orientation stratégique des entreprises. La prochaine section nous permettra de voir pourquoi il en est ainsi.

La compression du cycle de vie des produits

La réduction de la durée du cycle de vie des produits constitue l'une des principales raisons expliquant la popularité croissante de la gestion de projet. De nos jours, par exemple, le cycle de vie des produits de haute technologie varie entre un et trois ans en moyenne. Il y a 30 ans, des cycles de vie de 10 à 15 ans étaient monnaie courante. Le *temps d'accès au marché* des nouveaux produits ayant des cycles de vie courts devient de plus en plus important. D'après une règle générale bien connue, le développement de produits de technologie de pointe accusant un retard de six mois risque d'entraîner une perte de 33 % des revenus tirés de ces produits. La rapidité de l'introduction sur le marché constitue alors un avantage concurrentiel important.

Un nombre croissant d'entreprises comptent sur des équipes multifonctionnelles pour mettre de nouveaux produits et services sur le marché le plus rapidement possible.

La concurrence mondiale

De nos jours, le marché libre force les entreprises à offrir des produits et des services non seulement *moins coûteux,* mais aussi de *meilleure qualité* qu'autrefois. Cette tendance a donné naissance à une recherche générale de la qualité partout dans le monde. Résultat : la certification ISO 9000 est devenue une nécessité pour faire des affaires. La certification ISO 9000 consiste en un programme de normes internationales de gestion et d'assurance de la qualité. Ces normes s'appliquent à la conception, à l'approvisionnement, à l'assurance de la qualité et aux processus de livraison associés à toutes les activités, des transactions bancaires à la fabrication en usine. La gestion de la qualité et l'amélioration de cette gestion

Des gestionnaires de projet à l'œuvre*

Photodisc Meetings and Groups.

L'investissement dans des projets de technologie de l'information constitue une mesure de l'innovation soutenue à l'intérieur des entreprises. Voici une description de quelques entreprises prestigieuses triées sur le volet et de leurs projets. Bien que les projets de technologie de l'information soient à la mode, on en trouve d'autres types dans les petites et les grandes entreprises d'une variété de secteurs tels que la construction, la biotechnologie, la nanotechnologie, l'aérospatiale et les transports en commun.

1. **Entreprise: Krispy Kreme**
   Projet: instauration d'un intranet reliant 320 magasins pour gérer les stocks et prendre les commandes.
   Gain: le nouveau système procure de nombreux avantages: il informe les directeurs des magasins de toute forme de surstockage et signale rapidement l'arrivée de produits endommagés aux magasins; le nombre de problèmes liés aux commandes est passé de 26 000 à moins de 3 000; les directeurs régionaux peuvent donc s'occuper maintenant de 320 magasins au lieu de 144, comme il y a trois ans.

2. **Entreprise: Mattel (fabricant de jouets)**
   Projet: réduire le temps de conception en amenant la conception de produits et la concession de licence en ligne.
   Gain: au lieu de mouler des prototypes (par exemple, Hot Wheels ou la poupée Barbie), on fait parvenir des modèles virtuels directement aux usines de fabrication. Cette façon de procéder a pour effet de réduire les délais d'approbation des nouveaux produits de 14 à 5 semaines. Selon certaines prévisions, les revenus augmenteront de 200 millions de dollars.

3. **Entreprise: Nike**
   Projet: établir une chaîne d'approvisionnement électronique avec les fabricants de ses produits.
   Gain: le délai d'exécution pour le développement de nouvelles chaussures a été réduit de neuf à six mois. De meilleures prévisions ont contribué à diminuer l'inexactitude du plan de production de 30 % à 3 %. Cette plus grande stabilité du plan a permis d'augmenter la marge bénéficiaire brute de l'entreprise de 2,1 %.

4. **Entreprise: Federal Bureau of Investigation (FBI)**
   Projet: numériser des millions de relevés d'empreintes digitales et relier les organismes chargés de l'application de la loi à la base de données.
   Gain: les organismes locaux chargés de l'application de la loi peuvent demander au FBI de vérifier si certaines empreintes digitales font partie des 46 millions d'empreintes digitales répertoriées et obtenir une réponse en moins de deux heures. En outre, le FBI vérifie les antécédents de certains individus pour des entreprises privées, par exemple des écoles, des compagnies d'assurances, des entreprises du secteur des valeurs mobilières et des agences de sécurité privées. Ce service rapporte jusqu'à 152 millions de dollars par an.

5. **Entreprise: Kinko's**
   Projet: remplacer 51 lieux de formation par un réseau d'apprentissage en ligne.
   Gain: les cours en ligne sont accessibles à 20 000 employés. Les cours portent sur toutes sortes de sujets, des produits à la politique générale de l'entreprise en passant par le lancement de

nouveautés. Kinko's prévoit ainsi économiser environ 10 millions de dollars par an. L'entreprise s'attaque également à la formation destinée aux clients, par exemple la fabrication de bannières, de cartes de souhaits et de diapositives originales. Les magasins qui offrent une formation en ligne à leurs clients ont augmenté leurs revenus de 27 %, soit 16 % de plus que les magasins non branchés.

6. Entreprise : BMW

Projet : fabriquer des voitures d'après les commandes des clients.

Gain : la mise à jour de la chaîne d'approvisionnement des fournisseurs aux clients permet à ces derniers et aux vendeurs de commander des voitures sur Internet sans nuire à l'efficacité de la chaîne de montage. La date de livraison est obtenue en cinq secondes. Les fournisseurs sont prévenus au moment de la confirmation de la commande de sorte qu'ils expédient les pièces au moment exact de la production. Les voitures quittent la chaîne de montage après 11 ou 12 jours et sont livrées aux États-Unis 12 jours plus tard. En Europe, 80 % des acheteurs de la marque Beemer font personnaliser leur voiture. Aux États-Unis, ce pourcentage est de 30 %, mais il augmente chaque année.

7. Entreprise : Sony

Projet : produire et utiliser un site Web sécurisé pour améliorer le suivi d'un projet de film (*Le Seigneur des Anneaux*).

Gain : la production d'effets spéciaux importants pour *Le Seigneur des Anneaux – Les Deux Tours* accusait un retard. La coordination entre les équipes de Nouvelle-Zélande, de Londres et des États-Unis a tourné au cauchemar. Un site Web sécurisé relié à un logiciel personnalisé a permis à tous les sites de télécharger une centaine de scènes et d'en faire le montage. En même temps, on pouvait utiliser un pointeur numérique sur chaque site pour analyser des détails précis ou pour arrêter certaines séquences. Cette dépense, évaluée à un million de dollars, était insignifiante en comparaison du coût qu'aurait engendré le retard des promotions et des campagnes publicitaires.

* Adaptation d'un article de Heather GREEN. « The Web », *Business Week*, 24 novembre 2003, p. 82-104.

requièrent une gestion de projet. Bien des gens ont fait l'expérience des techniques de gestion de projet pour la première fois dans des ateliers sur la qualité.

Des pressions croissantes visant à réduire les coûts ont entraîné non seulement le départ de nombreuses activités de fabrication des États-Unis vers le Mexique et l'Asie, ce qui en soi constitue un projet important, mais aussi une transformation des moyens par lesquels les entreprises tentent de parvenir à des résultats. À ce propos, voyez la rubrique à la page suivante. De plus en plus d'activités sont maintenant considérées comme des projets. Des employés se voient attribuer la responsabilité d'atteindre un objectif précis en respectant des contraintes de temps et des contraintes budgétaires.

Se concentrant sur des contraintes de temps, de budget et de rendement, la gestion de projet constitue un moyen souple et efficace d'obtenir des résultats.

L'explosion du savoir

L'acquisition de nouvelles connaissances a eu pour effet de complexifier les projets, ceux-ci devant tenir compte des dernières découvertes. Il y a 30 ans, par exemple, la construction d'une route était un projet relativement simple. De nos jours, chaque domaine s'avère plus complexe, tout comme les matières, les spécifications, les codes, l'esthétique et le matériel, sans compter qu'il requiert la présence de spécialistes. De même, à une époque où tout est numérique ou électronique, rares sont les nouveaux produits qui ne contiennent pas un microprocesseur. La complexité des produits a fait grandir le besoin d'intégrer plusieurs technologies difficilement compatibles. La gestion de projet apparaît donc comme un moyen important pour accomplir cette tâche.

La rationalisation des entreprises

Au cours de la dernière décennie, les entreprises ont procédé à des restructurations considérables. La réduction du personnel, ou la rationalisation des ressources qui réussissent à conserver leur emploi, et le fait de s'en tenir à des compétences fondamentales sont devenus nécessaires à la survie d'un grand nombre de sociétés. Les cadres intermédiaires ne sont plus qu'un vestige du passé.

La venue d'e.Schwab*

La rue principale des années 1950, les galeries marchandes des années 1970 et les magasins à grande surface des années 1990; depuis la Seconde Guerre mondiale, des changements fondamentaux se produisent dans le commerce au détail à chaque nouvelle génération, et nous nous trouvons maintenant au seuil d'une autre révolution, le commerce électronique. Selon les experts, le commerce de détail sur Internet modifiera en profondeur les attentes des consommateurs en matière de commodité, de vitesse, de comparabilité, de prix et de services. En outre, la gestion de projet constituera l'un des moteurs de cette révolution. Le développement d'e.Schwab et la transformation d'une maison de courtage à commissions réduites en une maison de courtage en ligne constituent un cas typique des changements qui s'amorcent.

En 1971, Charles R. Schwab a fondé la Charles Schwab Corporation, maison de courtage traditionnelle. En 1974, il a été l'un des premiers à se lancer dans le courtage à commissions réduites. L'incursion de Charles Schwab dans le commerce électronique a commencé à la fin de 1995 par une série de messages adressés au chef de l'information, Dawn Lepore, par une de ses équipes de recherche. Le groupe voulait lui présenter quelques logiciels expérimentaux grâce auxquels les différents systèmes informatiques de l'entreprise pourraient communiquer entre eux. Il s'agissait d'un type de projet cher au cœur des concepteurs de logiciels, c'est-à-dire rempli d'embûches, techniquement complexe et destiné à résoudre un problème nébuleux difficile à expliquer à quiconque sauf à d'autres experts. Mᵐᵉ Lepore a fixé une date de présentation et a invité un des plus grands amateurs de technologie de l'entreprise, Charles Schwab lui-même, à y assister.

Les ingénieurs avaient choisi comme application un échange d'actions très simple par Internet. Leur programme permettait à un serveur de l'entreprise de prendre une commande provenant d'un navigateur Web sur un ordinateur personnel, de l'acheminer à travers les méandres des ordinateurs dorsaux et des ordinateurs centraux de Schwab, de l'exécuter et de faire parvenir une confirmation à l'ordinateur personnel. À l'époque, la plupart des systèmes de transactions existant sur le Web exigeaient l'impression des commandes et leur entrée à la main dans un autre système, ce qui allait à l'encontre du but de toute forme de transaction automatique. En fait, les chercheurs informaticiens de Mᵐᵉ Lepore se montraient moins intéressés à faciliter le courtage en ligne qu'à obtenir l'autorisation de poursuivre leurs travaux sur un obscur projet d'intergiciel. Toutefois, Dawn Lepore et Charles Schwab ont immédiatement compris ce qu'il y avait à tirer de cette disquette de démonstration assemblée tant bien que mal. « J'en ai eu le souffle coupé! » affirme Charles Schwab.

En quelques semaines, une équipe indépendante se voyait confier la tâche de démarrer chez Schwab une opération de courtage sur le Web. L'équipe se composait des directeurs de Schwab et d'un ingénieur israélien, du nom de Gideon Sassoon. Mᵐᵉ Lepore l'a embauché alors qu'il était au service d'IBM pour diriger le développement technologique de l'équipe. Travaillant d'abord dans le secret, cette équipe a grossi pour compter jusqu'à 30 employés. Elle s'est ensuite transformée en une unité distincte de courtage électronique, appelée « e.Schwab », qui contournait la hiérarchie normale de l'entreprise pour faire directement rapport à l'adjoint au chef de la direction, David Pottruck.

Quelques maisons de courtage à escompte élevé, comme E'Trade et Ameritrade, s'efforçaient en même temps de parfaire leurs services de transactions sur le Web. « Nous devions trouver un moyen de concurrencer ces petites maisons », explique M. Pottruck. « Nous avions donc besoin d'une équipe qui se sentait comme la nôtre : souple et libérée des lenteurs de la bureaucratie. » D'ailleurs, les premiers temps, il y avait d'innombrables réunions très animées, mais à l'atmosphère décontractée, au cours desquelles tout le monde pouvait s'entasser dans le même bureau et échanger des idées à tue-tête.

Au milieu de 1996, e.Schwab était prêt. Pour ouvrir un compte, l'investisseur devait faire parvenir un chèque ou effectuer un virement pour négocier n'importe quel titre disponible par le biais d'un compte ordinaire – actions, fonds communs de placement ou options – simplement en accédant au site Web d'e.Schwab. L'investisseur payait un montant forfaitaire de 39$, qui est rapidement descendu à 29,95$, pour toute transaction de moins de 1000 actions. La seule publicité entourant le lancement d'e.Schwab a consisté en une annonce de l'ouverture de ce site à l'assemblée annuelle des actionnaires.

Malgré une entrée en scène discrète, le nouveau service a connu un succès foudroyant. Selon M. Sassoon, « L'entreprise n'était absolument pas préparée à ce qui s'est passé. Les clients ont commencé à s'inscrire et, au bout de deux semaines, ils étaient 25000, l'objectif que nous nous étions fixé pour un an! » À la fin de 1997, il y avait au total 1,2 million de comptes en ligne, soit ceux d'e.Schwab et ceux de la maison de courtage Schwab. À la fin du troisième trimestre de 1998, 58% de l'ensemble des activités boursières de Schwab étaient constituées de transactions électroniques. Ce pourcentage est passé à plus de 80% au cours des dernières années.

* SCHONFELD, Erick. « Schwab Puts It All Online », *Fortune*, 7 décembre 1998, p. 94-99.

Dans les entreprises à structure allégée d'aujourd'hui où les changements sont légion, les cadres intermédiaires font place à la gestion de projet qui s'assure de la bonne marche des activités. D'un autre côté, les nombreuses restructurations ont eu pour effet d'entraîner des changements dans la façon dont les entreprises considèrent les projets. Des segments importants de certains travaux sont dorénavant impartis. Le gestionnaire de projet doit donc gérer non seulement les relations au sein de sa propre équipe, mais aussi celles avec ses homologues dans d'autres entreprises.

L'accent mis de plus en plus sur le client

En raison de la concurrence accentuée, on accorde de plus en plus d'importance à la satisfaction des clients, ceux-ci ne se contentant plus de produits et de services indifférenciés. Ils exigent des produits et des services personnalisés qui répondent à leurs besoins particuliers. Ce nouveau mandat des entreprises requiert des rapports beaucoup plus étroits entre le fournisseur et le destinataire. Les chefs de publicité et les représentants assument de plus en plus les fonctions du gestionnaire de projet lorsqu'ils comptent répondre aux demandes et aux besoins particuliers de leurs clients.

L'attention accrue prêtée aux clients a aussi mené au développement de produits et de services personnalisés. Il y a une dizaine d'années, par exemple, l'achat d'un ensemble de bâtons de golf était une démarche relativement simple.

À cette époque, les critères d'achat d'un ensemble de bâtons reposaient avant tout sur le prix et la sensation qu'ils procuraient. De nos jours, on vend des bâtons de golf destinés aux joueurs de grande taille et de petite taille, ou encore qui corrigent la trajectoire de la balle. Il existe aussi des bâtons fabriqués avec de nouveaux alliages pour ajouter de la distance. La gestion de projet joue un rôle essentiel non seulement dans le développement de produits et de services personnalisés, mais aussi dans le maintien de relations lucratives avec les clients.

Le développement rapide des pays sous-développés et des économies fermées

La désintégration de l'empire soviétique et l'ouverture graduelle des pays communistes de l'Asie ont provoqué une explosion de la demande pour toutes sortes de biens de consommation et le développement de nombreuses infrastructures au sein de ces sociétés. Les entreprises occidentales se bousculent pour lancer leurs produits et leurs services sur ces nouveaux marchés. Un grand nombre d'entre elles recourent à des techniques de gestion de projet pour établir des canaux de distribution et des activités à l'étranger. Ces changements importants sur le plan historique ont fait apparaître un immense marché pour des projets stratégiques dans les domaines de la construction lourde et des télécommunications, alors que les pays de la partie est de l'Europe et de l'Asie s'efforcent de revitaliser leurs secteurs d'activité inefficaces et leurs infrastructures délabrées.

Les petits projets sont souvent synonymes de gros problèmes

La rapidité avec laquelle une entreprise effectue des changements pour demeurer concurrentielle ou simplement se maintenir à flot a créé un climat organisationnel favorable à la mise en œuvre simultanée de centaines de projets. Ce climat, propice à l'éclosion d'un milieu où se côtoient de multiples projets, a aussi fait apparaître une pléthore de nouveaux problèmes. Le partage des ressources et leur classement par ordre de priorité en fonction d'un portefeuille de projets constituent un défi de taille pour les cadres supérieurs. Un grand nombre d'entreprises n'ont aucune idée des problèmes que pose une gestion inefficace de petits projets. En général, ces projets comportent les mêmes risques, sinon davantage, que les projets d'envergure. En général, ils ont peu de répercussions sur le bénéfice net, car ils n'exigent pas de grandes quantités de ressources financières ou autres peu abondantes au départ. En raison du nombre élevé de petits projets exécutés en même temps et du peu d'attention que l'on prête aux répercussions de l'inefficacité de leur gestion, on ne déploie aucun effort pour mesurer cette inefficacité. Malheureusement, les pertes attribuables à ces projets s'accumulent et finissent par représenter d'importantes sommes d'argent.

Chaque année, les petits projets font perdre de nombreux clients et des millions de dollars aux entreprises de produits et de services.

Les petits projets sont susceptibles de gruger les ressources en personnel. En général, ils représentent des coûts cachés que le système de comptabilité ne parvient pas à mesurer. Les entreprises aux prises avec plusieurs petits projets concurrents éprouvent les problèmes de gestion de projet les plus difficiles à résoudre. Comment favoriser un environnement capable de soutenir la gestion de multiples projets ? La question est posée. Ces entreprises ont besoin d'un processus qui leur permettra d'établir un ordre de priorité et de développer un portefeuille de petits projets en conformité avec leurs objectifs.

En résumé, de nos jours, diverses forces environnementales interagissent dans le monde des affaires. Chacune contribue à augmenter la demande pour une gestion de projet efficace dans tous les domaines et dans tous les secteurs d'activité. La gestion de projet convient particulièrement bien à l'environnement de l'entreprise qui table sur la fiabilité, la souplesse, l'esprit d'innovation, la rapidité et l'amélioration continue.

La gestion actuelle de projet : une méthode intégrée

Certains gestionnaires de projet ont utilisé des méthodes disparates, puisées dans les sciences de la gestion, pour gérer leurs projets. Par exemple, ils se sont servis de réseaux, de diagrammes de Gantt, de la méthode du coût de revient par commande, de groupes de travail, de partenariats et de l'ordonnancement, parfois avec succès, parfois avec de mauvais résultats. En raison de la concurrence mondiale accrue, l'importance de planifier le processus de gestion de projet et d'obtenir de bons résultats du premier coup prend une nouvelle dimension. Les méthodes disparates ne parviennent pas à faire le lien avec l'ensemble des stratégies d'une entreprise. De plus, leur manque d'intégration dans la hiérarchisation des projets ne permet pas de bien relier les projets prioritaires aux ressources nécessaires.

On ne peut pas davantage espérer intégrer des outils et des techniques fragmentaires au cycle de vie d'un projet. Enfin, les méthodes disparates ne permettent pas d'équilibrer la planification des projets et leurs méthodes de contrôle avec les ajustements qui s'imposent dans la culture de l'entreprise en vue de soutenir des efforts de réalisation de projets.

De nos jours, l'accent est mis sur le développement d'un processus de gestion de projet intégré. Tous les efforts sont déployés en fonction du plan stratégique de l'entreprise et renforcent le contrôle des outils et des techniques de gestion de projet ainsi que l'habileté en communications interpersonnelles nécessaire pour bien mener à terme ces projets. Dans certaines entreprises, l'intégration des projets à la stratégie organisationnelle requiert une reconfiguration du processus de gestion. Dans certaines autres, il s'agit d'établir des liens entre les systèmes par commandes déjà en usage et de modifier leur point de convergence pour tendre vers un système global. Sur le plan individuel, certains professionnels qui souhaitent devenir des gestionnaires de projet efficaces devront accroître leur leadership et améliorer leurs capacités dans la constitution des équipes ; pour ce faire, ils devront préconiser des méthodes de planification et des méthodes de contrôle modernes. Pour mener leurs projets à terme, certains autres devront acquérir des compétences en administration qui leur permettront de stimuler et de diriger une équipe de professionnels très différents les uns des autres.

Le concept d'intégration en gestion de projet comporte deux volets essentiels : l'intégration des projets dans le plan stratégique de l'entreprise et l'intégration des éléments à l'intérieur même du processus de gestion des projets en cours. Nous examinerons individuellement chaque volet.

L'intégration des projets dans le plan stratégique

En général, la sélection et la gestion des projets ne concordent pas avec le plan stratégique de certaines entreprises. Les plans stratégiques sont rédigés par un groupe de gestionnaires, alors que les projets sont choisis par un autre groupe et mis en œuvre par un troisième. Ces décisions prises indépendamment par des groupes de gestionnaires différents mènent à des conflits, à de la confusion et même – fréquemment – à de l'insatisfaction chez le client. On gaspille des ressources qui participent à des activités ou à des projets qui n'offrent aucune valeur ajoutée.

Dans un système intégré de gestion des projets, toutes les parties sont reliées. Tout changement d'une partie influera sur l'ensemble. Chaque entreprise a un client type qu'elle cherche à satisfaire, ce client étant sa raison d'être. Elle détermine sa mission, ses objectifs et ses stratégies en fonction des besoins de ce client. Son développement dépend de facteurs environnementaux internes et externes. Les facteurs environnementaux externes sont généralement d'ordre politique, social, économique, technique, environnemental et concurrentiel. Ils signalent les occasions ou les risques dont l'entreprise doit tenir compte au moment d'établir son orientation. De leur côté, les facteurs environnementaux internes permettent généralement de déterminer les forces et les faiblesses de l'entreprise sur le plan de la gestion, des installations, des compétences fondamentales et de la situation financière. Grâce à une analyse de ces facteurs, l'entreprise établit un ensemble de stratégies visant à répondre le mieux possible aux besoins de ses clients. Il ne s'agit toutefois que de la première étape (*voir la figure 1.2*).

La mise en œuvre des stratégies constitue l'étape la plus difficile. Elle se fait généralement par le biais de projets. Les esprits créatifs proposent toujours un plus grand nombre de projets qu'il n'y a de ressources. La solution à ce problème consiste à choisir parmi les nombreuses propositions les projets susceptibles de contribuer le plus et de la façon la plus équilibrée à renforcer les objectifs et les stratégies de l'entreprise (et, par le fait même, la satisfaction de ses clients). Il faut donc établir un ordre de priorité des projets pour que les ressources limitées soient affectées aux projets appropriés. Lorsque le projet a été retenu, l'entreprise se tourne vers le processus de gestion de projet. Ce processus sert à déterminer le type de mise en œuvre.

L'intégration à l'intérieur du processus de gestion des projets en cours

Le processus de gestion de projet comporte deux dimensions, comme l'illustre la figure 1.3. La première concerne le côté technique de la gestion, qui comprend les aspects structurels de l'organisation, le code de discipline et la logique du processus. Le côté technique repose sur le système d'information disponible.

Cette dimension comprend la planification, l'ordonnancement et le contrôle des projets. Un contenu de projet clair permet d'établir un lien entre le client et le projet et en facilite la planification et le contrôle. La définition claire d'une structure de découpage du projet (SDP) pour un projet simplifie la planification et le suivi de celui-ci. La SDP sert de base de données. Il relie tous les niveaux de l'organisation, les principaux produits et services à livrer et l'ensemble des tâches à effectuer – jusqu'à celles qui sont comprises dans un lot de travaux. Les répercussions de toute variation du projet sont documentées et peuvent être repérées. Ainsi, grâce aux liens d'intégration du système, il est possible de remonter à la source du moindre changement d'une partie du projet. Cette méthode d'intégration de l'information fournit à tous les gestionnaires de projet et aux clients les décisions informationnelles appropriées à leur niveau et à leurs besoins. Pour réussir, le gestionnaire de projet recevra une bonne formation en gestion de projet sur le plan technique.

La seconde dimension concerne l'aspect socioculturel du processus de gestion de projet. Contrairement au monde bien ordonné de la planification des projets, cette dimension se rattache au domaine empreint de confusion, souvent contradictoire et paradoxal, de la mise

FIGURE 1.2

La gestion de projet intégrée

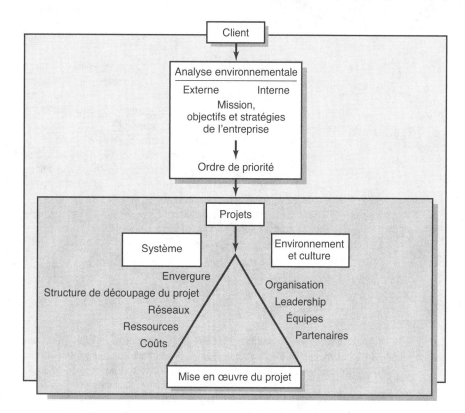

FIGURE 1.3

Les dimensions techniques et socioculturelles du processus de gestion de projet

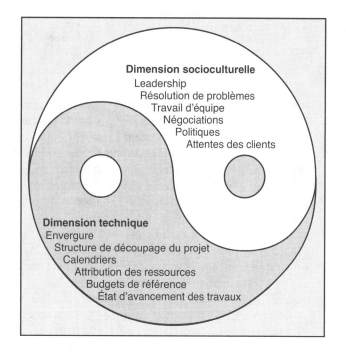

en œuvre. Il s'agit de créer, à l'intérieur de l'entreprise, un système social temporaire qui combine les talents d'un amalgame de professionnels travaillant ensemble au projet. À ce propos, voyez la rubrique précédente. Le gestionnaire de projet doit façonner une culture de projet qui encourage le travail d'équipe et des niveaux élevés de motivation personnelle,

Recherche en action

Savoir travailler avec les autres*

La mention « Travaille bien avec les autres » est depuis longtemps un élément essentiel des bulletins scolaires. De nos jours, dans le monde de la technologie de l'information (TI), c'est le principal critère pour choisir des candidats à la gestion. Selon un sondage réalisé aux quatre coins des États-Unis en 1999, 27 % des responsables des technologies de l'information interrogés ont indiqué que, pour accéder à un poste de gestionnaire, il fallait compter sur une solide habileté en communications interpersonnelles, cette qualité étant la plus recherchée. Les compétences techniques avancées se sont classées au deuxième rang (23 % des répondants).

Ce sondage a été parrainé par la société RHI Consulting. Cette firme fournit les services de professionnels en technologie de l'information aux entreprises. Le sondage a été mené par un cabinet spécialisé en recherches indépendant. Plus de 1 400 responsables des technologies de l'information ont répondu au questionnaire.

Le sondage posait aussi la question suivante :

En 2005, à quelle fréquence les employés de votre service de l'information travailleront-ils dans des équipes comptant des employés de différents services ?

Voici les réponses à cette question :

- ▶ Très souvent   57 %
- ▶ Assez souvent   26 %
- ▶ Assez peu souvent   10 %
- ▶ Très peu souvent   6 %
- ▶ Jamais   1 %

Le directeur exécutif de RHI Consulting, Greg Scileppi, recommande aux professionnels des technologies de l'information de développer leur habileté en communications interpersonnelles. « L'omniprésence des équipes de projet a fait naître un besoin correspondant pour de solides habiletés en communication et en coopération. Le personnel technique éprouve quotidiennement ces habiletés en travaillant avec des employés de tous les niveaux en vue de trouver et de mettre en œuvre des solutions en matière de technologie de l'information qui vont du simple dépannage jusqu'à des initiatives sur le Web pour l'entreprise, en passant par la mise à jour de l'ensemble des systèmes », affirme M. Scileppi.

* NELLENBACH, Joanita M. « People Skills Top Technical Knowledge, CIOs Insist », *PMNetwork*, août 1999, p. 7-8.

---

tout comme la capacité à déceler et à résoudre rapidement les problèmes qui menacent la bonne marche du projet. Cette dimension comporte également une gestion de l'interface entre le projet et l'environnement externe. Le gestionnaire de projet a pour tâches de modérer les attentes des clients et de leur donner forme, de s'assurer de l'appui « politique » de la haute direction, de négocier avec ses homologues fonctionnels, de superviser le travail des sous-traitants, etc. Dans l'ensemble, le gestionnaire doit mettre en place un esprit de coopération au sein d'un groupe hétérogène dont les membres ont des perspectives, des normes et des engagements très différents.

Certains considèrent la dimension technique de la gestion de projet comme une « science » et sa dimension socioculturelle comme un « art ». Pour obtenir du succès, le gestionnaire de projet doit maîtriser les deux. Malheureusement, certains gestionnaires se laissent trop absorber par les aspects techniques et par les tâches de planification reliés à leur fonction. En général, leur première véritable expérience dans le domaine se fait au moyen d'un logiciel de gestion de projet. Manifestant un engouement pour les diagrammes de planification, les diagrammes de Gantt et les écarts de rendement, ils tentent de diriger leur projet à distance. À l'inverse, d'autres gestionnaires tendent à faire de la gestion « à vue de nez » et s'en remettent trop aveuglément à la dynamique du groupe et à la politique de l'entreprise pour mener à terme leur projet. Le gestionnaire de projet efficace accorde autant d'attention à l'aspect technique qu'à l'aspect socioculturel de la gestion de projet.

Résumé

De puissantes forces environnementales expliquent en partie la croissance rapide des méthodes de gestion de projet à la fois pour résoudre des problèmes concrets et pour tirer profit des possibilités du marché. Un projet se définit comme un effort unique et non répétitif limité par des contraintes de temps et de ressources. Ses exigences de performance ont pour objectif de répondre aux besoins des clients. La gestion de projet se distingue notamment par le fait qu'elle comporte un début et une fin et qu'elle compte généralement quatre étapes : la définition, la planification, l'exécution et la clôture du projet. Pour être efficace, le gestionnaire doit commencer par sélectionner les projets et établir un ordre de priorité pour qu'ils soient conformes à la mission et au plan stratégique de l'entreprise. En outre, il doit posséder les habiletés techniques et sociales nécessaires pour assurer le succès de leur mise en œuvre. Enfin, le gestionnaire de projet doit établir le plan et le budget de chaque projet tout en exploitant les contributions des membres de son équipe.

Aperçu du présent manuel

Ce manuel a pour objectif d'expliquer en profondeur le processus de gestion de projet. On y met à la fois l'accent sur l'aspect scientifique de cette discipline et sur l'art de gérer des projets. Après cette introduction, nous verrons au chapitre 2 comment les entreprises évaluent et choisissent leurs projets. Nous nous concentrerons particulièrement sur l'importance d'établir un lien entre le choix des projets, la mission et le plan stratégique de l'entreprise. Il sera question de l'environnement organisationnel et de la mise en œuvre des projets au chapitre 3, de l'organisation matricielle et d'autres formes d'organisation ainsi que du rôle de la culture de l'entreprise dans la mise en œuvre des projets.

Les six chapitres suivants porteront sur l'élaboration d'un plan de projet. À y regarder de près, le succès d'un projet repose d'abord et avant tout sur un bon plan. Le chapitre 4 cherchera à définir la portée du projet et traitera du développement d'une SDP. Nous analyserons le véritable défi que constitue la formulation d'estimations de coûts et de durée au chapitre 5. Au chapitre 6, nous verrons en quoi l'information d'une SDP s'avère fort utile à l'élaboration d'un plan de projet sous forme de réseau d'activités dont l'ordre et la durée seront prédéterminés.

Au chapitre 7, il sera question de l'identification et de la gestion des risques, les risques constituant une menace potentielle pour la gestion de projet. L'affectation des ressources et la planification se trouveront au cœur du chapitre 8. Nous verrons aussi en quoi des ressources limitées peuvent avoir un impact sur le calendrier du projet. Le chapitre 9 portera sur certaines stratégies à déployer pour réduire la durée d'un projet avant son élaboration ou en cours d'exécution, que ce soit en réponse à des problèmes ou à de nouvelles exigences.

Les chapitres 10 à 12 se concentreront sur la mise en œuvre de projets et sur l'aspect socioculturel de la gestion de projet. Au chapitre 10, il sera plus précisément question du rôle du gestionnaire de projet en tant que leader et de l'importance des relations à entretenir avec les parties intéressées à l'intérieur de l'entreprise. Le chapitre 11 portera sur l'équipe du projet proprement dite. On y fera aussi état des dernières connaissances en matière de dynamique de groupe, des compétences en leadership et des techniques de leadership susceptibles d'accroître le rendement de l'équipe de projet.

Au chapitre 12, nous poursuivrons notre exposé sur les relations avec les participants au projet. Nous verrons comment gérer les relations avec les entrepreneurs, les clients et les fournisseurs.

Le chapitre 13 portera sur les renseignements dont se sert le gestionnaire pour veiller à l'état d'avancement d'un projet, et nous nous concentrerons particulièrement sur le concept clé de la valeur acquise. Les questions concernant l'achèvement d'un projet seront traitées au chapitre 14.

Tout au long de votre lecture, vous découvrirez les principaux aspects du système de gestion de projet. Toutefois, pour bien connaître cette forme de gestion, il ne suffit pas de savoir ce en quoi consiste une envergure de projet, un chemin critique ou un partenariat avec des fournisseurs. Il faut surtout comprendre comment les éléments de ce système interagissent de façon à déterminer le sort d'un projet. La clé du succès se trouve dans la capacité de tenir compte des exigences contradictoires et de l'interaction entre les éléments d'un projet, et non simplement des éléments eux-mêmes. Le gestionnaire de projet, par exemple, doit gérer les interactions entre le contenu du projet, les coûts, le calendrier, l'équipe et les attentes du client. Il doit aussi pouvoir contrôler les interactions entre le système d'information de gestion de projet et les ressources qui fournissent des données à ce système et qui s'en servent. Il lui faut enfin gérer les interactions entre l'équipe de projet et les fournisseurs externes dont il dépend. Si, après la lecture de ce manuel, vous avez pris conscience de l'importance d'équilibrer vos compétences techniques et socioculturelles et de gérer les interactions qui relient ces dimensions, vous aurez sans doute acquis un certain avantage concurrentiel sur bon nombre de gens qui aspirent à faire carrière en gestion de projet.

Mots clés

cycle de vie d'un projet   perspective sociotechnique   projet
ISO 9000   portfolio

Questions de révision

1. Définissez un projet. Quelles sont les quatre caractéristiques qui permettent de distinguer les projets de toutes les autres fonctions qui font partie des activités quotidiennes d'une entreprise ?

2. Nommez quelques-unes des principales forces environnementales qui ont modifié la façon dont on gère les projets. Quel a été l'effet de ces forces sur la gestion de projet ?

3. Pourquoi la mise en œuvre de projets est-elle importante pour la planification stratégique et le gestionnaire de projet ?

4. Les dimensions technique et socioculturelle de la gestion de projet constituent les deux côtés d'une même pièce de monnaie. Expliquez pourquoi.

5. Qu'entend-on par « intégration » en gestion de projet ? Pourquoi cette méthode est-elle importante de nos jours ?

Exercices

1. Examinez les cinq premières pages de votre journal local. Trouvez tous les projets dont il est question dans les articles. Combien en avez-vous trouvés ?

2. Déterminez ce qui, à vos yeux, constitue les plus grandes réalisations de l'humanité au cours des cinq dernières décennies. Faites part de vos choix à d'autres étudiants (de trois à cinq) et dressez ensemble une liste plus longue. Examinez de nouveau ces réalisations en leur appliquant la définition d'un projet. Que vous suggère votre examen concernant l'importance de la gestion de projet ?

3. Individuellement, déterminez des projets qui vous ont été assignés dans vos cours précédents. Y avait-il à la fois des éléments socioculturels et des éléments techniques qui ont constitué des facteurs de succès ou de difficulté dans ces projets ?

4. Rendez-vous à la page d'accueil du site du PMI au www.pmi.org.

   a) Prenez connaissance des renseignements généraux concernant le PMI et des conditions d'adhésion.

b) Y a-t-il un chapitre du PMI dans votre région ? S'il n'y en a pas, lequel se situe le plus près de l'endroit où vous habitez ?

c) En explorant le site Internet du PMI, renseignez-vous sur le Project Management Body of Knowledge (PMBOK). Qu'est-ce qu'un PMBOK ?

d) Explorez d'autres liens fournis par le PMI. Que vous apprennent ces liens sur la nature et l'avenir de la gestion de projet ?

Références

BENKO, C. et F.W. McFARLAN. *Connecting the Dots,* Boston, HBS Press, 2003.

COHEN, D.J. et R.J. GRAHAM. *The Project Manager's MBA,* San Francisco, Jossey-Bass, 2001.

KERZNER, H. *Project Management : A Systems Approach to Planning, Scheduling, and Controlling,* New York, Wiley, 2003.

PETERS, T. *PM Network,* vol. 18, nº 1, janvier 2004, p. 19.

STEWART, T.A. « The Corporate Jungle Spawns a New Species : The Project Manager », *Fortune,* septembre 1996, p. 14-15.

WYSOCKI, B. « Flying Solo : High-Tech Nomads Write New Program for Future of Work », *The Wall Street Journal,* 19 août 1996, p. 1.

Étude de cas

Une journée dans la vie de Mme Rachel

Mme Rachel est directrice d'un vaste projet de systèmes d'information. Elle se rend au bureau de bonne heure pour abattre un peu de besogne avant que ses collègues et l'équipe de projet n'arrivent. Toutefois, en entrant dans le hall de l'immeuble, elle croise M. Nicolas, un de ses collègues gestionnaires de projet qui désire lui aussi commencer au plus tôt sa journée. M. Nicolas vient de terminer un projet à l'étranger. Tous les deux bavardent et échangent des nouvelles d'intérêt personnel pendant une dizaine de minutes.

Mme Rachel met 10 autres minutes à se rendre à son bureau et à s'installer. Elle vérifie ensuite s'il y a des messages dans sa boîte vocale et démarre son ordinateur. La veille, elle a passé la journée sur le site de son client jusque vers 19 h 30 et n'a pris connaissance ni des courriels ni des messages téléphoniques entrés après 15 h 30 le jour précédent. Elle a reçu 7 messages téléphoniques et 16 courriels, sans compter les 4 notes laissées sur son bureau. Elle consacre un quart d'heure à consulter son calendrier et les listes de ses activités de la journée avant de s'occuper des messages qui requièrent une réponse immédiate.

Elle passe les 25 minutes suivantes à parcourir des rapports sur le projet et à se préparer pour la réunion hebdomadaire sur l'état d'avancement du projet. Son patron, qui vient d'arriver au bureau, l'interrompt. Ils discutent pendant une vingtaine de minutes du projet, et il lui fait part d'une rumeur selon laquelle un membre de l'équipe prendrait des produits dopants au travail. Étonnée, Mme Rachel lui affirme qu'elle n'a rien remarqué d'anormal jusqu'ici, mais qu'elle surveillera de plus près l'employé en question.

La réunion sur l'état d'avancement du projet prévue pour 9 h commence avec 15 minutes de retard, car 2 des membres de l'équipe ont d'abord dû terminer une tâche pour un client. Plusieurs employés vont se chercher du café et des beignes à la cafétéria pendant que d'autres discutent de la partie de hockey de la veille. Les membres de l'équipe se rassemblent enfin. Les 45 minutes qui restent sont consacrées à faire ressortir certains problèmes relatifs au projet dont la résolution sera confiée à un ou à plusieurs membres de l'équipe.

Après la réunion, Mme Rachel traverse le couloir et rencontre Mme Victoria, qui est aussi une gestionnaire de projet spécialisée en systèmes d'information. Les deux collègues revoient pendant une trentaine de minutes les attributions de tâches de leurs projets respectifs, car elles partagent des ressources. Comme le projet de Mme Victoria a pris du retard, des mesures immédiates s'imposent. Les deux gestionnaires négocient une entente qui devrait remettre le projet en péril sur les rails.

Mme Rachel retourne ensuite à son bureau, effectue quelques appels téléphoniques et répond à plusieurs courriels avant de se rendre à l'étage inférieur pour rencontrer des membres de son équipe. Elle désire se renseigner sur un problème qui lui a été signalé lors de la réunion du matin. « Salut, tout le monde », s'écrit-elle, en entrant dans la pièce. « Comment ça va ? » Cette simple formule de politesse provoque une série de réponses où perce un profond mécontentement. Après avoir écouté patiemment ses « troupes » pendant une vingtaine de minutes, Mme Rachel se rend compte que, entre autres choses, un certain nombre de directeurs du client commencent à réclamer des spécifications qui ne figurent pas dans l'énoncé de projet initial. Elle promet de s'occuper de cette question immédiatement.

De retour dans son bureau, Mme Rachel essaie de téléphoner à M. Jacques, son homologue au sein de l'entreprise cliente, mais on lui répond qu'il est sorti pour le lunch et qu'il sera de retour dans une heure. Quelques instants plus tard, M. Édouard, qui travaille au service des finances, frappe à la porte du bureau de Mme Rachel et l'invite à manger. Elle passe la demi-heure qui suit en sa compagnie à la cafétéria à discuter de politiques internes. Elle est surprise d'apprendre de sa bouche que Jocelyn Johnson, chef des projets de systèmes, songe à se faire engager dans une autre entreprise. Mme Rachel l'a toujours considéré comme un allié de taille dans son travail.

De retour à son bureau, Mme Rachel répond à quelques courriels supplémentaires et finit par joindre M. Jacques. Ils discutent du problème pendant une trentaine de minutes. M. Jacques met fin à la conversation en promettant de se renseigner sur le sujet et de la rappeler le plus tôt possible.

Mme Rachel met alors une affichette « Ne pas déranger » sur sa porte, s'étend sur son divan, enfile ses écouteurs et écoute les troisième et quatrième mouvements du quatuor à cordes de Ravel.

Mme Rachel prend ensuite l'ascenseur jusqu'au troisième étage pour discuter avec l'agent d'approvisionnement affecté à son projet. Pendant la trentaine de minutes qui suit, ils réfléchissent à des moyens de faire arriver le matériel requis sur le site du projet avant la date prévue. Mme Rachel autorise finalement une livraison rapide.

Lorsque la gestionnaire de projet revient à son bureau, son agenda lui rappelle qu'elle doit participer à une conférence téléphonique à 14 h 30. Quinze minutes s'avèrent nécessaires pour que tous les participants soient en ligne. Entre-temps, Mme Rachel se rattrape dans la lecture de ses courriels. Pendant l'heure qui suit, elle échange avec ses interlocuteurs des renseignements sur les exigences techniques associées à la nouvelle version d'un progiciel qu'ils utilisent dans des projets de systèmes semblables au sien.

Après ces échanges, Mme Rachel se dégourdit les jambes et va marcher dans le corridor où elle converse brièvement avec différents collègues. Elle va ensuite remercier M. Chandor pour son excellente analyse à la réunion sur l'état du projet. Lorsqu'elle revient enfin dans son bureau, elle note que M. Jacques lui a laissé un message lui demandant de le rappeler le plus tôt possible. Elle lui téléphone sur-le-champ. Il lui confie que, d'après ses sources, le représentant en marketing de son employeur à elle aurait fait certaines promesses concernant des caractéristiques précises que son système devrait offrir. Il ne sait pas comment une telle erreur de communication a pu se produire. « Mais, ajoute-t-il, je ne te cacherai pas que mes collègues sont passablement préoccupés par la situation. » Mme Rachel le remercie et, sitôt le combiné déposé, elle court jusqu'au service de marketing.

En arrivant, Mme Rachel demande à voir Mme Martin, gestionnaire principale du service de marketing. Elle doit patienter une dizaine de minutes avant que celle-ci l'invite à entrer dans son bureau. Après une discussion animée d'une quarantaine de minutes, Mme Martin accepte de clarifier la situation avec ses employés pour déterminer ce qui a été promis et ce qui ne l'a pas été.

Mme Rachel redescend ensuite voir les membres de son équipe pour les informer des dernières nouvelles. Ensemble, ils passent en revue les répercussions que pourraient avoir les demandes du client sur le calendrier de leur projet. Elle en profite pour leur communiquer les changements au calendrier sur lesquels Mme Viviane et elle se sont entendues. Au bout d'une demi-heure de discussion, Mme Rachel leur souhaite une bonne soirée et remonte au bureau de son patron où elle passe une vingtaine de minutes à le mettre au courant des principaux événements de la journée. Elle retourne ensuite à son propre bureau et, pendant une trentaine de minutes, parcourt des courriels et des documents portant sur le projet. Elle se branche ensuite au système de gestion de son calendrier de projet et consacre les 30 minutes qui suivent à travailler à des scénarios possibles. Elle jette un coup d'œil à son horaire du lendemain et rédige quelques notes personnelles avant d'entreprendre le trajet d'une trentaine de minutes qui la mènera chez elle.

1. À votre avis, jusqu'à quel point la façon dont Mme Rachel a passé sa journée a-t-elle été efficace ?

2. Qu'est-ce que cette étude de cas vous apprend sur le travail d'un gestionnaire de projet ?

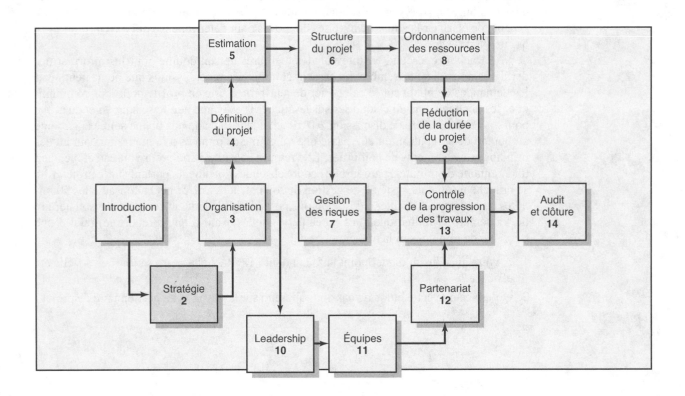

Estimation 5	Structure du projet 6	Ordonnancement des ressources 8
Définition du projet 4		Réduction de la durée du projet 9
Introduction 1	Organisation 3	Gestion des risques 7	Contrôle de la progression des travaux 13	Audit et clôture 14
Stratégie 2		Partenariat 12
Leadership 10	Équipes 11	

La stratégie organisationnelle et la sélection des projets

Le processus de gestion stratégique : aperçu général

La nécessité d'un système de gestion de portefeuille de projets efficace

Un système de gestion de portefeuille

L'application d'un modèle de sélection de projets

Résumé

Annexe 2.1 : L'appel d'offres

CHAPITRE 2

La stratégie organisationnelle et la sélection des projets

La stratégie est mise en œuvre au moyen de projets. Chaque projet devrait être directement lié à la stratégie organisationnelle.

Les gestionnaires de projet se plaignent couramment que les projets émergent de nulle part. Les commentaires suivants ne sont que quelques exemples relevés dans la pratique.

▸ D'où vient ce projet ?

▸ Devrais-je mettre de côté mon projet et commencer le nouveau ?

▸ Pourquoi fait-on ce projet ?

▸ Comment tous ces projets peuvent-ils être de première priorité ?

▸ Comment trouverons-nous les ressources nécessaires pour exécuter ce projet ?

Il existe beaucoup trop d'entreprises où les gestionnaires sont incapables de déterminer la priorité d'un projet et d'assurer sa cohérence avec le plan stratégique de l'organisation. Il s'agit là d'une mauvaise gestion ! Chaque projet devrait être en accord avec le plan stratégique, conçu pour répondre aux besoins éventuels des clients. Assurer un lien direct entre le plan stratégique et les projets constitue une tâche difficile qui exige une attention constante de la part de la haute direction et des cadres intermédiaires. Plus l'entreprise est grande et diversifiée, plus il s'avère difficile de créer ce lien et de le conserver. Des faits concrets prouvent que de nombreuses entreprises n'ont toujours pas mis sur pied un processus qui permet d'assurer une cohérence entre la sélection des projets et le plan stratégique. Il en résulte une mauvaise utilisation des ressources organisationnelles – le personnel, l'argent, l'équipement et les compétences essentielles. En revanche, les entreprises qui s'assurent d'une telle cohérence obtiennent une meilleure collaboration de la part du personnel, s'acquittent beaucoup mieux des projets et en acceptent moins.

Comment une entreprise peut-elle assurer un tel lien et une telle cohérence ? La réponse se trouve dans l'intégration des projets au plan stratégique de l'organisation. La cohérence suppose l'existence d'un plan stratégique et d'un processus d'établissement des priorités des projets selon leur contribution au plan. Un des facteurs primordiaux pour réussir cette intégration repose sur la création d'un processus ouvert et accessible à tous les acteurs. Le présent chapitre donne un aperçu général de l'importance d'une planification stratégique et d'un processus de mise sur pied d'un plan stratégique. Il décrit les problèmes types rencontrés lorsqu'il n'existe aucun lien entre les projets et le plan stratégique. Il propose également une méthodologie générique qui assure une cohérence optimale entre la sélection des projets et les priorités du plan stratégique. Les objectifs portent sur l'orientation de l'entreprise, sur une meilleure utilisation des ressources organisationnelles limitées (personnel, équipement et capitaux) et sur l'amélioration des communications entre les services en ce qui a trait aux projets.

Pourquoi les gestionnaires de projet doivent bien comprendre la stratégie de l'entreprise

Auparavant, la gestion de projets reposait uniquement sur la planification et la mise en œuvre des projets. La stratégie ne relevait pas de la haute direction. Ce n'est plus le cas aujourd'hui. La nouvelle école de pensée reconnaît que la gestion de projet constitue le point culminant de la stratégie et du déploiement des opérations. Aaron Shenhar affirme à ce sujet : « Il est temps d'étendre le rôle traditionnel du gestionnaire de projet au-delà d'un point de vue strictement opérationnel et d'adopter une vision plus stratégique. Compte tenu de la façon dont les entreprises évoluent aujourd'hui, les gestionnaires de projet devront mettre l'accent sur les aspects commerciaux afin d'atteindre des résultats fonctionnels et d'augmenter les parts de marché de l'organisation. »

Les gestionnaires de projet doivent comprendre la mission et la stratégie de l'entreprise pour deux raisons. La première est qu'ils peuvent prendre des décisions appropriées et apporter des modifications le cas échéant. Par exemple, la façon dont un gestionnaire de projet réagira à une suggestion consistant à modifier la conception d'un produit afin d'en améliorer la performance variera selon que l'entreprise se démène pour que ce produit domine le marché par son côté novateur ou qu'elle préfère atteindre l'excellence opérationnelle en offrant des solutions à coûts modiques. Parallèlement, la façon dont un gestionnaire de projet réagit aux retards dépend des intérêts stratégiques. Un gestionnaire de projet autorisera des heures supplémentaires quand il obtient une prime, car le nouveau produit sera le premier à sortir sur le marché. En revanche, un autre gestionnaire de projet se souciera moins du retard lorsqu'il n'est pas contraint par le temps.

Selon J. P. Descamps, les gestionnaires de projet qui ne saisissent pas l'importance du rôle que jouent leurs projets dans la mise en œuvre de la stratégie de l'entreprise tendent à commettre de graves erreurs, dont les suivantes :

- Ils mettent l'accent sur les problèmes et les solutions non prioritaires sur le plan stratégique.
- Ils se soucient du client immédiat plutôt que de l'ensemble du marché et de la chaîne de valeur.
- Ils considèrent beaucoup trop la technologie comme une fin en soi et s'éloignent de l'objectif premier des projets en accordant trop d'importance à une technologie exotique qui n'est pas cohérente avec la stratégie ou les besoins du client.
- Ils essaient de résoudre tous les problèmes du client à l'aide d'un produit ou d'un service plutôt qu'en se concentrant sur les 20 % d'efforts requis pour obtenir 80 % des résultats (loi de Pareto).
- Ils recherchent sans cesse la perfection en se disant que personne, à l'exception de l'équipe de projet, ne s'en soucie vraiment.

La seconde raison pour laquelle les gestionnaires de projet doivent comprendre la stratégie organisationnelle est qu'elle leur permet de devenir des partisans efficaces du projet. Ils doivent être capables de démontrer à la haute direction en quoi leurs projets sont en accord avec la mission de l'entreprise. La sécurité du projet et le soutien continu des dirigeants dépendent de l'harmonie qui existe entre les projets et les objectifs de l'entreprise. Les gestionnaires de projet doivent également être en mesure d'expliquer aux membres de l'équipe et aux autres acteurs pourquoi certains objectifs et priorités du projet sont primordiaux. Il s'agit d'un élément essentiel au moment des décisions d'arbitrage.

C'est pour ces deux raisons que les gestionnaires de projet apprécieront les deux prochains sujets de ce chapitre : le processus de gestion stratégique et la sélection de projets.

Le processus de gestion stratégique : aperçu général

La gestion stratégique est un processus qui consiste à évaluer «qui nous sommes» ainsi qu'à décider et à mettre en place «ce que nous avons l'intention d'être et comment nous y parviendrons». La stratégie décrit comment une entreprise prévoit concurrencer avec les ressources disponibles du marché actuel et à venir.

Les deux principales dimensions de la gestion stratégique consistent à s'adapter aux changements de l'environnement externe et à répartir les ressources limitées de l'entreprise afin d'améliorer sa position concurrentielle. L'analyse constante de l'environnement externe concernant les changements constitue une exigence importante pour survivre dans un milieu concurrentiel dynamique. La seconde dimension repose sur les réactions internes face aux nouveaux plans d'action visant à améliorer la position concurrentielle de l'entreprise. La nature des réactions dépend du type d'entreprise, de l'instabilité du milieu, de la concurrence et de la culture organisationnelle.

La gestion stratégique permet d'établir le thème et l'objectif de la future orientation de l'organisation. Elle soutient la cohérence des activités à tous les niveaux de l'entreprise. Elle encourage l'intégration, car les efforts et les ressources se concentrent sur les mêmes objectifs et sur les mêmes stratégies. (*Voir à la page suivante la rubrique Coup d'œil sur un cas réel – Au-delà des ordinateurs.*) Il s'agit d'un processus continu et itératif qui vise à établir un plan d'action intégré et coordonné à long terme. La gestion stratégique positionne l'entreprise de façon qu'elle puisse répondre aux besoins et aux exigences de ses clients à long terme. Grâce à une position à long terme bien établie, l'entreprise est en mesure de fixer des objectifs et de mettre en œuvre des stratégies pour atteindre les objectifs recherchés, puis de les transformer en mesures concrètes au moyen de projets. La stratégie peut décider de la survie d'une entreprise. Nombre d'organisations n'éprouvent aucun problème à *formuler* des stratégies concernant les voies qu'elles doivent suivre. Toutefois, le problème de la plupart de ces entreprises réside dans la *mise en œuvre* des stratégies, c'est-à-dire dans leur réalisation. La plupart du temps, la formulation et la mise en œuvre d'une stratégie ne sont pas intégrées.

Les éléments de la gestion stratégique sont étroitement liés et tous axés sur l'éventuelle réussite de l'entreprise. La gestion stratégique requiert des liens étroits entre la mission, les buts, les objectifs, la stratégie et la mise en œuvre. La mission constitue la raison d'être de l'entreprise. Les buts sont les cibles finales liées à la mission. Les objectifs indiquent les cibles intermédiaires précises pour atteindre ces buts et permettent de formuler les stratégies pour y parvenir. Finalement, les stratégies requièrent la mise en œuvre de mesures et de tâches. Dans la plupart des cas, les mesures à prendre se traduisent par des projets. La figure 2.1 illustre sous forme de diagramme le processus de gestion stratégique et les principales activités qui y sont rattachées.

Quatre activités du processus de gestion stratégique

La séquence type des activités du processus de gestion stratégique est présentée ci-dessous, suivie d'une description de chaque activité.

1. Révision et définition de la mission organisationnelle
2. Établissement des buts et des objectifs à long terme
3. Analyse et formulation des stratégies pour atteindre les objectifs
4. Mise en œuvre des stratégics au moyen de projets

Au-delà des ordinateurs*

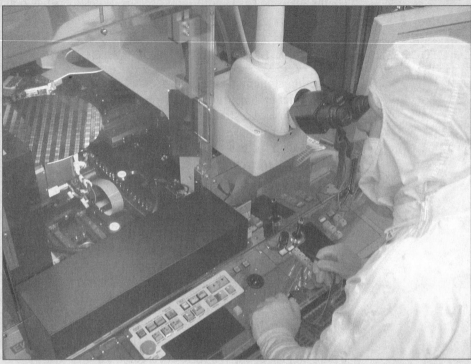

Gracieuseté d'Intel Corporation.

Le président-directeur général d'Intel, M. Craig R. Barrett, aimerait bien célébrer une dernière victoire avant de démissionner comme président du conseil d'administration d'ici 15 mois. Sa vision consiste à étendre l'emprise d'Intel au-delà des ordinateurs : penser INTEL dans le monde entier, car tout est sur le point de devenir numérique. Il souhaite que les puces Intel deviennent le moteur de tous les dispositifs numériques de la planète, notamment dans l'industrie des communications, de l'électronique grand public et du divertissement. Imaginez – les téléphones cellulaires, les réseaux familiaux sans fil, les lecteurs vidéo et les téléviseurs à écran plat – l'expertise d'Intel y est parfaitement adaptée. La puce WiMax connaît actuellement un énorme succès sur le marché, car elle « permet de fournir un accès Internet haute vitesse sans fil sur une distance de 50 km (l'équivalent d'une petite ville) pour environ 100 000 $, ce qui correspond aujourd'hui à un dixième du coût d'installation des lignes de fibres optiques ». (En comparaison, la société concurrentielle WiFi offre une portée d'environ 60 m.) Les compagnies de téléphone et de câble sont très intéressées par cette technologie en raison de ses faibles coûts d'entrée.

Selon certains critiques, l'approche coercitive de Barrett se révèle trop risquée, mais ce dernier ne le voit pas ainsi. Plutôt que de préconiser l'ancienne méthode de l'entreprise qui consiste à concevoir des nouveaux produits en solitaire, Barrett désire avant toute chose qu'Intel tisse des liens plus étroits avec ses clients en créant les produits dont ils ont besoin plutôt que des produits qui n'intéressent personne. Il admet que pénétrer les marchés des consommateurs représentera plus qu'un défi. Il a l'intention d'apporter un soutien financier et une aide aux entreprises qui créeront de nouveaux produits à l'aide de puces Intel. En outre, Barrett considère que le niveau de risque à fournir un soutien financier à de petites entreprises qui conçoivent de nouveaux produits est faible, bien que certaines fassent faillite. Si la plupart des nouveaux produits connaissent un succès commercial, le risque demeure minime, car les marchés pour ces produits entraîneront une augmentation de la demande pour de nouveaux ordinateurs personnels plus rapides et plus gros pour lesquels Intel domine le marché du point de vue des coûts de fabrication.

Mettre en place la nouvelle vision n'empêchera pas le processus de fabrication d'Intel de demeurer à la fine pointe de la technologie. Récemment, Intel a procédé à l'ouverture de cinq nouvelles usines qui fabriquent des plaques de silicium d'un diamètre de 30 centimètres pouvant recevoir des circuits imprimés d'une épaisseur de 90 nanomètres, soit l'équivalent de 0,1 % de la grosseur d'un cheveu. Grâce à ces usines, la direction d'Intel prévoit réduire de moitié le coût de fabrication des puces.

Intel a établi sa mission : créer des puces afin de répondre à la demande de nouveaux produits numériques. Qu'il s'agisse d'une bonne ou d'une mauvaise décision, tout le personnel de l'entreprise connaît la stratégie et doit concentrer ses efforts sur cette nouvelle orientation adaptée aux besoins du consommateur. Les projets relatifs aux produits numériques seront donc classés comme hautement prioritaires.

* Adaptation de l'article de Cliff EDWARDS. « What is CEO Craig Barrett up to ? », *Business Week,* 8 mars 2004, p. 56-64.

FIGURE 2.1

Le processus de
gestion stratégique

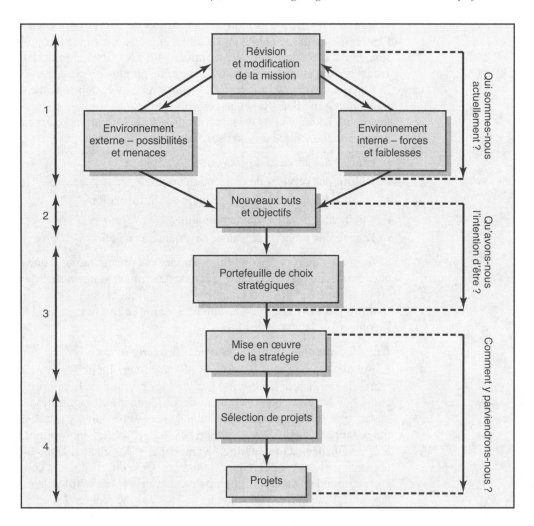

Revoir et définir la mission organisationnelle

La mission décrit « ce que nous voulons devenir » ou encore notre raison d'être. Les énoncés de la mission déterminent l'envergure de l'entreprise en matière de produits ou de services. Un énoncé de mission écrit sert de point de repère entre les gestionnaires et le personnel de l'entreprise au moment des prises de décision. Chaque membre de l'entreprise devrait être parfaitement au courant de la mission de l'organisation. Ainsi, dans une grande firme de consultation, les partenaires incapables de réciter spontanément l'énoncé de la mission doivent payer le repas. L'énoncé de mission communique le but de l'organisation à tous les acteurs. Il peut aussi servir à évaluer la performance de l'entreprise.

Les éléments qui font généralement partie des énoncés de mission sont les principaux produits et services, les clients et les marchés ciblés ainsi que le territoire géographique. Il y est aussi souvent question de la philosophie organisationnelle, des technologies clés, de l'image publique et de la contribution à la société. Ces éléments ont un lien direct avec le succès de toute entreprise.

Les énoncés de mission changent peu souvent. Toutefois, lorsque la nature de l'entreprise change, il faut parfois revoir l'énoncé de mission. Par exemple, Steve Jobs, de la société Apple Computer, devait trouver une façon d'intégrer la technologie informatique au-delà de l'ordinateur de bureau. Sa mission consistait à ce que la technologie informatique serve d'outil de travail et de divertissement. Il a finalement mis au point le iPod pour vendre de la musique et a dirigé la création de films animés tels que *Trouvez Nemo* par l'entremise de la société Pixar. Le tout a entraîné une rupture entre Pixar et Disney, et c'est finalement cette dernière qui a commercialisé les films animés. Par conséquent, Pixar devra revoir son énoncé de mission afin qu'il soit plus précis.

Lorsque les énoncés de mission sont précis, l'entreprise a beaucoup plus de chances d'obtenir de meilleurs résultats, son objectif étant clair. Les énoncés de mission diminuent le nombre de mauvaises orientations prises par les parties intéressées. Par exemple, comparons les énoncés de mission suivants :

- Fournir des services de conception d'hôpitaux.
- Fournir des services de conception voix/données.
- Fournir des services de technologie de l'information.
- Augmenter la valeur des actionnaires.
- Fournir des produits de valeur supérieure à nos clients.

Il est clair que les deux premiers énoncés se prêtent moins à une mauvaise interprétation que les trois autres. Une bonne façon de déterminer si un énoncé de mission est clair et précis consiste à établir si cet énoncé peut s'appliquer à toute entreprise. Le cas échéant, il ne fournira pas l'orientation des actions à venir. La mission établit les paramètres pour fixer les objectifs.

L'établissement des buts et des objectifs à long terme

Les objectifs traduisent la mission organisationnelle de façon précise, concrète et mesurable. Ils établissent les cibles pour tous les niveaux de l'entreprise. Ils indiquent l'orientation que les gestionnaires croient devoir donner à l'organisation. Ils expliquent en détail *où* la firme doit avoir son siège social et *quand* elle doit s'y installer. En général, les objectifs organisationnels visent les marchés, les produits, l'innovation, la productivité, la qualité, les finances, la rentabilité, le personnel et les clients. Dans tous les cas, les objectifs doivent être le plus opérationnels possible. Cela dit, ils doivent comprendre un échéancier, être mesurables, tangibles et réalistes. Doran a créé l'acronyme mnémonique figurant au tableau 2.1 qui s'avère fort utile lorsqu'il s'agit de rédiger des objectifs.

Chaque niveau situé sous les objectifs organisationnels doit soutenir de façon plus détaillée les objectifs de la hiérarchie la plus élevée ; il s'agit d'un processus fréquemment appelé « cascade d'objectifs ». Supposons, par exemple, qu'un fabricant d'ensembles de valises en cuir établisse comme objectif d'augmenter de 40 % ses ventes à l'aide d'une stratégie de recherche et développement. Dans ce cas, les coûts seront répartis entre les services de marketing, de production et de recherche et développement. La stratégie de l'entreprise devient l'objectif du service de recherche et développement. Sa stratégie consiste alors à concevoir et à fabriquer une nouvelle « valise à tirer dont les roulettes sont cachées et escamotables ». À cette étape, l'objectif devient un projet à mettre sur pied – créer une valise à tirer dont les roulettes sont escamotables, qui sera offerte sur le marché dans les six prochains mois et dont le budget alloué s'élèvera à 200 000 $. En résumé, les objectifs organisationnels déterminent vos projets.

TABLEAU 2.1

Les caractéristiques des objectifs

S	**Spécifiques**	Être spécifique dans le ciblage d'un objectif.
M	**Mesurables**	Établir un ou plusieurs indicateurs mesurant objectivement l'évolution d'un élément.
A	**Attribuables**	S'assurer que l'objectif est attribué à une personne afin qu'il soit atteint.
R	**Réalistes**	Établir ce qui peut être fait avec les ressources disponibles.
T	**Temporels**	Établir le moment où l'objectif peut être atteint, c'est-à-dire le délai avant l'atteinte de l'objectif.

Le redressement de Scandinavian Airlines (SAS)*

Digital Stock Transportation.

Au début des années 1980, Jan Carlzon a été nommé directeur de l'exploitation de la compagnie Scandinavian Airlines (SAS). À cette époque, toute l'industrie du transport aérien était en plein marasme, et SAS était sur le point d'enregistrer une seconde année de pertes. Carlzon a mis fin aux compressions générales et a plutôt misé sur l'établissement d'une mission stratégique qui permettrait à SAS de redevenir rentable, alors que la croissance du marché était nulle. La stratégie consistait à faire connaître SAS comme la meilleure compagnie aérienne dans le monde pour les gens d'affaires voyageant fréquemment. SAS s'est rendu compte que les voyageurs d'affaires représentaient la clientèle la plus stable du marché et qu'ils tendaient à acheter des billets plein tarif plutôt que des billets à prix réduit. De plus, ces voyageurs avaient généralement des besoins uniques qui permettraient à SAS de créer des services dans le but d'attirer la clientèle d'affaires payant le plein tarif.

Au cours du mandat de Carlzon, la compagnie a examiné minutieusement tous les projets et toutes les dépenses afin de déterminer s'ils contribuaient à améliorer le service destiné au voyageur d'affaires. Si la réponse était négative, indépendamment du service ou de son importance aux yeux du personnel de SAS, le service était annulé. Les projets tels que la création de forfaits de vacances en Méditerranée ont été éliminés, et SAS a réussi à réduire ses dépenses non essentielles de 40 millions de dollars. Au même moment, Carlzon persuadait le conseil d'administration de la compagnie d'investir 45 millions de dollars et d'augmenter de 12 millions de

dollars les dépenses liées à l'exploitation pendant un an pour 147 projets différents destinés à attirer et à servir les voyageurs d'affaires. SAS a mis sur pied une vaste campagne sur la ponctualité des vols, a amélioré la plate-forme de correspondances à Copenhague et a offert des cours sur le service à la clientèle à plus de 112 000 membres de son personnel.

SAS a laissé tomber les sièges de première classe et a créé l'« EuroClass » avec l'établissement de prix à plein tarif. Elle a installé des cloisons amovibles dans les avions afin de séparer la section Euroclass des autres sections. Elle a été parmi les premières compagnies aériennes à créer de confortables salons de détente dans les aérogares avec service téléphonique et de télécopie pour les passagers de l'Euroclass. Elle a prévu des comptoirs d'enregistrement distincts pour ces passagers ainsi que des sièges plus confortables et de meilleurs repas.

Les résultats ont été surprenants. En moins de trois ans, SAS a vu le nombre de ses voyageurs d'affaires à plein tarif augmenter de 23 % au moment même où l'ensemble du marché demeurait stable. Le magazine *Fortune* a mené une enquête et nommé SAS comme la meilleure compagnie aérienne du monde pour les voyageurs d'affaires. Le cas de SAS illustre comment une mission clairement établie permet à l'entreprise de concentrer ses ressources limitées sur des projets destinés à augmenter sa rentabilité et son essor.

* CARLZON, Jan. *Moments of Truth*, New York, Harper & Row, 1987.

L'analyse et la formulation des stratégies pour atteindre les objectifs

La formulation d'une stratégie répond à la question suivante : « *Que* doit-on faire pour atteindre les objectifs ? » La stratégie consiste entre autres à déterminer et à évaluer les solutions qui sont en accord avec les objectifs de l'organisation et à choisir la meilleure d'entre elles. La première étape porte sur l'évaluation réaliste de la position passée et actuelle de l'entreprise. Cette étape consiste généralement à analyser « qui sont les clients » et « comment ils perçoivent leurs besoins ».

L'étape suivante porte sur l'évaluation de l'environnement externe et interne. Quels sont les points forts et les faiblesses de l'entreprise ? Il peut s'agir, par exemple, des compétences essentielles telles que la technologie, la qualité du produit, les compétences en gestion, le faible montant des dettes et les réseaux de vendeurs. Les gestionnaires peuvent modifier les forces et les faiblesses internes. Les possibilités et les menaces représentent habituellement les forces externes qui dictent le changement telles que la technologie, la structure de l'industrie et la concurrence. Les outils d'analyse comparative de la concurrence servent parfois à évaluer l'orientation future et actuelle de l'entreprise. Les possibilités et les menaces représentent les deux côtés d'une même médaille. Ainsi, une menace peut être perçue comme une possibilité, et vice versa. Un ralentissement de l'économie, la fin d'un cycle de vie, les taux de change ou une réglementation gouvernementale constituent des exemples de menaces externes. Une augmentation de la demande, l'émergence de marchés et les données démographiques représentent des possibilités typiques. Les gestionnaires et la majorité des entreprises ne disposent que d'un petit nombre de possibilités leur permettant d'influer sur de tels facteurs environnementaux. Toutefois, depuis quelques années, il y a eu des exceptions remarquables comme Apple, qui a conçu le iPod pour créer un marché destiné à la vente de musique. Les solutions consistent à tenter de prévoir les changements fondamentaux de l'industrie et à demeurer en mode proactif plutôt qu'en mode réactionnel. Cette évaluation de l'environnement externe et interne est connue sous le nom d'« analyse FFPM » (forces, faiblesses, possibilités, menaces).

Une telle analyse permet de déterminer les enjeux clés et de trouver un ensemble de solutions stratégiques. Ces solutions sont comparées avec le portefeuille de projets courant et les ressources disponibles. La sélection de stratégies visant à soutenir la mission et les objectifs de base de l'entreprise a lieu par la suite. Une analyse critique des stratégies comprendrait, par exemple, des questions telles que les suivantes : « La stratégie nous permet-elle d'exploiter nos compétences fondamentales ? Exploite-t-elle également notre avantage concurrentiel ? Permet-elle de répondre le mieux possible aux besoins de nos clients ? S'harmonise-t-elle avec notre fourchette de risques acceptables ? »

La formulation de la stratégie résulte en une cascade d'objectifs ou de tâches attribuées aux divisions, aux services et au personnel des niveaux subordonnés. Elle doit représenter 20 % des efforts que fourniront les gestionnaires ; la *façon* dont la stratégie sera mise en œuvre doit représenter 80 % du travail.

La mise en œuvre des stratégies au moyen de projets

La mise en œuvre porte sur la *façon* dont les stratégies seront réalisées en fonction des ressources disponibles. Elle ne requiert pas la même structure ni la même discipline que celles utilisées pour la formulation de la stratégie. Elle porte sur des mesures et des tâches complètes, c'est-à-dire sur des projets indispensables. Par conséquent, la mise en œuvre exige de s'attarder à plusieurs éléments clés.

En premier lieu, l'exécution des tâches requiert l'attribution de ressources. Les ressources comprennent généralement les capitaux, le personnel, les gestionnaires compétents, les aptitudes technologiques et l'équipement. En général, la mise en œuvre des projets est considérée comme un « addenda » plutôt que comme un élément du processus de gestion stratégique. Toutefois, la multiplicité des objectifs provoque certains conflits quant à la disponibilité des ressources organisationnelles. En deuxième lieu, la mise en œuvre requiert une organisation à la fois formelle et informelle pour soutenir la stratégie et les projets. L'autorité, la responsabilité et la performance dépendent entièrement de la structure et de la culture de l'entreprise. En troisième lieu, il doit y avoir un système de planification et de contrôle afin de s'assurer que certaines des activités des projets seront exécutées de façon efficace pour la mise en œuvre des stratégies. En quatrième lieu, la motivation des participants constitue un facteur important pour la réussite des projets. Finalement, l'établissement d'une liste de priorités pour les projets constitue, depuis quelques années, un élément essentiel dans la mise en œuvre des stratégies. Bien que le processus de mise en œuvre ne soit pas aussi clair que celui de la formulation de la stratégie, les gestionnaires s'entendent tous pour dire que la réussite dépend de la mise en œuvre.

La nécessité d'un système de gestion de portefeuille de projets efficace

La mise en œuvre de projets sans système de priorités efficace lié à la stratégie crée des problèmes. Les descriptions suivantes portent sur les trois types de problèmes les plus courants. Un système de portefeuille de projets peut réduire, voire éliminer, les effets négatifs de ces problèmes.

Problème n° 1 : l'écart entre la réalité et les objectifs

Dans les organisations dont le cycle de vie des produits est court, nous notons que les acteurs de tous les niveaux de l'entreprise participent de façon régulière à la mise en œuvre et à la planification de la stratégie. Toutefois, dans environ 80 % des autres entreprises de produits et services, c'est généralement la haute direction qui établit la stratégie, laissant la mise en œuvre aux gestionnaires fonctionnels. Dans ce cas, ce sont ces gestionnaires qui déterminent les autres stratégies et objectifs en détail. Les groupes fonctionnels des différents niveaux hiérarchiques de l'entreprise travaillent de *façon indépendante* à la mise au point de ces objectifs et de ces stratégies, ce qui entraîne de nombreux problèmes.

Voici certains problèmes des entreprises qui ne respectent pas la stratégie établie et dont les priorités sont mal définies.

▪ Les responsables fonctionnels sont souvent en conflit et deviennent donc méfiants.

▪ Il y a souvent des réunions pour établir ou modifier les priorités.

▪ Les employés changent constamment de projet, selon la priorité du moment. Ils ne savent plus quels sont les projets les plus importants.

▪ Les employés travaillent à de multiples projets et se sentent donc inefficaces.

▪ Les ressources sont inadéquates.

Comme il n'existe pas de liens bien définis, le milieu organisationnel est perturbé et la mise en œuvre de la stratégie organisationnelle, et par conséquent des projets, peut s'avérer inefficace. L'écart entre la réalité et les objectifs provient d'un manque de compréhension de la stratégie organisationnelle et de l'absence de consensus au sein des cadres intermédiaires et supérieurs.

Considérons le scénario suivant, qui s'est répété à plusieurs reprises. La haute direction choisit les 20 projets qu'elle considère comme les plus importants pour la prochaine période de planification, mais elle n'établit aucune priorité. Chaque service fonctionnel – marketing, finances, exploitation, ingénierie, technologie de l'information et ressources humaines – choisit des projets dans la liste. Malheureusement, les priorités des projets des différents services ne sont pas les mêmes. Ainsi, un projet considéré comme la priorité pour le service des technologies de l'information sera classé au 10e rang des priorités du service des finances. La mise en œuvre des projets entraîne alors des conflits d'intérêts qui engendrent de l'animosité entre les ressources de l'organisation.

Dans ce cas, comment mettre en œuvre une stratégie efficace ? Il s'agit d'un sérieux problème. Selon une étude, seulement 25 % des 500 cadres supérieurs sélectionnés par *Fortune* croient qu'il existe un lien solide et cohérent, ou une entente, entre les stratégies établies et leur mise en œuvre. Dans cette même étude, les cadres intermédiaires considèrent que la stratégie organisationnelle relève des autres membres de la direction ou qu'elle ne fait pas partie de leur domaine d'activité. Il incombe à la haute direction d'établir des politiques qui indiquent clairement un lien distinct entre la stratégie, les objectifs organisationnels et les projets qui mettent en œuvre ces stratégies. Une recherche de la société Fusco révèle que l'écart entre la réalité et les objectifs ainsi que la liste de priorités des projets continuent d'être ignorés par un grand nombre d'entreprises. Cette même firme a effectué un sondage auprès de 280 gestionnaires de projet, ce qui lui a permis de constater que 24 % de ces entreprises n'avaient pas diffusé ou fait circuler leurs objectifs au sein du personnel. De plus, 40 % des répondants ont révélé que les priorités parmi les projets concurrents n'étaient pas claires, tandis que 17 % estimaient le contraire.

Problème n° 2 : les politiques organisationnelles

Les entreprises établissent toutes des politiques qui peuvent influer de façon notable sur l'octroi d'un financement et sur l'établissement d'une priorité élevée sur un projet. C'est particulièrement vrai lorsque les critères et le processus de sélection des projets sont mal définis et qu'ils n'ont pas de liens directs avec la mission de l'entreprise. Parfois, la sélection de projets n'est pas vraiment fondée sur des faits et des raisons valables, mais plutôt sur la force de persuasion et le pouvoir des acteurs qui défendent les projets.

L'expression « vache sacrée » est souvent utilisée lorsqu'un projet est défendu par une personne en position d'autorité. Un conseiller en commercialisation confiait avoir déjà été embauché par un directeur commercial d'une grande entreprise pour effectuer une analyse de marché externe indépendante concernant un nouveau produit que la firme voulait créer. Sa recherche exhaustive indiquait que la demande sur le marché n'était pas assez grande pour justifier un financement pour ce nouveau produit. Le directeur commercial a cependant fait fi du rapport du conseiller et lui a fait promettre de ne rien divulguer à qui que ce soit. Ce nouveau produit était la marotte du nouveau président-directeur général, qu'il voulait laisser en héritage à l'entreprise. Le directeur a continué de décrire l'obsession irrationnelle du président-directeur général, qui considérait ce nouveau produit comme un projet qui lui tenait particulièrement à cœur. Comme un parent protégeant farouchement son enfant, le directeur commercial craignait de perdre son emploi si de tels renseignements importants étaient dévoilés.

Désigner un promoteur de projet peut jouer un rôle important dans la sélection et la mise en œuvre de projets pour des produits novateurs. Les promoteurs de projet sont habituellement des cadres supérieurs qui appuient et soutiennent sur le plan politique un projet précis. Leur rôle est déterminant dans l'approbation et la sécurisation du projet tout au long de l'importante étape de développement. Les gestionnaires de projet bien informés reconnaissent l'importance d'avoir des « amis » dans les coulisses du pouvoir qui peuvent défendre leur cas et protéger leurs intérêts.

Le projet informatique ALTO de Xerox, qui a mal tourné au milieu des années 1970, démontre bien l'importance des politiques d'entreprise. Ce projet s'est révélé une incroyable réussite technologique : conception de la première souris fonctionnelle, de la première imprimante laser, du premier logiciel convivial et du premier réseau local d'entreprise. Tous ces nouveaux produits devançaient de cinq années leur principal concurrent. Toutefois, au cours des cinq années suivantes, l'entreprise a laissé passer l'occasion de dominer le marché naissant de l'ordinateur personnel en raison de conflits internes au sein de Xerox et de l'absence d'un promoteur de projet chevronné.

Les politiques peuvent jouer un rôle non seulement dans la sélection des projets, mais également dans les aspirations liées aux projets. Les individus peuvent augmenter leur pouvoir au sein d'une organisation en gérant des projets extraordinaires et importants. Le pouvoir et le statut augmentent tout naturellement chez les personnes novatrices qui prennent des risques plutôt que chez les gens plus pondérés. Il en va de même pour les gestionnaires. Ils peuvent devenir des héros au sein de leur entreprise en menant des projets qui contribuent largement à la mission organisationnelle ou qui règlent une crise urgente. De nombreux gestionnaires ambitieux mènent des projets délicats dans le but de gravir rapidement les échelons. Par exemple, le cheminement de carrière de Lee Iacocca est attribuable au fait qu'il a réussi à mener à bien la conception et la création de la très populaire Ford Mustang.

Aux yeux de plusieurs, les politiques et la gestion de projet ne devraient pas être liées. Une réponse plus proactive serait que les projets et les politiques sont invariablement liés et que les gestionnaires de projet efficaces reconnaissent que tout projet important possède des ramifications politiques. En outre, la haute direction doit mettre sur pied un système permettant de déterminer et de sélectionner des projets qui limitent les effets des politiques internes et encourager la sélection des meilleurs projets pour mener à bien la mission et la stratégie de l'entreprise.

Problème n° 3 : la multiplicité des tâches et les conflits en matière de ressources

En général, l'organisation de projets évolue dans un environnement à projets multiples. Ce type d'environnement engendre des problèmes d'interdépendance en ce qui a trait aux projets et au partage des ressources. Par exemple, quels seraient les effets sur la main-d'œuvre d'une entreprise de construction si celle-ci obtenait un contrat pour lequel elle a soumissionné ? La main-d'œuvre existante serait-elle suffisante pour mener à bien ce projet compte tenu de l'échéance ? Les projets en cours seraient-ils retardés ? L'entreprise devrait-elle faire appel à la sous-traitance ? Quels projets seraient prioritaires ? En outre, la concurrence entre les gestionnaires de projet pour l'obtention d'une même ressource peut s'avérer problématique. Les gestionnaires de projet cherchent tous à recruter les meilleures ressources pour leurs projets. Les problèmes liés au partage et au calendrier des ressources entre les projets augmentent de façon exponentielle à mesure que les projets se font de plus en plus nombreux. Dans un environnement à projets multiples, les enjeux sont plus élevés. Les avantages ou les inconvénients liés à l'établissement du calendrier des ressources s'avèrent encore plus importants que dans la plupart des projets uniques.

Le partage des ressources fait également appel à un mode de fonctionnement multitâche. Ce mode de fonctionnement signifie qu'une équipe peut commencer une tâche, la mettre de côté afin d'amorcer un autre projet, puis retourner à sa tâche initiale. Les ressources qui travaillent simultanément à plusieurs projets se révèlent beaucoup moins efficaces, surtout lorsque l'arrêt et le démarrage conceptuels ou réels sont importants. Le mode multitâche a pour effet d'augmenter les retards et les coûts. La modification des priorités aggrave encore plus les problèmes liés au mode multitâche. Ce mode de fonctionnement est particulièrement fréquent dans les entreprises ayant trop de projets par rapport aux ressources disponibles.

Le nombre de petits et de gros projets dans un portefeuille excède presque toujours (généralement de trois ou quatre fois) le nombre de ressources disponibles. Cette surcharge de capacité conduit inévitablement à la confusion et à une utilisation inefficace des ressources organisationnelles limitées. L'écart entre la réalité et les objectifs, les guerres de pouvoir et le fonctionnement multitâche ne facilitent pas la répartition des ressources entre les projets. Le moral et la confiance des employés sont donc inévitablement minés, car il

TABLEAU 2.2

Les avantages de la gestion d'un portefeuille de projets

> ‣ Établit des règles de conduite dans le processus de sélection de projets.
> ‣ Crée un lien entre la sélection de projets et les paramètres stratégiques.
> ‣ Établit une liste de priorités des propositions de projets fondée sur un ensemble de critères communs et non sur la politique ou sur l'émotion.
> ‣ Alloue les ressources nécessaires aux projets en accord avec l'orientation stratégique.
> ‣ Répartit les risques entre les projets.
> ‣ Justifie la cessation des projets qui ne s'harmonisent pas avec la stratégie organisationnelle.
> ‣ Améliore la communication et favorise l'entente sur les buts des projets.

leur est difficile de trouver logique un système aussi ambigu. Faute de système de priorités directement lié au plan stratégique, l'environnement organisationnel à projets multiples est sujet à de sérieux problèmes.

Nous avons évoqué jusqu'ici que de nombreuses organisations ne possédaient pas de processus sérieux pour résoudre les problèmes que nous avons décrits. Le premier et le plus important changement à effectuer pour régler ces problèmes ou d'autres conflits consiste en la mise sur pied et en l'utilisation d'un système de priorités de projets sérieux pour sélectionner les projets.

Comment l'écart entre la réalité et les objectifs peut-il être réduit pour que les stratégies organisationnelles soient comprises et acceptées à l'unanimité par tous les cadres des différents niveaux hiérarchiques? Comment peut-on minimiser les guerres de pouvoir? Un processus peut-il être mis sur pied de façon que les projets soient invariablement classés par ordre de priorité afin de soutenir les stratégies organisationnelles? Les projets classés par ordre de priorité peuvent-ils servir à allouer des ressources organisationnelles limitées, par exemple le personnel et le matériel? Le processus encourage-t-il la démarche ascendante de projets cohérents avec la structure organisationnelle?

Il importe de créer un ensemble de critères d'intégration et un système qui puissent évaluer et sélectionner des projets en accord avec les stratégies et les objectifs du niveau supérieur. Un système de priorités destiné à des projets uniques qui permettrait de classer ceux-ci en fonction de leur contribution sur le plan stratégique simplifierait les choses. Facile à dire, mais difficile à mettre en pratique. Les entreprises qui avaient l'habitude de gérer des projets indépendants et d'allouer des ressources *ad hoc* ont changé leur façon d'agir et ont établi un portefeuille de projets adéquat afin d'atteindre leurs objectifs stratégiques. C'est une tendance qui s'amplifie. Les avantages liés aux systèmes de portefeuille de projets rentables sont de plus en plus reconnus dans les entreprises à structure organisationnelle par projets. Le tableau 2.2 énumère certains des avantages clés. Cette liste peut facilement être allongée.

La section suivante porte sur un système de portefeuille de projets qui met l'accent sur la sélection des critères, lesquels représentent la force du système de portefeuille.

Un système de gestion de portefeuille

Grosso modo, la gestion de portefeuille permet de s'assurer que les projets sont en accord avec les objectifs précis à atteindre et qu'ils sont correctement classés par ordre de priorité. La gestion de portefeuille fournit les données nécessaires à une meilleure prise de décision opérationnelle. Comme il y a habituellement plus de projets que de ressources disponibles, il importe de suivre un processus logique et bien défini pour sélectionner les projets à mettre en œuvre.

La conception d'un système de portefeuille de projets devrait comprendre la classification d'un projet, des critères de sélection selon la classification, les sources et l'évaluation des propositions ainsi que la gestion du portefeuille de projets.

La classification d'un projet

Le portefeuille d'une entreprise comprend généralement trois types de projets : les projets de *conformité* et d'urgence, c'est-à-dire essentiels, les projets *opérationnels* et les projets *stratégiques*. Les projets de conformité permettent de répondre à des exigences réglementaires afin de poursuivre les opérations de l'entreprise dans une région donnée. C'est pourquoi on les qualifie souvent de projets « essentiels ». Les projets d'urgence, tels que reconstruire une usine de soja détruite par un incendie, constituent des projets obligatoires. En règle générale, ces types de projets font l'objet d'amendes ou de poursuites lorsqu'ils ne sont pas mis en œuvre.

Les projets opérationnels servent à soutenir les activités courantes. Ils sont conçus pour améliorer l'efficacité des systèmes de livraison, réduire les coûts des produits et améliorer la performance. Les projets de type six sigma constituent de bons exemples de projets opérationnels. Finalement, les projets stratégiques soutiennent directement la mission à long terme de l'entreprise. Ils portent habituellement sur l'augmentation des revenus et des parts de marché. Les nouveaux produits, la recherche et le développement sont des exemples probants de projets stratégiques (*voir la figure 2.2*).

La valeur stratégique d'un projet proposé doit être déterminée avant que l'on décide s'il peut faire partie du portefeuille de projets. Dans de rares cas, il s'agit de projets qui « doivent absolument » être sélectionnés. Les projets de conformité ou d'urgence doivent donc être mis en œuvre sans réserve, sinon l'entreprise fera faillite, subira des conséquences désastreuses ou devra payer une amende importante. Par exemple, une usine de fabrication doit absolument installer un filtre électrostatique au-dessus d'une cheminée au cours des six prochains mois ou, à défaut de le faire, fermer ses portes. Les tribunaux des communautés européennes cherchent à obliger Microsoft à ouvrir son architecture logicielle afin de permettre aux firmes de logiciels concurrentes d'être compatibles et de dialoguer avec les logiciels de la multinationale américaine. Cette décision peut devenir un projet de conformité pour Microsoft. Tout projet considéré comme « essentiel » n'est pas soumis aux autres critères de sélection. Si 99 % des acteurs de l'entreprise sont d'accord pour la mise en œuvre de ce projet, alors ce dernier doit être classé dans cette catégorie. Ils n'ont alors pas d'autre choix que de le faire. Tous les autres projets sont sélectionnés selon des critères ayant un lien avec la stratégie organisationnelle.

Les critères de sélection

Bien qu'il existe de nombreux critères de sélection des projets, ceux-ci sont généralement de nature *financière* ou *économique*. Une brève description de chacun est fournie ci-après, suivie d'une explication de leur utilisation dans la pratique.

Les modèles financiers

Pour la plupart des gestionnaires, les critères financiers constituent la meilleure méthode pour évaluer les projets. Ces modèles sont appropriés lorsque le niveau de confiance quant aux estimations des éventuels flux de trésorerie est élevé. Voici deux modèles, accompagnés d'exemples, axés sur le délai de récupération et sur la valeur actualisée nette (VAN).

Le **projet A** consiste en un investissement initial de 700 000 $ et en des flux de trésorerie annuels estimés à 225 000 $ pendant 5 ans.

Le **projet B** consiste en un investissement initial de 400 000 $ et en des flux de trésorerie annuels estimés à 110 000 $ pendant 5 ans.

1. Le modèle axé sur le délai de récupération évalue le temps nécessaire pour récupérer l'investissement initial du projet. Afin d'augmenter la rentabilité à court terme d'une

FIGURE 2.2

Portefeuille de projets par type

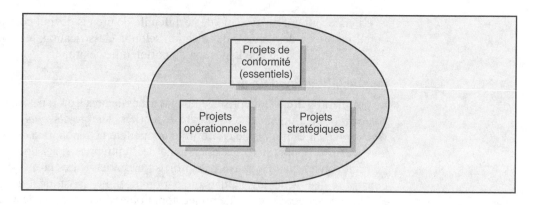

entreprise, il est préférable de fixer des délais de récupération plus courts. Ce type de modèle est le plus simple et le plus populaire. Il met l'accent sur les flux de trésorerie, facteur essentiel dans une entreprise. Certains gestionnaires font appel à ce modèle pour éliminer les projets à risques inhabituels – ceux dont le délai de récupération est très long. Ce modèle comporte toutefois des inconvénients importants, dont celui de ne pas tenir compte de la valeur temporelle de l'argent ni de la rentabilité : en outre, il suppose des rentrées de fonds durant la période d'investissement (et non après). Voici la formule pour calculer le délai de récupération :

Délai de récupération (en années) = Coût estimé du projet / Économies annuelles

La figure 2.3 compare les délais de récupération du projet A et du projet B. Le délai de récupération du projet A est de 3,1 années et celui du projet B, de 3,6 années.

Cette méthode convient parfaitement dans les deux cas, car les deux projets permettent d'obtenir une période de retour sur investissement de cinq ans ; ces rendements sur capital investi sont de 32,1 % et de 27,5 %, respectivement.

2. Le modèle axé sur la valeur actualisée nette utilise un taux de rendement minimal souhaité fixé par la haute direction (taux d'actualisation de 20 %, par exemple) pour évaluer la valeur actualisée de tous les flux de trésorerie nets. Lorsque le résultat est positif (le rendement du projet dépasse le taux de rendement minimal souhaité), le projet se poursuit. Quand le résultat est négatif, le projet est refusé. Par conséquent, il est avantageux d'obtenir une VAN positive élevée. Le logiciel Excel permet de calculer la VAN à l'aide de la formule suivante :

$$\text{VAN du projet} = I_0 + \sum_{t=1}^{n} \frac{F_t}{(1+k)^t} \quad \text{où}$$

I_0 = Investissement initial (étant donné qu'il s'agit d'une sortie de fonds, le nombre sera négatif)

F_t = Flux de trésorerie net pour la période *t*

k = Taux de rendement requis

La figure 2.3 a été conçue à l'aide du tableur Excel de Microsoft. Dans le modèle axé sur la valeur actualisée nette, le projet A a été accepté, car la VAN est *positive* (54 235 $). En revanche, le projet B a été refusé, car la VAN est *négative* (–31 263 $). Comparons les résultats de la méthode de la valeur actualisée nette à ceux de la méthode axée sur le délai de récupération. On constate que le modèle axé sur la valeur actualisée nette est plus réaliste parce qu'il tient compte de la valeur temporelle de l'argent, des rentrées de fonds et de la rentabilité.

Lorsqu'on utilise le modèle axé sur la valeur actualisée nette, le taux d'actualisation (taux de rendement sur capital investi – RCI) peut différer selon le projet. Par exemple, le

FIGURE 2.3   Un exemple de comparaison de deux projets : la méthode axée sur la valeur actualisée nette (VAN) et la méthode axée sur le délai de récupération

	A	B	C	D	E	F	G	H	I	J
1										
2										
3					Exemple de comparaison de deux projets					
4					à l'aide de la méthode axée sur la valeur actualisée nette					
5	Projet A		Année 0	Année 1	Année 2	Année 3	Année 4	Année 5	Total	Formules
6	Taux de rendement exigé	15 %								
7	Sorties de fonds		−700 000 $						−700 000 $	
8	Rentrées de fonds			225 000 $	225 000 $	225,000 $	225 000 $	225 000 $	1 125 000 $	
9	Flux de trésorerie nets			225 000 $	225 000 $	225,000 $	225 000 $	425 000 $	425 000 $	Projet A : =C7+VAN(B6,D9:H9)
10	VAN	54 235 $								
11										
12										
13	Projet B									
14	Taux de rendement exigé	15 %								
15	Sorties de fonds		−400 000 $						−400 000 $	
16	Rentrées de fonds			110 000 $	110 000 $	110 000 $	110 000 $	110 000 $	550 000 $	
17	Flux de trésorerie nets			110 000 $	110 000 $	110 000 $	110 000 $	110 000 $	150 000 $	Projet B : =C15+VAN(B14,D17:H17)
18	VAN	−31 283 $								
19										
20										
21										
22	Comparaison des VAN : Projet A accepté : la VAN est positive									
23			Projet B refusé : la VAN est négative							
24										
25										
26										
27					Exemple de comparaison de deux projets					
28					à l'aide de la méthode axée sur le délai de récupération					
29										
30				Projet A		Projet B				
31										
32			Mise de fonds	700 000 $		400 000 $				Délai de récupération du projet A : =(D32/D33)
33			Économies annuelles	225 000 $		110 000 $				Délai de récupération du projet B : =(F32/F33)
34										
35			Délai de récupération*	3,1 années		3,6 années				
36										
37			Taux de rendement**	32,1 %		27,5 %				Projet A : =(D33/D32)
38										Projet B : =(F33/F32)
39	Projet A : Accepté. Moins de cinq ans et excède de 15 % le taux souhaité.									
40										
41	Projet B : Accepté. Moins de cinq ans.									
42										
43	* Remarque : la méthode axée sur le délai de récupération ne tient pas compte de la valeur temporelle de l'argent.									
44	** Remarque : le taux de rendement correspond à l'inverse du délai de récupération.									
45										

RCI prévu pour les projets stratégiques est habituellement plus élevé que celui des projets opérationnels. De la même façon, le RCI peut différer selon qu'il s'agit de projets à risques plus élevés. Les critères pour établir ce taux devraient toujours être clairs et respectés.

Les critères économiques

Le rendement financier, bien qu'il soit essentiel, ne reflète pas toujours l'importance stratégique. Durant les années 1960 et 1970, les entreprises ont beaucoup trop diversifié leurs activités. De nos jours, il est plus juste de penser que la survie à long terme dépend du développement et du maintien des compétences essentielles. Les entreprises doivent être méthodiques en refusant des projets potentiellement rentables, mais qui ne sont pas cohérents avec leur mission principale. Cela signifie qu'elles doivent tenir compte de critères autres que ceux qui sont directement liés au rendement financier. Par exemple, une entreprise peut accepter des projets qui n'ont pas des marges de profit élevées pour d'autres raisons stratégiques telles que les suivantes :

▸ augmenter ses parts de marché ;

▸ compliquer l'entrée des concurrents sur son marché ;

▸ créer un produit qui, au moment de son entrée sur le marché, rentabilisera d'autres produits, ce qui permettra d'augmenter les ventes ;

▶ créer une technologie de base pour les produits de la prochaine génération ;

▶ être moins dépendante des fournisseurs non fiables ;

▶ ne pas faire l'objet d'une réglementation ou d'une intervention du gouvernement.

Il peut également s'agir de critères moins concrets. L'entreprise peut accepter des projets pour redorer son image ou améliorer la réputation de sa marque. De nombreuses firmes sont engagées sur le plan social et vont de l'avant avec des projets de développement communautaire.

Un seul critère ne peut refléter à lui seul l'importance stratégique d'un projet. C'est pourquoi la gestion de portefeuille nécessite des modèles de filtrage à plusieurs critères. Ces modèles appliquent généralement une pondération à chaque critère afin que les projets qui répondent le mieux aux objectifs stratégiques les plus importants soient davantage considérés.

Les modèles d'évaluation à pondérations multiples

Le modèle d'évaluation à pondérations multiples fait habituellement appel à plusieurs critères de sélection pondérés pour évaluer les propositions de projets. Ces modèles d'évaluation comprennent généralement des critères qualitatifs ou quantitatifs. Pour chaque projet évalué, une note est attribuée à chaque critère selon son importance par rapport au projet. Les pondérations et les notes sont multipliées afin d'obtenir une évaluation pondérée globale du projet. Grâce à ces critères de filtrage multiples, les projets peuvent ensuite être comparés à l'aide de l'évaluation pondérée. Ainsi, les projets dont les évaluations pondérées sont les plus élevées sont considérés comme les meilleurs.

Les critères de sélection doivent refléter les principaux facteurs de réussite de l'entreprise. Par exemple, la société 3M s'est fixé comme objectif d'obtenir au moins 25 % de ses ventes, et non 20 % comme auparavant, provenant de produits développés au cours des quatre dernières années. Son système de priorités pour sélectionner les projets reflète clairement ce nouvel objectif. Par contre, quand la société ne choisit pas les critères appropriés, le processus de filtrage sera « inutile » à court terme.

La figure 2.4 illustre une matrice de filtrage de projets. Les critères sélectionnés sont ceux qui sont habituellement utilisés par les entreprises. Ils sont indiqués en haut de la matrice (par exemple, « Se concentre sur les compétences essentielles », « Rendement sur capital investi (RCI) de 18 % et plus »). La direction applique une pondération à chacun des critères (une valeur de 0 à un maximum, par exemple, de 3) selon son importance relative par rapport aux objectifs et au plan stratégique de l'entreprise. Les propositions sont ensuite soumises à une équipe chargée d'établir les priorités des projets ou au bureau des projets.

Chaque proposition est ensuite évaluée selon sa contribution ou sa valeur relative ajoutée aux critères sélectionnés. Une valeur de 0 à 10 est attribuée à chaque critère pour chaque projet. Cette valeur indique la cohérence du projet par rapport à un critère donné. Par exemple, le projet n° 1 semble plutôt cohérent avec la stratégie de l'entreprise, car il a reçu une pondération de 8. En revanche, ce même projet ne permet pas de réduire les défauts, la valeur attribuée étant 0. En fin de compte, ce modèle applique les pondérations fixées par la direction à chaque critère en fonction de leur importance. Les pondérations varient de 1 à 3. Par exemple, le RCI et la cohérence stratégique ont une pondération de 3 ; les critères relatifs à l'urgence et aux compétences essentielles ont reçu une pondération de 2. En appliquant ainsi à chaque critère la pondération qui lui est attribuée, l'équipe chargée d'établir les priorités des projets obtient une évaluation pondérée totale pour chaque projet. Par exemple, le projet n° 5 possède la note la plus élevée, soit 102 [$(2 \times 1) + (3 \times 10) + (2 \times 5) + (2,5 \times 10) + (1 \times 0) + (1 \times 8) + (3 \times 9) = 102$] ; le projet n° 2 obtient l'évaluation la moins élevée, soit 27. Si les ressources disponibles ne permettent de faire que les projets ayant obtenu plus de 50 points, l'équipe chargée d'établir les priorités des projets doit éliminer les projets n°s 2 et 4. (*Remarque :* le projet n° 4 semble plutôt urgent, mais il n'est pas classé comme

FIGURE 2.4

Une matrice de filtrage de projets

Critères / Pondération	Se concentre sur les compétences essentielles.	Est cohérent avec le plan stratégique.	Urgent	25 % des ventes proviennent des nouveaux produits.	Réduit les défauts à moins de 1 %.	Augmente la fidélité du client.	RCI de 18 % et plus	Pondération totale
	2,0	3,0	2,0	2,5	1,0	1,0	3,0	
Projet n° 1	1	8	2	6	0	6	5	66
Projet n° 2	3	3	2	0	0	5	1	27
Projet n° 3	9	5	2	0	2	2	5	56
Projet n° 4	3	0	10	0	0	6	0	32
Projet n° 5	1	10	5	10	0	8	9	102
Projet n° 6	6	5	0	2	0	2	7	55
⋮								
Projet *n*	5	5	7	0	10	10	8	83

« essentiel ». Par conséquent, il doit passer par le processus de filtrage comme tous les autres projets.) Le projet n° 5 devrait recevoir la priorité n° 1, le projet *n*, la deuxième, et ainsi de suite. La rubrique Coup d'œil sur un cas réel – Une vision qui déraille, à la page suivante, porte sur une variante de cette méthode. Dans les rares cas où les ressources sont extrêmement limitées et où les propositions de projets obtiennent la même pondération, il est recommandé de choisir le projet faisant appel à un moins grand nombre de ressources. Les modèles à critères pondérés multiples, semblables à celui qui est présenté ici, sont sur le point de devenir la méthode la plus populaire pour établir la liste de priorités des projets.

À cette étape, il est conseillé de faire une pause et de placer les choses en perspective. Bien que les modèles comme ceux qui sont présentés ci-dessus fournissent des solutions chiffrées pour faciliter la sélection des projets, ils ne devraient toutefois pas constituer l'unique élément représentatif dans la prise de décision du choix des projets – ce sont les gens qui doivent décider. Aucun modèle, aussi élaboré soit-il, ne peut cerner la réalité complète. Les modèles demeurent des outils destinés à guider le processus d'évaluation de façon que les décideurs puissent prendre en considération les problèmes associés aux projets et décider à l'unanimité lesquels sont acceptés ou refusés. Il s'agit là d'un processus beaucoup plus subjectif que les calculs suggérés.

L'application d'un modèle de sélection de projets

La classification des projets

Il n'est pas nécessaire de faire appel aux mêmes critères pour chacun des types de projets décrits précédemment (projets stratégiques et projets opérationnels). Toutefois, l'expérience démontre que la plupart des entreprises utilisent les mêmes critères pour tous les types de projets, et peut-être un ou deux critères précis pour un type de projet en particulier – par exemple, une percée stratégique comparativement à une percée opérationnelle.

Hormis les différences de critères parmi les types de projets, le critère le plus important pour la sélection d'un projet consiste à s'assurer qu'il est cohérent avec la stratégie de

AP/Wide World Photos.

Le Transrapid de Shanghai est reconnu pour être une grande réussite technique. Le train à sustentation magnétique circule à une vitesse de 430 km/h. Il assure la liaison entre l'aéroport international de Pudong et les environs du quartier des affaires de Shanghai en moins de huit minutes.

Bien qu'il constitue une réussite technique, ce supertrain est loin d'être un succès financier. Même s'il peut transporter 453 passagers à la fois, ses voitures sont presque toujours vides. Seuls 500 à 600 passagers par jour utilisent ce moyen de transport. L'horaire du train a donc été réduit. En outre, le prix d'un aller s'avère nettement supérieur à ce que la plupart des familles chinoises peuvent s'offrir. Un billet de deuxième classe coûte 75 CNY (9 $US) et celui de première classe 150 CNY (18 $US). Par ailleurs, le RCI s'est avéré bien en dessous de ce qui avait été prévu. Le rapport entre les besoins du client final et l'analyse financière n'a pas été considéré

comme une priorité absolue. De nombreux facteurs tels qu'un échéancier de projet imposé (fonctionnel avant 2003), un changement de trajet (une station à l'extérieur du centre-ville) et une mauvaise évaluation flagrante des besoins de la collectivité ont contribué à ce que ce train soit si peu utilisé. En fait, les passagers sont obligés de quitter le train, d'attendre puis d'emprunter un autre moyen de transport public pour se rendre au centre-ville de Shanghai. Le coût et la perte de temps ont contribué à empêcher les voyageurs potentiels de découvrir les avantages de ce train.

Ce projet illustre une erreur classique qui consiste à ne pas établir un lien entre les besoins du client et le RCI. La stratégie politique l'a emporté sur les besoins publics.

* Auteur inconnu. « Case Analysis : A Derailed Vision », *PM Network,* vol. 18, n° 4, avril 2004, p. 1.

l'entreprise. Par conséquent, ce critère doit être le même pour tous les types de projets et posséder une priorité élevée par rapport aux autres critères. Cette uniformité parmi tous les modèles de priorité utilisés évite aux services de sous-optimaliser l'utilisation des ressources organisationnelles. Quiconque formule une proposition de projet devrait classer celle-ci dans une catégorie afin que les critères appropriés permettent de l'évaluer convenablement.

La sélection d'un modèle

Auparavant, les critères financiers excluaient à peu près tous les autres. Toutefois, depuis les deux dernières décennies, nous assistons à un énorme changement où les critères multiples trouvent leur place dans la sélection de projets. En fait, la rentabilité à elle seule n'est tout simplement plus une mesure adéquate de contribution. Cependant, elle demeure un critère important, surtout lorsque les projets permettent d'augmenter les revenus et les parts de marché, par exemple une percée dans les projets de recherche et développement.

De nos jours, les cadres supérieurs recherchent une combinaison de projets susceptible d'aboutir à une meilleure utilisation des ressources humaines et financières et de maximiser à long terme le RCI. Des facteurs tels que la recherche d'une nouvelle technologie, l'opinion publique, l'éthique, la protection de l'environnement, les compétences essentielles et la cohérence avec la stratégie doivent devenir des critères importants dans la sélection des projets. Les critères relatifs à une évaluation pondérée semblent être la meilleure solution pour répondre à cette exigence.

Les modèles d'évaluation pondérée permettent de s'assurer que les projets sont beaucoup plus en accord avec les objectifs précis à atteindre. Quand le modèle d'évaluation pondérée est diffusé et accessible à tout le personnel de l'entreprise, le processus de sélection des projets devient plus méthodique et crédible. Le nombre de projets inutiles faisant appel à des ressources est réduit. Les politiques et les projets classés « vache sacrée » sont dévoilés. Les buts d'un projet sont plus faciles à déterminer et à exposer à l'aide de critères de sélection pertinents. Finalement, la méthode d'évaluation pondérée permet au gestionnaire de projet de comprendre les raisons justifiant la sélection de son projet, comment il contribue aux buts de l'entreprise et comment il se compare aux autres projets. La sélection de projets est l'une des prises de décision les plus importantes pour assurer l'éventuel succès d'une entreprise.

Les critères de sélection des projets constituent l'un des principaux avantages d'un portefeuille de projets. Les nouveaux projets sont analysés en fonction des objectifs précis à atteindre. Grâce à cette méthode, des propositions de projets peuvent être sollicitées.

Les sources et la sollicitation de propositions de projets

Comme vous pouvez le constater, les projets devraient provenir d'employés qui croient que leurs projets ajouteront de la valeur à l'entreprise. Toutefois, de nombreuses organisations limitent le nombre de propositions provenant de certains niveaux ou groupes de l'entreprise afin d'éviter une perte de possibilités. Les bonnes idées ne proviennent pas uniquement de certains acteurs de l'entreprise. Il faut encourager la sollicitation et donner la chance à toutes les sources possibles – promoteurs internes et externes.

Les figures 2.5a et 2.5b, aux pages 42 et 43, fournissent un exemple de formulaire de proposition pour des projets importants. Notons que ce formulaire comprend une évaluation préliminaire des risques ainsi qu'une description des problèmes et des objectifs du projet. L'analyse des risques est traitée au chapitre 7 du présent manuel.

Dans certains cas, les entreprises sollicitent des idées de projets lorsqu'elles ne possèdent pas les compétences requises. En général, une organisation émet un appel d'offres aux entrepreneurs et aux vendeurs ayant l'expérience pertinente dans la mise en œuvre du projet. Par exemple, un hôpital a présenté un appel d'offres afin d'obtenir des soumissions pour la conception et la construction d'une nouvelle salle d'opération à la fine pointe. Plusieurs firmes d'architecture ont répondu à l'appel. Les soumissions ont été évaluées à l'interne par rapport à d'autres projets potentiels. Lorsque le projet a reçu le feu vert, d'autres critères ont été utilisés pour sélectionner les meilleurs soumissionnaires ayant les compétences requises. L'annexe 2.1 de ce chapitre fournit une description complète d'un appel d'offres.

Le classement des propositions et la sélection des projets

L'écrémage d'un très grand nombre de propositions permet de déterminer les propositions susceptibles d'offrir la meilleure valeur ajoutée à l'entreprise; cette étape nécessite un processus structuré. La figure 2.6 illustre le processus de filtrage appliqué à un projet à partir de sa création.

Des données et des renseignements sont recueillis afin d'évaluer la valeur du projet proposé pour l'entreprise et de le conserver à des fins ultérieures. Quand le promoteur donne suite au projet à partir des données recueillies, le projet est transmis à l'équipe chargée d'établir les priorités des projets ou au bureau des projets. Notons que le promoteur connaît les critères qui seront utilisés pour accepter ou refuser le projet. En se basant sur les critères

FIGURE 2.5a

La proposition d'un projet important

Date _____   Numéro _____

Titre du projet _____

Gestionnaire responsable _____ Gestionnaire du projet _____

☐ _____   ☐ Soutien général   ☐ Qualité   ☐ Légal   ☐ Nouveau produit
☐ _____   ☐ _____   ☐ Réduction des coûts ☐ Remplacement   ☐ Capacité
☐ _____   ☐ _____   ☐   ☐   ☐

Oui ☐   Non ☐   Le projet exigera-t-il plus de 500 heures-personne ?
Oui ☐   Non ☐   Le projet est-il ponctuel (non récurrent) ?
Oui ☐   Non ☐   La proposition de projet a-t-elle été révisée par un gestionnaire de produit ?

Description du problème
Décrire le problème ou la possibilité

_____

Description du but
Décrire le but du projet.

_____

Description de l'objectif
Performance : évaluer les économies et les avantages possibles de ce projet.

Coûts : heures-personne, matériel, méthodes, équipement.

Calendrier : durée totale en mois.

de sélection et sur le portefeuille de projets, l'équipe chargée d'établir les priorités des projets accepte ou refuse le projet. Lorsque le projet est approuvé, cette même équipe en amorce la mise en œuvre.

La figure 2.7, à la page 45, illustre une partie d'un formulaire d'évaluation d'une grande entreprise servant à établir les priorités et à sélectionner les nouveaux projets. Le formulaire établit une distinction entre les objectifs fondamentaux et les objectifs recherchés. Quand il n'est pas en accord avec les objectifs fondamentaux, un projet n'est pas analysé et est automatiquement rejeté. Les objectifs de l'organisation ou de la division ont été classés et pondérés selon leur importance relative. Par exemple, « Améliorer le service à la clientèle externe » a une pondération relative de 83 comparativement aux autres objectifs recherchés. Les objectifs recherchés sont directement liés aux objectifs du plan stratégique.

Les descriptions des conséquences constituent un ajout au système de filtrage. Elles servent à évaluer l'impact d'un projet quand un objectif donné est atteint. Un système de notation est utilisé pour représenter l'importance de chaque critère. Pour illustrer le fonctionnement de ce système, examinons l'objectif souhaité, « Génère 5 millions de dollars de

FIGURE 2.5b

L'analyse des risques

Quels sont les trois principaux risques de ce projet ?			
1.			
2.			
3.			

Quelle est la probabilité que le projet soit exposé aux risques énumérés ci-dessus ?	0 à 10 Aucune Élevée	Risque 1. ci-dessus	
		Risque 2. ci-dessus	
		Risque 3. ci-dessus	
Quelles sont les chances de réussite du projet advenant de tels risques ?	0 à 10 Aucune Élevée	Risque 1. ci-dessus	
		Risque 2. ci-dessus	
		Risque 3. ci-dessus	

Ressources disponibles ? _____ Oui _____ Non

État actuel du projet

Date de début _____   Date de fin prévue _____

État :   ☐ Actif   ☐ En attente

Mise à jour :

Décision de l'équipe chargée d'établir les priorités :   ☐ Accepté   ☐ Retourné

☐ Découverte – projet non défini   ☐ Copie à : _____

☐ Opérationnel – proposition plutôt qu'un projet   Projet n° : [   ]

☐ Renseignements supplémentaires requis – pour donner une priorité au projet

☐ Projet terminé

nouvelles ventes». Le chiffre 0 est attribué au projet lorsque celui-ci n'a aucune conséquence sur les ventes ou que celles-ci sont inférieures à 100 000 $. Le chiffre 1 indique que les ventes prévues sont supérieures à 100 000 $, mais inférieures à 500 000 $. Le chiffre 2 indique que les ventes excèdent 500 000 $. Ces évaluations sur les conséquences sont combinées avec l'importance relative de chaque objectif afin de déterminer la contribution globale prévue d'un projet aux objectifs stratégiques. Par exemple, le projet n° 26 offre une possibilité de régler les problèmes d'exploitation, n'a aucune conséquence sur les ventes, mais influera de façon importante sur le service à la clientèle. En tenant compte de ces trois objectifs, le projet n° 26 recevrait une note de 265 [99 + 0 + (2 × 83)]. Les évaluations pondérées individuelles sont additionnées pour chaque projet et servent à établir les priorités des projets.

FIGURE 2.6

Le processus de
filtrage des projets

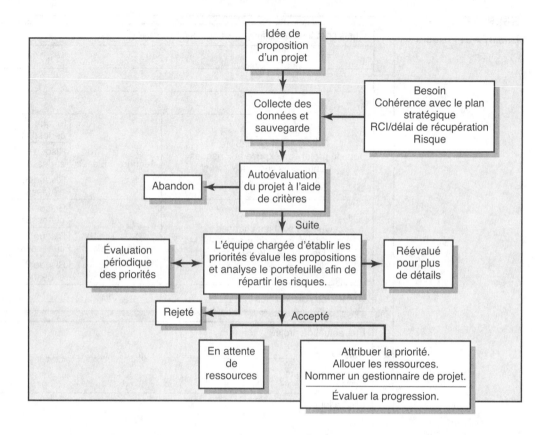

La responsabilité relative à l'établissement des priorités

L'établissement des priorités peut se révéler une tâche désagréable pour les gestionnaires. Elle signifie avoir de la discipline, être responsable, subir des contraintes ou une perte de pouvoir, et voir sa flexibilité réduite. L'engagement de la haute direction signifie davantage que le simple fait de donner son accord au système de priorités. Elle doit classer et pondérer de façon concrète les objectifs et les stratégies qu'elle croit être cruciaux pour l'entreprise. Cette déclaration publique d'engagement comporte des risques lorsque les objectifs classés constituent de mauvais choix. C'est à la haute direction, néanmoins, qu'il incombe d'indiquer l'orientation de l'entreprise. En revanche, un système d'établissement des priorités des projets adéquat permet de soutenir les efforts de la direction et de développer une culture organisationnelle grâce à laquelle chacun contribue aux buts de l'entreprise.

La gestion du système de portefeuille

La gestion d'un portefeuille confère au système de sélection une importance encore plus grande dans la mesure où les avantages d'un projet précis sont évalués en fonction des projets existants. Toutefois, cela exige simultanément de surveiller et de modifier, le cas échéant, les critères de sélection afin de refléter la perspective stratégique de l'entreprise. Il s'agit d'un travail continu. Dans une petite entreprise, le système de priorités peut être géré par un petit groupe d'employés clés ; dans une grande organisation, il sera plutôt pris en charge par le bureau des projets ou le groupe de gestion de l'entreprise.

Le rôle de la haute direction

La gestion d'un système de portefeuille requiert deux mesures importantes de la part de la haute direction. En premier lieu, elle établit des critères de sélection qui seront en accord avec les stratégies organisationnelles actuelles. En second lieu, chaque année, elle tente de

FIGURE 2.7

L'analyse des
priorités

Objectifs fondamentaux	Doivent atteindre les objectifs s'il y a des conséquences	... 26	27	28	29
		Numéro du projet			
Toutes les activités répondent aux normes juridiques, de sécurité et environnementales.	Oui – Atteint l'objectif Non – N'atteint pas l'objectif s.o. – Aucune conséquence	**s/o**			
Tous les nouveaux produits seront soumis à une analyse complète du marché.	Oui – Atteint l'objectif Non – N'atteint pas l'objectif s.o. – Aucune conséquence	**oui**			
Objectifs recherchés	Importance relative 1-100	Projet unique **Description** des conséquences	Évaluation pondérée	Évaluation pondérée	Évaluation pondérée	Évaluation pondérée
Fournit une solution immédiate aux problèmes d'exploitation. ㉚	**99**	0 ≤ Ne s'en occupe pas ①= Possibilité de régler les problèmes 2 ≥ Problème urgent	**99**			
Génère cinq millions de dollars de nouvelles ventes d'ici 20xx. ⑮	**88**	⓪< 100 000 $ 1 = 100 000 $–500 000 $ 2 > 500 000 $	**0**			
Améliore le service à la clientèle externe. ⑱	**83**	0 ≤ Conséquence mineure 1 = Conséquence acceptable ②≥ Conséquence importante	**166**			
◯						
↓						
		Évaluation pondérée totale				
		Priorité				

répartir les ressources organisationnelles disponibles (employés et capitaux) qu'elle affectera aux différents types de projets. Au préalable, toutefois, la haute direction doit effectuer une première répartition (par exemple, 20 % pour la conformité, 50 % pour la stratégie et 30 % pour l'exploitation) avant de sélectionner les projets, bien qu'elle puisse modifier la répartition lorsque les projets soumis sont évalués. Une fois ces données instaurées, l'équipe chargée d'établir les priorités des projets ou le bureau des projets peut alors s'acquitter de ses fonctions en soutenant, notamment, les promoteurs de projet et en représentant les intérêts de l'ensemble de l'entreprise.

Les responsabilités de l'équipe chargée d'établir les priorités

L'équipe chargée d'établir les priorités, ou le bureau des projets, est responsable de faire part de la priorité de chaque projet à tout le personnel. En outre, elle s'assure que le processus est ouvert et exempt de tout jeu de pouvoir. Par exemple, la plupart des entreprises qui font appel à une telle équipe ou à un bureau des projets utilisent un babillard électronique pour diffuser le portefeuille des projets en cours, l'état actuel de chaque projet et les problèmes inhérents à chacun. Ce type de communication ouverte laisse peu de place aux jeux de pouvoir. Par la suite, l'équipe chargée d'établir les priorités évalue la progression des projets du portefeuille. Bien géré, l'ensemble de ce processus peut avoir un effet positif sur le succès de l'entreprise.

Il est impératif de veiller scrupuleusement et régulièrement à l'environnement externe afin de déterminer si l'orientation de l'entreprise ou les critères de sélection doivent être modifiés. Une révision des priorités et des changements doit avoir lieu de façon périodique afin que l'entreprise soit au fait des changements de l'environnement et qu'elle puisse conserver une vision unifiée de son orientation. Quels que soient les critères de sélection, chaque projet devrait être évalué avec les mêmes repères. Il en va de même des projets classés comme essentiels, opérationnels et stratégiques. Il est primordial de respecter rigoureusement le système de priorité des projets. Il est également essentiel de garder l'ensemble du système ouvert et accessible afin de conserver l'intégrité de celui-ci et d'éviter aux nouveaux jeunes cadres de le contourner. Par exemple, communiquer au personnel les projets approuvés, leur classement, leur état et tout changement dans les critères de priorité découragera quiconque tentera de déroger au système.

L'équilibrage du portefeuille en fonction des risques et des types de projets

L'équipe chargée d'établir les priorités des projets a pour principale responsabilité d'équilibrer les projets par type, par risque et par besoin en ressources. Elle doit donc avoir une perspective globale de l'entreprise. Par conséquent, un projet qui obtient une évaluation élevée pour la plupart des critères peut ne pas être sélectionné du fait que le portefeuille de l'organisation compte déjà trop de projets ayant les mêmes caractéristiques, par exemple le niveau de risque d'un projet, l'utilisation de ressources clés, des coûts élevés, aucune production de revenus, des échéanciers très longs. Il importe d'équilibrer un portefeuille pour la sélection des projets. Les entreprises ont besoin d'évaluer chaque nouveau projet en fonction de ce qu'il ajoute à l'ensemble des projets. Il doit y avoir un équilibre entre les projets à court terme et ceux à long terme. L'utilisation des ressources doit être maximisée entre tous les projets et non seulement sur le projet le plus important.

David et Jim Matheson ont mené une étude sur les entreprises en recherche et développement. Ils ont créé une matrice qui peut être utilisée pour évaluer un portefeuille de projets (*voir la figure 2.8*). L'axe vertical reflète la probabilité de succès d'un projet. L'axe horizontal indique la valeur commerciale possible. La grille est divisée en quatre quarts, chaque quart représentant un type précis de projets.

FIGURE 2.8

La matrice d'un portefeuille de projets

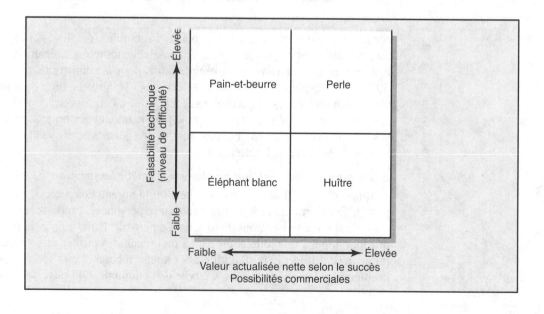

Les projets de type *pain-et-beurre* portent habituellement sur les améliorations évolutives à apporter aux produits et aux services existants. Les mises à niveau logicielles et les efforts pour réduire les coûts de fabrication font partie de ce type de projets.

Les projets de type *perle* portent sur les progrès commerciaux révolutionnaires faisant appel à une technologie éprouvée. Il peut s'agir, par exemple, de microcircuits intégrés de la prochaine génération et de l'imagerie sous-marine destinée à repérer du pétrole et du gaz.

Les projets de type *huître* portent sur les percées technologiques ayant un délai de récupération commercial élevé telles que les traitements de l'ADN embryonnaire et les nouveaux types d'alliage métallique.

Les projets de type *éléphant blanc* sont des projets qui se sont avérés prometteurs, mais qui ne sont plus durables, comme les produits destinés à un marché saturé ou une source énergétique puissante ayant des effets secondaires toxiques.

Les Matheson concluent que les entreprises ont trop souvent des projets de type éléphant blanc et peu de projets de type perle ou huître. Pour conserver l'avantage stratégique, ils recommandent aux entreprises de tirer profit des projets de type perle, d'éliminer ou de repositionner ceux de type éléphant blanc et de répartir les ressources allouées entre les projets de type pain-et-beurre et ceux de type huître afin de se conformer à la stratégie de l'organisation. Bien que leur étude ait essentiellement porté sur des sociétés en recherche et développement, leurs observations peuvent s'appliquer à tous les types d'entreprises à structure organisationnelle par projets.

Résumé

La multiplicité des projets, les ressources qualifiées limitées, les équipes virtuelles dispersées, les pressions pour commercialiser au moment opportun et les capitaux limités servent de poids à l'émergence d'une gestion de portefeuille de projets qui fournit une infrastructure permettant de gérer des projets multiples et de créer un lien entre la stratégie organisationnelle et la sélection des projets. L'élément le plus important de ce système est la création d'un système de classement qui utilise de nombreux critères reflétant la mission et la stratégie de l'entreprise. Il est primordial de communiquer les critères de priorité à tous les acteurs de l'organisation afin qu'ils deviennent une source d'inspiration pour les nouvelles idées de projets.

Tous les projets importants sélectionnés devraient être classés et les résultats de leur classement, diffusés. La haute direction doit participer activement à l'établissement des priorités et soutenir le système de priorités. Le non-respect du système de priorités nuit à l'efficacité de celui-ci. L'équipe chargée d'établir les priorités doit être composée de gestionnaires chevronnés capables de poser des questions épineuses et de faire une distinction entre la réalité et la fiction. Les ressources (personnel, équipement et capitaux) destinées aux projets importants doivent être clairement allouées. Elles ne doivent pas entrer en conflit avec les activités quotidiennes ou devenir un fardeau.

L'équipe chargée d'établir les priorités analyse avec minutie les projets importants selon leur valeur stratégique. En outre, elle s'assure qu'ils conviennent au portefeuille de projets déjà mis en œuvre. Les projets ayant un classement élevé peuvent être différés ou même abandonnés quand ils modifient de fond en comble la répartition courante des risques, des ressources et des initiatives stratégiques. La sélection des projets ne doit pas être uniquement axée sur les avantages d'un projet donné, mais également sur sa contribution par rapport au portefeuille de projets courant. Cela requiert une approche holistique afin que les projets soient en accord avec la stratégie et les ressources organisationnelles.

Mots clés

délai de récupération

écart entre la réalité et
les objectifs

équipe chargée d'établir
les priorités

matrice de filtrage
des projets

politique organisationnelle

portefeuille de projets

processus

processus de gestion
stratégique

système de priorités

tableau de bord
de performance

vache sacrée

valeur actualisée nette

Questions de révision

1. Décrivez les éléments importants d'un processus de gestion stratégique.

2. Expliquez le rôle des projets dans le processus de gestion stratégique.

3. Comment les projets sont-ils liés au plan stratégique ?

4. Un portefeuille de projets est généralement composé de projets de conformité, de projets stratégiques et de projets opérationnels. Quel effet cette classification a-t-elle sur la sélection des projets ?

5. Pourquoi le système de priorités décrit dans ce chapitre doit-il être ouvert et diffusé ? Le processus encourage-t-il une mise en œuvre ascendante des projets ? Est-il néfaste pour certains projets ? Pourquoi ?

6. Décrivez un système d'exploitation qui permet d'établir les priorités des projets selon leur contribution au plan stratégique. Comment ce système aide-t-il à allouer les ressources organisationnelles et à éviter une utilisation excédentaire des ressources ? Comment votre système diffère-t-il de celui qui est utilisé dans l'étude de cas de la page 51 ?

7. Pourquoi une entreprise ne devrait-elle pas uniquement compter sur le RCI pour choisir ses projets ?

Exercices

1. Vous gérez un hôtel de villégiature situé sur la plage sud de l'île de Kauai, à Hawaï. Vous décidez de changer la vocation de cet endroit, qui est actuellement une destination estivale, en un lieu écotouristique. Comment classeriez-vous les projets suivants en ce qui a trait à la conformité, à la stratégie et à l'exploitation ?

   a) Convertir le système de chauffage électrique de la piscine à l'énergie solaire.

   b) Construire un sentier de randonnée pédestre de 6,7 km de long.

   c) Rénover l'écurie.

   d) Remplacer la boutique de golf, qui a brûlé après avoir été foudroyée.

   e) Lancer une nouvelle campagne de promotion avec la compagnie aérienne Hawaii Airlines.

   f) Convertir 12 acres adjacents en réserve faunique.

   g) Rénover toutes les salles de bains des copropriétés qui datent de 10 ans ou plus.

   h) Modifier les dépliants de l'hôtel pour refléter sa nouvelle image écotouristique.

   i) Tester et revoir le plan des mesures d'urgence.

   j) Installer le service Internet sans fil dans les cafés et dans les salons de détente.

   Vous a-t-il été facile de classer ces projets ? En quoi certains projets étaient-ils plus difficiles à classer que d'autres ?

2. Deux nouveaux projets logiciels sont proposés à une jeune entreprise en démarrage. La mise sur pied du projet alpha coûtera 150 000 $ et elle devrait générer des flux de trésorerie de 40 000 $ par an. La mise sur pied du projet bêta coûtera 200 000 $ et elle devrait générer des flux de trésorerie de 50 000 $ par an. L'entreprise est très préoccupée par les flux de trésorerie. À l'aide de la méthode axée sur le délai de récupération, déterminez le projet qui générera les meilleurs flux de trésorerie. Justifiez votre réponse.

3. Un projet quinquennal devrait générer des flux de trésorerie annuels respectifs de 15 000 $, 25 000 $, 30 000 $, 20 000 $ et 15 000 $ au cours des cinq prochaines années. Le coût de sa mise en œuvre s'élèvera à 50 000 $. Si le taux de rendement requis est de 20 %, calculez la VAN en actualisant les flux de trésorerie.

4. Qu'arriverait-il à la VAN si le taux d'inflation prévu était de 5 % au cours des cinq prochaines années ?

5. Vous travaillez pour la société 3T qui prévoit un rendement d'au moins 18 % sur ses investissements. Vous devez choisir entre deux projets similaires. Le tableau ci-dessous contient les données financières de chaque projet. Vos analystes prédisent que le taux d'inflation demeurera stable à 3 % au cours des 7 prochaines années. Dans quel projet investiriez-vous si votre décision reposait uniquement sur les données financières ? Pourquoi ?

Année Omega	Rentrées de fonds	Sorties de fonds	Flux de trésorerie nets	Année Alpha	Rentrées de fonds	Sorties de fonds	Flux de trésorerie nets
A0	0	225 000 $	−225 000 $	A0	0	300 000 $	−300 000 $
A1	0	190 000 $	−190 000 $	A1	50 000 $	100 000 $	−50 000 $
A2	150 000 $	0 $	150 000 $	A2	150 000 $	0 $	150 000 $
A3	220 000 $	30 000 $	190 000 $	A3	250 000 $	50 000 $	200 000 $
A4	215 000 $		215 000 $	A4	250 000 $		250 000 $
A5	205 000 $	30 000 $	175 000 $	A5	200 000 $	50 000 $	150 000 $
A6	197 000 $		197 000 $	A6	180 000 $		180 000 $
A7	100 000 $	30 000 $	70 000 $	A7	120 000 $	30 000 $	90 000 $
Total	1 087 000 $	505 000 $	582 000 $	Total	1 200 000 $	530 000 $	670 000 $

6. La société Vélo sur mesure a conçu une matrice d'évaluation pondérée pour évaluer des projets potentiels. Le tableau présenté à la page suivante comprend trois projets à l'étude.

   a) En analysant la matrice d'évaluation, à quel projet accorderiez-vous la note la plus élevée ? la note la moins élevée ?

   b) Supposons que la pondération pour le critère « Promoteur efficace » passe de 2,0 à 5,0. Dans ce cas, la sélection de projets se révélera-t-elle différente ? Quels seront alors les trois projets ayant l'évaluation pondérée la plus élevée ?

   c) Pourquoi est-il important que les pondérations reflètent les critères stratégiques primordiaux ?

Une matrice de filtrage des projets

Critères / Pondération	Promoteur efficace	Est cohérent avec le plan stratégique de l'entreprise.	Urgent	10 % des ventes proviennent des nouveaux produits.	Concurrence	Comble un segment de marché non exploité.	Pondération totale
	2,0	5,0	4,0	3,0	1,0	3,0	
Projet n° 1	9	5	2	0	2	5	
Projet n° 2	3	7	2	0	5	1	
Projet n° 3	6	8	2	3	6	8	
Projet n° 4	1	0	5	10	6	9	
Projet n° 5	3	10	10	1	8	0	

Références

BENKO, C. et F.W. McFERLAN. *Connecting the Dots : Aligning Projects With Objectives in Unpredictable Times,* Boston, Harvard Business School Press, 2003.

BIGELOW, D. « Want to Ensure Quality ? Think Project Portfolio Management », *PM Network,* vol. 16, n° 1, avril 2002, p. 16-17.

COHEN, D. et R. GRAHAM. *The Project Manager's MBA,* San Francisco, Jossey-Bass, 2001, p. 58-59.

DESCAMPS, J.P. « Mastering the Dance of Change : Innovation as a Way of Life », *Prism,* 2ᵉ trimestre, 1999, p. 61-67.

DORAN, G.T. « There's a Smart Way to Write Management Goals and Objectives », *Management Review,* novembre 1981, p. 35-36.

FLOYD, S.W. et B. WOOLRIDGE. « Managing Strategic Consensus : The Foundation of Effectiveness Implementation », *Academy of Management Executives,* vol. 6, n° 4, 1992, p. 27-39.

FOTI, R. « Louder than Words », *PM Network,* décembre 2002, p. 22-27.

FRANK, L. « On Demand », *PM Network,* vol. 18, n° 4, avril 2004, p. 58-62.

FUSCO, J.C. « Better Policies Provide the Key to Implementing Project Management », *Project Management Journal,* vol. 28, n° 3, 1997, p. 38-41.

HUTCHENS, G. « Doing the numbers », *PM Network,* vol. 16, n° 4, mars 2002, p. 20.

JOHNSON, R.E. « Scrap Capital Project Evaluations », *Chief Financial Officer,* mai 1998, p. 14.

KAPLAN, R.S. et D.P. NORTON. « The Balanced Scoredcard-Measures That Drive Performance », *Harvard Business Review,* janvier-février 1992, p. 73-79.

KENNY, J. « Effective Project Management for Strategic Innovation and Change in an Organizational Context », *Project Management Journal,* vol. 34, n° 1, 2003, p. 45-53.

KHARBANDA, O.P. et J.K. PINTO. *What made Gertie Gallop : Learning From Project Failures,* New York, Van Nostrand Reinhold, 1996, p. 106-111, 263-283.

LEIFER, R. *et al. Radical Innovation : How Mature Companies Can Outsmart Upstarts,* Boston, Harvard Business School Press, 2000.

MATHESON, D. et J. MATHESON. *The Smart Organization,* Boston, Harvard Business School Press, 1998, p. 203-209.

SHENHAR, A. *Strategic Project Leadership : Focusing Your Project on Business Success,* [cédérom], Actes du Project Management Institute Annual Seminars & Symposium, San Antonio (TX), 3-10 octobre 2002.

WOODWARD, H. *Winning in a World Limited Project Spending,* [cédérom], Actes du Project Management Institute Global Congress North America, Baltimore (MD), 12-18 septembre 2003.

Étude de cas

La société Jeux Hector

La société Jeux Hector (JH) est spécialisée dans les jeux éducatifs pour les jeunes enfants. Elle a ouvert ses portes il y a maintenant quatre ans et vient de connaître sa meilleure année. En effet, elle a reçu un important apport de capitaux destinés à la croissance de l'entreprise en émettant des actions à titre privé par l'entremise d'une société de services bancaires d'investissement.

Le RCI de la société, pour cette dernière année, serait légèrement supérieur à 25 %, et l'entreprise n'afficherait aucune dette ! Le taux de croissance pour chacune des deux dernières années a été d'environ 80 %. Les parents et les grands-parents de jeunes enfants ont acheté des produits JH peu de temps après leur mise en marché. Les 56 membres de la société sont très heureux des résultats. Ils se réjouissent à l'idée de continuer à participer à la croissance de l'entreprise afin qu'elle devienne la plus grande et la meilleure société de jeux éducatifs du monde. Un article élogieux paru dans le journal *Jeunes Entrepreneurs* sur la fondatrice de l'entreprise, Laura Pierre, mentionne qu'elle est « la jeune entrepreneure à surveiller ». Mme Pierre a su créer une culture organisationnelle où tous les acteurs croient fermement en l'importance de l'innovation, de l'amélioration continue et de l'apprentissage au sein de l'entreprise.

L'année dernière, les 10 membres de la haute direction de JH ont fait appel à la société Vachon consultants afin d'établir un plan stratégique pour l'entreprise. Cette année, ces mêmes 10 membres sont réunis à Aruba pour décider du plan stratégique de l'an prochain en utilisant le même procédé suggéré par la firme Vachon consultants. La plupart des cadres supérieurs semblent tous s'entendre sur l'orientation à donner à l'entreprise à moyen et à long terme, mais ils ne sont pas tout à fait d'accord sur la façon d'y parvenir. Laura Pierre, maintenant présidente de JH, craint que la situation lui échappe. Il y a des conflits de plus en plus souvent. Certains employés sont toujours choisis pour les nouveaux projets. Des conflits liés à la disponibilité des ressources éclatent fréquemment, car chaque gestionnaire de projet est persuadé que son projet est le plus important. On note un nombre croissant de projets dont les échéanciers ne sont pas respectés ou dont le budget est dépassé. Il est ressorti de la réunion des gestionnaires, qui s'est tenue hier, que certains employés les plus compétents de l'entreprise ont travaillé à un jeu de simulation de gestion internationale destinée aux élèves de niveau collégial. Or, ce projet n'est pas cohérent avec la vision de l'entreprise ou le créneau commercial. Par moments, tout le monde semble faire à sa tête. Quelles que soient les raisons, il faut faire en sorte que tout le personnel de l'entreprise réussisse à s'entendre sur la *façon* dont la stratégie devrait être mise en œuvre compte tenu des ressources disponibles.

La réunion d'hier a inquiété Mme Pierre. Ces nouveaux problèmes surgissent à un mauvais moment. La semaine prochaine, JH augmentera la taille de l'entreprise, le nombre de nouveaux produits par année et les efforts commerciaux. Quinze nouveaux employés se joindront à JH le mois prochain. Mme Pierre est loin d'être certaine que les politiques destinées à ce que les nouveaux employés soient utilisés de façon plus productive seront mises en place à temps. Il y a également un autre problème qui semble poindre à l'horizon. Les autres fabricants de jeux ont remarqué le succès de JH sur son marché cible. Un concurrent a même tenté d'embaucher un employé clé affecté au développement de produits de JH. Mme Pierre désire que l'entreprise soit prête à faire face à toute forme de concurrence éventuelle et à décourager toute nouvelle entrée sur le marché. Elle sait que JH est une société structurée par projets. Toutefois, elle n'est plus aussi sûre de savoir comment gérer correctement l'entreprise, considérant que la croissance est très rapide et que la concurrence s'avère de plus en plus réelle. L'amplitude des problèmes émergents exige qu'on s'en occupe et qu'on les règle rapidement.

Mme Pierre vous a embauché comme consultant. Elle vous propose la structure suivante comme mandat de consultation. Vous êtes libre de privilégier une autre structure si celle-ci vous permet d'améliorer l'efficacité de votre mandat.

▸ Quel est notre principal problème?
▸ Déterminez les symptômes du problème.
▸ Quelle est la principale cause du problème?

Présentez un plan d'action détaillé pour résoudre le problème. Soyez précis et fournissez des exemples pertinents à JH.

Étude de cas

L'établissement des priorités pour des films

Le but de la présente étude de cas consiste à vous familiariser avec un système de priorités qui permettrait de classer les projets proposés selon leur contribution aux objectifs de l'entreprise et à son plan stratégique.

LE PROFIL DE L'ENTREPRISE

L'entreprise est une division cinématographique d'un conglomérat de divertissements. Le siège social se trouve à Anaheim, en Californie. En plus de sa division cinématographique, le conglomérat comprend des parcs d'attractions thématiques, des vidéos, une chaîne de télévision, des jeux interactifs et des productions théâtrales. L'entreprise a connu une croissance régulière au cours des 10 dernières années. Ses revenus totaux, de la dernière année, ont augmenté de 12 %, à 21,2 milliards de dollars. L'entreprise est actuellement en pourparlers pour étendre son empire de parcs thématiques en Chine et en Pologne. Les revenus de la division cinématographique s'élèvent à 274 millions de dollars, ce qui représente une augmentation de 7 % par rapport à l'année dernière. Toutefois, la marge de profit a diminué de 3 %, pour se situer à 16 %, en raison d'une baisse d'auditoire pour trois des cinq principaux films à l'affiche durant l'année.

LA MISSION DE L'ENTREPRISE

Voici la mission de l'entreprise :
Notre principal objectif consiste à créer une valeur pour l'actionnaire tout en demeurant la première entreprise de divertissements du monde sur le plan créatif, stratégique et financier.

La division cinématographique soutient cette mission en produisant et en distribuant annuellement de façon intensive quatre à six films de grande qualité destinés à la famille. Au cours des dernières années, le président-directeur général de l'entreprise a plaidé pour que la société occupe une place avant-gardiste sur le plan des préoccupations environnementales.

Les objectifs fondamentaux de l'entreprise

Chaque projet doit atteindre les objectifs fondamentaux qu'ont fixés les cadres de direction. Il importe que les projets de films sélectionnés respectent ces objectifs de haute priorité stratégique. Les trois objectifs fondamentaux sont les suivants :

1. Les projets doivent être tous conformes aux normes juridiques, de sécurité et environnementales.
2. Les projets de films devraient tous être classés PG (supervision parentale suggérée) ou G (général).
3. Les projets ne devraient pas nuire au fonctionnement ni aux activités prévues au sein du conglomérat.

Les objectifs recherchés par l'entreprise

Une pondération est attribuée aux objectifs recherchés selon leur importance relative. Il incombe à la haute direction de formuler, de classer et de pondérer les objectifs afin de s'assurer que les projets sont cohérents avec la stratégie et la mission de l'entreprise. Les objectifs recherchés sont les suivants :

1. Être en nomination et gagner un oscar pour le meilleur film de l'année.
2. Créer, chaque année, un ou plusieurs personnages animés qui soient les vedettes d'un film d'animation ou d'une série télévisée.
3. Générer des revenus commerciaux supplémentaires (des personnages d'action, des poupées, des jeux interactifs et des cédéroms de musique).
4. Sensibiliser davantage le public aux préoccupations et aux problèmes environnementaux.
5. Générer un bénéfice supérieur à 18 %.
6. Promouvoir la technologie de pointe dans l'animation de films et préserver la réputation de l'entreprise.
7. Fournir les ressources nécessaires à la création d'un nouveau manège destiné à un parc thématique appartenant à l'entreprise.

LES TÂCHES

Vous faites partie de l'équipe chargée d'établir les priorités dans le but d'évaluer et de sélectionner des propositions de films. Utilisez le formulaire d'évaluation fourni (*voir la page 56*) pour évaluer et classer chaque proposition de façon officielle. Soyez prêt à divulguer vos classements et à justifier vos décisions.

Supposez que tous les projets aient dépassé le taux de rejet (RCI) fixé à 14 %. En plus du synopsis de film, les propositions contiennent les prévisions financières suivantes, qui proviennent de la vente de vidéos et d'entrées au cinéma : 80 % de chances d'atteindre le RCI, 50 % de chances d'atteindre le RCI et 20 % de chances d'atteindre le RCI.

Par exemple, pour la proposition n° 1 (*Dalaï Lama*), il y a 80 % de chances pour que ce film rapporte au moins 8 % de rendement, 50 chances sur 50 que le RCI soit de 18 % et 20 % de chances que le RCI soit de 24 %.

LES PROPOSITIONS DE FILMS

Proposition de film n° 1 : Ma vie avec le Dalaï Lama

Il s'agit d'une biographie animée sur l'enfance du Dalaï Lama au Tibet inspirée du très populaire livre pour enfants *Contes du Népal*. La vie de ce personnage sera racontée à travers les yeux de Guoda, serpent des champs, et d'autres animaux de la région qui se lieront d'amitié avec le Dalaï et l'aideront à comprendre les principes du bouddhisme.

Probabilité	80 %	50 %	20 %
RCI	8 %	18 %	24 %

Proposition de film n° 2 : Heidi

Il s'agit d'une nouvelle version de cette célèbre histoire pour enfants dont la musique sera écrite par les compositeurs ayant gagné un oscar pour *Syskle and Obert*. Ce film à gros budget mettra en vedette des acteurs renommés et présentera des scènes époustouflantes des Alpes suisses.

Probabilité	80 %	50 %	20 %
RCI	2 %	20 %	30 %

Proposition de film n° 3 : L'Année du groupe The Echos

Il s'agit d'un document à petit budget célébrant la carrière d'un des groupes rock les plus influents de l'histoire. Le film sera dirigé par Elliot Cznerzy, cinéaste de la nouvelle vague, et comprendra des séquences du concert et des entrevues en coulisse prises tout au long des 25 années d'existence du groupe rock The Echos. En plus de la musique extraordinaire du groupe, le film mettra l'accent sur l'un des membres fondateurs décédé d'une surdose d'héroïne et révélera les dessous du monde interlope du sexe, du mensonge et de la drogue dans l'industrie de la musique.

Probabilité	80 %	50 %	20 %
RCI	12 %	14 %	18 %

Proposition de film n° 4 : Un cri dans la forêt

Il s'agit d'un film d'animation qui se déroulera dans la forêt tropicale humide d'Amazonie. L'histoire tournera autour de Pablo, un jeune jaguar qui tentera de convaincre les animaux belliqueux de la jungle de s'unir et de quitter la région ravagée par la coupe à blanc.

Probabilité	80 %	50 %	20 %
RCI	15 %	20 %	24 %

Proposition de film n° 5 : Nadia !

C'est l'histoire de Nadia Comaneci, célèbre gymnaste roumaine qui a remporté trois médailles d'or aux Jeux olympiques d'été de Montréal en 1976. Ce film à petit budget est un documentaire sur la vie de la jeune athlète en Roumanie et sur la façon dont elle a été sélectionnée par les autorités roumaines pour se joindre au programme athlétique d'élite de l'État. Le film montrera comment Nadia a conservé son esprit indépendant et son amour pour la gymnastique malgré un programme d'entraînement strict et rigoureux.

Probabilité	80 %	50 %	20 %
RCI	8 %	15 %	20 %

Proposition de film n° 6 : Keiko – Une grande histoire !

Le film montre la fille fictive de l'épaulard Keiko, Seiko, en train de raconter à ses enfants, quelques années plus tard, la vie de leur célèbre grand-père. Le film à gros budget comprendra d'authentiques séquences de l'épaulard combinées à un environnement animé par le biais d'un traitement d'images par ordinateur à la fine pointe de la technologie. Le film révélera la réaction de Keiko au traitement que lui ont fait subir les humains.

Probabilité	80 %	50 %	20 %
RCI	6 %	18 %	25 %

Proposition de film n° 7 : L'île du grand remous

L'histoire s'inspire d'un fait vécu. Il s'agit d'un groupe de jeunes élèves en biologie qui découvrira qu'une usine d'engrais déverse ses déchets toxiques dans une rivière voisine. Le film à moyen budget dépeindra comment ces élèves mettront sur pied une campagne pour contrer la bureaucratie locale ct, cn fin de compte, forcer l'usine à rétablir l'écosystème de la région.

Probabilité	80 %	50 %	20 %
RCI	9 %	15 %	20 %

Un formulaire d'évaluation des priorités des projets

Objectifs fondamentaux	Doivent être atteints s'il y a des conséquences	1	2	3	4	5	6	7
Répond à toutes les normes de sécurité, et environnementales.	O = oui N = non s.o. = sans objet							
Classement PG ou G	O = oui N = non s.o. = sans objet							
Aucun effet négatif sur les autres activités du conglomérat.	O = oui N = non s.o. = sans objet							

Objectifs recherchés	Importance relative 1–100	Projet unique Description des conséquences	Évaluation pondérée	Évaluation pondérée	Évaluation pondérée	Évaluation pondérée	Évaluation pondérée	Évaluation pondérée	Évaluation pondérée
Être en nomination pour le meilleur film de l'année.	60	0 ≤ Aucune possibilité 1 ≥ Faible possibilité 2 > Possibilité élevée							
Génère des produits additionnels.	10	0 ≤ Aucune possibilité 1 ≥ Faible possibilité 2 > Possibilité élevée							
Crée un nouveau personnage animé vedette.	20	0 ≤ Aucune possibilité 1 ≥ Faible possibilité 2 > Possibilité élevée							
Augmente les préoccupations environnementales.	55	0 ≤ Aucune possibilité 1 ≥ Faible possibilité 2 > Possibilité élevée							
Génère un bénéfice supérieur à 18 %.	70	0 ≤ 18 % 1 ≥ 18 % 2 > 22 %							
Fait progresser l'état du film d'animation.	40	0 ≤ Aucune possibilité 1 ≥ Possibilité modérée 2 > Possibilité élevée							
Fournit les ressources pour la création d'un manège.	10	0 ≤ Aucune possibilité 1 ≥ Faible possibilité 2 > Possibilité élevée							
Évaluation pondérée totale									
Priorité									

Annexe 2.1

L'appel d'offres

Dès qu'une entreprise sélectionne un projet, le client ou le gestionnaire de projet doit habituellement présenter un appel d'offres pour le projet ou des parties du projet.

Le gestionnaire de projet s'assure que tous les acteurs reliés aux activités énumérées dans l'appel d'offres entrent les données requises. L'appel d'offres est communiqué aux entrepreneurs et aux vendeurs externes ayant l'expérience pertinente. Par exemple, les gouvernements présentent souvent des « appels d'offres » aux entrepreneurs de travaux routiers, de construction de bâtiments et d'aéroports, de fabrication d'équipements militaires et de véhicules spatiaux. Dans le même ordre d'idées, les entreprises privilégient les appels d'offres pour solliciter des soumissions pour la construction d'une salle de chirurgie stérile, la mise sur pied d'un nouveau processus de fabrication, la livraison d'un logiciel destiné à la facturation d'assurances ou l'étude d'un marché. Dans tous ces exemples, les exigences et les fonctions doivent être suffisamment détaillées afin que les entrepreneurs disposent d'une description claire du produit final qui répondra aux besoins du client. Dans la plupart des cas, l'appel d'offres spécifie également que la proposition de soumission de l'entrepreneur doit respecter un certain format afin que les réponses des autres entrepreneurs puissent être évaluées de façon équitable. Les appels d'offres sont habituellement destinés aux entrepreneurs externes ; certaines entreprises s'en servent cependant à l'interne. Ainsi, l'organisation envoie un appel d'offres à ses différents services ou divisions.

Le contenu de l'appel d'offres s'avère extrêmement important. Dans la pratique, l'erreur la plus courante consiste à soumettre l'appel en oubliant de mentionner certains détails. Cette lacune entraîne des conflits, des malentendus, voire des réclamations juridiques entre l'entrepreneur et le propriétaire, sans parler du mécontentement du client. Tous les appels d'offres sont différents, mais les points énumérés au tableau A1.1 constituent un bon point de départ pour remplir correctement un appel d'offres. Chaque étape est brièvement décrite ci-après.

1. Un résumé des besoins et une demande d'intervention   Le cheminement de l'entreprise et une simple description du livrable de projet final doivent être présentés à cette étape. Par exemple, en se servant de jeux de simulation de guerre, la marine américaine s'est rendu compte que ces énormes navires de guerre d'antan étaient devenus beaucoup trop vulnérables comparativement à la technologie d'aujourd'hui – les missiles antinavires Silkworm constituent un bon exemple. En outre, la nouvelle mission de la marine américaine consiste à soutenir les forces terrestres et à effectuer des missions de paix, ce qui signifie se rapprocher du littoral. La marine est donc en train de remettre à neuf ses navires afin de pouvoir s'acquitter de ses responsabilités près de la côte. Elle sélectionnera trois conceptions parmi les réponses qu'elle recevra à son appel d'offres pour améliorer ces navires. En fait, la marine s'attend à ce que le nouveau navire puisse filer à une vitesse de 55 nœuds, qu'il mesure entre 24 m et 75 m de long et qu'il soit muni de panneaux absorbant les ondes radar afin d'échapper aux missiles guidés.

2. Un énoncé de travail décrivant le contenu et les principaux livrables   Par exemple, lorsque le projet exige une étude de marché, les principaux livrables peuvent être la conception, la collecte et l'analyse des données, ainsi que des recommandations d'ici le 21 février 20XX à un coût n'excédant pas 300 000 $.

3. Les spécifications, les exigences, les caractéristiques et les tâches livrables   Cette étape doit être très complète afin que les propositions de soumission des entrepreneurs puissent être validées, puis utilisées plus tard aux fins de contrôle. Les spécifications types comprennent les caractéristiques physiques telles que la taille, la quantité, les matériaux, la vitesse et la couleur. Ainsi, un projet de technologie de l'information doit décrire en détail les exigences relatives au matériel, au logiciel et à la formation. Les tâches requises pour répondre à ces exigences peuvent être incluses quand elles sont connues.

4. Les responsabilités du vendeur et du client   Il importe d'expliquer clairement les responsabilités du vendeur et du client afin d'éviter de sérieux problèmes au moment de la mise en œuvre du projet. Par exemple, qui paie quoi ? (L'entrepreneur doit-il être présent sur le site ? Doit-il payer pour un bureau ?) Quelles sont les restrictions et les exclusions concernant l'entrepreneur ? Par exemple, qui fournira l'équipement d'essai ? Quel est le plan de communication prévu entre l'entrepreneur et le propriétaire ? En cas d'escalade d'un conflit, comment le problème sera-t-il réglé ? Comment la progression des travaux sera-t-elle évaluée ? Des responsabilités bien établies permettent d'éviter un grand nombre de problèmes imprévus.

TABLEAU A1.1

Le contenu d'un appel d'offres

1. Un résumé des besoins et une demande d'intervention.
2. Un énoncé de travail décrivant le contenu et les principaux livrables.
3. Les spécifications, les exigences, les caractéristiques et les tâches livrables.
4. Les responsabilités du vendeur et du client.
5. Un calendrier général.
6. Les coûts et l'échéancier des paiements.
7. Le type de contrat.
8. L'expérience et la main-d'œuvre.
9. Les critères d'évaluation.

5. Un calendrier général Un calendrier rigoureux permet de contrôler et d'évaluer la progression des travaux. Les propriétaires sont généralement très exigeants quant au respect des échéanciers. Dans le contexte commercial actuel, le moment opportun pour commercialiser un produit est un « argument de vente » clé qui influe sur les parts de marché, les coûts et les profits. Le calendrier doit être en mesure de répondre aux questions quoi, qui et quand.

6. Les coûts et l'échéancier des paiements L'appel d'offres doit indiquer très clairement comment et à quel moment les paiements auront lieu ainsi que le processus permettant de déterminer les sommes d'argent et les conditions des acomptes.

7. Le type de contrat Il existe deux types de contrat : le contrat à prix fixe et le contrat à prix coûtant majoré. Dans un contrat à prix fixe, le prix ou le montant forfaitaire est prévu à l'avance pour toute la durée du projet dans la mesure où aucune modification n'est apportée à l'entente initiale. Ce type de contrat est recommandé pour les projets bien définis qui comportent des coûts prévisibles et un minimum de risque. L'entrepreneur doit prêter une attention particulière quand il évalue les coûts afin d'éviter une diminution de son bénéfice advenant de mauvaises prévisions. En vertu du contrat à prix coûtant majoré, l'entrepreneur est remboursé en partie ou pour l'ensemble des dépenses engagées durant l'exécution du contrat. Ce prix est négocié à l'avance et comprend habituellement un pourcentage sur l'ensemble des coûts. Le temps et les matériaux combinés à un facteur de rentabilité sont typiques des contrats à prix coûtant majoré. Les deux types de contrat peuvent comporter des clauses d'intéressement en ce qui a trait à la rapidité d'exécution et à une diminution des coûts, mais également des amendes, par exemple quand la date d'ouverture d'un nouveau stade sportif est reportée.

8. L'expérience et la main-d'œuvre La capacité d'un entrepreneur à mettre en œuvre un projet peut exiger certaines compétences précises. Cette expérience essentielle et la disponibilité de la main-d'œuvre pour ce projet doivent être indiquées.

9. Les critères d'évaluation pour l'appel d'offres Les critères pour évaluer et attribuer un contrat de projet devraient être mentionnés. Par exemple, les critères de sélection portent fréquemment sur la méthodologie, le prix, le calendrier et l'expérience. Dans certains cas, ces critères sont pondérés. La liste des points essentiels présentée au tableau A1.1 permet de ne rien oublier au moment de rédiger un appel d'offres. Un appel d'offres bien préparé fournit aux entrepreneurs toutes les directives nécessaires pour rédiger une proposition qui répond clairement aux besoins du projet et du client.

La sélection de l'entrepreneur à partir des soumissions

Les entrepreneurs intéressés au projet répondent à l'appel d'offres en présentant une soumission écrite. Il est fréquent de voir plusieurs entrepreneurs soumissionner un même projet.

La dernière étape du processus d'appel d'offres consiste à sélectionner l'entrepreneur qui répond le mieux aux exigences décrites dans l'appel d'offres. Les critères de sélection qui y sont énumérés permettent d'évaluer les soumissions et de déterminer l'entrepreneur qui sera choisi. Toutefois, les autres entrepreneurs doivent être informés des principales raisons qui ont mené au choix de l'entrepreneur ou du vendeur sélectionné. Il ne faut pas oublier de les remercier pour leur participation et leurs efforts.

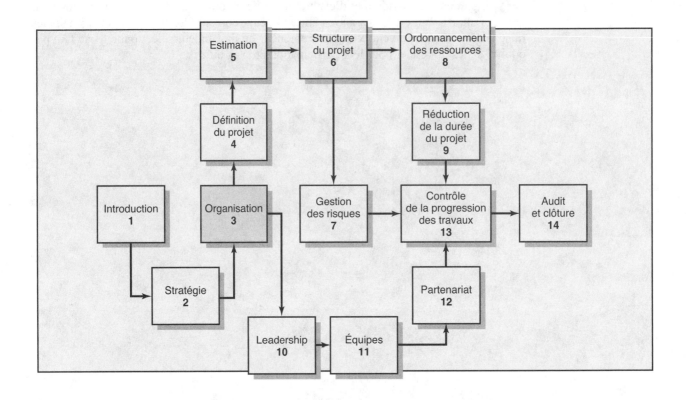

La structure et la culture de l'entreprise

Les structures de la gestion de projet

Comment choisir la structure de gestion de projet appropriée

La culture organisationnelle

La portée de la culture organisationnelle dans la gestion de projet

Résumé

Annexe 3.1 : Comment s'élabore et se communique une culture organisationnelle

CHAPITRE 3

La structure et la culture de l'entreprise

La structure matricielle est efficace mais, par moments, elle cause de sérieux problèmes. Les gestionnaires qui s'en servent doivent se maintenir en bonne santé et prendre des comprimés antistress.

— Un gestionnaire de projet

Supposons qu'un projet soit approuvé par la haute direction d'une entreprise. Par la suite, il faudra déterminer comment le mettre en œuvre. Dans le présent chapitre, nous examinerons quatre structures de gestion utilisées par les entreprises pour exécuter des projets : l'organisation fonctionnelle, l'équipe de projet autogérée (à vocation unique), la matrice et l'organisation en réseau. Il en existe d'autres, mais ces structures et leurs variantes représentent les principales méthodes de gestion des projets. Nous discuterons des avantages et des inconvénients de chacune et de certains facteurs déterminants susceptibles d'amener une entreprise à choisir une méthode plutôt qu'une autre.

Le choix de la méthode de l'organisation fonctionnelle classique ou d'une forme quelconque de tableau matriciel pour mener à terme un projet ne constitue qu'une partie du processus. Quiconque a occupé un poste dans plusieurs entreprises sait qu'il y a souvent des différences considérables dans la manière de gérer des projets à l'intérieur d'entités aux structures semblables. Travailler dans le cadre d'un système matriciel chez AT&T ou travailler chez Hewlett-Packard (HP) sont deux choses très différentes. De nombreux chercheurs attribuent ces différences à la culture organisationnelle de chaque entreprise. On peut expliquer simplement la *culture organisationnelle* comme un reflet de la « personnalité » de l'entreprise. De même que chacun de nous a une personnalité unique, chaque entreprise possède sa propre culture. Vers la fin du présent chapitre, nous étudierons plus en détail ce en quoi consiste une culture organisationnelle et l'effet de la culture d'une société mère sur l'organisation et la gestion des projets.

La structure de gestion de projet et la culture organisationnelle constituent des éléments essentiels de l'environnement dans lequel les projets sont mis en œuvre. Il importe que les gestionnaires et les ressources affectés à un projet « tâtent le terrain » pour éviter les obstacles et tirer profit des différentes voies qui leur permettront de mener leurs projets à terme.

Les structures de la gestion de projet

Un système de gestion de projet fournit un cadre pour introduire et mettre en œuvre les activités opérationnelles au sein d'une société mère. Pour être efficace, il lui faut trouver un équilibre entre les besoins de la société mère et ceux du projet lui-même en définissant l'interface entre les deux sur les plans de l'autorité, de l'attribution des ressources et, finalement, de l'intégration des résultats du projet aux activités courantes de l'entreprise.

De nombreuses entreprises ont du mal à mettre sur pied un système de gestion de projet tout en gérant les activités en cours. Leurs difficultés sont principalement attribuables au fait que les projets ne se conforment pas aux principes fondamentaux de conception associés aux entreprises traditionnelles. En premier lieu, les projets constituent des efforts uniques et non répétitifs qui ont un début et une fin clairement définis. Or, la plupart des entreprises sont conçues pour gérer efficacement des activités continues. Pour atteindre cette efficacité, il s'agit essentiellement de décomposer des tâches complexes en activités simples et répétitives comme dans le cas des méthodes de production par chaîne de montage. De par leur nature, les projets n'ont rien de routinier et font donc figure d'anomalie dans un tel environnement de travail.

En second lieu, les entreprises éprouvent de la difficulté à organiser l'exécution de projets de façon efficace, car la plupart de ceux-ci sont pluridisciplinaires, c'est-à-dire que leur réalisation requiert les efforts coordonnés de divers spécialistes. Par exemple, le projet de développement d'un nouveau produit exigera sans doute que des experts en conception, en marketing, en fabrication et en finances unissent leurs efforts. Toutefois, la plupart des entreprises sont divisées en sections qui correspondent à des compétences fonctionnelles, et les spécialistes en conception, en marketing, en fabrication et en finances sont cantonnés dans des unités différentes. De nombreux chercheurs constatent que ces regroupements favorisent le développement de coutumes, de normes, de valeurs et de modes de travail propres à chacun qui nuisent à leur intégration au-delà des frontières fonctionnelles. Non seulement existe-t-il des « silos sectoriels », mais la gestion de projet pose un autre problème : déterminer qui est responsable du projet. Dans la plupart des entreprises, l'autorité se répartit de façon hiérarchique au sein des structures fonctionnelles. Or, comme les projets couvrent plusieurs domaines d'activité, il est souvent problématique de déterminer et de légitimer l'autorité dans le cadre de leur gestion.

La planification de l'organisation des projets à l'intérieur d'une organisation fonctionnelle

L'une des méthodes de planification de l'organisation des projets consiste à gérer ceux-ci au sein de la hiérarchie fonctionnelle déjà en place. Lorsque la haute direction met en œuvre un projet, les divers segments du projet sont assignés aux unités fonctionnelles appropriées, chaque unité ayant la responsabilité de l'achèvement de son segment (*voir la figure 3.1*). La coordination se fait par les canaux de gestion normaux. Par exemple, supposons qu'un fabricant d'outils désire diversifier sa gamme de produits en offrant une série d'outils expressément conçus pour les gauchers. La haute direction décide alors de mettre en œuvre ce projet et en distribue les segments aux services appropriés. Le service de la conception industrielle est chargé de modifier les spécifications pour tenir compte des besoins des utilisateurs gauchers. Le service de la production doit inventer des moyens de fabriquer les nouveaux outils conformément à ces spécifications. Le service du marketing évalue la demande et le prix et détermine des points de distribution potentiels. L'ensemble du projet sera géré au sein de la hiérarchie établie et fera partie de l'agenda de travail de la haute direction.

L'organisation fonctionnelle est aussi couramment utilisée lorsque, compte tenu de la nature du projet, une unité fonctionnelle joue un rôle prépondérant dans l'achèvement du projet lorsqu'il a un intérêt particulier à le voir réussir. Dans ce contexte, on confie alors la responsabilité de la coordination du projet à un cadre supérieur de cette fonction. Ainsi, un cadre supérieur du service des installations d'une entreprise serait chargé de la gestion du transfert de matériel et de personnel dans un nouveau bureau. De même, on confiera au service des systèmes d'information un projet qui nécessite la mise à niveau de ce système. Dans les deux cas, la plupart des tâches du projet seraient effectuées à l'intérieur du service concerné, et la coordination avec certains autres services se ferait par les canaux habituels.

FIGURE 3.1 Les organisations fonctionnelles

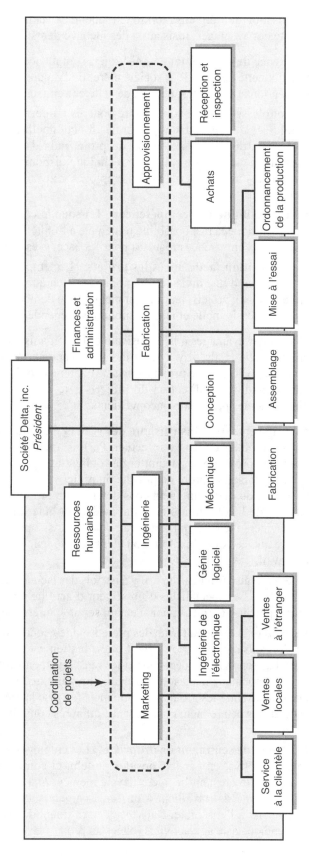

L'utilisation de l'organisation fonctionnelle existante pour gérer et exécuter des projets comporte des avantages, mais aussi des inconvénients. Voici les principaux avantages :

1. **L'absence de changement**   Les projets sont menés à terme à l'intérieur de la structure fonctionnelle de base de la société mère. Il n'y a donc aucun changement radical dans la conception et le fonctionnement de cette entreprise.

2. **La souplesse**   L'utilisation des ressources en personnel se fait avec un maximum de souplesse. Des spécialistes des unités fonctionnelles peuvent être temporairement appelés à participer à l'exécution du projet puis ils retournent à leur travail habituel. Lorsque la quantité de ressource technique disponible dans chaque section ou service spécialisé s'avère suffisante, les employés peuvent passer d'un projet à l'autre assez facilement.

3. **La disponibilité des compétences**   Lorsque le contenu du projet est restreint et que l'on en attribue la responsabilité principale à l'unité fonctionnelle appropriée, on peut recourir aux compétences requises pour les aspects essentiels du projet.

4. **Une transition facile après les projets**   Les employés poursuivent une carrière normale au sein d'une division fonctionnelle. Bien que des spécialistes puissent contribuer largement aux projets, leur unité fonctionnelle demeure leur point d'attache. Leur croissance professionnelle et leur promotion en dépendent étroitement.

S'il y a des avantages à la planification de l'organisation de projets au sein d'une organisation fonctionnelle, il y a aussi des inconvénients. Ces inconvénients sont particulièrement sérieux lorsque le projet a un vaste contenu et qu'aucun service fonctionnel n'est en mesure d'assumer la direction du projet sur le plan technologique et sur le plan de la gestion. Voici les principaux inconvénients :

1. **Une concentration insuffisante des efforts**   Chaque unité fonctionnelle a son propre travail routinier de base à effectuer. Parfois, on doit mettre de côté les responsabilités liées à un projet pour s'acquitter des obligations principales de l'unité. Cette difficulté s'accroît lorsque l'ordre de priorité du projet varie en fonction des unités. Par exemple, le service du marketing peut considérer qu'un projet est urgent, alors que les employés chargés de l'exploitation ne lui accordent qu'une importance secondaire. Il est facile d'imaginer la tension qui résulterait de la nécessité pour les employés du marketing d'attendre que ceux de l'exploitation aient achevé leur segment avant de pouvoir se mettre au travail.

2. **Une mauvaise intégration**   Il y a parfois des lacunes dans l'intégration des unités fonctionnelles. Les spécialistes d'un secteur d'activité tendent à s'intéresser uniquement à leur segment du projet et non à ce qui serait le mieux pour l'ensemble du projet.

3. **La lenteur**   Mener à terme des projets exige généralement plus de temps dans le cadre de l'organisation fonctionnelle. Cette situation est en partie attribuable à la lenteur du temps de réponse, les décisions et les renseignements relatifs au projet devant circuler à travers les canaux de gestion normaux. En outre, le manque de communication horizontale directe entre les groupes fonctionnels favorise la reprise de certaines activités, car les spécialistes ne prennent connaissance qu'après coup de la portée des activités des autres services.

4. **L'absence de sentiment de propriété**   Les employés affectés à un projet manquent parfois de motivation car ils considèrent celui-ci comme un fardeau supplémentaire qui n'est pas directement lié à leur développement ni à leur avancement professionnels. De plus, comme ils travaillent à un seul segment du projet, ils pourraient difficilement s'identifier à l'ensemble. L'absence de sentiment de propriété décourage une participation enthousiaste aux activités reliées au projet.

Les groupes de travail hors cadre chez Lockheed Martin*

Gracieuseté de Lockheed Martin.

Dans le folklore de la gestion de projet, l'expression « groupe de travail hors cadre » désigne une petite équipe autogérée à laquelle on a assigné un projet technologiquement révolutionnaire. C'est Clarence L. « Kelly » Johnson de chez Lockheed Aerospace Corporation qui a inventé ce concept, il y a plus de 50 ans. Quel était son projet ? Créer un chasseur à réaction, le *Shooting Star,* et le construire le plus vite possible. M. Johnson et un petit groupe d'ingénieurs ont travaillé à la façon d'une équipe autogérée, sans s'encombrer des délais bureaucratiques et hiérarchiques propres au processus normal de recherche et de développement. Le nom de l'équipe a été inventé par un de ses membres, Irvin Culver, sur le modèle de la distillerie clandestine, située au fin fond de la forêt dans la célèbre bande dessinée Lil'Abner, qui produisait un whisky artisanal appelé, par euphémisme, « jus du bonheur kickapoo ».

Le projet s'est révélé un immense succès. En seulement 43 jours, l'équipe de M. Johnson, composée de 23 ingénieurs et de groupes de personnel de soutien, a réussi à assembler le premier avion de chasse américain capable de voler à plus de 800 km/h. Lockheed a continué à recourir à cette équipe pour développer toute une série de jets à grande vitesse, y compris le F117 appelé *Stealth Fighter.* Aujourd'hui, Lockheed Martin possède une division « Groupe de travail hors cadre » dont la charte s'énonce comme suit.

Le groupe de travail consiste en une concentration de quelques personnes compétentes qui résolvent des problèmes longtemps à l'avance – et à une fraction du coût ordinaire – en appliquant les méthodes les plus simples et les plus directes possible pour développer et fabriquer de nouveaux produits.

* MILLER, J. *Lockheed Martin's Skunk Works,* New York, Speciality Publications, 1996.

La planification de l'organisation des projets par des équipes autogérées

À l'autre extrémité du spectre des structures, on trouve la création d'équipes de projet indépendantes. Ces équipes fonctionnent comme des unités distinctes du reste de la société mère. En général, on désigne un gestionnaire de projet à temps plein pour réunir un petit groupe de spécialistes qui se consacreront entièrement eux aussi au projet. Le gestionnaire de projet recrute le personnel nécessaire à l'intérieur et à l'extérieur de la société mère. L'équipe ainsi formée se trouve séparée physiquement de la société mère et reçoit sa « feuille de route » pour l'exécution du projet (*voir la figure 3.2*).

L'interface entre la société mère et les équipes de projet varie. Dans certains cas, la société mère impose des procédures de contrôle administratif et financier au projet. Dans

FIGURE 3.2 **L'équipe de projet autogérée**

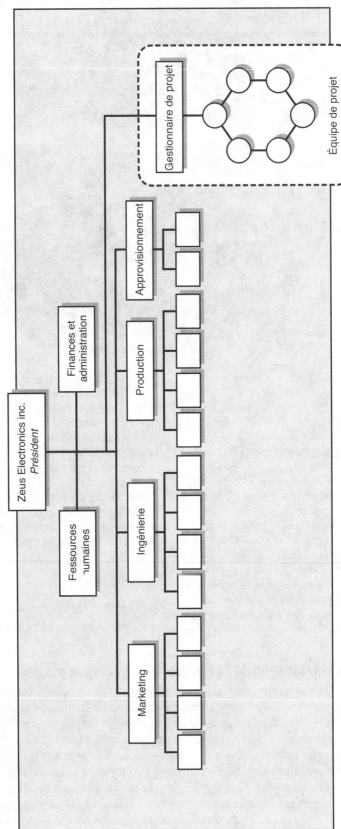

d'autres, elle accorde au gestionnaire de projet un maximum de liberté pour que le projet soit exécuté à partir des ressources qui lui sont allouées au départ. Lockheed Martin s'est servie de cette dernière méthode pour développer des avions à réaction avant-gardistes, comme le précise la rubrique précédente.

Dans le cas des entreprises où les projets constituent la principale forme d'activité, comme les entreprises de construction ou les cabinets d'experts-conseils, l'organisation tout entière est conçue dans le but de soutenir les équipes de projet. Au lieu d'avoir un ou deux projets spéciaux, elle consiste en un ensemble d'équipes quasi-indépendantes qui travaillent chacune à un projet particulier. Les services fonctionnels traditionnels ont comme principale responsabilité d'aider et de soutenir ces équipes. Par exemple, le service du marketing consacre ses efforts à attirer une nouvelle clientèle qui générera un plus grand nombre de projets, tandis que le service des ressources humaines est chargé de régler toutes sortes de problèmes concernant le personnel ainsi que d'engager et de former de nouveaux employés. On parle alors d'une « organisation orientée projet ». La structure de ce type d'entreprise est illustrée à la figure 3.3.

Comme dans le cas de l'organisation fonctionnelle, la méthode de l'équipe de projet autogérée a ses avantages et ses inconvénients. En voici les avantages :

1. **La simplicité** Plutôt que d'accaparer des ressources, par exemple des spécialistes affectés à un projet, cette méthode laisse l'organisation fonctionnelle intacte, car l'équipe de projet fonctionne indépendamment du reste.

2. **La rapidité** Les projets tendent à être exécutés plus rapidement lorsque les acteurs accordent toute leur attention au projet et ne sont pas détournés de leur travail par d'autres

FIGURE 3.3 **La structure d'une organisation orientée projet**

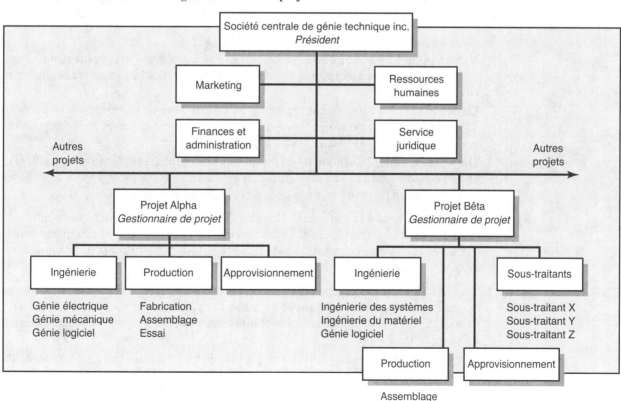

La « projectite » ou la face cachée des équipes de projet*

Les équipes de projet autogérées offrent, entre autres avantages, celui de permettre à des employés de différents secteurs fonctionnels de former des équipes de travail d'une grande cohésion et très motivées à exécuter un projet. Toutefois, malgré leurs efforts prodigieux en vue de mener à terme leur projet, leur engagement comporte parfois une dimension nuisible connue sous le nom de « projectite ». Il arrive qu'une forme de confrontation du type « nous et eux » apparaisse entre l'équipe de projet et le reste de l'entreprise. L'équipe succombe alors à un sentiment d'orgueil démesuré et prend une attitude triomphaliste qui lui attire l'hostilité de la société mère. Les employés qui ne participent pas au projet considèrent avec envie l'attention et le prestige accordés à l'équipe surtout lorsqu'ils sont persuadés que c'est leur travail assidu qui sert à financer les activités du groupe. La tendance à baptiser les équipes de projet de noms imagés tels que les « Silver Bullets » ou les « Tigers », en plus de leur donner des avantages particuliers, peut élargir le fossé qui se creuse entre leurs membres et le reste des employés de l'entreprise.

Il semble que ce fut le cas de l'illustre équipe de développement de Macintosh qui a connu de si grands succès chez Apple. À l'époque où Steve Jobs était à la fois président d'Apple et gestionnaire de projet de l'équipe Mac, il dorlotait son groupe de spécialistes et le comblait de traitements de faveur – massages au poste de travail, réfrigérateurs remplis de jus d'oranges fraîchement pressées, un piano à queue Bosendorfer et des billets d'avion en première classe. Aucun autre employé d'Apple ne pouvait espérer un tel luxe. M. Jobs considérait son équipe comme l'élite de son personnel et tendait à qualifier les autres de « Bozos qui n'ont pas réussi ». Les ingénieurs de la division Apple II, qui représentaient l'essentiel du chiffre d'affaires de l'entreprise, étaient furieux du traitement de faveur réservé à leurs collègues.

Un soir, chez Ely McFly, un bar local, la mésentente entre un groupe d'ingénieurs d'Apple II, assis à une table, et quelques membres de l'équipe Mac, installés plus loin, a éclaté au grand jour. Aaron Goldberg, consultant de longue date dans le domaine informatique, observait de son tabouret la querelle qui s'intensifiait. « Les gars de Mac criaient: "L'avenir, c'est nous !" Ceux d'Apple II rétorquaient: "Et l'argent, il vient d'où ?" Ensuite, il y a eu une bagarre complètement idiote. Les protège-poches et les stylos volaient. J'attendais que quelqu'un échappe son carnet pour qu'ils s'arrêtent et ramassent les papiers ! »

En perspective, bien que cette scène puisse paraître comique, l'antagonisme qui régnait entre les deux groupes a considérablement nui au rendement d'Apple au cours des années 1980. John Sculley, remplaçant de Steve Jobs à la direction de l'entreprise, a constaté qu'Apple s'était transformée en deux « sociétés ennemies ». Il parlait de la rue qui séparait les immeubles d'Apple II et de Macintosh comme d'une « zone démilitarisée ».

* CARLTON, J. *Apple: The Inside Story of Intrigue, Egomania, and Business Blunders,* New York, Random House, 1997, p. 13-14; SCULLEY, J. *Odyssey: Pepsi to Apple… A Journey of Adventure, Ideas, and the Future,* New York, Harper & Row, 1987, p. 270-279.

obligations et responsabilités. En outre, le temps de réponse s'avère plus rapide, car la plupart des décisions sont prises au sein de l'équipe et n'ont pas à suivre un long parcours hiérarchique.

3. **La cohésion**   On voit souvent apparaître un niveau élevé de motivation et de cohésion au sein d'une équipe de projet. Ses membres ont un objectif commun et chacun éprouve une responsabilité personnelle envers le projet et l'équipe.

4. **L'intégration interfonctionnelle**   Des spécialistes de différents domaines travaillent en étroite collaboration. Grâce à une direction appropriée, ils consacrent toute leur énergie à l'optimisation du projet et non à celle de leur propre domaine de compétence.

La plupart du temps, la méthode de l'équipe autogérée se révèle la meilleure pour mener à terme un projet quand on la considère uniquement du point de vue de ce qui convient le mieux au projet. Toutefois, ses faiblesses ressortent davantage lorsqu'on tient compte des besoins de la société mère.

1. **Un coût élevé**   Non seulement l'entreprise crée un nouveau poste de direction (gestionnaire de projet), mais elle alloue des ressources à temps plein à l'équipe de projet. Il peut en résulter un dédoublement des efforts entre plusieurs projets et une réduction des économies d'échelle.

2. **Des querelles intestines**   Parfois, des équipes de projet qui se consacrent totalement à leur travail forment une entité propre, et le syndrome de la « projectite » peut alors se développer. À ce propos, consultez la rubrique précédente. Une profonde division de type « nous/eux » apparaît alors entre l'équipe de projet et la société mère. Cette division

peut nuire non seulement à l'intégration des résultats éventuels du projet dans les activités principales de l'entreprise, mais aussi à la réintégration des membres de l'équipe dans leurs unités fonctionnelles une fois le projet terminé.

3. **Des connaissances technologiques limitées** La formation d'équipes indépendantes nuit à l'utilisation maximale des connaissances technologiques pour résoudre des problèmes. En fait, les compétences techniques sont alors limitées, en quelque sorte, au talent et à l'expérience des spécialistes affectés au projet. Si rien n'empêche des spécialistes de consulter leurs collègues d'une unité fonctionnelle, le syndrome du « nous et eux » et le fait que cette aide ne soit pas officiellement autorisée par l'entreprise peuvent dissuader les membres de l'équipe de faire appel à d'autres spécialistes de l'entreprise.

4. **Une transition difficile après le projet** L'affectation d'un personnel à plein temps à un projet peut causer des problèmes, une fois le projet achevé. Quand il n'y a pas d'autres projets à entreprendre, les membres de l'équipe doivent retourner à leur secteur fonctionnel respectif. Or, une absence prolongée et la nécessité de prendre connaissance de tout ce qui a été accompli dans leur domaine depuis leur départ peuvent compliquer ce retour.

La planification de l'organisation de projets au sein d'une organisation matricielle

La structure matricielle est une forme hybride dans laquelle une structure de gestion de projet horizontale est superposée à la structure hiérarchico-fonctionnelle normale. Dans un tel système, il y a généralement deux chaînes d'autorité, l'une fonctionnelle et l'autre liée au projet. Au lieu d'attribuer des segments d'un projet à des unités différentes ou de former une équipe autonome, on s'arrange pour que les participants au projet se rapportent simultanément à leur gestionnaire fonctionnel et à leur gestionnaire de projet.

Les entreprises appliquent la structure matricielle de différentes manières. Certaines mettent sur pied des organisations matricielles temporaires chargées de s'occuper de projets particuliers ; d'autres font de la structure matricielle un élément permanent de leur organisation. Voyons d'abord l'application générale du système matriciel. Nous étudierons ensuite de façon plus détaillée quelques-unes de ses composantes. Examinez la figure 3.4, à la page suivante. On y présente trois projets en cours, A, B et C. Les trois gestionnaires de projet se rapportent au directeur de gestion de projet qui supervise tous les projets. Chaque projet a son administrateur adjoint bien que celui du projet C travaille à temps partiel seulement.

Le projet A requiert la conception et l'agrandissement d'une chaîne de production existante pour y intégrer de nouveaux alliages métalliques. L'entreprise a affecté 3,5 personnes de l'atelier de production et 6 personnes du service d'ingénierie pour réaliser cet objectif. Ces employés travaillent au projet à temps plein ou à temps partiel selon les besoins qui varient d'une phase à l'autre. Le projet B a pour objectif de développer un nouveau produit. Il requiert une forte représentation des services d'ingénierie, de production et du marketing. Le projet C a pour but de prévoir les changements dans les besoins d'une clientèle de base existante. Pendant l'exécution de ces trois projets et d'autres encore, les unités fonctionnelles poursuivent leurs activités habituelles.

La structure matricielle est conçue pour optimiser l'utilisation des ressources. Elle permet de faire travailler des employés à différents projets tout en s'assurant qu'ils peuvent aussi s'acquitter de leurs tâches habituelles. Concurremment, cette méthode tend vers une plus grande intégration des ressources humaines en créant et en légitimant l'autorité d'un gestionnaire de projet. En théorie, il s'agit d'établir un double point de convergence entre les compétences fonctionnelles ou techniques et les exigences d'un projet qui n'existe ni dans la méthode de l'équipe de projet ni dans la méthode fonctionnelle de gestion de projet. En observant les résultats de ce type de structure, on peut déterminer quel point l'emporte

FIGURE 3.4 L'organisation matricielle

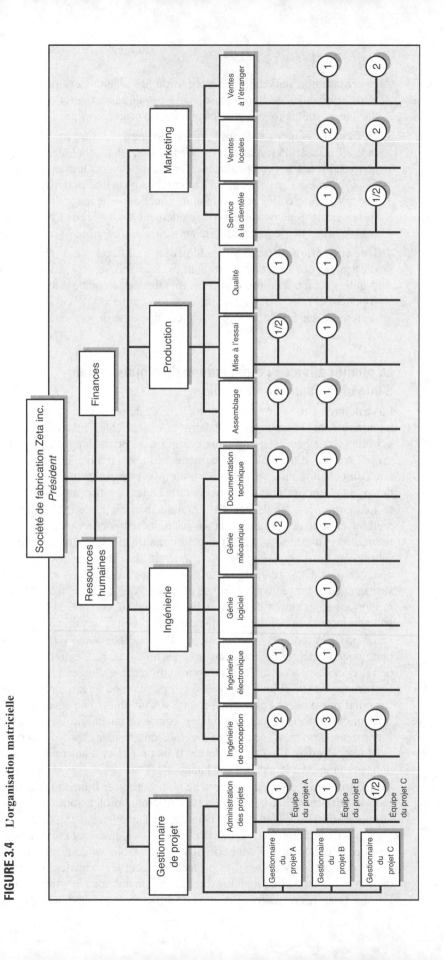

TABLEAU 3.1   **La répartition des responsabilités entre le gestionnaire de projet et le gestionnaire fonctionnel dans une organisation matricielle**

Gestionnaire de projet	Problématiques décisionnelles	Gestionnaire fonctionnel
Que doit-on faire ?	Qui effectuera la tâche ?	Comment procédera-t-on ?
Quand une tâche doit-elle être exécutée ?	Où cette tâche sera-t-elle effectuée ?	
De combien d'argent dispose-t-on pour effectuer cette tâche ?	Pourquoi effectuer cette tâche ?	Quel sera l'effet d'une participation à ce projet sur les activités habituelles ?
Jusqu'à quel point l'exécution de l'ensemble du projet constitue-t-elle une réussite ?	La tâche a-t-elle été exécutée de façon satisfaisante ?	Jusqu'à quel point a-t-on su intégrer l'apport fonctionnel au projet ?

en comparant l'influence des gestionnaires fonctionnels à celle des gestionnaires de projet dans la prise de décisions clés concernant un projet (*voir le tableau 3.1*).

En principe, chaque décision et chaque mesure importantes relatives à un projet doivent être négociées. Le gestionnaire de projet a pour responsabilités d'intégrer au projet les différentes ressources provenant des services et de superviser l'exécution du projet. Les gestionnaires fonctionnels s'occupent de superviser les contributions fonctionnelles au projet.

Les différentes formes d'organisation matricielle

En pratique, il existe différents types d'organisations matricielles, selon l'autorité relative des gestionnaires de projet et des gestionnaires fonctionnels. On appelle matrice fonctionnelle, matrice légère ou *matrice faible* une matrice où l'équilibre en matière d'autorité favorise principalement les gestionnaires fonctionnels. Une *matrice équilibrée,* ou matrice moyenne, sert à décrire la structure matricielle traditionnelle. Enfin, la matrice par projets, la matrice lourde ou *matrice forte* désigne une situation où l'équilibre du pouvoir penche sérieusement du côté du gestionnaire de projet.

La différence relative entre le pouvoir du gestionnaire fonctionnel et celui du gestionnaire de projet se reflète sur un certain nombre de dimensions reliées entre elles. L'une d'elles est le niveau où se situe le rapport hiérarchique. Le gestionnaire de projet qui fait son rapport directement au président-directeur général a plus d'influence qu'un gestionnaire du marketing qui rend des comptes au directeur de son service. Le lieu où se déroulent les activités d'un projet constitue un autre facteur subtil, mais important de cette différence de pouvoir. Un gestionnaire de projet exerce beaucoup plus d'influence sur les participants au projet lorsque ceux-ci travaillent dans un espace réservé au projet plutôt que s'ils effectuent des tâches liées au projet dans leur espace de travail fonctionnel. De même, le pourcentage d'employés affectés à temps plein à un projet contribue à l'influence relative de son directeur. Une affectation à temps plein suppose un transfert des obligations des activités fonctionnelles à celles du projet.

Un autre facteur entre en ligne de compte : qui assume la responsabilité des évaluations de rendement et des décisions liées à l'avancement ou à la fixation des augmentations de salaire ? Dans une matrice faible, il est peu probable que le gestionnaire de projet contribue directement à l'évaluation des participants au projet, cette tâche incombant au gestionnaire fonctionnel. Par contre, dans une matrice forte, l'évaluation du gestionnaire de projet a plus de poids que celle du gestionnaire fonctionnel. Dans une matrice équilibrée, on considère l'apport des deux gestionnaires ou alors le gestionnaire de projet fait des recommandations au gestionnaire fonctionnel chargé de l'évaluation officielle de chaque employé. Les entreprises se vantent souvent de faire appel à une matrice forte, orientée projet. Après examen, toutefois, on se rend compte que les gestionnaires de projet n'ont pas grand-chose à dire en matière d'évaluation et de gestion des salaires.

Enfin, on détermine si une matrice est forte ou faible, fonctionnelle ou par projets, d'après le degré d'autorité directe du gestionnaire de projet sur les participants à ce projet. On évalue cette autorité, de façon informelle, en fonction des pouvoirs de persuasion des gestionnaires concernés et de l'importance que le projet semble avoir ou encore, de façon formelle, par les pouvoirs conférés au gestionnaire de projet. Voici une description concise des trois types de matrices.

▸ **La matrice faible**   La matrice faible ressemble beaucoup à la méthode fonctionnelle, sauf qu'un gestionnaire de projet est désigné en bonne et due forme afin de coordonner toutes les activités reliées au projet. Le gestionnaire fonctionnel gère son segment du projet. Le gestionnaire de projet, de son côté, remplit en gros les fonctions d'un assistant qui consistent à établir les calendriers et les listes, à recueillir les renseignements sur l'état d'avancement des travaux et à faciliter l'exécution du projet. Alors qu'il exerce une autorité indirecte sur la livraison et le suivi du projet, le gestionnaire fonctionnel prend la plupart des décisions, détermine qui doit faire quoi et le moment où le projet se termine.

▸ **La matrice équilibrée**   Il s'agit de la matrice classique dans laquelle le gestionnaire de projet est chargé de définir le travail à accomplir, alors que les gestionnaires fonctionnels se préoccupent de déterminer comment il sera accompli. Plus précisément, le gestionnaire de projet établit le plan d'ensemble de mise à exécution du projet, y intègre la contribution des services, élabore des calendriers et surveille les progrès. De leur côté, les gestionnaires fonctionnels assignent les tâches requises à leur personnel et veillent à ce que leur segment du projet soit exécuté conformément aux normes et aux calendriers établis par le gestionnaire de projet. La fusion du « quoi » et du « comment » requiert une étroite collaboration entre les deux parties et une approbation conjointe des décisions techniques et opérationnelles.

▸ **La matrice forte**   Cette fois, il s'agit de créer l'impression d'une équipe de projet à l'intérieur d'un environnement matriciel. Le gestionnaire de projet contrôle la plupart des aspects du projet, y compris les concessions en matière de contenu et l'affectation des membres du personnel fonctionnel. Il décide des tâches des spécialistes et du moment où ils les accompliront. En outre, il a le dernier mot sur toutes les décisions importantes relatives au projet. Les gestionnaires fonctionnels restent les supérieurs de leurs employés et sont consultés si besoin est. Dans certains cas, leur service peut jouer le rôle de « sous-traitant » le temps d'un projet. Le cas échéant, ils ont un contrôle accru sur le travail spécialisé. Par exemple, supposons que le développement d'une nouvelle gamme d'ordinateurs portatifs requiert la participation d'une équipe d'experts de différents domaines travaillant aux exigences de base en matière de design et de rendement au sein d'une organisation matricielle par projets. Une fois les spécifications déterminées, il est possible d'assigner l'exécution de la conception finale et de la production de certains composants (par exemple, la source d'énergie) aux groupes fonctionnels concernés.

L'organisation matricielle, en général comme dans ses différentes formes, présente des points forts et des points faibles qui lui sont particuliers. Vous trouverez ci-après les avantages et les inconvénients de ce type d'organisation. Nous nous contenterons de mettre en évidence brièvement certaines des caractéristiques de ses différentes formes.

1. **L'efficacité**   Il est possible de partager les ressources disponibles entre plusieurs projets aussi bien qu'au sein des divisions fonctionnelles. Les employés peuvent déployer leurs efforts entre plusieurs projets selon les besoins. On évite ainsi le dédoublement requis dans une organisation par projets.

2. **Une orientation projet solide**   Cette méthode favorise une forte orientation fondée sur le projet grâce à la nomination en bonne et due forme d'un gestionnaire de projet chargé de la coordination et de l'intégration des contributions des unités. Cela permet de

conserver une approche globale de résolution de problèmes qui fait souvent défaut dans l'organisation fonctionnelle.

3. **Une transition plus facile**   L'organisation par projets est superposée aux divisions fonctionnelles. C'est pourquoi les spécialistes conservent des liens avec leur groupe fonctionnel d'origine et retrouvent leur environnement de départ lorsque le projet est terminé.

4. **La souplesse**   La structure matricielle permet une souplesse d'utilisation des ressources et des compétences au sein de l'entreprise. Dans certains cas, les unités fonctionnelles fournissent du personnel sur lequel le gestionnaire de projet exerce son autorité. Dans d'autres, l'apport de ressources est supervisé par le gestionnaire fonctionnel.

Les avantages de la structure matricielle sont considérables. Malheureusement, ses faiblesses potentielles le sont tout autant. Une telle structure s'avère plus complexe que les autres, et la présence de multiples directeurs cadre mal avec le système d'autorité hiérarchique traditionnel. C'est ce qui explique en grande partie cette situation.

En outre, on ne peut pas établir une structure matricielle du jour au lendemain. Selon les experts, il faut entre trois et cinq ans pour permettre à une structure de ce type d'atteindre sa pleine maturité. Par conséquent, bon nombre des problèmes décrits ci-après s'accentuent parfois avec le temps.

1. **Le conflit dysfonctionnel**   La méthode de la matrice est basée sur les tensions entre les gestionnaires fonctionnels et les gestionnaires de projet qui apportent des compétences et des perspectives essentielles à l'exécution d'un projet. Ces tensions sont considérées comme nécessaires pour parvenir à l'équilibre recherché entre les questions techniques complexes et les exigences particulières du projet. Bien qu'elle soit louable, l'intention a parfois un effet comparable à l'ouverture de la boîte de Pandore. Un désaccord justifié peut atteindre un niveau plus personnel lorsque les préoccupations ou les responsabilités se révèlent incompatibles. En outre, des échanges d'abord stimulants ont tôt fait de dégénérer en vives discussions susceptibles d'engendrer de l'animosité entre les gestionnaires qui y participent.

2. **Les querelles intestines**   Toute situation où il y a partage de matériel, de ressource et de personnel entre des projets et des activités fonctionnelles peut donner lieu à de la concurrence et à des conflits relatifs à la répartition de ressources limitées. Il peut même y avoir des querelles intestines entre des gestionnaires de projet qui se préoccupent d'abord et avant tout d'obtenir ce qu'il y a de mieux pour leur propre projet.

3. **Le stress**   La structure matricielle ne tient aucun compte du principe de gestion concernant le commandement unique. Les participants à un projet ont au moins deux patrons – leur gestionnaire fonctionnel et un ou plusieurs gestionnaires de projet. Un emploi dans un environnement à structure matricielle se révèle parfois très stressant. Imaginez-vous travaillant pour trois gestionnaires qui vous demandent d'accomplir trois tâches contradictoires simultanément !

4. **La lenteur**   En théorie, la présence d'un gestionnaire chargé de coordonner tous les aspects d'un projet devrait en accélérer la réalisation. En réalité, le processus de prise de décision peut s'enliser à cause de la nécessité de parvenir à des ententes avec de nombreux groupes fonctionnels. Cette caractéristique est typique des matrices équilibrées.

Lorsqu'on considère les trois variantes de la méthode matricielle, on constate que les avantages et les inconvénients énumérés précédemment ne s'appliquent pas nécessairement à toutes. La matrice forte a beaucoup de chances de favoriser l'intégration d'un projet, de diminuer les luttes de pouvoir internes et, au bout du compte, d'améliorer le contrôle des activités et des coûts du projet. Par contre, la qualité technique peut en souffrir, car les secteurs fonctionnels ont moins de contrôle sur leurs contributions. Enfin, comme les participants développent un fort sentiment d'appartenance à leur équipe, ils peuvent succomber à la « projectite ».

Avec la matrice faible, il est vraisemblable que la qualité technique s'améliore et que le système de gestion des conflits entre projets est meilleur, car ce sont les gestionnaires fonctionnels qui choisissent le personnel affecté aux différents projets. Par contre, ce contrôle fonctionnel s'exerce souvent au détriment de l'intégration des parties du projet. La matrice équilibrée permet de trouver de meilleurs compromis entre les exigences techniques et les exigences du projet. Il s'agit toutefois d'un système très fragile, difficile à établir et à gérer. Il est plus susceptible que les autres de générer de nombreux problèmes propres à la méthode matricielle.

L'organisation de projets au sein des entreprises de réseau

Au début du siècle, nous avons assisté à un changement radical dans l'architecture organisationnelle des entreprises. La combinaison des efforts de restructuration et de contrôle des coûts a produit ce que l'on appelle un « réseautage d'entreprises », ou organisation en réseau. En théorie, il s'agit d'une alliance de différentes entreprises en vue de créer des produits ou des services pour des clients. Cette structure de collaboration se compose généralement de quelques organisations satellites qui gravitent autour d'un centre d'activité, ou entreprise centrale. L'entreprise centrale coordonne le processus de réseautage et fournit une ou deux compétences essentielles, comme le service du marketing ou du développement de produits. Cisco Systems, par exemple, se spécialise dans la conception de nouveaux produits. Elle recourt à une multitude de fournisseurs, de sous-traitants, de monteurs et d'autres partenaires pour livrer ces produits aux clients. Nike constitue un excellent exemple d'organisation en réseau. Elle ne fournit que des compétences en marketing pour ses chaussures et ses articles de sport. Ce type d'organisation se fonde sur un principe clé d'après lequel l'entreprise, au lieu de tout faire elle-même, peut impartir des activités essentielles à d'autres entreprises ayant les compétences requises.

L'engouement que connaît le réseautage d'entreprises est déjà apparent dans l'industrie cinématographique. À l'époque glorieuse d'Hollywood, d'énormes sociétés à intégration verticale produisaient des films. MGM, Warner Brothers et 20th Century-Fox possédaient de vastes terrains pour leurs studios et employaient des milliers de spécialistes à temps plein – des décorateurs, des cadreurs, des monteurs, des réalisateurs et même des acteurs. De nos jours, la plupart des films sont conçus par un ensemble de personnes et de petites entreprises qui se réunissent pour les réaliser, un projet à la fois. Cette structure permet de faire appel pour chaque projet à des ressources dont le talent convient le mieux à ses exigences plutôt que de disposer uniquement des employés d'un studio.

Les projets en réseau ont fait vivre l'industrie de la construction. Qu'il s'agisse de construire une maison de rêve ou une usine de dessalement, les clients font appel à des sociétés d'entrepreneurs généraux qui engagent comme sous-traitants des fournisseurs et des entreprises professionnelles pour effectuer des segments précis de chaque projet. On applique maintenant cette stratégie à une gamme de plus en plus vaste de projets (*voir la figure 3.5*).

Le développement d'un nouveau vélo de montagne est illustré à la figure 3.5. Au départ, un ingénieur mécanicien conçoit l'idée de la bicyclette dans son garage. Il négocie un contrat avec un fabricant de bicyclettes pour faire développer et fabriquer son vélo. À son tour, le fabricant met sur pied une équipe de projet formée d'entreprises de fabrication, d'approvisionnement et de marketing qui produiront le nouveau vélo. Chaque participant collabore au projet en y apportant ses compétences propres. Le fabricant de bicyclettes fournit sa marque et ses canaux de distribution. Des ateliers d'outillage lui procurent des pièces faites sur mesure livrées à une entreprise de fabrication pour qu'elle produise le vélo. Les sociétés de commercialisation perfectionnent le design, mettent au point un emballage et essaient des noms potentiels sur un marché test. Un gestionnaire de projet, désigné par le fabricant

FIGURE 3.5

**Le projet en réseau
d'un vélo
de montagne**

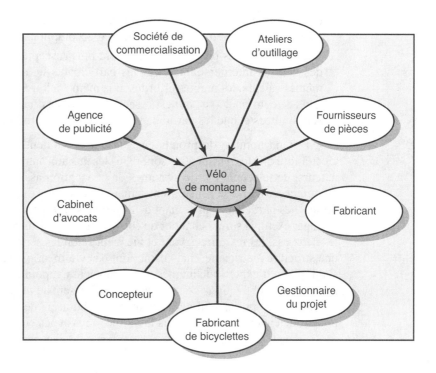

de bicyclettes, travaille avec le concepteur et les autres participants à mener le projet à terme. Les projets en réseau présentent beaucoup d'avantages :

1. **Une réduction des coûts**   L'entreprise obtient des prix concurrentiels pour les services de ses sous-traitants, en particulier lorsqu'il lui est possible d'impartir le travail à l'étranger. En outre, les coûts indirects s'en trouvent considérablement réduits puisque l'entreprise n'a pas à maintenir à l'interne les services pour lesquels elle fait appel à des sous-traitants.

2. **Un niveau élevé de compétences**   L'entreprise peut recourir à des compétences et à une technologie de haut niveau pour chaque projet. Elle n'a plus à être au fait des avancées technologiques. Elle concentre plutôt ses efforts sur le développement de ses compétences essentielles. En outre, elle embauche des entreprises possédant le savoir-faire requis pour exécuter les segments de son projet.

3. **La souplesse**   L'entreprise ne se limite plus à ses propres ressources. Il lui est alors possible de mener plusieurs projets de front quand elle combine ses ressources aux compétences d'autres entreprises. De petites sociétés peuvent accéder au marché international, du jour au lendemain, en travaillant avec des partenaires à l'étranger.

Les inconvénients des projets en réseau sont moins bien connus que leurs avantages.

1. **Des failles dans la coordination**   Coordonner le travail de spécialistes de différentes entreprises peut représenter un défi, en particulier lorsque le projet requiert une collaboration étroite et des compromis mutuels. Cette forme de structure de gestion de projet semble plus appropriée lorsque chaque participant, comme c'est le cas dans la plupart des projets de construction, est chargé de fournir un produit livrable bien défini et indépendant des autres.

2. **Une perte de contrôle**   Il peut y avoir perte de contrôle du projet. L'équipe centrale dépend d'autres organisations sur lesquelles elle n'exerce aucune autorité directe. Bien

que la survie à long terme des entreprises participantes dépend de leur rendement, un projet peut échouer quand un partenaire n'accomplit pas les tâches que l'on attend de lui.

3. **Des conflits** Les projets en réseau sont plus susceptibles que les autres d'occasionner des conflits interpersonnels, car les participants ne partagent pas nécessairement les mêmes valeurs, les mêmes priorités ni la même culture. Il peut être difficile d'établir des liens de confiance – ce qui est essentiel au succès d'un projet – lorsque les interactions sont limitées et que les participants proviennent de différentes entreprises.

Un grand nombre de projets en réseau se déroulent dans un environnement virtuel, c'est-à-dire que les participants sont reliés les uns aux autres uniquement par le biais d'ordinateurs, de télécopieurs, de systèmes de conception assistée par ordinateur et de vidéoconférences. Ils ne se rencontrent jamais face à face, du moins rarement. Dans d'autres projets, les participants provenant de différentes entreprises travaillent en étroite collaboration, par exemple sur un chantier de construction ou à l'intérieur d'un espace partagé. Dans les deux cas, les ressources vont et viennent selon les services requis, un peu comme dans une structure matricielle, mais ils ne font pas vraiment partie d'une même organisation. Il s'agit plutôt d'experts techniques qui s'associent temporairement avec une entreprise, remplissent leurs obligations contractuelles puis passent au projet suivant.

Comme les projets qui nécessitent la collaboration de partenaires de différentes entreprises deviennent de plus en plus la norme, nous avons consacré le chapitre 12 à ce sujet.

Comment choisir la structure de gestion de projet appropriée

Un nombre croissant d'expériences tendent à indiquer que le succès d'un projet est directement lié au degré d'autonomie dont jouissent les gestionnaires de projet et au degré d'autorité qu'ils exercent. À ce propos, consultez la rubrique à la page suivante. Toutefois, la plus grande partie de la recherche citée dans cette rubrique s'appuie sur ce qui convient le mieux à la gestion de projets précis. Rappelez-vous les propos du début du présent chapitre – le meilleur système établit un équilibre entre les besoins du projet et ceux de la société mère. Quelle structure de gestion de projet une entreprise devrait-elle privilégier ? Il n'y a aucune réponse précise à cette question complexe. Commençons par examiner différentes questions qui se posent du point de vue de l'entreprise et du point de vue du projet.

Des considérations relatives à l'entreprise

À l'échelle de l'organisation, il faut d'abord déterminer à quel point la gestion de projet est nécessaire au succès de l'entreprise. Quel pourcentage de l'essentiel de son travail se fait par projet ? Quand plus de 75 % du travail s'effectue sous forme de projets, l'entreprise devrait envisager une organisation entièrement par projets. Lorsque ses activités sont partagées également entre la production courante et les projets, une structure matricielle serait appropriée. Enfin, quand l'entreprise a très peu de projets, elle pourrait probablement se contenter d'une structure moins rigide. Il lui suffirait alors de créer des groupes de travail temporaires, selon les besoins, et d'impartir le travail.

Il faut aussi s'interroger sur la disponibilité des ressources. La structure matricielle s'est développée en raison de la nécessité de partager des ressources entre de nombreux projets et domaines fonctionnels et d'instaurer un leadership légitime pour les projets. Dans le cas des entreprises ne pouvant se permettre de mobiliser le personnel qui leur est absolument nécessaire pour des projets individuels, la structure matricielle apparaît comme la solution appropriée. Il est également possible de former une équipe autogérée, et d'impartir une partie des activités du projet lorsque les ressources ne sont pas disponibles à l'interne.

L'efficacité relative des structures de gestion de projet*

Larson et Gobeli ont analysé l'efficacité relative de différentes structures de gestion de projet. Leur travail est basé sur un échantillon de plus de 1 600 professionnels et gestionnaires de projet qui ont participé activement à la gestion de projet au sein de leur entreprise. Parmi les résultats de leur recherche, on trouve une évaluation de l'efficacité de ces structures en ce qui a trait aux projets de développement de produits et de construction. Cette évaluation apparaît sous forme graphique à la figure 3.6 et indique une forte préférence des répondants, soit pour l'équipe de projet, soit pour la matrice forte. La stratégie fonctionnelle et la matrice faible sont considérées comme inefficaces, tandis que la matrice équilibrée semble peu efficace.

Comme ces résultats pourraient avoir été influencés par l'intérêt personnel des gestionnaires de projet qui préconisent sans doute des structures leur conférant officiellement une plus grande autorité, les chercheurs ont comparé leurs évaluations à celles de la haute direction et des gestionnaires fonctionnels. Ils n'ont constaté aucune différence importante. La matrice faible et l'organisation fonctionnelle ont été jugées comme les structures les moins efficaces même par les gestionnaires fonctionnels.

À l'époque de la publication de cette recherche, la structure matricielle avait mauvaise réputation. Les journalistes analysant le monde des affaires plaidaient alors plutôt en faveur de l'équipe de projet autogérée. La structure matricielle peut se révéler aussi efficace qu'une équipe autogérée, quand le gestionnaire de projet obtient un contrôle important sur les activités liées au projet. C'est là un des résultats fondamentaux de cette étude. Toutefois, cet appui n'est pas sans réserve. Comme l'a déclaré un des gestionnaires de projet interrogés : « La structure matricielle est efficace mais, par moments, elle cause de sérieux problèmes. Les gestionnaires qui s'en servent doivent se maintenir en bonne santé et prendre des comprimés antistress ! »

FIGURE 3.6 Une évaluation de l'efficacité de différentes structures de gestion de projet

* LARSON, E.W. et D.H. GOBELI. « Matrix Management : Contradictions and Insights », *California Management Review*, vol. 29, n° 4, été 1987, p. 137.

Pour répondre à nos premières questions, une entreprise doit évaluer les méthodes qu'elle utilise couramment et déterminer les changements qu'elle devrait effectuer pour rendre sa gestion de projet plus efficace. L'établissement d'une matrice forte pour les projets se fait lentement. L'importance sans cesse croissante des projets comporte une foule de conséquences en matière de politique d'entreprise auxquelles il faut faire face et qui requièrent du temps et un leadership fort. Par exemple, nous avons observé qu'un grand nombre d'entreprises commencent par adopter une matrice de type fonctionnel faible lorsqu'elles délaissent l'organisation fonctionnelle au profit de l'organisation matricielle. Cette stratégie s'explique en partie par la résistance des gestionnaires fonctionnels et des directeurs de service à un transfert d'autorité aux gestionnaires de projet. Avec le temps, ces structures

Le bureau des projets*

De plus en plus d'entreprises, qui optent pour la gestion de projet comme principal moyen de réaliser leurs objectifs, se dotent de bureaux de projet centralisés pour superviser et améliorer ce type de gestion. Ces bureaux ont des fonctions qui varient considérablement selon les entreprises et selon les besoins. Dans certains cas, ils servent simplement d'organismes de tri des renseignements sur la gestion des projets. Dans d'autres cas, ils ont pour tâches d'embaucher, de former et d'affecter des gestionnaires à des projets précis. Comme ils évoluent et se perfectionnent avec le temps, ils peuvent offrir tous les services en matière de compétences pour la gestion de projet à l'intérieur de l'entreprise. Voici une liste de certains de leurs services.

- Élaboration et maintien d'un système d'information interne de gestion de projet.
- Embauche et choix des gestionnaires de projet à l'intérieur et à l'extérieur de l'entreprise.
- Élaboration de méthodes normalisées de planification des projets et de présentation de rapports les concernant.
- Formation du personnel en matière d'utilisation des techniques et des outils de gestion de projet.
- Vérification des données sur des projets en cours et achevés.
- Développement de programmes de gestion du risque très détaillés.
- Mise sur pied de services internes de consultation et de tutorat en gestion de projet.
- Maintien d'une bibliothèque interne de gestion de projet contenant des documents importants, entre autres des plans de projet,

des données sur le financement, des plans d'essai, des rapports de vérification, etc.
- Élaboration et évaluation des meilleures façons de procéder en gestion de projet.
- Maintien et mise à jour du portefeuille des projets de l'entreprise.

Le bureau général des projets de la Citibank's Global Corporate Bank constitue un bon exemple de la façon dont ce type de service peut se développer. À l'origine, ce bureau est apparu dans le milieu restreint des opérations et de la technologie du service de gestion globale de l'encaisse. Chargé de mettre de l'ordre dans le fouillis des projets à gérer, le bureau général des projets a mis sur pied des programmes de formation et des méthodes professionnelles de gestion de projet sur une très petite échelle. Peu après, le succès des projets qu'il soutenait a attiré l'attention de la haute direction. En trois ans, on l'a élargi de façon qu'il puisse offrir une gamme complète de services de gestion de projet à tous les niveaux des activités de la Citibank. Sa mission consiste maintenant à établir la gestion de projet comme compétence de base dans toute l'organisation.

* BLOCK, T.R. et J.D. FRAME. « Today's Project Office : Gauging Attitudes », *PM Network,* août 2001 ; GRADANTE, W. et D. GARDNER. « Managing Projects from the Future, Not from the Past », Actes de la conférence : *29th Annual Project Management Institute 1998 Seminars and Symposium,* Newtown Square (PA), Project Management Institute, 1998, p. 289-294,

matricielles se transforment en matrices par projet. Un grand nombre d'organisations ont mis sur pied des bureaux de projets pour soutenir les efforts de leurs gestionnaires. À ce propos, consultez la rubrique ci-dessus.

Des considérations relatives aux projets

En ce qui a trait aux projets, la question consiste à déterminer le degré d'autonomie nécessaire au succès de chacun. Hobbs et Ménard proposent sept facteurs qui devraient influer sur le choix de la structure de gestion des projets :

- La taille du projet
- L'importance du point de vue stratégique
- La nouveauté et le besoin d'innovation
- Le besoin d'intégration (le nombre de services participants)
- La complexité de l'environnement (le nombre d'interfaces avec l'extérieur)
- Les contraintes temporelles et budgétaires
- La stabilité des besoins en ressources

Plus le niveau de ces facteurs est élevé, plus le gestionnaire et l'équipe de projet ont besoin d'autonomie et de pouvoirs pour réussir. Autrement dit, il faut alors employer une équipe de projet autogérée ou une structure matricielle, en particulier dans le cas de grands projets essentiels sur le plan stratégique, nouveaux pour l'entreprise et, par conséquent, requérant un grand nombre d'innovations. Ces structures conviendraient également à des projets complexes et pluridisciplinaires qui exigent une participation de nombreux services de même qu'à ceux qui nécessitent un contact constant avec les clients pour évaluer leurs attentes. On devrait aussi recourir aux équipes autogérées pour des projets urgents qui, par leur nature, exigent un travail constant de la part des participants du début jusqu'à la fin.

Un grand nombre d'entreprises qui effectuent beaucoup de gestion de projet ont établi un système d'une grande souplesse dans lequel la planification des projets se fait en fonction de leurs besoins. Par exemple, Chaparral Steel, une petite usine de fabrication de barres et de poutres d'acier à partir de ferrailles, classe ses projets en trois catégories: projets de recherche et développement, projets de processus de développement et projets d'amélioration. La première catégorie regroupe des projets dont le niveau de risque est élevé et qui requièrent l'invention d'un produit ou d'un procédé innovateur. La deuxième englobe les projets à niveau de risque moyen visant à améliorer les systèmes qui servent à développer de nouveaux produits et de nouveaux procédés. Les projets de la troisième catégorie comportent peu de risques, sont de courte durée et consistent à effectuer des ajustements mineurs à des produits et à des procédés existants. En tout temps, Chaparral peut mener entre 40 et 50 projets de front, dont seulement 1 ou 2 entrent dans la première catégorie, de 3 à 5 dans la deuxième et le reste dans la troisième. Les projets d'amélioration sont presque tous exécutés à l'intérieur d'une matrice faible, le gestionnaire de projet étant chargé de coordonner le travail de sous-groupes fonctionnels. Par contre, l'entreprise se sert d'une matrice forte pour exécuter les projets de processus de développement, tandis que les projets de recherche et développement sont généralement confiés à des équipes autogérées. Un nombre croissant d'entreprises adoptent cette stratégie du « choix des combinaisons » pour gérer leurs projets.

La culture organisationnelle

Nous avons pris la décision, en tant qu'auteurs, de combiner l'analyse des structures de gestion de projet à celle de la culture organisationnelle dans ce chapitre après une conversation que nous avons eue avec deux gestionnaires de projet d'une entreprise de technologie de l'information de taille moyenne.

Ces gestionnaires développaient une nouvelle plate-forme opérationnelle qui allait jouer un rôle primordial dans la future réussite de leur entreprise. Lorsqu'ils ont tenté de nous expliquer l'organisation de ce projet, l'un d'eux s'est mis à dessiner sur une serviette de papier une structure compliquée à laquelle participeraient 52 équipes, ayant chacune un gestionnaire de projet et un directeur technique. En réponse aux questions que nous posions pour comprendre le fonctionnement de ce système, il s'est écrié: « La clé du succès de cette structure réside dans la culture de notre entreprise. Une telle méthode aurait échoué à la société Y où je travaillais avant mais, compte tenu de la culture de notre entreprise, nous pourrons nous en servir avec succès ! »

Ce commentaire, nos propres observations dans d'autres entreprises et les recherches sur le sujet semblent indiquer qu'il existe un lien étroit entre la structure de gestion de projet, la culture organisationnelle et le succès de ces projets. Nous avons constaté que certaines entreprises parviennent à gérer des projets avec succès à l'intérieur de l'organisation fonctionnelle traditionnelle, car leur culture favorise l'intégration des services les uns aux autres. Inversement, nous avons vu des organisations matricielles s'effondrer parce que la culture de l'entreprise n'encourageait pas la division de l'autorité entre les gestionnaires de projet et les gestionnaires fonctionnels. Nous avons aussi observé des sociétés qui comptaient sur des équipes de projet indépendantes, car leur culture dominante ne soutenait pas les efforts en matière d'innovation et de rapidité nécessaires pour réussir.

Qu'est-ce qu'une culture organisationnelle?

Quiconque a voyagé à l'étranger a fait l'expérience du phénomène de la culture. L'architecture diffère de celle que le voyageur connaît. La nourriture n'est pas ce qu'il mange ordinairement. Les habitants de l'endroit ont souvent des habitudes routinières autres en ce qui concerne les repas et les façons de se vêtir. Enfin, ces gens parlent souvent une langue différente.

Au-delà de ces constatations évidentes, le voyageur discernera probablement aussi des différences subtiles mais importantes dans la façon dont les gens interagissent et dont ils emploient leur temps. Par exemple, un des auteurs a observé ce type de différences alors qu'il travaillait en Pologne avec plusieurs collègues de ce pays. Ils effectuaient ensemble un segment de projet important qui devait être livré à la fin de la journée. Ils étaient sur le point de terminer ce travail lorsque, à 16 h pile, tout le monde s'est interrompu dans sa tâche et chacun est rentré chez soi. Contrairement à la culture nord-américaine du travail, où l'on s'attend à ce que tous les participants à un projet restent pour achever leur tâche, il existe en Pologne une division nette entre le temps de travail et le temps personnel. On ne peut pas s'attendre à ce que les gens travaillent au-delà des heures normales de travail ni même l'exiger.

Bien que leurs caractéristiques soient peut-être moins prononcées, les cultures organisationnelles ressemblent généralement aux cultures des différents pays. Considérez les différences dans l'agencement des installations, la tenue vestimentaire, le rythme et le mode de communication à la banque, dans les grands magasins ou à la clinique médicale près de chez vous. De même, toute personne qui a travaillé dans plusieurs entreprises a pu noter des différences dans les normes, les valeurs et les coutumes de chacune d'elles.

La culture organisationnelle se définit comme un système de normes, de convictions, de valeurs et d'attentes communes qui lient les employés d'une entreprise les uns aux autres, créant ainsi entre eux des significations partagées. Ce système prend donc la forme de coutumes, de normes et d'habitudes qui représentent les valeurs et les convictions de l'entreprise. La culture reflète la personnalité de l'entité et, comme dans le cas des personnes, permet de prédire les attitudes et les comportements de ses membres. Elle constitue aussi l'un des aspects qui servent à définir l'entreprise et à la distinguer des autres entités du même secteur.

Certaines recherches font état de 10 caractéristiques principales qui, regroupées, constituent l'essence de la culture d'une entreprise.

1. **L'identité des membres** – jusqu'à quel point les employés s'identifient à l'entreprise dans son ensemble plutôt qu'à leur type d'emploi ou à leur domaine de compétence professionnelle.

2. **L'importance de l'esprit d'équipe** – jusqu'à quel point les activités liées au travail sont organisées en fonction des groupes plutôt que des individus.

3. **L'orientation de la gestion** – jusqu'à quel point les gestionnaires tiennent compte de l'effet de leurs décisions sur les employés de l'organisation.

4. **L'intégration des unités** – jusqu'à quel point on encourage les unités de l'entreprise à travailler en coordination ou en interdépendance.

5. **Le contrôle** – jusqu'à quel point les règles, les politiques et la supervision directe servent à surveiller et à contrôler le comportement des employés.

6. **La tolérance au risque** – jusqu'à quel point les employés sont encouragés à se montrer dynamiques, innovateurs et audacieux.

7. **Les critères de récompense** – jusqu'à quel point des récompenses telles qu'une promotion ou une hausse de salaire sont accordées d'après le rendement des employés plutôt qu'en fonction de l'ancienneté, par favoritisme ou pour toute autre raison étrangère au rendement.

8. **La tolérance aux conflits** – jusqu'à quel point les employés sont encouragés à discuter ouvertement de leurs conflits et à exprimer leurs critiques.

9. **Les moyens ou le but** – jusqu'à quel point la haute direction met l'accent sur les résultats plutôt que sur les techniques et les moyens pour y parvenir.

10. **L'ouverture des systèmes** – jusqu'à quel point l'entreprise se tient informée des changements du milieu extérieur et y réagit.

Comme le montre la figure 3.7, chacune de ces dimensions s'inscrit dans un continuum. L'évaluation d'une entreprise d'après ces 10 caractéristiques permet d'obtenir un portrait-robot de la culture d'une organisation. C'est à partir de cette image que les membres d'une même organisation comprennent la façon dont les choses se font et la manière dont ils doivent se comporter.

La culture organisationnelle remplit d'importantes fonctions au sein de l'entreprise. Elle *procure à ses membres un sentiment d'identité.* Plus l'entreprise énonce clairement les perceptions et les valeurs qu'elle défend, plus ses employés s'identifient à elle et sentent qu'ils jouent un rôle crucial. Cette identification fait naître un engagement envers l'organisation. En outre, elle fournit des raisons pour y consacrer son énergie et lui être d'une grande loyauté.

La culture remplit une deuxième fonction importante, celle de *légitimer le système de gestion* de l'entreprise. Elle aide à clarifier les relations d'autorité et fournit des raisons pour expliquer le fait que certains employés se trouvent en position d'autorité et que leur autorité devrait être respectée. En outre, par le biais de mythes, d'histoires et de symboles, elle contribue à faire accepter les contradictions entre le comportement idéal et le comportement réel.

D'abord et avant tout, la culture organisationnelle *clarifie et renforce les normes de comportement.* Elle permet de définir ce qui est acceptable et ce qui ne convient pas en cette matière. Ces normes englobent un large éventail de comportements, du code vestimentaire aux heures de travail en passant par la contestation du jugement de ses supérieurs et la collaboration avec les autres services. En fin de compte, la culture organisationnelle *favorise l'émergence d'un ordre social* au sein de l'entreprise. Imaginez ce qui se passerait si les membres d'une organisation ne partageaient pas les mêmes convictions, les mêmes valeurs et les mêmes hypothèses de base. Ce serait le chaos ! Les coutumes, les normes et les idéaux

FIGURE 3.7

Les caractéristiques essentielles qui définissent la culture d'une organisation

Emploi	1. Identité des membres	Entreprise
Individu	2. Importance de l'esprit d'équipe	Groupe
Tâche	3. Orientation de la gestion	Personne
Indépendance	4. Intégration des unités	Interdépendant
Souple	5. Contrôle	Rigoureux
Faible	6. Tolérance au risque	Élevé
Rendement	7. Critères de récompense	Autre
Faible	8. Tolérance aux conflits	Grande
Moyens	9. Moyens ou but	Buts
Interne	10. Ouverture des systèmes	Externe

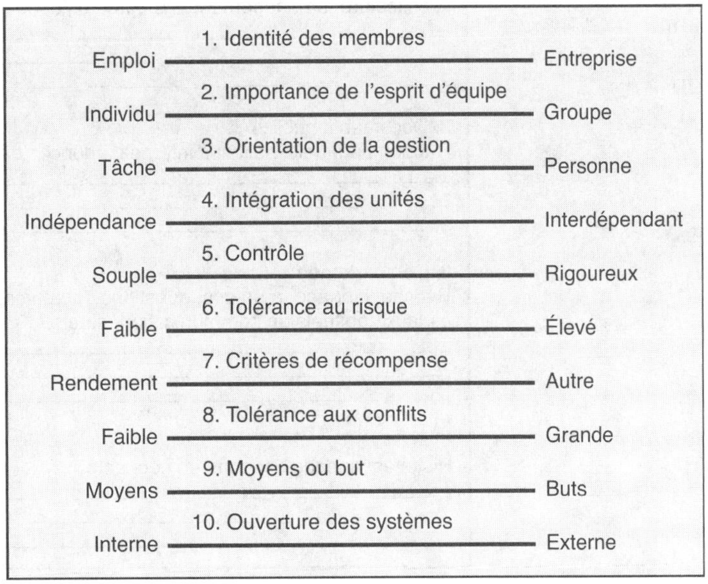

que véhicule cette culture assurent une certaine stabilité et une certaine prévisibilité des comportements essentielles à l'efficacité d'une entreprise. À ce propos, consultez la rubrique, à la page suivante.

Notre analyse paraît peut-être suggérer qu'une seule culture domine toute une entreprise mais, dans la réalité, c'est rarement le cas. On emploie les adjectifs « fort » ou « intense » pour décrire une culture dans laquelle les valeurs et les coutumes de base de l'organisation sont largement acceptées ; on emploie les adjectifs « faible » ou « superficiel » quand il s'agit d'une culture que la majorité des employés ne partagent pas ou ne respectent pas.

Même à l'intérieur d'une culture organisationnelle forte, l'apparition de sous-cultures ayant trait à certains services ou correspondant à des domaines spécialisés est probable. Comme nous l'avons vu dans notre analyse des structures de gestion de projet, il est fréquent que des normes, des valeurs et des coutumes se développent à l'intérieur d'un domaine ou d'une profession en particulier, par exemple en marketing, en finance ou en production. De même, des contre-cultures peuvent voir le jour au sein des organisations. Elles consistent en un ensemble différent de valeurs, de convictions et de coutumes, souvent en contradiction avec la culture de la haute direction. La force de la culture organisationnelle et le degré d'influence qu'elle exerce sur les comportements et les réactions des employés de l'entreprise dépendent de la capacité de ces sous-cultures et contre-cultures à s'y infiltrer.

La détermination des caractéristiques culturelles

Le décodage de la culture d'une entreprise constitue un processus très subjectif. Il est sujet à de multiples interprétations qui requièrent une évaluation des activités courantes et du passé de l'entité. Quiconque s'attache à cette étude ne peut simplement se fier aux propos des employés concernant la culture de leur entreprise. Il doit aussi examiner le milieu physique dans lequel les employés travaillent de même que la façon dont ils agissent et réagissent aux événements qui se produisent. La figure 3.8 fournit un exemple de feuille de travail servant à diagnostiquer la culture d'une entreprise. Sans être exhaustive, cette liste fournit généralement des indices sur les normes, les coutumes et les valeurs de l'organisation.

FIGURE 3.8

Une feuille de travail pour un diagnostic de la culture organisationnelle

```
1. Caractéristiques physiques
Architecture, aménagement des bureaux, décor, tenue vestimentaire
_____
_____
_____

2. Documents publics
Rapports annuels, bulletins internes, énoncés des perspectives d'avenir
_____
_____
_____

3. Comportement
Rythme, langage, réunions, questions débattues, style de prise de décision,
canaux habituels de communication, rituels
_____
_____
_____

4. Folklore
Histoires, anecdotes, bons et méchants
_____
_____
_____
```

Coup d'œil sur un cas réel

Les équipes de développement de logiciels chez Microsoft*

La société Microsoft est le chef de file mondial en matière de logiciels de bureautique. Son succès repose en partie sur une culture organisationnelle qui soutient les efforts des équipes de concepteurs de logiciels chargées d'inventer et de perfectionner de nouveaux produits. Peu importe la taille du projet, même quand il s'agit de quelque chose d'aussi complexe que l'élaboration du système d'exploitation Windows XP, il est décomposé en petits segments pouvant être confiés à des équipes d'une douzaine de concepteurs. Le segment de projet ainsi assigné à chaque équipe est de nouveau subdivisé, de sorte que chaque concepteur travaille à une partie bien précise du projet. Les concepteurs les plus expérimentés se voient confier un plus grand nombre de responsabilités que les nouveaux participants. L'équipe sait toutefois que le succès du projet dépend de l'apport de chacun.

Les membres d'une même équipe s'encouragent d'une façon considérable. Il est fréquent de voir deux d'entre eux penchés sur un écran d'ordinateur tentant de résoudre un problème. Ils peuvent aussi devenir des critiques sévères lorsque le rendement d'un coéquipier n'est pas à la hauteur.

Les concepteurs jouissent d'une grande autonomie dans l'exécution de leurs tâches. Pourtant, le comportement des employés de Microsoft est régi par une culture du travail commune à laquelle la plupart des employés se conforment. Par exemple, un ensemble de règles tacites s'applique à la question fondamentale des heures de travail. Les concepteurs peuvent adopter l'horaire qui leur convient, quel qu'il soit. Quand l'un d'eux a une inspiration soudaine en pleine nuit, il peut travailler jusqu'au petit matin, et son comportement n'aura rien d'inhabituel. De même, un parent dont l'enfant serait malade pourrait rester à la maison pour le soigner et rattraper le temps perdu à un autre moment. À côté de ces « règles » sur la souplesse des heures de travail, il existe une norme que presque tous respectent : chacun doit fournir le nombre d'heures nécessaires

Michael Newman/PhotoEdit.

en vue d'achever son travail, bien que cela puisse signifier rester toute une nuit pour travailler à une partie particulièrement complexe d'un programme.

* REBELLO, K. « Inside Microsoft », *Business Weekly*, 15 juillet 1996, p. 56-67 ; FILIPCZAK, B. « Beyond the Gates of Microsoft », *Training*, septembre 1992, p. 37-44.

1. **Étudier les caractéristiques physiques de l'entreprise** À quoi ressemble l'architecture extérieure ? Quelle image véhicule-t-elle ? Est-elle originale ? Les immeubles et les bureaux sont-ils de la même qualité pour tous les employés ? A-t-on réservé des immeubles plus modernes et des bureaux mieux décorés que les autres pour les cadres supérieurs ou les gestionnaires d'un service en particulier ? Quelles sont les habitudes vestimentaires ? À quels symboles l'entreprise recourt-elle pour indiquer une certaine autorité ou un certain prestige ? Ces caractéristiques physiques peuvent renseigner sur ceux qui détiennent le pouvoir réel à l'intérieur de l'organisation, le degré de différenciation interne qui y règne et les formalités observées dans les relations d'affaires.

2. **Lire les documents de l'entreprise** Examinez les rapports annuels, les énoncés de perspectives d'avenir, les communiqués de presse et les bulletins internes. Que décrivent-ils ? Quels principes s'en dégagent ? Ces rapports mettent-ils l'accent sur les employés de l'entreprise et sur le travail qu'ils accomplissent ou portent-ils exclusivement sur le rendement financier de l'organisation ? Chaque tendance reflète une culture différente. La première démontre une préoccupation pour les gens qui forment l'entreprise. La seconde laisse croire que l'intérêt se concentre sur les résultats et le bénéfice net.

3. **Observer l'interaction entre les employés de l'entreprise** À quel rythme les employés travaillent-ils – lentement et méthodiquement ou de façon pressée et spontanée ? Quels rituels observez-vous dans l'entreprise ? Quelles valeurs véhiculent-ils ? En général, les réunions fournissent des renseignements révélateurs. Qui participe à ces réunions ? Qui prend la parole ? À qui ces personnes s'adressent-elles ? Jusqu'à quel point la franchise règne-t-elle dans ces réunions ? Les participants parlent-ils au nom de l'entreprise ou de leur propre service ? Quel est le sujet principal de ces réunions ? Combien de temps consacre-t-on aux différents sujets ? Les sujets qui reviennent souvent et qui sont discutés en profondeur constituent souvent des indices des valeurs de la culture de l'organisation.

4. **Interpréter les histoires et le folklore entourant l'entreprise** Finalement, soit en interrogeant directement les gens provenant d'autres entreprises, soit en écoutant les conversations quotidiennes des employés entre eux, il est possible de mieux connaître la culture de l'organisation. Il faut prêter une attention particulière aux histoires et aux anecdotes transmises à l'intérieur de l'entreprise. En général, elles fournissent des indices utiles sur les principales qualités qui y sont valorisées. Recherchez des ressemblances entre les histoires racontées par différentes personnes, car les sujets mis en évidence dans des histoires qui se répètent reflètent souvent les éléments importants de cette culture. Par exemple, un grand nombre d'histoires qui circulent chez Versatec, une succursale de Xerox spécialisée dans la fabrication de traceurs graphiques pour ordinateurs, concernent l'extravagant cofondateur de l'entreprise, Renn Zaphiropoulos. À en croire le folklore de Versatec, une des premières choses que M. Zaphiropoulos a faites au moment de la fondation de l'entreprise a été de rassembler chez lui l'équipe de la haute direction. Ils ont passé une fin de semaine à fabriquer une magnifique table de conférence en teck autour de laquelle toutes les décisions seraient prises. Cette table est devenue un des symboles de l'importance du travail d'équipe et de la nécessité de maintenir des normes de rendement élevées, deux qualités essentielles de la culture de Versatec.

Essayez de trouver les bons et les méchants dans le folklore de l'entreprise. Qu'est-ce que vos résultats suggèrent concernant les idéaux véhiculés par cette culture ? Revenons à Versatec. Lorsque l'entreprise a été achetée par Xerox, un grand nombre d'employés ont exprimé leurs inquiétudes à l'idée que la culture sans formalité, de style « travailler dur et s'amuser ferme », de l'entreprise soit écrasée par la bureaucratie de la société mère. M. Zaphiropoulos les a convaincus d'élever davantage leurs niveaux de rendement en leur expliquant que, s'ils dépassaient les attentes de Xerox, on les laisserait agir à leur guise. L'autonomie de la succursale est restée un des éléments immuables de la culture de Versatec bien après le départ à la retraite de son cofondateur.

Il est également important de prêter une grande attention aux critères de promotion et de récompense. Les promotions sont-elles basées sur les résultats et le rendement ou sur l'ancienneté et la loyauté à l'entreprise ? Qu'est-ce que les employés considèrent comme des moyens d'avancement dans l'organisation ? Qu'est-ce qui contribue aux destitutions ? Les réponses à ces deux dernières questions fournissent des indices importants sur les qualités et les comportements qu'une entreprise valorise ainsi que sur les tabous de sa culture et les comportements susceptibles de mettre fin à une carrière. Par exemple, un gestionnaire de projet nous a confié qu'une de ses collègues avait été mutée au purgatoire de la gestion de projet peu de temps après avoir émis publiquement des doutes sur la validité d'un rapport de marketing. Par la suite, cette gestionnaire a toujours pris grand soin de consulter discrètement le service du marketing lorsqu'elle se posait des questions sur les chiffres.

Avec de l'expérience, il est possible d'évaluer la force de la culture dominante de l'entreprise et l'importance de ses sous-cultures et contre-cultures. En outre, on peut établir la position de cette culture par rapport aux 10 caractéristiques présentées précédemment et commencer à établir son profil culturel. À partir de ce profil, il est possible de tirer des conclusions concernant les coutumes et les normes précises que ses membres doivent adopter ainsi que sur les comportements et les actions qui enfreignent ces normes.

La portée de la culture organisationnelle dans la gestion de projet

Le gestionnaire de projet doit avoir la capacité de travailler dans plusieurs cultures potentiellement différentes. En premier lieu, il lui faut interagir avec la culture de sa propre société aussi bien qu'avec les sous-cultures des services auxquels il a affaire, par exemple, le marketing et la comptabilité. En deuxième lieu, il doit interagir avec les clients et leurs projets. En dernier lieu, il doit entrer en relation avec un grand nombre d'autres organisations associées aux projets de sa société, par exemple des fournisseurs et des vendeurs, des sous-traitants, des cabinets d'experts-conseils, des gouvernements et des organismes de réglementation et, dans bien des cas, des groupes communautaires. La plupart de ces entités ont probablement des cultures très différentes de la leur. Le gestionnaire de projet doit savoir interpréter la culture dans laquelle il travaille et parler le même langage pour pouvoir développer des stratégies, des plans et des solutions susceptibles d'être compris et acceptés dans chaque culture. Toutefois, comme ce chapitre porte principalement sur la relation entre la culture organisationnelle et la structure de gestion de projet, nous devons remettre la suite de notre analyse de ces enjeux aux chapitres 10, 11 et 12, lorsque nous traiterons de leadership, de formation d'équipes et de partenariat.

Nous avons affirmé notre conviction qu'il existe des liens étroits entre la structure de gestion de projet, la culture organisationnelle et la gestion de projet réussie. Pour explorer ces relations plus en profondeur, revenons aux éléments que l'on peut utiliser pour caractériser la culture d'une entreprise. Au moment d'analyser ces caractéristiques, nous pourrions poser l'hypothèse que certains aspects d'une telle culture favorisent une gestion de projet efficace, tandis que d'autres pourraient l'empêcher ou l'entraver. À la figure 3.9, nous avons tenté de déterminer les caractéristiques d'une culture organisationnelle qui contribuent à établir un environnement propice à l'exécution de la plupart des projets complexes regroupant des participants de différents domaines de compétence.

FIGURE 3.9

Les caractéristiques de la culture d'une entreprise propices à la gestion de projets

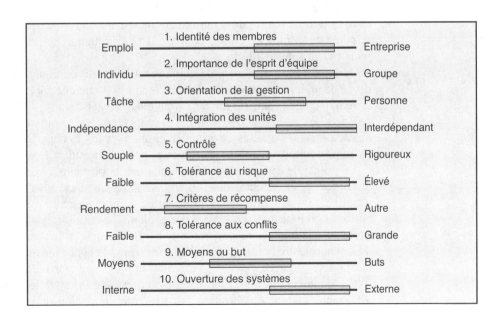

Remarquez que, d'après la figure, la position de la culture idéale se situe rarement à l'une ou à l'autre extrémité. Par exemple, dans une culture favorable aux projets, les gestionnaires rechercheraient probablement un équilibre entre les besoins associés aux tâches et aux besoins des personnes. On y trouverait la même recherche d'équilibre entre les préoccupations concernant les résultats (buts) et celles qui concernent les procédés à employer pour les atteindre (moyens). Dans d'autres cas, la culture idéale tendrait vers une extrémité d'une caractéristique ou vers l'autre. Ainsi, comme la plupart des projets requièrent une collaboration interdisciplinaire, il serait souhaitable que la culture organisationnelle mette l'accent sur le travail en équipe et sur l'identification à l'entreprise plutôt que d'insister sur la spécialité. De même, il semble préférable qu'elle valorise un certain degré de risque et un niveau relativement élevé de tolérance aux conflits.

La société 3M est une des entreprises qui semblent tendre vers le profil idéal. Elle a reçu des éloges pour avoir développé une culture entrepreneuriale au sein d'une grande société. L'essence de sa culture s'exprime en quelques phrases souvent scandées par les employés de la maison au fil du temps. «Il faut encourager le griffonnage expérimental.» «L'important est d'embaucher de bons employés et de leur laisser la paix.» «Lorsqu'on met des gens dans un enclos, on obtient des moutons. Il faut donner aux employés l'espace dont ils ont besoin.» L'autonomie et la liberté d'expérimenter se reflètent dans la «règle du 15%» qui encourage les techniciens à consacrer cette proportion de leur temps de travail à des projets de leur choix dont ils ont eux-mêmes pris l'initiative. Cette culture favorable aux projets a contribué à la ramification de l'entreprise en vue de fabriquer plus de 60 000 produits dans 40 divisions différentes à travers le monde.

Pour décrire la relation entre la culture organisationnelle et la gestion de projet, nous recourrons à la métaphore du voyage en bateau sur une rivière. La rivière représente la culture et le bateau, le projet. L'organisation et l'exécution de projets au sein de l'entreprise où la culture est propice à leur gestion s'apparentent à ramer dans le sens du courant. Peu d'efforts sont requis, et la force naturelle de la rivière facilite le progrès vers la destination choisie. Dans certains cas, le courant est si puissant qu'il suffit de gouverner l'embarcation pour arriver à bon port. C'est le cas des projets mis en œuvre dans des environnements favorables où le travail d'équipe et la coopération interfonctionnelle sont des pratiques courantes, où règne une puissante volonté de parvenir à l'excellence et où tout conflit constructif est exprimé ouvertement et réglé de façon rapide et efficace.

Inversement, l'exécution d'un projet dans une organisation où de nombreuses caractéristiques importantes de la culture dominante nuisent à une gestion de projet efficace peut se comparer à ramer à contre-courant. Il faut beaucoup de temps, d'efforts et d'attention pour arriver à destination.

Telles sont les cultures qui découragent le travail en équipe et la coopération, dont le degré de tolérance aux conflits est faible, où l'on cherche à éviter les risques et où l'avancement dépend moins du rendement que des bonnes relations avec ses supérieurs. En pareils cas, les gestionnaires de projet et leurs équipes doivent surmonter non seulement les obstacles inhérents à chaque projet, mais aussi les forces négatives prédominantes qui caractérisent la culture organisationnelle. À ce propos, consultez la rubrique à la page suivante.

La portée de cette analogie est évidente et importante. Il faut plus d'autorité et plus de ressources pour exécuter des projets quand on fait face à un courant très fort de culture négative. Inversement, quand un «courant culturel» encourage des comportements et une coopération essentiels au succès des projets, l'exécution de ceux-ci requiert moins d'autorité officielle et de ressources exclusives. L'enjeu crucial consiste en le degré d'interdépendance entre l'entreprise et l'équipe de projet et le besoin qui en découle de développer une culture originale, axée sur les projets et propre à favoriser leur exécution.

Quand la culture organisationnelle dominante encourage les comportements essentiels à la bonne marche des projets, une structure de gestion de projet faible peut se révéler

Coup d'œil sur un cas réel

Les problèmes de structure matricielle de Digital Equipment Corporation (DEC)*

Après une décennie pendant laquelle son chiffre d'affaires et ses bénéfices ont constamment diminué, la société Digital Equipment Corporation (DEC) est devenue la propriété de Compaq Computer en 1998. Un grand nombre d'analystes ont attribué le déclin de l'entreprise à la gestion de sa structure avant l'éviction de son fondateur et directeur général, Kenneth H. Olsen, en 1992.

M. Olsen avait élaboré une structure matricielle pour gérer le développement de nouveaux produits chez DEC. Dans les débuts du secteur informatique, les entreprises avaient le temps et la possibilité d'améliorer les capacités techniques de leurs produits, car leur cycle de vie était plus lent à cette époque. Dans la structure matricielle, des équipes rivales travaillaient côte à côte à des concepts différents. Lorsqu'un prototype mieux conçu que les autres apparaissait, on choisissait de le développer. Les membres des équipes gagnantes devenaient des héros et s'élevaient rapidement dans la hiérarchie de l'entreprise. Ils obtenaient le privilège de diriger d'autres équipes de travail et d'avoir accès à une plus grande partie des ressources disponibles. Les autres équipes étaient dissoutes pour que leurs membres travaillent à d'autres produits.

Au début, ce système fonctionnait bien, et DEC a rapidement connu du succès. Toutefois, après quelque temps, l'entreprise s'est mise à perdre du terrain à cause de la concurrence de plus en plus forte qui misait sur la vitesse d'arrivée des produits sur le marché. À mesure que la situation de l'entreprise s'aggravait, ses ressources diminuaient. Les équipes de production ont alors commencé à se faire concurrence pour obtenir les maigres ressources disponibles, notamment sur le plan du marketing et de l'ingénierie. Des rivalités féroces ont éclaté entre ces équipes. Nombre de membres importants ont quitté l'entreprise, car ils croyaient que la politique de DEC de ne récompenser que les gagnants menaçait leur carrière.

En raison de la concurrence accrue entre les équipes de conception des produits, celles-ci ont cessé de mettre leurs connaissances et leurs compétences en commun, et l'intégration entre les fonctions a diminué. Au lieu de favoriser la souplesse et l'efficacité des ressources, la structure matricielle de DEC a entraîné de l'inertie, des querelles intestines et un ralentissement dans le développement des produits.

* « Through the Mill », *The Economist,* vol. 33, n° 7880, 10 septembre 1994, p. 76 ; McWILLIAMS, G. « Crunch Time at DEC », *Business Week,* 4 mai 1992, p. 30-33.

efficace. Par exemple, Chaparral Steel privilégie une matrice fonctionnelle pour exécuter ses projets d'amélioration avec succès, notamment parce que sa culture organisationnelle comporte des normes élevées en matière de coopération. À l'opposé, l'« usine de l'avenir de Kodak », au milieu des années 1980, a essuyé un échec principalement parce que sa culture, à l'époque, ne favorisait pas la gestion de projet.

Lorsque la culture dominante de la société mère nuit à l'innovation et à la collaboration dans les services et les groupes de personnes ainsi qu'entre eux, il est préférable d'isoler l'équipe de projet de cette culture et d'en faire une équipe autogérée capable de pourvoir à ses propres besoins. Quand il s'avère impossible de former une telle équipe à cause de contraintes de ressources, il faudrait alors utiliser au moins une structure matricielle dans laquelle le gestionnaire de projet exerce un contrôle centralisé sur le projet. Dans les deux cas, la stratégie du gestionnaire consiste à faire naître au sein de l'équipe une sous-culture distincte où se développe un nouvel ensemble de normes, de coutumes et de valeurs favorables à l'exécution du projet.

Dans des circonstances extrêmes, cette culture pourrait même constituer une contre-culture en ce qu'un grand nombre de ses normes et de ses valeurs sont l'antithèse de celles de la culture dominante de l'entreprise. C'est ce qui s'est produit lorsque IBM a décidé de développer rapidement son propre ordinateur personnel en 1980. Les concepteurs du projet savaient que leurs efforts pourraient être paralysés par la surabondance de connaissances informatiques et d'échelons bureaucratiques dans l'entreprise. Ils se rendaient également compte qu'ils devaient travailler en étroite collaboration avec des fournisseurs et utiliser un grand nombre de pièces ne provenant pas d'IBM pour mettre rapidement leur produit sur le marché. Ce n'était pas la façon de procéder d'IBM à l'époque. L'entreprise a donc installé l'équipe de projet de l'ordinateur personnel dans un entrepôt de Boca Raton, en Floride, loin de son siège social et des autres installations de développement de produits qu'elle possédait déjà.

Résumé

Ce chapitre a examiné deux grandes caractéristiques de la société mère influençant la mise en œuvre et l'achèvement des projets : la structure formelle de l'entreprise et la façon dont elle choisit d'organiser et de gérer les projets. Bien que le gestionnaire de projet, en tant qu'individu, n'exerce parfois qu'une influence limitée sur la manière dont l'entreprise gère ses projets, il doit néanmoins être en mesure de reconnaître les solutions qui s'offrent à lui ainsi que les forces et les faiblesses des différentes méthodes.

Nous avons décrit trois structures de base pour la gestion de projet et nous avons évalué leurs avantages et leurs inconvénients. Seules des circonstances très particulières justifient la décision de gérer des projets dans le cadre d'une hiérarchie fonctionnelle traditionnelle. Lorsqu'on envisage uniquement ce qui convient le mieux à un projet, il s'avère nettement préférable de former une équipe de projet indépendante. Toutefois, le système de gestion de projet le plus efficace est celui qui établit un équilibre approprié entre les besoins du projet et ceux de la société mère. Les structures matricielles sont apparues en réponse à la nécessité des entreprises de partager leur personnel et leurs ressources entre de nombreux projets et activités tout en établissant une orientation projet. Il s'agit d'une structure organisationnelle hybride qui combine des éléments de l'organisation fonctionnelle et des équipes de projet en vue de tirer parti des avantages de ces deux méthodes.

La gestion matricielle, utile en théorie, se révèle souvent difficile à mettre en œuvre. Nombre d'entreprises ont abandonné cette méthode après quelques années d'essai, la considérant comme une structure totalement irréalisable menant à l'anarchie. D'autres, par contre, la trouvent très efficace. On pourrait attribuer ces résultats contradictoires en partie aux types de matrices selon l'influence relative des gestionnaires fonctionnels et des gestionnaires de projet.

Le concept de culture organisationnelle constitue la seconde grande caractéristique de la société mère étudiée dans ce chapitre. Il s'agit d'un ensemble de convictions et d'attentes communes aux employés d'une même entreprise. Ce type de culture comprend les normes en matière de comportement, les coutumes, les valeurs communes et les « règles du jeu » qui permettent de bien s'entendre avec les autres et d'obtenir des promotions. Il importe que le gestionnaire de projet soit sensible aux cultures organisationnelles pour développer des stratégies et des solutions susceptibles d'être comprises et acceptées, et éviter de transgresser les normes essentielles pour ne pas mettre en péril leur efficacité au sein de l'entreprise.

L'interaction entre la structure de gestion de projet et la culture organisationnelle est complexe. Nous avons précisé que, dans certaines entreprises, la culture favorise la mise en œuvre de projets. Dans un tel environnement, la structure de gestion privilégiée joue un rôle moins décisif dans le succès des projets. Inversement, dans d'autres entreprises où la culture valorise la concurrence interne et la différenciation, le contraire peut être vrai. Comme les normes, les coutumes et les attitudes qui dominent nuisent à l'efficacité de la gestion de projet, la structure de cette gestion joue un rôle plus important dans le succès des projets. Quand les conditions culturelles de l'entreprise s'avèrent plutôt défavorables, le gestionnaire de projet doit au moins être en mesure d'exercer une solide autorité sur l'équipe de projet. Dans des conditions encore plus défavorables, l'entreprise devrait recourir à des équipes autogérées pour exécuter des projets importants. Dans les deux cas, la stratégie de gestion devrait isoler les activités du projet de la culture dominante pour stimuler l'apparition d'une sous-culture constructive chez les participants au projet.

La structure de gestion de projet et la culture de l'entreprise constituent des éléments primordiaux de l'environnement de la mise en œuvre d'un projet. Dans les prochains chapitres, nous examinerons comment des gestionnaires de projet et des professionnels travaillent dans cet environnement et mènent des projets à terme avec succès.

La réorganisation de la gestion de projet qui a cours est attribuable à l'apparition des entreprises en réseau formées de différentes organisations qui travaillent ensemble à l'élaboration de nouveaux produits et services. Il est rare que des projets d'envergure soient exécutés à 100 % à l'interne. La solution réside alors dans la capacité de coordonner les efforts de tous les participants, y compris ceux des autres entreprises.

Mots clés			
	culture organisationnelle	matrice	organisation orientée projet
	entreprises en réseau, ou réseautage d'entreprises	matrice équilibrée	projectite
	équipe de projet autogérée	matrice faible	
		matrice forte	

Questions de révision

1. Quels sont les avantages et les inconvénients relatifs des méthodes fonctionnelle, matricielle, virtuelle et de l'équipe autogérée en matière de gestion de projet?

2. Qu'est-ce qui distingue une matrice forte d'une matrice faible?

3. Dans quelles conditions serait-il recommandable de privilégier une structure matricielle plutôt qu'une équipe de projet autogérée?

4. Pourquoi est-il important d'évaluer la culture d'une entreprise avant de choisir la structure de gestion à adopter pour exécuter un projet?

5. À votre avis, quelle caractéristique de l'entreprise joue le rôle le plus important dans le succès de l'exécution d'un projet – la structure de gestion de projet proprement dite ou la culture de la société mère?

Exercices

1. Poursuivre des études universitaires est analogue à travailler dans un environnement matriciel, car la plupart des étudiants suivent plusieurs cours et doivent répartir le temps dont ils disposent. Quels problèmes cette situation vous pose-t-elle? En quoi cela influe-t-il sur votre rendement? Comment pourrait-on améliorer la gestion de ce système pour vous faciliter la vie et la rendre plus productive?

2. Supposons que vous travailliez pour la société LL qui fabrique des lunettes de visée haut de gamme pour fusil de chasse. L'entreprise, qui a dominé le marché au cours des 20 dernières années, a décidé de diversifier sa production pour développer des jumelles de qualité supérieure à l'aide de sa technologie. Quel type de structure de gestion recommanderiez-vous pour ce projet? Quels renseignements souhaiteriez-vous obtenir avant de formuler des recommandations? Pourquoi?

3. Supposons que vous travailliez chez CMS électronique. Le personnel du service de recherche et développement croit avoir découvert une technologie à prix abordable susceptible de doubler la capacité des baladeurs MP3 actuels et qui utilise un format audio supérieur au MP3. Le projet a pour nom de code IMV (incroyable mais vrai). Quel type de structure de gestion recommanderiez-vous pour ce projet? Quels renseignements souhaiteriez-vous obtenir avant de formuler des recommandations? Pourquoi?

4. Dans ce chapitre, il a été question du rôle des valeurs et des convictions dans la formation de la culture organisationnelle. Ce sujet est très en vogue sur Internet. Un grand nombre d'entreprises se servent de leurs pages Web pour décrire leur mission, leurs objectifs, leurs valeurs et leurs convictions. Un grand nombre de cabinets d'experts-conseils font aussi de la publicité pour annoncer comment ils peuvent aider les entreprises à modifier leur culture. Pour cet exercice, vous devez rechercher de l'information concernant la culture organisationnelle de deux entreprises. Vous pouvez vous acquitter de cette tâche en effectuant une recherche très simple à l'aide des mots clés «culture organisationnelle» ou «objectifs et valeurs». Le moteur de recherche vous permettra de

trouver différentes entreprises dont vous pourrez utiliser les données pour répondre aux questions suivantes. Si vous le désirez, choisissez des entreprises pour lesquelles vous aimeriez travailler un jour.

a) Quelles valeurs et quelles convictions ces entreprises ont-elles adoptées?

b) À l'aide de la liste de la page 82, évaluez la page d'accueil de chaque entreprise. Que révèle cette page sur la culture de l'entreprise? Cette culture serait-elle favorable à une gestion de projet efficace?

5. À l'aide des caractéristiques culturelles présentées à la figure 3.7, à la page 81, évaluez la culture organisationnelle de votre institution d'enseignement. Remplacez les employés par les étudiants et la direction par le corps enseignant. Par exemple, l'identité des membres indique à quel point les élèves s'identifient à leur établissement dans son ensemble plutôt qu'à leur matière principale. Individuellement ou en petits groupes, évaluez la culture de votre établissement en vous basant sur ces 10 caractéristiques.

a) Quelles caractéristiques sont faciles à évaluer? Quelles caractéristiques sont difficiles à évaluer?

b) Jusqu'à quel point la culture de votre établissement est-elle distincte?

c) Quelles sont les fonctions de cette culture dans votre établissement?

d) À votre avis, la culture de votre institution d'enseignement est-elle celle qui convient le mieux à la maximisation de votre apprentissage? Pourquoi?

e) Quels types de projets pourraient être facilement mis en œuvre dans votre établissement? Quels types de projets pourraient être difficilement mis en œuvre dans votre établissement compte tenu de la structure et de la culture organisationnelles des lieux? Justifiez vos réponses.

6. Supposons que vous soyez analyste au service du marketing de Soleil International (SI). Cette entreprise privilégie une matrice faible pour développer de nouveaux services. La haute direction a établi une culture organisationnelle extrêmement compétitive qui met l'accent sur les résultats d'abord et avant tout. L'un des gestionnaires de projet que vous devez aider exerce des pressions sur vous pour que vous placiez son projet en tête de vos priorités. Il souhaite également que vous étendiez la portée de votre travail sur son projet au-delà de ce qui semble nécessaire ou approprié à votre directeur du marketing. Ce gestionnaire de projet est généralement considéré comme une étoile montante au firmament de SI. Jusqu'ici, vous avez résisté à ses pressions en vous conformant aux consignes de votre directeur de service. Toutefois, lors de votre dernière conversation avec lui, il vous a dit : « Je ne suis pas satisfait de l'aide que vous m'apportez. Sachez que je m'en souviendrai lorsque je deviendrai vice-président du marketing ! » Que lui répondriez-vous? Pourquoi?

Références

BLOCK, T.R. et J.D. FRAME. *The Project Office — A Key to Managing Projects Effectively,* Menlo Park, CA, Crisp Publications, 1998.

BLOCK, T.R. et J.D. FRAME. « Today's Project Office : Gauging Attitudes », *PM Network,* août 2001.

BOWEN, H.K., K.B. CLARK, C.A. HOLLOWAY et S.C. WHEELWRIGHT. *The Perpetual Enterprise Machine,* New York, Oxford University Press, 1994.

BROWN, S. et K.R. EISENHARDT. « Product development : Past research, present findings, et future directions », *Academy of Management Review,* vol. 20, n° 2, 1995, p. 343-378.

CAMERON, K.S. et R.E. QUINN. *Diagnosing and Changing Organizational Culture : Based on the Competing Values Framework,* Upper Saddle River, NJ, Prentice Hall, 1999.

CARLTON, J. *APPLE : The Inside Story of Intrigue, Egomania, and Business Blunders,* New York, Random House, 1997, p. 13-14.

COLLINS, J.C. et J.I. PORRAS. *Built to Last : The Successful Habits of Visionary Companies,* New York, Harper Collins, 1994, p. 150-158.

DEAL, T.E. et A.A. KENNEDY. *Corporate Cultures : The Rites and Rituals of Corporate Life,* Reading, MA, Addison-Wesley, 1982.

De LAAT, P.B. « Matrix Management of Projects and Power Struggles : A Case Study of an R&D Laboratory », *IEEE Engineering Management Review,* hiver 1995.

FILIPCZAK, B. « Beyond the Gates of Microsoft », *Training,* septembre 1992, p. 37-44.

GALLAGHER, R.S. *The Soul of an Organization : Understanding the Values That Drive Successful Corporate Cultures,* Chicago, Dearborn Trade Publishing, 2002.

GRADANTE, W. et D. GARDNER. « Managing Projects from the Future, Not from the Past », Actes du 29e colloque annuel du Project Management Institute, Newtown Square, PA, Project Management Institute, 1998, p. 289-294.

GRAHAM, R.J. et R.L. ENGLUND. *Creating an Environment for Successful Projects : The Quest to Manage Project Management,* San Francisco, Jossey-Bass, 1997.

GRAY, C., S. DWORATSCHEK, D. H. GOBELI, H. KNOEPFEL et E. W. LARSON. « International Comparison of Project Organization Structures : Use and Effectiveness », *International Journal of Project Management,* vol. 8, no 1, février 1990, p. 26-32.

HAEKI, R. et J. LIGHTON. « The Future of the Networked Company », *McKinsey Quarterly,* no 3, 2000, p. 26-39.

HARRISON, M.T. et J.M. BEYER. *The Culture of Organizations,* Englewood Cliffs, NJ, Prentice Hall, 1993.

HOBBS, B. et P. MÉNARD. « Organizational Choices for Project Management », dans Paul Dinsmore (dir.), *The AMA Handbook of Project Management,* New York, AMACQM, 1993.

HOBDAY, M. « The Project-Based Organization : An Ideal Form for Managing Complex Products and Systems ? », *Research Policy,* vol. 29, no 7, 2000.

HOFSTEDE, G., B. NEUIJEN, D.D. OHAYV et D. SANDERS. « Measuring Organizational Culture : A Qualitative and Quantitative Study Across Twenty Cases », *Administrative Science Quarterly,* juin 1990, p. 286-316.

JASSAWALLA, A.R. et H.C SASHITTAL. « Cultures that Support Product-Innovation Processes », *Academy of Management Executive,* vol. 15, no 3, 2002, p. 42-54.

JOHNSON, C.L., M. SMITH et L. KELLY GEARY. *More Than My Share in All,* Washington, DC, Smithsonian Institute Publications, 1990.

KERZNER, H. *In Search of Excellence in Project Management,* New York, Von Nostrand Reinhold, 1997.

LARSON, E.W. « Project Management Structures », dans *The Handbook for Managing Projects,* Peter Morris et Jeffrey Pinto (dir.), Irwin, 2004.

LARSON, E.W et D.H. GOBELI. « Organizing for Product Development Projects », *Journal of Product Innovation Management,* vol. 5, 1998, p. 180-190.

LARSON, E.W et D.H. GOBELI. « Project Management Structures : Is There a Common Language ? » *Project Management Journal,* vol. 16, no 2, juin 1985, p. 40-44.

LARSON, E.W et D.H. GOBELI. « Matrix Management : Contradictions and Insights », *California Management Review,* vol. 29, no 4, été 1987, p. 137.

LASLO, Z. et A.I. GOLDBERG. « Matrix Structures and Performance : The Search for Optimal Adjustments to Organizational Objectives ? », *IEEE Transactions in Engineering Management,* vol. 48, no 2, 2001.

LAWRENCE, P.R. et J.W. LORSCH. *Organization and Environment,* Homewood, IL, Irwin, 1969.

MAJCHRZAK, A. et Q. WANG. « Breaking the Functional Mind-Set in Process Organizations », *Harvard Business Review,* Sept.-Oct. 1996, p. 93-99.

MILES, R.E. et C.C. SNOW. « The New Network Firm : A Spherical Structure Built on a Human Investment Philosophy », *Organizational Dynamics,* printemps 1995, p. 5-18.

MILES, R.E., C.C. SNOW, J. A. MATHEWS, G. MILES et H. J. COLEMAN. « Organizing in The Knowledge Age : Anticipating the Cellular Form », *Academy of Management Executive,* vol. 11, nº 4, 1997, p. 7-24.

MILIER, J. *Lockheed Martin's Skunk Works,* New York, Speciality Publications, 1996.

OLSON, E.M., O.C. WALKER Jr. et R. W RUEKERT. « Organizing for Effective New Product Development : The Moderating Role of Product Innovativeness », *Journal of Marketing,* vol. 59, janvier 1995, p. 48-62.

O'REILLY, C.A., J. CHATMAN et D.E. CALDWELL. « People and Organizational Culture : A Profile Comparison Approach to Assessing Person-Organization Fit », *Academy of Management Journal,* vol. 34, nº 3, septembre 1991, p. 487-516.

PETTEGREW, A.M. « On Studying Organizational Culture », *Administrative Science Quarterly,* vol. 24, nº 4, 1979, p. 570-581.

REBELLO, K. « Inside Microsoft », *Business Weekly,* 15 juillet 1996, p. 56-67.

SCHEIN, E. *Organizational Culture and Leadership : A Dynamic View,* San Francisco, CA, Jossey-Bass, 1985.

SCULLEY, J. *Odyssey : Pepsi to Apple... A Journey of Adventure, Ideas, and the Future,* New York, Harper & Row, 1987, p. 270-279.

SHENHAR, A.J. « From Theory to Practice : Toward a Typology of Project Management Styles », *IEEE Transactions in Engineering Management,* vol. 41, nº 1, 1998, p. 33-48.

SHENHAR, A.J., D. DVIR, T. LECHLER et M. POLI. « One Size Does Not Fit All—True for Projects, True for Frameworks », Frontiers of Project Management Research and Application, Actes de la PMI Research Conference, Seattle, 2002, p. 99-106.

SMITH, P.G. et D.G. REINERTSEN. *Developing Products in Half the Time,* New York, Van Nostrand Reinhold, 1995.

STUCKENBRUCK, L.C. *Implementation of Project Management,* Upper Darby, PA, Project Management Institute, 1981.

YOUKER, R. « Organizational Alternatives for Project Management », *Project Management Quarterly,* vol. 8, mars 1977, p. 24-33.

Étude de cas

Le bureau comptable Gagnon, Després et Prialla

Après avoir travaillé pendant six ans pour Gagnon, Després et Prialla (GDP), Benoît Lapalme vient d'être promu au poste de directeur des comptes. Sa première affectation consiste à superviser la vérification des livres de la société Camions Jean. Il s'estime très satisfait des cinq comptables désignés pour faire partie de son équipe et, en particulier, de Zachée Olier. M. Olier est un ancien soldat qui est retourné à l'université pour se spécialiser en comptabilité et en informatique. Il est au fait des derniers changements en matière de systèmes d'information financière et il est réputé pour proposer des solutions innovatrices aux problèmes qu'il doit résoudre.

GDP est un cabinet d'experts-comptables bien implanté dans sa région. Il compte 160 employés répartis dans six bureaux situés à Montréal et à Québec. Le bureau principal, où travaille M. Lapalme, se trouve à Westmount. En fait, un des fondateurs de la société, Élie Gagnon, a joué quelque temps pour une équipe professionnelle de hockey à la fin des années 1950. GDP s'est d'abord spécialisée dans les vérifications des comptes et la préparation des déclarations de revenu des entreprises. Au cours des deux dernières années, les associés ont décidé de se lancer activement dans le domaine de l'expertise-conseil. D'après leurs prévisions, ce domaine pourrait représenter 40 % de la croissance du cabinet au cours des cinq prochaines années.

L'entreprise s'est dotée d'une structure matricielle. À mesure que de nouveaux clients se présentent, un directeur est chargé de s'occuper de leur compte. Chaque directeur peut devoir gérer plusieurs comptes, selon la taille et l'ampleur de la tâche. C'est particulièrement vrai dans le cas des projets de préparation de déclarations de revenu, car il est fréquent qu'un même directeur se voit confier les dossiers de 8 à 12 clients. De même, les responsables de missions et les vérificateurs adjoints font partie de plusieurs équipes responsables de comptes. Isabelle Nguyen est la directrice de bureau. Elle répartit le personnel entre les comptes du bureau de Westmount. Elle s'efforce de nommer les vérificateurs adjoints à différents projets supervisés par le même directeur. Malheureusement, ce n'est pas toujours possible. Il arrive que des comptables travaillent à des projets gérés par différents directeurs.

Comme la plupart des cabinets d'experts-comptables, GDP dispose d'un système de promotion progressif. Les nouveaux experts-comptables sont engagés à titre de stagiaires ou de vérificateurs adjoints. Au bout de deux ans, on évalue leur rendement et, selon les résultats, on les invite à quitter le cabinet ou on les élève au poste de responsables de mission. Au cours de leur cinquième ou sixième année de service, on décide parfois de leur accorder une promotion en les nommant directeurs de compte. Enfin, quand ils comptent une dizaine ou une douzaine d'années de service au sein de l'entreprise, on considère la possibilité d'en faire des partenaires. Il s'agit d'une position très convoitée. Au cours des cinq dernières années, seulement 20 % des directeurs de compte de GDP sont parvenus à ce niveau. Toutefois, lorsqu'ils deviennent partenaires, cette position leur est presque garantie à vie et ils jouissent d'augmentations de salaire, d'avantages sociaux et d'un prestige enviable. GDP a la réputation d'être une entreprise axée sur les résultats. Les promotions au titre de partenaire sont fondées sur la capacité de respecter les échéances, de conserver ses clients et de générer des bénéfices. L'équipe chargée des promotions base sa décision sur le rendement relatif du directeur de compte par rapport à l'ensemble de ses collègues de même niveau.

Une semaine après le début de la vérification des livres de Camions Jean, Benoît Lapalme reçoit un coup de fil d'Isabelle Nguyen qui lui demande de se rendre à son bureau. À son arrivée, Mme Nguyen lui présente Jean Grosbois, qui vient de se joindre à GDP après avoir travaillé neuf ans pour un cabinet d'experts-comptables classé parmi les « six grands ». On a engagé M. Grosbois pour superviser des projets de consultation spéciaux. Il vient tout juste d'obtenir de la société Métaux Springfield un important projet de ce type. Il s'agit d'un coup de maître pour GDP, qui se trouvait en concurrence avec deux cabinets des six grands pour ce projet. Mme Nguyen explique qu'elle travaille à la composition de l'équipe de M. Grosbois, lequel demande que l'on y intègre Zachée Olier. Elle lui a dit que c'était impossible, car M. Olier est déjà affecté à la vérification des livres de Camions Jean. M. Grosbois insiste. Il affirme avoir besoin des compétences de M. Olier pour le projet de Métaux Springfield. Mme Nguyen souhaite arriver à un compromis par lequel Olier partagerait son temps entre les deux projets.

À ce moment précis, M. Grosbois se tourne vers M. Lapalme et lui dit : « J'aime les choses simples. Pourquoi ne pas s'entendre sur le fait que M. Olier travaille pour moi le matin et pour vous l'après-midi ? Je suis sûr que nous pourrons aisément régler les problèmes qui se présenteront en cours de route. Après tout, nous travaillons tous deux pour la même entreprise. »

SIX SEMAINES PLUS TARD

M. Lapalme a envie de hurler de rage chaque fois qu'il se rappelle le fameux « Après tout, nous travaillons tous deux pour la même entreprise » de son collègue. Les ennuis ont commencé dès la première semaine du nouvel arrangement, lorsque M. Grosbois lui a téléphoné pour le supplier de laisser M. Olier consacrer toute la journée du jeudi à son projet. Ils devaient effectuer une visite complète des installations du client. La présence de M. Olier était essentielle pour cette évaluation. M. Lapalme a accepté à contrecœur, et M. Grosbois a promis de lui rendre la pareille. Une semaine plus tard, M. Lapalme lui a rappelé sa promesse, mais M. Grosbois a carrément refusé de lui prêter M. Olier. « À n'importe quel autre moment, mais pas cette semaine. » Quand M. Lapalme est revenu à la charge la semaine suivante, il a obtenu la même réponse.

Dans les premiers temps, M. Olier se présentait ponctuellement à 13 h au bureau de Lapalme pour travailler à la vérification. Bientôt, il a pris l'habitude d'arriver avec 30 à 60 minutes de retard. Naturellement, il avait toujours une bonne raison. Il assistait à une réunion chez Métaux Springfield et n'avait tout simplement pas pu s'en aller plus tôt ou alors il devait effectuer une tâche urgente qui nécessitait plus de temps que prévu. À une occasion, M. Grosbois ayant amené toute son équipe manger à un nouveau restaurant thaïlandais, M. Olier est arrivé avec plus d'une heure de retard car, disait-il, le service avait été lent. Au début, il s'efforçait de rattraper le temps perdu en travaillant des heures supplémentaires. M. Lapalme s'est toutefois rendu compte, par des bribes de conversation entendues ici et là, que cette situation provoquait des tensions familiales chez les Olier.

Cependant, le directeur des comptes était très agacé par les courriels et les coups de fil qu'Olier recevait de Grosbois et de membres de son équipe les après-midi où il était censé travailler pour lui. À quelques reprises, il a même eu la nette impression que M. Olier travaillait au projet de M. Grosbois dans son propre bureau.

M. Lapalme a donné rendez-vous à Grosbois pour discuter avec lui du problème et pour lui manifester son mécontentement. Son collègue a paru surpris et quelque peu blessé. Il a promis de corriger la situation, mais rien n'a changé.

L'irritation de M. Lapalme commençait à virer à la paranoïa. Sachant que M. Grosbois jouait au golf avec M. Olier la fin de semaine, il l'imaginait en train de dénigrer le projet de Camions Jean et de faire remarquer à quel point le travail de vérification pouvait être ennuyeux. Malheureusement, il y avait probablement du vrai dans ses propos. Le projet de Camions Jean s'enlisait, et l'équipe prenait du retard. Le rendement de M. Olier n'était certainement pas étranger au problème. En effet, il se révélait inférieur à son niveau habituel. Quand M. Lapalme a voulu lui en glisser un mot, l'autre s'est tenu sur la défensive. Il s'en est excusé plus tard en avouant qu'il trouvait difficile de se concentrer alors qu'il passait sans arrêt de la consultation à la vérification, et vice versa. Il a promis de redoubler d'efforts, et il y a eu une légère amélioration dans son travail par la suite.

Et puis, un vendredi, M. Olier a demandé à quitter son travail de bonne heure pour amener sa famille à un match de baseball. M. Lapalme a alors appris que la société Métaux Springfield avait donné à Grosbois des billets de faveur et que celui-ci avait décidé d'offrir aux membres de son équipe une loge juste derrière le banc de l'équipe locale. C'est la goutte qui a fait déborder le vase ! Tout en regrettant d'avoir à le faire, M. Lapalme a refusé la permission. Son sentiment de culpabilité n'a fait qu'augmenter lorsqu'il a ensuite entendu M. Olier expliquer à son fils au téléphone pourquoi ils ne pourraient assister au match.

Finalement, M. Lapalme a décidé de s'adresser à Isabelle Nguyen pour lui demander de le recevoir de toute urgence afin de régler le problème. Lorsqu'il a enfin trouvé le courage de l'appeler, il a appris qu'elle était absente jusqu'à la semaine suivante. En raccrochant, il a songé que la solution se trouvait peut-être enfin à sa portée.

DEUX SEMAINES PLUS TARD

Mme Nguyen se présente à l'improviste au bureau de M. Lapalme pour discuter du cas de M. Olier. M. Lapalme, enchanté, s'imagine qu'il pourra enfin lui exposer la situation. Avant qu'il n'ait le temps d'ouvrir la bouche, elle lui apprend que M. Olier est venu la voir la veille et qu'il lui a confié à quel point il trouvait pénible de travailler aux deux projets en même temps. Il éprouve des difficultés à se concentrer l'après-midi sur la vérification, car il ne peut s'empêcher de réfléchir à des questions de consultation soulevées pendant la matinée. En outre, il doit faire des heures supplémentaires pour tenter de respecter les échéances des deux projets, ce qui lui cause des problèmes à la maison. Bref, il se sent fatigué et ne parvient plus à s'accommoder de la situation. Il demande à être affecté au projet de M. Grosbois à plein temps.

Mme Nguyen ajoute qu'il ne blâme en rien M. Lapalme pour ce qui se passe. En fait, il n'a eu que des éloges pour lui. Toutefois, il trouve la consultation plus intéressante et plus stimulante que la vérification. Mme Nguyen conclut : « Nous avons discuté encore un peu et, finalement, je me suis rangée à son avis. Je suis désolée d'avoir à faire ça, Benoît, mais M. Olier est un employé précieux. Je crois qu'il s'agit de la meilleure décision pour l'entreprise. »

1. Si vous étiez à la place de M. Lapalme, comment réagiriez-vous à cette décision ?
2. Qu'aurait pu faire M. Lapalme pour éviter de perdre M. Olier ?
3. Quels avantages et quels inconvénients d'une structure de type matriciel ressortent dans cette étude de cas ?
4. Que pourrait faire la haute direction de GDP pour gérer ce genre de situation de façon plus efficace ?

Étude de cas

Les systèmes Orion (A)*

Les employés ont bruyamment manifesté leur joie lors de l'annonce, par haut-parleurs, de l'adjudication du contrat gouvernemental à Orion. Il s'agit de la construction d'une nouvelle génération de véhicules pour transport à haute vitesse par réseau ferroviaire léger. Chacun s'est empressé d'aller serrer la main d'Alain Ricard et de le féliciter. Tous savaient que M. Ricard serait nommé gestionnaire de cet important projet baptisé du nom de code « Jaguar ». Une fois l'excitation de la nouvelle passée, M. Ricard s'est tourné vers la fenêtre en pensant à l'aventure dans laquelle il venait de s'embarquer !

Grâce à sa grande envergure, le projet Jaguar influerait sur l'octroi d'autres contrats du gouvernement. La concurrence accrue avait eu comme résultat de hausser les attentes en matière de durée, de qualité, de fiabilité et de coûts. M. Ricard savait qu'il faudrait apporter des changements importants dans l'organisation et la gestion des projets chez Orion pour pouvoir répondre aux exigences relatives à ce projet.

LA GESTION DE PROJET CHEZ ORION

Orion est une division d'une grande société aérospatiale qui compte 7 000 employés. Elle est passée d'une organisation orientée projet à une structure matricielle dans le but de maintenir ses coûts et de mieux utiliser ses ressources limitées. En tout temps, l'entreprise peut mener de front de 3 à 5 grands projets, tels que le projet Jaguar, et de 30 à 50 projets de moindre envergure. Les gestionnaires de projet négocient la répartition du personnel avec le vice-président à l'exploitation, qui a le dernier mot dans le choix des affectations. Il est fréquent de voir un ingénieur travailler à deux ou trois projets pendant la même semaine.

La figure C3.1, à la page suivante, illustre la planification des projets de développement de nouveaux produits chez Orion. La gestion de projet se limite à la conception et au

* Préparé par Shlomo Cohen.

FIGURE C3.1

La planification des projets de développement de produits chez Orion

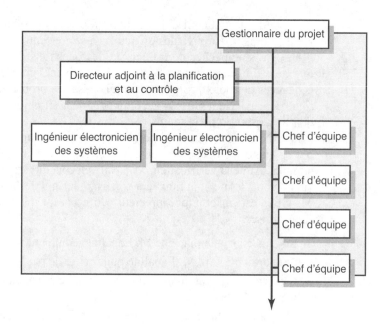

développement du nouveau produit. Dès qu'ils sont prêts, le concept final et le prototype sont livrés au service de la production, qui assure leur fabrication et la livraison au client. Une équipe de gestion de quatre personnes supervise l'exécution du projet. Voici une brève description de leurs responsabilités respectives.

▶ Le directeur de projet a la responsabilité de tous les aspects de la conception et du développement du produit.

▶ Le gestionnaire de la planification et du contrôle de la qualité est chargé de l'élaboration d'un réseau d'ensemble pour le projet, de l'ordonnancement, de la gestion du budget, du contrôle et de l'évaluation du programme de conception et de développement et de la préparation de l'état d'avancement des travaux.

▶ L'ingénieur électronicien fournit les compétences nécessaires en matière de systèmes électroniques.

▶ L'ingénieur mécanicien fournit les compétences nécessaires en matière de systèmes mécaniques.

L'essentiel du travail est réalisé par 12 à 20 équipes de design. Chaque équipe a son chef chargé de la conception, du développement, de la construction et des essais de vérification d'un segment de système du produit. La taille de chaque équipe varie de 5 à 15 ingénieurs, selon l'ampleur du travail. Ces ingénieurs répartissent leur temps entre plusieurs projets.

Les ingénieurs de conception dirigent les opérations chez Orion. La haute direction s'attend à ce que des services comme la production et le marketing ainsi que d'autres groupes suivent leurs directives. Le statut particulier de ces ingénieurs est renforcé par le fait que la courbe de leurs salaires est plus élevée que celle des ingénieurs en fabrication.

Le processus global de développement et de fabrication du produit est illustré à la figure C3.2.

La conception et le développement de nouveaux produits s'organisent autour de cinq grands types d'évaluation: l'évaluation du système de conception (ESC), l'évaluation préliminaire de la conception (EPC), l'évaluation critique de la conception (ECC), l'évaluation de la qualification à l'essai (EQE) et l'évaluation de la qualification à la production (EQP).

FIGURE C3.2   **Le plan directeur traditionnel chez Orion**

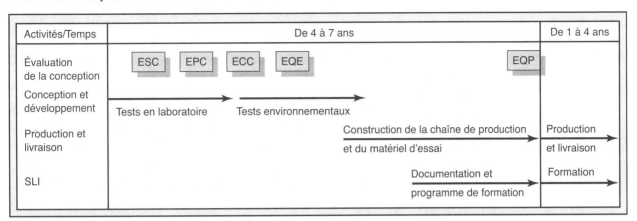

ECC   Évaluation critique de la conception
EPC   Évaluation préliminaire de la conception
EQE   Évaluation de la qualification à l'essai
EQP   Évaluation de la qualification à la production
ESC   Évaluation du système de conception
SLI   Soutien logistique intégré

Le travail de conception et de développement commence en laboratoire, se poursuit par des tests de sous-systèmes sur le terrain et se termine par l'élaboration des prototypes finaux. Une fois terminés, les plans et le prototype sont confiés à la production, qui commence à construire la chaîne de montage du nouveau produit. Le service de la production met également au point le matériel requis pour les tests visant à vérifier si les composants fabriqués fonctionnent correctement. Au cours de cette période, les équipes de soutien logistique intégré préparent la documentation sur le produit, les guides de l'utilisateur, les programmes d'entretien et les programmes de formation pour les clients qui se serviront du produit. En général, Orion met entre six et sept ans à développer et à fabriquer un produit comme celui du projet Jaguar.

L'entreprise vient d'évaluer la façon dont ses projets sont gérés. Voici une brève description des principaux problèmes découverts.

▸ **Des coûts de production plus élevés que prévu**   Une fois les produits développés, on tend à les envoyer « de l'autre côté du mur » pour qu'ils soient pris en charge par l'atelier de production. On fait très peu de conception dans le domaine des méthodes de fabrication. La chaîne de production est complexe, inefficace et stressante pour les employés de l'usine.

▸ **Les préoccupations concernant la qualité**   En raison d'une concurrence accrue, les attentes des clients en matière de qualité sont plus grandes. Ils tolèrent de moins en moins les défauts et désirent des calendriers de réapprovisionnement plus longs. L'entreprise tend à s'occuper des questions de qualité après coup, instaurant des mesures d'amélioration après que le processus de production a été mis au point. Elle n'accorde pas suffisamment d'attention à la nécessité d'incorporer des considérations de qualité dans la conception initiale des produits.

▸ **Des problèmes de soutien à la clientèle**   Parfois, les guides de l'utilisateur et la documentation technique ne répondent pas à toutes les préoccupations des clients, et la préparation des programmes de suivi ne répond pas toujours aux règles de l'art. Ces problèmes ont pour effets d'augmenter les coûts du service à la clientèle et de réduire le niveau de satisfaction des clients.

▸ **Un manque de sentiment d'appartenance aux projets**   Bien que chacun reconnaisse qu'une structure matricielle constitue le meilleur moyen d'exécuter tous les projets de l'entreprise, le va-et-vient du personnel entre de nombreux projets a des répercussions sur la progression de chaque projet considéré individuellement. Les employés n'éprouvent aucun sentiment d'appartenance à un projet en particulier. Par conséquent, ils ne développent pas cette forme d'enthousiasme qui les inciterait à améliorer leur rendement. En outre, le changement constant de personnel ralentit les progrès à cause des heures supplémentaires qu'il faut consacrer à mettre les employés au courant des faits nouveaux chaque fois qu'ils sont affectés à un autre projet.

▸ **L'expansion du contenu** Orion est renommée pour ses succès en ingénierie. Toutefois, ses ingénieurs en conception tendent à se laisser absorber par l'aspect scientifique du projet au point d'en oublier les considérations pratiques. Il en résulte des retards coûteux et, parfois, des modifications conceptuelles qui ne répondent pas aux exigences du client.

M. Ricard était au courant de ces problèmes et d'autres encore lorsqu'il a réuni son personnel dans le but de déterminer l'organisation idéale pour le projet Jaguar.

1. Quelles recommandations feriez-vous à M. Ricard concernant l'organisation du projet Jaguar ? Pourquoi ?
2. Comment modifieriez-vous le diagramme organisationnel et le plan directeur de l'entreprise pour qu'ils reflètent ces modifications ?

Étude de cas

Les systèmes Orion (B)

LE PLAN DE M. RICARD

M. Ricard et son personnel ont travaillé d'arrache-pied au cours de la dernière semaine pour élaborer un plan visant à établir de nouvelles normes pour l'exécution de projets chez Orion. L'équipe de gestion du projet Jaguar comptera désormais sept gestionnaires qui auront la responsabilité de superviser la mise en œuvre du projet, de sa conception jusqu'à sa livraison au client. Voici une brève description des responsabilités des trois titulaires des nouveaux postes créés (*voir la figure C3.3*).

▸ Le gestionnaire de la production sera chargé de soulever des questions concernant la production pendant l'étape de la conception ; il aura également la responsabilité de la construction et de la gestion de la chaîne de montage.

▸ Le directeur du soutien logistique intégré (SLI) supervisera toutes les activités requérant un soutien projet/client après la livraison, y compris la formation des clients, la préparation de la documentation nécessaire et l'essai du matériel.

▸ Le gestionnaire d'assurance de la qualité (AQ) mettra en œuvre un programme de qualité qui permettra d'améliorer la fiabilité, la disponibilité et la facilité d'entretien du produit.

Les sept directeurs, soit les trois nouveaux et les quatre dont il a été question à la section A, coordonneront le projet et s'assureront de l'intégration de leur domaine respectif dans toutes les décisions importantes. Comme gestionnaire du projet, M. Ricard aura pour tâche de créer un consensus, mais il disposera de l'autorité requise pour intervenir et prendre des décisions, si le besoin s'en fait sentir.

L'essentiel du travail sera exécuté par 35 équipes. Chaque équipe aura un chef, chargé de la conception, du développement, de l'élaboration et de la mise à l'essai d'un sous-système bien délimité du projet. Ce chef devra également s'assurer de la qualité et de la productivité de son sous-système et veiller à ce que le travail soit effectué à temps et selon le budget fixé.

FIGURE C3.3

**La proposition
d'organisation
pour le projet Jaguar**

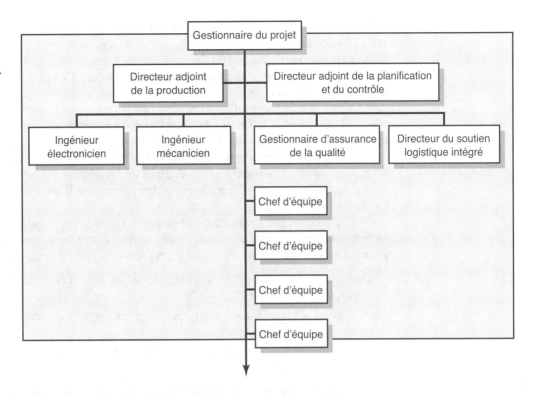

Chaque équipe comprendra de 5 à 12 membres. M. Ricard insiste pour qu'au moins la moitié des membres de chaque équipe travaillent au projet à temps plein pour assurer une certaine continuité et augmenter leur intérêt pour sa réussite.

La deuxième caractéristique clé de ce plan est l'élaboration d'un plan directeur d'ensemble propre au projet. M. Ricard souhaite ainsi remplacer la méthode séquentielle traditionnelle de développement du produit par une stratégie d'ingénierie concomitante (*voir la figure C3.4*).

FIGURE C3.4 **Le plan directeur du projet Jaguar**

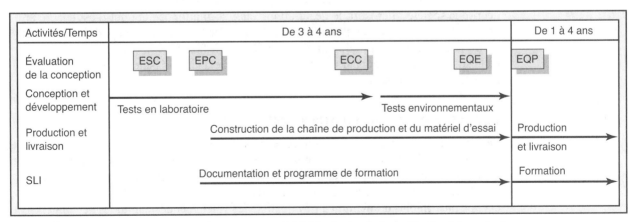

ECC Évaluation critique de la conception
EPC Évaluation préliminaire de la conception
EQE Évaluation de la qualification à l'essai

EQP Évaluation de la qualification à la production
ESC Évaluation du système de conception
SLI Soutien logistique intégré

Une fois le concept du système évalué et approuvé, différentes équipes commenceront à travailler en laboratoire à la conception, au développement et à l'essai de sous-systèmes et de composants particuliers. Peu de temps après, l'équipe de SLI se mettra à recueillir des données et à préparer la documentation sur le produit. Dès que l'EPC sera achevée, les équipes de production commenceront à concevoir les chaînes de montage requises. L'ECC comprendra non seulement l'étude des principales questions techniques, mais également un plan de fabrication. À la fin de l'ECC, les équipes de projet entreprendront des essais sur le terrain dans toute une gamme de conditions environnementales différentes, conformément aux spécifications gouvernementales. On effectuera ensuite des améliorations à la conception en coordination étroite avec les équipes de fabrication et celles du SLI, de sorte que, idéalement, l'entreprise sera en mesure de commencer la production de Jaguar dès que l'EQP sera terminée.

M. Ricard croit que l'exécution par étapes des tâches de production et de documentation en même temps que celle du travail de développement de base permettra d'accélérer l'exécution du projet, de réduire les coûts de production et contribuera à la satisfaction du client.

1. Quelles sont les principales différences entre ce plan et la façon dont l'entreprise gérait ses projets par le passé?

2. À votre avis, jusqu'à quel point ces changements permettront-ils de résoudre les problèmes énumérés dans la section A?

3. Qui est susceptible de soutenir ce plan? Qui est susceptible de ne pas y souscrire?

Annexe 3.1

Comment s'élabore et se communique une culture organisationnelle

Pour comprendre, interpréter ou même modifier la culture d'une entreprise, il faut savoir comment cette culture s'est développée et comment elle s'est transmise au personnel de l'entreprise. La plupart des spécialistes attribuent l'origine d'une culture organisationnelle à la personnalité, aux valeurs et aux habitudes des fondateurs de l'entreprise. Par exemple, on a décrit Bill Gates comme un homme dynamique, à l'esprit compétitif, très discipliné et prêt à consacrer de longues heures à son travail. Les mêmes caractéristiques ont servi à décrire la société Microsoft, le géant du logiciel, qu'il a fondée et dont il est encore président. Si les origines de sa culture peuvent s'expliquer par la personnalité de ses fondateurs, l'entreprise, à mesure qu'elle grandit en taille et fait face à de nouveaux défis, développe cette culture et la soutient par un ensemble complexe de mécanismes. Ces mécanismes sont résumés à la figure A3.1.

LA SÉLECTION DE NOUVEAUX MEMBRES

Le but explicite du processus d'embauche consiste à déterminer et à engager des personnes qui possèdent les capacités, les connaissances et l'expérience requises pour effectuer des tâches dans l'entreprise. Or, l'aptitude à travailler avec les autres employés et à s'intégrer à la culture organisationnelle fait partie de l'exécution de ces tâches. Les entreprises accordent de plus en plus d'attention à l'évaluation des valeurs et des habitudes personnelles des candidats pour déterminer si leur personnalité est compatible avec leur culture organisationnelle. Par exemple, Compaq engage des personnes de nature sociable et qui se sentent à l'aise avec le style de prise de décisions consensuelles qu'elle préconise. Elle écarte les

FIGURE A3.1

Les mécanismes de soutien des cultures organisationnelles

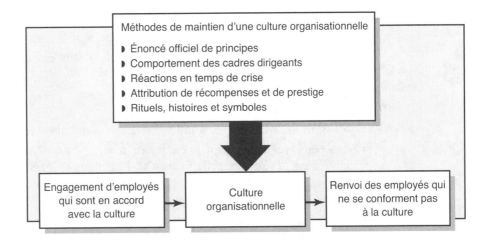

solitaires ou les vedettes performantes qui ont un ego démesuré. Inversement, Microsoft a la réputation d'engager du personnel dynamique et compétitif.

Il ne faut pas sous-estimer l'importance de la sélection des employés pour préserver ou modifier la culture d'une entreprise. L'expérience démontre aux organisations qu'il s'avère beaucoup plus difficile et plus coûteux de se débarrasser des employés qui ne s'intègrent pas à leur culture que d'investir du temps et des efforts supplémentaires pour s'assurer que la personnalité des nouveaux arrivants s'accorde bien avec cette culture. C'est pourquoi il est fréquent de nos jours que le processus de sélection et d'embauche nécessite une suite d'entrevues dont l'un des principaux objectifs consiste à déterminer jusqu'à quel point chaque candidat pourra s'intégrer à la culture existante.

LES MÉTHODES DE SOUTIEN DE LA CULTURE

Quels que soient les soins qu'elle prend à recruter et à engager son personnel, une entreprise doit encore inculquer à ses nouveaux membres les principes de sa culture. Un peu comme tous les soldats suivent un camp d'entraînement pour démontrer leur valeur et apprendre la manière de se comporter dans l'armée, les nouveaux employés se soumettent à un processus de socialisation moins intense grâce auquel ils sont évalués et doivent apprendre les normes, les coutumes et les idéaux de l'entreprise.

Un énoncé officiel de principes

C'est devenu la mode pour les entreprises de faire connaître explicitement leurs valeurs et leurs principes d'exploitation dans des documents écrits. Ainsi, la société Kaufman and Broad Home Corporation, établie à Los Angeles, énonce sa mission comme suit :
Nous construisons des maisons pour réaliser les rêves des gens.

Objectifs

▶ Nous sommes ardemment déterminés à obtenir du succès. Nous avons l'intention de fournir à nos clients la meilleure qualité dans le secteur résidentiel, un rendement élevé à nos actionnaires et l'occasion pour chacun de nos employés de se distinguer et de partager notre succès.

Perspective d'avenir

▶ Nous nous efforçons de devenir le chef de file en construction résidentielle sur chaque marché où nous nous établissons. Nous avons l'intention d'être des leaders dans notre domaine pendant une bonne partie du XXIᵉ siècle.

Valeurs fondamentales

▸ Nous avons l'intention de livrer un produit de qualité… à tout coup.

▸ Nous croyons que le vrai test de la qualité est la satisfaction du client.

▸ Il n'existe pas de bonnes excuses.

▸ Nous nous efforçons d'être à la fine pointe de la conception innovatrice et du développement de produits.

▸ Nous ne construisons pas simplement des maisons ; nous bâtissons des quartiers.

▸ Les employés constituent notre fer de lance. Nous recherchons des gagnants d'une grande intégrité personnelle sachant se diriger eux-mêmes.

▸ Les employés de Kaufman and Broad ont tous de l'influence. Au bout du compte, nous travaillons tous pour le même patron, notre clientèle.

▸ Nous respectons la dignité des gens avec qui nous faisons affaire. Nous tâchons d'être toujours équitables.

▸ Nous visons une croissance régulière et des bénéfices accrus ; nous ne mettons pas trop d'accent sur les résultats à court terme.

Les principes et la philosophie d'une entreprise sont généralement passés en revue au cours des sessions d'orientation des nouveaux employés et on y ajoute des faits vécus qui en font ressortir le sens. Notons que le simple fait d'énoncer les valeurs et les principes d'une entreprise serait inefficace si ceux-ci n'étaient pas visiblement soutenus par d'autres méthodes.

Le comportement des cadres dirigeants

De même que la personnalité du fondateur est indispensable à la formation de la culture d'une entreprise au départ, nombre de spécialistes s'entendent pour dire que les cadres dirigeants jouent un rôle essentiel dans son maintien et son façonnement. En premier lieu, ils servent d'exemples de cette culture. Les employés les considèrent comme des modèles à suivre et à analyser pour déterminer les qualités et les habitudes que l'entreprise privilégie. En second lieu, c'est en interprétant la façon d'agir des dirigeants que les employés comprennent ce qui est vraiment important pour l'entreprise. Supposons, par exemple, que le président d'une société annonce qu'accroître la satisfaction du client vient en tête des priorités de son entreprise. Supposons ensuite l'effet qu'aurait une telle annonce si ce même président, après sa déclaration, s'isolait pour continuer à vaquer à ses occupations habituelles au lieu de, par exemple, diriger personnellement une série de rencontres de groupes de discussion pour déterminer les besoins et les insatisfactions des clients.

Les réactions en temps de crise

Au cours de leur histoire, les entreprises traversent parfois des périodes qui les montrent sous leur vrai jour, où leurs valeurs et leurs priorités sont mises à l'épreuve et apparaissent très clairement. Ainsi, au milieu des années 1980, l'une des usines de HP fonctionnait à moins de 40 % de sa capacité. Les rumeurs allaient bon train. Il y aurait, semble-t-il, des mises à pied et des mutations massives pour remédier à cette situation. Toutefois, l'un des principes fondamentaux de la culture de HP est son engagement envers ses ressources humaines. Au lieu de réagir de façon draconienne par des licenciements, la direction de l'usine a établi un calendrier de neuf jours de travail sur deux semaines, ce qui représentait une baisse de salaire de 10 % pour tous les employés. Elle a également encouragé ses employés à prendre une année sabbatique et à poursuivre des études supérieures pendant lesquelles ils conserveraient leurs avantages sociaux et leur sécurité d'emploi. Cette façon de faire envoyait un message clair aux employés au sujet de l'importance qu'accordait l'entreprise à ses ressources humaines. Cette réaction s'est gravée dans le folklore de HP et sert maintenant à renforcer cet aspect de sa culture.

L'attribution de récompenses et de prestige

Les employés découvrent aussi la culture de leur entreprise par le biais de son système de récompenses et de punitions. En effet, les récompenses et les punitions associées à divers comportements font connaître aux employés les priorités et les valeurs du directeur et de l'entreprise. Imaginez les signaux différents qui leur sont envoyés quand un employé estimable, qui a critiqué de façon légitime une proposition de la haute direction, se voit soit promu à un poste supérieur, soit muté dans une division moins prestigieuse de l'entreprise. De même, quelles valeurs une entreprise communique-t-elle lorsque, découvrant un comportement contraire à l'éthique chez un employé, elle décide soit de le réprimander verbalement, soit de le licencier?

Notons que les entreprises se montrent parfois très inefficaces quand il s'agit de récompenser un comportement conforme à leurs valeurs et à leurs principes. Les employés sont habiles à relever les contradictions entre ce que disent et ce que font les cadres dirigeants. De telles contradictions sapent la crédibilité de la haute direction et favorisent l'émergence d'une culture faible qui contribue à l'inefficacité du rendement organisationnel.

Les rituels, les histoires et les symboles

Une partie importante de la culture organisationnelle se transmet et se consolide à l'aide de symboles. Dans la communication symbolique, un signe ou un geste signifie plus qu'il n'y paraît – il se trouve investi d'un sens particulier et subjectif. Bien qu'il s'agisse d'un type de communication indirecte, il peut servir de mécanisme «évocateur» pour stimuler, canaliser et discipliner des émotions très fortes. Pour se rendre compte de l'intensité des émotions que peuvent inspirer les symboles, pensons à la réaction que provoque l'élévation d'un drapeau aux Jeux olympiques.

Les rituels organisationnels

Les rituels organisationnels sont des gestes traditionnels, habituellement accomplis de façon régulière, qui transmettent des normes et des valeurs fondamentales à tous les employés d'une entreprise. Leur rôle consiste à donner une expression concrète à des valeurs culturelles dont on fait grand cas. Parmi ces rituels, on compte le pique-nique annuel et le party de Noël de l'entreprise, les sondages sur le moral des employés, les cinq à sept, les réunions hebdomadaires du personnel et les fêtes d'adieu. L'entreprise qui tient à développer une culture organisationnelle vigoureuse capable de véhiculer ses valeurs et ses principes de base accorde beaucoup d'importance à ce type de rituels. Prenons l'exemple de la société Sequent, une entreprise de technologie de l'information établie à Portland, dans l'Oregon. Une grande partie de sa production, soit environ 85 %, est généralement expédiée au cours de la dernière semaine de chaque trimestre. C'est devenu une habitude pour tous les employés de cette société, du président jusqu'au concierge, d'effectuer bénévolement un quart de travail au service de l'expédition à cette période. Selon le président, cette coutume renforce toute une gamme de valeurs importantes dans l'entreprise, du type «Nous sommes en affaires pour fabriquer des produits» et «Personne n'est trop important pour mettre la main à la pâte»!

Les histoires, les mythes et les légendes

Nombre de convictions et de valeurs sous-jacentes à une culture organisationnelle s'expriment sous forme de légendes et d'histoires qui finissent par faire partie intégrante du folklore de l'entreprise. Ces histoires et ces légendes permettent aux employés de longue date de transmettre une partie de la culture existante aux nouveaux. Elles mettent en relief des aspects importants de cette culture. Par exemple, des employés de la société Prince, devenue une division de Johnson Controls Inc., racontent l'histoire qui suit au sujet du fondateur de l'entreprise, Ed Prince. Un jour, alors que M. Prince aidait des employés à charger des produits finis dans un wagon de chemin de fer, ils se sont rendu compte qu'ils avaient besoin d'un lubrifiant pour exécuter leur tâche. M. Prince a lancé les clés de sa Cadillac neuve à un jeune employé qu'il ne connaissait pas. Il lui a remis un billet de 100 $ en lui disant de rapporter un contenant de WD-40. L'histoire se termine par le retour du jeune homme avec le produit, la voiture et la monnaie de son patron. En la répétant, les employés insistent sur l'importance pour chacun d'y mettre du sien pour contribuer à l'exécution des tâches et sur la grande valeur accordée à la confiance.

Les symboles matériels

Les bureaux de la société Nike à Portland, en Oregon, ne ressemblent pas à un siège social ordinaire. La première chose que les visiteurs aperçoivent en entrant sur le site de l'entreprise est un terrain de football bien entretenu. Dans le hall de l'immeuble principal, on voit une grande murale représentant Michael Jordan. Un peu partout dans le réseau de bureaux ultramodernes, on trouve des installations d'athlétisme de pointe pour presque tous les sports imaginables. Les employés sont tous jeunes et en pleine forme physique. Des parties de basket-ball sont disputées férocement pendant les heures de travail. L'ensemble donne l'impression d'un environnement de compétition où l'on joue intensément et où l'on travaille avec acharnement.

La société Amazon.com offre un contraste frappant avec Nike. Ici, la frugalité est une valeur clé de l'entreprise. Derrière le populaire site Web de librairie en ligne se trouve un siège social terne à quatre étages dans le style des années 1960 au centre-ville de Seattle. Tous les bureaux ont été fabriqués à partir de portes, au coût total de 130 $. Les moniteurs sont appuyés sur des annuaires téléphoniques, ce qui évite l'achat de supports. « En surveillant ses coûts indirects, on peut consacrer plus d'argent à l'agrandissement de l'entreprise », explique son fondateur et directeur général, Jeff Bezos.

La taille et l'aménagement des bureaux constituent d'autres symboles qui reflètent les valeurs des organisations. Par exemple, dans de nombreuses entreprises, la taille d'un bureau et l'étage où il se situe sont des indicateurs du statut et du pouvoir réel d'un gestionnaire. D'autres entreprises, par contre, dans un souci d'égalitarisme, ont opté pour un aménagement par compartiments dans lequel tous les services se trouvent au même étage et l'espace de bureau est uniformisé.

LE RENVOI DES EMPLOYÉS QUI NE SE CONFORMENT PAS À LA CULTURE

Les employés évaluent les personnes qui reçoivent des récompenses pour déterminer les valeurs privilégiées par l'entreprise. Ils font de même pour celles qui sont licenciées afin de déterminer les types d'employés et de comportements que la direction désapprouve. Il est parfaitement naturel que des collègues bavardent au sujet des raisons qui ont amené un ancien employé à quitter l'entreprise. Ces explications permettent de clarifier ce qui constitue un comportement acceptable et un comportement indésirable. Chaque fois qu'elle le peut, la haute direction doit préciser les raisons des congédiements et des départs volontaires pour que les causes véritables soient bien comprises.

RÉSUMÉ DE L'ANNEXE

La culture de l'entreprise peut avoir un effet considérable sur les attitudes et les comportements des employés. La haute direction consacre de plus en plus de temps et d'attention à développer une culture originale susceptible de lui assurer un avantage concurrentiel dans le monde des affaires.

QUESTIONS DE RÉVISION DE L'ANNEXE

1. Quels mécanismes permettent de soutenir la culture d'une entreprise ?
2. À votre avis, quel mécanisme a le plus d'effet sur la culture organisationnelle ? Pourquoi ?

EXERCICE DE L'ANNEXE

Choisissez une organisation dont vous avez déjà été ou êtes encore membre, par exemple un organisme de travail, une équipe sportive ou une association. Évaluez sa culture organisationnelle du point de vue du rôle que jouent les rituels et les histoires dans la communication de ses normes, de ses attentes et de ses valeurs. Comment ces valeurs culturelles sont-elles communiquées de façon symbolique ?

RÉFÉRENCES DE L'ANNEXE

ABRAHAMS, J. *The Mission Statement Book,* New York, Ten-Speed Press, 1995, p. 350-351.

DANDRIDGE, T.C. «Symbols' Function and Use», dans L.R. Pondy *et al.,* dir., *Organizational Symbolism 1, Monographs in Organizational Behavior and Industrial Relations,* Greenwich, CT, JAI Press, 1983, p.166.

DEAL, T.E. et A.A. KENNEDY. *Corporate Cultures : The Rites and Rituals of Corporate Life,* Reading, MA, Addison-Wesley, 1982.

GALLAGHER, R.S. *The Soul of an Organization : Understanding the Values That Drive Successful Corporate Cultures,* Chicago, Dearborn Trade Publishing, 2002.

KERR, J. et W. SLOCUM. «Managing Corporate Culture Through Reward Systems», *Academy of Management Executive,* vol. 1, n° 2, mai 1987, p. 99-108.

LARSON, E.W. et J. KING. «The Systemic Distortion of Information : An Ongoing Challenge to Management», *Organizational Dynamics,* vol. 24, n° 3, 1996, p. 49-62.

SCHEIN, E. *Organizational Culture and Leadership : A Dynamic View,* San Francisco, Jossey-Bass, 1985.

TRICE, H.M. et J.M. BEYER. *The Culture of Organizations,* Englewood Cliffs, NJ, Prentice Hall, 1993.

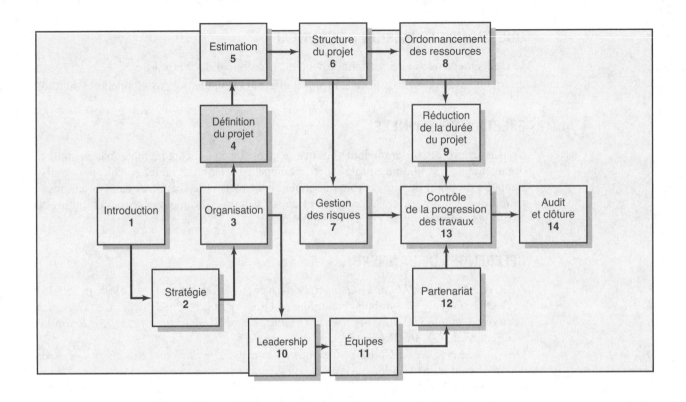

	Estimation 5	**Structure du projet** 6

Diagramme des étapes de gestion de projet :

- Estimation (5) → Structure du projet (6) → Ordonnancement des ressources (8)
- Définition du projet (4) → Estimation (5)
- Structure du projet (6) → Gestion des risques (7)
- Ordonnancement des ressources (8) → Réduction de la durée du projet (9)
- Introduction (1) → Organisation (3) ; Introduction (1) → Stratégie (2)
- Organisation (3) → Définition du projet (4) ; Organisation (3) → Leadership (10)
- Stratégie (2) → Organisation (3)
- Gestion des risques (7) → Contrôle de la progression des travaux (13)
- Réduction de la durée du projet (9) → Contrôle de la progression des travaux (13)
- Contrôle de la progression des travaux (13) → Audit et clôture (14)
- Leadership (10) → Équipes (11) → Partenariat (12) → Contrôle de la progression des travaux (13)

Définir le projet

Première étape : définir l'envergure du projet

Deuxième étape : établir les priorités du projet

Troisième étape : créer une structure de découpage du projet (SDP)

Quatrième étape : intégrer la SDP au sein de l'organisation

Cinquième étape : coder la SDP pour le système d'information

La synthèse du projet

L'organigramme du processus (OP)

La matrice d'affectation des responsabilités

Résumé

CHAPITRE 4

Définir le projet

Sélectionnez un rêve
Utilisez votre rêve pour vous fixer un but
Créez un plan
Considérez les ressources
Exploitez et développez les compétences et les aptitudes
Sautez dans la mêlée ! Organisez-vous et lancez-vous.
[...] c'est un de ces acronymes magiques, a déclaré Pooh *. [Traduction libre]

Un système intégré de contrôle et de planification de projets requiert de l'information spécifique. Il constitue l'une des meilleures façons de répondre aux besoins du client et des principaux acteurs d'un projet. Le gestionnaire qui ne veille qu'à un seul projet à la fois planifie et établit un calendrier d'exécution des tâches sans nécessairement recourir à un système formel d'information et de planification. Toutefois, quand il supervise plusieurs petits projets ou un projet complexe, il lui est impossible de tout coordonner manuellement dans les moindres détails.

Dans le présent chapitre, nous proposons une méthode rigoureuse et structurée destinée à la collecte sélective de données. Ces données se révéleront utiles à chaque étape du cycle de vie d'un projet et permettront de répondre aux besoins de tous les acteurs (par exemple, le client et le gestionnaire de projet) et de mesurer la contribution au plan stratégique de l'entreprise. Il s'agit d'un plan détaillé des travaux du projet appelé *structure de découpage du projet* (SDP). Les premières étapes de la création de la structure consistent à diviser le travail en tâches et à s'assurer que chaque membre du projet en comprend la nature. Une fois le plan et les détails clairement établis, la mise sur pied d'un système intégré d'information permettra d'établir un calendrier des travaux et de déterminer le budget. Ces renseignements de base serviront aux fins de contrôle de l'avancement du projet.

Nous proposerons également une variante de la structure de découpage du projet appelée *organigramme du processus* (OP). Les cinq étapes dont il sera question présentent une méthode structurée de collecte de données utile à la planification, à l'ordonnancement et au contrôle du projet. Plusieurs itérations sont habituellement requises pour établir les dates et le budget nécessaire à la gestion du projet. Comme «nous ne pouvons contrôler que ce que nous avons planifié», la première étape consiste à définir le projet.

Première étape : définir l'envergure du projet

La définition du contenu du projet consiste à créer un plan de projet. En gros, il s'agit d'établir le résultat final ou la mission du projet – un produit ou un service pour le client – et de déterminer le plus clairement possible les livrables destinés à l'utilisateur final en

---

* ALLEN, Roger E. et Stephen D. ALLEN. *Winnie-the-Pooh on Success,* New York, Penguin, 1997, p. 10.

adaptant les activités à réaliser en fonction des attentes. Aussi fondamentale et essentielle que puisse être la description du contenu, les gestionnaires de projet des grandes sociétés bien gérées négligent souvent cette étape.

La recherche démontre noir sur blanc que l'échec d'un projet résulte principalement d'une mission ou d'un contenu mal défini. Selon une étude de la firme Smith and Tucker sur un projet d'une usine de raffinerie de pétrole, par exemple, la description plutôt pauvre du contenu des principales parties du projet a eu des conséquences très négatives sur les coûts et l'ordonnancement. D'après une étude plus vaste de Gobeli et Larson menée auprès de plus de 1 400 gestionnaires de projet étasuniens et canadiens, près de 50 % des problèmes de planification proviennent d'une mauvaise description du contenu et du but. Cette étude ainsi que d'autres soutiennent qu'il existe une corrélation étroite entre le succès d'un projet et la clarté de la description du contenu. Le document relatif au contenu se concentre sur les objectifs pendant toute la durée du projet, pour le client et les participants au projet.

L'élaboration du contenu devrait incomber à la fois au gestionnaire de projet et au client. Le gestionnaire s'assure qu'il existe une entente avec le client quant aux objectifs, aux produits à livrer à chaque étape, aux exigences techniques, etc. Les spécifications, par exemple, pourraient constituer un livrable à la première étape du projet. La deuxième étape pourrait porter sur trois prototypes à livrer, la troisième, sur la quantité de produits à commercialiser, et la quatrième, sur la promotion en marketing et la formation du personnel.

La description du contenu du projet est un document qui sera publié et utilisé par le propriétaire et les participants au projet dans le but de planifier et d'évaluer les chances de succès du projet. Le *contenu* décrit ce que vous comptez livrer au client lorsque le projet sera terminé et il définit des livrables précis, tangibles et mesurables.

La liste de vérification du contenu du projet

Le contenu du projet sert de lien entre tous les éléments d'un plan de projet. La liste de vérification suivante permet de s'assurer de l'exhaustivité du contenu :

Liste de vérification du contenu du projet

---

1. Objectifs du projet
2. Livrables
3. Jalons
4. Exigences techniques
5. Limites et exclusions
6. Révision du contenu en compagnie du client

---

1. **Les objectifs du projet** La description du contenu du projet a pour première étape d'établir les objectifs en fonction des besoins du client. Par exemple, après avoir effectué une vaste étude de marché, une société d'informatique décide de développer un logiciel de traduction de l'anglais vers le russe. Le coût de ce projet triennal devrait s'établir à 1,5 million de dollars. Un second exemple consisterait à concevoir et à produire, en 13 mois, un système de traitement thermique des déchets dangereux, entièrement portable, dont le coût n'excéderait pas 13 millions de dollars. Les objectifs des deux projets répondent aux questions quoi, quand et combien.

2. **Les livrables** L'étape suivante consiste à décrire les principaux livrables, soit les résultats prévus au cours de la durée du projet. La liste des spécifications au début de l'étape de conception constituerait un livrable, par exemple. Le codage d'un logiciel et la rédaction d'un manuel technique pourraient constituer un produit à livrer à la deuxième étape. La troisième étape consisterait à tester les prototypes. Le livrable de cette dernière pourrait

être le plan de test ainsi que les résultats. La dernière étape porterait sur les essais finaux et l'approbation du logiciel. Le livrable pourrait alors être le formulaire d'approbation dûment complété et signé par le client.

3. **Les jalons**   Un jalon représente un moment important et précis d'un projet. Les jalons servent à mieux diviser les principales parties d'un travail. Ils fournissent la première estimation grossière en termes de temps, de coûts et de ressources. Le calendrier des jalons est établi à partir des livrables qui tiennent lieu de base pour déterminer les parties importantes du travail à effectuer et leur date de fin – par exemple, un jalon pourrait être fixé au 1er juillet de la même année pour la fin des essais. Les jalons constituent des points de contrôle naturels et importants. Les participants au projet devraient tous être en mesure de les reconnaître facilement.

4. **Les exigences techniques**   En général, tout produit ou service comporte des exigences techniques qui garantissent une performance conforme aux exigences du client. La capacité d'un ordinateur personnel à fonctionner à l'aide d'un courant alternatif de 120 volts ou d'un courant continu de 240 volts sans adaptateur ni sélecteur de tension constitue un bon exemple d'exigence technique. Les systèmes d'urgence 9-1-1 qui reconnaissent le numéro de téléphone de l'appelant et l'emplacement de l'appel constituent un autre exemple bien connu. Dans les projets de technologie de l'information, la vitesse et la capacité des systèmes de base de données ainsi que leur compatibilité avec les autres systèmes de l'entreprise constituent également de bons exemples. Pour bien comprendre les exigences techniques, reportez-vous à la rubrique, à la page suivante.

5. **Les limites et les exclusions**   Les limites du contenu doivent être clairement établies afin d'éviter de décevoir les attentes et d'écarter tout gaspillage de ressources et de temps attribuable à une mauvaise analyse du problème. Voici quelques exemples de limites : dans le cadre d'un projet de construction d'un barrage en région éloignée, le transport aérien local vers les camps dc base sera imparti ; la maintenance et les réparations du système ne seront pas assurées au-delà d'un mois suivant l'inspection finale ; et le client assumera les coûts de toute formation donnée au-delà de la période prévue au contrat. Les exclusions, de leur côté, permettent de déterminer davantage les limites du projet, car elles précisent tout ce qui n'est pas inclus. Voici quelques exemples d'exclusions : les données seront recueillies par le client et non par l'entrepreneur ; une maison sera construite, mais l'aménagement paysager et les dispositifs de sécurité ne seront pas inclus dans le prix ; un logiciel sera installé, mais la formation des utilisateurs ne sera pas comprise.

6. **La révision du contenu en compagnie du client**   La révision du contenu avec la collaboration du client, interne ou externe, correspond à la dernière étape de la liste de vérification du contenu du projet. Il s'agit essentiellement de s'assurer que les attentes seront comprises et acceptées. Le client obtiendra-t-il ce qu'il souhaite en matière de livrables ? La description du projet reflète-t-elle fidèlement les principales réalisations, les budgets, les échéances et les exigences de performance du livrable principal ? Les limites et les exclusions sont-elles bien comprises ? Il est primordial que la communication soit claire dans tous les cas afin d'éviter toute réclamation ou tout malentendu.

En résumé, il est essentiel d'établir et d'entretenir des rapports étroits avec le client pour que la description du projet réponde à toutes ses exigences. La clarté du contenu permettra de cerner assurément toute modification susceptible de survenir. Une description précise du contenu constitue le principal préalable à la mise sur pied de toute structure de découpage du projet. À la fois complète et succincte, la description du contenu servira à l'élaboration d'un plan administratif et logistique à partir duquel il sera possible de créer un plan opérationnel. Dans le cas de projets de moindre envergure, la description ne devrait pas excéder deux pages. Pour en savoir davantage, reportez-vous à la rubrique de la page 113.

Le bois Big Bertha II et les exigences réglementaires de la United States Golf Association (USGA)*

Nous sommes en 1991. Callaway Golf est sur le point de révolutionner le monde du golf grâce à son tout nouveau bois nº 1 Big Bertha, nommé ainsi d'après le canon allemand à longue portée utilisé durant la Première Guerre mondiale. La tête du bâton s'avère beaucoup plus imposante que celle des bois habituels, mais elle n'est munie d'aucun col. Le col est cette cavité dans laquelle la tige est insérée. Le poids est ainsi mieux réparti. Ce design novateur offre un point idéal plus large qui permet de faire un bon contact avec la balle, même si le coup est mal frappé, sans réduire la distance ou la précision. Callaway Golf conserve sa position de chef de file dans l'industrie du golf grâce à une technologie de pointe qui lui permet de fabriquer des bâtons qui procurent une précision et une distance inégalées.

En 2000, Callaway Golf lance à grand renfort de publicité le Big Bertha ERC II, un bois de départ en titane forgé. Supérieure sur le plan technologique à tout autre bois sur le marché, la dernière création du fabricant pose néanmoins un problème : elle n'est pas conforme aux spécifications propres au coefficient de restitution (COR) de la USGA. Le COR est la mesure de l'efficacité à l'impact ; il est aussi appelé « effet trampoline ». Or, la USGA interdit aux golfeurs professionnels de jouer en Amérique du Nord avec le nouveau bois de départ.

Selon la USGA, les percées technologiques spectaculaires des équipements de golf de Callaway Golf et d'autres fabricants menacent l'intégrité du jeu. Les joueurs frappent si loin et si droit qu'on devra redessiner un nombre incalculable de terrains de golf du monde entier afin de les rallonger et d'en augmenter le niveau de difficulté.

En 1998, la USGA impose des seuils de performance pour tous les nouveaux bâtons. Les fabricants se voient ainsi empêchés de créer des bâtons encore plus puissants. En effet, le COR de tout nouvel équipement ne doit pas excéder 0,83. On a calculé ce coefficient en projetant une balle de golf à la vitesse de 182 km/h en direction du bâton à l'aide d'un dispositif semblable à un canon. La vitesse à laquelle la balle est renvoyée au dispositif ne doit pas excéder 83 % de sa vitesse initiale, qui s'établit à 151 km/h. La USGA a baptisé « COR » le coefficient de rebondissement, ou effet trampoline. Le but de l'association en limitant le COR consiste à restreindre la distance que la balle peut parcourir, les études menées indiquant qu'une hausse de 0,01 % du COR a pour effet d'augmenter la distance des coups frappés de deux verges. Or, le COR du Big Bertha ERC II s'établissait à 0,86.

Après de nombreux efforts pour convaincre la USGA de modifier ses exigences techniques, les ingénieurs de Callaway Golf retournent à leur table à dessin. En 2002, le fabricant lance le Great Big Bertha II, qui est conforme aux exigences du COR de la USGA, soit 0,83.

* GAMBLE, John E. « Callaway Golf Company : Sustaining Advantage in a Changing Industry », dans *Strategy : Winning in the Marketplace*, sous la direction de A.A. Thompson, J.E. Gamble et A.J. Strickland, Boston (MA), McGraw-Hill/Irwin, 2004, p. C-204-C228.

La liste de vérification dont il a été question est d'ordre général. Différentes industries et entreprises dressent leurs propres listes et modèles pour répondre à leurs besoins et à leurs propres projets. Pour les nombreuses entreprises de sous-traitance, l'énoncé du contenu est en réalité le *cahier des charges.* D'autres organisations privilégient plutôt l'expression *mandat du projet,* qui se prête à plusieurs sens dans le domaine de la gestion de projet. Il pourrait s'agir, par exemple, d'une version étendue de l'énoncé du contenu décrit précédemment qui comporterait les limites quant aux risques et aux dépenses, les besoins du client et la composition d'une équipe.

Il pourrait aussi s'agir d'une variante de l'emploi premier du terme «charte», qui consiste en un document autorisant le gestionnaire à mettre en œuvre et à diriger le projet. Ce document, qui émane de la haute direction, autorise le gestionnaire de projet à affecter les ressources nécessaires aux activités du projet.

Plusieurs projets souffrent d'une surcharge de contenu, car souvent les exigences, les spécifications et les priorités changent au fil du temps. Comme nous venons de l'affirmer, toute surcharge du contenu peut être évitée quand l'énoncé de contenu est rédigé avec clarté. Un cahier des charges trop lourd est une invitation à surcharger le contenu, ce qui peut avoir un effet positif ou négatif sur le projet. Toutefois, dans la plupart des cas, une surcharge du contenu est synonyme de coûts plus élevés et de retards. Les exemples sont nombreux : le projet du métro de Laval, la réfection de l'usine Gaspésia ; le Transrapid de Shanghaï, en Chine, etc. En ce qui a trait aux projets de développement de logiciels, une surcharge du contenu se traduit par des produits sophistiqués dont les nouvelles fonctions diminuent la convivialité.

Quand le contenu du projet nécessite des modifications, un processus de contrôle étanche s'impose. Ce processus permet de consigner tout changement effectué. Un rapport fait ensuite état de la modification, des effets sur le projet et du responsable qui a accepté ou refusé le changement proposé.

Nous traiterons du contrôle des changements au chapitre 7. De l'avis des gestionnaires de projet aux prises avec ce genre de situation, il s'agit là de l'une des situations les plus difficiles à gérer.

Deuxième étape : établir les priorités du projet

La qualité et le succès d'un projet dépendent de la capacité à répondre aux attentes du client et de la haute direction, voire de les dépasser en ce qui concerne les coûts (budget), le temps (ordonnancement) et la performance (contenu) (*voir la figure 4.1*). Les rapports mutuels entre ces critères varient. Il s'avère parfois nécessaire de proposer des compromis quant à la performance et au contenu du projet pour le terminer plus rapidement ou pour en diminuer les coûts. Plus la durée du projet se prolonge, plus ses coûts sont élevés. La corrélation entre les coûts et l'ordonnancement ne s'avère pas toujours positive. La main-d'œuvre ou

FIGURE 4.1

Les compromis et la gestion de projets

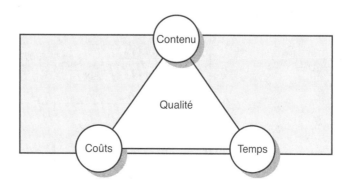

l'équipement bon marché peut quelquefois mener à certaines réductions de coûts. Comme il s'avère moins efficace, il a pour effet, en revanche, d'augmenter la durée du projet. En outre, comme nous le verrons au chapitre 9, les gestionnaires de projet sont souvent obligés d'accélérer ou de «précipiter» certaines activités clés. Pour ce faire, ils font appel à un plus grand nombre de ressources, d'où une augmentation du coût initial du projet.

Souvent, le gestionnaire de projet devra faire des compromis en matière de temps, de coûts et de performance. Pour ce faire, il devra déterminer et comprendre la nature des priorités du projet. Une discussion franche et honnête avec le client et la haute direction lui permettra d'établir l'importance relative de chaque critère. Une matrice des priorités du projet lui permettra de déterminer les critères soumis à des contraintes et ceux qui pourront être optimisés ou acceptés.

Les contraintes Les paramètres initiaux devraient être fixes. Le projet doit être terminé à la date prévue, être conforme à ses spécifications et à son contenu ou encore respecter le budget.

Les améliorations Considérant le contenu du projet, quel critère peut être optimisé? En matière de temps et de coûts, il s'agit d'écourter la durée du projet ou de réduire les dépenses. En ce qui concerne l'amélioration de la performance, il s'agit d'ajouter de la valeur au projet.

L'acceptation Dans quelle situation pourrait-on accepter un critère qui ne répond pas au contenu de départ? Lorsqu'un compromis s'impose, est-il concevable de prolonger la durée du projet, d'en réduire le contenu et la performance? Est-il envisageable de dépasser le budget?

La figure 4.2 présente une matrice des priorités destinée au développement d'un nouveau modem câble. Comme le *temps* consacré à la mise en marché a un impact important sur le plan des ventes, le gestionnaire de projet doit profiter de chaque possibilité pour réduire la durée du projet. Dans ce cas, un dépassement du *budget* serait acceptable bien qu'il soit non souhaité. Par contre, le gestionnaire ne pourrait faire aucun compromis quant aux spécifications initiales en ce qui a trait à la *performance* du modem et aux normes de fiabilité.

Les priorités varient selon les projets. Pour de nombreux projets informatiques, par exemple, le moment opportun pour commercialiser un produit est critique. Des entreprises telles que Microsoft peuvent reporter leurs spécifications initiales de contenu dans des versions ultérieures afin d'être les premières à commercialiser leur produit. Par contre, quand il s'agit d'événements spéciaux (conférences, défilés et tournois), le temps constitue une contrainte dès qu'une date a été annoncée publiquement. En outre, quand le budget est

FIGURE 4.2

Une matrice des priorités d'un projet

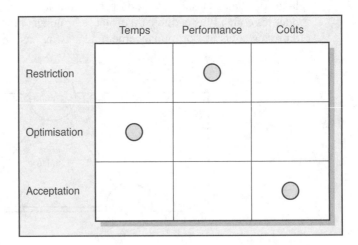

L'envergure d'un projet de construction

OBJECTIF DU PROJET

Construire une maison d'excellente qualité et personnalisée dans les cinq prochains mois, dont le coût n'excédera pas 150 000 $.

LIVRABLES

▸ Une maison de 220 m² comprenant deux salles de bains et trois chambres à coucher.

▸ Un garage isolé fini en plaques de plâtre.

▸ Une cuisine comprenant des espaces prédéfinis pour les électroménagers suivants : un réfrigérateur, une cuisinière, un four à micro-ondes et un lave-vaisselle.

▸ Un appareil de chauffage au gaz à haut rendement muni d'un thermostat programmable.

JALONS

1. Délivrance des permis : 5 mars
2. Fondations coulées : 14 mars
3. Construction des murs ; fenestration, revêtement mural extérieur, plomberie, électricité et vérifications générales effectuées : 25 mai
4. Dernière inspection : 7 juin

EXIGENCES TECHNIQUES

1. La maison doit être conforme aux codes de construction locaux.
2. Les fenêtres et les portes doivent toutes être conformes à la norme applicable dans la région.
3. Le facteur d'isolation thermique des murs extérieurs doit être de R-21.
4. Le facteur d'isolation thermique du plafond doit être de R-38.
5. Le facteur d'isolation thermique du plancher doit être de R-25.
6. Le garage doit pouvoir loger deux grosses voitures et un véhicule récréatif long de 6 m.
7. La structure doit être conforme aux codes de stabilité sismique.

LIMITES ET EXCLUSIONS

1. La maison sera construite selon les spécifications et la conception des bleus initiaux fournis par le client.
2. Le propriétaire est responsable de l'aménagement paysager.
3. Le système de climatisation central n'est pas inclus, mais le précâblage est compris.
4. L'entrepreneur se réserve le droit de faire appel à des sous-traitants.
5. L'entrepreneur est responsable des travaux impartis.
6. Les travaux ont lieu du lundi au vendredi, de 8 h à 18 h.

RÉVISION EN COMPAGNIE DES CLIENTS

Alexandre Silva et Sarah Markov

---

serré, le gestionnaire de projet devra faire des compromis sur le contenu du projet afin de respecter l'échéancier prévu.

Certains affirmeront que ces trois critères sont sans cesse soumis à des contraintes et que le gestionnaire de projet efficace devrait trouver une façon d'optimiser chacun d'eux. Si tout se passe bien et s'il n'y a aucun problème grave ou aucune limite importante, le gestionnaire devrait être en mesure de défendre son point de vue. Toutefois, cette situation est plutôt rare ; le gestionnaire de projet est souvent appelé à faire des choix difficiles qui avantageront un critère au détriment des deux autres. Le but de cet exercice consiste à déterminer et à accepter les priorités et les contraintes du projet afin de prendre les bonnes décisions lorsque la pression augmente. La tendance très marquée à n'utiliser que deux critères sur trois nuit aux prises de décision au moment d'établir les priorités. Les entreprises qui appliquent les trois critères réussissent beaucoup mieux à obtenir l'unanimité d'un groupe et à prendre des décisions.

Il y a naturellement des limites à ce que les gestionnaires peuvent faire en ce qui concerne les contraintes, l'optimisation ou l'approbation d'un critère. Un projet retardé d'au plus un mois par rapport au calendrier initial serait acceptable, tout comme un dépassement de budget maximal de 20 000 $. Terminer un projet un mois plus tôt serait souhaitable, en veillant bien sûr à ce que les coûts soient scrupuleusement respectés. Certains gestionnaires de projet, à l'aide de ces limites, créent leur matrice des priorités.

En résumé, l'établissement d'une matrice des priorités pour un projet s'avère très utile aux prises de décision. Cet outil, qui peut servir de vecteur de communication, permet d'établir clairement les priorités en compagnie des clients et de la haute direction, ce qui évite toute forme de malentendu. Les renseignements concernant les priorités s'avèrent essentiels au processus de planification, car le contenu, le calendrier et l'attribution du budget font souvent l'objet de modifications. Enfin, la matrice est également utile pour résoudre tout problème survenant à mi-chemin dans le projet.

Une mise en garde s'impose, cependant, car les priorités peuvent changer en cours de route. Un client peut soudainement mettre fin au projet un mois plus tôt que prévu ou la haute direction peut donner de nouvelles directives dans le but de réduire les coûts. C'est pourquoi le gestionnaire de projet doit demeurer vigilant pour prévoir et confirmer les changements de priorités et s'y ajuster.

Troisième étape : créer une structure de découpage du projet (SDP)

Les principaux regroupements d'une structure de découpage du projet

Dès que le contenu et les livrables sont déterminés, l'ensemble du projet peut être successivement divisé en éléments de travail de plus en plus petits. Le résultat de ce processus hiérarchique porte le nom de structure de découpage du projet (SDP). Il s'agit en quelque sorte d'un plan du projet qui permet au gestionnaire de s'assurer que tous les produits et tous les éléments de travail sont bien définis. De plus, la SDP permet d'intégrer le projet à l'organisation et d'établir une forme de contrôle. En fait, la SDP fournit un aperçu des niveaux de détail.

La figure 4.3 illustre les principaux regroupements auxquels font appel les entreprises au moment d'élaborer une SDP hiérarchique. La SDP débute avec le produit final à livrer (le projet constitue le livrable final ou primaire), qui est suivi des principaux systèmes/livrables du projet. Viennent ensuite les livrables secondaires nécessaires à l'accomplissement des

FIGURE 4.3

Le processus hiérarchique de la SDP

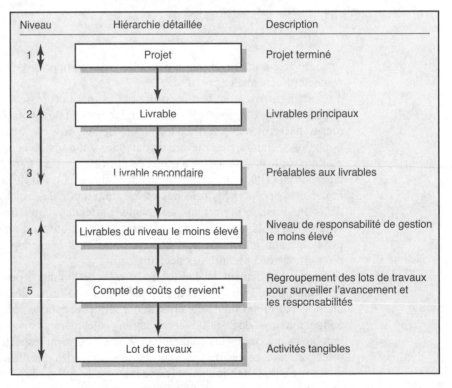

Niveau	Hiérarchie détaillée	Description
1	Projet	Projet terminé
2	Livrable	Livrables principaux
3	Livrable secondaire	Préalables aux livrables
4	Livrables du niveau le moins élevé	Niveau de responsabilité de gestion le moins élevé
5	Compte de coûts de revient*	Regroupement des lots de travaux pour surveiller l'avancement et les responsabilités
	Lot de travaux	Activités tangibles

* Ce processus regroupe les lots de travaux par type de travail pour un livrable précis et permet d'assigner des responsabilités à une unité organisationnelle. Cette étape supplémentaire fait office de système de surveillance de la progression du projet. Nous traiterons de ce sujet au chapitre 13.

Les Jeux olympiques de 2004 à Athènes, en Grèce

AP/Wide World Photos.

Dans le domaine de la gestion de projet d'événements, les Jeux olympiques se classent parmi l'une des réalisations les plus importantes.

DÉFINITION DU PROJET

Objectif: organiser les Jeux olympiques d'été 2004 débutant le 13 août en Grèce, dans des emplacements précis, au coût de 5,2 milliards de dollars.

Client: les activités sont financées par le gouvernement grec. De plus, les clients comptent de nombreuses parties prenantes, par exemple les citoyens d'Athènes, les gouvernements local et national, la communauté grecque, le Mouvement olympique, l'ensemble de la communauté internationale, les athlètes et le monde des affaires.

Contenu: organiser tous les jeux et toutes les cérémonies. Mettre en place les ressources et la technologie nécessaires à la mise sur pied des jeux. Gérer les relations publiques et les levées de fonds.

Critères de succès: déroulement des jeux sans incident. Enthousiasme et plaisir du public. Augmentation de l'activité économique à Athènes et en Grèce. Intérêt soutenu pour les prochains Jeux olympiques.

Équipe de gestion de projet: le Comité organisateur des Jeux olympiques d'Athènes a été officiellement désigné comme le gestionnaire du projet. D'autres organismes contribuent directement à la réussite des jeux, tels que le Comité international olympique (CIT), le Comité olympique grec, le conseil municipal d'Athènes et les responsables de la coordination olympique (le gouvernement grec). La Commission de coordination des Jeux olympiques est chargée de tous les projets d'infrastructure, la plupart d'entre eux étant déjà en cours ou en révision pour répondre aux exigences des jeux. Il est primordial que ces projets soient terminés à temps.

SDP: la SDP comprend principalement les événements, les lieux et les installations dont le logement, le transport, les installations destinées aux médias et à la coordination des activités; les télécommunications; la sécurité; les soins médicaux; les ressources humaines, dont les bénévoles; la culture olympique; la formation précédant les jeux; les projets de technologie de l'information; les cérémonies d'ouverture et de clôture; les relations publiques; le financement; les simulations de cérémonies et les événements préolympiques servant à tester les installations; la gestion des commanditaires et le contrôle des guérillas marketing afin de protéger les commanditaires officiels. Chaque élément peut être traité comme un projet distinct. Une coordination efficace s'avérera nécessaire pour s'assurer que ces éléments, et par conséquent l'ensemble du projet, seront livrés à temps.

Le temps, de toute évidence, constitue la dimension la plus importante du projet. Les retards du début et la confusion ont conduit le CIO à envisager le transfert des Jeux olympiques dans une autre ville. Cette menace a poussé les Grecs à redoubler leurs efforts. À la fin de la troisième année, après plusieurs années de travail acharné, les organisateurs des Jeux olympiques ont finalement fait taire les rumeurs, toutes les installations étant prêtes pour la cérémonie d'ouverture prévue le 13 août. Comme lors des autres jeux, on a laissé tomber le contrôle des coûts, ce qui a entraîné une augmentation de la facture totale entre 8 et 12 milliards de dollars. Les Grecs ont également été obligés de réduire l'ampleur des travaux de construction et de faire des compromis sur la qualité. Le centre du toit du stade olympique a été fabriqué en verre comme prévu. Par contre, le centre aquatique n'a pas été doté du même type de toit à cause des retards. Les projets d'embellissement de la ville ont dû être écourtés ou annulés. Les travaux non terminés ont été dissimulés derrière d'énormes banderoles. Pour détourner l'attention, on a installé des rubans et des drapeaux sur les trottoirs qui n'ont jamais été aplanis et sur les immeubles en béton défraîchis que l'on n'a pas pu repeindre.

livrables du niveau supérieur. On répète ainsi le processus jusqu'à ce que les éléments du livrable secondaire soient suffisamment petits pour être attribués à un seul gestionnaire. Ce livrable secondaire est ensuite divisé en lots de travaux. Comme le livrable secondaire du niveau le moins élevé comprend habituellement plusieurs lots de travaux, ces derniers sont regroupés par type de travail – par exemple, le matériel informatique, la programmation et les essais. Ces regroupements au sein d'un livrable secondaire sont désignés sous le nom de « comptes de coûts de revient ». Ils permettent de surveiller l'avancement des travaux, les coûts et la répartition des responsabilités dans le projet.

L'utilité d'une SDP pour le gestionnaire de projet

La SDP définit tous les éléments du projet selon une structure hiérarchique et établit des liens avec les éléments finaux du projet. Il suffit d'imaginer le projet comme un gros lot de travaux, lui-même successivement divisé en lots de travaux plus petits. Le projet comme tel correspond à la somme de tous les lots de travaux plus petits. Cette structure hiérarchique facilite l'évaluation des coûts, du temps et de la performance technique à tous les niveaux de l'organisation et tout au long du projet. La SDP précise également le type de gestion approprié pour chaque niveau. La haute direction, par exemple, est chargée essentiellement des principaux livrables ; les gestionnaires de premier niveau sont responsables des livrables secondaires plus petits et des lots de travaux.

Au fil de l'élaboration de la SDP, les responsabilités reliées aux lots de travaux sont attribuées aux unités organisationnelles et aux individus. Cette intégration du travail et de l'organisation, dans la pratique, est parfois désignée sous le nom de « structure de répartition des tâches dans l'organisation », dont il sera question à la fin du chapitre.

LA SDP offre également la possibilité de planifier, d'ordonnancer et de dresser des budgets. Sa structure permet d'assurer un suivi des coûts et un contrôle de la performance. Elle permet aussi d'obtenir une vue d'ensemble du budget total et du coût réel, des lots de travaux jusqu'aux éléments de travail de premier niveau. L'entreprise peut ainsi mesurer la performance des unités organisationnelles et le travail accompli.

La SDP définit les voies de communication et aide à comprendre et à coordonner les parties du projet. La structure illustre avec clarté les tâches à accomplir et les responsabilités des unités organisationnelles. On sait ainsi à qui acheminer les communications écrites. Comme ce type de structure intègre le travail et les responsabilités, il est facile d'aborder et de résoudre tout problème qui se présente.

L'élaboration d'une SDP

La figure 4.4 illustre une SDP simplifiée destinée à la création d'un nouveau projet d'ordinateur personnel. La partie supérieure de la structure (niveau 1) représente le produit final du projet – un produit ou un service livrable. Chaque niveau de la structure fournit les données propres à un niveau de gestion distinct. Les données du premier niveau, par exemple, illustrent l'objectif principal du projet et sont utiles à la haute direction. Les renseignements des deuxième, troisième et quatrième niveaux sont destinés aux cadres intermédiaires. Les données du cinquième niveau sont réservées aux gestionnaires de premier niveau.

Le deuxième niveau fournit une liste partielle des livrables nécessaires à la création de l'ordinateur personnel. L'élément « Unités de stockage » dans la partie ombragée constitue un livrable qui comprend trois livrables secondaires – un bus sériel universel (USB) externe, un disque laser et un disque dur. Le disque dur requiert quatre livrables secondaires, soit un moteur, une carte de circuits imprimés, un cadre de châssis et une tête de lecture-écriture. Ces livrables secondaires représentent les éléments à gérer au niveau le moins élevé du projet. Chaque livrable secondaire requiert des lots de travaux qui seront effectués par une unité organisationnelle précise. Chaque livrable sera successivement divisé de cette façon. Il est inutile de diviser tous les éléments de la SDP au même niveau.

FIGURE 4.4 La structure d'une SDP

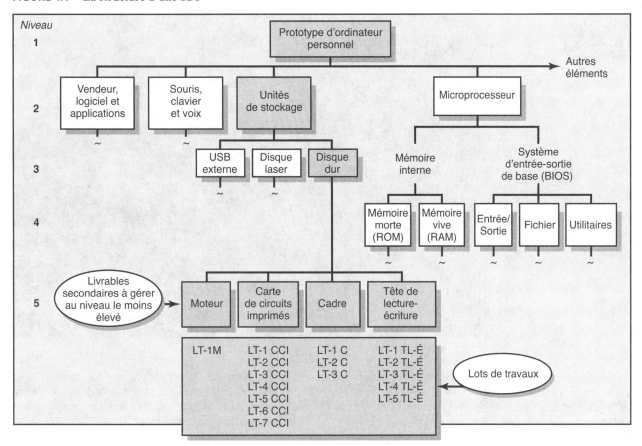

Le *lot de travaux* constitue le niveau le moins élevé de la SDP. Les lots de travaux consistent en des tâches de courte durée qui ont une date de début et une date de fin ; ils exigent des ressources et représentent des coûts. Chaque lot de travaux constitue un point de contrôle. Il incombe au gestionnaire des lots de travaux de s'assurer que chaque lot est prêt à temps et qu'il respecte le budget alloué et les spécifications techniques. Dans la pratique, un lot de travaux ne devrait pas nécessiter plus de 10 jours de travail. Quand un lot de travaux nécessite plus de 10 jours, des points de surveillance ou de vérification doivent être établis au cours du projet, tous les trois à cinq jours environ, afin de s'assurer de l'avancement des travaux et de cerner les problèmes avant qu'il ne soit trop tard. Dans la mesure du possible, chaque lot de travaux de la SDP doit être indépendant des autres lots du projet. Chaque lot de travaux ne peut être décrit dans plus d'un livrable secondaire de la SDP.

Il existe une différence importante entre le dernier livrable secondaire et un lot de travaux. En règle générale, ce livrable secondaire comprend les résultats de plus d'un lot de travaux d'environ deux ou trois services. Par conséquent, le livrable secondaire n'a pas de durée à proprement parler. Il n'exige aucune ressource directe et ne génère pas de coût direct. Par contre, on peut dériver sa durée par le temps écoulé entre l'exécution du premier lot de travaux (le plus tôt) et du dernier. La différence représenterait alors la durée du livrable secondaire. Les ressources et les coûts engendrés par le livrable secondaire se calculent par la somme des ressources et des coûts de tous les lots de travaux. Il s'agit en fait d'une *synthèse du projet* – d'une « addition ascendante » qui débute avec les lots de travaux jusqu'aux éléments des niveaux supérieurs. Ces éléments servent à définir les livrables à différentes étapes du projet ct à créer des rapports d'état au cours du cycle de vie d'un

La figure 4.4, à la page précédente, présente une SDP type dans lequel le projet est divisé jusqu'au livrable à gérer au niveau le moins élevé ainsi qu'aux lots de travaux et comptes de coûts de revient subséquents. Dans plusieurs cas, il est inutile de diviser la SDP à ce niveau de détail. À quel point devons-vous diviser le travail ?

Il n'existe aucune réponse toute faite à cette question. Toutefois, certains gestionnaires de projet recommandent de procéder comme suit.

On divise le travail jusqu'à ce que la structure semble assez précise par rapport aux objectifs établis. Quand on effectue une estimation approximative pour déterminer la valeur du projet, il est sans doute inutile de diviser la SDP au-delà des principaux livrables. Par contre, quand on estime le coût d'un projet pour concurrencer une soumission, il vaut alors mieux diviser le projet jusqu'aux lots de travaux.

LA SDP devrait être conforme à l'ordonnancement planifié. Par exemple, quand les attributions se font en jours, les tâches devraient être effectuées autant que possible en journées. En revanche, quand les heures constituent la plus petite unité du calendrier, le travail devrait être divisé en heures.

Les activités finales devraient comprendre des dates de début et de fin clairement définies. Les tâches dont la durée est indéterminée, telles que la recherche ou les études de marché, sont à éviter. Il est préférable de présenter ces tâches au niveau inférieur suivant dans lequel les livrables et les résultats sont mieux définis. Il est aussi souhaitable d'inclure des tâches telles que déterminer la part de marché, décrire les exigences de l'utilisateur ou rédiger l'énoncé d'un problème, plutôt que de terminer l'exercice avec une étude de marché.

Quand les responsabilités et le contrôle constituent des éléments importants, le travail devrait être divisé de façon à définir avec précision les responsabilités de chaque ressource. Au lieu de terminer la division du travail avec la conception d'un produit, par exemple, on ajoute un niveau inférieur et on indique les éléments de la conception (par exemple, les plans électriques, la source d'alimentation, etc.) dont chaque employé sera responsable.

En fin de compte, la SDP doit fournir le niveau de détail nécessaire au succès de la gestion du projet.

projet. Par conséquent, le lot de travaux constitue l'unité de mesure de base pour la planification, l'ordonnancement et le contrôle du projet.

En résumé, chaque lot de travaux de la SDP permet de :

1. définir le travail (quoi) ;
2. déterminer le temps nécessaire à l'accomplissement d'un lot de travaux (combien de temps) ;

3. dresser un budget ordonnancé pour exécuter un lot de travaux (coûts);
4. déterminer les ressources nécessaires à l'exécution d'un lot de travaux (combien);
5. désigner un responsable des unités de travail (qui);
6. établir des points de surveillance pour évaluer l'avancement des travaux.

Concevoir une SDP à partir de zéro peut représenter un défi de taille. Tout gestionnaire de projet devrait s'inspirer d'exemples provenant d'autres projets pertinents afin d'amorcer le processus.

Les SDP sont en réalité le résultat d'un effort collectif. Quand il s'agit d'un petit projet, les membres de l'équipe participent tous à la division du projet en plusieurs éléments. Dans le cas de projets plus gros et plus complexes, les responsables des principaux livrables se rencontrent habituellement pour déterminer les deux premiers niveaux de livrables. D'autres éléments seront attribués aux responsables d'un travail précis. Par la suite, un membre du personnel de soutien attaché au projet recueille et insère ces données dans une SDP officielle. Les principaux acteurs, le plus souvent les clients, sont consultés pour confirmer l'entente et apporter des modifications le cas échéant.

En général, les équipes de projet qui conçoivent leur première SDP oublient que leur structure doit contenir un produit final, prêt à livrer au client. Les premières tentatives aboutissent souvent à une SDP calquée sur l'organigramme organisationnel – conception, marketing, production et finances. Lorsque la SDP tient compte de la structure de l'organisation, l'accent est mis sur le fonctionnement et le processus de l'entreprise plutôt que sur le produit final ou les livrables du projet. En outre, une SDP axée sur le processus deviendra un outil comptable permettant d'enregistrer les coûts par fonction plutôt qu'un outil de gestion des livrables. Il s'agit de privilégier une SDP axée sur le produit final afin de mettre l'accent sur les produits à livrer. Reportez-vous à la rubrique précédente afin d'obtenir de plus amples renseignements à ce sujet. La relation entre les responsabilités des unités organisationnelles et la SDP peut être établie en regroupant les lots de travaux d'un livrable dans un compte de coûts de revient tout en continuant de veiller à la production du livrable. Nous décrivons ce processus ci-après.

Quatrième étape: intégrer la SDP au sein de l'organisation

L'un des éléments essentiels de la SDP consiste à définir les unités organisationnelles chargées de l'exécution du travail. Dans la pratique, ce processus consiste en la conception d'un organigramme fonctionnel (OF). L'OF permet de connaître la façon dont l'entreprise a délégué les responsabilités. Les objectifs d'un tel organigramme consistent à résumer les tâches des unités organisationnelles, à indiquer les unités responsables des lots de travaux et à associer chaque unité organisationnelle à un compte collectif de contrôle des coûts. Rappelons que les lots de travaux similaires, habituellement d'un même service, sont regroupés dans le même compte de coûts. L'OF définit les sous-livrables de l'organisation selon un modèle hiérarchique qui les divise en unités de plus en plus petites. Dans la plupart des cas, une structure organisationnelle traditionnelle suffira. Bien que le projet soit entièrement exécuté par une seule équipe, il importe de diviser l'organigramme afin d'attribuer les responsabilités reliées aux budgets, au temps et à la performance technique.

Tout comme dans une SDP, l'OF attribue à l'unité organisationnelle du niveau le moins élevé la responsabilité des lots de travaux d'un compte de coûts de revient. Comme l'illustre la figure 4.5, à la page suivante, il est possible d'*intégrer* une SDP et un OF; c'est là un des principaux avantages de leur utilisation simultanée. Le point d'intersection des lots de travaux et de l'unité organisationnelle crée un point de contrôle pour le projet, appelé «compte de coûts», qui intègre le travail et la responsabilité. L'intersection de la SDP et de l'OF fournit des indications quant à l'ensemble de lots de travaux nécessaires à la réalisation

FIGURE 4.5 L'intégration d'une SDP et d'un OF

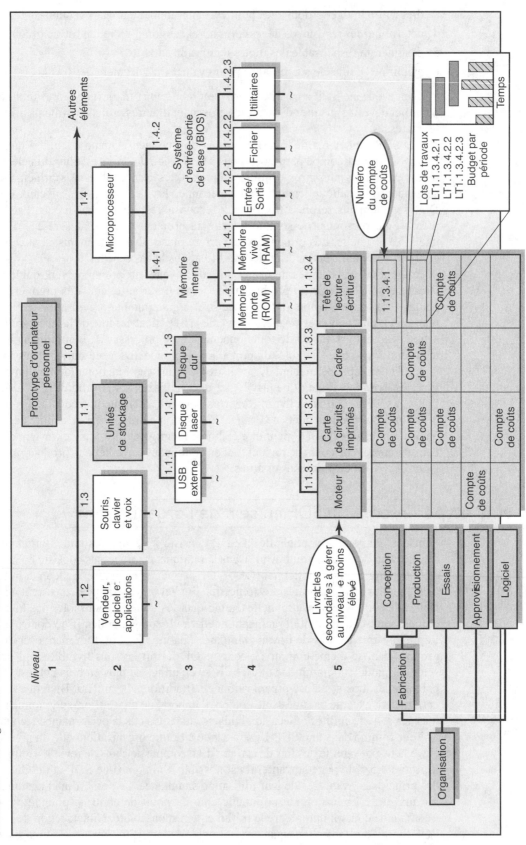

du sous-livrable situé immédiatement au niveau supérieur ainsi qu'à l'unité organisationnelle (à gauche de la figure) responsable de l'exécution des lots de travaux à cette intersection. Nous utiliserons plus tard l'intersection comme compte de coûts pour contrôler la gestion des projets. Par exemple, l'élément représentant la carte de circuits imprimés nécessite l'exécution de lots de travaux relevant principalement des services de la conception, de la production, des essais et du service d'informatique. Le contrôle s'effectue de deux façons : en fonction des résultats (axe vertical) ou des responsabilités (axe horizontal). Au cours du projet, le suivi de l'avancement peut être assuré selon l'axe vertical correspondant aux livrables (intérêt du client) ou selon l'axe horizontal, qui correspond à la responsabilité organisationnelle (intérêt de la direction). Bien qu'il soit possible d'illustrer aux fins de démonstration une SDP et un OF intégrés, par exemple la figure 4.5, à la page 120, aucun logiciel n'offre la possibilité de concevoir ce type de diagramme. Il est d'ailleurs impossible de reproduire ainsi de gros projets étant donné la dimension qu'exigerait un tel diagramme. Les progiciels types permettent tout simplement au gestionnaire de projet de trier différemment les données selon qu'ils le font à l'aide d'une SDP ou d'un OF ; reportez-vous aux tableaux 4.1A et 4.1B.

TABLEAU 4.1A

Le tri effectué à l'aide d'une SDP

		Budget consacré à la main-d'œuvre directe	
1.1.3	Disque dur	1 660	
1.1.3.1	Moteur	10	
	Approvisionnement		10
1.1.3.2	Carte de circuits imprimés	1 000	
	Conception		300
	Production		400
	Essais		120
	Logiciel		180
1.1.3.3	Cadre	50	
	Production		50
1.1.3.4	Tête de lecture-écriture	600	
	Conception		300
	Production		200
	Essais		100

TABLEAU 4.1B

Le tri effectué à l'aide d'une SDP

		Budget consacré à la main-d'œuvre directe	
Conception		600	
1.1.3.2	Carte de circuits imprimés		300
1.1.3.4	Tête de lecture-écriture		300
Production		650	
1.1.3.2	Carte de circuits imprimés		400
1.1.3.3	Cadre		50
1.1.3.4	Tête de lecture-écriture		200
Essais		220	
1.1.3.2	Carte de circuits imprimés		120
1.1.3.4	Tête de lecture-écriture		100
Approvisionnement		10	
1.1.3.1	Moteur		10
Logiciel		180	
1.1.3.2	Carte de circuits imprimés		180
Total		1 660	

Cinquième étape : coder la SDP pour le système d'information

L'utilité d'une structure repose entièrement sur son système de codage. Les codes servent à définir les niveaux et les éléments de la SDP et de l'entreprise, les lots de travaux ainsi que les données relatives au budget et aux coûts. En outre, ils permettent de consolider les rapports à n'importe quel niveau de la structure. Le plan le plus couramment utilisé est l'alinéa numérique. Le nouveau projet informatique et les « unités de stockage » de la figure 4.5, à la page 120, sont présentés ci-après sous cette forme :

1.0 Projet informatique
    1.1 Unités de stockage
        1.1.1 USB externe
        1.1.2 Disque laser
        1.1.3 Disque dur
            1.1.3.1 Moteur
                1.1.3.1.1 Lots de travaux d'un fournisseur
                        •

            1.1.3.4 Tête de lecture-écriture
                1.1.3.4.1 Compte de coûts
                1.1.3.4.2 Compte de coûts
                      1.1.3.4.2.1 LT
                      1.1.3.4.2.2 LT
                      1.1.3.4.2.3 LT
                1.1.3.4.3 Compte de coûts
                      •
                      •
                      •

                    Etc.

Notons que l'identification du projet est 1.0. Chaque alinéa successif représente un élément ou un lot de travaux de niveau inférieur. En fait, la séquence numérique se termine au niveau du lot de travaux. Les tâches et les éléments de la structure possèdent tous un indicatif d'appellation. Le compte de coûts constitue le point central, car les budgets, les attributions de tâches, le temps, les coûts et les performances techniques convergent tous vers ce point.

Ce système de codage peut être développé davantage dans le cas de gros projets. D'autres formes de présentation peuvent être ajoutées pour des rapports spéciaux. Par exemple, l'ajout d'un « –3 » après le code pourrait indiquer un emplacement, l'élévation frontale sur le plan ou un compte précis tel que celui de la main-d'œuvre. Certaines lettres pourraient être utilisées comme identificateurs particuliers, comme « M » pour « Matériel » ou « I » pour « Ingénieurs ». On ne se limite pas à 10 subdivisions (0 à 9), car il est possible d'ajouter à la subdivision d'autres chiffres, par exemple, .1–.99 ou .1–.9999. Quand le projet est petit, on utilise des nombres naturels la plupart du temps. L'exemple suivant est extrait d'un gros projet complexe :

3R–237A–P18–33.6

où 3R représente l'installation, 237A, l'élévation selon le plan d'architecture et la région, P18 un tuyau de 18 millimètres de diamètre et 33.6 le numéro du lot de travaux. En pratique, la plupart des entreprises font preuve d'imagination et combinent les lettres et les chiffres pour réduire la longueur des codes de la SDP.

La synthèse du projet

L'intersection d'une SDP et d'un OF constitue un point de contrôle que le gestionnaire de projet désigne sous le nom de «compte de coûts». Les lots de travaux et les comptes de coûts servent de base de données à la coordination de tous les autres processus de planification, d'ordonnancement et de contrôle. Les comptes de coûts comportent un ou plusieurs lots de travaux. On attribue du temps, un budget, des ressources, des responsabilités et des points de contrôle à chaque lot de travaux. Grâce à ces éléments, il est possible de suivre l'avancement du projet. La figure 4.6 est une version exagérément simplifiée d'un lot de travaux dont le budget est réparti dans le temps (sans aucune date). Celui-ci est un des lots de travaux du livrable de carte de circuits imprimés attribué au service de l'informatique. Uniquement à l'aide du coût de la main-d'œuvre directe, il est possible d'obtenir un aperçu général sur la façon de faire la synthèse des coûts du projet pour une carte de circuits imprimés et pour l'ensemble des unités organisationnelles.

La figure 4.7, à la page suivante, illustre des coûts de main-d'œuvre et des lots de travaux fictifs relatifs au disque dur de l'élément «Unités de stockage» du projet d'un prototype d'ordinateur personnel. L'intersection de la carte de circuits imprimés et de la production montre deux lots de travaux dans le compte de coûts, dont les budgets s'élèvent à 140 $ et à 260 $, pour un total de 400 $. Si l'on remonte la structure jusqu'à la carte de circuits imprimés en faisant la somme de tous les comptes de coûts sous la carte, on obtient un total de 1 000 $. Le disque dur, qui comprend tous les éléments du premier niveau, dispose d'un budget de 1 660 $. La synthèse des unités organisationnelles fonctionne de la même

FIGURE 4.6 **Les estimations d'un lot de travaux**

Description du lot de travaux ___*Version finale*___ Page ___*1*___ de ___*1*___

Numéro du lot de travaux ___*1.1.3.2*___ Projet ___*Prototype d'ordinateur personnel*___

Livrable ___*Carte de circuits imprimés*___ Date ___*XXXX-09-29*___

Élément de départ ___*Logiciel*___ Estimateur ___*RMG*___

Durée du lot de travaux ___*3*___ semaines de travail Budget total ___*265 $*___

Budget réparti dans le temps ($)

Coûts de la main-d'œuvre	Taux	1	2	3	4	5	Total
Code	XX $/hr	50	30	20			100 $
Document	XX $/hr		10	15			25 $
Publication	XX $/hr			5			5 $
Main-d'œuvre totale		50	40	40			(130 $)
Matériel			20				20 $
Équipement	XX $/hr	50	15	50			115 $
Autre _____							
Total direct		100	75	90			265 $

(sous l'en-tête: Périodes de travail)

FIGURE 4.7 Une synthèse du budget de la main-d'œuvre directe (en milliers de dollars)

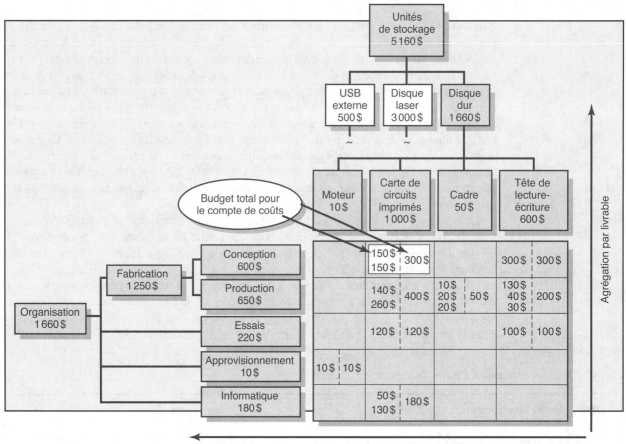

Agrégation par unité organisationnelle

façon. Par exemple, les lots de travaux compris dans les comptes de coûts de la carte de circuits imprimés et de la tête de lecture-écriture relèvent du service de la conception. Chacun de ces comptes possède un budget de 300 $, pour un total de 600 $. Le budget total du service de la fabrication s'élève à 1 250 $. Bien entendu, le coût total pour l'entreprise qui produit le disque dur est le même que le budget total comprenant tous les éléments décomposables du disque dur. Cette capacité à consolider et à intégrer des données à l'aide du processus de synthèse démontre la valeur potentielle d'une SDP dans la gestion d'un projet. Gardez à l'esprit que les unités de mesure ne sont pas nécessairement des dollars. Il peut s'agir de ressources, d'heures-travail, de matériel, de temps ou de toute autre unité contribuant à l'obtention du livrable. Toutefois, pour les comptes de coûts, les unités doivent être les mêmes dans l'ensemble de la structure.

L'organigramme du processus (OP)

La SDP convient parfaitement aux projets de conception et de construction qui exigent des résultats concrets comme une installation minière ou un nouveau prototype de voiture. Le projet peut être divisé en principaux livrables, en livrables secondaires, en livrables secondaires de niveau encore moins élevé et finalement en lot de travaux. Il est plus difficile d'utiliser une SDP dans le cas de projets moins concrets *axés sur le processus* où le résultat final est le produit d'une série d'étapes. Dans ce cas, la principale différence réside dans le fait que le projet comprend des heures supplémentaires, chaque étape ayant des incidences sur l'étape suivante. Ainsi, les projets de technologie de l'information (TI) entrent essentiellement dans cette catégorie – par exemple, créer un réseau extranet ou un système interne de base de données. Les projets axés sur un processus sont dictés par des exigences de performance et non par des plans et devis. Certains praticiens choisissent d'utiliser ce que nous appelons un organigramme du processus (OP) au lieu de la traditionnelle SDP.

La figure 4.8 présente un organigramme du processus pour un projet de développement de logiciel. Le projet est structuré par rapport à des étapes et non par rapport à des livrables. Chacune des cinq principales étapes peut être divisée en activités plus précises jusqu'à ce que le niveau de détail recherché soit atteint et indique de façon suffisamment claire ce qui doit être fait pour mener à bien cette étape. Les ressources peuvent être affectées à des activités précises, et un OF complémentaire peut être ajouté comme dans le cas d'une SDP. Les livrables ne sont pas négligés, mais ils deviennent plutôt des produits finis permettant de passer à l'étape suivante.

Des listes de vérification contenant les exigences de fin d'étape permettent de veiller à l'avancement du projet. Elles sont utiles aux révisions et aux revues structurées d'une étape. Ces listes varient en fonction du projet et des activités prévues, mais elles comprennent généralement les points suivants:

- Les livrables doivent être terminés à l'étape prévue pour que l'on puisse en amorcer une nouvelle.
- Les listes de vérification relatives à la qualité permettent de s'assurer que les livrables sont complets et précis.
- Tous les responsables approuvent par écrit la fin de l'étape et la poursuite du projet à l'étape suivante.

FIGURE 4.8   **L'OP d'un projet de développement de logiciel**

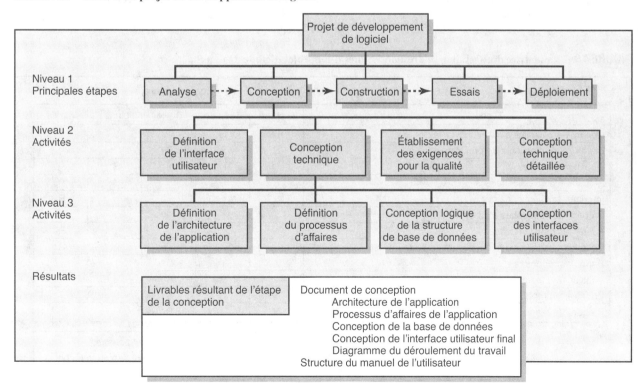

Dans la mesure où les exigences finales sont clairement établies et que les livrables de chaque étape sont bien définis, l'OP constitue une bonne solution de rechange à la SDP pour les projets qui exigent un long travail de développement.

La matrice d'affectation des responsabilités

Dans bien des cas, la taille et le contenu du projet ne justifient pas une SDP ou un OF élaboré. La *matrice d'affectation des responsabilités* est largement utilisée par les gestionnaires de projet et les chefs d'équipe spécialisée affectés aux petits projets. Cette matrice, souvent appelée « diagramme des responsabilités hiérarchiques », résume les tâches à accomplir. Elle indique « qui est responsable de quoi » dans le projet. Elle constitue en quelque sorte un diagramme indiquant toutes les activités du projet et tous les participants responsables de chaque activité. Par exemple, la figure 4.9 contient une matrice des responsabilités destinée à une étude de marché. Dans cette matrice, la lettre « R » désigne le membre du comité chargé de coordonner les autres membres de l'équipe affectés à une tâche précise et de s'assurer que la tâche est effectuée. La lettre « S » désigne les membres de cette équipe de cinq personnes qui assisteront le responsable. Des matrices des responsabilités aussi simples sont utiles à la planification et à l'attribution des responsabilités reliées à de petits projets et à des sous-projets de projets complexes de grande envergure.

Les matrices des responsabilités plus complexes précisent non seulement les responsabilités de chacun, mais elles servent aussi à clarifier les interfaces entre les unités et les employés qui requièrent une certaine coordination. La figure 4.10, par exemple, présente la matrice des responsabilités d'un projet complexe de grande envergure ; le projet a pour objectif de concevoir une nouvelle pièce d'équipement d'essai. Chaque cellule contient un codage numérique qui définit la nature de chaque tâche. Une telle matrice est un complément à la SDP ou à l'OF. Elle permet de déterminer avec clarté et concision les responsabilités de chacun, les employés en position d'autorité et les canaux de communication.

FIGURE 4.9   **La matrice d'affectation des responsabilités d'un projet d'étude de marché**

Tâche	Richard	Kenneth	David	Linda	Mirella
	Équipe de projet				
Déterminer les clients cibles.	R	S		S	
Élaborer un questionnaire préliminaire.	R	S	S		
Questionnaire d'essai.		R		S	
Peaufiner le questionnaire.	R	S	S	S	
Imprimer le questionnaire.					R
Préparer les étiquettes d'adresse.					R
Poster les questionnaires.					R
Recevoir et analyser les questionnaires retournés.				R	S
Entrer les réponses.			R		
Analyser les résultats.		R	S	S	
Préparer un rapport préliminaire.	S	R	S	S	
Préparer le rapport final.	R		S		

R = responsable
S = soutien de la tâche

FIGURE 4.10 La matrice des responsabilités d'un projet de développement d'un équipement d'essai

Livrable	Organisation							
	Conception	Développement	Documentation	Assemblage	Essais	Approvisionnement	Assurance de la qualité	Fabrication
Design de la pièce	1	2			2		3	3
Spécifications matérielles	2	1				2	3	
Spécifications du noyau principal	1	3						3
Spécifications des utilitaires	2	1			3			
Conception mécanique	1			3		3		3
Lecteurs de disque	3	1	2					
Gestion de la mémoire	1	3			3			
Documentation du système d'exploitation	2	2	1					3
Prototypes	5		4	1	3	3	3	4
Essais intégrés	5	2	2		1		5	5

1 Responsable
2 Soutien
3 Consultation
4 Notification
5 Approbation

La matrice des responsabilités permet à tous les participants à un projet de se faire une idée de leurs responsabilités et de s'entendre sur les tâches de chacun. Elle contribue aussi à préciser l'étendue ou le degré d'autorité des participants dans l'exécution de leur activité lorsque les tâches de deux ou de plusieurs parties se chevauchent. En privilégiant une matrice des responsabilités et en déterminant les personnes en position d'autorité, les responsabilités de chacun et les canaux de communication de chaque groupe, la relation entre les unités organisationnelles et le contenu du travail du projet est plus claire.

La première étape du processus de planification, et de loin la plus importante, consiste à définir le projet avec clarté et précision. L'absence d'une telle planification constitue la principale raison de l'échec d'un projet. Doit-on faire appel à une SDP, à un OF ou à une matrice des responsabilités ? Tout dépendra de l'envergure du projet. Quelle que soit la méthode retenue, le projet doit être décrit avec suffisamment de précision pour assurer un certain contrôle au fil des tâches.

Résumé

La définition du contenu du projet, les priorités et la SDP constituent les éléments essentiels de presque tous les aspects de la gestion de projet. La définition du contenu permet d'établir les objectifs et met l'accent sur les éléments finaux du projet. La détermination des priorités permet aux gestionnaires de projet de prendre les décisions appropriées quant aux éventuels compromis. La SDP permet de s'assurer que toutes les tâches sont définies et fournit deux points de vue sur le projet, le premier portant sur les livrables, le second, sur la responsabilité de l'entreprise. En outre, la SDP évite que le projet soit mené par une unité organisationnelle ou par un système financier. Sa structure exige des besoins réalistes en matière de personnel, de matériel et de budget. La SDP constitue un cadre efficace, car il permet d'assurer un suivi de tous les instants, de repérer toute dérogation au plan, et de déterminer les responsabilités de chacun et les domaines dont la performance doit être améliorée. Un plan de projet ou un système de contrôle n'est utile que lorsqu'il est bien structuré et méthodique. La SDP, la matrice des priorités et les comptes de coûts de revient appellent à cette forme de discipline. Enfin, la SDP sert de base de données au développement du réseau de projets qui établira un échéancier pour le personnel, l'équipement et les coûts.

En général, l'OP est utile aux projets axés sur des processus et dont les livrables sont mal définis. Au cours des projets de petite envergure, une matrice des responsabilités peut servir à clarifier les responsabilités de chaque employé.

Mots clés

cahier des charges	matrice des priorités	organigramme du processus (OP)
compte de coûts	matrice d'affectation des	structure de découpage du projet
jalon	responsabilités	(SDP)
lot de travaux	organigramme fonctionnel (OF)	surcharge du contenu

Questions de révision

1. À quelles questions l'objectif d'un projet répond-il ? Fournissez un bon exemple d'objectif de projet.
2. Quelle est la différence entre les limites d'un projet et l'exclusion d'un projet ?
3. Comment interpréter les priorités d'un projet qui comprennent les éléments suivants : « contraintes de temps », « approbation du contenu » et « augmentation des coûts » ?
4. Quels types de renseignements un compte de coûts contient-il ?
5. Quels types de renseignements un lot de travaux contient-il ?

6. Qu'est-ce qu'un budget réparti dans le temps en ce qui a trait à un lot de travaux ?

7. En quoi consiste une synthèse de projet ? En quoi cette synthèse s'avère-t-elle utile au gestionnaire de projet ?

8. À quel moment est-il approprié d'élaborer une matrice des responsabilités plutôt qu'une SDP détaillée ?

Exercices

1. Vous organisez un dîner dansant pour un organisme caritatif de votre localité. Vous avez réservé une grande salle qui peut recevoir un maximum de 60 personnes. Pour l'occasion, vous avez aussi retenu les services d'un petit orchestre de jazz.

   a) Créez un cahier des charges qui contiendra des exemples pour chaque élément. Supposez que l'événement aura lieu dans quatre semaines et estimez les dates des jalons avec le plus de précision possible.

   b) Quelles seraient les priorités de ce projet ?

2. En petits groupes, trouvez des exemples réels pour ce projet qui correspondront en tous points aux priorités suivantes :

   a) Contrainte de temps, augmentation du contenu et approbation des coûts.

   b) Aucune contrainte temporelle, contrainte de contenu et approbation des coûts.

   c) Contrainte de temps, approbation du contenu et augmentation des coûts.

3. Créez une SDP pour un projet qui a pour objectif de fabriquer une bicyclette. Déterminez-en les principaux éléments et fournissez trois niveaux de détails.

4. Votre famille compte quatre membres, dont deux adolescents de 13 et de 15 ans. Vous planifiez une fin de semaine de camping familial. Créez une matrice des responsabilités pour les tâches à accomplir avant votre départ.

5. Concevez une SDP pour une pièce de théâtre de votre quartier. Assurez-vous de déterminer clairement les livrables et les unités organisationnelles, ou employés, qui en seront responsables. Comment coderiez-vous votre système ? Donnez un exemple pour les lots de travaux de l'un de vos comptes de coûts. Élaborez un OF dans lequel vous préciserez les responsabilités de chacun.

6. Choisissez un exemple de projet qui vous est familier ou qui vous intéresse. Déterminez les livrables et les unités organisationnelles, ou employés, responsables. Comment coderiez-vous votre système ? Donnez un exemple pour les lots de travaux de l'un de vos comptes de coûts.

Références

ASHLEY, D.B. *et al.* « Determinants of Construction Project Success », *Project Management Journal,* vol. 18, n° 2, juin 1987, p. 72.

CHILMERAN, A.H. « Keeping Costs on Track », *PM Network,* vol. 19, n° 2, 2004, p. 45-51.

GOBELI, D. et E. LARSON. « Business Affecting Project Success », R. Bruines et P. Menard, dir., *Measuring Success,* Newton Square, Pennsylvanie, Project Management Institute, 1986, p. 22-29.

INGEBRETSEN, M. « Taming the Beast », *PM Network,* juillet 2003, p. 30-35.

KATZ, D.M. « Case Study : Beware "Scope Creep" on ERP Projects », [en ligne]. [*CFO.com*] (27 mars 2001).

KERZNER, H. *Project Management : A Systems Approach to Planning,* 8e éd., New York, Van Nostrand Reinhold, 2003.

LEWIS, J.P. *Project Planning, Scheduling and Controlling,* 3e éd., Burr Ridge, Illinois, McGraw-Hill, 2000.

LUBY, R.E., D. PEEL et W. SWAHL. « Component-Based Work Breakdown Structure », *Project Management Journal,* vol. 26, n° 2, décembre 1995, p. 38-44.

MURCH, R. *Project Management : Best Practices for IT Professionals,* Upper Darby, New Jersey, Prentice Hall, 2001.

PINTO, J.K. et D.P. SLEVIN. « Critical Success Factors Across the Project Life Cycle », *Project Management Journal,* vol. 19, n° 3, juin 1988, p. 72.

PITAGORSKY, G. « Realistic Project Planning Promotes Success », *Engineer's Digest,* vol. 29, n° 1, 2001.

PMI STANDARDS COMMITTEE. *Guide to the Project Management Body of Knowledge,* Newton Square, Pennsylvanie, Project Management Institute, 2000.

POSNER, B.Z. « What it Takes to be a Good Project Manager », *Project Management Journal,* vol. 18, n° 1, mars 1987, p. 52.

RAZ, T. et S. GLOBERSON. « Effective Sizing and Content of Definition of Work Packages », *Project Management Journal,* vol. 29, n° 4, 1998, p. 17-23.

SMITH, M.A. et R.L. TUCKER. « Early Projection Problem-Assessment of Impact and Cause », *1984 Proceedings,* Newton Square, Pennsylvanie, Project Management Institute, 1984, p. 226.

TATE, K. et K. HENDRIX. *Chartering IT Projects,* Proceedings, 30e annuel, version électronique, [cédérom], Philadelphie, Pennsylvanie, Project Management Institute, 1999.

ZIMMERMAN, E. « Preventing Scope Creep », *Manage,* février 2000.

Étude de cas

Le club de soccer des Cobrados de l'Assomption

Sotiria Di Zazzo remplissait le lave-vaisselle en compagnie de son mari, Jonathan, tout en lui racontant sa première réunion avec le comité organisateur du tournoi de l'Assomption. Sotiria, une mère qui se dit elle-même « maniaque de soccer », est directrice du tournoi et était responsable d'organiser le premier tournoi estival du club.

Le club de soccer des Cobrados de l'Assomption, qui est situé à l'Assomption, au Québec, a été créé en 1992 dans le but de mener de simples joueurs de soccer à un niveau de compétition supérieur et de les préparer au programme de développement olympique de l'État ou à faire partie d'équipes scolaires de haut niveau. Le club comprend actuellement 24 garçons et filles (âgés de 9 à 16 ans) et est divisé en équipes affiliées avec la ligue nationale de soccer. Le conseil d'administration du club a décidé, durant l'automne, de commanditer un tournoi estival de soccer sur invitation afin de générer des revenus supplémentaires. Étant donné la popularité du soccer chez les jeunes, les tournois estivaux sont devenus une façon très populaire d'amasser des fonds. Les Cobrados participent régulièrement à trois ou quatre tournois par été, dans différentes localités du Québec. Selon les rumeurs, ces tournois ont rapporté entre 5 000 $ et 10 000 $ au club hôte.

Les Cobrados ont besoin de ces revenus additionnels pour réaménager les terrains de soccer du complexe local et pour en augmenter le nombre. Ces fonds profiteront également au programme de bourse du club, qui permet de fournir une aide financière aux joueurs qui ne peuvent payer les frais annuels du club de 150 $.

Sotiria a raconté à son mari, point par point, ce qui s'est passé au cours de la première réunion du comité du tournoi ce soir-là. Ainsi, elle a commencé la réunion en demandant à chacune des personnes de se présenter et en déclarant combien elle était heureuse que le club ait décidé de commanditer son propre tournoi. Puis elle a proposé une séance de remue-méninges pour déterminer ce qu'il fallait faire pour mener à bien cet événement. Elle comptait écrire toutes les propositions sur un tableau à feuilles volantes.

Les gens ont émis des idées et des suggestions de toutes sortes. Un des membres a immédiatement insisté sur l'importance d'avoir des arbitres qualifiés et a passé plusieurs minutes à décrire en détail comment l'équipe de son fils avait perdu une partie de championnat parce qu'elle avait été mal arbitrée. D'autres anecdotes sur l'injustice dans le domaine du soccer ont suivi. Une autre personne a mentionné qu'il était urgent de communiquer avec les collèges des environs pour savoir s'il était possible d'utiliser leurs terrains. Le comité a passé plus de 30 minutes à parler sur la façon dont les équipes devraient être sélectionnées et à quel montant le prix d'entrée des parties devrait être fixé. Un autre point a été soulevé concernant la pertinence de récompenser ou non les équipes gagnantes de chaque catégorie à l'aide de médailles ou de trophées. La plupart des membres du comité ont trouvé qu'il n'était pas très prestigieux de recevoir une médaille tandis d'autres considéraient que les trophées coûtaient trop cher. Quelqu'un a suggéré qu'il fallait trouver des commandites d'entreprises locales pour les aider à financer le tournoi. La proposition concernant la vente de chandails et de T-shirts du tournoi a été critiquée par tous les parents dont les enfants avaient reçu des T-shirts à différents tournois. Un des membres a répondu que le comité avait recruté les services d'un artiste qu'il connaissait pour créer un motif unique sur soie pour le tournoi. La réunion s'est terminée avec 30 minutes de retard et la moitié des membres avait déjà quitté. Sotiria est rentrée à la maison avec sept feuilles d'idées et un mal de tête.

Pendant qu'il lui versait un verre d'eau pour les deux comprimés d'aspirine qu'elle comptait prendre, Jonathan a essayé de réconforter sa femme en lui affirmant que l'organisation de ce tournoi ressemblait à un gros projet tel que ceux sur lesquels il travaillait dans sa firme d'ingénierie et de conception. Il lui a offert de s'asseoir avec elle le lendemain dans la soirée et de l'aider à planifier le projet. Il lui a mentionné que la première chose à faire consistait à créer une SDP pour le projet de la façon suivante :

1. Concevoir une première structure de découpage du projet concernant le tournoi avec un minimum de trois niveaux de détails. Quels sont les principaux livrables associés à l'organisation d'un événement tel qu'un tournoi de soccer ?

2. En quoi la conception d'une SDP peut-elle alléger certains problèmes soulevés au cours de la première réunion et aider Sotiria à organiser et à planifier le projet ?

3. Où Sotiria peut-elle trouver des renseignements supplémentaires pour l'aider à concevoir une SDP du tournoi ?

4. De quelle façon Sotiria et son équipe pourraient-elles utiliser la SDP pour estimer les coûts associés au tournoi ? En quoi cette information peut-elle s'avérer utile ?

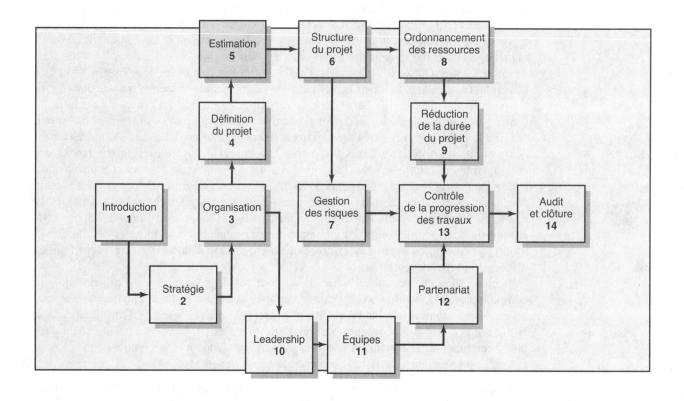

CHAPITRE 5

L'estimation de la durée et du coût d'un projet

L'estimation d'un projet constitue en fait un point de référence pour le contrôle de ses coûts. Si le point de référence est erroné, on part du mauvais pied ! Il ne faut jamais sous-estimer une estimation*.

Les gestionnaires minimisent ou évitent parfois d'estimer la durée et les coûts d'un projet, étant donné l'urgence de la situation. Il s'agit d'une grave erreur généralement coûteuse. D'importantes raisons justifient les efforts et les sommes d'argent consacrées à l'estimation d'un projet, comme en fait foi le tableau 5.1, à la page suivante.

L'estimation consiste à évaluer la durée et les coûts de l'achèvement d'un produit ou d'une prestation de services livrables ou à en donner une approximation. Chaque processus est propre à l'entreprise : il n'en existe aucun qui pourrait être utilisé par toutes. Toutefois, en pratique, on classe souvent ces processus en deux catégories : les cstimations agrégées et les estimations détaillées. En général, les estimations agrégées découlent d'analogies, de consensus de groupes ou de relations mathématiques. Les estimations détaillées, par contre, sont généralement basées sur des estimations d'éléments présents dans la stucture de découpage du projet (SDP). Dans quelques situations, on fait appel aux deux méthodes. On cherche alors à concilier les raisons qui expliquent les moindres écarts.

Les participants à un projet préfèrent tous des estimations précises du coût et de la durée. Ils comprennent aussi toutefois l'incertitude inhérente à tout projet. Les estimations inexactes suscitent des attentes irréalistes et contribuent à l'insatisfaction des clients. On peut en améliorer la précision en redoublant d'efforts. Mais vaut-il la peine de consacrer autant de temps et d'efforts quand les estimations coûtent si cher ? De nombreux facteurs nuisent à la précision des estimations et aux efforts qu'elles requièrent. L'estimation devient alors une tâche qui consiste à établir un équilibre entre les attentes des principaux acteurs et la nécessité d'exercer un contrôle pendant l'exécution du projet.

Les estimations du coût, de la durée et des budgets servent de garde-fou au contrôle et de normes pour comparer les données réelles au plan tout au long de la durée du projet. La somme de tous les coûts et les rapports sur la progression des travaux dépendent de la fiabilité des estimations en tant que principales données pour mesurer les écarts et prendre des mesures correctives. Idéalement, le gestionnaire de projet et, dans la plupart des cas, le client, préféreraient disposer d'une base de données contenant des estimations détaillées du calendrier et des coûts de chaque lot de travaux du projet. Malheureusement, une telle collecte de données n'est pas toujours possible ou même pratique, et on préconise d'autres méthodes pour élaborer des estimations de projet.

---

* KHARBANDA, O.P. et J.K. PINTO. *What Made Gertie Gallop : Learning from Project Failures,* New York, Von Nostrand Reinhold, 1996, p. 73.

TABLEAU 5.1

Quelques raisons qui justifient l'importance de l'estimation de la durée et des coûts

> ▶ Les estimations sont nécessaires pour prendre les décisions appropriées.
> ▶ Les estimations sont nécessaires pour planifier les tâches.
> ▶ Les estimations sont nécessaires pour déterminer la durée et les coûts du projet.
> ▶ Les estimations sont nécessaires pour déterminer si le projet vaut la peine d'être entrepris.
> ▶ Les estimations sont nécessaires pour déterminer les besoins de trésorerie.
> ▶ Les estimations sont nécessaires pour déterminer si l'exécution des travaux se déroule comme prévu.
> ▶ Les estimations sont nécessaires pour établir des budgets échelonnés et la performance de base du projet.

Les facteurs qui influent sur la qualité des estimations

En gestion, on entend souvent le souhait que « la probabilité de respecter les estimations de durée et de coûts soit de 95 % ». L'*expérience acquise* constitue un bon point départ pour estimer la durée et les coûts. On doit presque toujours cependant corriger les estimations qui en découlent en tenant compte d'autres considérations pour atteindre un niveau de probabilité de 95 %.

Les facteurs reliés au caractère unique du projet exercent une grande influence sur la précision des estimations. Il faut tenir compte de la nature du projet ainsi que des facteurs humains et externes pour améliorer la qualité des estimations en matière de durée et de coûts.

L'horizon de planification

La qualité de l'estimation dépend de l'*horizon de planification.* Le pourcentage d'exactitude des estimations à court terme atteint près de 100 %. Toutefois, il diminue à mesure que les événements se situent dans un avenir de plus en plus éloigné. L'exactitude des estimations de durée et des coûts devrait augmenter lorsqu'on passe de la phase conceptuelle à celle où l'on définit les lots de travaux individuels.

La durée du projet

Le temps consacré à la mise en œuvre d'une nouvelle *technologie* tend à augmenter de façon croissante et non linéaire. Mal rédigées, les spécifications de contenu d'une technologie de ce type sont susceptibles d'entraîner des erreurs dans les estimations de la durée et des coûts. L'incertitude des estimations s'avère encore plus marquée lorsqu'il s'agit d'un projet à longue échéance.

Le facteur humain

Le *facteur humain* constitue aussi une source d'erreurs dans l'estimation de la durée et des coûts. L'exactitude des estimations, par exemple, dépend des habiletés des employés qui en sont chargés. Les habiletés des ressources correspondent étroitement aux tâches qu'ils ont à accomplir et elles ont un effet sur la productivité et le temps d'apprentissage. De même, le fait que des membres d'une équipe de projet ont déjà travaillé ensemble ou non à des projets similaires aura une incidence sur le temps qu'ils mettront à constituer une équipe efficace. Parfois, des facteurs tels que la rotation du personnel influeront sur les estimations. L'ajout de nouveaux participants à un projet a pour effet d'augmenter le temps consacré aux communications. En outre, on compte seulement sur cinq à six heures de productivité par jour de travail. Le reste du temps est consacré à des tâches indirectes – assister à des réunions, préparer des documents et répondre à son courrier électronique.

La structure et l'organisation d'un projet

Le *type de structure* retenue pour la gestion d'un projet influe sur les estimations de la durée et des coûts. L'un des principaux avantages d'une équipe autogérée, comme nous l'avons vu, est la rapidité que lui confèrent une concentration des efforts et des décisions prises sur place concernant le projet. Naturellement, cette rapidité a un prix, celui de monopoliser du personnel à temps plein. À l'inverse, il est possible de réduire les coûts quand le projet est géré dans une organisation matricielle grâce à un partage plus efficace du personnel entre les projets. La durée du projet peut toutefois augmenter en raison de la division de la décision et des besoins plus grands en matière de coordination.

Le gonflement des estimations

Dans certaines circonstances, on tend à gonfler ses estimations. Par exemple, quand on demande à une personne combien de temps elle met à se rendre en voiture à l'aéroport, elle pourrait donner une durée moyenne de 30 minutes, en supposant qu'elle ait autant de chances d'arriver que de ne pas arriver dans ce laps de temps. Si l'on insistait pour déterminer le temps le plus court possible pour ce trajet, la personne réduira peut-être la durée de celui-ci à 20 minutes. Toutefois, pour savoir combien de temps elle mettrait à s'y rendre sans faute pour rencontrer le premier ministre, il est probable que la personne augmenterait son estimation jusqu'à 50 minutes pour s'assurer de ne pas être en retard.

Au travail, lorsqu'il s'agit d'estimer la durée et les coûts d'un projet, la plupart tendent à ajouter un petit surplus pour accroître leur probabilité de respecter les limites fixées et diminuer le risque de les dépasser. Toutefois, si chaque personne, à chaque niveau du projet, ajoute un petit « coussin » par mesure de précaution, la durée et les coûts seront indûment surestimés. C'est pourquoi certains gestionnaires ou maîtres d'ouvrage réclament une réduction de 10 % à 15 % de la durée ou des coûts des projets. Évidemment, à la prochaine occasion, la personne chargée d'estimer les coûts ou la durée calculera un surplus de 20 % ou plus pour parer à cette éventualité. De telles manœuvres nuisent aux chances d'arriver à des estimations réalistes, ce dont les entreprises ont besoin pour rester concurrentielles.

La culture organisationnelle

La *culture organisationnelle* exerce parfois une influence appréciable sur les estimations. Dans certaines entreprises, on tolère le gonflement des estimations et on l'encourage même de façon officieuse. Ailleurs, on accorde beaucoup d'importance à l'exactitude et on décourage fortement les astuces en matière d'estimation. L'importance du processus d'estimation varie selon l'endroit. Aux yeux de certaines entreprises, il est impossible de prévoir l'avenir ; les estimations détaillées font gaspiller trop de temps et ne valent pas l'effort qu'elles exigent. Pour d'autres, l'exactitude des estimations constitue le fondement d'une gestion de projet efficace. La culture organisationnelle façonne toutes les dimensions de la gestion de projet, et le processus d'estimation n'échappe pas à son influence.

Des facteurs extérieurs au projet

Enfin, certains *facteurs extérieurs au projet* sont susceptibles d'exercer une influence sur les estimations de la durée et des coûts. Les arrêts machines, par exemple, modifient parfois les estimations de durée, tout comme les fêtes nationales, les vacances et certaines restrictions. Par ailleurs, l'ordre de priorité influe sur les ressources affectées au projet. En outre, il a des répercussions sur la durée et les coûts du projet.

L'estimation d'un projet est un processus complexe. On peut en améliorer la qualité en tenant compte des facteurs énumérés précédemment. Les estimations de durée et de coûts permettent au gestionnaire d'établir un budget échelonné, outil indispensable au contrôle du projet. Avant de traiter des méthodes d'estimation agrégée et d'estimation détaillée de la durée et des coûts, passons en revue les principes directeurs dans ce domaine pour nous rappeler quelques règles importantes susceptibles d'améliorer cet « art ».

Des principes directeurs pour l'estimation de la durée, du coût et des ressources

Les gestionnaires reconnaissent que les estimations de durée, de coûts et de ressources doivent être précises pour que la planification, l'ordonnancement et le contrôle du projet soient efficaces. De nombreux exemples démontrent d'ailleurs que l'échec de certains projets est en grande partie attribuable à de mauvaises estimations. Il ne faut donc ménager aucun effort pour s'assurer que les premières estimations s'avéreront aussi précises que possible car, sans estimation, un grand nombre de facteurs sont laissés au hasard, ce qui est inacceptable pour des gestionnaires de projet sérieux. Même dans le cas d'un projet qui ne ressemble à aucun autre, les gestionnaires peuvent se conformer à sept principes directeurs pour établir des estimations utiles des lots de travaux.

1. **La responsabilité**   À l'échelon des lots de travaux, il faut confier les estimations aux ressources qui connaissent le mieux les tâches en question et se servir de leur expertise. Sauf dans le cas de tâches extrêmement techniques, les responsables de l'exécution du travail dans les limites de temps et de budget allouées sont généralement les contremaîtres ou les chefs d'équipe qui ont l'expérience et l'habitude du type de travail à effectuer. Ces employés n'ont pas d'idées préconçues ou imposées sur la durée de la production d'un livrable. Ils fourniront une estimation fondée sur leur expérience et leur visualisation du projet. En outre, en s'adressant à eux, on peut espérer les intéresser au projet, de sorte qu'ils feront tout en leur pouvoir pour que les estimations se réalisent lorsqu'ils seront chargés de la mise en œuvre de ces lots de travaux.

Lorsqu'on ne consulte pas les ressources concernées, il s'avère difficile par la suite de leur imputer la responsabilité d'un échec à respecter les calendriers estimés. Enfin, le fait de tirer parti des compétences des membres de l'équipe chargés du travail contribue à établir d'avance des canaux de communication.

2. **Le recours à différentes ressources pour les estimations**   C'est bien connu : les estimations du coût et de la durée ont de meilleures chances d'être raisonnables et réalistes quand on demande à différentes ressources ayant l'expérience ou les connaissances pertinentes de la tâche de les faire. Naturellement, ces employés ont tous différents préjugés basés sur leur expérience. L'analyse de chaque différence aboutit à un consensus et tend à éliminer les erreurs d'estimation les plus graves. Cette façon de procéder s'apparente à la méthode Delphi, que l'on peut également employer.

3. **Les conditions normales**   Lorsqu'on effectue des estimations de durée, de coûts et de ressources, on se base sur certaines hypothèses. *Il faut fonder ces estimations sur des conditions normales, des méthodes efficaces et un niveau de ressources habituel.* Les conditions normales se révèlent parfois difficiles à déterminer. Il s'avère toutefois nécessaire d'arriver à un consensus au sein de l'entreprise sur ce qu'on entend par de telles conditions dans le cadre de l'exécution du projet. Si une journée de travail ordinaire compte huit heures, l'estimation de la durée devrait se baser sur cette mesure. De même, si une journée normale comporte deux périodes de travail, l'estimation devrait être établie en fonction de ces deux périodes. Toute estimation du temps devrait refléter l'emploi de méthodes efficaces pour les ressources normalement disponibles. Il lui faut représenter le niveau normal de ressources – en personnel ou en matériel. Si l'on dispose de trois programmeurs pour encoder ou de deux niveleuses pour la construction d'une route, par exemple, il faut baser les estimations de durée et de coûts sur ces niveaux normaux de ressources, à moins de prévoir que le projet modifie les conditions considérées à ce moment comme normales. À cette étape, on devrait éviter de tenir compte des conflits éventuels pour l'obtention de ressources en vue de la réalisation d'activités parallèles ou concomitantes. Nous étudierons le besoin

d'ajouter des ressources lorsqu'il sera question de planification des ressources dans un chapitre ultérieur.

4. **Les unités de temps**   Il faut choisir les unités de temps précises qui seront utilisées au début de la phase de développement de la structure du projet. *Toutes les estimations de durée des tâches doivent être exprimées dans des unités de temps concordantes.* Dans ces estimations, on doit prendre en considération la manière dont le temps est habituellement représenté, soit en jours du calendrier, en journées de travail, en semaines de travail, en jours-personnes, en périodes de travail, en heures, en minutes, etc. En pratique, on choisit généralement d'exprimer la durée d'une tâche en jours de travail. Toutefois, dans certains projets comme une opération de transplantation cardiaque, les minutes constitueraient sans doute une unité de temps plus appropriée. Par exemple, on a mesuré en minutes le projet de déménagement des patients d'un vieil hôpital vers un hôpital neuf de premier ordre à l'autre extrémité de la ville. Comme il y avait des risques de danger pour la vie de certains patients dans l'exécution de plusieurs déplacements, tout a été calculé en minutes pour assurer leur sécurité, c'est-à-dire prévoir que des respirateurs d'urgence seraient disponibles en cas de besoin. En fait, l'analyse de la structure requiert l'utilisation d'une unité de temps standard. Lorsque des programmes informatiques permettent plus d'une option, il faut trouver moyen d'indiquer tout écart par rapport à l'unité de temps standard. Si la semaine de travail de cinq jours sert d'unité et que l'estimation de la durée des activités se fait en jours du calendrier, on doit procéder à une conversion en semaines de travail ordinaires.

5. **L'indépendance**   Les estimateurs devraient considérer chaque tâche indépendamment des autres qui pourraient être intégrées à la SDP. On obtient généralement ce résultat en s'adressant aux contremaîtres. Les cadres supérieurs tendent à grouper un grand nombre de tâches à l'intérieur d'une estimation de durée puis, par déduction, à s'arranger pour que, en additionnant les estimations de durée des tâches individuelles, on obtienne le total de départ. Quand les tâches sont exécutées en succession par le même groupe d'employés ou le même service, il vaut mieux ne pas demander toutes les estimations de durée de la séquence en même temps. On évitera ainsi que le planificateur ou le superviseur tende à considérer le tout d'une façon homogène et à tenter d'ajuster la durée de chaque tâche de la série de façon qu'elle se conforme à un calendrier imposé arbitrairement ou à une estimation rudimentaire du temps total ou du segment de projet dans son entier. Cette dernière démarche ne tient pas compte des incertitudes inhérentes aux activités individuelles et résulte généralement en des estimations de temps optimistes. En résumé, il faut estimer la durée de chaque tâche indépendamment de celles des autres activités.

6. **Les éventualités**   *Les estimations des lots de travaux ne devraient jamais comprendre des fonds pour éventualités.* Il est indispensable que l'estimation se base sur des conditions normales ou moyennes bien que les lots de travaux ne soient pas tous réalisés conformément aux prévisions établies. C'est pourquoi les cadres dirigeants doivent créer un fonds supplémentaire pour éventualités qui servira en cas d'événements imprévus.

7. **L'ajout d'une évaluation des risques aux estimations pour éviter des surprises aux acteurs du projet**   Certaines tâches comportent évidemment plus de risques que d'autres sur le plan des délais et des coûts. Par exemple, les risques de retard ou de coûts supplémentaires s'avèrent plus importants dans le cas d'une nouvelle technologie que dans le cas d'un procédé éprouvé. Toutefois, il suffit de déterminer le degré de risque pour que le personnel du projet envisage des mesures correctives et modifie ses décisions concernant un processus. Un simple organigramme de la durée des tâches selon des scénarios optimistes, réalistes et pessimistes fournirait des renseignements précieux sur la durée et les coûts. Il sera question plus en détail des risques associés à un projet au chapitre 7.

Ces principes directeurs, lorsqu'ils s'appliquent, permettent d'éviter un grand nombre d'embûches dans la pratique de l'estimation.

Les estimations agrégées et détaillées

Le processus d'estimation est coûteux. C'est pourquoi le fait d'y consacrer ou de ne pas y consacrer du temps et des efforts constitue une décision importante. Des considérations comme celles qui sont présentées ci-après influent fortement sur la décision d'employer une estimation agrégée ou une estimation détaillée.

Un ordre de grandeur rudimentaire suffit amplement. Ce serait un gaspillage d'argent que de consacrer du temps à une estimation détaillée.

Le temps est essentiel ; notre survie dépend de notre capacité à arriver les premiers, peu importe l'exactitude de la durée et des coûts estimés.

Le projet sera exécuté à l'interne. Nous n'avons pas à nous préoccuper des coûts.

L'incertitude est si grande que consacrer du temps et de l'argent à des estimations constituerait du gaspillage.

Le projet a si peu d'ampleur que nous n'avons pas besoin de nous préoccuper d'estimations. Contentons-nous de l'exécuter.

Ils ont effectué une estimation initiale sous prétexte de prendre des décisions stratégiques ; maintenant nous devons nous en accommoder.

Nous avons eu notre leçon. J'exige une estimation détaillée de chaque tâche des employés qui les exécuteront.

Ces déclarations montrent qu'il existe des raisons valables de privilégier des estimations agrégées ou détaillées. Le tableau 5.2 décrit certaines conditions dans lesquelles il vaudrait mieux choisir une méthode de préférence à une autre.

En général, les estimations agrégées proviennent d'une ressource qui se base sur son expérience ou sur des renseignements pour évaluer la durée et le coût total d'un projet. Ces estimations sont parfois réalisées par des cadres supérieurs qui ont très peu de connaissances des procédés utilisés pour l'exécution d'un projet. Par exemple, le maire d'une grande ville a annoncé, dans un discours, qu'un nouveau palais de justice allait être construit au coût de 23 millions de dollars et qu'il serait prêt dans deux ans et demi. Il avait probablement demandé une estimation du projet, mais elle pouvait avoir été faite par un entrepreneur local qui, au cours d'un déjeuner d'affaires, a griffonné quelques chiffres sur une serviette de table. Il s'agit bien sûr d'un exemple exagéré mais, tout compte fait, le même scénario se répète fréquemment en pratique. La question qui se pose est la suivante : *ces estimations constituent-elles des méthodes efficaces et peu coûteuses ?* Les estimations agrégées concernant la durée et le budget d'un projet deviennent-elles des prédictions qui se réalisent d'elles-mêmes quand il s'agit d'établir des paramètres de temps et de coûts ?

Lorsque c'est possible et pratique, il est préférable de pousser le processus d'estimation jusqu'au niveau des lots de travaux pour obtenir des estimations détaillées qui se basent sur des méthodes efficaces et peu coûteuses. On peut appliquer ce processus après que le projet

TABLEAU 5.2

Les conditions dans lesquelles on devrait choisir une estimation agrégée ou détaillée pour ce qui est de la durée et des coûts d'un projet

Conditions	Estimations agrégées	Estimations détaillées
Prise de décision stratégique	X	
Importance du coût et de la durée		X
Incertitude élevée	X	
Projet de petite envergure à l'interne	X	
Contrat à prix fixe		X
Demande de renseignements détaillés formulée par le client		X
Contenu variable	X	

a été décrit en détail. Le bon sens suggère de s'adresser à ceux qui connaissent le mieux les éléments à évaluer pour obtenir les estimations nécessaires au projet. En faisant appel à plusieurs ressources qui ont l'expérience pertinente de chaque tâche, on améliore les estimations de durée et de coûts. La méthode détaillée au niveau des lots de travaux permet de contrôler les éléments de coûts dans la SDP en remontant des comptes de ces lots et des coûts qui leur sont associés jusqu'aux principaux produits ou services livrables. Il est aussi possible de contrôler les ressources requises de la même façon. Plus tard, on pourra consolider les estimations de durée, de ressources et de coûts des lots de travaux dans le temps, en planification des ressources et en budgets qui serviront au contrôle des activités.

En conclusion, la meilleure méthode à utiliser consiste pour le gestionnaire de projet à prévoir suffisamment de temps pour parvenir à des estimations agrégée et détaillée pour offrir à ses clients un plan complet basé sur des estimations fiables. Ainsi, il peut minimiser le problème des attentes irréalistes pour tous les acteurs en réduisant les possibilités de négociation. La méthode détaillée fournit également au client une occasion de comparer la méthode efficace et peu coûteuse à n'importe quelle restriction imposée. Par exemple, lorsque la durée d'exécution imposée d'un projet est de deux ans et que l'analyse détaillée indique qu'il faut y consacrer deux ans et demi, le client peut considérer un compromis entre la méthode à faible coût et une compression du projet sur deux ans – ou encore, dans de rares cas, l'annulation pure et simple de ce projet. On peut comparer de semblables compromis à différents niveaux des ressources ou des augmentations du rendement technique. D'après l'hypothèse fondamentale, tout écart par rapport à la méthode efficace et peu coûteuse entraînera une augmentation des coûts, par exemple, en heures supplémentaires. La meilleure méthode de définition d'un projet consiste à effectuer des estimations agrégées sommaires, à élaborer une SDP et un organigramme fonctionnel, à effectuer des estimations détaillées, à établir des calendriers et des budgets et à concilier les différences entre les deux types d'estimations. Il est préférable d'accomplir toutes ces étapes avant les négociations finales avec le client interne ou externe. Grâce à ces deux méthodes, les gestionnaires de projet prennent conscience des facteurs susceptibles d'influer sur les estimations de leur projet.

Les méthodes d'estimation de la durée et du coût d'un projet

Les méthodes agrégées d'estimation de la durée et du coût d'un projet

On utilise les méthodes agrégées d'estimation au niveau stratégique pour évaluer une proposition de projet. Parfois, une grande partie de l'information nécessaire pour effectuer des estimations précises de durée et des coûts n'est pas disponible au cours de la phase initiale du projet, par exemple, quand la conception n'est pas terminée. Le cas échéant, on se sert d'estimations agrégées jusqu'à ce que l'on ait clairement défini chaque élément de la SDP.

Les méthodes par consensus

Avec les méthodes par consensus, on se contente de faire appel aux expériences des cadres supérieurs et intermédiaires mises en commun pour estimer la durée et le coût total d'un projet. Ce processus consiste à réunir des personnes compétentes qui effectuent des analyses, discutent et parviennent finalement à une décision concernant la meilleure estimation possible compte tenu de leurs connaissances. Les entreprises qui recherchent plus de rigueur dans leur estimation se serviront de la méthode Delphi pour effectuer ces estimations agrégées. À ce propos, consultez la rubrique, à la page suivante.

Notons que ces premières estimations agrégées constituent seulement des projections rudimentaires effectuées habituellement à l'étape de la conception du projet. Les estimations de ce type se révèlent utiles au moment du développement initial du plan. Toutefois, elles sont parfois d'une grande inexactitude, car leurs auteurs disposent encore de peu de renseignements détaillés, les tâches élémentaires individuelles n'étant pas définies à ce stade.

La méthode Delphi

Élaborée en 1969 par la société RAND en vue de faire des prévisions technologiques, la *méthode Delphi* est un processus dans lequel des groupes de décision évaluent des changements technologiques susceptibles de se produire dans l'avenir. Elle recourt à un comité d'experts qui ont une certaine connaissance du type de projet proposé. On suppose que des personnes bien informées, qui font appel à leur perspicacité et à leur expérience, sont davantage en mesure d'estimer la durée et les coûts d'un projet que des méthodes théoriques ou statistiques. Ces spécialistes répondent à des questionnaires d'estimation sous le couvert de l'anonymat et ont accès à un résumé des opinions d'autres intervenants.

Ces experts sont ensuite invités à revoir et, s'il y a lieu, à modifier leurs estimations précédentes à la lumière des analyses d'autres spécialistes. Après deux ou trois séances de ce type, le groupe devrait converger vers la meilleure estimation grâce à ce processus consensuel. Le résultat médian, déterminé de façon statistique, sert à dégager une réponse «moyenne». D'une séance de questionnaires à l'autre, on suppose que l'éventail des réponses des participants diminue, de sorte que la médiane se déplacera vers ce qui est considéré comme l'estimation correcte.

L'un des avantages particuliers de la méthode Delphi, c'est que l'on n'a jamais besoin de réunir les spécialistes consultés dans un même lieu. Le processus ne requiert pas non plus une entente complète entre tous les participants puisque l'opinion de la majorité est représentée par la médiane. Comme les réponses sont anonymes, on peut éviter des pièges tels que des manifestations de l'*ego,* l'influence de personnalités trop dominantes et l'effet de Halo dans les réponses des participants. Par contre, la prévision d'événements à venir ne se fait pas toujours correctement par la recherche d'un consensus ni par l'opinion de spécialistes, mais parfois grâce à une réflexion créatrice, voire bizarre.

Il arrive aussi, dans certains cas, qu'elles ne soient pas réalistes, car les cadres dirigeants tiennent à exécuter un projet à tout prix. Les estimations agrégées initiales s'avèrent néanmoins utiles pour déterminer si le projet justifie une planification en bonne et due forme qui comprendrait des estimations exactes. Il faut s'assurer que les estimations agrégées des cadres supérieurs ne sont pas imposées à des gestionnaires d'un niveau inférieur qui pourraient se sentir obligés de les accepter bien qu'ils soient convaincus que les ressources se révèlent insuffisantes.

Nous préférons éviter ce type de méthode dans la mesure du possible, bien que l'on nous ait signalé des estimations étonnamment exactes sur la durée et les coûts de projets dans certains cas isolés tels que la construction d'une usine et d'un entrepôt de distribution, le développement d'un système de contrôle de l'aération pour les gratte-ciel et la construction de routes. Par contre, nous avons aussi eu connaissance d'erreurs de calcul monumentales, en général dans des domaines où l'on recourait à des techniques nouvelles non éprouvées. Autrement dit, les estimations agrégées peuvent être utiles lorsqu'elles sont confiées à des personnes dont l'expérience et le jugement se sont révélés justes dans le passé.

Les méthodes de ratios

Les méthodes agrégées sont généralement basées sur des ratios (ou rapports) servant à estimer la durée ou les coûts d'un projet. En général, on préconise les méthodes agrégées au stade de la conception d'un projet pour obtenir une première estimation temporelle et budgétaire. Les entrepreneurs emploient habituellement le nombre de pieds ou de mètres carrés, par exemple, pour estimer le coût et la durée de la construction d'une maison. Ainsi, une maison de 2 700 pieds carrés peut coûter environ 110 $ du pied carré, soit 297 000 $ (2 700 pi^2 × 110 $). De même, comme on connaît le nombre de pieds carrés et le coût par pied carré, l'expérience permet d'établir qu'il faudra une centaine de jours pour achever le projet. Mentionnons également, à titre d'exemples courants d'estimations agrégées, le coût d'une nouvelle usine estimé d'après son niveau d'activité ou un produit logiciel évalué en fonction de ses caractéristiques et de sa complexité.

La méthode de la répartition proportionnelle

La méthode de la répartition proportionnelle est une extension de la méthode des ratios. On s'en sert lorsqu'un projet ressemble grandement à des projets antérieurs sur le plan des caractéristiques et des coûts. À partir de données historiques précises, on peut rapidement et sans trop d'efforts effectuer des estimations assez précises. Cette méthode est très employée au cours des projets relativement standard qui ne présentent que de légères variations ou formes de personnalisation par rapport au type usuel.

Quiconque a emprunté de l'argent à la banque pour faire construire une maison connaît ce processus. En se basant sur une estimation du coût total de l'immeuble, les banques et la *Federal Housing Administration* (FHA) versent de l'argent à l'entrepreneur à l'achèvement de segments précis du projet. Par exemple, les fondations peuvent représenter 3 % du prêt total, la charpente, 25 %, l'électricité, la plomberie et le système de chauffage, 15 %, etc. Les paiements sont effectués à mesure que l'exécution ou l'installation de ces éléments est terminée. Certaines entreprises font appel à un processus analogue qui consiste à répartir les coûts entre les produits livrables dans la structure de découpage du projet, à partir de pourcentages de coûts moyens tirés de projets antérieurs. La figure 5.1 présente un exemple calqué sur un cas concret. En supposant que l'on estime, à l'aide d'une méthode agrégée, le coût total d'un projet à 500 000 $, on répartit ensuite les coûts sous forme de pourcentages du total. Ainsi, les coûts attribués à la documentation livrable correspondent à 5 % du total, ou 25 000 $. Les éléments de cette catégorie, soit la documentation 1 et la documentation 2, représentent respectivement 2 % et 3 % de cette somme, soit 10 000 $ et 15 000 $.

La méthode des points de fonction, ou des points fonctionnels, pour les projets de logiciel et de système

Dans l'industrie du logiciel, on estime la plupart du temps les projets d'élaboration de ces ensembles de programmes à l'aide de variables agrégées et pondérées, appelées « points fonctionnels » ou « paramètres majeurs », telles que les nombres d'entrées, de sorties, de requêtes, de fichiers de données et d'interfaces. On ajuste et on additionne ces variables pondérées en fonction d'un facteur de complexité. Le résultat total ajusté fournit une base pour estimer la charge de travail et le coût d'un projet – il s'agit en général d'une formule de régression dérivée de données relatives à des projets antérieurs. Pour appliquer cette dernière méthode, il faut disposer de données historiques pertinentes par types de projets de logiciel pour le secteur, par exemple des systèmes d'information de gestion (SIG). Dans l'industrie étasunienne du logiciel, un mois-personne représente en moyenne cinq points

FIGURE 5.1   **La méthode de répartition proportionnelle des coûts d'un projet à l'aide d'une SDP**

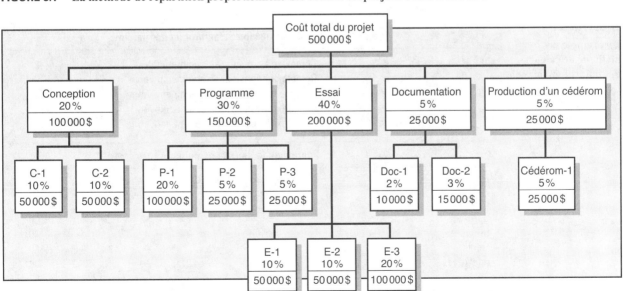

fonctionnels. L'employé qui travaille pendant un mois peut produire en moyenne, dans toutes les catégories de projets de logiciel, environ cinq points de fonction. Naturellement, chaque entreprise développe sa propre moyenne d'après le type de travail précis que l'on y effectue. De telles données historiques fournissent donc une base pour l'estimation de la durée d'un projet. Des entreprises telles que IBM, Bank of America, Sears Roebuck, Hewlett-Packard, AT&T, Ford Motors, GE, DuPont et beaucoup d'autres recourent à des variantes de cette méthode agrégée. Les tableaux 5.3 et 5.4 présentent un exemple simplifié de la méthode des points fonctionnels.

À l'aide de données accumulées par le passé, l'entreprise peut développer le schéma de pondération de la complexité présenté au tableau 5.3. On dérive les points de fonction en multipliant le nombre de chaque type d'élément par sa complexité pondérée.

Le tableau 5.4 contient des données recueillies pour une tâche ou un produit livrable précis : l'admission et la facturation des patients, c'est-à-dire le nombre d'entrées, de sorties, de requêtes, de fichiers et d'interfaces suivi du niveau prévu de complexité. Enfin, on applique le facteur de complexité au nombre des éléments et on additionne pour obtenir un nombre total de points fonctionnels de 660. Avec ce résultat et sachant, d'après des expériences antérieures, qu'un mois-personne équivaut à 5 points fonctionnels, on peut estimer que cette tâche requerra 132 mois-personnes (660 / 5 = 132). S'il y a 10 programmeurs disponibles pour l'exécuter, sa durée sera d'environ 13 mois. On calcule ensuite facilement le coût de cette tâche en multipliant le salaire par mois par 132 mois-personnes. Supposons, par exemple, que le salaire mensuel d'un programmeur s'élève à 4 000 $. L'estimation du coût se chiffrera alors à 528 000 $ (132 × 4 000 $). Les mesures à l'aide de points fonctionnels sont utiles. Toutefois, leur exactitude dépend de la pertinence des données antérieures

TABLEAU 5.3

Un procédé de base simplifié de calcul des points fonctionnels d'un projet ou d'un produit livrable éventuel

Élément	Pondération de la complexité			
	Faible	Moyenne	Élevée	Total
Nombre d'*entrées*	____ × 2 +	____ × 3 +	____ × 4	= ____
Nombre de *sorties*	____ × 3 +	____ × 6 +	____ × 9	= ____
Nombre de *requêtes*	____ × 2 +	____ × 4 +	____ × 6	= ____
Nombre de *fichiers*	____ × 5 +	____ × 8 +	____ × 12	= ____
Nombre d'*interfaces*	____ × 5 +	____ × 10 +	____ × 15	= ____

TABLEAU 5.4

Un exemple de méthode de calcul des points fonctionnels

Projet logiciel n° 13 : Admission et facturation des patients			
15	Entrées	Complexité considérée comme faible	(2)
5	Sorties	Complexité considérée comme moyenne	(6)
10	Requêtes	Complexité considérée comme moyenne	(4)
30	Fichiers	Complexité considérée comme élevée	(12)
20	Interfaces	Complexité considérée comme moyenne	(10)

Application du facteur de complexité					
Élément	Compte	Faible	Moyenne	Élevée	Total
Entrées	15	× 2			= 30
Sorties	5		× 6		= 30
Requêtes	10		× 4		= 40
Fichiers	30			× 12	= 360
Interfaces	20		× 10		= 200
				Total	= 660

dont on dispose, de leur actualisation et du rapport entre le projet ou le produit livrable et les moyennes calculées par le passé.

Les courbes d'apprentissage

Certains projets requièrent l'exécution d'une tâche ou d'un groupe de tâches ou encore la fabrication d'un produit à plusieurs reprises. Les gestionnaires savent intuitivement que le temps nécessaire pour effectuer une tâche diminue avec la répétition. Ce phénomène se vérifie en particulier pour des tâches exigeantes en main-d'œuvre. Dans ces conditions, on peut se servir du modèle du phénomène d'amélioration pour prédire la réduction de la durée d'exécution d'une tâche. En se basant sur des données empiriques provenant de *tous* les secteurs, on a pu quantifier le rythme de cette amélioration au moyen de la *courbe d'apprentissage,* connue aussi sous le nom de courbe d'amélioration, courbe d'expérience ou courbe du progrès industriel décrite par la relation suivante.

Chaque fois que la quantité de production double, le temps de travail unitaire diminue à un rythme constant.

En pratique, le taux d'amélioration peut varier entre 60 %, qui représente une très nette amélioration, et 100 %, qui n'indique aucune amélioration. En général, à mesure que la difficulté d'exécution du travail diminue, l'amélioration anticipée décroît également, et le taux d'amélioration utilisé augmente. La proportion de main-d'œuvre affectée à une tâche par rapport au travail automatisé constitue un facteur important à considérer. De toute évidence, on ne peut observer un pourcentage moins élevé d'amélioration que dans les activités où la main-d'œuvre est abondante. L'annexe 5.1, à la fin du chapitre, présente un exemple détaillé d'une façon de se servir du phénomène d'amélioration pour estimer la durée et le coût des tâches répétitives.

Les méthodes d'estimation agrégées ne tiennent pas compte de la durée et du coût de chaque tâche ; c'est là leur principal inconvénient. Le regroupement d'un grand nombre d'activités occasionne inévitablement des erreurs d'omission ainsi que l'emploi de valeurs de délais et de coûts imposés.

Les méthodes d'estimation détaillées se révèlent généralement plus précises que les méthodes agrégées. La méthode détaillée, appliquée au niveau des lots de travaux, peut servir à vérifier les éléments de coûts dans la SDP, car elle permet de faire la somme des comptes de ces lots et des coûts qui leur sont associés en remontant jusqu'aux principaux produits livrables. On peut vérifier les besoins en ressources de la même manière. Plus tard, il sera possible de consolider les estimations de durée, de ressources et de coûts établies à partir des lots de travaux en réseaux par découpage du temps, en planification des ressources et en budgets qui serviront au contrôle des activités.

Les méthodes d'estimation détaillées de durée et de coûts des projets

La méthode basée sur un modèle

Lorsqu'un projet s'apparente à des projets antérieurs, on peut se servir des coûts de ceux-ci comme point de départ. Il suffit alors d'établir les différences qui caractérisent le nouveau projet et d'ajuster la durée et les coûts des anciens projets en conséquence. Une entreprise de réparation de navires en cale sèche, par exemple, dispose d'un ensemble de projets de réparation de référence (des modèles pour la remise en état, l'électricité et la mécanique) qu'elle peut utiliser comme points de départ pour estimer le coût et la durée de tout nouveau projet. Elle prend note des différences par rapport au projet standard approprié (en matière de durée, de coûts et de ressources nécessaires) et effectue les changements requis. Cette méthode lui permet de préparer un calendrier potentiel, des estimations du coût et un budget dans un très court laps de temps. L'élaboration de tels modèles dans une base de données peut réduire rapidement les erreurs d'estimation.

Les méthodes paramétriques appliquées à des tâches précises

Les mêmes techniques paramétriques, telles que le coût par mètre carré, qui servent à établir des estimations agrégées peuvent être appliquées à des tâches précises. Prenons l'exemple d'un projet de conversion de 36 postes de travail informatiques vers une application plus récente. En se basant sur des projets de conversion antérieurs, le gestionnaire du projet a déterminé qu'une personne pouvait effectuer cette tâche sur trois postes de travail par jour en moyenne. Pour compléter la conversion des 36 postes, il avait donc besoin de trois techniciens pendant quatre jours [(36 / 3) / 3]. De même, pour estimer le coût de l'installation de papier peint dans le projet de rénovation d'une maison, un entrepreneur calcule une somme de 5 $ par mètre carré de papier peint et de 2 $ par mètre pour le poser, pour un total de 7 $. En mesurant la longueur et la hauteur de tous les murs, il peut obtenir l'aire totale en mètres carrés et la multiplier par 7 $.

Les estimations détaillées pour les lots de travaux de la SDP

La méthode la plus fiable pour estimer la durée et le coût d'un projet consiste sans doute à travailler avec une SDP et à demander aux responsables de chaque lot de travaux d'effectuer leurs propres estimations. Ces employés connaissent par expérience (ou savent où trouver) l'information nécessaire pour estimer les durées des lots, en particulier celles qui dépendent des heures de travail et des coûts de la main-d'œuvre. Lorsqu'une grande incertitude est associée à la durée d'exécution d'un lot de travaux, demander trois estimations – faible, moyenne et élevée – constitue la ligne de conduite la plus prudente. Le tableau 5.5 présente trois estimations de durée pour des lots de travaux effectuées par trois employés différents. Le tableau montre comment ces renseignements peuvent indiquer des écarts importants entre les estimations et comment l'utilisation de moyennes permet d'obtenir des estimations de durée plus équilibrées. Cette méthode d'estimation du temps requis offre au gestionnaire de projet et au maître d'œuvre l'occasion d'évaluer les risques liés aux durées (et, par conséquent, aux coûts) du projet. Elle minimise les surprises possibles à mesure que le projet progresse. La triple estimation fournit aussi une base pour évaluer le risque et déterminer le fonds pour éventualités. (*Voir à ce sujet le chapitre 7 pour une analyse de la question des fonds pour éventualités.*)

Une méthode hybride : l'estimation des phases

Dans cette méthode, on commence par une estimation agrégée du projet puis on précise les estimations pour des phases du projet à mesure qu'elles sont mises en oeuvre. Compte tenu de leur nature et de certaines incertitudes sur le plan de la conception ou sur celui du produit final, il est impossible de définir certains projets de façon rigoureuse. De tels projets existent bien qu'ils soient rares. On les trouve le plus souvent dans les domaines de l'aérospatiale, de la technologie de l'information, des nouvelles technologies et de la construction lorsque la conception du produit n'est pas encore au point. Le cas échéant, on privilégie surtout une estimation des phases ou du cycle de vie.

On recourt à une estimation des phases lorsque le degré d'incertitude est plus élevé que d'habitude et qu'il ne serait pas réaliste d'estimer la durée et les coûts de l'ensemble du projet. Cette méthode se base sur un système à deux estimations pendant toute la durée de vie du projet. On élabore une estimation détaillée de la phase la plus rapprochée et une estimation agrégé de celles qui restent. La figure 5.2, à la page 145, décrit les phases d'un projet et la progression des estimations durant son cycle de vie.

Par exemple, lorsqu'on a déterminé les ressources nécessaires à un projet, on effectue une estimation agrégée de son coût et de sa durée pour pouvoir procéder à une analyse et prendre des décisions. Simultanément, on prépare une estimation détaillée en vue de trouver ses spécifications et une estimation agrégée pour le reste. À mesure que le projet progresse dans son cycle de vie et que les spécifications sont confirmées, on procède à une estimation détaillée de la conception et on calcule une estimation agrégée du reste. De toute

L'exactitude des estimations

L'exactitude des estimations augmente à mesure que la planification devient plus détaillée. Toutefois, l'ampleur de l'amélioration varie en fonction du type de projet. Le tableau ci-dessous reflète cette constatation. Par exemple, dans le cas de projets en technologie de l'information dont la durée et le coût sont estimés à l'étape de la conception, on peut s'attendre à ce que les données réelles varient jusqu'à 200 % au-dessus ou 30 % au-dessous des estimations. Inversement, les estimations relatives à la construction d'immeubles, de routes, etc., effectuées d'après les lots de travaux sont clairement définies de sorte que, en général, il y a moins d'erreurs en ce qui a trait à leur durée et à leurs coûts réels, soit entre 15 % au-dessus et 5 % au-dessous de ces estimations. Bien qu'elles varient selon le projet, les estimations peuvent servir d'approximations pour les acteurs d'un projet qui ont à choisir comment les estimations de sa durée et de son coût seront déterminées.

Précision des estimations de durée et de coût par type de projet

	Construction immobilière	Technologie de l'information
Étape de conception	De +60 % à −30 %	De +200 % à −30 %
Définition des produits livrables	De +30 % à −15 %	De +100 % à −15 %
Définition des lots de travaux	De +15 % à −5 %	De +50 % à −5 %

FIGURE 5.2   Un chiffrier d'estimation des coûts du SB45

N° du projet : *17*
Description du projet : *Projet de déviation routière*
Directrice de projet : *Catherine Ouellet*
Date : 05 - 07

OT Numéro	Description	Estimateur n° 1 Estimation A Jours	B Jours	C Jours	Estimateur n° 2 Estimation A Jours	B Jours	C Jours	Estimateur n° 3 Estimation A Jours	B Jours	C Jours	Moyennes des estimations A Jours	B Jours	C Jours	Rapport étendue/ moyenne
102	Ingénierie	95	100	105	97	100	103	93	96	100	95,0	98,7	102,7	0,08
103	Gestion de projet	14	15	17	14	16	18	13	14	15	13,7	15,0	16,7	0,20
104	Droit de propriété	44	48	52	45	50	52	43	46	49	44,0	48,0	51,0	0,15
105	Cartes de base	36	38	40	36	37	39	35	36	37	35,7	37,0	38,7	0,08
106	Coordination des services publics	7	8	9	7	8	9	8	9	10	7,3	8,3	9,3	0,24
107	Surface d'encombrement des luminaires	13	14	15	14	15	16	13	15	17	13,3	14,7	16,0	0,18
108	Inspection du tracé	32	35	38	32	35	37	32	34	35	32,0	34,7	36,7	0,13

A = Estimation optimiste   B = Estimation réaliste   C = Estimation pessimiste
* Remarque : valeur absolue (moyenne pessimiste – moyenne optimiste)/moyenne
Ce rapport indique le degré de variabilité des estimations.

évidence, on dispose d'un plus grand nombre d'informations de sorte que la fiabilité des estimations devrait augmenter.

Les ressources affectées à des projets dont le produit final n'est pas connu et qui comportent un degré d'incertitude important – par exemple, l'intégration de téléphones sans fil et d'ordinateurs portatifs – préfèrent les estimations de phase. L'engagement en matière

Le niveau de détail : la règle générale

Les gestionnaires de projet expérimentés proposent de maintenir le niveau de détail à un minimum. Toutefois, cette suggestion a ses limites. L'une des erreurs les plus fréquentes des nouveaux gestionnaires de projet consiste à oublier que l'estimation de la durée d'une tâche servira à contrôler le rendement en matière de coût et de calendrier. Les gestionnaires de projet chevronnés se servent souvent d'une règle empirique d'après laquelle la durée d'une tâche ne devrait pas dépasser 5 ou, au maximum, 10 jours de travail, lorsque l'unité de temps employée pour le projet est la journée de travail. Une telle règle entraînera sans doute l'élaboration d'un réseau plus détaillé, mais tout détail supplémentaire vaut la peine quand il s'agit de contrôler le calendrier et les coûts à mesure que le projet progresse.

Supposons que la tâche consiste à construire un prototype de convoyeur contrôlé par ordinateur. On estime la durée de cette tâche à 40 jours de travail et son budget à 300 000 $. Il vaudrait peut-être mieux la subdiviser en sept ou huit tâches plus petites aux fins de contrôle. Si l'une de ces tâches accuse du retard à cause de problèmes particuliers ou d'une mauvaise estimation de sa durée, il est encore possible de prendre rapidement des mesures correctives et d'éviter ainsi de repousser l'exécution des tâches subséquentes et, par conséquent, l'échéance du projet. Si l'on maintient la mesure d'une seule tâche en 40 jours, on ne pourra peut-être pas apporter les corrections nécessaires avant la fin de cette période, car beaucoup d'employés tendent à attendre de voir si les choses s'arrangeront d'elles-mêmes, à refuser d'admettre qu'ils sont en retard ou à éviter de communiquer de mauvaises nouvelles. Il en résulte parfois un retard de plus de cinq jours dans le calendrier.

La règle empirique des 5 à 10 jours s'applique aussi aux objectifs de coûts et de rendement. Toutefois, si l'utilisation de cette règle entraîne une multiplication des tâches dans le réseau, on peut recourir à une autre solution, mais à certaines conditions. Il est possible d'étendre la durée de l'activité au-delà des 5 à 10 jours uniquement quand on est en mesure d'établir des points de vérification pour le contrôle des segments de la tâche pour que l'on puisse déterminer des mesures précises d'avancement des travaux au moyen d'un pourcentage d'achèvement précis.

Cette information se révèle précieuse pour le processus de contrôle destiné à la mesure du rendement en matière de durée et de coûts ; par exemple, les paiements du travail des sous-traitants sont calculés sur la base du pourcentage d'achèvement. La description d'une tâche ayant un point de départ et un point final clairement définis ainsi que des points intermédiaires augmente les chances de déceler tôt les problèmes, de les corriger et de terminer le projet dans les délais prévus.

d'argent et de temps ne devient nécessaire qu'au cours de la phase suivante du projet. On évite ainsi de mobiliser des ressources irréalistes pour l'avenir en se fiant à des données insuffisantes. Cette méthode progressive d'estimation agrégée/détaillée fournit une base solide aux estimations de durée et de coûts en vue de gérer l'avancement du projet au cours de la phase suivante.

Malheureusement, le client, interne ou externe, souhaitera obtenir une estimation précise du plan et des coûts aussitôt que la décision de mettre le projet en œuvre sera prise. En outre, comme il assume les coûts du projet, il perçoit souvent l'estimation des phases comme une forme de chèque en blanc, car il ne dispose d'aucun coût ni calendrier fixes pendant la plus grande partie du cycle de vie du projet. Autrement dit, bien que les raisons pour adopter une estimation des phases soient logiques et justifiées dans la plupart des cas,

FIGURE 5.3

L'estimation des phases pendant le cycle de vie d'un projet

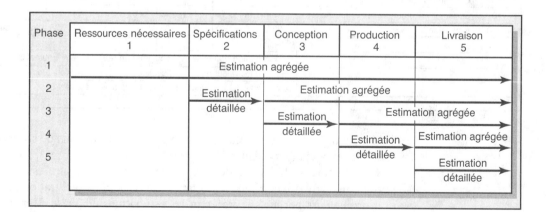

des arguments solides s'avéreront nécessaires pour en persuader le client. Pourtant, cette méthode présente de grands avantages, entre autres la possibilité de modifier des caractéristiques et de réévaluer ou même d'annuler le projet à chaque nouvelle phase.

En conclusion, l'estimation des phases se révèle très utile pour les projets qui présentent un degré élevé d'incertitude en ce qui a trait à leur nature finale (leur forme, leur ampleur et leurs caractéristiques).

Le niveau de détail

Le niveau de détail varie en fonction des niveaux de gestion. À n'importe quel niveau, la quantité de détails ne doit pas dépasser ce qui est nécessaire et suffisant. Les intérêts des cadres dirigeants se concentrent généralement sur l'ensemble du projet et sur les principaux jalons de son exécution, par exemple construire une plate-forme de forage dans la mer du Nord ou achever un prototype. Les cadres intermédiaires s'intéressent à un segment ou à un jalon du projet. L'intérêt des contremaîtres peut se limiter à une tâche ou à un lot de travaux. L'un des avantages de la SDP est sa capacité à accumuler de l'information en provenance de la structure de telle manière que les gestionnaires de chaque niveau y trouvent les renseignements dont ils ont besoin pour prendre leurs décisions.

Il est essentiel que la SDP comporte la quantité de détails requise pour satisfaire les besoins de chaque niveau de gestion et, ainsi, permettre le succès de la mise en œuvre du projet. Cet équilibre s'avère cependant difficile à atteindre. À ce propos, consultez la rubrique précédente. Dans la SDP, ce niveau varie en fonction de la complexité du projet, de la nécessité d'exercer un contrôle, de l'ampleur, du coût et de la durée du projet ainsi que d'autres facteurs. Quand la structure comporte un trop grand nombre de détails, les gestionnaires tendent à diviser la charge de travail en tâches assignées à différents services. Un tel comportement peut nuire au succès du projet, car l'accent sera mis sur les résultats de chaque service plutôt que sur les produits livrables. Une surabondance de détails peut aussi signifier une plus grande quantité de documents improductifs. Notons que, lorsqu'on accroît la SDP d'un niveau, le nombre de comptes de coûts de revient augmente parfois de façon géométrique. Par contre, quand le niveau de détail se révèle insuffisant, la structure pourrait ne pas répondre aux besoins d'un des services. Fort heureusement, elle présente une certaine souplesse fonctionnelle. Les services qui participent à un projet ont la possibilité de développer leur partie de la structure pour répondre à leurs besoins particuliers. Le service d'ingénierie, par exemple, préférera peut-être diviser son travail sur un produit livrable en le subdivisant en lots plus petits confiés respectivement à des ingénieurs des domaines électrique, mécanique et des travaux publics. De même, le service de marketing peut diviser sa campagne de promotion d'un nouveau produit en fonction des médias visés : télévision, radio, magazines et journaux.

L'élaboration de budgets

Les budgets échelonnés

Les estimations du coût ne constituent pas un budget. Elles en deviennent un lorsqu'elles tiennent compte du découpage dans le temps. Le découpage dans le temps du travail dans un projet devient une planche de salut en ce qui a trait au contrôle des coûts. Sans ce type d'échelonnement, il est presque impossible d'exercer un quelconque contrôle fiable et régulier des coûts d'un projet. Ce découpage commence par l'estimation de la durée d'un lot de travaux. Dans l'exemple de la figure 5.4, le lot de travaux s'échelonne sur trois semaines. À ce stade, *il n'y a aucun moyen de déterminer le moment* où les dépenses liées au découpage temporel du lot de travaux seront engagées. Cette estimation de la durée des lots et

FIGURE 5.4   Les estimations d'un lot de travaux

Description du lot de travaux	*Version finale*	Page *1* de *1*

Description du lot de travaux   *Version finale*   Page *1* de *1*

Numéro du lot de travaux   *1.1.3.2*   Projet   *Prototype d'ordinateur personnel*

Produit livrable   *Carte de circuits imprimés*   Date   *XXXX-09-29*

Section d'origine   *Logiciel*   Estimateur   *RMG*

Durée du lot   *3*   semaines de travail   Budget total   *265 $*

Budget échelonné (en $)

		Périodes de travail					
Coûts directs	Tarif	1	2	3	4	5	**Total**
Codage	XX $/heure	50	30	20			100 $
Document	XX $/heure		10	15			25 $
Publication	XX $/heure			5			5 $
Total de la main-d'œuvre		50	40	40			130 $
Matières			20				20 $
Équipement	XX $/heure	50	15	50			115 $
Autres _____							
Total des coûts directs		100	75	90			265 $

d'autres encore servent à développer la structure du projet qui planifie les moments où commence et se termine chaque lot de travaux. Les budgets échelonnés de ces lots sont ensuite répartis entre des périodes prédéfinies dans le but de déterminer les ressources financières nécessaires à chacune d'elles tout au long du cycle de vie du projet. Ces budgets devraient indiquer comment les besoins financiers réels se manifesteront, car ils serviront au contrôle des coûts du projet.

L'idée que les gens se font des coûts et des budgets varie selon l'utilisateur. Le gestionnaire de projet doit être très conscient de ces différences lorsqu'il établit le budget de son projet et qu'il le communique à d'autres personnes. La figure 5.5 décrit ces différences de perception. Le gestionnaire de projet peut engager des coûts des mois avant que l'on utilise la ressource qui y correspond. Ce renseignement s'avère utile au cadre financier de l'entreprise dans ses prévisions des sorties de fonds à venir. Le gestionnaire de projet s'intéresse au moment où l'on s'attend à ce qu'un coût budgété soit dû, au moment où il est réellement passé en charges (réalisé) et à celui où l'argent sort du compte. Les moments où surviennent ces coûts servent à mesurer les écarts de calendrier et de coûts du projet par rapport aux prévisions.

Les types de coûts

L'exactitude des estimations du coût s'accroît à mesure que l'on passe de la phase conceptuelle du projet au point où l'on définit individuellement ses tâches élémentaires (les lots de travaux). Lorsque les lots de travaux sont clairement définis, il est possible de

FIGURE 5.5

Trois perceptions des coûts

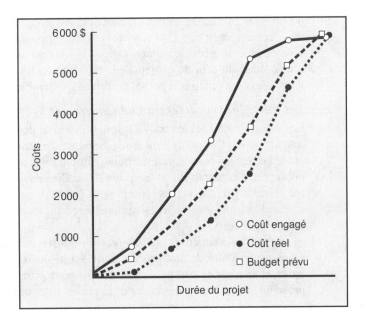

procéder à des estimations détaillées des coûts. Voici quelques catégories typiques de coûts associés à un projet.

1. Les coûts directs
    a) La main-d'œuvre
    b) Les matières
    c) L'équipement
    d) Autres
2. Les coûts spécifiques au projet
3. Les frais généraux et les frais administratifs

Cette division de l'estimation du coût total du projet permet d'accroître l'efficacité du processus de contrôle et d'améliorer les prises de décision.

Les coûts directs

Les coûts directs sont clairement imputables à un lot de travaux particulier. Le gestionnaire de projet, l'équipe de projet et les ressources qui mettent en œuvre le lot de travaux peuvent influer sur les coûts de ce type. Ceux-ci représentent des sorties de fonds réelles et doivent être acquittées à mesure que le projet progresse. C'est pourquoi on les distingue habituellement des coûts indirects. En général, le total des comptes du projet à des niveaux détaillés ne comporte souvent que des coûts directs.

Les coûts spécifiques au projet

Les coûts spécifiques, ou charges spécifiques, indiquent les ressources de l'entreprise affectées à un projet particulier. Elles sont liées aux produits livrables ou aux lots de travaux. Parmi les coûts spécifiques, on classe le salaire du gestionnaire de projet et la location temporaire d'espace pour son équipe. Bien qu'il ne s'agisse pas de charges décaissées immédiatement, ce sont néanmoins des coûts *réels* qui doivent être acquittés à long terme pour assurer la viabilité de l'entreprise. Ces tarifs correspondent généralement à un pourcentage de la valeur en dollars des ressources utilisées, par exemple la main-d'œuvre directe, les matières ou le matériel. Ainsi, un coefficient d'imputation des coûts indirects de 20 % pour la main-d'œuvre directe ajouterait des charges spécifiques de 20 % à l'estimation du coût de cette ressource. De même, un coefficient d'imputation des coûts directs de 50 % pour les matières exigerait que l'on reporte un débit supplémentaire de 50 % dans l'estimation du coût de la ressource. Des charges spécifiques à un niveau donné fournissent une estimation plus précise du coût du projet (de la tâche ou du lot de travaux) qu'un coefficient d'imputation des coûts indirects global couvrant l'ensemble du projet.

Les frais généraux et les frais administratifs

Les frais généraux et les frais administratifs sont des frais qui ne se rattachent à aucun projet particulier. Ces coûts sont enregistrés pendant toute la durée du projet. Ils comprennent entre autres des frais organisationnels imputables à tous les produits et projets tels que la publicité, la comptabilité et le salaire des cadres dirigeants. Leur allocation varie selon l'entreprise. En général, on les répartit sous forme de pourcentage du total des coûts directs ou du total de quelques charges directes spécifiques comme la main-d'œuvre, les matières ou le matériel.

Lorsqu'on connaît les coûts directs et indirects de chaque lot de travaux, il est possible de réunir les coûts de tout produit livrable ou encore de l'ensemble du projet. À ce compte, un entrepreneur ajoute généralement un pourcentage à titre de bénéfice. Le tableau 5.5 présente la ventilation des coûts d'un projet de soumission pour un contrat.

TABLEAU 5.5

Un résumé des coûts dans une soumission pour un contrat

Coûts directs	80 000 $
Charges spécifiques	20 000 $
Frais généraux et frais administratifs (20 %)	20 000 $
Bénéfice (20 %)	24 000 $
Prix total de la soumission	144 000 $

Des estimations et des fonds pour éventualités de plus en plus précis

Nous l'avons vu au chapitre 4 : on regroupe les estimations détaillées des lots de travaux et on agrège en faisant la somme par produit livrable pour estimer le total des coûts directs du projet. De même, on enregistre la durée prévue dans le réseau du projet pour établir un calendrier et déterminer la durée totale du projet. L'expérience démontre que, dans bien des cas, les estimations totales ne se réalisent pas et que les coûts et les délais réels de certains projets dépassent nettement les estimations initiales basées sur les lots de travaux. À ce propos, consultez la rubrique, à la page suivante. Elle présente un exemple plutôt spectaculaire de cette constatation. Pour régler ce problème de dépassement des coûts et des délais réels par rapport aux estimations, certains gestionnaires de projet ont pris l'habitude d'ajuster le total des coûts par un facteur quelconque (par exemple, total des coûts estimés × 1,20).

Cette pratique d'ajustement par un facteur de 20 et parfois même de 100 % sert à éluder la question de savoir pourquoi, après avoir consacré tant de temps et d'énergie à effectuer des estimations détaillées, on obtient des résultats si éloignés de la réalité. Il y a différentes raisons à ce phénomène. La plupart se rapportent au processus d'estimation lui-même et à l'incertitude inhérente à tout effort visant à prévoir l'avenir. Nous examinerons quelques-unes de ces raisons.

▸ **Les coûts d'interaction ne sont pas présentés dans les estimations** D'après les principes directeurs, chaque tâche doit être estimée indépendamment. Toutefois, les tâches sont rarement exécutées en vase clos. L'accomplissement d'une tâche dépend d'ordinaire des tâches exécutées antérieurement. Passer d'une tâche à une autre requiert du temps et de l'attention. Les employés qui travaillent à l'élaboration d'un prototype, par exemple,

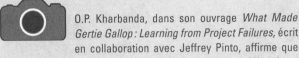

Coup d'œil sur un cas réel

Comment estime-t-on le coût d'une centrale nucléaire ?

O.P. Kharbanda, dans son ouvrage *What Made Gertie Gallop: Learning from Project Failures*, écrit en collaboration avec Jeffrey Pinto, affirme que l'estimation est autant un art qu'une habileté. Ainsi, au début de sa carrière, dans les années 1960, il a participé à la fabrication d'un réacteur nucléaire en Inde à une époque où les installations locales n'étaient pas équipées pour des travaux de cette envergure. Comme personne n'avait d'expérience dans la construction de matériel complexe ayant une précision et des tolérances presque inconnues jusqu'alors, il était presque impossible d'établir des estimations raisonnables du coût d'une telle aventure. Les estimateurs ont fait de leur mieux et ont ajouté un peu plus que la marge normale avant de proposer un prix à leur client.

Peu de temps après, M. Kharbanda a assisté, pendant une semaine, à une conférence internationale sur l'énergie nucléaire qui comprenait des sommités de ce domaine provenant de tous les pays du monde. En milieu de semaine, il a saisi l'occasion de ren-

contrer l'ingénieur en chef de l'entreprise qui avait fourni à l'Inde son premier réacteur, d'une conception identique à celui pour lequel son entreprise venait de proposer une soumission. C'était pour lui une chance unique d'obtenir enfin des renseignements sur l'estimation précise des coûts. Le spécialiste lui a confié sans ambages que son entreprise avait laissé jusqu'à sa dernière chemise dans cette affaire ! M. Kharbanda lui a alors demandé candidement comment estimer un réacteur nucléaire. L'autre lui a répondu avec une tranquille assurance : «Faites une estimation prudente mais normale, ajoutez-y plus que la marge d'erreur habituelle puis, après un certain temps, doublez-la ! » L'auteur avoue que, dans leur ignorance, ses collègues et lui avaient négligé cette dernière étape essentielle. Cette brève conversation s'était toutefois révélée extrêmement utile. «Nous étions prévenus, nous avons pris l'avertissement au sérieux et nous nous sommes prémunis contre la catastrophe. Nous avons ainsi réussi à économiser plusieurs millions de dollars ! »

doivent communiquer avec des ingénieurs concepteurs après l'achèvement du design soit pour demander des éclaircissements, soit pour modifier le concept initial. De même, le temps requis pour coordonner des activités ne figure généralement pas dans des estimations indépendantes. Cette coordination prend la forme de réunions et de séances d'information ainsi que du temps nécessaire pour rétablir la liaison entre des tâches. Il en résulte que le temps et, par conséquent, les coûts consacrés à la gestion des interactions augmentent de façon exponentielle à mesure que le nombre d'employés et de services différents qui participent à un projet se multiplie.

▸ **Les conditions normales ne s'appliquent pas** Les estimations sont censées être basées sur des conditions normales. Bien qu'il s'agisse d'un bon point de départ, il est rarement valable dans le domaine du concret, en particulier en ce qui a trait à la disponibilité des ressources. Des manques de ressources, qu'il s'agisse d'employés, de matériel ou de matières premières, peuvent faire allonger les estimations de départ. Dans des conditions normales, par exemple, on se sert généralement de quatre bulldozers pour nettoyer une certaine grandeur de terrain en cinq jours. Cependant, lorsqu'il y a seulement trois bull-dozers disponibles, la durée de la tâche se prolonge jusqu'à huit jours. De même, la décision d'impartir certaines tâches peut avoir pour effets d'augmenter les coûts et de prolonger la durée du travail compte tenu du temps qu'il faut ajouter pour accoutumer des étrangers aux spécifications du projet et à la culture de l'entreprise.

▸ **Les choses vont mal dans les projets** Les points faibles d'un concept apparaissent après coup, les conditions météorologiques se déchaînent, des accidents surviennent, etc. Bien que l'on ne doive pas prévoir que ces risques se concrétiseront lorsqu'on estime la durée et le coût d'une tâche, il faut néanmoins envisager leur probabilité et leurs effets.

▸ **Le contenu et les plans du projet changent** À mesure que le projet progresse, le gestionnaire peut mieux comprendre ce qui doit être fait pour l'exécuter. Il en résulte parfois des modifications importantes dans les plans et dans les coûts. De même, quand il s'agit d'un projet commercial, on procède souvent à des modifications à mi-chemin pour répondre à de nouvelles demandes du client ou pour réagir à la concurrence. Les changements de contenu d'un projet constituent l'une des principales sources de dépassement des coûts. On peut donc déployer tous les efforts possibles pour fixer dès le départ le contenu du projet. Dans un monde où tout change très rapidement, cependant, cette tâche s'avère de plus en plus difficile.

En réalité, dans la plupart des projets, on ne dispose pas de toute l'information nécessaire pour établir des estimations précises, et l'avenir reste imprévisible. Or, sans estimations rigoureuses, le plan d'un projet perd beaucoup de sa crédibilité. Les échéances ne signifient plus rien, les budgets changent sans cesse, et la comptabilité devient problématique.

Comment les entreprises parviennent-elles à surmonter ces obstacles ? En premier lieu, elles font de leur mieux pour réviser des estimations basées sur des renseignements utiles avant d'établir un calendrier et un budget de référence. En deuxième lieu, elles se dotent de fonds pour éventualités et de délais tampons pour pallier l'incertitude. En dernier lieu, elles mettent sur pied un système de contrôle des changements qui leur permet de réviser leur budget et leur calendrier quand certains événements le justifient. Nous nous pencherons brièvement sur chacune de ces mesures.

Une révision des estimations   Les entreprises efficaces révisent leurs estimations relatives à des tâches précises dès qu'elles disposent d'une meilleure définition des risques, des ressources et des particularités de la situation. Elles admettent que les estimations obtenues grâce à une méthode basée sur une analyse détaillée de la SDP ne constituent qu'un point de départ. À mesure qu'elles intensifient leurs efforts dans le processus de planification du projet, elles apportent les corrections appropriées aux prévisions de durée et de coûts de certaines activités. Elles intègrent l'attribution finale des ressources au budget et au calendrier du projet. Lorsqu'elles se rendent compte qu'elles disposent non pas de quatre mais de trois bulldozers pour nettoyer un terrain, elles révisent à la fois la durée et le coût de cette activité. Elles modifient les estimations de façon à tenir compte des actions entreprises pour réduire l'effet de risques potentiels sur le projet. Ainsi, pour diminuer les risques d'erreurs dans un code de conception, elles ajouteront le coût de contrôleurs indépendants au budget et au plan du projet. Enfin, les entreprises révisent leurs estimations pour faire entrer en ligne de compte des conditions anormales. Quand des échantillons de sol révèlent des quantités excessives d'eau souterraine, par exemple, elles adapteront la durée et les coûts des travaux de fondations en conséquence.

Les fonds pour éventualités et les délais tampons   Les fonds pour éventualités et les délais tampons ont été conçus pour compenser les incertitudes. L'ajout de provisions réduit le risque que les coûts réels dépassent les estimations et que le projet dure plus longtemps que prévu. En général, moins le projet est bien défini, plus il y a d'éventualités à parer.

Il est essentiel que les fonds pour éventualités soient indépendants des estimations de durée et de coûts initiales. Ils doivent en être bien distincts pour éviter toute manipulation en matière de calendrier et de budget.

On peut ajouter des fonds pour éventualités à des activités précises, à des lots de travaux ou à l'ensemble du projet. Un fonds pour éventualités lié à des activités consiste en une somme ajoutée par l'estimateur à l'estimation initiale d'une activité ou d'un lot de travaux pour tenir compte de situations de risque connues. Entre autres aléas, mentionnons des changements dans la conception, des estimations non fiables et des risques associés à certaines activités. Le plan de secours contre le risque d'un retard dans le calendrier du projet, par exemple, consiste à utiliser un service de livraison en 24 heures plus coûteux que le service ordinaire. Précisons que, aussitôt le risque passé, le fonds pour éventualités prévu pour y remédier devrait être éliminé du budget et non utilisé ailleurs. Cette pratique décourage la tendance à dépenser tout ce dont on dispose dans un budget chaque fois que les coûts augmentent.

Outre l'établissement de fonds pour éventualités destinés à des tâches ou à des activités précises, le gestionnaire de projet en crée pour l'ensemble du projet. La somme qui s'applique à la fois à la durée et aux coûts est proportionnelle au degré d'incertitude inhérent au projet. En conséquence, les projets qui présentent une plus grande incertitude se voient affecter une provision plus élevée que les autres. Lorsque c'est possible, on dérive le pourcentage des fonds pour éventualités de renseignements tirés de projets antérieurs similaires. Par exemple, si des projets de développement de logiciels du passé requéraient en moyenne 25 % plus de temps que prévu, on ajoutera ce pourcentage à titre de provision. Cette provision sert à tenir compte des coûts masqués de diverses interactions ainsi que des risques et des incertitudes qu'on ne peut pas attribuer à des tâches précises comme la fluctuation des taux de change, les pénuries de ressources, les hypothèses non vérifiées et les fluctuations du marché.

La modification de la performance de base du calendrier et du budget Parfois, certains événements obligent le gestionnaire de projet à refaire son budget et son calendrier. Parmi ces événements, mentionnons des modifications au concept du produit, des obstacles techniques insurmontables, des grèves de la main-d'œuvre, des problèmes d'ordre juridique, une agitation politique et une hausse vertigineuse des salaires ou des coûts des matières premières. Dans ces cas, les estimations initiales ne s'appliquent plus, et il faut établir une nouvelle performance de base en matière de budget et de calendrier. Toutefois, avant d'en venir à cette extrémité, le gestionnaire doit d'abord consulter tous les principaux acteurs et compter sur un système de contrôle des changements. Il sera question plus en détail du contrôle des changements et des fonds pour éventualités au chapitre 7.

L'obtention d'estimations exactes constitue tout un défi. Les entreprises sérieuses sont prêtes à prendre les moyens nécessaires pour établir des estimations rigoureuses et à investir considérablement pour développer leurs compétences dans ce domaine. Elles savent que, sans un effort consciencieux pour élaborer les meilleures estimations possible, tout sera laissé au hasard. Des estimations précises diminuent le degré d'incertitude et fournissent une règle de conduite à la gestion efficace des projets.

L'établissement d'une base de données pour les estimations

La meilleure façon d'améliorer ses estimations est de recueillir et de compiler des données sur les estimations et les données réelles de projets antérieurs. La conservation des données, estimées et réelles, permet d'établir une base de connaissances pour améliorer les estimations de durée et de coûts des projets. L'élaboration d'une telle base de données est une pratique très recommandée dans les principales entreprises de gestion de projet.

Certaines sociétés ont de vastes services d'estimateurs professionnels. C'est le cas de Boeing, de Kodak et de IBM, qui ont élaboré d'importantes bases de données sur les durées et les coûts. D'autres recueillent ces données par le biais du bureau de projet. La constitution de bases de données permet à l'estimateur de choisir une tâche précise d'un lot de travaux et de l'inclure à son estimation. Il effectue ensuite les ajustements nécessaires concernant les matières, la main-d'œuvre et le matériel. Évidemment, il peut ajouter tout élément qui ne se trouve pas dans la base de données au projet et l'intégrer plus tard à la base de données quand il le souhaite. La qualité des estimations que l'on trouve dans les bases de données dépend de l'expérience des estimateurs mais, avec le temps, cette qualité devrait s'améliorer. Les bases de données établies de façon systématique fournissent une rétroaction aux estimateurs et des points de référence en ce qui concerne les coûts et la durée de chaque projet. En outre, la comparaison entre les estimations et les données réelles de différents projets aide à évaluer le degré de risque inhérent à chaque estimation. La figure 5.6 présente la structure d'une base de données semblable à celles que l'on trouve dans les entreprises.

FIGURE 5.6

Un modèle de base de données pour l'estimation

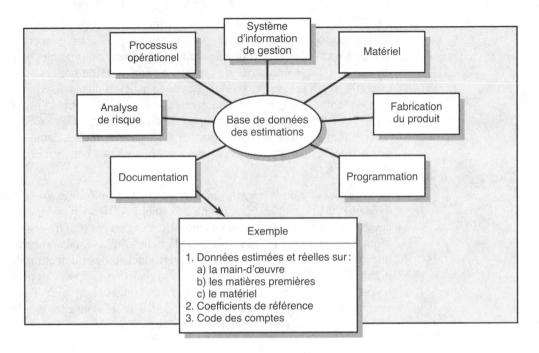

Résumé

Des estimations de qualité en matière de durée et de coûts constituent le fondement du contrôle d'un projet. Les expériences antérieures demeurent le meilleur point de départ pour les effectuer. Différents facteurs influent sur la qualité de ces estimations, entre autres, les employés, la technologie et les arrêts-machines. Le plus sûr moyen d'obtenir des estimations qui représentent les durées et les coûts moyens des projets de façon réaliste consiste à avoir une culture organisationnelle qui tolère les erreurs d'estimation sans faire porter le blâme à ceux qui les commettent. Si les estimations de temps correspondent à des données moyennes, on peut s'attendre à ce que 50 % des durées réelles leur soient inférieures et que 50 % d'entre elles dépassent les délais prévus. Il faut aussi savoir que, lorsqu'un projet prend du retard, il a peu de chances de le rattraper. Le recours à des équipes très motivées peut aider à maintenir les durées et les coûts d'exécution des tâches autour des moyennes. C'est pourquoi il est primordial que l'équipe de projet accepte les estimations de durées et de coûts.

Les méthodes d'estimation agrégées conviennent bien aux prises de décision stratégiques et initiales ou encore lorsque les coûts associés à l'élaboration de meilleures estimations s'avèrent trop élevés pour les avantages qui en résulteraient. Toutefois, dans la plupart des cas, la méthode d'estimation détaillée est préférable et plus fiable, car elle permet d'évaluer chaque lot de travaux plutôt que l'ensemble du projet, d'un service ou du résultat livrable. L'estimation de la durée et des coûts de chaque lot de travaux favorise l'élaboration d'un réseau des projets et d'un budget par découpage du temps grâce auxquels on peut contrôler le calendrier et les coûts du projet au fur et à mesure de sa mise en œuvre. L'utilisation des principes directeurs en matière d'estimation aide à éliminer beaucoup d'erreurs courantes commises par les employés qui ne se sont pas familiarisés avec l'estimation des durées et des coûts en vue du contrôle des projets. L'établissement d'une base de données contenant des estimations de durées et de coûts s'accorde bien avec la philosophie d'apprentissage des entreprises.

La quantité de renseignements concernant les durées et les coûts doit respecter le vieil adage d'après lequel il n'en faut pas plus que ce qui est nécessaire et suffisant. Le gestionnaire ne doit jamais oublier la distinction entre les dépenses de structure, les coûts réels et les coûts prévus. Il n'y a pas de doute que les efforts consacrés dès le départ à définir clairement les objectifs, le contenu et les spécifications d'un projet augmentent considérablement la précision des estimations de durées et de coûts.

Enfin, la façon dont on établit et dont on emploie les estimations peut avoir des répercussions sur l'utilité de ces prévisions en matière de planification et de contrôle. Le climat au sein de l'équipe ainsi que la culture et la structure organisationnelles exercent parfois une grande influence sur l'importance accordée aux estimations de durées et de coûts et à la façon dont on s'en sert pour gérer les projets.

Mots clés

base de données des durées et des coûts
budget par découpage dans le temps
courbe d'apprentissage
coût direct
coût d'interaction

coût indirect
estimation agrégée et estimation détaillée
estimation des phases
fonds pour éventualités
gonflement des estimations

méthode basée sur un modèle
méthode Delphi
méthode de répartition proportionnelle
méthode des ratios
point fonctionnel

Questions de révision

1. Pourquoi des estimations précises sont-elles essentielles à une gestion efficace des projets ?
2. Comment la culture d'une entreprise influe-t-elle sur la qualité des estimations ?
3. Quelle différence y a-t-il entre les méthodes d'estimation agrégées et les méthodes d'estimation détaillées ? Dans quelles conditions préféreriez-vous l'une plutôt que l'autre ?
4. Quels sont les principaux types de coûts ? Lesquels peuvent être contrôlés par le gestionnaire de projet ?
5. Quand est-il approprié d'effectuer une estimation par découpage dans le temps ?
6. Pourquoi est-il important de séparer les fonds pour éventualités des estimations initiales ?

Exercices

1. Mme Tellier et son mari, Serge, planifient la construction de la maison de leurs rêves. Le terrain se situe au sommet d'une colline avec une vue magnifique sur les Appalaches. D'après les plans, la maison aura une superficie de 2 900 pieds carrés. Le prix moyen d'un terrain et d'une maison similaire à celle-ci est de 120 $ par pied carré. Fort heureusement, Serge était plombier de son métier ; maintenant à la retraite, il croit pouvoir économiser en installant lui-même la tuyauterie. Quant à Mme Tellier, elle compte s'occuper personnellement de la décoration intérieure.

Voici les renseignements sur des coûts moyens qu'ils ont obtenus d'une banque locale. Cette banque accorde des prêts à des entrepreneurs de l'endroit par paiements progressifs chaque fois que des tâches précises sont accomplies.

24 %	pour l'achèvement de l'excavation et de la charpente
8 %	pour l'achèvement du toit et de la cheminée
3 %	pour l'installation d'un câblage électrique de base
6 %	pour l'installation d'une tuyauterie de base

5 %	pour l'installation du parement extérieur
17 %	pour l'isolation, l'installation des fenêtres et des entrées, le plâtre et la construction du garage
9 %	pour l'installation de la chaudière
4 %	pour l'aménagement des installations sanitaires
10 %	pour la peinture extérieure, l'installation de l'éclairage et de la quincaillerie d'ameublement
6 %	pour l'installation des moquettes et des boiseries
4 %	pour la décoration intérieure
4 %	pour la pose et la finition des planchers

a) À quel coût estime-t-on la maison des Tellier en supposant que tous les travaux sont effectués par des entrepreneurs ?

b) Estimez le coût de la maison en supposant que les Tellier se servent de leurs compétences personnelles pour effectuer une partie des travaux eux-mêmes.

2. Voici la SDP d'un projet dont les coûts sont répartis en pourcentages. Si l'estimation du coût total du projet s'élève à 600 000 $, quels sont les coûts estimés des produits livrables suivants ?

a) La conception.

b) La programmation.

c) Les essais internes.

Quelles sont les faiblesses de cette méthode d'estimation ?

EXERCICE 5.2

La SDP

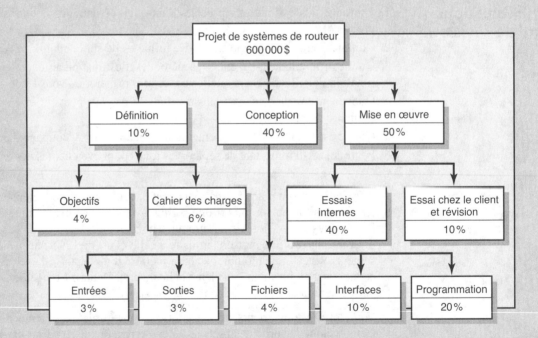

3. Le projet coupe-feu XT. Servez-vous du schéma de pondération de la complexité du tableau 5.3, à la page 142, et du tableau de pondération de la complexité par points fonctionnels ci-après pour estimer le nombre total de points fonctionnels. Supposez que, d'après des données antérieures, cinq points fonctionnels équivalent à un mois-personne et que six employés peuvent travailler à ce projet.

Tableau de pondération de la complexité		
Nombre d'entrées	10	Faible niveau de complexité
Nombre de sorties	20	Niveau de complexité moyen
Nombre de requêtes	10	Niveau de complexité moyen
Nombre de fichiers	30	Niveau de complexité élevé
Nombre d'interfaces	50	Niveau de complexité élevé

a) Quelle est la durée prévue de ce projet?

b) Si 20 personnes pouvaient travailler à ce projet, quelle en serait la durée prévue?

c) Si le projet doit être achevé sans faute dans six mois, combien d'employés devront y travailler?

Références

DALKEY, N.C., D.L. ROURKE, R. LEWIS et D. SNYDER. *Studies in the Quality of Life: Delphi and Decision Making,* Lexington, MA, Lexington Books, 1972.

GRAY, N.S. «Secrets to Creating the Elusive "Accurate Estimate"», *PM Network,* vol. 15, n° 8, août 2001, p. 56.

JEFFERY, R., G.C. LOW et M. BARNES. «A Comparison of Function Point Counting Techniques», *IEEE Transactions on Software Engineering,* vol. 19, n° 5, 1993, p. 529-532.

JONES, C. *Applied Software Measurement,* New York, McGraw-Hill, 1991.

JONES, C. *Estimating Software Costs,* New York, McGraw-Hill, 1998.

KHARBANDA, O.P. et J.K. PINTO. *What Made Gertie Gallop: Learning from Project Failures,* New York, Von Nostrand Reinhold, 1996.

MAGNE, E., K. EMHJELLENM et P. OSMUNDSEN. «Cost Estimation Overruns in the North Sea», *Project Management Journal,* vol. 34, n° 1, 2003, p. 23-29.

McLEOD, G. et D. SMITH. *Managing Information Technology Projects,* Cambridge, MA, Course Technology, 1996.

PRESSMAN, R.S. *Software Engineering: A Practitioner's Approach,* 4e éd., New York, McGraw-Hill, 1997.

SYMONS, C.R. «Function Point Analysis: Difficulties and Improvements», *IEEE Transactions on Software Engineering,* vol. 14, n° 1, 1988, p. 2-11.

Étude de cas

Les Imprimeries Marcel Sauvé

Il y a trois ans, le groupe de gestion stratégique de la société Imprimeries Marcel Sauvé (IMS) s'était fixé comme objectif de développer une imprimante laser couleur offerte à moins de 300 $ sur le marché des consommateurs et des petites entreprises. Quelques mois plus tard, les cadres dirigeants se sont réunis à l'extérieur de l'entreprise pour discuter du nouveau produit. Il est ressorti de la réunion un ensemble de spécifications techniques générales au sujet des principaux éléments livrables, une date de lancement du produit et une estimation des coûts basée sur des expériences précédentes.

Peu de temps après, on a prévu une réunion pour expliquer aux cadres intermédiaires les objectifs du projet, les principales responsabilités, la date de début et l'importance de respecter la date de lancement du produit ainsi que les estimations du coût. Les membres de tous les services participants ont assisté à cette réunion. Tout le monde manifestait un grand enthousiasme. Bien que tous aient jugé les risques du projet élevés, ils étaient éblouis par les récompenses qu'on leur faisait miroiter pour l'entreprise et pour le personnel. Toutefois, quelques participants ont mis en doute la validité des estimations de durée et de coûts du projet. Quelques employés de la recherche et du développement ont aussi exprimé leurs inquiétudes au sujet de la technologie requise pour fabriquer un produit de haute qualité à un coût inférieur à 300 $. Cependant, dans l'euphorie du moment, tout le monde s'est accordé à dire que le projet valait la peine d'être exécuté et qu'il était réalisable. Ce projet d'imprimante laser couleur devait avoir priorité sur tous les autres.

La directrice choisie pour ce projet, Mme Laurent, compte 15 années d'expérience dans la conception et la fabrication d'imprimantes. Au cours de ces années, elle a géré avec succès plusieurs projets relatifs à des imprimantes destinées à des marchés commerciaux. Comme elle était sceptique au sujet des estimations proposées, sa première action a été de demander de bonnes estimations détaillées de durée et des coûts pour les produits livrables. Elle a rapidement rencontré les principaux acteurs du projet pour élaborer une SDP définissant les lots de travaux et le service chargé de la mise en œuvre de chacun d'eux. Mme Laurent a insisté sur le fait qu'elle voulait des estimations de durée et de coûts provenant des employés qui allaient effectuer le travail ou de ceux qui s'y connaissaient le mieux et, si possible, provenant de plusieurs sources. Ces estimations devaient lui être remises dans deux semaines.

Quand on a inséré les résultats compilés dans la SDP et l'organigramme fonctionnel (OF), l'estimation des coûts obtenue paraissait être erronée. Elle excédait de 1 250 000 $ le chiffre avancé par les cadres dirigeants. Il s'agissait d'un dépassement des coûts d'environ 20 %. L'estimation de la durée provenant du réseau des projets nouvellement développé était supérieure de quatre mois seulement à celle de la direction. Mme Laurent a planifié une autre réunion avec les principaux acteurs du projet pour vérifier ces estimations et, par un remue-méninges, trouver des solutions de rechange. Les estimations obtenues semblaient toutefois raisonnables. Voici quelques suggestions présentées au cours de la séance de remue-méninges.

- Changer le contenu du projet.
- Impartir la conception technologique.
- Utiliser la matrice des priorités (proposée au chapitre 4) pour obliger la haute direction à clarifier son ordre de priorités.
- Établir un partenariat avec une autre entreprise ou mettre sur pied un consortium de recherche pour partager les coûts ainsi que pour mettre en commun la technologie et les méthodes de production nouvellement développées.
- Abandonner le projet.
- Commander une analyse de rentabilité de l'imprimante.

Les participants ont trouvé très peu de moyens de réaliser concrètement des économies bien que tous se soient entendus sur la possibilité d'une compression des durées pour respecter la date de lancement sur le marché mais en engageant des coûts supplémentaires.

Mme Laurent a rencontré le directeur du marketing, Guy Tomaro, la directrice de la production, Ariane Noma, et le directeur de la conception, Claude Gage, qui lui ont suggéré quelques mesures susceptibles de réduire les coûts du projet, mais pas de façon significative. « Je ne voudrais pas avoir à annoncer à la haute direction qu'il manque 1 250 000 $ à ses estimations du coût, a dit M. Gage. Bonne chance ! »

À ce stade, que feriez-vous si vous étiez à la place de la gestionnaire de projet ?

Annexe 5.1

Les courbes d'apprentissage dans les estimations

Il est essentiel de pouvoir faire une estimation prévisionnelle du temps requis pour exécuter un lot de travaux ou une tâche lorsqu'on désire planifier un projet. Dans certains cas, le gestionnaire se sert simplement de son jugement et de son expérience pour estimer cette durée ou encore de documents historiques concernant des tâches similaires.

La plupart des gestionnaires et des travailleurs savent intuitivement que la répétition d'une tâche ou d'un groupe de tâches permet d'en réduire la durée d'exécution. Un travailleur peut effectuer mieux ou plus vite une tâche la deuxième fois et chacune des fois subséquentes, à condition qu'il n'y ait aucune modification technologique. Cette tendance à l'amélioration a de l'importance aux yeux du gestionnaire de projet et de l'employé qui élabore le calendrier des tâches.

L'amélioration attribuable à la répétition entraîne généralement une diminution des heures de main-d'œuvre pour l'exécution des tâches et une réduction des coûts du projet. En se basant sur des données empiriques provenant de tous les secteurs d'activité, on a pu quantifier cette tendance à l'amélioration au moyen d'une courbe d'apprentissage (qui porte aussi le nom de courbe d'amélioration, courbe d'expérience ou courbe de progrès industriel) décrite par la relation suivante.

Chaque fois que la quantité de production double, les heures de travail par unité diminuent à un taux constant.

Supposons par exemple qu'un fabricant ait obtenu un nouveau contrat pour la production de 16 prototypes et qu'il faut au total 800 heures de travail pour produire la première unité. Des expériences antérieures indiquent que le taux d'amélioration sur des unités du même type s'élève à 80 %. Cette relation concernant le nombre d'heures de travail se calcule comme suit.

Unité		Heures de travail
1		800
2	$800 \times 0,80 =$	640
4	$640 \times 0,80 =$	512
8	$512 \times 0,80 =$	410
16	$410 \times 0,80 =$	328

À l'aide des valeurs unitaires du tableau A5.1, à la page 162, on peut déterminer de façon similaire le nombre d'heures de main-d'œuvre par unité. Lorsqu'on examine la colonne des unités au niveau de 16 et qu'on suit la ligne jusqu'à la colonne de 80 %, on trouve un ratio de 0,4096. En multipliant ce ratio par le nombre d'heures de travail requis pour la première unité, on obtient la valeur par unité.

$$0,4096 \times 800 = 327,68$$

Autrement dit, la seizième unité devrait requérir près de 328 heures de travail, en supposant un taux d'amélioration de 80 %.

Visiblement, un gestionnaire de projet aura peut-être besoin de plus qu'une seule valeur unitaire pour estimer le temps requis par certains lots de travaux. Les valeurs cumulatives du tableau A5.2, à la page 163, fournissent des facteurs permettant de calculer les heures de main-d'œuvre pour toutes les unités. Dans notre exemple, le nombre total d'heures de travail requises pour les 16 premières unités se calcule comme suit.

$$800 \times 8,920 = 7\,136 \text{ heures}$$

En divisant le nombre total cumulatif d'heures (7 136) par le nombre d'unités, on obtient le nombre d'heures de travail en moyenne.

$$7\,136 \text{ heures de travail/16 unités} = 446 \text{ heures de travail en moyenne par unité}$$

Notons que le nombre d'heures requis pour fabriquer la seizième unité (328) diffère du nombre d'heures moyen requis pour l'ensemble des 16 unités (446). Le gestionnaire de projet, connaissant les coûts moyens de la main-d'oeuvre et les coûts de fabrication, peut alors estimer le total des coûts des prototypes. (Vous trouverez la dérivation mathématique des facteurs des tableaux A5.1 et A5.2 dans F.C. Jelen et J.H. Black, *Cost and Optimization Engineering,* 2e éd., New York, McGraw-Hill, 1983.)

UN EXEMPLE DE CONTRAT COMPLÉMENTAIRE

Supposons maintenant que le gestionnaire de projet reçoive une commande complémentaire de 74 unités. Comment devrait-il estimer les heures de travail et les coûts? En se référant au tableau A5.2, à la page 163, on trouve, à l'intersection du ratio de 80% et du nombre total de 90 unités, un ratio de 30,35.

800 × 30,35 =	24 280 heures de travail pour 90 unités
Moins les 16 unités précédentes =	7 136
Total de la commande complémentaire =	17 144 heures de travail
17 144/74 = 232 heures de travail en moyenne par unité	

On trouve les heures de travail pour la 90e unité au tableau A5.1, à la page 162, soit 0,2349 × 800 = 187,9 heures de travail. (Lorsque les ratios se situent entre deux valeurs données, on effectue une simple interpolation linéaire.)

Exercice A5.1

Société norvégienne de développement de satellites (SNDS)
Estimations des coûts d'un projet de central téléphonique international par satellite

La SNDS a obtenu le contrat de fabrication de huit satellites destinés à soutenir un système téléphonique mondial pour Alaska Telecom inc. permettant aux abonnés d'utiliser un seul téléphone portatif dans n'importe quel endroit du monde pour effectuer des appels locaux ou internationaux. Elle doit développer et produire les huit unités. D'après les estimations de la société, les coûts de recherche et développement devraient s'élever à 12 000 000 d'euros et ceux du matériel, à 6 000 000 d'euros. En outre, elle estime que la conception et la production du premier satellite devraient requérir 100 000 heures de travail et s'attend à une courbe d'apprentissage de 80%. Le coût horaire de la main-d'œuvre qualifiée est de 300 euros. Pour tous ses projets, l'entreprise prévoit généralement générer un profit équivalant à 25% du total des coûts.

a) Combien d'heures de travail la fabrication du huitième satellite devrait-elle nécessiter?

b) Combien d'heures de travail faudra-t-il pour fabriquer les huit satellites?

c) Quel prix exigeriez-vous pour ce projet? Pourquoi?

d) À mi-chemin du projet, des employés de la conception et de la production s'aperçoivent que la courbe d'apprentissage est plutôt de 75 %. Quel effet cette constatation aura-t-elle sur le projet ?

e) Vers la fin du projet, Deutsch Telefon AG demande une estimation des coûts pour la fabrication de quatre satellites identiques à ceux qui ont déjà été produits. Quel prix SNDS devrait-elle proposer pour ce projet ? Justifiez votre estimation.

TABLEAU A5.1

Les valeurs unitaires des courbes d'apprentissage

Unité	60 %	65 %	70 %	75 %	80 %	85 %	90 %	95 %
1	1,0000	1,0000	1,0000	1,0000	1,0000	1,0000	1,0000	1,0000
2	0,6000	0,6500	0,7000	0,7500	0,8000	0,8500	0,9000	0,9500
3	0,4450	0,5052	0,5682	0,6338	0,7021	0,7729	0,8462	0,9219
4	0,3600	0,4225	0,4900	0,5625	0,6400	0,7225	0,8100	0,9025
5	0,3054	0,3678	0,4368	0,5127	0,5956	0,6857	0,7830	0,8877
6	0,2670	0,3284	0,3977	0,4754	0,5617	0,6570	0,7616	0,8758
7	0,2383	0,2984	0,3674	0,4459	0,5345	0,6337	0,7439	0,8659
8	0,2160	0,2746	0,3430	0,4219	0,5120	0,6141	0,7290	0,8574
9	0,1980	0,2552	0,3228	0,4017	0,4930	0,5974	0,7161	0,8499
10	0,1832	0,2391	0,3058	0,3846	0,4765	0,5828	0,7047	0,8433
12	0,1602	0,2135	0,2784	0,3565	0,4493	0,5584	0,6854	0,8320
14	0,1430	0,1940	0,2572	0,3344	0,4276	0,5386	0,6696	0,8226
16	0,1296	0,1785	0,2401	0,3164	0,4096	0,5220	0,6561	0,8145
18	0,1188	0,1659	0,2260	0,3013	0,3944	0,5078	0,6445	0,8074
20	0,1099	0,1554	0,2141	0,2884	0,3812	0,4954	0,6342	0,8012
22	0,1025	0,1465	0,2038	0,2772	0,3697	0,4844	0,6251	0,7955
24	0,0961	0,1387	0,1949	0,2674	0,3595	0,4747	0,6169	0,7904
25	0,0933	0,1353	0,1908	0,2629	0,3548	0,4701	0,6131	0,7880
30	0,0815	0,1208	0,1737	0,2437	0,3346	0,4505	0,5963	0,7775
35	0,0728	0,1097	0,1605	0,2286	0,3184	0,4345	0,5825	0,7687
40	0,0660	0,1010	0,1498	0,2163	0,3050	0,4211	0,5708	0,7611
45	0,0605	0,0939	0,1410	0,2060	0,2936	0,4096	0,5607	0,7545
50	0,0560	0,0879	0,1336	0,1972	0,2838	0,3996	0,5518	0,7486
60	0,0489	0,0785	0,1216	0,1828	0,2676	0,3829	0,5367	0,7386
70	0,0437	0,0713	0,1123	0,1715	0,2547	0,3693	0,5243	0,7302
80	0,0396	0,0657	0,1049	0,1622	0,2440	0,3579	0,5137	0,7231
90	0,0363	0,0610	0,0987	0,1545	0,2349	0,3482	0,5046	0,7168
100	0,0336	0,0572	0,0935	0,1479	0,2271	0,3397	0,4966	0,7112
120	0,0294	0,0510	0,0851	0,1371	0,2141	0,3255	0,4830	0,7017
140	0,0262	0,0464	0,0786	0,1287	0,2038	0,3139	0,4718	0,6937
160	0,0237	0,0427	0,0734	0,1217	0,1952	0,3042	0,4623	0,6869
180	0,0218	0,0397	0,0691	0,1159	0,1879	0,2959	0,4541	0,6809
200	0,0201	0,0371	0,0655	0,1109	0,1816	0,2887	0,4469	0,6757
250	0,0171	0,0323	0,0584	0,1011	0,1691	0,2740	0,4320	0,6646
300	0,0149	0,0289	0,0531	0,0937	0,1594	0,2625	0,4202	0,5557
350	0,0133	0,0262	0,0491	0,0879	0,1517	0,2532	0,4105	0,6402
400	0,0121	0,0241	0,0458	0,0832	0,1453	0,2454	0,4022	0,6419
450	0,0111	0,0224	0,0431	0,0792	0,1399	0,2387	0,3951	0,6363
500	0,0103	0,0210	0,0408	0,0758	0,1352	0,2329	0,3888	0,6314
600	0,0090	0,0188	0,0372	0,0703	0,1275	0,2232	0,3782	0,6229
700	0,0080	0,0171	0,0344	0,0659	0,1214	0,2152	0,3694	0,6158
800	0,0073	0,0157	0,0321	0,0624	0,1163	0,2086	0,3620	0,6098
900	0,0067	0,0146	0,0302	0,0594	0,1119	0,2029	0,3556	0,6045
1 000	0,0062	0,0137	0,0286	0,0569	0,1082	0,1980	0,3499	0,5998
1 200	0,0054	0,0122	0,0260	0,0527	0,1020	0,1897	0,3404	0,5918
1 400	0,0048	0,0111	0,0240	0,0495	0,0971	0,1830	0,3325	0,5850
1 600	0,0044	0,0102	0,0225	0,0468	0,0930	0,1773	0,3258	0,5793
1 800	0,0040	0,0095	0,0211	0,0446	0,0895	0,1725	0,3200	0,5743
2 000	0,0037	0,0089	0,0200	0,0427	0,0866	0,1683	0,3149	0,5698
2 500	0,0031	0,0077	0,0178	0,0389	0,0606	0,1597	0,3044	0,5605
3 000	0,0027	0,0069	0,0162	0,0360	0,0760	0,1530	0,2961	0,5530

TABLEAU A5.2

Les valeurs
cumulatives
des courbes
d'apprentissage

Unité	60 %	65 %	70 %	75 %	80 %	85 %	90 %	95 %
1	1,000	1,000	1,000	1,000	1,000	1,000	1,000	1,000
2	1,600	1,650	1,700	1,750	1,800	1,850	1,900	1,950
3	2,045	2,155	2,268	2,384	2,502	2,623	2,746	2,872
4	2,405	2,578	2,758	2,946	3,142	3,345	3,556	3,774
5	2,710	2,946	3,195	3,459	3,738	4,031	4,339	4,662
6	2,977	3,274	3,593	3,934	4,299	4,688	5,101	5,538
7	3,216	3,572	3,960	4,380	4,834	5,322	5,845	6,404
8	3,432	3,847	4,303	4,802	5,346	5,936	6,574	7,261
9	3,630	4,102	4,626	5,204	5,839	6,533	7,290	8,111
10	3,813	4,341	4,931	5,589	6,315	7,116	7,994	8,955
12	4,144	4,780	5,501	6,315	7,227	8,244	9,374	10,62
14	4,438	5,177	6,026	6,994	8,092	9,331	10,72	12,27
16	4,704	5,541	6,514	7,635	8,920	10,38	12,04	13,91
18	4,946	5,879	6,972	8,245	9,716	11,41	13,33	15,52
20	5,171	6,195	7,407	8,828	10,48	12,40	14,64	17,13
22	5,379	6,492	7,819	9,388	11,23	13,38	15,86	18,72
24	5,574	6,773	8,213	9,928	11,95	14,33	17,10	20,31
25	5,668	6,909	8,404	10,19	12,31	14,80	17,71	21,10
30	6,097	7,540	9,305	11,45	14,02	17,09	20,73	25,00
35	6,478	8,109	10,13	12,72	15,64	19,29	23,67	28,86
40	6,821	8,631	10,90	13,72	17,19	21,43	26,54	32,68
45	7,134	9,114	11,62	14,77	18,68	23,50	29,37	36,47
50	7,422	9,565	12,31	15,78	20,12	25,51	32,14	40,22
60	7,941	10,39	13,57	17,67	22,87	29,41	37,57	47,65
70	8,401	11,13	14,74	19,43	25,47	33,17	42,87	54,99
80	8,814	11,82	15,82	21,09	27,96	36,80	48,05	62,25
90	9,191	12,45	16,83	22,67	30,35	40,32	53,14	69,45
100	9,539	13,03	17,79	24,18	32,65	43,75	58,14	76,59
120	10,16	14,16	19,57	27,02	37,05	50,39	67,93	90,71
140	10,72	15,08	21,20	29,67	41,22	56,78	77,46	104,7
160	11,21	15,97	22,72	32,17	45,20	62,95	86,80	118,5
180	11,67	16,79	24,14	34,54	49,03	68,95	95,96	132,1
200	12,09	17,55	25,48	36,80	52,72	74,79	105,0	145,7
250	13,01	19,28	28,56	42,08	61,47	88,83	126,9	179,2
300	13,81	20,81	31,34	46,94	69,66	102,2	148,2	212,2
350	14,51	22,18	33,89	51,48	77,43	115,1	169,0	244,8
400	15,14	23,44	36,26	55,75	84,85	127,6	189,3	277,0
450	15,72	24,60	38,48	59,80	91,97	139,7	209,2	309,0
500	16,26	25,68	40,58	63,68	98,85	151,5	228,8	340,6
600	17,21	27,67	44,47	70,97	112,0	174,2	267,1	403,3
700	18,06	29,45	48,04	77,77	124,4	196,1	304,5	465,3
800	18,82	31,09	51,36	84,18	136,3	217,3	341,0	526,5
900	19,51	32,60	54,46	90,26	147,7	237,9	376,9	587,2
1 000	20,15	34,01	57,40	96,07	158,7	257,9	412,2	647,4
1 200	21,30	36,59	62,85	107,0	179,7	296,6	481,2	766,6
1 400	22,32	38,92	67,85	117,2	199,6	333,9	548,4	884,2
1 600	23,23	41,04	72,49	126,8	218,6	369,9	614,2	1001,0
1 800	24,06	43,00	76,85	135,9	236,8	404,9	678,8	1116,0
2 000	24,83	44,84	80,96	144,7	254,4	438,9	742,3	1230,0
2 500	26,53	48,97	90,39	165,0	296,1	520,8	897,0	1513,0
3 000	27,99	52,62	98,90	183,7	335,2	598,9	1047,0	1791,0

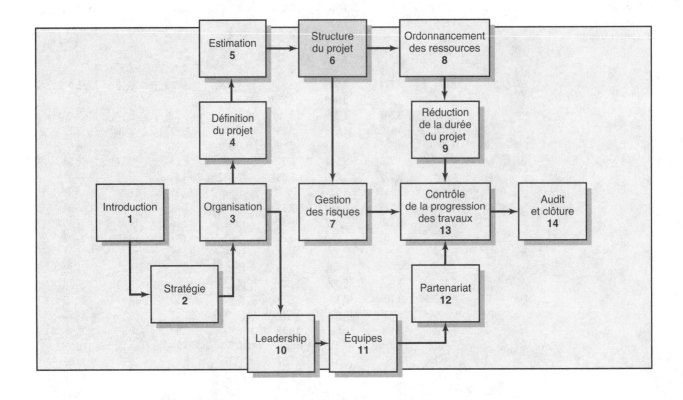

	L'élaboration d'un plan de projet

L'élaboration d'un plan de projet

Le développement de la structure des projets

Du lot de travaux à la structure

La construction d'un réseau des projets

Les principes de base de la méthode des antécédents

Le calcul de la durée du réseau d'activités

L'utilisation de renseignements tirés des jalonnements aval et amont

Le niveau de détail des activités

Des considérations pratiques

Des techniques d'extension des réseaux pour se rapprocher de la réalité

Résumé

Annexe 6.1 : La méthode du diagramme fléché

CHAPITRE 6

L'élaboration d'un plan de projet

J'avais six honnêtes serviteurs qui m'ont appris tout ce que je sais : ils s'appelaient qui, quoi, où, quand, comment et pourquoi.

Rudyard Kipling

Le développement de la structure des projets

La structure des projets sert à la planification, à l'ordonnancement et au suivi de la progression d'un projet. On l'élabore à partir de renseignements recueillis pour la structure de découpage du projet (SDP), et elle est un plan des travaux à accomplir dans le projet. Elle permet de décrire les activités qui doivent être effectuées, leur succession logique, leurs liens d'interdépendance et, dans la plupart des cas, le début et la fin de chacune ainsi que le ou les chemins les plus longs à travers le réseau – le *chemin critique.* Le réseau constitue la structure du système d'information dont se serviront les gestionnaires de projet pour prendre des décisions sur la durée, les coûts et le rendement de chaque projet.

L'élaboration d'un réseau des projets, par un employé ou un groupe, requiert du temps et, par conséquent, de l'argent. Les réseaux en valent-ils vraiment la peine ? Oui, sauf lorsque le projet est considéré comme peu important ou qu'il est d'une durée très courte. Tout le monde peut facilement comprendre un réseau, car il s'agit d'une représentation graphique du flux et de l'enchaînement des activités tout au long du projet. Une fois le réseau développé, on n'éprouvera aucune difficulté à le modifier légèrement ou en profondeur pour tenir compte des événements imprévus. Quand les matières requises pour une activité ne sont pas livrées à temps, par exemple, il est possible d'évaluer rapidement l'effet de ce retard et de revoir l'ensemble du projet en quelques minutes sur ordinateur. On peut ensuite très vite communiquer ces révisions à l'ensemble des participants au projet, par exemple, au moyen de courriels ou dans le site Web du projet.

Le réseau fournit d'autres observations et renseignements précieux. Ainsi, il sert de base à l'ordonnancement de la main-d'œuvre et de l'équipement. Il favorise la communication, permet de mobiliser les énergies de tous, des cadres aux membres de toutes les équipes, en vue de la réalisation des objectifs de durée, de coûts et de rendement établis pour le projet. Le réseau fournit aussi une estimation de la durée du projet, ce qui est plus pratique que de s'en remettre au hasard ou aux préférences de quiconque pour déterminer la date d'achèvement. Il indique aussi les dates possibles de début et de fin des activités et les moments où elles peuvent être retardées. Il sert de base à la budgétisation des flux monétaires du projet. Il détermine les activités « critiques », c'est-à-dire celles qui ne devraient pas être retardées afin que le projet soit exécuté dans les délais prévus. Enfin, il fait ressortir les activités à considérer quand la durée du projet doit être écourtée pour respecter une échéance.

Les réseaux des projets valent leur pesant d'or pour d'autres raisons aussi. Toutefois, de façon générale, on peut affirmer qu'ils minimisent le nombre de surprises désagréables en fournissant très tôt dans le cycle de vie d'un projet un plan qui permet des rétroactions correctives. Les gens qui s'en servent couramment s'entendent pour dire que le réseau des projets représente 75 % du processus de planification. Cette affirmation s'avère peut-être quelque peu exagérée, mais elle montre l'importance que les gestionnaires de projet accordent au réseau dans leur champ d'action.

Du lot de travaux à la structure

On élabore les réseaux de projets à partir de la SDP. Le réseau est une structure qui représente graphiquement la succession, les interrelations et les dépendances de toutes les activités à accomplir pour exécuter un projet. *Une activité se définit comme un élément du projet qui requiert du temps, par exemple, travailler ou attendre.* Les lots de travaux tirés de la SDP servent à établir les activités à inscrire dans le réseau. On les place par ordre de succession pour permettre une exécution logique du projet. La construction d'un réseau se fait à l'aide de nœuds et de flèches (ou de lignes). Le nœud représente une activité ; la flèche indique son lien de dépendance aux autres activités et la bonne marche du projet.

En pratique, le processus de gestion achoppe d'ordinaire sur l'intégration des lots de travaux au réseau. Cet échec s'explique essentiellement par deux raisons : 1) différents groupes ou différentes personnes travaillent à la définition des lots de travaux et des activités et 2) la SDP est mal construite et n'est pas considérée en fonction des livrables du projet. L'intégration de la SDP au réseau des projets se révèle d'une importance capitale pour une gestion de projet efficace. Le gestionnaire de projet doit veiller à maintenir une continuité en confiant à quelques-unes des personnes qui ont élaboré la SDP et les lots de travaux la responsabilité de définir les activités du réseau.

Les réseaux permettent une planification du projet en déterminant les liens de dépendance, l'enchaînement et le découpage temporel des activités, ce pour quoi la SDP n'est pas conçue. Les lots de travaux constituent les éléments de base de l'élaboration d'un réseau des projets. Gardons à l'esprit que chaque lot de travaux est défini indépendamment des autres, qu'il comporte des dates de début et de fin précises, qu'il requiert des ressources précises, qu'il comporte des spécifications techniques et qu'il est accompagné d'une estimation du coût. Toutefois, la dépendance, l'ordre de succession et le découpage temporel de chacun de ces facteurs ne figurent pas dans le lot de travaux.

À la figure 6.1, nous avons reproduit l'exemple d'une SDP en vue de montrer comment utiliser l'information qui s'y trouve pour élaborer un réseau pour le projet. Le résultat livrable du niveau le plus bas de cette figure est une carte de circuits imprimés. Les comptes de coûts de revient (conception, production, essais et logiciel) précisent le travail à accomplir, le service qui en est chargé et les budgets à découpage temporel pour les lots de travaux. Chaque compte de coûts représente un ou plusieurs lots de travaux. Par exemple, le compte des coûts de la conception comporte deux lots de travaux (intitulés D-1-1 et D-1-2) concernant les spécifications et la documentation. Les comptes du logiciel et de la production comprennent également deux lots de travaux chacun. L'élaboration d'un réseau exige le jalonnement des tâches de tous les lots de travaux dont la durée est mesurable.

La figure 6.1 indique comment utiliser les lots de travaux pour élaborer un réseau des projets. Les codes employés dans cette figure permettent de voir la façon de procéder avec ces lots de travaux. Par exemple, on recourt aux lots de travaux D-1-1 et D-1-2 (spécifications et documentation) pour l'activité A et au lot S-22-1 pour l'activité C. Cette méthode de choix des lots de travaux pour décrire les activités d'un projet sert à développer un réseau

FIGURE 6.1

La SDP, des lots de travaux jusqu'au réseau

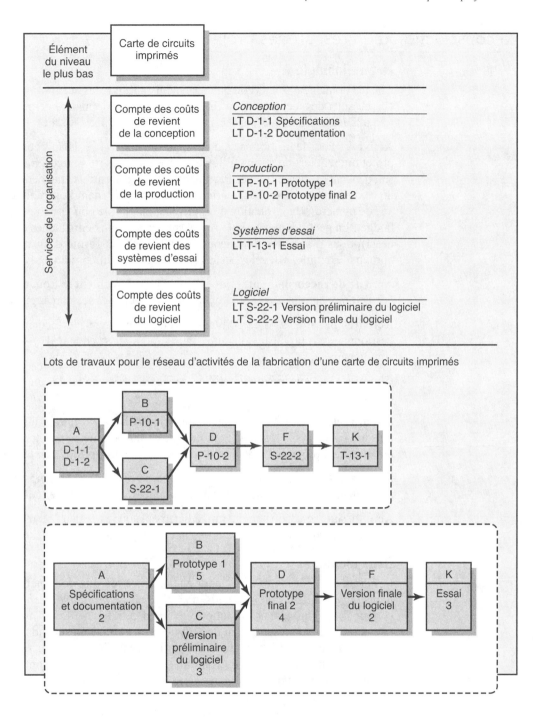

Lots de travaux pour le réseau d'activités de la fabrication d'une carte de circuits imprimés

qui place ces activités par ordre de succession et qui les découpe de façon temporelle. Il faut toujours veiller à inclure tous les lots de travaux. *Le gestionnaire de projet détermine ses estimations de la durée des activités en se basant sur la durée des tâches du lot de travaux.* Par exemple, il faut cinq semaines pour accomplir l'activité B (prototype 1) et trois semaines pour achever l'activité K (essai). Après avoir calculé les dates au plus tôt et les dates au plus tard d'une activité, le gestionnaire de projet planifie les ressources et les budgets par découpage du temps (avec des dates).

La construction d'un réseau des projets

La terminologie

Chaque domaine a son jargon qui permet aux spécialistes de communiquer facilement entre eux au sujet des techniques qu'ils utilisent. Les gestionnaires de projet ne font pas exception à la règle. Voici quelques termes employés dans l'élaboration de réseaux de projets.

Activité   Pour le gestionnaire de projet, une *activité* se définit comme tout élément d'un projet qui requiert du temps. Elle peut nécessiter des ressources, mais elle prend du temps, soit pendant que les employés travaillent, soit pendant qu'ils attendent. Entre autres exemples de ce dernier cas, notons les périodes d'attente précédant la signature d'un contrat, l'arrivée de matières, l'approbation d'un médicament par le gouvernement ou l'acceptation d'un budget. En général, une activité représente une ou plusieurs tâches d'un lot de travaux. Les descriptions d'activités devraient apparaître sous la forme d'un verbe accompagné d'un nom, par exemple, « développer les spécifications d'un produit ».

Activité de raccordement   Une activité de raccordement se trouve immédiatement précédée de deux ou plusieurs activités (plus d'une dépendance converge vers elle).

Activités parallèles   Les activités parallèles peuvent s'effectuer en même temps si le gestionnaire de projet le souhaite, mais il peut aussi choisir de *ne pas les faire exécuter* simultanément.

Chemin   Une succession d'activités reliées et dépendantes les unes des autres constituent un chemin.

Chemin critique   On emploie l'expression *chemin critique* pour désigner le chemin le plus long à travers le réseau du projet. Quand une activité de ce chemin se termine plus tard que prévu, le projet lui-même sera retardé de la même période de temps.

Événement   Le terme *événement* désigne un point dans le temps correspondant au moment où une activité commence ou se termine. L'événement ne requiert pas de temps.

Activité souche   Une activité immédiatement suivie par deux ou plusieurs activités (et, par conséquent, dont part plus d'une flèche de dépendance) constitue une activité souche.

Deux méthodes

Les deux méthodes employées pour élaborer des réseaux de projets sont connues sous les noms de *méthode des antécédents* et *méthode du diagramme fléché*. Toutes deux utilisent comme « matériaux de construction » le nœud et la flèche. Leurs noms proviennent du fait que la première représente chaque activité par un nœud ; la seconde fait appel à une flèche. Depuis l'apparition de ces méthodes, à la fin des années 1950, leurs utilisateurs ont proposé de nombreuses améliorations. Toutefois, les modèles de base ont résisté à l'épreuve du temps et continuent d'être employés avec quelques variations de forme mineures.

En pratique, la méthode des antécédents domine dans presque tous les projets. Par conséquent, c'est la méthode à laquelle nous nous intéresserons principalement dans le présent manuel. Toutefois, les personnes dont l'entreprise privilégie la méthode du diagramme fléché en trouveront une démonstration à l'annexe 6.1, à la fin de ce chapitre. Les étudiants en gestion de projet ont de bonnes raisons de bien connaître les deux méthodes. Les entreprises et les services ont chacun leurs méthodes préférées et restent souvent « fidèles » au logiciel qu'ils se sont procuré et qu'ils utilisent. Les nouveaux employés et les gens de l'extérieur se trouvent rarement en position d'imposer leur choix. Lorsque l'entreprise recourt à des sous-traitants, il serait déraisonnable qu'elle leur demande de modifier l'ensemble de leur système de gestion de projet pour se conformer à la méthode qu'elle préconise. Autrement dit, tout gestionnaire de projet devrait être capable de travailler à des projets à l'aide de la méthode des antécédents et de la méthode du diagramme fléché, indifféremment.

Les règles fondamentales de l'élaboration des réseaux de projets

Voici huit règles qui s'appliquent généralement à l'élaboration d'un réseau des projets.

1. Le tracé des réseaux va généralement de gauche à droite.
2. Une activité ne peut pas commencer tant que toutes les activités précédentes qui y sont liées ne sont pas terminées.
3. Les flèches du réseau indiquent l'antériorité et la progression. Elles peuvent se croiser quoique l'on doive réduire le nombre de croisements au maximum.
4. Chaque activité doit avoir un numéro d'identification qui lui est propre.
5. Le numéro d'identification d'une activité doit être plus grand que celui de chacune des activités qui la précèdent.
6. Les boucles sont interdites. Autrement dit, on ne peut pas repasser une deuxième fois par un ensemble d'activités.
7. Les énoncés conditionnels du type « si cette activité réussit, faire telle chose ; sinon, ne rien faire » sont interdits.
8. L'expérience tend à démontrer que, lorsqu'il y a de nombreuses activités de démarrage en parallèle, on peut se servir d'un nœud de départ commun pour indiquer nettement le commencement du projet dans le réseau. De même, on utilisera un seul nœud final pour indiquer clairement la fin du projet.

Les principes de base de la méthode des antécédents

La grande accessibilité aux ordinateurs personnels et aux programmes graphiques a stimulé l'utilisation de la méthode des antécédents, appelée parfois *diagramme des étapes*. La figure 6.2 illustre quelques utilisations typiques de cubes pour l'élaboration d'un réseau où chaque **activité** est représentée par un *nœud*. Ce nœud peut prendre diverses formes mais au cours des dernières années, celle du rectangle a dominé. Les liens de dépendance entre les activités sont indiqués à l'aide de *flèches* entre les rectangles. Ces flèches montrent les relations entre les activités et l'ordre hiérarchique dans lequel elles doivent être effectuées. Leur longueur et leur pente sont arbitraires et servent uniquement à faciliter le tracé du réseau. Les lettres inscrites dans les cases permettent d'établir les activités pendant l'apprentissage des principes de la construction et de l'analyse des réseaux. En pratique, les activités ont chacune leur numéro d'identification et leur description.

Trois relations de base doivent être établies pour les activités comprises dans le réseau des projets. On détermine ces relations en répondant aux trois questions suivantes pour chaque activité.

1. Quelles activités doivent être exécutées immédiatement *avant* cette activité ? Ces activités sont appelées *antécédents*.
2. Quelles activités doivent être exécutées immédiatement *après* cette activité ? Ces activités portent le nom de *successeurs*.
3. Quelles activités peuvent être exécutées en même temps que cette activité ? Il s'agit alors d'une relation de *concomitance* ou *parallèle*.

Parfois, le gestionnaire de projet peut se contenter de répondre à la première et à la troisième question pour établir les relations dont il a besoin. Ces renseignements suffisent

FIGURE 6.2

Les principes de base de la méthode des antécédents

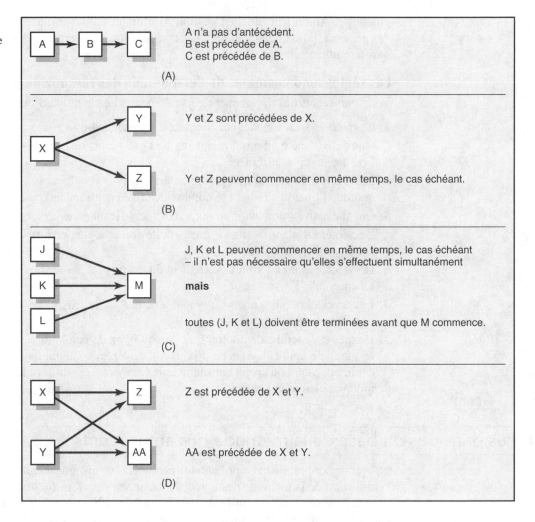

À n'a pas d'antécédent.
B est précédée de A.
C est précédée de B.

(A)

Y et Z sont précédées de X.

Y et Z peuvent commencer en même temps, le cas échéant.

(B)

J, K et L peuvent commencer en même temps, le cas échéant – il n'est pas nécessaire qu'elles s'effectuent simultanément

mais

toutes (J, K et L) doivent être terminées avant que M commence.

(C)

Z est précédée de X et Y.

AA est précédée de X et Y.

(D)

à l'analyste du réseau pour construire un organigramme de succession des activités d'un projet et de leurs interdépendances logiques.

La figure 6.2A ressemble à une liste de choses à faire dans laquelle il faut d'abord effectuer la tâche qui se trouve dans la partie supérieure puis passer à la suivante, etc. Elle indique au gestionnaire de projet que l'on doit exécuter complètement l'activité A avant d'amorcer l'activité B et que l'activité B doit être terminée avant que puisse commencer l'activité C.

La figure 6.2B indique que les activités Y et Z ne peuvent pas démarrer avant que l'activité X soit terminée. Elle montre aussi que les activités Y et Z peuvent être effectuées simultanément ou en concomitance si le gestionnaire de projet le désire. Toutefois, ce n'est pas obligatoire. Il est possible, par exemple, de verser du ciment dans une allée (activité Y) tout en faisant de l'aménagement paysager (activité Z). Par contre, le nettoyage du terrain (activité X) doit être terminé avant le début des activités Y et Z. Ces dernières sont considérées comme des activités parallèles. Des chemins parallèles permettent des efforts concomitants qui pourraient écourter la période nécessaire pour effectuer une série d'activités. On appelle parfois l'activité X *activité souche* parce que plus d'une flèche sort de son nœud. Le nombre de flèches indique le nombre d'activités qui suivent immédiatement l'activité X.

À la figure 6.2C, les activités J, K et L peuvent se produire simultanément, le cas échéant. Cependant, l'activité M ne peut pas commencer tant que les trois autres ne sont pas terminées. Ainsi, J, K et L sont des activités parallèles, et M est appelée *activité de raccordement* parce que plus d'une activité doit être effectuée au complet avant qu'elle puisse être entreprise. Dans ces conditions, M pourrait aussi porter le nom d'« étape clé ».

À la figure 6.2D, les activités X et Y sont parallèles et peuvent être effectuées en même temps. Les activités Z et AA sont également parallèles. Toutefois, elles ne peuvent pas débuter tant que les activités X et Y ne sont pas terminées.

À partir de ces quelques principes de base de la méthode des antécédents, nous pouvons nous exercer à élaborer un réseau simple. Gardons à l'esprit que les flèches peuvent se croiser même si les croisements compliquent la compréhension du réseau (*voir la figure 6.2D*). Les flèches peuvent être pliées et avoir n'importe quelle longueur ou pente. La netteté ne constitue pas un critère de la valeur ou de l'utilité d'un réseau, mais le fait d'inclure avec précision toutes les activités d'un projet, leurs liens de dépendance ainsi que des estimations de leur durée en est un. Le tableau 6.1 contient des renseignements pour l'élaboration d'un réseau de projet simplifié. Il s'agit d'un projet de construction d'un nouveau centre d'affaires comprenant le travail et les services que le bureau d'études de la ville doit fournir pour coordonner ses efforts avec ceux de différents groupes tels que les propriétaires du centre et les entrepreneurs.

La figure 6.3 présente les premières étapes de l'élaboration d'un réseau de projet selon la méthode des antécédents à partir des renseignements du tableau 6.1. On peut y voir que l'activité A (approbation de la demande) n'a aucun antécédent. Il s'agit donc du premier nœud à tracer. On remarque ensuite que les activités B, C et D (plans de construction, analyse de la circulation routière et vérification de l'accessibilité des services) sont toutes précédées de l'activité A.

On trace donc trois flèches partant de l'activité A et la reliant aux activités B, C et D. Ce segment indique au gestionnaire de projet que l'activité A doit être terminée avant le début des activités B, C et D. Lorsque A est achevée, B, C et D peuvent être exécutées simultanément, le cas échéant. La figure 6.4, à la page suivante, présente le réseau complet de ces activités en indiquant leur ordre séquentiel.

À ce stade, notre réseau des projets prend la forme d'une carte schématique des activités indiquant leur ordre de succession et leurs liens de dépendance. Cette information est extrêmement utile pour les employés qui gèrent le projet. Toutefois, une estimation de la durée de chaque activité augmentera davantage la valeur de ce réseau. Un plan et un calendrier du projet réalistes exigent des estimations de durée fiables pour chaque activité. L'ajout de ces durées au réseau permet d'évaluer la durée du projet dans son ensemble. À partir de ces estimations, il est possible de déterminer le moment où les activités peuvent ou doivent commencer, quand les ressources doivent être disponibles, les activités qui peuvent être retardées sans problème et le moment où l'ensemble du projet devrait être terminé. Pour établir des estimations de la durée de chaque activité, il faut d'abord évaluer les besoins en

TABLEAU 6.1

Quelques
renseignements
pour le réseau

CENTRE DE SERVICES KHOLL		
Bureau d'études de la ville		
Activité	**Description**	**Antécédents**
A	Approbation de la demande	Aucun
B	Plans de construction	A
C	Analyse de la circulation routière	A
D	Vérification de l'accessibilité des services	A
E	Rattachement fonctionnel	B, C
F	Approbation de la commission	B, C, D
G	Attente pour la construction	F
H	Affectation des locaux	E, G

FIGURE 6.3

Le réseau partiel
du projet du Centre
de services Kholl

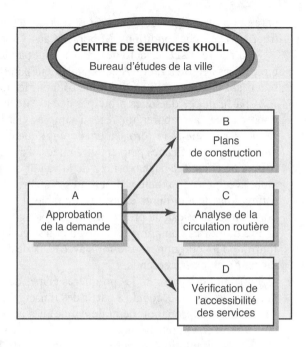

FIGURE 6.4

Le réseau complet
du projet du Centre
de services Kholl

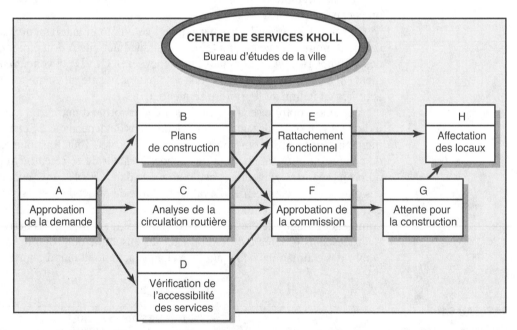

ressources, c'est-à-dire en matières, en matériel et en personnel. Essentiellement, le réseau qui comporte des estimations de telles durées relie la planification, l'ordonnancement et le contrôle des projets.

Le calcul de la durée du réseau d'activités

En traçant le réseau d'un projet, on présente les activités dans le bon ordre de succession pour déterminer leur début et leur fin. Les estimations de durée des activités ajoutées au réseau proviennent des durées des tâches de chaque lot de travaux, comme l'illustre la figure 6.2, à la page 170. Quelques opérations mathématiques simples permettent au gestionnaire de projet d'effectuer un processus connu comme le jalonnement amont et le jalonnement aval. Les résultats de ces jalonnements fourniront des réponses aux questions suivantes.

Jalonnement aval – Dates au plus tôt

1. À quel moment l'activité peut-elle commencer au plus tôt? (Date de début au plus tôt ou début hâtif) (DH)
2. À quel moment l'activité peut-elle être terminée au plus tôt? (Date de fin au plus tôt ou fin hâtive) (FH)
3. Quand l'ensemble du projet peut-il se terminer au plus tôt? (Date prévue)

Jalonnement amont – Dates au plus tard

1. À quel moment l'activité peut-elle commencer au plus tard? (Date de début au plus tard ou début tardif) (DT)
2. À quel moment l'activité peut-elle être terminée au plus tard? (Date de fin au plus tard ou fin tardive) (FT)
3. Quelles activités représentent le chemin critique, c'est-à-dire le chemin le plus long dans le réseau pour lequel un retard se traduirait par un retard de tout le projet?
4. Combien de temps une activité peut-elle être retardée (marge ou flottement)?

Vous trouverez les termes et les abréviations entre parenthèses dans la plupart des ouvrages, des programmes informatiques et dans le vocabulaire de nombreux gestionnaires de projet. Nous abordons maintenant le jalonnement aval et le jalonnement amont.

Le jalonnement aval et les dates au plus tôt

Le jalonnement aval commence avec les premières activités du projet et consiste à suivre chaque chemin à travers le réseau jusqu'aux dernières activités du projet. À mesure que l'on progresse dans un chemin, on *additionne* les durées des activités. Le chemin le plus long indique la durée d'exécution du plan du projet et porte le nom de «chemin critique». Le tableau 6.2 contient la liste de la durée de chaque activité en jours de travail dans l'exemple du Centre de services Kholl dont nous nous sommes servis pour tracer un réseau.

La figure 6.5 illustre le réseau des projets accompagné des estimations de durée de chaque activité inscrites dans les nœuds – voir «Durée» dans la légende. Ainsi, la durée de l'activité A est de cinq jours de travail et celle de l'activité G, de 170 jours. Le jalonnement aval commence à la date du début du projet qui correspond généralement au temps zéro.

TABLEAU 6.2

Des renseignements pour le réseau

	CENTRE DE SERVICES KHOLL **Bureau d'études de la ville**		
Activité	**Description**	**Antécédents**	**Durée de l'activité**
A	Approbation de la demande	Aucun	5
B	Plans de construction	A	15
C	Analyse de la circulation routière	A	10
D	Vérification de l'accessibilité des services	A	5
E	Rattachement fonctionnel	B, C	15
F	Approbation de la commission	B, C, D	10
G	Attente pour la construction	F	170
H	Affectation des locaux	E, G	35

La méthode des papiers adhésifs (pour le tracé d'un réseau de projet)

Dans la pratique, on élabore souvent les réseaux des petits projets (entre 25 et 100 activités) à l'aide de papiers adhésifs. Vous trouverez ci-dessous la description des éléments nécessaires et du processus à suivre pour la réunion de l'équipe de projet.

1. Les membres de l'équipe et un animateur.
2. Un papier adhésif de 7 cm × 10 cm ou plus pour chaque activité sur lequel on a imprimé une description de cette activité.
3. Un tableau blanc qui s'utilise avec un marqueur effaçable – on peut aussi se servir d'une longue feuille de papier brun de 120 cm de largeur en guise de tableau.

On place tous les papiers adhésifs bien en vue. Les membres de l'équipe commencent par trouver les papiers adhésifs dont les activités n'ont aucun antécédent. Chaque papier adhésif est alors fixé au tableau. On trace un nœud de départ et on relie une flèche de dépendance à chaque activité.

À partir du réseau initial des activités de départ, on détermine les successeurs immédiats de chacune. On fixe les papiers adhésifs de ces successeurs au tableau et on trace des flèches de dépendance. On poursuit ce processus jusqu'à ce que l'on ait placé tous les papiers adhésifs dans le réseau, reliés par des flèches de dépendance. (*Remarque :* on peut inverser le processus en commençant par les activités qui n'ont pas de successeurs et en les reliant à l'un des nœuds finaux du projet. On choisit ensuite les antécédents de chacune d'elles et on les fixe au tableau en indiquant leurs liens de dépendance à l'aide de flèches.)

Une fois le processus terminé, on enregistre les liens de dépendance dans un logiciel de gestion de projet qui développe un réseau comportant un chemin critique, des dates au plus tôt et des dates au plus tard ainsi que des marges. Cette méthode fait prendre conscience très tôt aux membres de l'équipe des liens d'interdépendance qui unissent les activités du projet. Surtout, elle leur fournit les renseignements nécessaires pour leur permettre de participer aux décisions importantes qu'ils devront ensuite mettre en œuvre.

(*Remarque :* on peut calculer les dates calendaires des activités du projet plus tard, au cours de l'étape de la planification.) Dans notre exemple du Centre de services Kholl, le début au plus tôt de la première activité (l'activité A) est zéro. Cette valeur temporelle apparaît dans la case supérieure gauche du nœud de l'activité A, à la figure 6.6. L'achèvement au plus tôt de A est 5 (DH + Durée = FH, soit 0 + 5 = 5). On constate ensuite que l'activité A est l'antécédent des activités B, C et D. Par conséquent, le début au plus tôt de ces activités ne peut avoir lieu avant que l'activité A se termine, soit après cinq jours de travail. La figure 6.6 montre que les activités B, C et D peuvent commencer dès l'achèvement de l'activité A,

FIGURE 6.5   Un réseau tracé selon la méthode des antécédents

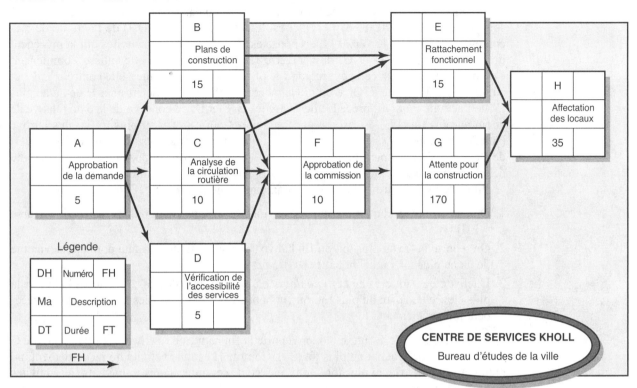

FIGURE 6.6   Le jalonnement aval dans un réseau tracé selon la méthode des antécédents

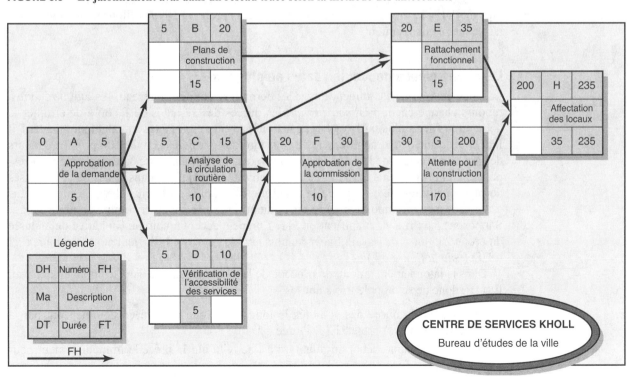

c'est-à-dire qu'elles ont toutes un début hâtif (DH) de 5. Lorsqu'on se sert de la formule DH + Durée = FH, on trouve que les fins au plus tôt ou hâtives (FH) des activités B, C et D sont respectivement 20, 15 et 10. Quel est le début au plus tôt (DH) de l'activité de raccordement E ? Est-ce 15 ou 20 ? La réponse est 20, car toutes les activités qui la précèdent immédiatement, soit B et C, doivent être terminées avant qu'elle puisse commencer. Comme l'activité B est celle qui requiert le plus de temps à exécuter, elle contrôle le début au plus tôt de l'activité E. On emploie le même processus pour déterminer le début au plus tôt de l'activité F qui est précédée des activités B, C et D. Le contrôle de la date relative de la fin au plus tôt (FH) est exercé par l'activité B qui a la fin au plus tôt la plus tardive (soit 20 par rapport à 15 et à 10) de tous les antécédents immédiats (les activités B, C et D) de l'activité F. Autrement dit, dans le calcul au plus tôt, on suppose que chaque activité débute au moment même où le dernier de ses antécédents se termine.

Il faut se rappeler trois choses dans le jalonnement aval des durées des activités.

1. On *additionne* les durées des activités le long de chaque chemin du réseau (DH + Durée = FH).
2. On reporte la fin au plus tôt, ou fin hâtive (FH), à l'activité suivante dont elle devient le début au plus tôt, ou début hâtif (DH), *sauf si...*
3. L'activité qui suit est une *activité de raccordement.* Dans ce cas, on choisit la valeur la plus élevée de la fin au plus tôt, ou fin hâtive (FH), de *toutes* les activités qui la précèdent immédiatement.

Dans l'exemple de la figure 6.6, on reporte la fin hâtive de l'activité F (30) à l'activité G dont elle devient le début au plus tôt (30). Comme H est une activité de raccordement, on prend la valeur de fin au plus tôt la plus élevée de ses antécédents immédiats (les activités E et G). Dans ce cas, le choix doit se faire entre 35 et 200. On choisit donc 200 comme début au plus tôt de l'activité H. La fin hâtive de l'activité H (235) devient le moment au plus tôt où l'on peut s'attendre à ce que le projet se termine dans des conditions normales. On a répondu aux trois questions concernant le jalonnement aval en déterminant le début au plus tôt (DH), la fin au plus tôt (FH) et la durée du projet (T). Nous allons maintenant aborder le jalonnement amont.

Le jalonnement amont et les dates au plus tard

Le calcul au plus tard commence avec les dernières activités du réseau. Il s'agit de suivre à rebours chaque chemin en *soustrayant* les durées des activités de façon à déterminer le début et la fin au plus tard de chaque activité. Avant de procéder au calcul au plus tard, il faut choisir une date d'achèvement au plus tard des dernières activités du projet. Au cours des premières étapes de la planification, on fixe généralement cette date au moment correspondant à la fin au plus tôt de la dernière activité du projet ou, dans le cas de nombreuses dernières activités, de celle ayant la valeur de fin au plus tôt la plus élevée. Dans certains cas, l'échéance est imposée pour la durée du projet, et on s'en sert comme point de départ. Supposons, aux fins de planification, que l'on peut accepter comme fin hâtive de la durée du projet 235 jours de travail. La fin au plus tard de l'activité H devient alors 235 jours (FH = FT) (*voir la figure 6.7*).

Dans le jalonnement amont, on procède de la même façon que dans le jalonnement aval. Il suffit donc de se rappeler trois choses.

1. On soustrait la durée des activités le long de chaque chemin en commençant par la dernière activité du projet (FT – Durée = DT).
2. On reporte chaque début au plus tard à l'activité qui la précède immédiatement pour déterminer sa fin au plus tard *sauf si...*

3. Le prochain antécédent est une activité *souche ;* dans ce cas, on choisit la valeur la moins élevée du début au plus tard de tous ses successeurs immédiats pour en faire son achèvement au plus tard.

Appliquons maintenant ces règles à l'exemple du Centre de services Kholl. On commence par l'activité H (affectation des locaux) et une fin au plus tard de 235 jours de travail. Le début au plus tard de cette activité est de 200 jours de travail (FT – Durée = DT, soit 235 – 35 = 200). Le début au plus tard de l'activité H devient la fin au plus tard des activités E et G. Les débuts au plus tard de ces deux activités sont alors 185 (200 – 15 = 185) et 30 (200 –170 = 30) jours de travail, respectivement. Puis, le début au plus tard de l'activité G devient la fin au plus tard de l'activité F dont le début au plus tard correspond à 20. À ce stade, on constate que les activités B et C sont des activités souches reliées aux activités E et F. La fin tardive de l'activité B est contrôlée par le début au plus tard des activités E et F. Le début au plus tard de l'activité E est 185 jours et celui de l'activité F, 20 jours. On suit les flèches à rebours à partir des activités E et F vers l'activité B. Notons que les valeurs du début au plus tard des activités E et F sont à la droite du rectangle pour faciliter le choix de la moins élevée, soit 20 jours. L'achèvement au plus tard de l'activité B est 20 jours, sinon l'activité F sera retardée et, par conséquent, tout le projet. La fin au plus tard de C est identique à celle de B, car elle est également dépendante des débuts au plus tard de E et de F. L'activité D emprunte simplement sa fin au plus tard à l'activité F. En calculant le début tardif (FT – Durée = DT) des activités B, C et D, on peut déterminer la fin au plus tard de l'activité A qui est également une activité souche. Notons que l'achèvement de l'activité A est contrôlé par l'activité B qui a une valeur de début au plus tard moins élevée que celles de C et D. Comme le début au plus tard de l'activité B est une période de temps de 5 unités, la fin au plus tard de A est également 5, et son début tardif correspond à 0. Le calcul au plus tard est terminé, et on connaît maintenant les dates au plus tard de chaque activité.

FIGURE 6.7   Le calcul au plus tard dans un réseau tracé d'après la méthode des antécédents

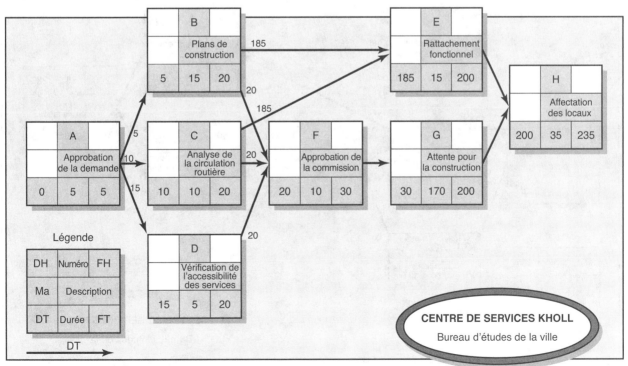

La détermination de la marge

Lorsqu'on a effectué le jalonnement aval et le jalonnement amont, il est possible de déterminer les activités qui peuvent être retardées en établissant la marge, appelée aussi « flottement ». La marge totale d'une activité correspond simplement à la différence entre son début au plus tard et son début au plus tôt (DT – DH = Ma) ou entre sa fin au plus tard et sa fin au plus tôt (FT – FH = Ma). Par exemple, la marge de l'activité C est de 5 jours, celle de l'activité D, de 10 jours et celle de l'activité G, de zéro, comme l'illustre la figure 6.8. La *marge totale* indique de combien d'unités de temps une activité peut être retardée sans repousser la date d'achèvement de l'ensemble du projet. Si l'on utilise la marge d'une activité dans un chemin, les débuts au plus tôt de toutes les activités qui suivent dans la chaîne seront retardés, et leurs marges, réduites. Il faut donc s'entendre avec tous les acteurs participant aux activités qui suivent dans la chaîne avant d'utiliser une marge totale.

Après avoir calculé la marge de chaque activité, on peut facilement trouver les chemins critiques. Lorsque la fin au plus tard de la dernière activité d'un projet est égale à sa fin au plus tôt (FT = FH), le chemin critique correspond aux activités pour lesquelles FT = FH ou dont la marge est nulle (FT – FH = 0 ou DT – DH = 0). *Le chemin critique se définit comme le chemin du réseau qui a en commun la marge la plus faible.* Cette définition peut paraître maladroite, mais elle s'avère nécessaire, car un problème se pose lorsque l'activité finale du projet a une fin tardive qui diffère de la fin hâtive déterminée dans le jalonnement aval, par exemple, lorsqu'une date limite est imposée. Le cas échéant, la marge dans le chemin critique n'est pas nulle ; elle correspond à la différence entre la fin au plus tôt du projet et la fin au plus tard imposée pour la dernière activité du projet. Par exemple, si la fin au plus tôt du projet était de 235 jours, mais que la fin au plus tard imposée ou la date cible était fixée à 220 jours, toutes les activités du chemin critique auraient une marge de moins 15 jours.

FIGURE 6.8   **Un réseau tracé selon la méthode des antécédents avec les marges**

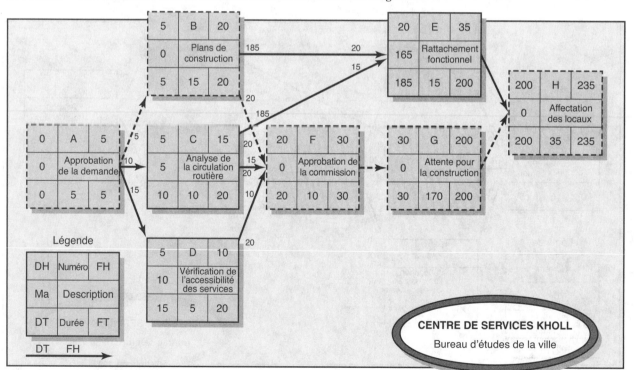

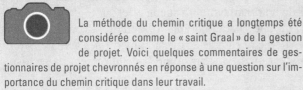

La méthode du chemin critique a longtemps été considérée comme le « saint Graal » de la gestion de projet. Voici quelques commentaires de gestionnaires de projet chevronnés en réponse à une question sur l'importance du chemin critique dans leur travail.

- Chaque fois que c'est possible, je fais tout en mon pouvoir pour assigner les activités critiques et celles qui sont les plus susceptibles de le devenir aux meilleurs membres de mon équipe.

- Lorsque j'évalue les risques, je prête une attention particulière à ceux qui peuvent avoir des répercussions directes ou indirectes sur le chemin critique en retardant une activité non critique jusqu'à ce qu'elle le devienne. Lorsque je dispose de ressources financières destinées à la réduction des risques, je m'arrange généralement pour qu'elles soient consacrées à l'exécution des tâches critiques.

- Je n'ai pas le temps de superviser toutes les activités d'un projet de grande envergure. Toutefois, je ne néglige jamais de rester en contact avec les employés chargés d'activités critiques. Dès que j'ai un moment libre, je vais les voir pour savoir de source sûre comment les choses se déroulent. Je suis étonné de tout ce que je peux apprendre de plus en parlant aux travailleurs qui effectuent les tâches assignées et en observant l'expression du visage des employés au lieu de parcourir un état d'avancement des travaux rempli de données.

- Lorsque je reçois des appels d'autres gestionnaires qui demandent à m'emprunter des employés ou du matériel, je fais preuve de beaucoup plus de générosité quand il s'agit de ressources affectées à des activités non critiques. Par exemple, lorsqu'un gestionnaire de projet a besoin d'un ingénieur électricien que l'on a affecté à une tâche ayant cinq jours de marge, je consens volontiers à lui prêter ses services pendant deux ou trois jours.

- La raison la plus évidente de l'importance du chemin critique est qu'il s'agit d'un ensemble d'activités qui influent sur la durée d'exécution du projet. Quand la haute direction m'annonce soudain qu'elle a besoin des résultats de mon projet deux semaines plus tôt que prévu, je planifie des heures et des ressources supplémentaires pour le chemin critique en vue d'accélérer l'exécution du projet. De même, si le calendrier du projet commence à accuser du retard, je concentre toute mon attention sur les activités critiques pour rattraper le temps perdu.

Évidemment, il en résulterait que le début au plus tard de la première activité du projet serait –15 jours, ce qui n'est pas commode quand le projet doit commencer maintenant. En pratique, on observe des marges négatives lorsque les activités du chemin critique sont retardées.

À la figure 6.8, le chemin critique est indiqué par des flèches et des nœuds pointillés, ceux des activités A, B, F, G et H. Un retard dans l'exécution d'une activité résulterait en une augmentation du même nombre de jours pour la durée de l'ensemble du projet. En général, les activités critiques représentent environ 10 % des activités du projet. Par conséquent, le gestionnaire de projet accorde une attention particulière aux activités du chemin critique pour s'assurer qu'elles n'accusent aucun retard. À ce propos, consultez la rubrique ci-dessus.

La marge libre

Toute activité qui dispose d'une marge libre est unique, car elle peut prendre du retard sans repousser pour autant le début au plus tôt des activités qui la suivent. On définit la marge libre comme la différence entre la fin au plus tôt d'une activité et le début au plus tôt de l'activité qui la suit immédiatement. Une marge libre ne peut jamais être négative. Seules les activités exécutées à la fin d'une séquence, où l'on trouve habituellement une activité de raccordement, comportent une marge libre. Par exemple, si un enchaînement (ou un chemin) unique d'activités dispose de 14 jours de flottement, la dernière activité aura une marge libre, mais les autres n'en auront aucune. Parfois, la chaîne n'est pas très longue ; elle peut même consister en une seule activité. Ainsi, dans le réseau du Centre de services Kholl, à la figure 6.8, l'activité E est une chaîne constituée d'une seule activité, et sa marge libre compte 165 jours (200 – 35 = 165). Les activités C et D ont également des marges libres de 5 et de 10 jours, respectivement.

L'avantage de la marge libre consiste en ce que des changements dans les dates de début et d'achèvement des activités qui en comportent requièrent moins de coordination entre les autres participants du projet et permettent une plus grande souplesse au gestionnaire de projet que la marge totale. Comme de telles activités se situent à l'extrémité d'une chaîne, le fait de les retarder de toute la valeur de leur marge n'aura aucun effet sur toute activité subséquente. Supposons, par exemple, qu'une chaîne compte 10 activités. Tout retard dans l'une des neuf premières d'entre elles doit être signalé aux gestionnaires des activités subséquentes de la chaîne pour qu'ils puissent modifier leur propre calendrier, car ils ne disposent d'aucune marge.

L'utilisation de renseignements tirés des jalonnements aval et amont

Qu'est-ce qu'une marge de 10 jours de travail allouée à l'activité D représente pour le gestionnaire du projet? Dans notre exemple, elle signifie que l'activité D peut être retardée d'autant de jours. De façon générale, le gestionnaire de projet découvre rapidement l'importance de la marge, car elle permet une certaine souplesse dans l'ordonnancement des ressources qui se font rares, en personnel et en matériel, et dont on doit se servir dans deux ou plusieurs activités parallèles ou pour un autre projet.

La détermination des quatre principales dates de chaque activité, soit le début au plus tôt, le début au plus tard, la fin au plus tôt et la fin au plus tard, s'avère essentielle aux phases de planification, d'ordonnancement et de contrôle d'un projet. Le début hâtif et la fin tardive indiquent au gestionnaire de projet l'intervalle de temps au cours duquel une activité devrait être achevée. Par exemple, l'activité E doit être exécutée dans un intervalle de 20 à 200 jours de travail. Elle peut commencer aussi tôt que le jour 20 et se terminer aussi tard que le jour 200. Inversement, l'activité F (l'approbation de la commission) doit commencer au jour 20, sinon le projet prendra du retard.

Lorsqu'on connaît le chemin critique, il est possible de gérer les ressources nécessaires aux activités qui s'y succèdent avec suffisamment de rigueur pour éviter toute erreur pouvant entraîner des retards. En outre, si, pour une raison, l'exécution du projet doit être accélérée en vue de respecter une date d'achèvement plus rapprochée, il est possible de choisir des activités, ou une combinaison d'activités, qui représenteront les coûts les moins élevés pour écourter la durée du projet. De même, quand un retard s'est accumulé dans le chemin critique et qu'il faut récupérer du temps en abrégeant la durée d'une ou plusieurs activités pour compenser toutes les marges négatives, il est possible de déterminer les activités de ce chemin dont la compression coûtera le moins cher. S'il y a d'autres chemins à très faible marge, il sera peut-être nécessaire de raccourcir également la durée des activités qu'ils comportent.

Le niveau de détail des activités

Le découpage temporel du travail et des budgets d'un projet oblige à définir avec précision les activités du réseau des projets. En général, une activité représente une ou plusieurs tâches provenant d'un lot de travaux. Le nombre de tâches incluses dans chaque activité détermine le niveau de détail requis. Dans certains cas, on se retrouve avec un trop grand nombre de renseignements à gérer, ce qui peut entraîner une augmentation des coûts indirects. Les gestionnaires de projets de petite envergure ont réussi à minimiser cette quantité de renseignements en éliminant quelques étapes préliminaires du tracé des réseaux. Les grandes entreprises sont, elles aussi, conscientes du coût de la surcharge de renseignements. Elles s'efforcent d'en réduire le niveau de détail dans les réseaux ainsi que dans la plupart des autres dimensions de leurs projets.

Des considérations pratiques

Les erreurs de logique des réseaux

Les techniques d'établissement de réseaux de projets comportent certaines règles de logique qui doivent être respectées. L'une d'elles stipule que les énoncés conditionnels du type « Si le test réussit, construire prototype, sinon, reprendre la conception » sont interdits. Le réseau n'est pas un arbre décisionnel. C'est le plan d'un projet, et on suppose qu'il sera mis à exécution. Si les énoncés conditionnels étaient permis, les jalonnements aval et amont n'auraient pas beaucoup de sens. Bien que, dans les situations concrètes, un plan se réalise rarement tel que prévu dans ses moindres détails, il s'agit d'une hypothèse de départ raisonnable. Une fois le plan de réseau développé, il est facile de le réviser pour tenir compte des changements qui surviennent en cours de route.

Une autre règle qui concerne le processus d'établissement d'un réseau de projet et les calculs qui l'accompagnent interdit les *boucles*. Pour un planificateur, faire des boucles équivaut ni plus ni moins à revenir à une activité antérieure. Gardez à l'esprit que les numéros d'identification des successeurs doivent toujours être plus élevés que ceux de leurs antécédents. Cette règle permet d'éviter des relations d'ordre de succession illogiques entre les activités. Une activité ne devrait avoir lieu qu'une seule fois. Si elle se produit une autre fois, il faut lui donner un nom et un numéro d'identification différents et l'insérer au bon endroit dans l'enchaînement des activités du réseau. La figure 6.9 illustre l'une de ces boucles illogiques. Si cette boucle était permise, le chemin se répéterait indéfiniment. Un grand nombre de programmes informatiques interceptent ce type d'erreur de logique.

La numérotation des activités

Chaque activité doit avoir un code d'identification unique – en général un chiffre. En pratique, il existe d'excellents systèmes de numérotation. La plupart des systèmes numérotent les activités par ordre ascendant, c'est-à-dire que chaque successeur a un numéro plus élevé que son antécédent de façon que le flux des activités suit la direction de l'achèvement du projet. Il est d'usage de laisser des intervalles entre les numéros (1, 5, 10, 15…). Ces intervalles permettent d'ajouter en cours de route des activités manquantes ou nouvelles. Comme il est presque impossible de tracer des réseaux de projets parfaits, on attend souvent qu'ils soient achevés pour les numéroter.

En pratique, on trouve des programmes informatiques qui acceptent des noms de code d'activités numériques, alphabétiques ou provenant d'une combinaison des deux systèmes. On se sert souvent de ces combinaisons de chiffres et de lettres pour désigner les coûts, les compétences requises, les services et les lieux. En règle générale, les systèmes de numérotation des activités devraient avoir un ordre ascendant et rester aussi simples que possible. Il s'agit de permettre à tous les participants au projet de suivre le travail qui s'effectue le long du réseau et d'y trouver des activités précises le plus facilement possible.

Les ordinateurs au service du développement des réseaux

Il est possible d'employer tous les outils et toutes les techniques dont il est question dans ce chapitre en combinaison avec les logiciels offerts sur le marché. Deux exemples sont présentés aux figures 6.10 et 6.11, à la page 182. La figure 6.10 présente un résultat

FIGURE 6.9

Une boucle illogique

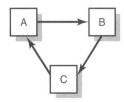

FIGURE 6.10 Un projet de contrôle de l'air

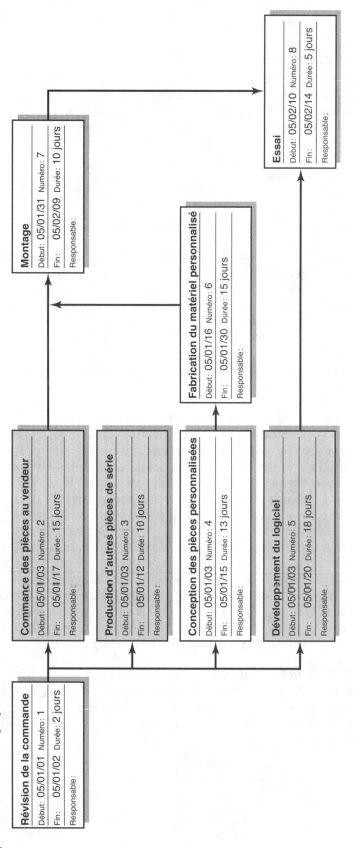

FIGURE 6.11 Un projet de contrôle de l'air

N°	Durée	Tâche	Début	Fin	Début tardif	Fin tardive	Marge libre	Marge totale
1	2 jours	Révision de la commande	Mardi 05/01/01	Mercredi 05/01/02	Mardi 05/01/01	Mercredi 05/01/02	0 jour	0 jour
2	15 jours	Commande des pièces au vendeur	Jeudi 05/01/03	Jeudi 05/01/17	Mercredi 05/01/30	Mercredi 05/01/30	13 jours	13 jours
3	10 jours	Production d'autres pièces de série	Jeudi 05/01/03	Samedi 05/01/12	Lundi 05/01/21	Mercredi 05/01/30	18 jours	18 jours
4	13 jours	Conception des pièces personnalisées	Jeudi 05/01/03	Mardi 05/01/15	Jeudi 05/01/03	Mardi 05/01/15	0 jour	0 jour
5	18 jours	Développement du logiciel	Jeudi 05/01/03	Dimanche 05/01/20	Mercredi 05/01/23	Samedi 05/02/09	20 jours	20 jours
6	15 jours	Fabrication du matériel personnalisé	Mercredi 05/01/16	Mercredi 05/01/30	Mercredi 05/01/16	Mercredi 05/01/30	0 jour	0 jour
7	10 jours	Montage	Jeudi 05/01/31	Samedi 05/02/09	Jeudi 05/01/31	Samedi 05/02/09	0 jour	0 jour
8	5 jours	Essai	Dimanche 05/02/10	Jeudi 05/02/14	Dimanche 05/02/10	Jeudi 05/02/14	0 jour	0 jour

N° = numéro d'identification ▭ Activités du chemin critique informatique général de l'utilisation de la méthode des antécédents pour un projet de contrôle de l'air. Le chemin critique est indiqué par des nœuds ombrés (les activités 1, 4, 6, 7 et 8). La description de chaque activité apparaît à la première ligne de chaque rectangle. Le numéro d'identification et la durée sont inscrits dans la partie droite. Le début et la fin au plus tôt se trouvent dans la partie gauche. Le projet commence le 1er janvier et, selon les plans, il doit se terminer le 14 février.

La figure 6.11 présente un diagramme de Gantt de débuts hâtifs. Les diagrammes de ce type sont très appréciés, car ils fournissent une représentation claire et facile à comprendre sur un horizon de temps déterminé. On s'en sert pendant les phases de la planification, de l'ordonnancement des ressources et des rapports sur l'avancement des travaux. Il s'agit d'une représentation bidimensionnelle de la planification du projet où les activités sont inscrites sur l'axe vertical et le temps, sur l'axe horizontal. Dans ce diagramme informatique, les barres grises symbolisent la durée des activités et les lignes qui en sortent, les marges. Par exemple, l'activité «Développement d'un logiciel» a une durée de 18 unités de temps (la partie ombrée de la barre) et 20 jours de marge (la ligne qui se prolonge après la barre). La barre indique également que l'activité commence au plus tôt le 3 janvier, qu'elle devrait se terminer le 20 janvier, mais qu'elle devrait être achevée au plus tard le 9 février, en raison de ses 20 jours de marge. Lorsqu'on utilise des dates du calendrier sur l'axe du temps, le diagramme de Gantt offre une vue d'ensemble claire de la planification du projet et se trouve souvent affiché sur les murs des bureaux de projet. Malheureusement, lorsqu'un projet comporte de nombreuses relations de dépendance, les lignes représentant des liens deviennent vite encombrantes et nuisent à la simplicité d'un tel diagramme.

Les logiciels de gestion de projet peuvent se révéler une aide extraordinaire pour quiconque comprend les outils et les techniques analysés dans ce manuel et qui y est habitué. Toutefois, rien n'est plus dangereux que d'utiliser un logiciel de ce type quand on a peu ou pas de connaissances quant à la façon dont le système déduit ses résultats. Il est très courant de commettre des erreurs dans l'entrée des données, de sorte qu'il vaut mieux confier cette tâche à un employé qui possède les compétences nécessaires en matière de concepts, d'outils et de systèmes d'information pour pouvoir déceler la présence d'erreurs et éviter ainsi de mauvaises décisions.

Les dates du calendrier

Au bout du compte, il faut assigner des dates calendaires aux activités d'un projet. Lorsqu'on n'utilise pas de programme informatique, on doit le faire à la main. On prépare alors un calendrier des jours de travail, dont on exclut les jours chômés, et on les numérote. On fait ensuite correspondre ces jours avec ceux du réseau des projets. La plupart des programmes informatiques assignent automatiquement des dates aussitôt qu'on leur fournit les dates de départ, les unités de temps, les jours non ouvrés et autres renseignements du même type.

De multiples départs et de multiples projets

Certains programmes informatiques requièrent un événement de début et de fin commun sous la forme d'un nœud, habituellement un cercle ou un rectangle, pour le réseau d'un projet. Même lorsqu'il ne s'agit pas d'une exigence, ce nœud demeure fort utile pour éviter les chemins qui ne sont rattachés à rien. De tels chemins donnent l'impression que le projet n'a ni commencement ni fin clairement définis. Lorsqu'un projet comporte plusieurs activités pouvant commencer au moment où il débutera, chacune d'elles ouvre un chemin qui ne se rattache à rien. Il en est de même quand le réseau des projets se termine par plus d'une activité. Ces chemins non reliés portent aussi le nom d'«activités cul-de-sac». On peut les éviter en reliant les activités en suspens à un nœud commun de début ou de fin du réseau.

Lorsque plusieurs projets sont reliés, le recours à un nœud de départ et de fin commun aide à déterminer la période de planification de tous ces projets. L'utilisation d'activités d'attente fictives, ou pseudo-activités, partant du nœud de départ commun permet alors d'assigner une date de commencement différente à chaque projet.

Des techniques d'extension des réseaux pour se rapprocher de la réalité

La méthode permettant d'indiquer les relations entre les activités, décrite dans la section précédente, porte le nom de « liaison fin-début », car elle suppose que tous les antécédents immédiats d'une activité doivent être terminés avant que celle-ci puisse commencer. Pour tâcher de mieux refléter la réalité des projets, on a ajouté quelques extensions utiles aux réseaux. La *formation en échelle* constitue la première technique d'extension dont les utilisateurs ont reconnu la grande efficacité.

La formation en échelle

L'hypothèse d'après laquelle tous les antécédents immédiats d'une activité doivent être terminés à 100 % se révèle trop restrictive pour certaines situations observées dans des conditions réelles. Cette restriction se fait sentir le plus souvent lorsqu'une activité chevauche le début d'une autre et qu'elle est de longue durée. En vertu du lien de dépendance fin-début standard, lorsqu'une activité dure longtemps et peut retarder le commencement d'une autre qui la suit immédiatement, il est possible de la diviser en segments. On trace alors le réseau à l'aide d'une méthode de formation *d'échelle,* de façon que l'activité successeur puisse commencer plus tôt et ne pas retarder l'ensemble du travail. Cette segmentation d'une activité plus étendue a l'apparence des degrés d'une échelle dans le réseau, d'où son nom. L'exemple classique que propose un grand nombre de manuels et d'articles porte sur l'installation d'un tuyau souterrain, car il est facile à concevoir. Il faut creuser une tranchée, placer le tuyau puis remplir la tranchée. Quand le tuyau mesure un kilomètre de long, il n'est pas nécessaire de creuser une tranchée sur toute cette distance avant de commencer à installer les tuyaux ni d'attendre que tout le kilomètre de tuyauterie soit installé pour commencer à en recouvrir une partie. La figure 6.12 montre l'aspect que peuvent prendre ces activités qui se chevauchent dans un réseau tracé selon la méthode des antécédents et à l'aide d'un lien logique fin-début.

L'utilisation de retards

On a conçu l'utilisation de *retards* pour offrir une souplesse accrue dans la construction des réseaux. *Un retard se définit comme la période minimale pendant laquelle on peut repousser le début ou la fin d'une activité dépendante.* On utilise les retards dans l'établissement des réseaux des projets principalement pour deux raisons.

FIGURE 6.12 **Un exemple de formation d'échelle basé sur le lien de dépendance fin-début**

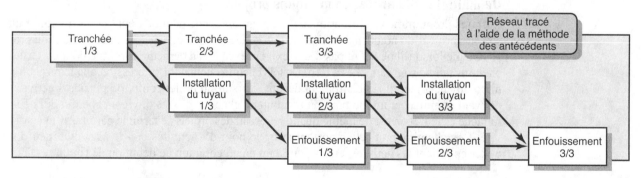

1. Lorsqu'une activité de longue durée retarde le début ou la fin de ses successeurs, le concepteur du réseau la scinde habituellement en activités plus petites pour éviter un long retard de l'activité subséquente. L'utilisation de cette technique évite de tels retards et diminue la quantité de renseignements contenus dans le réseau.

2. Les retards peuvent également servir à contraindre le début et la fin d'une activité.

Les liens de dépendance supplémentaires les plus couramment employés sont les liens logiques début-début et fin-fin ainsi que des combinaisons des deux. Nous étudierons ces modèles de relations dans la présente section.

Le lien de dépendance fin-début

Le lien logique fin-début constitue le style de liaison typique du réseau général dont il a été question au début de ce chapitre. Toutefois, dans certaines situations, le successeur d'un enchaînement d'activités doit être retardé bien que son antécédent soit terminé. On ne peut pas commencer à enlever le coffrage du béton, par exemple, après l'avoir coulé tant que celui-ci n'a pas durci pendant deux unités de temps. La figure 6.13 illustre cette relation avec retard dans un réseau tracé à l'aide de la méthode des antécédents. On emploie fréquemment des liens logiques fin-début avec retards lorsqu'on passe des commandes de matières. Ainsi, passer des commandes peut ne requérir qu'une journée, mais il faudra peut-être attendre 19 jours avant de recevoir la marchandise. En utilisant le lien logique fin-début, on établit que la durée de l'activité est réduite à une journée et le retard, à 19 jours. Cette façon de faire permet de s'assurer que le coût de l'activité est rattaché à la passation de la commande seulement plutôt que passé en charges à cette activité pour 20 jours de travail. La même liaison fin-début sert à décrire les retards dus au transport, à des questions juridiques et à la poste.

Il faut toujours être vigilant dans l'utilisation de retards avec des liens fin-début pour s'assurer de leur bien-fondé. On a observé des gestionnaires de projet prudents ou des responsables de l'exécution d'activités qui utilisaient les retards pour se constituer une « réserve illicite » en vue de réduire le risque de dépasser les échéances. Pour éviter ce genre de situation, il suffit de respecter une règle simple d'après laquelle l'utilisation de liens fin-début avec retards doit être justifiée et approuvée par un responsable chargé d'un segment important du projet. Il est généralement facile de juger du bien-fondé d'un retard. Et l'emploi justifié d'un lien supplémentaire peut grandement améliorer le réseau en lui permettant de représenter plus fidèlement les étapes du projet.

Le lien de dépendance début-début

Plutôt que de scinder les activités comme nous l'avons vu, on peut recourir au lien logique début-début. Ce type de lien est illustré à la figure 6.14. Dans la partie A de la figure, on

FIGURE 6.13

Le lien logique fin-début

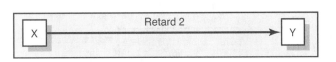

FIGURE 6.14

Le lien logique début-début

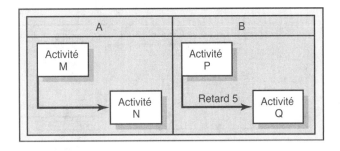

voit un lien début-début dont le retard est nul ; dans la partie B, on voit le même lien, mais avec un retard de cinq unités de temps. Notons que l'on peut utiliser la relation avec ou sans retard. Lorsqu'on assigne des durées, elles figurent généralement sur les flèches de dépendance dans un réseau tracé à l'aide de la méthode des antécédents.

À la figure 6.14B, l'activité Q ne peut commencer que cinq unités de temps après le début de l'activité P. En général, une relation de ce type décrit une situation où il est possible d'exécuter une partie d'une activité puis de commencer l'activité suivante avant d'avoir terminé la première. On peut s'en servir dans le projet d'installation des tuyaux. La figure 6.15 illustre ce projet à l'aide d'un réseau tracé à l'aide de la méthode des antécédents. Le lien de dépendance début-début réduit la complexité du réseau et les délais dans le projet grâce aux relations de retard.

On peut trouver des possibilités de compression de la durée du projet en modifiant les liaisons fin-début en liaisons début-début. Une révision des activités critiques reliées par des liens fin-début peut faire ressortir des occasions de les rendre parallèles en utilisant des liens début-début. Par exemple, au lieu de l'activité fin-début «Concevoir une maison puis construire les fondations», on pourrait recourir à une liaison début-début dans laquelle l'entrepreneur commencerait les fondations, par exemple, cinq jours (retard) après le début de la conception, en supposant que les fondations constituent la première partie de l'ensemble de l'activité de conception. Cette liaison début-début avec un bref retard permet de mettre en œuvre une activité subséquente en parallèle avec son antécédent et, de cette manière, de comprimer la durée du chemin critique. En règle générale, on fait appel à ce concept dans des projets dont on veut accélérer l'achèvement par l'utilisation de l'ingénierie simultanée. Cette forme d'ingénierie, dont il sera question dans la rubrique, à la page suivante, permet essentiellement de scinder ses activités en segments plus petits pour que les tâches soient exécutées en parallèle et l'exécution du projet, accélérée. Les liaisons début-début peuvent représenter des conditions dans lesquelles on fait appel à l'ingénierie simultanée et peuvent réduire la quantité de renseignements inclus dans le réseau. Naturellement, il serait possible de parvenir au même résultat en divisant une activité en petits lots de travaux destinés à être mis en œuvre parallèlement. Cependant, cette dernière façon de procéder accroît considérablement la longueur du réseau et la difficulté de retracer les renseignements pertinents.

La liaison fin-fin

Dans la liaison fin-fin, illustrée à la figure 6.17, la fin d'une activité dépend de celle d'une autre activité. Par exemple, les essais ne peuvent être terminés plus tôt que quatre jours après l'achèvement du prototype. Notons qu'il ne s'agit pas d'une liaison fin-début puisqu'on est en mesure de commencer l'essai des sous-composants avant l'achèvement du prototype. Il faut toutefois au moins quatre jours d'essai sur l'ensemble du système après qu'il est réalisé.

FIGURE 6.15

L'utilisation de retards pour réduire la complexité du réseau

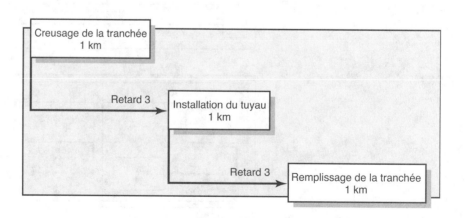

L'ingénierie simultanée*

Autrefois, lorsqu'une entreprise démarrait un projet de développement d'un nouveau produit, le déroulement séquentiel de cette aventure commençait dans le service de recherche et développement. Les membres de ce service mettaient au point des concepts et des idées. Les résultats de leurs efforts étaient acheminés au service d'ingénierie qui, parfois, retravaillait entièrement le produit. Le résultat de leur contribution passait ensuite à l'atelier de fabrication où, là aussi, on retravaillait parfois le produit pour s'assurer de pouvoir le fabriquer à l'aide de l'équipement et des processus existants. On ne commençait à apporter des améliorations à la qualité du produit qu'après coup, lorsqu'on avait découvert des défauts et des possibilités d'amélioration au cours de la production. Cette méthode séquentielle de développement des produits exigeait beaucoup de temps.

Souvent, le produit final était méconnaissable par rapport aux spécifications initiales.

Compte tenu de l'importance accordée de nos jours à la vitesse d'arrivée sur le marché, les entreprises ont abandonné cette démarche séquentielle de développement des produits pour adopter une approche plus globale : l'*ingénierie simultanée*. En bref, il s'agit d'une participation active de tous les domaines spécialisés tout au long des processus de conception et de développement. La méthode traditionnelle d'enchaînement de liaisons fin-début est remplacée par une suite de liens logiques début-début avec retards aussitôt qu'il est possible d'entreprendre un travail sérieux pour la phase suivante. La figure 6.16 contient un résumé des gains de durée remarquables que permet cette méthode pour mettre un produit plus rapidement sur le marché.

FIGURE 6.16   Le processus de développement d'un nouveau produit

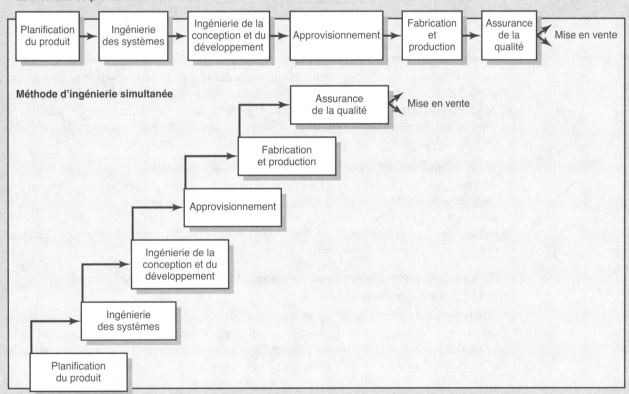

La société Daimler-Chrysler, par exemple, a préconisé cette méthode pour concevoir sa nouvelle gamme de voitures SC, dont la populaire berline Neon. Dès le début, des spécialistes du marketing, de l'ingénierie, de la conception, de la fabrication, de l'assurance de la qualité et d'autres services concernés ont participé à chaque étape du projet. Non seulement le projet a-t-il atteint tous ses objectifs, mais il s'est terminé six mois avant la date prévue.

* SURIS, O. « Competitors Blinded by Chrysler's Neon », *The Wall Street Journal,* 10 janvier 1994.

FIGURE 6.17

Une dépendance
fin-fin

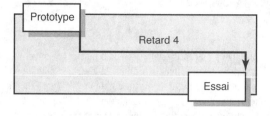

FIGURE 6.18

Une dépendance
début-fin

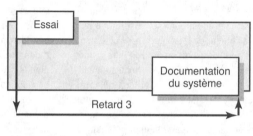

FIGURE 6.19

Une combinaison
de dépendances

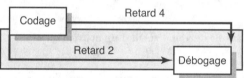

La dépendance début-fin

La dépendance début-fin représente des situations dans lesquelles l'achèvement d'une activité dépend du début d'une autre. Par exemple, la documentation d'un système ne peut se terminer que lorsque les essais ont commencé depuis au moins trois jours (*voir la figure 6.18*). Dans ce cas, tous les renseignements pertinents nécessaires à l'achèvement du processus de documentation du système ne sont prêts qu'après les trois premiers jours d'essais.

Les combinaisons des dépendances avec des retards

On peut rattacher plus d'un lien logique avec retard à une activité. Il s'agit généralement de combinaisons de liaisons début-début et fin-fin reliées à deux activités. Par exemple, le débogage ne peut commencer que deux unités de temps après le début du codage. De même, le codage doit être terminé depuis quatre jours avant que l'achèvement du débogage puisse se faire (*voir la figure 6.19*).

Un exemple de relations avec un retard : le jalonnement aval et le jalonnement amont

Les processus de jalonnement aval et amont sont identiques à ceux que nous avons expliqués précédemment dans le chapitre pour les dépendances fin-début (sans retards). La technique de modification tient à la nécessité de vérifier chaque nouvelle relation pour déterminer si elle a pour effet de modifier le moment où une autre activité commence ou finit.

La figure 6.20 fournit un exemple du résultat des jalonnements aval et amont. La commande de matériel dépend de la conception du système (lien logique début-début). Trois jours après le début de la conception du système (activité A), il est possible de commander le matériel nécessaire (activité B). Il faut prévoir quatre jours après la passation de la commande (activité B) pour que le matériel arrive et que commence son installation (activité C). Deux jours après le début de l'installation du système de logiciel (activité D), on peut se mettre à faire des essais sur le système (activité E). Cette dernière activité (E) peut prendre fin deux jours après l'installation du logiciel (D). La préparation de la documentation du

FIGURE 6.20 Un réseau comportant des retards

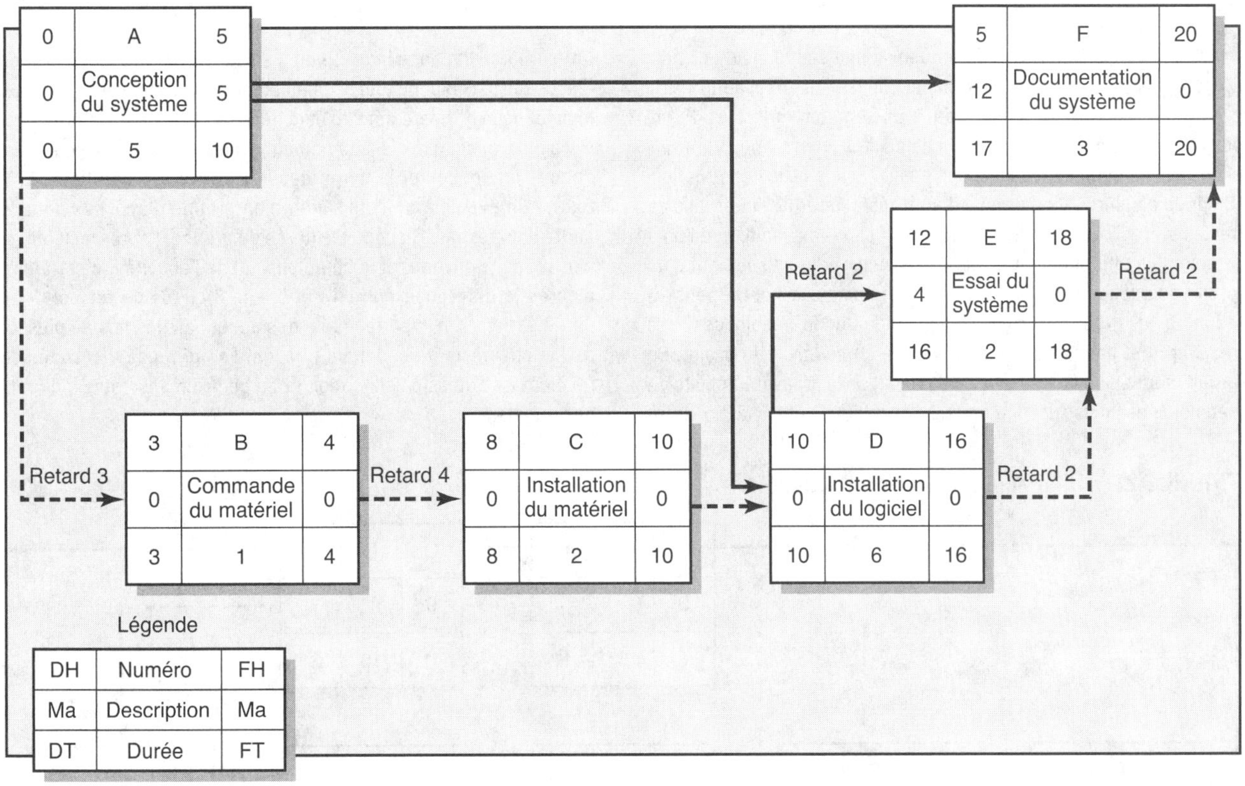

système (activité F) peut démarrer aussitôt la conception terminée (A), mais elle ne peut s'achever que deux jours après la fin des essais sur le système (E). Cette dernière relation constitue un exemple de lien logique fin-fin avec retard.

Notons qu'une activité peut avoir une fin ou un début critiques. Les activités E et F ont des fins critiques (une marge nulle), mais leur début fait l'objet de marges, soit 4 et 12 jours respectivement. Seules les fins des activités E et F sont critiques. Inversement, l'activité A n'a aucune marge au départ, mais cinq jours à la fin. Le chemin critique obéit aux contraintes de début et de fin des activités attribuables à l'utilisation des liaisons supplémentaires disponibles et des retards imposés. Vous reconnaîtrez facilement le chemin critique de la figure 6.20, grâce au tracé de la ligne pointillée dans le réseau.

En présence d'un lien avec retard, il faut vérifier chaque activité pour déterminer si des contraintes s'appliquent à son début ou à sa fin. Par exemple, dans le calcul au plus tôt, la fin hâtive de l'activité E (essai du système) (18) est contrôlée par la fin de l'activité D (installation du logiciel) et le retard de deux unités de temps (16 + 2 de retard = 18). Enfin, dans le jalonnement amont, le début tardif de l'activité A (conception du système) est contrôlé par l'activité B (commande du matériel) et la liaison avec retard qui la relie à l'activité A (3 − 3 = 0).

Le groupe d'activités

Une autre technique d'extension fait appel au *groupe d'activités.* Il s'agit d'une activité globale qui tire son nom du fait qu'elle couvre un segment de projet. On détermine la durée d'un groupe d'activités après avoir établi le plan du réseau. Dans la rubrique suivante, vous trouverez une description de l'utilisation qu'on fait de cette activité de synthèse.

Coup d'œil sur un cas réel

Le groupe d'activités

On se sert fréquemment d'un groupe d'activités en vue de déterminer l'utilisation de ressources ou de coûts fixes dans un segment de projet. Parmi les exemples typiques de groupes d'activités, mentionnons les services d'inspection, de consultation ou de gestion de la construction. On déduit la durée d'un groupe d'activités à partir de l'intervalle de temps entre d'autres activités. Supposons, par exemple, que l'on a besoin d'un photocopieur couleur particulier pour un segment d'un projet de publication destiné à une foire commerciale. On peut recourir à un groupe d'activités pour indiquer le besoin de cette ressource et pour attribuer des coûts à ce segment du projet. Ce groupe forme une chaîne à partir du début de la première activité du segment qui utilise le photocopieur couleur jusqu'à la fin de la dernière activité dans laquelle on s'en sert. La durée de ce groupe d'activités correspond tout simplement à la différence entre la fin au plus tôt de la dernière activité et le début au plus tôt de la première. On la détermine après le jalonnement aval, de sorte qu'elle n'exerce aucune influence sur la durée des autres activités. La figure 6.21 fournit un exemple de l'utilisation d'un groupe d'activités dans le cadre d'un réseau. On déduit la durée du groupe d'après le début au plus tôt de l'activité B et la fin au plus tôt de l'activité F, c'est-à-dire d'après la différence entre 13 et 5, soit 8 unités de temps. Cette durée variera si n'importe lequel des débuts ou des fins au plus tôt de l'enchaînement séquentiel change. Les groupes d'activités se révèlent très utiles à l'allocation et au contrôle des coûts indirects des projets.

FIGURE 6.21   **Un exemple de groupe d'activités**

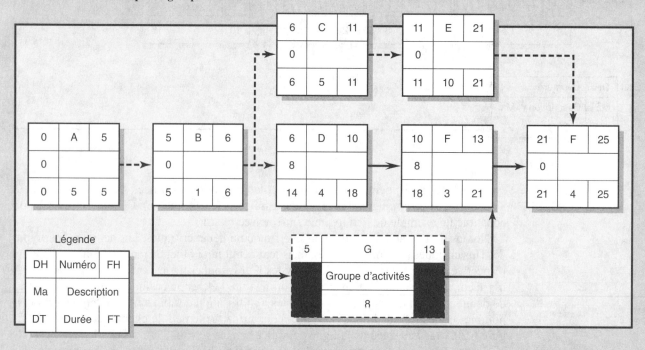

On emploie aussi principalement des groupes d'activités pour rassembler des sections d'un projet. Il s'agit d'un processus similaire au développement d'un sous-réseau, mais dans lequel la relation d'antériorité est conservée. Cette méthode sert parfois à établir un « macro-réseau » pour les niveaux supérieurs de gestion. L'utilisation d'un groupe d'activités peut faciliter l'obtention de la quantité de renseignements appropriée pour des sections précises d'un projet.

Résumé

Un grand nombre de gestionnaires de projet considèrent le réseau de projet comme l'exercice et le document de planification les plus précieux. Les réseaux servent à faire l'ordonnancement et à effectuer un découpage temporel des tâches, des ressources et des budgets des projets. Les lots de travaux permettent de développer des activités en vue de l'établissement des réseaux. Chaque gestionnaire de projet ne devrait avoir aucune difficulté à travailler avec la méthode des antécédents. Dans cette méthode, on représente les activités par des nœuds (rectangles) et les liens de dépendance entre elles, par des flèches. Les jalonnements aval et amont permettent d'établir les dates au plus tôt et les dates au plus tard des activités. Bien qu'ils recourent à des ordinateurs pour élaborer des réseaux et déterminer les durées des activités, la plupart des gestionnaires de projet se rendent compte que, dans leur domaine, il est extrêmement utile de bien comprendre le développement d'un réseau et de savoir calculer les durées des activités. En effet, les ordinateurs tombent en panne, des erreurs dans l'entrée des données produisent des renseignements inexacts, et certaines décisions doivent être prises sans une analyse électronique de type « Si.., alors ». Les gestionnaires de projet qui ont acquis une bonne connaissance des méthodes de développement des réseaux et de celle des antécédents et qui savent comment calculer les durées des activités auront à faire face à un moins grand nombre de problèmes que ceux qui se sont moins familiarisés avec ce champ de compétence. Les réseaux des projets contribuent à éviter les surprises désagréables.

On a ajouté plusieurs extensions et modifications à la méthode des antécédents originale. Les retards permettent aux planificateurs de reproduire avec plus de fidélité les conditions réelles couramment observées. Leur utilisation peut avoir pour effet de rendre critique le début ou la fin d'une activité. Certains programmes se contentent de qualifier de critique l'ensemble d'une activité plutôt que de tenter de discerner si ce terme s'applique à son début ou à sa fin. Il faut faire preuve de vigilance pour s'assurer que personne n'utilise les retards comme délais tampons pour couvrir des erreurs possibles d'estimation. Enfin, on recourt au groupe d'activités pour repérer les coûts des ressources employées dans un segment donné d'un projet. On peut aussi s'en servir pour réduire la taille d'un réseau en regroupant des activités aux fins de simplification et de clarification. Tous les perfectionnements apportés à la méthode originale des antécédents décrits ci-dessus ont pour objectif d'améliorer la planification et le contrôle des projets.

Mots clés

activité	date au plus tôt	liaison avec retard
activité de raccordement	diagramme de Gantt	marge libre
activité parallèle	groupe d'activités	marge totale
activité souche	ingénierie simultanée	méthode des antécédents
chemin critique	jalonnement amont	méthode du diagramme fléché
date au plus tard	jalonnement aval	sensibilité du réseau

Questions de révision

1. En quoi la SDP diffère-t-elle du réseau des projets ?

2. Comment la SDP est-elle reliée au réseau des projets ?

3. Pourquoi se donner la peine d'élaborer une SDP ? Pourquoi ne pas tracer directement un réseau des projets et se dispenser ainsi de la SDP ?

4. Pourquoi les marges se révèlent-elles importantes pour un gestionnaire de projet ?

5. Quelle différence y a-t-il entre une marge libre et une marge totale ?

6. Pourquoi se sert-on de retards dans le développement d'un réseau pour un projet ?

7. Qu'est-ce qu'un groupe d'activités ? À quel moment peut-on s'en servir ?

Exercices

L'élaboration du réseau pour un projet

1. Voici la SDP pour un mariage. À l'aide de la méthode des papiers adhésifs décrite à la page 174, élaborez un réseau pour ce projet.

   Remarque : n'intégrez pas de tâches récapitulatives dans le réseau (par exemple, l'élément 1.4, Cérémonie, constitue une tâche récapitulative de tâches tandis que l'élément 1.2, Licence de mariage, n'en est pas un). Ne tenez pas compte des personnes qui doivent effectuer les tâches dans l'établissement de votre réseau. Par exemple, n'inscrivez pas « Engager un groupe de musiciens » après « Aller chez le fleuriste » sous prétexte que la même personne est responsable de l'exécution de ces deux tâches. Concentrez votre attention uniquement sur les liens logiques entre les tâches.

   Indice : commencez par la dernière activité (la réception de mariage) et procédez en remontant jusqu'au début du projet. Établissez un enchaînement logique de tâches en vous posant la question suivante : pour obtenir ceci ou pour faire cela, qu'est-ce qui doit être effectué juste avant ? Lorsque vous aurez terminé votre réseau, vérifiez-le par ordre chronologique en vous posant la question suivante : ces tâches sont-elles les seules choses qu'il faut faire immédiatement avant le début de la tâche suivante ?

SDP

1. Projet de mariage
   - 1.1 Choix d'une date
   - 1.2 Licence de mariage
   - 1.3 Préparatifs des noces
     - 1.3.1 Choix des participants
     - 1.3.2 Commande des robes
     - 1.3.3 Essayage des robes
   - 1.4 Cérémonie
     - 1.4.1 Location de l'église
     - 1.4.2 Fleuriste
     - 1.4.3 Conception et impression des programmes
     - 1.4.4 Embauche d'un photographe
     - 1.4.5 Cérémonie du mariage
   - 1.5 Invités
     - 1.5.1 Établissement de la liste des invités
     - 1.5.2 Commande des invitations
     - 1.5.3 Inscription des adresses et expédition des invitations
     - 1.5.4 Compilation des réponses
   - 1.6 Réception
     - 1.6.1 Réservation de la salle de réception
     - 1.6.2 Aliments et boissons
       - 1.6.2.1 Choix d'un traiteur
       - 1.6.2.2 Choix du menu
       - 1.6.2.3 Commande finale
     - 1.6.3 Engagement d'un groupe de musiciens
     - 1.6.4 Décoration de la salle de réception
     - 1.6.5 Réception après le mariage

L'élaboration de réseaux à l'aide de la méthode des antécédents

2. Tracez un réseau de projet à l'aide des renseignements suivants.

Activité	Antécédents
A	Aucun
B	A
C	A
D	A, B, C
E	D
F	D, E

3. Tracez un réseau de projet à l'aide des renseignements suivants.

Activité	Antécédents
A	Aucun
B	A
C	A
D	A
E	B
F	C, D
G	E
H	G, F

4. Tracez un réseau de projet à l'aide des renseignements suivants.

Activité	Antécédents
A	Aucun
B	A
C	A
D	B
E	B
F	C
G	D, E
H	F
I	F
J	G, H
K	J, I

5. Tracez un réseau de projet à l'aide de la méthode des antécédents et des renseignements suivants.

Activité	Antécédents
A	Aucun
B	Aucun
C	Aucun
D	A, B
E	C
F	D, E
G	E
H	F, G
I	H

6. Tracez un réseau de projet à l'aide des renseignements suivants.

Activité	Antécédents
A	Aucun
B	Aucun
C	A
D	B
E	C, D
F	E
G	E
H	E
I	F
J	G, H
K	H, I, J

L'établissement des durées des réseaux à l'aide de la méthode des antécédents

7. Tracez un réseau de projet à l'aide de la méthode des antécédents et des renseignements suivants. Effectuez les jalonnements aval et amont, calculez les marges de chaque activité et déterminez le chemin critique.

Activité	Antécédents	Durée (en semaines)
A	Aucun	4
B	A	5
C	A	4
D	B	3
E	C, D	6
F	D	2
G	E, F	5

Quel est le chemin critique ?

Combien faut-il de semaines pour exécuter le projet ?

Quelle est la marge totale de l'activité F et de l'activité C ?

Quelle est la marge libre de l'activité F et de l'activité C ?

8. Le service de marketing d'une banque élabore un nouveau plan de crédit immobilier destiné aux constructeurs d'habitations. Tracez un réseau de projet à l'aide des renseignements suivants. Effectuez les jalonnements aval et amont, calculez les marges de chaque activité et déterminez le chemin critique.

Activité	Antécédents	Durée (en semaines)
A	Aucun	3
B	Aucun	4
C	A	2
D	C	5
E	B	7
F	D, E	1
G	D	4
H	F, G	5

Quel est le chemin critique?

Combien faut-il de semaines pour exécuter le projet?

Quelle est la marge totale de l'activité F et de l'activité G?

Quelle est la marge libre de l'activité F et de l'activité G?

9. Voici des renseignements sur le projet de commandes personnalisées de l'entreprise de contrôle de l'air. Tracez le réseau de ce projet. Calculez les dates au plus tôt et les dates au plus tard des activités et les marges. Quel est le chemin critique?

Numéro d'identification	Activité	Antécédents	Durée
A	Révision de la commande	Aucun	2
B	Commande des pièces de série	A	15
C	Production des pièces de série	A	10
D	Conception des pièces personnalisées	A	13
E	Développement du logiciel	B	18
F	Fabrication du matériel personnalisé	C, D	15
G	Montage	B, F	10
H	Essai	E, G	5

10. Jean Ouellet est gestionnaire de projet à la société Print Software. Il vous demande de préparer un réseau de projet. Pour ce faire, vous calculerez les dates au plus tôt et les dates au plus tard ainsi que les marges des activités, déterminerez la durée prévue du projet et indiquerez le chemin critique. Son adjoint a recueilli pour vous les renseignements suivants sur le projet de logiciel de programmes de gestion et d'impression couleur.

Numéro d'identification	Description	Antécédents	Durée
A	Spécifications externes	Aucun	8
B	Révision des caractéristiques de conception	A	2
C	Documentation sur les nouvelles caractéristiques	A	3
D	Rédaction du logiciel	A	60
E	Programmation et essai	B	60
F	Révision et publication de notes	C	2
G	Révision du manuel	D	2
H	Site Alpha	E, F	20
I	Impression du manuel	G	10
J	Site pilote	H, I	10
K	Fabrication	J	12
L	Sortie et expédition	K	3

11. Une grande ville de l'est du Canada requiert une aide du gouvernement fédéral pour un projet de parc de stationnement destiné aux utilisateurs d'un train de banlieue. Une exigence du formulaire de demande consiste en l'élaboration d'un plan de réseau pour l'étape de la conception du projet. L'ingénieure en chef du projet, Catherine Mailhot, vous demande d'établir un plan de réseau pour répondre à cette exigence. Elle a recueilli des estimations de durée des activités et les liens logiques entre elles qui figurent ci-dessous. Présentez votre réseau en y incluant les dates au plus tôt et les dates au plus tard ainsi que les marges totale et libre. Indiquez le chemin critique.

Numéro d'identification	Description	Antécédents	Durée
A	Sondage	Aucun	5
B	Rapport de l'état des sols	A	20
C	Conception de la circulation routière	A	30
D	Aménagement du terrain	A	5
E	Approbation de la conception	B, C, D	80
F	Éclairage	E	15
G	Système d'écoulement des eaux	E	30
H	Aménagement paysager	E	25
I	Signalisation	E	20
J	Proposition de soumission	F, G, H, I	10

12. À l'aide du réseau des projets ci-après, tracez un diagramme de Gantt pour le projet. Alignez les barres sur l'axe du temps et indiquez les marges des activités non critiques.

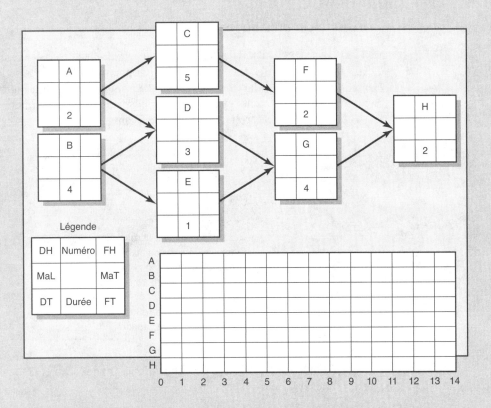

13. À l'aide du réseau des projets ci-dessous, tracez un diagramme de Gantt pour le projet. Alignez les barres sur l'axe du temps et indiquez les marges des activités non critiques.

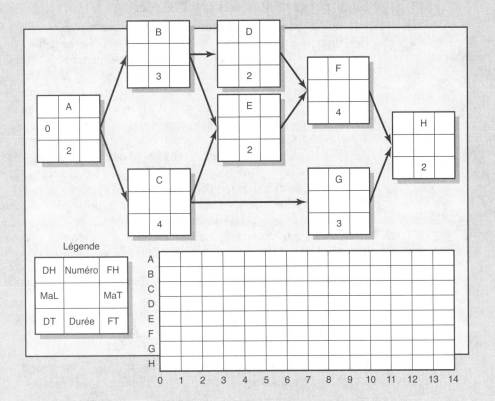

Exercice informatique

14. Le service de planification d'une entreprise spécialisée dans l'électronique a dressé une liste des activités nécessaires au développement et à la production d'un nouveau lecteur de CD-ROM. Élaborez un réseau des projets à l'aide du logiciel Microsoft Project et des renseignements ci-dessous. Supposez que chaque semaine comporte cinq jours de travail et que le projet commence le 3 janvier 2006.

Numéro d'identification de l'activité	Description	Antécédents	Durée de l'activité (semaines)
1	Personnel	Aucun	2
2	Développement d'un programme de marketing	1	3
3	Choix des circuits de distribution	1	8
4	Brevet d'invention	1	12
5	Production préliminaire	1	4
6	Test de marché	5	4
7	Promotion publicitaire	2	4
8	Mise en route de la production	4, 6	16

L'équipe de projet vous a demandé d'établir un réseau et de déterminer si ce projet peut être exécuté en 45 semaines.

15. À l'aide du logiciel Microsoft Project, tracez le réseau et déterminez le chemin critique de la première phase du projet. Considérez que la semaine de travail compte six jours.

Un projet de station de ski à Whistler

Les Jeux olympiques d'hiver de 2010 se dérouleront à Vancouver et à Whistler en Colombie-Britannique. Comme le nombre de touristes qui viennent faire du ski dans cette dernière ville a augmenté à un rythme avantageux, la Whistler Ski Association considère la possibilité de construire un autre complexe de ski et un pavillon de ski. Les résultats d'une étude de faisabilité financière que viennent d'effectuer les membres du personnel de l'association indiquent qu'un complexe de sports d'hiver près de la base du mont Whistler pourrait se révéler très rentable. Cette région est accessible par voiture, autobus, train et avion. Le conseil d'administration a donc voté en faveur de la construction du complexe de 10 millions de dollars recommandé dans l'étude. Malheureusement, en raison de la saison estivale plutôt courte, la construction devra s'échelonner sur plusieurs étapes. Pendant la première étape (la première année), on construira une auberge, un télésiège, un remonte-pente et un abri pour la génératrice (la source d'électricité principale du complexe). On aménagera également un parc de stationnement qui accommodera 400 voitures et 30 autobus. À la deuxième et à la troisième étape, on compte bâtir un hôtel, une patinoire, une piscine, des boutiques, deux télésièges supplémentaires et d'autres attractions. Le conseil d'administration a décidé que la première étape devrait commencer au plus tard le 1er avril et se terminer avant le 1er octobre, à temps pour la prochaine saison de ski. Il vous a confié la responsabilité de la gestion du projet. Vous devez coordonner les activités de commande des matières et de construction pour vous assurer que le projet sera achevé à la date indiquée.

Après avoir examiné les sources possibles de matières, vous avez établi les estimations de temps suivantes. Le matériel pour le télésiège et le remonte-pente mettra respectivement 30 jours et 12 jours à parvenir au chantier une fois la commande passée. Quant au bois de charpente pour l'auberge, l'abri de la génératrice et les fondations, il y aura un délai de neuf

0

jours avant qu'il soit livré sur les lieux. Le matériel électrique et de plomberie pour la station ne sera pas acheminé avant 12 jours, soit la même période d'attente pour la génératrice. Avant de construire les installations, il faudra faire une route pour s'y rendre ; il s'agit d'une tâche de six jours. Aussitôt que la route sera prête, il sera possible de commencer à déblayer simultanément les emplacements de l'auberge, de l'abri de la génératrice, du télésiège et du remonte-pente. On estime que le déblayage de chaque site exigera respectivement 6 jours, 3 jours, 36 jours et 6 jours. Le déboisage des principales pentes de ski pourra commencer après que la zone réservée au télésiège aura elle-même été déblayée. Cette tâche devrait durer 84 jours.

Il faudra 12 jours pour achever les fondations de l'auberge. La construction de la charpente requerra 18 jours supplémentaires. Une fois cette construction terminée, il sera possible d'installer le câblage électrique et la plomberie en même temps. Ces tâches devraient s'effectuer en 24 jours et en 30 jours respectivement. Enfin, on pourra commencer à s'occuper des travaux de finition de la construction de l'auberge, d'une durée de 36 jours.

L'installation des tours du télésiège pourrait commencer dès que le déblayage du site sera terminé, le bois de charpente livré et les fondations achevées. Tout cela prendra 6 jours, tandis que la construction des tours en demandera 67. En outre, lorsque le site du télésiège aura été déblayé, on pourra commencer la construction d'une route permanente menant jusqu'aux tours les plus hautes. Cette route ne sera pas terminée avant 24 jours. Pendant l'aménagement des tours, on pourrait installer, en 24 jours également, le moteur électrique qui actionne le télésiège. Une fois les tours construites et le moteur en place, il faut compter encore 3 jours pour installer le câble et 12 jours supplémentaires pour fixer les sièges.

L'installation des tours pour le remonte-pente pourra commencer aussitôt que le site sera déblayé, les fondations creusées et le ciment coulé. Il faut quatre jours pour jeter les fondations, couler le ciment et le laisser durcir. On doit calculer encore 20 jours pour élever les tours du remonte-pente. Pendant l'érection de ces tours, on pourra commencer l'installation du moteur électrique qui actionnera le dispositif. La durée de cette activité totalisera 24 jours. Une fois les tours érigées et le moteur installé, le remonte-pente pourra être accroché en une journée. Le parc de stationnement pourrait être déblayé en 18 jours, aussitôt le remonte-pente en place.

Le travail sur les fondations de l'abri de la génératrice pourra commencer en même temps que celui des fondations de l'auberge. Elles seront prêtes en six jours. La construction de la charpente débutera dès que les fondations seront terminées et durera 12 jours. Une fois cette tâche accomplie, il sera possible d'installer la génératrice au diesel en 18 jours. On pourrait alors entreprendre la finition de l'abri, lequel exigera encore 12 jours.

Travail à faire

1. Déterminez le chemin critique de votre réseau.
2. Ce projet peut-il être terminé à temps pour l'ouverture de la saison le 1er octobre ?

Exercices sur les retards

16. Tracez un réseau des projets à l'aide des renseignements suivants. Déterminez les dates au plus tôt et les dates au plus tard ainsi que les marges de chaque activité. Indiquez le chemin critique. (*Indice*: tracez d'abord les liaisons fin-début.)

Numéro d'identification	Durée	Antécédents de la liaison fin-début	Retard imposé dans la liaison fin-début	Liaisons avec retard supplémentaire	Retard
A	5	Aucun	0	Aucune	0
B	10	A	0	Aucune	0
C	15	A	0	Début-fin de C à D	20
D	5	B	5	Début-début de D à E	5
				Fin-fin de D à E	25
E	20	B	0	Fin-fin de E à F	0
F	15	D	0	Aucune	0
G	10	C	10	Fin-fin de G à F	10
H	20	F	0	Aucune	

17. Tracez un réseau des projets à l'aide des renseignements suivants. Déterminez les dates au plus tôt et les dates au plus tard ainsi que les marges pour le réseau. Parmi les activités du chemin critique, lesquelles n'ont que leur début ou leur fin inscrits dans ce chemin?

Numéro d'identification	Durée	Antécédents de la liaison fin-début	Retard imposé dans la liaison fin-début	Liaisons avec retard supplémentaire	Retard
A	2	Aucun	0	Aucune	0
B	4	A	0	Aucune	0
C	6	A	0	Fin-fin de C à F	7
D	8	A	0	Aucune	0
E	18	B	0	Fin-fin de E à G	9
		C	10		
F	2	D	0	Aucune	
G	5	F	0	Début-début de G à H	10
H	5	Aucun	0	Aucune	0
I	14	E	0	Fin-fin de I à J	5
J	15	G, H	0	Aucune	

18. Déterminez les dates au plus tôt et les dates au plus tard ainsi que les marges du réseau des projets à l'aide des renseignements ci-après. Parmi les activités du chemin critique, lesquelles n'ont que leur début ou leur fin inscrits dans ce chemin?

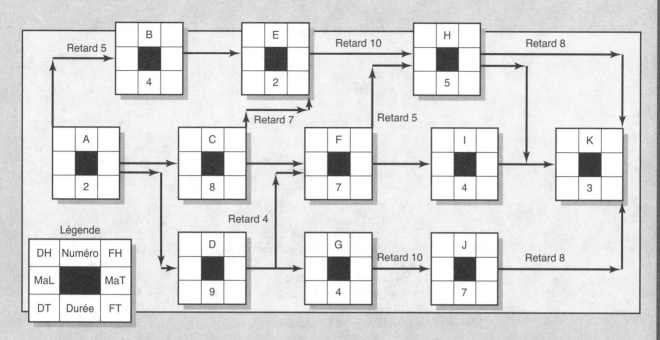

19. Déterminez les dates au plus tôt et les dates au plus tard ainsi que les marges de chaque activité à l'aide du réseau ci-dessous.

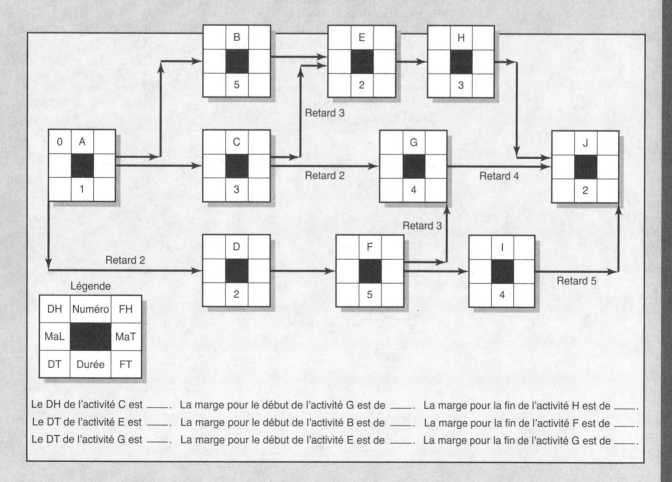

Le DH de l'activité C est ____.   La marge pour le début de l'activité G est de ____.   La marge pour la fin de l'activité H est de ____.

Le DT de l'activité E est ____.   La marge pour le début de l'activité B est de ____.   La marge pour la fin de l'activité F est de ____.

Le DT de l'activité G est ____.   La marge pour le début de l'activité E est de ____.   La marge pour la fin de l'activité G est de ____.

Un projet de préinstallation d'un disque optique

20. L'équipe d'un projet de disque optique a commencé à rassembler les antécédents et les durées des activités nécessaires au développement du réseau de son projet. Voici les résultats obtenus lors de la réunion de ses membres.

Activité	Description	Durée (semaines)	Antécédents
1	Définir le contenu du projet.	6	Aucun
2	Définir les problèmes des clients.	3	1
3	Définir les enregistrements de données et les relations entre elles.	5	1
4	Définir les exigences d'un stockage en masse.	5	2, 3
5	Fournir l'analyse réclamée par le consultant.	10	2, 3
6	Préparer le réseau de l'installation.	3	4, 5
7	Estimer les coûts et les budgets.	2	4, 5
8	Concevoir un système de « points » de sections.	1	4, 5
9	Rédiger un appel d'offres.	5	4, 5
10	Compiler la liste des fournisseurs.	3	4, 5
11	Préparer un système de contrôle de gestion.	5	6, 7
12	Préparer une analyse comparative.	5	9, 10
13	Comparer les philosophies des systèmes offerts.	3	8, 12
14	Comparer les installations offertes.	2	8, 12
15	Comparer les coûts d'entretien.	3	8, 12
16	Comparer le degré de satisfaction des clients actuels.	10	8, 12
17	Allouer des points aux concepts théoriques.	1	13
18	Attribuer les coûts de l'installation.	1	14
19	Attribuer les coûts d'entretien.	1	15
20	Attribuer des points à la satisfaction des clients.	1	16
21	Choisir le meilleur système.	1	11, 17, 18, 19, 20
22	Commander ce système.	1	21

L'équipe vous a demandé d'établir un réseau pour son projet et de déterminer s'il peut être réalisé en 45 semaines.

Le projet Jeanne-Mance – Partie A

On vous a confié le poste d'adjoint à la gestionnaire de projet, Raphaëlle Lebrun, qui est chargée du projet Jeanne-Mance. Jeanne-Mance est le nom de code de l'élaboration d'un guide électronique de référence médical. Il s'agit d'un guide portatif conçu pour les techniciens d'urgence médicale et les ambulanciers paramédicaux qui ont besoin d'un outil de référence rapide dans des situations où ils doivent intervenir rapidement.

Mme Lebrun et son équipe ont développé un plan visant à fabriquer 30 modèles fonctionnels à temps pour le MedCON, la plus importante foire commerciale portant sur l'équipement médical. Respecter la date d'échéance, le 25 octobre pour le MedCON, est donc essentiel au succès du projet. En effet, annuellement, les principaux fabricants d'instruments médicaux y exposent et prennent des commandes pour leurs nouveaux produits. Mme Lebrun a également entendu des rumeurs d'après lesquelles des concurrents envisagent de développer un produit similaire. Elle sait que la première entreprise à mettre ce produit sur le marché aura un avantage énorme sur les autres en matière de vente. En outre, la haute direction déterminera le financement du projet à l'établissement d'un plan réaliste qui respectera l'échéance du MedCON.

L'équipe a passé la matinée à travailler au calendrier du projet Jeanne-Mance. Ses membres ont commencé par une SDP et ont préparé les renseignements nécessaires pour établir un réseau, en ajoutant des activités lorsqu'elles étaient requises. Ils ont ensuite additionné les estimations de durée recueillies pour chaque activité. Voici des renseignements provisoires sur les activités accompagnées de leur durée et de leurs antécédents.

Utilisez n'importe quel programme informatique de réseau des projets dont vous disposez pour établir un calendrier des activités – consultez la section « Annexe à l'étude de cas : des renseignements techniques ». Indiquez les dates au plus tôt et les dates au plus tard, le chemin critique et la date prévue de fin de ce projet.

Préparez un bref compte rendu portant sur les questions suivantes.

1. Comme vous l'avez planifié, le projet respectera-t-il l'échéance du 25 octobre ?
2. Quelles activités font partie du chemin critique ?
3. Quel est le degré de sensibilité de ce réseau ?

Activité	Description	Durée	Antécédents
1	Décision d'ordre technique sur l'architecture du produit	10	Aucun
2	Spécifications internes	20	1
3	Spécifications externes	18	1
4	Spécifications des caractéristiques de base	15	1
5	Reconnaissance vocale	15	2, 3
6	Caisson de protection	4	2, 3
7	Écran	2	2, 3
8	Connecteurs de sortie du haut-parleur	2	2, 3
9	Mécanisme d'enregistrement	2	2, 3
10	Base de données	40	4
11	Microphone et carte son	5	4
12	Téléavertisseur	4	4
13	Lecteur de codes à barres	3	4
14	Réveil	4	4
15	Système d'exploitation de l'ordinateur	5	4
16	Révision de la conception	10	5, 6, 7, 8, 9, 10, 11, 12, 13, 14, 15
17	Prix de composantes	5	5, 6, 7, 8, 9, 10, 11, 12, 13, 14, 15
18	Intégration	15	16, 17
19	Conception de la documentation	35	16
20	Approvisionnement en composantes de prototypes	20	18
21	Montage des prototypes	10	20
22	Tests en laboratoire des prototypes	20	21
23	Essais des prototypes sur le terrain	20	19, 22
24	Corrections de la conception	20	23
25	Commande des pièces standards	2	24
26	Commande des pièces personnalisées	2	24
27	Montage de la première unité de production	10	25, FD – 8 unités de temps 26, FD – 13 unités de temps
28	Essai de l'unité	10	27
29	Fabrication de 30 unités	15	28
30	Formation des vendeurs	10	29

Étude de cas

Le projet Jeanne-Mance – Partie B

Mme Lebrun et les membres de son équipe sont inquiets des résultats de votre analyse. Ils ont passé l'après-midi en séance de remue-méninges pour trouver divers moyens de raccourcir la durée du projet. Ils ont abandonné l'idée d'impartir certaines activités, car la plus grande partie du travail constitue du développement et ne peut être effectuée qu'à l'interne. Ils ont songé à modifier le contenu du projet en éliminant certaines caractéristiques du produit. Après de multiples discussions, ils ont décidé de ne faire aucun compromis sur les caractéristiques essentielles de leur guide pour obtenir du succès sur le marché. Ils ont alors songé à accélérer l'exécution des activités en recourant au travail supplémentaire et à l'ajout de main-d'œuvre technique. Dans sa proposition, Mme Lebrun avait intégré un fonds discrétionnaire de 200 000 $. Elle est prête à investir la moitié de cette somme pour diminuer la durée du projet, mais elle veut conserver au moins 100 000 $ en cas d'imprévus. Après en avoir longuement discuté, son équipe décide que les activités suivantes pourraient être réduites aux coûts indiqués.

- Développement du système de reconnaissance vocale : de 15 à 10 jours pour 15 000 $.
- Création d'une base de données : de 40 à 35 jours pour 35 000 $.
- Conception de la documentation : de 35 à 30 jours pour 25 000 $.
- Spécifications externes : de 18 à 12 jours pour 20 000 $.
- Approvisionnement en composantes pour les prototypes : de 20 à 15 jours pour 30 000 $.
- Commande des pièces standards : de 15 à 10 jours pour 20 000 $.

Selon Nicolas Chabert, ingénieur de développement, le réseau contient uniquement des liaisons fin-début. À son avis, il serait possible de réduire la durée du projet en établissant des liaisons début-début avec retards. Par exemple, les employés de son service n'auraient pas besoin d'attendre la fin de tous les essais sur le terrain pour commencer à effectuer les ajustements finaux à la conception. Ils pourraient s'y mettre après les 15 premiers jours d'essais. Les membres de l'équipe du projet ont donc passé le reste de la journée à analyser des moyens d'intégrer des retards dans le réseau dans le but de raccourcir la durée du projet. Voici une liste des liaisons fin-début susceptibles d'être ainsi transformées en retards.

- La conception de la documentation pourrait commencer cinq jours après le début de la révision de cette conception.
- Les ajustements à la conception pourraient être entrepris 15 jours après le début des essais sur le terrain.
- La commande des pièces standards pourrait être passée cinq jours après le début des ajustements à la conception.
- La commande des pièces personnalisées pourrait se faire cinq jours après le début des ajustements à la conception.
- La formation des vendeurs pourrait être amorcée 5 jours après le début de l'essai de l'unité et se terminer 5 jours après la production des 30 unités.

Après avoir levé la séance, Mme Lebrun se tourne vers vous. Elle vous demande d'évaluer les solutions présentées et d'établir un calendrier qui respecterait l'échéance du 25 octobre. Vous devrez présenter à l'équipe de projet un rapport qui répondra aux questions suivantes.

1. Est-il possible de respecter l'échéance du 25 octobre ?
2. Le cas échéant, quels changements recommanderiez-vous à la planification initiale (partie A). Pourquoi ? Évaluez les effets relatifs d'une compression des activités par opposition à l'utilisation de retards pour réduire la durée du projet.
3. À quoi ressemblerait le nouveau calendrier du projet ?
4. Quels autres facteurs faudrait-il considérer avant de mettre la dernière main à ce calendrier ?

ANNEXE À L'ÉTUDE DE CAS : DES RENSEIGNEMENTS TECHNIQUES

Établissez votre calendrier et évaluez les solutions possibles à l'aide des renseignements suivants.

1. Le projet commence le premier jour ouvrable de janvier.
2. Il faut tenir compte des congés suivants : le 1er janvier, la fête des Patriotes (troisième lundi de mai), la fête de la Saint-Jean (24 juin), la fête de la Confédération (1er juillet), la fête du Travail (premier lundi de septembre), l'Action de grâces (deuxième lundi d'octobre), Noël et le 26 décembre.

3. Si une fête tombe un samedi, on choisit le vendredi comme jour de congé ; si la fête tombe un dimanche, le congé est reporté au lundi.

4. L'équipe de projet travaille du lundi au vendredi.

5. Si vous décidez de réduire la durée de l'une des activités énumérées précédemment, il faut que ce soit au temps et au coût spécifiés. Par exemple, vous ne pouvez pas diminuer l'élaboration de la base de données à 37 jours à un coût réduit ; vous pouvez seulement la réduire à 35 jours au coût de 35 000 $.

6. Vous ne disposez que de 100 000 $ pour diminuer la durée des activités du projet. Les retards n'entraînent aucun coût supplémentaire.

Étude de cas

Le cas du stade Caruso

La société d'ingénierie SNE prépare une soumission pour la construction du nouveau stade de soccer Caruso de 47 000 sièges. Ce projet doit commencer le 1er juin 2006 et être terminé à temps pour le début de la saison 2009. Le contrat comporte une clause de pénalité de 50 000 $ par jour de retard après le 1er avril 2009.

Le président de l'entreprise se montre optimiste quant à l'obtention du contrat. À ses yeux, ce projet pourrait générer des bénéfices importants d'au moins deux millions de dollars. Il croit que l'entreprise a de bonnes chances de décrocher d'autres contrats dans l'avenir, car on prévoit un regain d'intérêt pour la construction de stades dotés de loges de luxe modernes.

EXERCICES

À l'aide des renseignements du tableau 6.3, tracez un diagramme fléché pour le projet du stade et répondez aux questions suivantes.

1. La construction du stade respectera-t-elle l'échéance du 1er avril 2009 ? Combien de temps durera-t-elle ?

2. Quel est le chemin critique du projet ?

3. D'après votre diagramme, recommanderiez-vous à SNE de chercher à obtenir ce contrat ? Pourquoi ? Incluez un diagramme de Gantt sur une seule page pour présenter la planification de la construction du stade.

ANNEXE À L'ÉTUDE DE CAS : DES RENSEIGNEMENTS TECHNIQUES CONCERNANT LE STADE DE SOCCER

Le stade de soccer est une structure extérieure dotée d'un toit escamotable. Le projet commence par un déblayage du site qui devrait durer 60 jours. Une fois le site déblayé, il serait possible d'engager simultanément le travail sur la structure proprement dite et la démolition d'immeubles sur le terrain adjacent. Cette démolition s'avère nécessaire pour dresser un emplacement destiné au stockage des matières et du matériel. Il faut 30 jours pour démolir les immeubles et 30 jours supplémentaires pour préparer le chantier.

La première tâche de la construction du stade, d'une durée de 120 jours, consiste à enfoncer 160 pieux. Ensuite, il faudra couler le ciment de la partie inférieure du bâtiment (120 jours également). Une fois cette tâche accomplie et le chantier préparé, il sera possible de couler le ciment du hall principal (120 jours), d'aménager la surface de jeu (90 jours) et de construire la partie supérieure en acier (120 jours).

Dès que le hall et la partie supérieure du bâtiment seront terminés, il sera possible de démarrer simultanément la construction des loges de luxe (90 jours), l'installation des sièges (120 jours), celle du tableau d'affichage (30 jours) et celle de l'infrastructure du stade (120 jours) qui comprend les installations sanitaires, les vestiaires, les restaurants, etc. Lorsque les sièges seront posés, on pourra s'attaquer à la construction de l'auvent en acier (60 jours) après quoi on installera l'éclairage (30 jours).

Le toit escamotable représente le principal défi technique du projet. La construction de ses bielles de connexion (90 jours) pourra être entreprise aussitôt que la partie inférieure sera terminée. À ce moment, on déterminera de façon définitive ses dimensions, et sa construction pourra débuter sur un autre chantier (180 jours). Lorsque les supports du toit seront en place, on fixera les bielles (90 jours). Dès que cette tâche sera accomplie et que le toit sera prêt, on pourra l'installer et le rendre opérationnel (90 jours). Une fois l'ensemble des activités terminées, il faudra compter 15 jours pour l'inspection du stade.

Voici quelques hypothèses de travail pour cette étude de cas.

1. Les congés suivants sont chômés : le 1er janvier, la fête des Patriotes (troisième lundi de mai), la fête de la Saint-Jean (24 juin), la fête de la Confédération (1er juillet), la fête du Travail (premier lundi de septembre), l'Action de grâces (deuxième lundi d'octobre), Noël et le 26 décembre.

2. Si une fête tombe un samedi, on choisit le vendredi comme jour de congé ; si la fête tombe un dimanche, le congé est reporté au lundi.

3. L'équipe de construction travaille du lundi au vendredi.

TABLEAU 6.3

L'étude de cas du stade Caruso

Numéro d'identification	Activité	Durée (en jours)	Antécédents
1	*Stade de soccer*		
2	Déblayer le site du futur stade.	60	—
3	Démolir les immeubles adjacents.	30	2
4	Installer un chantier de construction.	70	3
5	Enfoncer les pieux.	120	2
6	Couler le ciment de la partie inférieure du stade.	120	5
7	Couler le ciment du hall principal.	120	3, 6
8	Aménager la surface de jeu.	90	3, 6
9	Construire la partie supérieure du stade en acier.	120	3, 6
10	Installer les sièges.	120	7, 9
11	Construire les loges de luxe.	90	7, 9
12	Installer le tableau d'affichage de marque Jumbotron.	30	7, 9
13	Aménager l'infrastructure du stade.	120	7, 9
14	Construire l'auvent en acier.	60	10
15	Installer l'éclairage.	30	14
16	Construire les supports du toit.	90	6
17	Construire le toit.	180	16
18	Installer les bielles de connexion du toit.	90	16
19	Installer le toit.	90	17, 18
20	Effectuer l'inspection.	15	8, 11, 13, 15, 19

Annexe 6.1

La méthode du diagramme fléché

DESCRIPTION

Dans la méthode du diagramme fléché, on utilise aussi des flèches et des nœuds pour construire un réseau. Toutefois, *la flèche représente alors une activité unique du projet qui requiert du temps.* Sa longueur et sa pente n'ont aucune signification particulière. *Le nœud représente un événement et prend généralement la forme d'un petit cercle.* Les événements constituent des points dans le temps, mais ils n'ont pas de durée. Chaque activité du réseau a un nœud représentant son début et un autre, sa fin. Dans le cas, par exemple, de l'activité « Installer un logiciel », on exprimerait l'événement de départ par « Commencer l'installation du logiciel » et l'événement de fin par « Terminer l'installation du logiciel ». On numérote les événements nœuds en donnant au nœud du début un numéro inférieur à celui du nœud de la fin (*voir la figure A6.1*). On utilise ensuite ces deux numéros pour distinguer une activité, du début à la fin de l'activité (79-80). Comme nous le verrons, un nœud peut servir de nœud de début ou de nœud de fin à une ou plusieurs activités. Un nœud de fin d'une activité peut servir de nœud de début à une ou plusieurs activités qui la suivent immédiatement.

La figure A6.2 illustre différentes techniques de représentation des relations entre les activités dans un réseau de projet tracé à l'aide de la méthode du diagramme fléché. La figure A6.2A indique simplement au gestionnaire de projet que l'activité X doit être terminée avant que l'activité Y puisse commencer. On peut aussi présenter l'activité X comme l'activité 10-11. Notons que l'événement 11 constitue l'achèvement de l'activité X et le début de l'activité Y. Dans tous les réseaux tracés à l'aide la méthode du diagramme fléché, on utilise cette façon de relier des activités et d'établir des relations de dépendance entre elles.

D'après la figure A6.2B, les activités R, S et T sont parallèles, c'est-à-dire indépendantes les unes des autres. Elles peuvent se dérouler simultanément si le gestionnaire de projet le souhaite. Toutefois, toutes trois doivent être achevées avant que l'activité U puisse commencer. Remarquez comment le nœud 20 constitue un événement commun pour les activités R, S et T, soit leur fin et un début pour l'activité U. La figure A6.2C montre que l'activité M doit être achevée avant que les activités N et O puissent démarrer. Lorsque l'activité M est terminée, les activités N et O sont considérées comme indépendantes l'une de l'autre et peuvent être exécutées simultanément, si on le désire. L'événement 54 porte le nom d'« événement souche », car plus d'une flèche d'activité en sort. La figure A6.2D indique que les activités E et F peuvent se dérouler simultanément, mais que toutes deux doivent être terminées avant le début des activités G et H. L'événement 23 est à la fois un « événement de raccordement » et un « événement souche ». En principe, il n'y a pas de limite au nombre d'activités (de flèches) qui peuvent y entrer (raccordement) ou en sortir (souche). La figure A6.2E illustre les chemins parallèles A-C et B-D. L'activité A doit

FIGURE A6.1

Les pictogrammes d'un réseau tracé à l'aide de la méthode du diagramme fléché

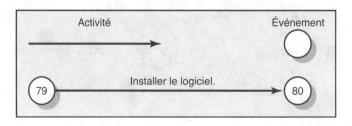

FIGURE A6.2

Les principes de base du réseau tracé à l'aide de la méthode du diagramme fléché

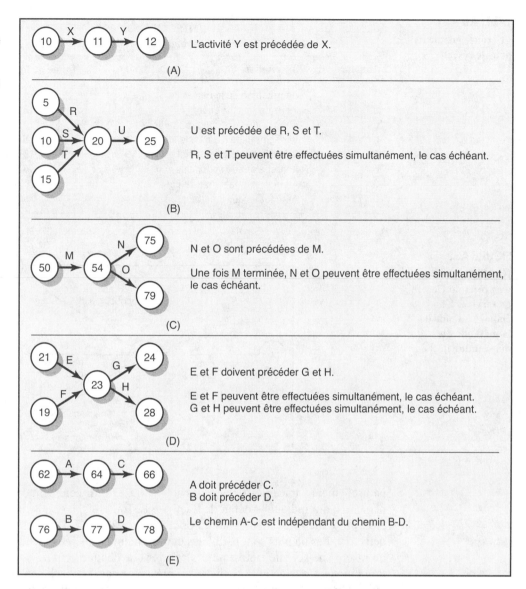

(A) L'activité Y est précédée de X.

(B) U est précédée de R, S et T.

R, S et T peuvent être effectuées simultanément, le cas échéant.

(C) N et O sont précédées de M.

Une fois M terminée, N et O peuvent être effectuées simultanément, le cas échéant.

(D) E et F doivent précéder G et H.

E et F peuvent être effectuées simultanément, le cas échéant.
G et H peuvent être effectuées simultanément, le cas échéant.

(E) A doit précéder C.
B doit précéder D.

Le chemin A-C est indépendant du chemin B-D.

nécessairement précéder l'activité C, et l'activité B doit précéder l'activité D. Les chemins A-C et B-D sont indépendants l'un de l'autre. Appliquons maintenant ces principes au projet relativement simple du Centre de services Kholl dont il a été question plus tôt dans ce chapitre.

L'ÉLABORATION D'UN RÉSEAU DES PROJETS À L'AIDE DE LA MÉTHODE DU DIAGRAMME FLÉCHÉ

Vous êtes maintenant en mesure de vous servir des renseignements du tableau A6.1 pour établir un réseau du projet du Centre de services Kholl à l'aide de la méthode du diagramme fléché. À partir de ces renseignements, vous pouvez représenter les quatre premières activités comme dans la figure A6.3, à la page suivante. L'activité A (1-2) (« Approbation de la demande ») doit être achevée avant le début des activités B (2-4), C (2-3) et D (2-5).

À ce stade, un problème courant dans les réseaux tracés à l'aide de la méthode du diagramme fléché se pose. L'activité E est précédée des activités B et C. On tendrait

TABLEAU A6.1

Les renseignements pour le réseau

CENTRE DE SERVICES KHOLL Bureau d'études de la ville			
Activité	Description	Durée de l'activité	Antécédents
A	Approbation de la demande	5	Aucun
B	Plans de construction	15	A
C	Analyse de la circulation routière	10	A
D	Vérification de l'accessibilité des services	5	A
E	Rattachement fonctionnel	15	B, C
F	Approbation de la commission	10	B, C, D
G	Attente pour la construction	170	F
H	Affectation des locaux	35	E, G

FIGURE A6.3

Un réseau partiel du projet du Centre de services Kholl élaboré à l'aide de la méthode du diagramme fléché

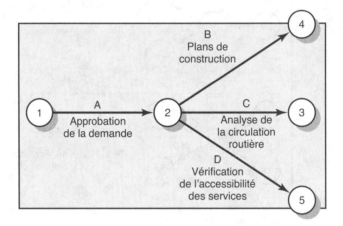

naturellement à tracer les flèches des activités B et C directement de l'événement 2 à l'événement 4, qui indique le début de l'activité E. Toutefois, il en résulterait que les activités B et C porteraient les mêmes numéros d'identification (2-4). Dans des cas semblables où deux activités ou plus sont parallèles et présentent les mêmes nœuds de départ et d'arrivée, on insère une activité fictive pour s'assurer que chaque activité a un numéro d'identification unique. Cette activité fictive est représentée par une flèche en pointillé, et sa durée est nulle. On peut l'insérer avant ou après soit l'activité B, soit l'activité C, comme le montre la figure A6.4 (*voir les parties A à D*). À la figure A6.4E, on l'a mise après l'activité C avec son propre code d'identification (X ou 3-4).

L'activité F de la figure A6.4E illustre un autre problème de réseau dans lequel il existe une dépendance entre les activités, mais où il n'est pas commode de les relier. Dans ce cas, on se sert encore une fois d'une activité fictive pour maintenir la logique des liens de dépendance du réseau. L'activité F doit avoir lieu après les activités B, C et D. L'activité fictive Y (4-5) s'avère nécessaire, car l'activité B précède à la fois les activités E et F. Elle sert à maintenir la logique et l'ordre séquentiel du système tel que prévu. On peut alors éliminer l'activité fictive 3-5 qui est redondante, c'est-à-dire que sa suppression ne change en rien les relations planifiées, puisque l'événement d'achèvement 4 précède l'activité F. Il est probable que votre premier calcul en vue du tracé d'un réseau comportera un grand nombre d'activités fictives. Après plusieurs jalonnements aval et plusieurs jalonnements amont à travers le réseau, vous trouverez le moyen de supprimer certaines activités qui ne servent qu'à préserver la logique de l'ensemble. Toutefois, lorsque deux ou plusieurs activités parallèles ont les mêmes nœuds de début et de fin, l'emploi d'activités fictives est inévitable.

FIGURE A6.4

Un réseau partiel du projet du Centre de services Kholl élaboré à l'aide de la méthode du diagramme fléché

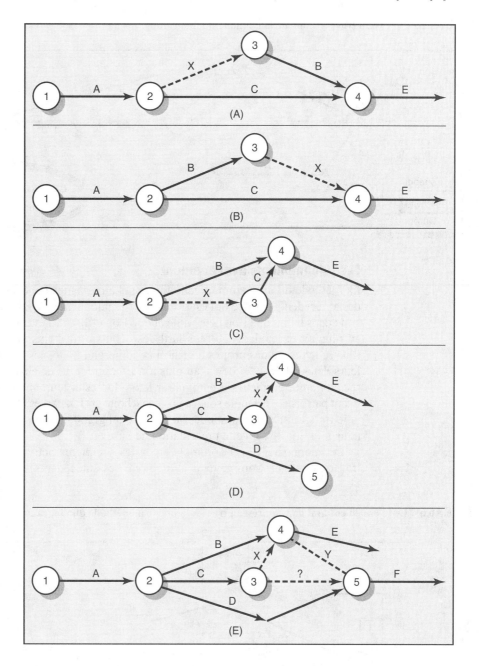

La figure A6.5, à la page suivante, présente le réseau complet du projet du Centre de services Kholl.

Il s'agit d'un réseau des projets simple sans enchaînement d'activités qui s'entrecroisent, ce qui est très rare. Gardez à l'esprit que la longueur et la pente des flèches sont des caractéristiques arbitraires. On a inclus les durées des activités sous les flèches, vers le milieu. Vous devriez effectuer les exercices portant sur les réseaux tracés à l'aide de la méthode du diagramme fléché avant d'aborder la section suivante. Votre connaissance de la technique des activités/événements vous aidera à mieux comprendre les jalonnements amont et aval dans un réseau tracé à l'aide de la méthode du diagramme fléché.

FIGURE A6.5   Un réseau tracé à l'aide de la méthode du diagramme fléché

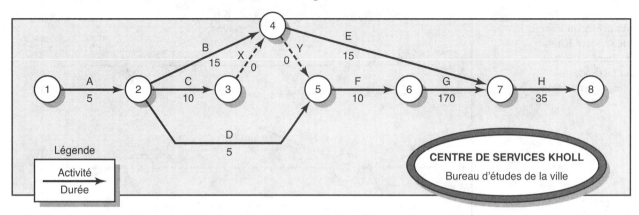

Les jalonnements aval et amont

La méthode du diagramme fléché fait appel aux mêmes concepts que ceux de la méthode des antécédents pour ce qui est d'effectuer le jalonnement aval. La principale différence se situe dans le fait que l'on détermine et que l'on utilise des événements pour établir les dates au plus tôt et les dates au plus tard des débuts et des fins des activités. La figure A6.6 illustre le réseau des projets de Kholl et comprend toutes les durées des activités ainsi que leurs dates de début et de fin au plus tôt. En outre, près de chaque événement se trouve un rectangle qui permettra d'enregistrer leurs durées et leurs marges. Les gestionnaires désignent parfois ce rectangle sous le nom de « boîte en T », car les lignes qu'il renferme forment la lettre « T ». Dans la pratique, on observe un grand nombre de variations de ce rectangle, mais toutes utilisent cette présentation de base en T.

Le jalonnement aval commence par les premières activités et suit chaque chemin à travers le réseau. Comme dans la méthode des antécédents, on *additionne* (accumule) les

FIGURE A6.6   Le jalonnement aval dans un réseau tracé à l'aide de la méthode du diagramme fléché

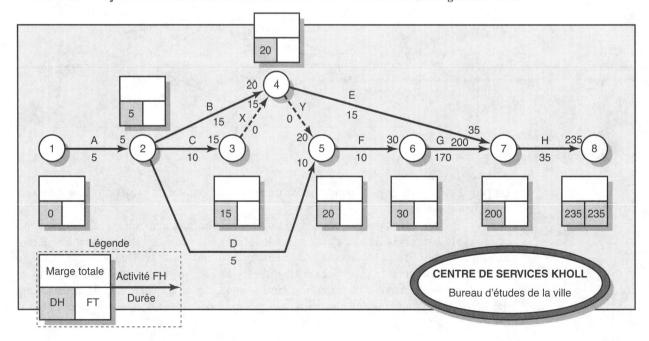

durées des activités le long du chemin. Lorsqu'on se trouve devant un événement de raccordement, on choisit la fin hâtive (FH) la plus éloignée de toutes les activités qui fusionnent dans cet événement. Effectuons ce jalonnement aval dans la figure A6.6. L'événement 1 correspond au début du projet. Par conséquent, le plus tôt qu'il puisse avoir lieu est au temps 0. Cette date au plus tôt de l'événement 1 est inscrite dans la case inférieure gauche du rectangle. Il s'agit aussi du début hâtif de n'importe quelle activité découlant de cet événement. Par conséquent, le chiffre 0 qui figure dans le rectangle de l'événement 1 constitue également le début au plus tôt de l'activité A. La fin au plus tôt de l'activité A se situe cinq jours de travail plus tard (DH + Durée = FH ou 0 + 5 = 5). On inscrit la fin hâtive de l'activité à la pointe de la flèche. Le plus tôt que l'événement 2 puisse avoir lieu est le moment où l'activité A se termine, c'est-à-dire après cinq jours de travail. On inscrit donc ce chiffre dans la case inférieure gauche de la boîte en T représentant l'événement 2. Notons encore une fois que la date au plus tôt correspond aussi au DH de toute activité à laquelle cet événement sert de début. Par conséquent, les débuts hâtifs des activités B, C et D se situent à cinq jours du démarrage du projet. Pour l'activité B, la fin hâtive (FH) se situe à 20 jours (DH + Durée = FH), pour C, à 15 jours, et pour D, à 10 jours. (Voyez la pointe de la flèche de chaque activité.) Le début au plus tôt de l'activité fictive (3-4) correspond à 15 et sa fin hâtive, à 15 également (15 + 0 = 15). Bien que la durée de cette activité soit nulle, on doit l'inclure dans les jalonnements aval et amont.

À ce stade, il faut déterminer les dates au plus tôt des événements 4 et 5. Tous deux sont des événements de raccordement, ce qui requiert une sélection parmi les activités qui fusionnent avec eux. L'événement 4 constitue le point de convergence des activités B et X, cette dernière étant une activité fictive (3-4). La fin hâtive ayant la valeur la plus élevée pour ces deux activités (20 et 15) est de 20 jours et contrôle le moment au plus tôt de l'événement 4. De même, les activités D et Y exercent un contrôle sur l'événement 5. Comme l'activité Y a la fin hâtive la plus éloignée (20 par rapport à 10 jours de travail pour D), elle sert à établir la date relative au plus tôt de l'événement 5 et de l'activité F. On additionne les durées jusqu'à l'événement de raccordement 7. Les fins au plus tôt des activités E et G sont de 35 et de 200 jours de travail, respectivement. Par conséquent, l'événement 7 et l'activité H ont des dates au plus tôt de 200 jours de travail. Enfin, l'achèvement au plus tôt du projet est de 235 jours de travail. En supposant que l'on accepte cette durée planifiée de 235 jours pour le projet, la fin au plus tard de l'événement 8 devient 235 jours. Vous disposez alors de tous les renseignements nécessaires pour effectuer le calcul au plus tard.

Le jalonnement amont et les dates au plus tard

Le jalonnement amont est similaire à celui que nous avons utilisé dans la méthode des antécédents. On commence par les nœuds représentant les derniers événements du projet et on soustrait les durées des activités le long de chaque chemin (FT – Durée = DT) jusqu'à ce que se présente un événement souche. À ce moment, on choisit la *plus petite valeur* de début au plus tard parmi toutes les activités qui découlent de cet événement. Ce chiffre indique la date relative la plus tardive à laquelle l'événement peut se produire sans retarder le projet. Effectuons le calcul au plus tard pour une partie du projet du Centre de services Kholl.

La figure A6.7 présente les dates au plus tard des événements et des activités. L'activité H a un début tardif à 200 jours (FT – Durée = DT ou 235 – 35 = 200). Cette date est inscrite à la base de la flèche. Comme l'événement 7 est un événement souche, le début tardif de l'activité H devient la date relative au plus tard de l'événement 7. Ce processus se poursuit jusqu'à ce que l'on atteigne l'événement 4 qui constitue un autre événement souche. Cette fois, le début tardif de l'activité E se situe à 185 jours et celui de l'activité Y, à 20 jours. La plus petite durée, soit 20 jours, correspond au moment le plus tard de l'événement 4. Le prochain événement souche est l'événement 2. Cette fois, les débuts au plus tard des

FIGURE A6.7 Le jalonnement amont d'un réseau tracé à l'aide de la méthode du diagramme fléché

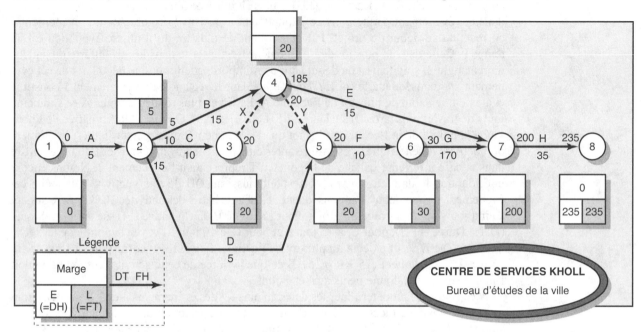

activités B, C et D sont de 5, 10 et 15 jours, respectivement. L'activité B impose la date relative au plus tard de l'événement 2 qui se situe à 5 jours de travail. Ce moment correspond également à la fin tardive de toute activité à laquelle cet événement sert de fin. Par exemple, la date relative au plus tard de l'événement 7 est de 200 jours de travail. Par conséquent, les activités E et G ne peuvent pas se terminer plus tard que le 200ᵉ jour, sinon le projet prendra du retard.

Lorsqu'on a terminé le calcul au plus tard, on peut déterminer la marge et le chemin critique. La figure A6.8 illustre le réseau complet. La marge de chaque événement figure au-dessus du T de chaque rectangle. Il s'agit de la différence entre le début au plus tard et le début au plus tôt ou entre la fin au plus tard et la fin au plus tôt. Par exemple, la marge de l'activité E est de 165 jours, soit DT – DH (185 – 20 = 165) ou encore FT – FH (200 – 35 = 165). Quelles sont les valeurs des marges des activités B, C et D ? Voici les réponses : zéro (5 5 − 0 ou 20   20 − 0), 5 jours de travail (10 − 5 = 5 ou 20 – 15 − 5) et 10 jours de travail (15 – 5 = 10 ou 20 – 10 = 10), respectivement. Le chemin critique se compose de la séquence d'activités A, B, Y, F, G et H.

Comparez le réseau de la figure A6.8 à celui de la figure 6.8, à la page 178, pour déterminer les ressemblances entre la méthode du diagramme fléché et la méthode des antécédents. Comme dans la méthode des antécédents, lorsque les dates au plus tôt et les dates au plus tard de l'événement final d'un projet sont identiques (T = H ou FT = FH), la marge du chemin critique est nulle. Lorsque ces dates diffèrent, la marge du chemin critique est égale à l'écart entre les deux valeurs (T – H ou FT – FH).

Les réseaux produits par ordinateur

La figure A6.9 illustre un réseau typique tracé par ordinateur à l'aide de la méthode du diagramme fléché pour le projet de commandes personnalisées. Les réseaux de la méthode du diagramme fléché indiquent chaque activité par les nœuds de début et de fin. Par exemple, l'activité de développement d'un logiciel se distingue comme l'activité 2-6. Elle a une durée de 18 unités de temps puisque DH = 2 et FH = 20 et que DT = 22 et FT = 40 unités de temps.

FIGURE A6.8   **Les jalonnements aval et amont ainsi que les marges d'un réseau tracé à l'aide de la méthode du diagramme fléché**

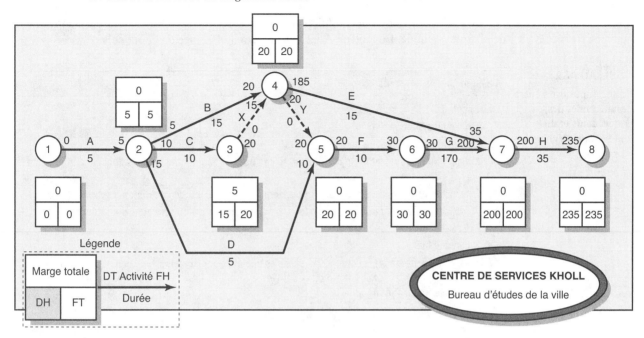

FIGURE A6.9   **Un diagramme fléché du réseau du projet de commandes personnalisées de la Société contrôle de l'air**

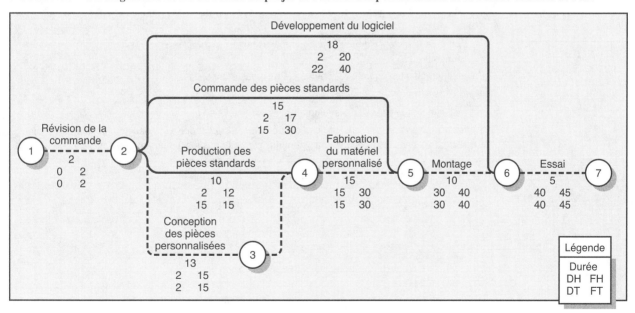

Le chemin critique passe par les activités 1 à 7. Comparez le résultat informatique du diagramme fléché de la figure A6.9 à celui de la méthode des antécédents de la figure 6.10, à la page 182.

Les diagrammes de Gantt sont identiques à ceux qui sont utilisés dans les réseaux élaborés à l'aide de la méthode des antécédents, comme l'illustre la figure 6.11, à la page 182.

LE CHOIX D'UNE MÉTHODE : LA MÉTHODE DES ANTÉCÉDENTS OU LA MÉTHODE DU DIAGRAMME FLÉCHÉ ?

Le choix d'une méthode dépend de l'importance des différents avantages et inconvénients de chaque méthode. Le tableau A6.2 vous aidera à effectuer un choix éclairé.

TABLEAU A6.2

Une comparaison entre les méthodes des antécédents et du diagramme fléché

La méthode des antécédents
Les avantages
1. On n'utilise aucune activité fictive.
2. On ne se sert pas d'événement.
3. On peut facilement tracer un réseau d'activités nodales à condition que les liens de dépendance ne soient pas trop complexes.
4. L'importance des activités est facilement compréhensible pour les gestionnaires sur le terrain.
5. Avec la méthode du chemin critique, on utilise des durées prédéterminées pour construire les réseaux.
Les inconvénients
1. Il est difficile de tracer un chemin à l'aide des numéros des activités. Quand il n'y a pas de réseau disponible, les résultats informatiques doivent fournir une liste des antécédents et des successeurs de chaque activité.
2. Plus il y a de liens de dépendance, plus il devient difficile de tracer et de comprendre un réseau.
La méthode du diagramme fléché
Les avantages
1. Le tracé des chemins se trouve simplifié par le système de numérotation des activités et des événements.
2. La méthode du diagramme fléché facilite le tracé des réseaux lorsque les liens de dépendance sont nombreux.
3. On peut facilement signaler les événements et les étapes clés.
Les inconvénients
1. L'utilisation d'activités fictives augmente les exigences en matière de données.
2. L'importance accordée aux événements peut minimiser l'importance des activités dans le projet. Des retards dans les activités entraînent des retards dans les événements et les projets.

RÉSUMÉ

Dans les réseaux élaborés à l'aide de la méthode du diagramme fléché, les activités fictives répondent à deux besoins. D'abord, lorsque deux activités parallèles ont les mêmes nœuds de départ et d'arrivée, on doit insérer une activité fictive pour pouvoir assigner un numéro d'identification propre à chaque activité (*voir l'activité X, à la figure A6.8*. Ensuite, les activités fictives peuvent servir à clarifier des relations de dépendance (*voir l'activité Y, à la figure A6.8*). Elles se révèlent très utiles lorsque des liens de ce type sont très éloignés les uns des autres à l'intérieur d'un réseau. Dans un réseau tracé à l'aide de la méthode du diagramme fléché, la date hâtive d'un événement correspond au début hâtif de n'importe quelle activité qui découle de cet événement. Inversement, la date tardive de l'événement devient la fin tardive de toute activité qui fusionne avec lui. Le principal avantage de la méthode du diagramme fléché est qu'elle permet d'éviter de dresser une liste de tous les antécédents et les successeurs de chaque activité du réseau, de sorte qu'il est possible de tracer un enchaînement séquentiel d'activités avec leurs liens de dépendance sans disposer d'un réseau ou sans que celui-ci contienne tous les renseignements nécessaires. Le résultat informatique s'en trouve considérablement diminué.

QUESTIONS DE RÉVISION

1. En quoi la construction d'un réseau diffère-t-elle dans les méthodes des antécédents et du diagramme fléché?
2. À quoi servent les activités fictives?
3. En quoi les activités diffèrent-elles des événements?

EXERCICES DE L'ANNEXE

1. À l'aide des renseignements contenus dans les exercices 3 et 4, à la page 193, tracez des réseaux au moyen de la méthode du diagramme fléché. Ajoutez-y les dates des activités et des événements. Inspirez-vous de la figure A6.8, à la page 215.
2. À l'aide des renseignements contenus dans l'exercice 11, à la page 196, tracez un réseau au moyen de la méthode du diagramme fléché. Ajoutez-y les dates des activités et des événements. Inspirez-vous de la figure A6.8.

3. À l'aide du réseau des projets suivant, déterminez les dates au plus tôt et les dates au plus tard ainsi que les marges de ce projet. Indiquez les dates de fin hâtive et de début tardif dans votre réseau.

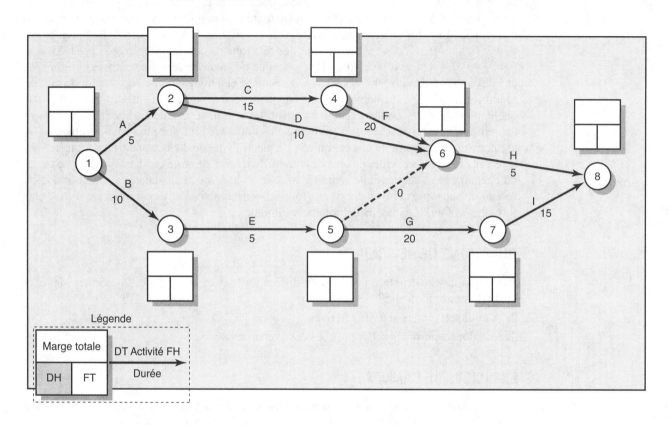

Légende

Marge totale	DT Activité FH
DH	FT	Durée

4. À l'aide du réseau de projet suivant, déterminez les dates au plus tôt et les dates au plus tard ainsi que les marges du projet. Indiquez les dates de fin hâtive et les dates de début tardif dans votre réseau.

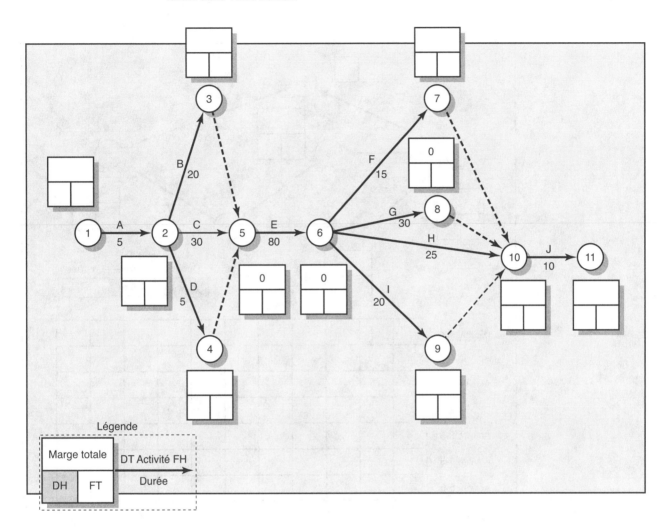

5. À l'aide du réseau des projets suivant, complétez le diagramme de Gantt de ce projet. Alignez les barres sur l'axe du temps. Indiquez les marges des activités non critiques au moyen de la légende.

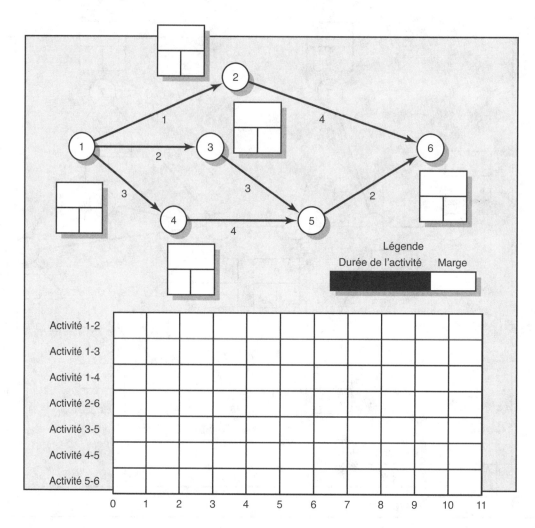

6. En vous basant sur le réseau ci-dessous, construisez un diagramme de Gantt du projet. Alignez les barres sur l'axe du temps et indiquez les marges des activités non critiques.

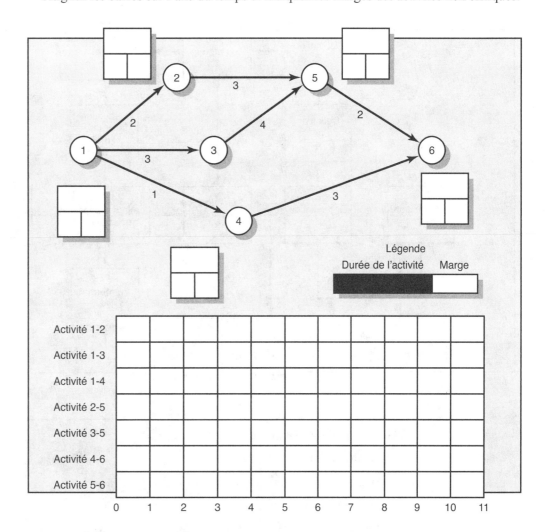

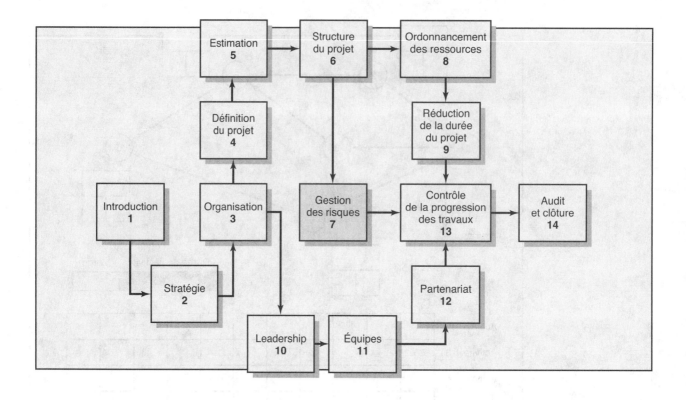

		Estimation 5		Structure du projet 6		Ordonnancement des ressources 8		

La gestion des risques

Le processus de gestion des risques

Première étape : l'identification des risques

Deuxième étape : l'évaluation des risques

Troisième étape : le développement des stratégies de réponse aux risques

Le plan de substitution

Les fonds pour éventualités et les délais tampons

Quatrième étape : le contrôle des stratégies de réponse aux risques

Le contrôle des changements

Résumé

Annexe 7.1 : Le PERT et la méthode de Monte Carlo

CHAPITRE 7

La gestion des risques

Il faut toujours prendre le maximum de risques avec le maximum de précautions.
Rudyard Kipling, écrivain anglais (1865-1936)

Le gestionnaire de projet comprend bien les risques associés à tout projet. La planification, si minutieuse soit-elle, ne peut prévenir le *risque,* le risque étant cette incapacité d'exercer un contrôle sur les événements fortuits. Dans le contexte d'un projet, le risque est une condition ou un événement plus ou moins prévisible susceptible d'avoir des effets positifs ou négatifs sur les objectifs d'un projet. Le risque a une cause et, s'il se matérialise, une conséquence. Par exemple, le risque qu'un événement vienne modifier le contenu d'un projet pourrait avoir comme conséquence de changer les objectifs ou la composition de l'équipe de projet. Si un événement incertain se présente, il a possiblement un impact sur le coût, le calendrier ou la qualité du projet. Avant le début d'un projet, il est possible de déterminer certains événements potentiellement risqués, tels que le mauvais fonctionnement d'un équipement ou une modification des exigences techniques. Les risques sont parfois des conséquences anticipées, comme certains retards dans les programmes ou des dépassements de coûts. Quelquefois, par contre, ils dépassent l'imagination. Songeons, par exemple, aux attaques terroristes du 11 septembre 2001, à New York. Bien que les risques aient parfois des conséquences positives, comme une baisse imprévue des coûts des matériaux, le présent chapitre portera sur ce qui pourrait mal tourner et sur le processus de gestion du risque.

La gestion des risques cherche à recenser les risques auxquels l'entreprise est exposée, ainsi qu'à établir et à mettre en place les mesures préventives appropriées au moment de la mise en œuvre d'un projet. La gestion des risques détermine le plus grand nombre possible de risques (ce qui peut mal tourner), atténue leur impact (les mesures permettant d'éviter un événement avant le début du projet), élabore des stratégies de réponse quand certains de ces événements se matérialisent (des plans d'urgence) et prévoit des fonds pour éventualités.

Le processus de gestion des risques

La figure 7.1 illustre le dilemme de la gestion des risques. La probabilité qu'un événement à risque se produise s'avère plus élevée à la phase de conception, de planification et de démarrage. L'impact du coût du risque est moindre lorsque celui-ci se présente tôt dans le projet. À cette étape, il est possible de minimiser l'impact d'un risque potentiel, voire de le contourner. À l'inverse, dès que le projet est rendu à la mi-parcours, le coût du risque, s'il se réalise, augmente rapidement. Un défaut de conception se manifestant après la fabrication du prototype aura un plus grand impact sur le coût ou sur le temps que s'il se produit au cours de la phase initiale du projet. Déterminer les risques et trouver des réponses à ces risques avant la mise en œuvre du projet est sans conteste plus prudent que de faire fi de la gestion des risques.

FIGURE 7.1

Un diagramme de la gestion des risques

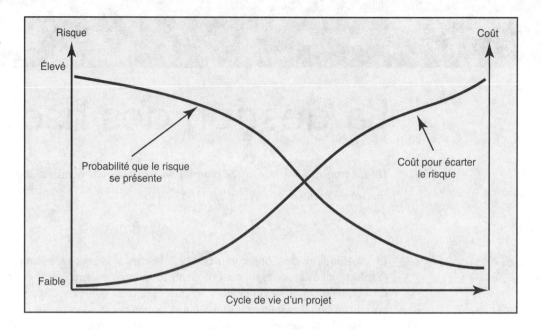

Le sort tragique de la sonde *Mars Climate Orbiter* de la National Aeronautics and Space Administration (NASA), en 1999, illustre bien les conséquences d'une mauvaise gestion des risques dans un projet. L'enquête a révélé que Lockheed Martin avait bâclé la conception d'un logiciel de navigation de la plus haute importance. Les calculateurs de vol au sol effectuaient les calculs de la poussée en livres par seconde, alors que le logiciel du vaisseau spatial utilisait le système métrique, c'est-à-dire des newtons. La compatibilité des données n'avait jamais été vérifiée.

« Nos processus de vérification n'ont pas décelé cette erreur qui aurait dû l'être », confie Ed Weiler, administrateur associé des sciences spatiales de la NASA. « Il n'y a rien à ajouter. Les processus en place n'ont pas été suivis. » (*Orlando Sentinel,* 1999) Après une expédition de neuf mois en direction de la planète rouge, la sonde de 125 millions de dollars s'est approchée de Mars à une altitude trop basse et s'est enflammée dans l'atmosphère.

La gestion des risques est une approche proactive plutôt que réactive. Ce processus préventif réduit au maximum les surprises et les conséquences néfastes associées aux événements indésirables. Il prépare aussi le gestionnaire de projet à prendre des risques en ce qui concerne la durée, le coût ou l'aspect technique. Une bonne gestion des risques permet d'exercer un meilleur contrôle sur l'avenir et d'améliorer considérablement les chances du gestionnaire d'atteindre les objectifs du projet à temps, dans les limites du budget et conformément aux exigences techniques (fonctionnelles).

Dans un projet, les sources de risque sont infinies. Il y a des sources externes à l'organisation, comme l'inflation, l'acceptation du produit par le marché, le taux de change et les organismes gouvernementaux de réglementation. En général, on désigne ces sources de risque sous le nom de « menaces », ce qui permet de les différencier des risques qui relèvent des responsabilités du gestionnaire ou de l'équipe de projet. (Nous verrons que les budgets consacrés aux risques font partie intégrante d'une « marge pour aléas », c'est-à-dire un fonds pour éventualités.) Puisque ces risques externes sont habituellement pris en considération avant le début d'un projet, nous n'en tiendrons pas compte ici. Cependant, les risques externes se révèlent extrêmement importants et doivent faire l'objet d'un examen sérieux.

La figure 7.2 décrit les étapes principales du processus de la gestion des risques. Chaque étape sera examinée en détail dans le présent chapitre.

FIGURE 7.2

Le processus de gestion des risques

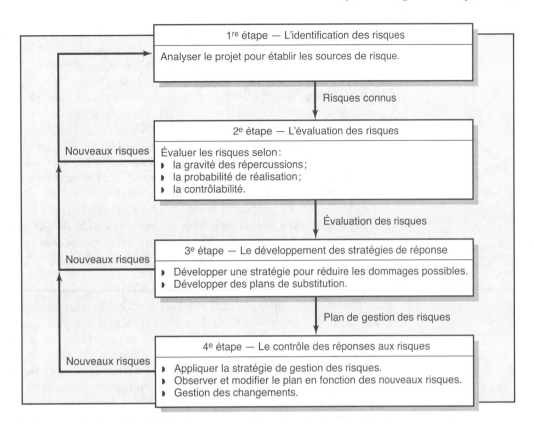

Première étape : l'identification des risques

Le processus de gestion des risques commence par l'élaboration d'une liste de tous les risques susceptibles de compromettre le projet. En général, durant la phase de planification, le gestionnaire de projet met en place une équipe de gestion des risques formée de membres affectés au projet et de quelques acteurs compétents. L'équipe recourt au remue-méninges et à l'identification de problèmes pour déterminer les difficultés potentielles. Les participants ont le champ libre pour faire preuve d'ouverture d'esprit et faire part de tous les risques qu'ils entrevoient. Plus d'un projet a échoué à cause d'un risque que les membres avaient jugé ridicule au départ. Plus tard, pendant la phase d'évaluation des risques, les participants auront l'occasion d'analyser et d'écarter les risques improbables.

On commet souvent l'erreur, tôt dans le processus d'identification des risques, de s'arrêter aux conséquences plutôt qu'aux événements susceptibles d'engendrer ces conséquences. Aux yeux des membres d'une équipe, par exemple, le non-respect de l'échéance représente un risque majeur. Ils devraient plutôt considérer les événements susceptibles de causer ce défaut tels qu'une mauvaise évaluation de la durée, le temps défavorable ou des retards de livraison. C'est en concentrant les efforts sur les risques que les solutions potentielles émergeront.

Il est préférable d'accorder la priorité aux risques pouvant compromettre l'ensemble du projet ou du réseau plutôt qu'aux risques qui ne le concernent qu'en partie. Une fois les risques globaux et généraux établis, on analysera les autres risques, le cas échéant. La structure de découpage du projet (SDP) se révèle d'une grande efficacité pour mesurer les risques spécifiques à une tâche. Cette structure réduit la probabilité d'omettre un risque. Dans les projets d'envergure, plusieurs équipes de gestion des risques s'organisent autour de livrables précis et présentent leurs rapports au gestionnaire de projet.

Le profil des risques est un autre outil susceptible d'aider les équipes de gestion à déterminer et à analyser les risques. Cette liste de questions couvre les facteurs d'incertitude habituels entourant un projet. Ces questions ont déjà été formulées et peaufinées lors de projets précédents semblables. Le tableau 7.1 présente un extrait d'un profil des risques.

Le profil des risques efficace est conçu sur mesure pour un type de projet précis. L'implantation d'un système d'information, par exemple, a peu en commun avec l'assemblage d'un nouveau véhicule. Le profil est propre à l'organisation et tient compte des forces et des faiblesses de celle-ci. Enfin, il permet d'esquiver les risques techniques et administratifs. Dans le profil du tableau 7.1, par exemple, les questions concernent la conception (« Le design s'appuie-t-il sur des hypothèses irréalistes ? ») et l'environnement de travail (« Les employés coopèrent-ils en dépit des contraintes fonctionnelles ? »).

Les profils des risques sont généralement établis et conservés par le personnel affecté au projet. Ils sont mis à jour et peaufinés au cours de l'audit de clôture (*voir le chapitre 14*). Ces profils, quand ils sont tenus à jour, constituent une ressource capitale dans le processus de gestion des risques. Les questions formulées dans ces profils témoignent de l'expérience collective des projets antérieurs de l'entreprise.

Il est possible également de se procurer des profils des risques valables auprès de sociétés d'experts-conseils qui les offrent dans le cadre de leurs services de gestion de projet. Dans son livre *Continuous Risk Management Guidebook,* par exemple, le Software Engineering Institute propose une liste détaillée de questions qui permettent d'évaluer les risques d'un projet logiciel.

Quand il n'y a aucun profil des risques, les documents historiques peuvent avoir leur utilité. Les équipes de projet examinent le déroulement de certains projets semblables du passé, puis établissent les risques potentiels. Un gestionnaire de projet, par exemple, vérifie la ponctualité de certains fournisseurs pour mesurer le risque de retards de livraison. Les gestionnaires de projet de technologie de l'information (TI) consultent des publications sur les « pratiques d'excellence » dans lesquelles sont décrites les expériences d'autres sociétés

TABLEAU 7.1

Extrait d'un profil des risques d'un projet d'élaboration d'un produit

Exigences techniques	**Qualité**
Les exigences sont-elles définitives ?	La conception tient-elle compte des critères de qualité ?
Conception	
La conception s'appuie-t-elle sur des hypothèses irréalistes ou optimistes ?	**Gestion**
	Les employés connaissent-ils les responsables des différents aspects du projet ?
Phase de validation	
Y aura-t-il une phase formelle de validation du logiciel ?	**Environnement de travail**
	Les employés travaillent-ils de manière inter-fonctionnelle ?
Développement	
Le processus de développement est-il renforcé par une série de procédures, de méthodes et d'outils compatibles entre eux ?	**Personnel**
	Le personnel est-il inexpérimenté ou insuffisant ?
	Client
Calendrier de travail	Le client comprend-il ce qui sera nécessaire à l'exécution de son projet ?
Le calendrier de travail dépend-il de l'exécution d'autres projets ?	
	Entrepreneurs
Budget	Y a-t-il des ambiguïtés dans la définition de tâches des entrepreneurs ?
Dans quelle mesure les devis préliminaires sont-ils fiables ?	

dans la conversion des systèmes logiciels. L'examen des risques potentiels ne doit cependant pas se limiter aux données consignées. Le gestionnaire de projet avisé met à profit la sagesse des autres, comme certains gestionnaires de projet chevronnés à qui il demande leur avis.

L'identification des risques du ne doit pas revenir exclusivement aux membres de l'équipe du projet. Il faut plutôt rechercher des suggestions et des commentaires auprès de plusieurs acteurs, comme les clients, les commanditaires, les sous-traitants, les fournisseurs et bien d'autres. Le gestionnaire de projet peut en interroger certains ou les inclure dans l'équipe de gestion des risques. Non seulement ces acteurs apportent-ils une perspective intéressante, mais s'ils sont engagés dans le processus de gestion des risques, le succès du projet leur tient aussi à cœur.

L'attitude constitue l'une des clés du succès dans l'identification des risques. Lorsque la phase de mise en œuvre exige une attitude souple, le gestionnaire de projet doit encourager l'esprit critique quand il s'agit d'établir les risques. L'objectif consiste à découvrir les problèmes avant qu'ils ne se présentent, et les participants doivent observer la loi de Murphy : « Tout ce qui peut aller de travers ira de travers. »

La SDP et les profils des risques constituent des outils fort utiles, pour s'assurer que tous les aspects du projet ont été passés au peigne fin. L'identification des risques, bien réalisée, révèle parfois un nombre considérable et quelque peu décevant de risques. L'optimisme initial peut alors faire place à la grogne et à des commentaires du type « Nous sommes dans de beaux draps ! ». Il importe que le gestionnaire de projet donne le ton et termine le processus de gestion des risques afin que les membres de l'équipe reprennent confiance en eux et dans le projet.

Deuxième étape : l'évaluation des risques

Au cours de la première étape, l'équipe de projet dresse une liste des risques potentiels. Ces risques ne méritent pas tous que l'on s'y attarde. Certains sont ignorés, car ils sont insignifiants, alors que d'autres menacent sérieusement le projet. Le gestionnaire de projet doit développer des méthodes pour épurer les risques de la liste en éliminant ceux qui sont sans conséquence ou redondants et décortiquer les autres en fonction de l'importance et du besoin d'intervention.

L'**analyse des scénarios** est la technique la plus facile et la plus courante d'analyse des risques. Les membres de l'équipe évaluent chaque risque en fonction des aspects suivants :

1. L'événement indésirable.
2. Toutes les conséquences de l'événement si jamais celui-ci survenait.
3. L'ampleur ou la gravité de l'impact de l'événement.
4. La probabilité que l'événement survienne.
5. L'étape du projet au cours de laquelle l'événement peut survenir.
6. L'interaction avec d'autres parties de ce projet ou d'un autre projet.

Supposons, par exemple, que la probabilité d'une pénurie de ressources d'une compétence donnée soit de 80 %. Le projet serait alors retardé, le calendrier de travail se révélerait plus serré, la souplesse serait moindre, et une hausse des coûts serait sans doute envisagée. L'impact équivaudrait à une hausse de 10 % des coûts et à 5 % de retard en ce qui touche la durée du projet. La pénurie se manifestera au stade de la conception du projet. Un retard ici serait susceptible de retarder d'autres projets ou nécessiterait un changement des priorités. Cette information à portée de la main faciliterait l'évaluation de chaque risque digne d'attention.

On trouve de la documentation sur les analyses de scénarios dans divers formulaires d'évaluation des risques de plusieurs sociétés. La figure 7.3 présente un extrait de formulaire d'évaluation des risques utilisé pour un projet de système d'information concernant le passage de Windows Office 97 à Windows Office 2000 XP. L'équipe de projet a établi les risques, y compris les problèmes d'interface avec le système actuel, les pannes du système après l'installation, la résistance aux changements des utilisateurs finaux et le mauvais fonctionnement du matériel. En plus d'évaluer la probabilité d'occurrence d'un événement, sa gravité et le moment où il surviendra, l'équipe de projet a cherché à déterminer si elle était en mesure de détecter l'événement assez rapidement pour en atténuer l'impact. L'équipe a attribué une note de 5 (élevée) à la difficulté de détection des pannes du système, car elles surviennent sans avertissement et seulement une note de 3 (moyenne) à la réticence des utilisateurs, car le démarrage d'une perturbation sismique peut être décelé avant qu'elle ne devienne un tremblement de terre.

En général, les sociétés jugent utile de classer la gravité des risques sous forme de matrice d'évaluation des risques. La matrice comprend deux axes : l'impact du risque et sa probabilité de réalisation. Par exemple, la matrice des risques de la figure 7.4 présente un tableau de cinq colonnes sur cinq rangs où chaque cellule représente une valeur différente d'impact et de probabilité de réalisation.

FIGURE 7.3

Un formulaire d'évaluation des risques

Risque	Probabilité	Impact	Difficulté de détection	Étape de réalisation possible
Problèmes d'interface	4	4	4	Conversion
Pannes du système	2	5	5	Démarrage
Réticence des utilisateurs	4	3	3	Postinstallation
Mauvais fonctionnement du matériel	1	5	5	Installation

FIGURE 7.4

Une matrice de la gravité des risques

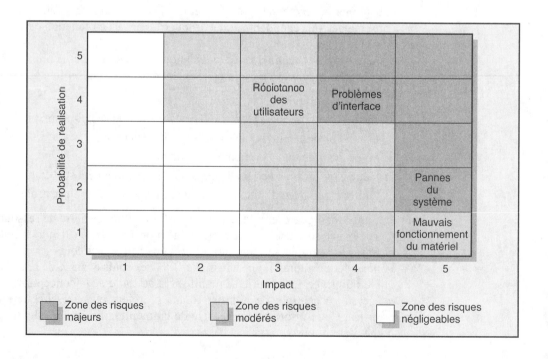

La matrice est divisée en trois zones, chacune représentant respectivement les risques majeurs, modérés et négligeables. La zone des risques majeurs se concentre dans la partie supérieure droite de la matrice (grand impact/forte probabilité) et la zone des risques négligeables dans la partie inférieure gauche (impact négligeable/faible probabilité). La zone des risques modérés s'étend au milieu de la matrice. Comme l'impact est généralement considéré comme plus important que la probabilité de réalisation (un risque de 10 % de perdre 1 000 000 $ est habituellement considéré comme plus grave qu'un risque de 90 % de perdre 1 000 $ car son espérance mathématique est plus élevée), la zone des risques majeurs s'étend plus bas dans la colonne des impacts majeurs.

Reprenons l'exemple du projet de passage à Windows Office 2000. Ici, les problèmes d'interface et de pannes du système se situeraient dans la zone des risques majeurs ; la résistance des utilisateurs et le mauvais fonctionnement du matériel se trouveraient dans la zone des risques modérés.

À la base, la matrice de gravité des risques permet de déterminer les risques dont il faut tenir compte en priorité. On considérera d'abord les risques de la zone des risques majeurs, puis ceux de la zone des risques modérés. En général, on juge les risques de la troisième zone sans conséquence et on les ignore jusqu'à ce que leur statut change.

L'analyse des modes de défaillance, de leurs effets et de leur criticité (AMDEC) enrichit la matrice de la gravité des risques, ajoutant une variable à l'équation, soit la facilité de détection :

$$\text{Impact} \times \text{Probabilité} \times \text{Détection} = \text{Niveau de risque}$$

Ces trois variables sont chacune notées selon une échelle de cinq points. Par exemple, la détection se définit comme la capacité d'une équipe de projet à déceler l'imminence d'un risque. On accorderait une note de 1 si un chimpanzé est en mesure de prévoir le risque. On attribuerait la plus haute note de détection, soit 5, aux événements impossibles à prévoir avant leur apparition, par exemple, une panne du système. Le même type d'échelle de valeurs vaut pour la gravité de l'impact et la probabilité de réalisation de l'événement. L'évaluation des risques repose donc sur la combinaison des trois variables. Prenons, par exemple, un risque dont l'impact est noté 1. La probabilité de réalisation de ce risque est très faible, et il est facile à détecter. C'est pourquoi il obtiendra une valeur de 1 ($1 \times 1 \times 1 = 1$). À l'inverse, le risque dont l'impact est grand, la probabilité de réalisation est élevée et qui est impossible à détecter obtiendra une valeur de 125 ($5 \times 5 \times 5 = 125$). Ce grand écart entre les valeurs facilite la stratification des risques et tient compte de la combinaison des variables.

L'analyse des probabilités

Plusieurs techniques statistiques sont susceptibles d'aider le gestionnaire de projet à évaluer les risques. Les arbres de décision servent à évaluer des solutions de remplacement à l'aide de valeurs probables. Les variations statistiques de la valeur actualisée nette (VAN) permettent d'évaluer les risques de flux de trésorerie des projets. Les corrélations entre les liquidités de projets antérieurs et les courbes en S (courbe du coût cumulatif du projet pour la durée de vie utile du projet) servent à évaluer les risques de flux de trésorerie.

La technique d'évaluation et de suivi des projets (PERT : Program Evaluation and Review Technique) et la méthode de Monte Carlo permettent d'analyser le déroulement et les risques d'un projet. La technique PERT et les techniques connexes adoptent une perspective plus large en considérant l'ensemble des risques liés au coût et au calendrier de travail. Il met l'accent non pas sur les événements individuels, mais sur la vraisemblance que le projet soit achevé à temps et dans les limites du budget. Cette méthode s'avère utile à l'évaluation du profil des risques du projet et des besoins en fonds pour éventualités, en ressources et en temps. La méthode de Monte Carlo en gestion de projet gagne en popularité, car elle fait appel aux mêmes données que la technique PERT et elle peut s'accompagner d'un logiciel pour effectuer les calculs.

En gros, la méthode de Monte Carlo présente une distribution de fréquence (la répartition des valeurs) pour la durée de chaque activité ; par la suite, elle simule le réseau en attribuant des durées probabilistes à chaque activité à l'aide d'un générateur de nombres aléatoires. Le logiciel peut effectuer plus de 1 000 simulations avec des combinaisons uniques de durée d'activités à l'intérieur du réseau de projet. Le résultat est la probabilité relative, appelée *indice de criticité,* qu'une activité devienne critique en raison des nombreuses durées possibles des opérations pour chaque activité. La méthode de Monte Carlo dresse également une liste des chemins critiques potentiels et de leurs probabilités de réalisation respectives. Disposer de cette information peut faciliter grandement l'identification et l'évaluation des risques associés au calendrier de travail. Reportez-vous à l'annexe 7.1, à la fin du présent chapitre, pour obtenir une description et des explications plus détaillées.

L'analyse des scénarios : la méthode semi-quantitative

Le gestionnaire de projet typique est souvent réticent à l'idée d'utiliser ou de fournir des probabilités pour les analyses de risques. Le défi consiste à inciter l'équipe de projet à formuler le risque en mots. Cette information s'avère très pratique et, par la même occasion, procure certains avantages lors de l'utilisation de la théorie des probabilités.

Des gestionnaires de projet expérimentés privilégient l'approche de l'analyse des scénarios semi-quantitative décrite dans la rubrique à la page suivante. Cette approche est fondée sur le temps, car la plupart des risques dépendent du temps, retardent le projet et sont facilement compris de l'équipe de gestion des risques. Notons qu'une approche semblable peut être utilisée pour tout budget.

L'approche du scénario semi-quantitatif pousse l'analyse des scénarios un peu plus loin. Les valeurs numériques servant à l'évaluation des impacts offrent la possibilité de vérifier la pertinence des risques établis et de faciliter leur analyse. Ce processus a pour conséquence majeure de cerner les risques et les durées possibles. En établissant les trois calendriers avant le début du projet, il devient alors possible de considérer les décisions que l'équipe devra peut-être prendre et de répondre à la question suivante : « Que faudra-t-il faire si…? » Si jamais l'entreprise s'exposait à un risque, quel impact celui-ci aurait-il sur les autres projets ? Cette approche s'avère aussi très utile au moment d'expliquer aux membres les risques d'un projet.

Troisième étape : le développement des stratégies de réponse aux risques

Après avoir établi et évalué un risque, l'équipe de la gestion des risques détermine la façon qui convient le mieux pour le contrer. On classe les risques selon qu'ils seront réduits, évités, transférés, partagés ou acceptés.

La réduction des risques

D'ordinaire, on envisage d'abord de réduire le risque. Pour ce faire, il existe en gros deux stratégies : 1) limiter la probabilité de réalisation du risque et 2) minimiser l'impact du risque sur le projet. Le projet de système d'information dont il a été question à la figure 7.3 en serait un bon exemple. L'équipe de gestion de projet avait pour tâche d'installer un nouveau système d'exploitation à la société mère. Avant la mise en œuvre du projet, l'équipe a mis à l'essai le nouveau système sur un petit réseau isolé pour ensuite constater toute une série de problèmes qu'ils ont résolus avant son implantation. L'équipe s'est tout de même heurtée à certains problèmes lors de l'installation, beaucoup moins nombreux et beaucoup moins graves, cependant. Cette méthode de réduction du risque se nomme la technique du

L'approche de risques semi-quantitative

En premier lieu, précisons que l'analyse des scénarios commence par l'élaboration d'un *calendrier de travail de référence* représentant le temps d'exécution approximatif. C'est donc dire que les chances de terminer le projet avant ou après la date d'échéance ne dépassent pas 50 %. On vérifie auprès des membres de l'équipe de gestion des risques qu'ils sont certains à 90 % ou à 95 % que la durée du calendrier de travail se situe près de la moyenne.

En deuxième lieu, les membres de l'équipe établissent un calendrier de travail de référence en supposant que « tout se déroulera bien ». Ils préparent ensuite un *calendrier selon un scénario de réussite.* Le gestionnaire de projet leur demande de confirmer qu'ils sont certains à 90 % que le calendrier du cas le plus favorable a 10 % des chances de se réaliser, dans la mesure où tout ira bien. Notons que ce calendrier permet en fait d'effectuer des compressions et de prendre des mesures pour éviter ou réduire certains risques.

En troisième lieu, l'équipe de gestion des risques imagine le pire des scénarios, qui implique que les risques ne pourront être évités. Le projet se soumettra alors à la loi de Murphy. Les membres de l'équipe établissent le *calendrier du cas le plus défavorable.* Le gestionnaire de projet leur demande de confirmer qu'ils sont certains à 90 % que le calendrier du cas le plus défavorable a 90 % des chances de se réaliser, si les risques se matérialisent.

En dernier lieu, les membres de l'équipe sont confrontés à la vraisemblance des calendriers au plus tôt, au plus tard et prévus. On leur demande alors d'indiquer la somme d'argent qu'ils seraient prêts à parier sur chacun. Ce processus ouvert entraîne généralement de légères modifications, mais il confirme aussi aux membres de l'équipe qu'ils s'entendent à peu de choses près sur la vraisemblance des calendriers. La figure 7.5 présente trois calendriers hypothétiques, connus sous le nom de calendriers à 10 %, à 50 % et à 90 %. Ici, l'équipe est certaine à 90 % que le calendrier du cas le plus favorable, soit 470 jours, a 10 % des chances de se réaliser ; elle est certaine à 50 % de respecter le calendrier de référence de 500 jours et certaine à 90 % d'atteindre le calendrier du cas le plus défavorable si les risques se matérialisent, soit 590 jours. La représentation graphique de ces trois calendriers et la documentation sur les estimations de temps et de coûts et les hypothèses constituent des outils précieux pour expliquer au client et aux cadres supérieurs les incertitudes et les effets des risques associés à un projet.

FIGURE 7.5 **Des graphiques de Gantt par probabilité de réalisation des risques**

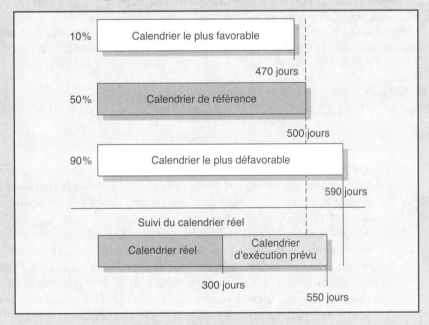

Tout au long de la mise en œuvre du projet, il est possible de comparer le calendrier réel avec les calendriers à 10 %, à 50 % et à 90 %. La partie inférieure de la figure 7.5 montre un suivi du calendrier « réel » pour le projet hypothétique. Le 300e jour, on estime que le projet nécessitera 250 autres jours ; c'est 50 jours de plus que la moyenne et 40 jours de moins que le calendrier le plus défavorable.

Un dôme réduit en poussière*

Le 26 mars 2000, la structure de béton en forme de dôme la plus grande du monde s'est effondrée, en moins de 20 secondes, à la suite d'une implosion spectaculaire. « Nous ne faisons pas sauter les édifices », dit Mark Loizeaux dont la société Controlled Demolition, au Maryland, a été engagée pour détruire le Seattle Kingdome vieux de 24 ans. « Les explosifs que nous utilisons agissent comme moteur. La gravité constitue toutefois le catalyseur qui les fait s'effondrer. »

À l'époque, Controlled Demolition comptait pas moins de 7 000 démolitions à son actif. La destruction du Kingdome s'est avérée la plus complexe du lot. Il lui a fallu trois mois de préparation pour faire imploser le dôme, au coût total de neuf millions de dollars. Le Kingdome était considéré comme l'une des structures les plus solides du monde – 25 000 tonnes de béton dont chacune des 40 pièces de charpente en forme de voûte comprenant des barres d'armature en acier de 0,5 cm à 5 cm de diamètre.

Des cordeaux d'explosif de couleur orange (une série de bâtons de dynamite qui explosent au rythme fulgurant de 24 000 pieds par seconde) reliaient les six sections en forme de pointe de tarte à un contrôle central situé à proximité.

Dans chaque section, les employés de Controlled Demolition ont percé près de 1 000 trous qu'ils ont remplis d'explosifs gélatinés à grande vitesse de détonation de la taille d'un hot dog. Ils ont placé trois charges plus importantes le long de chaque pièce de charpente du dôme et de plus petites encore plus haut. Quand ils ont activé le détonateur, des amorces ont entraîné une réaction d'explosions en chaîne dans chaque section, réduisant ainsi le stade à un amas de gravats.

Si l'implosion représentait un tour de force technique, la gestion du risque, quant à elle, constituait un élément fondamental du succès du projet.

Pour limiter les dommages aux édifices avoisinants, les employés ont enveloppé les charges explosives dans une clôture à mailles recouverte d'épaisses couches de géotextile de polypropylène pour empêcher les débris de tomber plus loin. De plus, ils ont protégé les édifices de diverses manières en fonction de leur structure et de leur proximité. Par exemple, ils ont scellé les unités de traitement de l'air ainsi que les portes et fenêtres, couvert les planchers et fenêtres de contreplaqué et enveloppé l'extérieur de feuilles de polyéthylène.

Pour absorber l'impact, les employés ont retiré les climatiseurs intérieurs qu'ils ont remplacés par d'autres matériaux afin de créer une barrière autour du périmètre de la zone des travaux.

Des centaines de policiers et d'agents de sécurité ont formé un cordon de sécurité d'environ 1 000 pieds autour du Kingdome dans le but de contenir une foule curieuse. On a détourné la circulation sur une superficie encore plus grande. On a aussi assuré l'hébergement des résidants et des animaux domestiques logés dans la zone névralgique.

Huit camions d'eau, huit unités de balayeurs et plus d'une centaine d'employés ont été déployés immédiatement après la déflagration pour limiter la poussière et commencer le nettoyage.

Un tiers du béton sera pulvérisé et servira aux fondations du nouveau stade de football à ciel ouvert de 430 millions de dollars construit au même endroit. Le reste du béton sera retiré et servira aux plates-formes des chaussées et aux fondations des édifices, partout dans la région de Seattle.

* *New York Times – Sunday Magazine,* 19 mars 2000 ; site Web du *Seattle Times,* 27 mars 2000.

projet pilote. Il existe d'autres façons de réduire la probabilité d'occurrence des événements à risque, par exemple prévoir les travaux extérieurs pendant la période estivale, investir au préalable dans une formation en sécurité et opter pour des matériaux et de l'équipement de haute qualité.

Le gestionnaire de projet révise ses estimations à la hausse quand il craint avoir sousestimé les coûts et la durée. Pour ce faire, il utilise d'ordinaire un ratio entre le nouveau projet et un projet précédent. Le ratio sert généralement de constante d'augmentation ou de réduction du temps des activités du projet. Si le déroulement s'annonce plus difficile et qu'on considère qu'il est nécessaire de consacrer 20 % de plus de temps, il faudra évaluer le temps de programmation à 12 minutes par ligne de codes informatiques.

Une autre façon de réduire le risque consiste à en atténuer l'impact quand il se présente. Prenons l'exemple d'un projet de construction d'un pont d'un port côtier où il est question de recourir à un nouveau procédé de coulage du béton de manière continue, mis au point par une société australienne, qui permettra d'économiser significativement temps et argent. Le risque majeur consiste en ce que ce procédé de coulage, pour chaque section principale du pont, ne peut être interrompu d'aucune façon. Toute interruption entraînerait la démolition et le remplacement d'une section entière du pont, soit des centaines de mètres cubes de béton. Au moment d'évaluer les risques possibles, l'équipe s'est concentrée sur la livraison

WAP et Java s'affrontent*

Ellipsus Systems, AB, à Vaxjo, en Suède, conçoit des logiciels qui assurent la liaison entre les systèmes informatiques d'entreprises et les téléphones cellulaires. Ses succès reposent sur de bonnes décisions d'ordre technologique, surtout en ce qui a trait aux standards et aux protocoles de ses logiciels. Comme les appareils mobiles et sans fil gagnaient en popularité, deux normes techniques majeures ont commencé à s'imposer. L'une d'entre elles était le protocole WAP (*Wireless Application Protocol*). La seconde, Java, était basée sur les normes de programmation Internet de Sun Microsystems.

Richard Kjellberg, l'un des fondateurs d'Ellipsus, s'est retrouvé devant un dilemme : quel protocole privilégier ? Java s'imposait en raison de certains aspects et WAP, en raison de certains autres. Le protocole WAP est apparu sur le marché avant Java. Il a suscité un grand enthousiasme. Alors que Nokia se préparait à lancer son premier téléphone sans fil à la fin de 1999, des ingénieurs de partout en Europe ont abandonné un emploi stable pour démarrer des entreprises orientées vers la programmation WAP. Cependant, au même moment, les systèmes basés sur le protocole WAP ont été l'objet de certaines critiques. À cause de la lenteur de son temps de réponse, un journal suédois titrait : « WAP is Crap » (« Le protocole WAP ne fait pas le poids »). Java, pour sa part, n'avait pas encore fait ses preuves, car aucun appareil du marché ne l'utilisait.

M. Kjellberg a résolu le problème en menant de front deux projets, un pour chaque protocole. Ellipsus a eu tôt fait de fabriquer des prototypes pour chaque système et de les exposer côte à côte au cours d'un salon commercial. « Au bout d'une heure, nous savions à quoi nous en tenir », affirme le directeur de l'exploitation, Douglas Davies. C'est alors qu'Ellipsus a commencé à signer des contrats de plusieurs millions de dollars en vue d'offrir son système JAVA aux chefs de file étasuniens.

* PRINGLE, David. « How the U.S. took the wireless lead away from Europe », *The Wall Street Journal,* 20 février 2002.

du béton de la cimenterie. Il est possible que les bétonnières montées sur camion soient retardées ou encore que la cimenterie interrompe ses activités. La réalisation de ces risques entraînerait d'énormes coûts de reconstruction et des retards considérables. Afin de réduire le risque, on a décidé de construire deux autres usines de béton mobiles dans un rayon de 30 km du pont, près d'autoroutes différentes, si jamais la production de la cimenterie principale devait être interrompue. Ces deux usines mobiles disposeraient des matières premières pour une section entière du pont. Chaque fois qu'un coulage continu s'avérerait nécessaire, des camions supplémentaires se tiendraient prêts en cas de besoin. D'autres scénarios de réduction de risque sont élaborés dans les projets de développement de logiciels où l'on recourt à des procédés innovateurs, si jamais l'un d'eux faisait défaut. Enfin, dans l'exemple présenté à la page précédente, on relate les mesures prises par la société Controlled Demolition qui ont permis de réduire les dommages lors de l'implosion du Kingdome de Seattle.

Les moyens permettant d'éviter les risques

Pour éviter les risques, on modifie le plan du projet. Bien qu'il soit impossible d'éliminer tous les risques, on peut en écarter certains avant d'entreprendre le projet. Privilégier une technologie éprouvée plutôt qu'une technologie expérimentale, par exemple, est susceptible d'écarter toute forme de difficulté technique. Opter pour un fournisseur australien plutôt qu'indonésien éliminerait presque toutes les possibilités que des troubles politiques interrompent la livraison de matériaux indispensables. La rubrique ci-dessus explique comment la société Ellipsus Systems a contourné un risque technique majeur.

Le transfert des risques

Le transfert des risques est pratique courante, mais ce transfert ne change rien aux risques. Cette stratégie, toutefois, comporte presque toujours un prix. Le contrat à forfait constitue un exemple classique où un propriétaire transfère le risque à un entrepreneur. L'entrepreneur comprend que sa société paiera pour tout risque qui se matérialisera. C'est pourquoi une compensation pécuniaire pour le facteur de risque sera ajoutée au prix soumissionné au contrat. Avant de transférer le risque, le propriétaire détermine l'entrepreneur qui, à ses yeux, sera le plus en mesure d'en limiter l'occurrence. Il vérifie aussi si l'entrepreneur est capable d'absorber les coûts éventuels. L'entrepreneur doit bien connaître les responsabilités qui lui incombent quand il accepte d'absorber un risque. Plus courante, l'assurance constitue une autre façon de transférer un risque.

Cependant, dans la majorité des cas, c'est peu pratique, car tenter de définir les événements à risque et les conditions d'un projet avec un courtier d'assurance s'avère difficile et généralement coûteux. Bien entendu, les événements à risque peu probables et à conséquences graves comme les catastrophes naturelles sont plus faciles à décrire et à assurer. Les cautionnements définitifs, les engagements formels et les garanties constituent d'autres instruments financiers utiles au transfert des risques.

Le partage des risques

Dans le partage du risque, différentes parties assument une portion du risque. L'exemple du Airbus A340 illustre bien cette notion. Les risques liés à la recherche et au développement ont été répartis entre certains pays européens dont l'Angleterre et la France. L'industrie du divertissement, pour sa part, a formé un consortium dans le but d'établir un format commun pour les DVD et d'assurer la compatibilité entre les produits. D'autres formes de partage des risques sont en train de voir le jour.

Le partage des risques a gagné en popularité ces dernières années, servant d'élément de motivation pour réduire les risques et même, dans certains cas, diminuer les coûts. Le partenariat (*voir le chapitre 12*) entre un propriétaire et des entrepreneurs a suscité un développement continu des processus d'amélioration afin d'encourager les entrepreneurs à trouver des moyens innovateurs de mettre en œuvre un projet. Cette nouvelle méthode entraînera sans doute des frais de démarrage et un certain risque que le nouveau processus ne fonctionne pas. En général, le propriétaire et les sous-traitants assument à parts égales le coût du risque et les avantages apportés par le nouveau procédé.

L'acceptation des risques

Dans certains cas, les acteurs sont ouverts à l'idée qu'un risque se produise. Certains risques sont d'une telle ampleur qu'il est impensable de les transférer ou de les réduire – par exemple, un tremblement de terre ou une inondation. Le maître de l'ouvrage assume le risque, la probabilité de réalisation étant mince. Dans les autres cas, le budget de réserve peut simplement absorber un risque établi s'il se matérialise. Quand le risque est accepté, il faut développer un plan d'urgence au cas où le risque se produirait. Quelquefois, il est possible d'ignorer un événement à risque et d'être ouvert au dépassement de coût qu'il entraînerait si jamais il se présentait.

Plus il y a d'efforts consentis pour trouver des réponses aux risques avant le début du projet, meilleures seront les chances de réduire le nombre de mauvaises surprises en cours de route. Savoir que la réponse à un événement à risque sera acceptée, transférée ou partagée réduit considérablement le stress et l'incertitude quand celui-ci se produit. Une fois de plus, cette approche structurée permet d'avoir la situation bien en main.

Le plan de substitution

Le plan de substitution est un plan de rechange utile quand un risque prévu devient réalité. Ce plan consiste en une série de mesures qui atténueront l'impact négatif de l'événement à risque. Comme tous les autres plans, le plan de substitution répond aux questions suivantes : Quoi ? Où ? Quand ? Comment ? Faute de plan de substitution, il est possible qu'un gestionnaire soit forcé de retarder ou de remettre la décision d'appliquer une solution quand l'événement se produit. Ce retard est susceptible de semer la panique chez les membres de l'équipe qui peuvent alors accepter la première solution proposée. De telles décisions prises après coup, sous pression, s'avèrent potentiellement dangereuses et coûteuses. Le plan d'urgence évalue les solutions de rechange touchant les événements à risque avant qu'ils ne se produisent et il retient la meilleure. Il facilite la transition vers la solution de rechange ou le palliatif. En outre, il augmente les chances de succès du projet d'une façon considérable.

Les conditions pour accélérer la mise en œuvre du plan de substitution doivent être déterminées et clairement documentées. Le plan comprendra un devis estimatif et précisera la provenance des fonds. Les acteurs doivent tous s'entendre sur le plan de substitution et avoir leur mot à dire. La mise en œuvre d'un tel plan perturbe la séquence des travaux. C'est pourquoi il importe que les membres de l'équipe en prennent tous connaissance afin de limiter les mauvaises surprises et de diminuer la résistance.

Voici un exemple : une compagnie informatique spécialisée en haute technologie prévoit introduire une nouvelle plate-forme à une date très précise. Les 47 équipes du projet s'entendent pour dire que les retards sont inacceptables. Leurs plans de substitution, qui prévoient deux fournisseurs de composants importants, témoignent du sérieux des membres à l'égard de la gestion des risques. L'usine de l'un des fournisseurs est située sur la faille de San Andreas. Le plan de substitution prévoit un fournisseur de rechange que l'on tient constamment informé. Ce fournisseur fabrique une réplique du composant dans une autre usine. Un autre fournisseur de Toronto présente un risque associé à la livraison en raison du mauvais temps possible. C'est pourquoi le plan de substitution prévoit un avion nolisé (déjà réservé par contrat pour être prêt) dans l'éventualité où le transport par voie terrestre serait retardé. Ces plans doivent sembler extrêmes aux yeux des personnes non concernées, mais dans l'industrie de la haute technologie, où le temps de mise en marché est roi, l'identification des événements à risque est prise très au sérieux.

Les matrices de réponses aux risques, comme celle de la figure 7.6, servent à résumer comment l'équipe de projet prévoit gérer les risques qu'elle a déterminés. Le projet de passage à Windows Office 2000 XP, comme l'illustre la figure 7.6, sert une fois de plus à illustrer ce type de matrice. La première étape consiste à déterminer s'il faut réduire, partager, transférer ou accepter le risque. L'équipe décide de réduire les risques de panne en faisant l'essai d'un prototype du système. Cette expérience avec un prototype permet non seulement de trouver et de réparer les bogues avant l'installation définitive, mais elle fournit aussi de l'information qui contribuera sans doute à convaincre les utilisateurs d'accepter le système. L'équipe de projet est alors en mesure d'établir et d'expliquer les différences entre le nouveau et l'ancien système et d'incorporer les changements à la future formation des utilisateurs. L'équipe transfère le risque de mauvais fonctionnement en choisissant un fournisseur fiable qui offre un bon programme de garantie.

FIGURE 7.6

Une matrice de réponses aux risques

Événement à risque	Réponse	Plan de substitution	Déclencheur	Responsable
Problèmes d'interface	Réduire.	Opter pour une solution de rechange en attendant de l'aide.	Pas résolu en 24 heures	Nicole
Pannes du système	Réduire.	Réinstaller le système d'exploitation.	Toujours en panne après une heure	Emma
Réticence des utilisateurs	Réduire.	Augmenter le personnel de soutien.	Appel de la haute direction	Youssef
Mauvais fonctionnement de l'équipement	Transférer.	Commander d'autres marques.	Le matériel de remplacement ne fonctionne pas.	Jonathan

L'étape suivante consiste à établir des plans de substitution au cas où l'événement à risque persisterait. Par exemple, quand l'équipe se heurte à des problèmes d'interface insurmontables, elle essaiera une solution de rechange en attendant que les fournisseurs experts puissent régler le problème. Si le système tombe en panne après l'installation, l'équipe essaiera d'abord de réinstaller le logiciel. Si les utilisateurs sont très insatisfaits, le service du soutien informatique les appuiera davantage. Si l'équipe est incapable d'obtenir du matériel fiable du premier fournisseur, elle commandera une marque différente d'une autre entreprise. L'équipe doit également discuter et convenir des facteurs qui déclencheront la mise en œuvre du plan de substitution. Dans le cas d'une panne, le déclencheur sera l'impossibilité de régler le problème en une heure; dans le cas de la résistance des utilisateurs, le déclencheur sera l'appel d'un cadre mécontent. Enfin, l'équipe devra nommer un membre qui surveillera l'arrivée du risque potentiel et qui lancera le plan de substitution. Les gestionnaires de projet prévoyants conçoivent des protocoles pour les solutions de rechange avant d'en avoir besoin. La rubrique, à la page suivante, fournit un exemple de l'importance d'établir des protocoles.

Voici quelques-unes des méthodes de gestion des risques les plus courantes.

Les risques techniques

Les risques techniques sont problématiques : ils sont souvent à l'origine des projets qui échouent. Qu'arrive-t-il lorsque le système ou le processus ne fonctionne pas ? C'est justement le rôle du plan de subtitution de prévoir ces éventualités. Par exemple, Carrier Transicold a participé au développement d'un nouveau dispositif frigorifique Phoenix pour les trains routiers. Ce dispositif avait été créé à partir d'une nouvelle technologie avec laquelle Transicold s'était peu familiarisée à l'époque, soit des panneaux arrondis de métaux soudés par diffusion. Un concurrent avait déjà tenté sans succès d'incorporer des métaux soudés semblables dans ses produits. L'équipe de projet était déterminée à faire fonctionner cette nouvelle technologie. Ce n'est toutefois qu'à la toute fin qu'elle a réussi la liaison des nouveaux adhésifs, mettant ainsi fin au projet. Tout au long du projet, l'équipe gardait en réserve la possibilité de fabriquer des panneaux soudés de manière traditionnelle, au cas où la nouvelle technologie ne fonctionnerait pas. Si cette approche de rechange s'était révélée nécessaire, les coûts de production auraient été plus élevés. L'échéancier du projet aurait été tout de même respecté.

En plus d'élaborer des stratégies de rechange, le gestionnaire de projet trouve des façons d'évaluer rapidement si les incertitudes techniques peuvent être écartées rapidement. Des logiciels de conception assistée par ordinateur sophistiqués ont largement contribué à la résolution de problèmes de conception. Parallèlement, Smith et Reinertsen, dans leur livre intitulé *Developing Products in Half the Time* (*Développer des produits deux fois plus rapidement*), affirment que rien ne vaut l'approche qui consiste à fabriquer un produit et à tester son fonctionnement, sa maniabilité et son apparence. Les deux auteurs proposent que l'équipe de projet détermine d'abord les éléments techniques à risques élevés et qu'elle construise ensuite un modèle ou mette au point une expérience pour contrôler le risque le plus vite possible. En isolant et en testant tôt les éléments techniques clés, l'équipe détermine rapidement la faisabilité du projet, effectue les ajustements nécessaires comme peaufiner le processus ou, dans certains cas, abandonne le projet. En général, le maître de l'ouvrage et le gestionnaire de projet prennent ensemble les décisions relatives aux risques techniques.

Les risques associés au calendrier de travail

En règle générale, la gestion des risques associés au calendrier de travail implique des compromis. Il est ironique de constater que certains gestionnaires d'expérience augmentent le risque en raison de leurs décisions. Analysons trois situations.

La gestion du risque au sommet du monde*

Dans son récit captivant *Into Thin Air*, Jon Krakauer décrit les risques de l'escalade extrême. Il raconte une tragique tentative d'escalade du mont Everest qui s'est soldée par la mort de six grimpeurs. Treize jours après le drame, David Breashears a conduit sans incident une équipe de tournage au sommet du célèbre mont. Ce film spectaculaire, *Everest*, a été présenté par IMAX.

Les récits d'expédition sur le mont Everest illustrent bien la gestion des risques associés à un projet. D'abord, la plupart des grimpeurs passent plus de trois semaines à habituer leur corps aux conditions en haute altitude. Des sherpas autochtones sont presque toujours engagés pour transporter le matériel et les vivres et installer chacun des quatre camps de base que les grimpeurs utiliseront au cours des derniers stades de l'ascension. Afin de réduire l'impact de l'hypoxie, des étourdissements et de la désorientation causés par le manque d'oxygène, la plupart des grimpeurs utilisent un masque et des bouteilles d'oxygène durant l'ascension finale. Quand ils ont la chance de ne pas être parmi les premiers de la saison à faire l'expédition, le sentier vers le sommet sera sans doute balisé par une corde attachée à des piquets, laissée par les grimpeurs précédents. Les guides reçoivent par radio les derniers bulletins météorologiques, ce qui leur permet de juger si les conditions météorologiques s'avèrent trop risquées. Enfin, pour mettre toutes les chances de leur côté, la plupart des grimpeurs se joignent à leurs sherpas pour célébrer un rituel *puja* élaboré qui a pour but d'implorer la protection de leurs dieux avant d'entreprendre leur ascension.

Tous ces efforts semblent peu de choses à côté du tour de force physique et mental nécessaire pour l'ascension finale, du camp de base IV jusqu'au sommet. C'est ce que les grimpeurs appellent la « zone de la mort » car, au-delà de 26 000 pieds, le corps et l'esprit commencent à se détériorer rapidement malgré le surplus d'oxygène. Dans de bonnes conditions, près de 18 heures sont nécessaires pour effectuer le voyage aller-retour entre le camp et le sommet. Les grimpeurs partent aussi tôt qu'une heure du matin afin de pouvoir revenir avant la tombée de la nuit, alors que l'épuisement total les guette.

Le plus grand danger, dans l'escalade du mont Everest, n'est pas tant d'atteindre le sommet que de revenir au camp de base. Sur cinq grimpeurs qui atteignent le sommet, un mourra durant la descente. Le secret consiste à établir un plan de substitution au cas où les

Bobby Model, *National Geographic Image Collection.*

grimpeurs se heurteraient à des obstacles ou au mauvais temps. Afin d'assurer un retour sécuritaire, les guides déterminent une certaine heure pour rebrousser chemin, par exemple, 14 h, quelle que soit la proximité des grimpeurs au sommet. Accepter de se conformer à cette heure exige une grande discipline. Goran Krupp, grimpeur en solo, s'est fait prendre par le temps : il a dû rebrousser chemin à 1 000 pieds du sommet après avoir parcouru 12 800 km à vélo de Stockholm à Katmandou !

Bien des grimpeurs ont péri parce qu'ils ont fait fi de l'heure de retour et poursuivi leur ascension. De l'avis d'un grimpeur : « Avec une bonne dose de détermination, n'importe quel idiot peut escalader la montagne. Le truc, c'est d'en revenir vivant. »

* KRAKAUER, Jon. *Into Thin Air*, New York, Doubleday, 1997, p. 190 ; COBURN, Broughton. *Everest : Mountain without Mercy*, New York, National Geographic Society, 1997.

L'utilisation des marges

Quand certains gestionnaires constatent une marge pour certaines activités du projet, ils cessent de se préoccuper de terminer le travail à la date prévue ; pourquoi s'en faire quand on a 10 jours d'avance ? Malheureusement, cette marge aurait pu s'avérer utile à une autre activité, mais comme elle a déjà été gaspillée, les délais sont de nouveau serrés. La gestion des flottements constitue une excellente méthode pour réduire les risques associés au calendrier. Rappelez-vous : quand on dilapide ses marges, on déplace un plus grand nombre d'activités vers leur début au plus tard et on risque ainsi de repousser la fin du projet.

Les durées imposées

L'expérience nous apprend qu'environ 80 % de tous les projets ont des durées imposées. C'est donc dire qu'un employé qui en a l'autorité détermine que le projet ou une étape clé doit être achevé à une date précise. D'ordinaire, la durée spécifiée du projet est une décision stratégique qui ne comprend aucune planification détaillée et qui sous-estime le temps normal nécessaire pour exécuter un projet. Le cas échéant, respecter la durée aura pour effet d'accélérer la réalisation des activités et d'augmenter les coûts. Les risques de retard du côté des activités s'en trouvent d'autant augmentés, ce qui a pour effet de réduire la souplesse du calendrier pour l'ensemble du projet. À certaines occasions, une durée imposée s'avère nécessaire – le moment opportun de commercialiser un produit pour battre la concurrence, par exemple. Dans presque tous les cas de durée imposée, les retards et les coûts supplémentaires représentent le plus grand risque. Il faut se demander s'il s'agit simplement d'une mauvaise planification ou s'il y a vraiment lieu de gérer un projet selon une durée imposée.

La compression des calendriers de travail

La nécessité d'écourter la durée d'un projet se fait parfois sentir à mi-chemin, voire avant. Pour ce faire, il faut comprimer une ou plusieurs activités le long du chemin critique. Réduire la durée d'une activité ou d'un lot de travaux a pour effet d'augmenter le coût direct. De plus, la compression du chemin critique a pour effet de diminuer la marge des autres chemins qui risquent, à leur tour, de devenir critiques ou presque critiques. Plus grand est le nombre d'activités critiques ou presque critiques, plus grand est le risque de repousser la fin du projet. Les plans de substitution préviennent ces procédures coûteuses. Par exemple, il est possible de modifier un calendrier en réalisant de front plusieurs activités ou en utilisant une liaison début-début. De plus, affecter les employés les plus compétents aux tâches à risque élevé diminue la probabilité de réalisation de certains événements à risque. Le chapitre 9 explore les méthodes de gestion pour ce type de situations.

Les risques associés au coût

Les dépassements de coûts dont il a été question illustrent bien que les risques associés au coût sont lourds de conséquences. La plupart de ces risques sont attribuables à des erreurs ou à des omissions dans les estimations techniques ou le calendrier. Certaines décisions des gestionnaires augmentent aussi les risques associés au coût. Voici quelques risques associés au coût.

Le lien de dépendance durée-coût

Il existe un lien de dépendance entre la durée et le coût ainsi qu'entre les problèmes techniques et le coût. Supposons, par exemple, que l'activité « Développement du prototype » requière 50 % plus de temps que prévu. Dans ce cas, on peut s'attendre à ce que les coûts augmentent aussi. Ainsi, le temps et le coût ne sont pas indépendants. Omettre de considérer cette interaction peut occasionner des erreurs d'anticipation des risques associés au coût.

Les décisions relatives aux flux de trésorerie

Certaines décisions relatives aux flux de trésorerie sont susceptibles d'augmenter les risques associés au calendrier. Par exemple, les analystes financiers comparent le jalonnement aval avec le jalonnement amont. En théorie, ils concluent que, en retardant les activités, la valeur capitalisée sera supérieure à la valeur actuelle, les capitaux pouvant rapporter des intérêts. Ces capitaux pourraient servir à d'autres fins. Le risque ainsi encouru de réduire la marge est quelquefois ignoré ou nettement sous-estimé. Il faut éviter de manipuler le calendrier pour régler les problèmes de flux de trésorerie, autant que faire se peut. Quand il n'y a d'autre choix que de modifier le calendrier, on doit savoir que le projet se terminera sans doute plus tard et qu'il coûtera plus cher.

Les risques associés à la protection de prix

Les projets qui nécessitent beaucoup de temps requièrent une certaine marge de manœuvre. Cette marge permet de prévoir les changements de prix, qui sont le plus souvent à la hausse. Au moment de réviser les prix, il faut éviter le piège de la somme forfaitaire pour couvrir les risques de prix. Supposons, par exemple, que le taux d'inflation soit de 3 %. Certains gestionnaires ajouteront 3 % au prix de toutes les ressources utilisées dans le projet. Cette approche de la somme forfaitaire ne tient pas compte des éléments qui nécessitent vraiment une protection de prix ; elle ne tient pas compte non plus du suivi et du contrôle. Il faut évaluer les risques associés au prix, élément par élément. Certains achats et contrats demeureront les mêmes tout au long de la durée de vie utile du projet. Le gestionnaire de projet devra déterminer les prix susceptibles d'évoluer et revoir ses estimations, tout en tenant compte de la portée du changement. Cette approche permet d'assurer un contrôle du fonds pour éventualités à mesure que le projet progresse.

Les risques associés au financement

Qu'arrive-t-il lorsque le financement d'un projet est réduit de 25 % ou lorsque les prévisions d'achèvement des travaux indiquent que les coûts dépasseront largement les fonds disponibles ? Quels sont les risques que le projet soit annulé avant la fin ? Le gestionnaire de projet d'expérience sait qu'une évaluation exhaustive des risques doit comprendre une évaluation des sources de financement. C'est particulièrement vrai quand les projets sont financés par les fonds publics. Tel est le cas de l'hélicoptère Comanche RAH-66, développé pour l'U.S. Army par Sikorsky Aircraft Corp. et Boeing Co. Huit milliards de dollars avaient été investis pour fabriquer une nouvelle génération d'hélicoptères de reconnaissance de combat quand, en février 2004, le département de la Défense a recommandé l'annulation du projet, afin de réduire les coûts et de privilégier des avions sans pilote pour les missions de surveillance et les missions offensives.

Tout comme les projets gouvernementaux dont les stratégies et les politiques sont sous réserve de modifications, les entreprises se plient à des changements fréquents, qu'il s'agisse des priorités ou des membres de la haute direction. Les projets de l'ancien chef de la direction font place aux projets de prédilection du nouveau. Les ressources se font moins nombreuses. On finance de nouveaux projets en annulant les autres.

Des réductions budgétaires draconiennes peuvent avoir de graves répercussions sur un projet, tout comme un financement inadéquat. En général, quand ces obstacles se dressent, on réduit le contenu du projet dans les limites du possible. Les projets « tout ou rien » sont vulnérables aux réductions budgétaires, comme l'hélicoptère Comanche, une fois la décision prise de délaisser les aéronefs de reconnaissance avec pilote. Par contre, ce projet avait l'avantage d'être morcelé. Un projet de construction d'autoroute, par exemple, peut ne pas atteindre l'objectif de départ, mais la portion qui aura été l'objet de travaux ajoute une valeur économique à la société.

À plus petite échelle, des risques similaires associés au financement existent du côté des projets plus modestes. Par exemple, un entrepreneur en construction peut croire que, en raison d'une baisse soudaine du marché boursier, les propriétaires n'ont plus les moyens financiers de faire construire la maison de leurs rêves. Une société de conseil peut se retrouver les mains vides quand un client déclare faillite. Dans le premier cas, l'entrepreneur pourra toujours vendre la maison sur le marché secondaire ; dans le second, la société conseil devra se joindre à la longue file de créanciers.

Les fonds pour éventualités et les délais tampons

Les fonds pour éventualités permettent de couvrir les risques associés au projet, qu'ils soient prévus ou imprévisibles. Quand, où et comment cet argent sera dépensé, nul ne le sait avant que l'événement à risque se produise. En général, le maître de l'ouvrage hésite à mettre sur pied un fonds pour éventualités, car cette mesure semble sous-entendre que le plan du projet laisse à désirer. Certains perçoivent ce fonds comme une caisse occulte d'appoint. D'autres se disent qu'ils affronteront l'événement à risque quand il se présentera. D'ordinaire, le gestionnaire de projet finit par surmonter cette répugnance à établir des fonds pour éventualités à mesure qu'il prépare, à l'aide d'une solide documentation, l'identification et l'évaluation des risques, les plans de substitution et les plans de déboursement des fonds.

L'ampleur de la réserve pour éventualités dépend des incertitudes associées au projet. Les incertitudes proviennent du caractère innovateur du projet, des estimations imprécises de la durée et des coûts, des inconnues techniques, du contenu instable et des problèmes imprévus. En pratique, les dépenses imprévues varient entre 1 % et 10 % du coût des projets antérieurs similaires. Cependant, dans les projets uniques de haute technologie, il est fréquent que les fonds pour éventualités représentent entre 20 % et 60 % du coût du projet. Il faut voir comment se dépense l'argent de la réserve. Déterminer un pourcentage de référence, par exemple 5 %, et considérer cette somme comme une réserve pour imprévus n'est pas une bonne idée. De même, additionner toutes les réserves pour éventualités et les mettre en commun complique la saine gestion du fonds de réserve.

Dans la pratique, aux fins de contrôle, le fonds pour éventualités se divise généralement en réserve pour le budget et en marge pour aléas. Les réserves pour le budget servent à couvrir les risques établis et sont allouées à des segments spécifiques ou à des livrables du projet. Les marges pour aléas permettent de couvrir les risques imprévus et sont allouées aux risques associés à l'ensemble du projet. Les risques sont séparés de cette façon, car l'utilisation du fonds pour éventualités requiert l'approbation de différents niveaux décisionnels. Les risques sont tous probabilistes. C'est pourquoi les réserves ne sont pas incluses dans la référence de chaque lot de travaux ou des activités. Les réserves sont activées seulement quand un événement à risque se produit. Quand un risque établi ne se matérialise pas et que la probabilité de réalisation est passée, les fonds alloués à ce risque doivent être retirés de la réserve pour le budget. Cette mesure a pour but d'éviter la tentation d'utiliser la réserve pour le budget à d'autres fins. Bien entendu, si le risque se matérialise, les fonds sont retirés de la réserve et ajoutés au coût de référence.

Les réserves pour le budget

Les réserves pour le budget sont prévues pour des lots de travaux ou des segments de projet spécifiques compris dans le budget de référence ou la SDP. Les réserves pour le budget couvrent les risques *établis* peu probables. Par exemple, de légères modifications à la conception d'un produit ou des erreurs d'estimation de temps ou de coût sont des risques que couvrent les réserves pour le budget. Il serait ainsi possible de mettre en réserve une somme identifiée au « codage informatique » pour couvrir les risques « essai », si jamais des problèmes de codage se présentaient. La réserve est déterminée au moment d'établir le coût du plan d'urgence ou du plan de redressement. Le gestionnaire de projet fait part de la réserve pour le budget à son équipe. Cette ouverture d'esprit témoigne de sa confiance et incite l'équipe à exécuter le projet au meilleur coût possible. Cependant, la distribution des réserves pour le budget revient au gestionnaire de projet et aux membres de l'équipe responsables de mettre en œuvre un segment spécifique. Lorsque le risque ne se matérialise pas, les fonds se retrouvent dans la marge pour aléas. Ainsi, les réserves pour le budget diminuent à mesure que le projet progresse.

La marge pour aléas

La marge pour aléas est un fonds de réserve qui couvre les risques imprévus majeurs et qui s'applique à l'ensemble du projet. Un changement de contenu majeur pourrait s'avérer nécessaire, à mi-chemin, par exemple. Comme ce changement n'a été ni prévu ni établi, il sera couvert par la marge pour aléas. Les réserves pour le budget sont d'abord déterminées et les fonds assurés ; *après* seulement, le gestionnaire de projet établira la marge pour aléas. Le gestionnaire de projet et le maître de l'ouvrage contrôlent cette marge qui demeure indépendante des réserves pour le budget. Le maître de l'ouvrage peut travailler à l'interne (cadre supérieur) ou être étranger à l'organisation du projet. La plupart du temps, le gestionnaire de projet détermine les marges pour aléas à l'aide de données historiques et à partir de ses réflexions sur l'unicité et la complexité du projet.

Inclure les réserves pour les risques techniques dans la marge pour aléas constitue un cas particulier. L'identification de risques techniques (fonctionnels) possibles est souvent associée à un processus ou à un produit nouveau, innovateur et non encore testé. Comme il y a un risque que cette innovation échoue, un plan de rechange s'avère nécessaire. Le gestionnaire de projet n'a aucun contrôle sur ce type de risque. C'est pourquoi les réserves pour problèmes techniques sont conservées dans la marge pour aléas, sous le contrôle du maître de l'ouvrage et des cadres supérieurs. Le maître de l'ouvrage et le gestionnaire de projet décident du moment de la mise en œuvre du plan de substitution et de l'utilisation des fonds. Il y a une forte probabilité que ces fonds ne soient jamais utilisés.

Le tableau 7.2 présente une estimation détaillée d'un fonds pour éventualités pour un projet hypothétique. La marge pour aléas et la réserve pour le budget sont distinctes, ce qui permet d'exercer plus facilement un contrôle sur l'utilisation de ces fonds.

Les délais tampons

En même temps qu'il met sur pied un fonds pour éventualités pour absorber les coûts imprévus, le gestionnaire de projet recourt à des délais tampons pour se prémunir contre les retards possibles. Tout comme pour les fonds pour éventualités, la durée du délai dépend des incertitudes associées au projet. Plus le projet s'avère incertain, plus il faudra prolonger le calendrier. La stratégie consiste à accorder plus de temps à certaines étapes critiques du projet. Par exemple, on ajoutera des délais tampons aux activités suivantes :

a) Les activités à risque élevé.

b) Les activités de raccordement susceptibles de ne pas être réalisées à temps en raison d'un retard des activités précédentes.

c) Les activités non critiques afin de réduire la possibilité qu'elles créent un autre chemin critique par la modification de la durée de ces activités.

d) Les activités nécessitant des ressources restreintes afin de s'assurer qu'elles seront disponibles au moment opportun.

TABLEAU 7.2

Une estimation d'un fonds pour éventualités (en milliers de dollars)

Activité	Budget de référence	Réserve pour le budget	Budget du projet
Conception	500$	15$	515$
Code	900$	80$	980$
Test	20$	2$	22$
Total partiel	1 420$	97$	1 517$
Marge pour aléas	—	—	50$
Total	1 420$	97$	1 567$

Étant donné les nombreuses incertitudes relatives au calendrier de travail, on ajoute quelquefois des délais tampons à la fin du projet. Un projet de 300 jours de travail, par exemple, peut jouir d'un délai tampon de 30 jours. Bien que ce surplus ne figure pas sur le calendrier, il est prévu si besoin est. Tout comme pour les marges pour aléas, ces délais tampons doivent être autorisés par des cadres supérieurs. L'annexe du chapitre 8 présente une approche plus systématique de la gestion des délais tampons par la gestion de la chaîne critique d'un projet.

Quatrième étape : le contrôle des stratégies de réponse aux risques

Le contrôle des risques constitue la dernière étape du processus de gestion des risques. Le contrôle des risques consiste à élaborer une stratégie de réponse aux risques, à surveiller les événements déclencheurs, à préparer des plans de substitution et à prévenir les nouveaux risques. La création d'un système de gestion du changement servant à composer avec les événements qui nécessitent des changements formels de contenu, de budget ou de calendrier constitue un élément essentiel du contrôle des risques.

Le gestionnaire de projet doit surveiller les risques de la même façon qu'il veille au déroulement d'un projet. Chaque réunion et rapport sur la situation d'avancement doit comprendre une mise à jour de l'évaluation des risques. L'équipe de projet doit rester vigilante pour déceler les nouveaux risques imprévus. Les cadres supérieurs doivent être conscients du fait que les acteurs du projet ne reconnaîtront peut-être pas objectivement les nouveaux risques et problèmes. Par exemple, un employé peut redouter de projeter une image négative de sa performance individuelle en admettant qu'il y a sans doute une faille dans la conception du produit qu'il développe. Lorsque la culture de l'entreprise punit sévèrement les erreurs, les employés auront le réflexe bien humain de se protéger. De la même manière, si les supérieurs accueillent plutôt mal les mauvaises nouvelles et qu'ils cherchent à « tirer sur le messager », les participants au projet hésiteront à parler ouvertement. La propension à taire les mauvaises nouvelles décuple quand les responsabilités de chacun demeurent vagues et que l'équipe de projet subit une énorme pression des cadres supérieurs pour que le travail soit terminé rapidement.

Le gestionnaire de projet favorise un environnement dans lequel les participants se sentent à l'aise d'exprimer leurs inquiétudes et d'admettre leurs erreurs. Le mot d'ordre devrait être que les erreurs sont acceptables, mais que les dissimuler ne l'est pas. Devant un problème, il faut se retrousser les manches et non faire l'autruche. Il faut inciter les participants à reconnaître les problèmes et les nouveaux risques. Dans ce cas, l'attitude positive du gestionnaire de projet envers les risques constitue la première clé du succès du projet.

Dans des projets complexes et de grande envergure, il serait prudent de répéter l'exercice d'identification et d'anticipation des risques à l'aide de nouvelles données. Les profils des risques devraient être revus afin de vérifier si les réponses initiales se sont avérées efficaces. Les acteurs compétents devraient participer à la discussion. Bien que ce soit peu pratique sur une base continue, les gestionnaires de projet devraient communiquer régulièrement avec ces acteurs ou encore organiser des réunions spéciales avec eux pour examiner à nouveau les risques associés au projet.

La seconde clé pour bien contrôler le coût des risques consiste à établir clairement les responsabilités de chacun. Cette tâche s'avère parfois problématique dans les projets impliquant plusieurs organisations et entrepreneurs. Quand un risque se matérialise, la responsabilité est souvent refilée à d'autres accompagnée du commentaire « Ce n'est pas mon problème ». Cette mentalité est dangereuse. Le maître de l'ouvrage, le gestionnaire de projet et l'entrepreneur, ou le responsable du lot de travaux ou d'un segment de projet, devraient, d'un commun accord, s'attribuer ou partager la responsabilité de chaque risque établi. La personne au sommet de la hiérarchie est la mieux placée pour approuver l'utilisation du fonds de réserve pour le budget et pour en contrôler les dépenses. S'il faut recourir au fonds pour éventualités, le cadre supérieur devrait jouer un rôle actif dans l'estimation des coûts supplémentaires et des fonds nécessaires à l'achèvement du projet. La participation des cadres supérieurs à ce processus a pour avantage de centrer l'attention sur la marge pour aléas, d'en contrôler l'utilisation et de détecter tôt les risques potentiels. Si la gestion du risque n'est pas officiellement établie, les responsabilités et les réponses au risque seront ignorées (« *Ce n'est pas de mon ressort* »).

En conclusion, les gestionnaires de projet et les membres de l'équipe doivent faire preuve de vigilance pour surveiller les risques potentiels et déceler les pièges susceptibles d'être nuisibles. L'évaluation des risques doit être à l'ordre du jour des réunions d'avancement et, quand de nouveaux risques se présentent, les participants devraient les analyser et les intégrer au processus de gestion des risques.

Le contrôle des changements

Le contrôle des changements constitue un élément majeur du processus de contrôle des risques. Dans un plan de projet, les détails ne se réaliseront pas tous comme prévu. La plupart des gestionnaires de projet doivent relever un défi de taille : celui de gérer et de contrôler les changements qui surviennent. Ces changements sont attribuables au client, au maître de l'ouvrage, au gestionnaire de projet, aux membres de l'équipe et à la réalisation des événements à risque. On peut classer la plupart des changements comme suit :

1. Les changements dans le contenu, tels que des modifications de conception ou des ajouts, sont à considérer sérieusement. En vue d'améliorer son produit, le client pourrait exiger, par exemple, qu'on y ajoute une caractéristique ou qu'on le modifie.
2. La mise en œuvre des plans de substitution entraîne des modifications dans les coûts et le calendrier de référence quand un événement à risque se produit.
3. Les changements proposés par l'équipe dans le but d'améliorer le projet constituent une autre catégorie.

Les changements sont inévitables. C'est pourquoi les membres de l'équipe doivent établir tôt dans le cycle de planification du projet un examen et un processus de contrôle sérieux des changements.

Les systèmes de contrôle des changements exigent que les changements soient signalés, contrôlés et consignés dans le plan de référence. Notons que certaines organisations considèrent que les systèmes de contrôle des changements font partie de la gestion des configurations. Dans la pratique, ces systèmes sont conçus pour :

1. reconnaître les changements proposés ;
2. dresser une liste des effets prévus des changements proposés sur le calendrier et sur le budget ;
3. examiner, évaluer et approuver ou désapprouver les changements ;
4. négocier et résoudre les conflits suscités par les changements, les conditions et les coûts ;
5. faire part des changements aux parties concernées ;
6. attribuer la responsabilité d'effectuer les changements ;
7. modifier le plan directeur et le budget ;
8. suivre le déroulement de la mise en œuvre de tous les changements.

FIGURE 7.7

**Le processus
de contrôle des
changements**

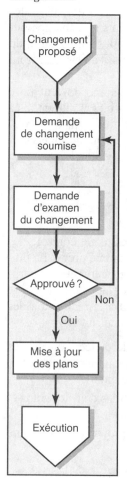

Dans le plan de communication du projet, les acteurs définissent le processus de communication et de prise de décision qui servira à évaluer et à approuver les changements. La figure 7.7 illustre ce processus. Pour les projets modestes, ce processus requiert simplement l'approbation d'un petit groupe d'acteurs. Pour les grands projets, les acteurs établissent des processus de décision plus élaborés dans lesquels chaque type de changement a son processus particulier. Par exemple, des exigences de rendement pourraient nécessiter plusieurs signatures dont celles du promoteur et du client, tandis qu'un changement de fournisseurs exigerait uniquement l'autorisation du gestionnaire de projet. Indépendamment de la nature du projet, le but consiste à adopter un processus qui permettra d'introduire les changements requis par le projet d'une manière rapide et efficace.

Il est particulièrement important d'évaluer l'impact du changement sur le projet. En général, les solutions aux problèmes immédiats ont des conséquences négatives sur d'autres aspects d'un projet. Par exemple, en vue de régler un problème du système d'échappement d'un véhicule hybride, les ingénieurs concepteurs se sont rendu compte qu'ils ont dépassé le poids planifié pour le prototype. Les enjeux associés aux changements doivent être évalués par des experts qui ont une vue d'ensemble du projet. Dans les projets de construction, c'est souvent le cabinet d'architectes qui assume cette responsabilité, tandis que les « architectes en logiciels » jouent le même rôle dans les projets de développement d'applications.

Les organisations font appel à des formulaires de demande de changement et à un registre pour suivre le déroulement des changements proposés. Un exemple simplifié d'un formulaire de demande de changement est illustré à la figure 7.8. En général, ce type de formulaires comprend une description du changement et des conséquences lorsque le changement n'est pas approuvé. On y fait aussi état de l'impact du changement sur le contenu, le calendrier et le coût du projet. On y trouve également le nom des responsables et leur signature ainsi qu'un numéro d'identification pour le classement et le suivi du changement.

La version abrégée d'un registre d'une demande de changement dans un projet de construction est présentée au tableau 7.3. Ce type de registres permet de suivre de près les demandes de changement. En général, on y trouve une synthèse du statut des demandes de changement en cours. Il contient des renseignements utiles, tels que la source et la date du changement, les codes d'identification du document pour référence ultérieure, les estimations de coût et le statut actuel de la demande.

Chaque changement approuvé doit être intégré au plan officiel. Pour ce faire, on modifiera la SDP et le calendrier de référence. Le plan original est le plan officiel du projet pour ce qui est du contenu, du budget et du calendrier. Le plan officiel a deux fonctions. D'abord, il constitue un point de référence en matière de gestion des changements pour les demandes de changement futures ; ensuite, il permet d'évaluer le déroulement du projet.

Lorsque le système de contrôle des changements n'est pas intégré à la SDP et au plan de référence, tous les plans et les contrôles du projet s'autodétruiront. Ainsi, l'une des clés du succès du processus de contrôle des changements est de tout consigner, on ne le répétera jamais assez ! Voici les avantages de ce type de systèmes :

1. Les changements sans importance sont éliminés par le processus officiel.
2. Les coûts des changements sont consignés dans un registre.
3. L'intégrité de la SDP et la mesure du rendement sont conservées.
4. La répartition et l'utilisation de la réserve pour le budget et de la marge pour aléas sont contrôlées.
5. La responsabilité de la mise en œuvre est clairement attribuée.

6. L'effet des changements est accessible à tous les participants au projet.

7. La mise en œuvre du changement est contrôlée.

8. Les changements de contenu se reflètent rapidement dans le plan de référence et dans la mesure du rendement.

FIGURE 7.8

Un exemple de demande de changement

Nom du projet *Échange culturel Irlande-Chine*   Promoteur du projet *Ambassade d'Irlande*

Numéro de la demande *12*   Date *6 juin 2xxx*

Demandeur *Jean McDonald*   Changement demandé par *Association culturelle de Chine*

Description du changement demandé

1. Demande pour que des danseurs de gigue irlandaise remplacent le groupe de danseurs irlandais.
2. Demande pour une chorégraphie combinant des danseurs de gigue irlandaise et des danseurs de ballet chinois.

Raison du changement

Les danseurs de gigue irlandaise susciteront davantage l'intérêt entourant l'événement. Les Chinois connaissent bien ce groupe et l'aiment.

Domaines touchés par le changement proposé (décrire chaque domaine sur une feuille séparée)

[X] Contenu   [X] Coût   [ ] Autres _____

[ ] Calendrier   [ ] Risque

Disposition	Priorité	Source de financement
[ ] Approuvé	[ ] Prioritaire	[ ] Marge pour aléas
[X] Approuvé avec modifications	[X] Urgent	[ ] Réserve pour le budget
[ ] Rejeté	[ ] Aucune urgence	[X] Client
[ ] Reporté		[ ] Autre

Approbations signées

Gestionnaire de projet *Guy Bonin*   Date *12 juin 2xxx*

Promoteur du projet *Amélia Ciampini*   Date *13 juin 2xxx*

Client *Hong Lee*   Date *18 juin 2xxx*

Autre _____   Date _____

Manifestement, le contrôle des changements est important et requiert qu'une personne ou un groupe soit responsable d'approuver les changements, de maintenir le processus à jour et de communiquer les changements à l'équipe de projet et aux acteurs concernés. Le bon déroulement du projet repose en grande partie sur la mise à jour constante du processus de contrôle des changements. Ce registre documentaire peut répondre aux demandes du client, déterminer certains problèmes au cours des vérifications effectuées après le projet et faciliter l'évaluation des coûts de projets futurs.

TABLEAU 7.3   **Un registre de demande de changement**

Rapport d'activité sur le changement demandé par le maître de l'ouvrage							OSU – WEATHERFORD
			Dates				
N°	**Description**	**Document de référence**	**Date de réception**	**Présenté le**	**Montant**	**Statut**	**Commentaires**
51	Travaux d'égout				−188 129	En cours	Financement d'une autre source
52	Tôles fortes pour les obturateurs de douche dans les toilettes	ISA 56	2005-05-01	2005-03-30	9 308	Approuvé	
53	Options de protection contre l'eau	ISA 77	2005-01-13		169 386	En cours	
54	Changement des devis descriptifs de la boîte électrique	DI 113	2004-12-05	2005-03-29	2 544	Soumis	
55	Ingénierie de la valeur pour les rails des portes	Échantillons de porte	2005-01-14		−20 000	EAOG	
56	Lavage à la pression, tour C	Demande du maître de l'ouvrage	2005-03-15	2005-03-30	14 861	Soumis	
57	Verre *Fire Lite* dans les escaliers	Demande du maître de l'ouvrage			8 000	Appel d'offres	EAOG basé sur Firelite NT
58	Ajout du cybercafé et de l'équipement de télécommunication	ISA 65	2005-01-30	2005-03-29	4 628	Approuvé	
59	Registres supplémentaires, aile C	ISA 68	2005-02-04	2005-03-29	1 085	Soumis	
60	Vérification des plafonds des corridors	ISA 72	2005-02-13	2005-03-31	−3 755	Soumis	

Appel d'offres – Sous-traitant propose un prix   EAOG – Estimation approximative de l'ordre de grandeur   N° – Numéro d'identification
Approuvé – Analyse approuvée   En cours – Estimation en cours de réalisation   Révisé – Analyse à réviser
DI – Demande d'information   ISA – Instructions supplémentaires de l'architecte   Soumis – Lettre de DC soumise

Résumé

Pour bien mettre en perspective les processus présentés dans ce chapitre, il faut reconnaître que la gestion des risques constitue le fondement même de la gestion de projet. Chaque technique exposée dans le présent manuel en est une de gestion des risques. Chacune, à sa manière, a pour rôle d'empêcher qu'un événement fâcheux se produise. Le processus de sélection des projets permet d'éviter autant que faire se peut que les projets ne correspondent pas à la mission de l'entreprise. Les rapports de contenu servent notamment à écarter les malentendus coûteux et à réduire les surcharges de projet. La SDP empêche qu'une partie capitale du projet soit omise ou que les prévisions budgétaires soient irréalistes. La consolidation d'équipe permet d'écarter les conflits fonctionnels et les obstacles en matière de coordination. Ces techniques visent toutes à accroître la satisfaction des acteurs ainsi que les chances de succès du projet.

En fait, le gestionnaire de projet fait de la gestion des risques pour compenser les incertitudes associées à la gestion de projet et parce que rien ne se déroule jamais comme prévu. La gestion des risques est proactive plutôt que réactive. Elle réduit le nombre de mauvaises surprises et permet une meilleure compréhension des conséquences les plus probables des événements.

Bien que certains gestionnaires de projet croient que, dans l'analyse finale, l'évaluation des risques et les solutions de rechange dépendent d'un jugement subjectif, tous les projets devraient comprendre des méthodes uniformes pour déterminer et évaluer les risques et trouver des stratégies de réponse. L'identification des risques a pour effet de discipliner en quelque sorte les participants à tous les niveaux de la gestion de projet et contribue au bon déroulement du projet.

Grâce aux plans de substitution, il est plus probable que le projet se termine à temps et selon le budget établi au départ. Les plans d'urgence sont de simples solutions de rechange ou des plans détaillés et élaborés. Les responsabilités reliées à chaque risque doivent être clairement attribuées et justifiées. Il est à la fois souhaitable et prudent de prévoir une réserve en guise de couverture pour se prémunir contre certains risques. Les réserves pour le budget sont liées à la SDP, et l'équipe de projet doit en être avisée. Le maître de l'ouvrage, le gestionnaire de projet et le responsable des travaux veillent au contrôle des marges pour aléas. Il faut surveiller, contrôler et examiner l'utilisation des fonds pour éventualités tout au long du cycle de vie du projet.

L'expérience montre que l'utilisation d'un processus officiel et structuré pour gérer les risques éventuels, prévus et imprévus, réduit le nombre de mauvaises surprises, les coûts, les retards, le stress et les malentendus. La gestion des risques est un processus itératif. Lorsque des événements à risque se produisent ou que des changements s'imposent, recourir à un processus efficace de contrôle des changements pour approuver et consigner rapidement les modifications aidera à préciser la mesure du rendement en termes de calendrier et de coût. Enfin, le succès de la gestion des risques repose sur une culture organisationnelle où les employés écartent les menaces et résolvent les problèmes, plutôt que de les ignorer ou de les dissimuler.

Mots clés

analyse des scénarios	partage du risque	risque
délai tampon	plan de substitution	système de contrôle des
éviter le risque	profil des risques	changements
marge pour aléas	réduire le risque	transfert des risques
matrice de la gravité des risques	réserve pour le budget	

Questions de révision

1. Est-il possible d'éliminer les risques d'un projet quand celui-ci est soigneusement planifié ? Justifiez votre réponse.

2. La probabilité d'occurrence des événements à risque et les augmentations de coût qu'ils impliquent ont pour effet de modifier le cycle de vie d'un projet. Que signifie cette réalité pour un gestionnaire de projet ?

3. Quelle différence y a-t-il entre éviter un risque et accepter un risque ?

4. Quelle différence y a-t-il entre réduire un risque et établir un plan de substitution ?

5. En quoi les réserves pour le budget et les marges pour aléas sont-elles différentes ?

6. Quel lien y a-t-il entre la SDP et le contrôle des changements ?

7. Quelles sont les conséquences probables de l'absence de processus de contrôle des changements ? Pourquoi ?

Exercices

1. En groupe de deux ou trois, songez à un projet que la plupart des étudiants comprendraient et dont les tâches leur seraient familières. Déterminez les risques négligeables et les risques majeurs, évaluez-les, puis élaborez une stratégie qui vous permettrait d'écarter l'un d'eux. Concevez un plan de substitution pour deux, trois ou quatre risques et évaluez-en les coûts. Attribuez un fonds de prévoyance. À combien évaluez-vous le fonds pour éventualités pour l'ensemble du projet ? Justifiez vos choix et vos estimations.

2. Vous faites partie d'une équipe de gestion des risques qui comprend cinq membres. C'est la première fois que votre employeur forme une telle équipe. C'est pourquoi il souhaite que vous développiez ensemble un processus qui sera utile aux projets futurs. La première réunion de votre équipe aura lieu lundi prochain. Pour l'occasion, chaque membre devra élaborer un plan détaillé décrivant la façon dont l'équipe devrait gérer les risques associés au projet. Chaque membre remettra son plan au début de la réunion. Votre plan comprendra au moins les renseignements suivants :

   a) Les objectifs de l'équipe.

   b) Le processus de gestion des événements à risque.

   c) Les activités de l'équipe.

   d) Le rendement de l'équipe.

3. L'équipe de projet du Tournoi de soccer de la Montérégie a déterminé les risques potentiels suivants pour son projet :

   a) On craint que certains arbitres ne se présentent pas aux matchs.

   b) On appréhende des bagarres.

   c) On redoute qu'une erreur d'arbitrage ait un impact sur le résultat d'un match.

   d) On craint que certains parents affichent des comportements violents.

   e) On appréhende que le stationnement ne possède pas une capacité suffisante.

   f) On redoute qu'un nombre insuffisant d'inscriptions empêche la mise sur pied d'une équipe pour chaque groupe d'âge.

   g) On craint les blessures graves.

   Que recommanderiez-vous à l'équipe de projet à propos de tous ces risques ? Pourquoi ?

4. À l'aide d'un moteur de recherche tel que Google, saisissez les mots clés «pratiques d'excellence, gestion de projet» ou «Best practice, project management». Qu'avez-vous trouvé? En quoi cette information s'avérerait-elle utile à un gestionnaire de projet?

Références

BAKER, B. et R. MENON. «Politics and Project Performance: The Fourth Dimension of Project Management», *PM Network,* vol. 9, n° 11, novembre 1995, p. 16-21.

CARR, M.J., S.L. KONDA, I. MONARCH, F.C. ULRICH et C.F. WALKER. «Taxonomy-Based Risk Identification», Technical Report CMU/SEI-93-TR 6, Software Engineering Institute, Carnegie Mellon University, Pittsburgh, 1993.

GRAVES, R. «Qualitative Risk Assessment», *PM Network,* vol. 14, n° 10, octobre 2000, p. 61-66.

GRAY, C.F. et R. REINMAN. «PERT Simulation: A Dynamic Approach to the PERT Technique», *Journal of Systems Management,* mars 1969, p. 18-23.

HAMBURGER, D.H. «The Project Manager: Risk Taker and Contingency Planner», *Project Management Journal,* vol. 21, n° 4, 1990, p. 11-16.

HULETT, D.T. «Project Schedule Risk Assessment», *Project Management Journal,* vol. 26, n° 1, 1995, p. 21-31.

INGEBRETSON, M. «In No Uncertain Terms», *PM Network,* 2002, p. 28-32.

LEVINE, H.A. «Risk Management for Dummies: Managing Schedule, Cost and Technical Risk, and Contingency», *PM Network,* vol. 9, n° 10, octobre 1995, p. 31-33.

«Math Mistake Proved Fatal to Mars Orbiter», *The Orlando Sentinel,* 23 novembre, 1999.

PRITCHARD, C.L. «Advanced Risk–How Big Is Your Crystal Ball?» Proceedings of the 31st Annual Project Management Institute 2000 Seminars and Symposium, Houston, TX, 2000, CD, p. 933-936.

Project Management Body of Knowledge, Newton Square, PA, Project Management Institute, 2000, p. 127-146.

SCHULER, J.R. «Decision Analysis in Projects: Monte Carlo Simulation», *PM Network,* vol. 7, n° 1, janvier 1994, p. 30-36.

SILVERSTEIN, K. «Closing the Circuit», *PM Network,* août 2003, p. 40-45.

SMITH, P.G. et D.G. REINERSTEN. *Developing Products in Half the Time,* New York, Van Nostrand, 1995.

SMITH, P.G. et G.M. MERRITT. *Proactive Risk Management: Controlling Uncertainty in Product Development,* New York, Productivity Press, 2002.

Étude de cas

Un voyage de pêche à la mouche en Alaska*

Vous êtes assis près du foyer dans une auberge située à Dillingham, en Alaska. Vous discutez avec vos collègues d'un voyage de pêche que vous organisez avec le Club Alaska (CA). Plus tôt dans la journée, vous avez reçu une télécopie de la présidente de Note bleue inc. Elle souhaite récompenser ses cadres supérieurs en leur offrant un voyage de pêche à la mouche, tous frais compris, en Alaska. Elle souhaiterait que CA organise et supervise l'expédition.

---

* Stuart Morigeau a contribué à la préparation de cette étude de cas.

Vous terminez à l'instant un rapport de contenu préliminaire à propos de ce projet (présenté ci-après). Réalisez les activités suivantes afin de déterminer les risques potentiels associés à ce projet.

1. Déterminez les risques potentiels associés à ce projet au moyen d'un remue-méninges. Trouvez au moins cinq risques.
2. Analysez les risques à l'aide d'une matrice d'évaluation des risques semblable à celle de la figure 7.3, à la page 228.
3. Élaborez une matrice de réponses aux risques semblable à celle de la figure 7.6, à la page 235, pour déterminer comment vous composeriez avec chaque risque.

RAPPORT DE CONTENU DU PROJET

Objectif du projet

Organiser et superviser un voyage de pêche d'une durée de cinq jours, sur la rivière Tikchik, en Alaska, du 21 au 25 juin, à un coût n'excédant pas 18 000 $.

Livrables

▸ Organiser le transport aérien de Dillingham, en Alaska, au camp de base I, et du camp de base II à Dillingham.
▸ Organiser le transport sur la rivière avec deux embarcations hors-bord de huit passagers.
▸ Prévoir trois repas par jour pour les cinq jours passés sur la rivière.
▸ Prévoir quatre heures de cours sur la pêche à la mouche.
▸ Prévoir le logement de nuit à l'auberge de Dillingham ainsi que trois tentes pour quatre personnes avec lits de camp, literie et lanternes.
▸ Engager quatre guides expérimentés qui connaissent bien la rivière et savent aussi pêcher à la mouche.
▸ Fournir des permis de pêche à tous les invités.

Jalons importants

1. Signature du contrat le 22 janvier.
2. Arrivée des invités à Dillingham le 20 juin.
3. Départ par avion du camp de base I, le 21 juin.
4. Départ par avion du camp de base II vers Dillingham, le 25 juin.

Exigences logistiques

1. Transport aérien entre les camps de base.
2. Transport par bateau sur la rivière Tikchik.
3. Téléphones satellites.
4. Les camps et l'activité de pêche doivent répondre aux normes de l'Alaska.

Limites et exclusions

1. Les invités organisent leur transport aller-retour à Dillingham.
2. Les invités apportent leur équipement et leurs vêtements de pêche à la mouche.
3. Le transport aérien local entre les camps de base proviendra d'un fournisseur extérieur.
4. Les guides ne sont pas responsables du nombre de saumons du Pacifique pêchés par les invités.

Client

La présidente de Note bleue inc.

Étude de cas

Les Constructions Riviera

Vous êtes président de Constructions Riviera (CR). L'entreprise est spécialisée dans la construction sur mesure de maisons de grande qualité, dans la région de Montréal. La famille Czopek a choisi votre société pour construire la maison de ses rêves. Vous agissez à titre d'entrepreneur général ; seul un commis comptable à temps partiel est à votre service. Vous donnez le travail de construction en sous-traitance à des entreprises locales. La construction de maisons est en pleine croissance dans la région de Montréal. Selon votre calendrier, vous prévoyez construire 11 maisons cette année. Vous avez promis aux Czopek que les coûts définitifs se situeraient entre 385 000 $ et 410 000 $ et qu'il faudra cinq mois pour terminer la construction de la maison à compter du début des travaux. Les Czopek sont d'accord pour que le projet se prolonge afin d'économiser certains coûts.

Vous terminez à l'instant un rapport de contenu préliminaire à propos de ce projet (présenté ci-après). Réalisez les activités suivantes afin de déterminer les risques potentiels associés à ce projet.

1. Déterminez les risques potentiels associés à ce projet au moyen d'un remue-méninges. Trouvez au moins cinq risques.
2. Analysez les risques à l'aide d'une matrice d'évaluation des risques semblable à celle de la figure 7.3, à la page 228.
3. Élaborez une matrice de réponses aux risques semblable à celle de la figure 7.6, à la page 235, pour déterminer comment vous composeriez avec chaque risque.

RAPPORT DE CONTENU DU PROJET

Objectif du projet

Construire une maison sur mesure de grande qualité, en cinq mois, à un coût n'excédant pas 410 000 $.

Livrables

▹ Maison de 2 500 pieds carrés comptant 2 ½ salles de bains et 3 chambres à coucher.
▹ Garage isolé fini en plaques de plâtre.
▹ Appareil de chauffage au gaz à haut rendement muni d'un thermostat programmable.

Jalons importants

1. Permis approuvés le 5 juillet.
2. Fondations jetées le 12 juillet.
3. Inspections de la charpente, du revêtement, de la plomberie, de l'électricité et de la mécanique, le 25 septembre.
4. Inspections finales le 7 novembre.

Exigences techniques

1. La maison doit répondre aux normes des codes du bâtiment provincial et municipal.
2. Toutes les portes et les fenêtres doivent correspondre à la cote énergétique 40.
3. L'isolation des murs extérieurs doit répondre au facteur R21.
4. L'isolation des plafonds doit répondre au facteur R38.
5. L'isolation des planchers doit répondre au facteur R25.
6. Le garage pourra abriter deux automobiles et une caravane familiale.

Limites et exclusions

1. La maison sera construite selon les spécifications des plans et des devis fournis par le client.
2. Le propriétaire de la maison est responsable du terrassement.
3. Les électroménagers ne sont pas inclus dans l'aménagement des lieux.
4. Le système de climatisation n'est pas compris, mais la maison est précâblée pour abriter un tel système.
5. CR se réserve le droit de faire effectuer les travaux en sous-traitance.

Clients

Valery et Izabella Czopek.

Étude de cas

Le projet de réseau local de Javacom*

Située à Tours, en France, Javacom est une société-conseil en systèmes d'information. Les bureaux d'aide sociale de la ville de Tours lui ont confié la conception et l'installation d'un réseau local (RL). Vous êtes gestionnaire du projet. Vous travaillez en collaboration avec deux professionnels de Javacom et un stagiaire d'une université locale. Vous terminez à l'instant un rapport de contenu préliminaire à propos de ce projet (présenté ci-après). Réalisez les activités suivantes afin de déterminer les risques potentiels associés à ce projet.

1. Déterminez les risques potentiels associés à ce projet au moyen d'un remue-méninges. Trouvez au moins cinq risques.
2. Analysez les risques à l'aide d'une matrice d'évaluation des risques semblable à celle de la figure 7.3, à la page 228.
3. Élaborez une matrice de réponses aux risques semblable à celle de la figure 7.6, à la page 235, pour déterminer comment vous composeriez avec chaque risque.

RAPPORT DE CONTENU DU PROJET

Objectif du projet

Concevoir et installer un RL, en un mois, avec un budget n'excédant pas 82 000 Euros pour les bureaux d'aide sociale de la ville de Tours.

Livrables

- Vingt postes de travail.
- Serveur avec biprocesseur Pentium.
- Deux imprimantes laser Hewlett-Packard Si/Si MX.
- Système d'exploitation Windows NT pour le serveur et les postes de travail.
- Quatre heures de formation pour initier le personnel du client au nouveau réseau.
- Seize heures de formation destinées à l'administrateur de réseau du client.
- RL prêt à fonctionner.

Jalons importants

1. Matériel informatique : 22 janvier.
2. Priorité aux utilisateurs et autorisation : 26 janvier.
3. Test du réseau à l'interne : 1er février.
4. Test du site du client : 2 février.
5. Fin de la formation : 16 février.

Exigences techniques

1. Postes de travail avec écran plat de 17 po, processeur Pentium IV, mémoire vive de 512 Mo, carte vidéo SVGA de 4 Mo, CD-ROM 32X, lecteur zip, carte Ethernet, disque dur de 100 Go.

* Budiyoso Kurniawai a contribué à la préparation de cette étude de cas.

2. Cartes Ethernet PCI 64-bits et connexions Ethernet (doit transmettre un minimum de 100 Mo/s).

3. Le système doit fonctionner sur la plate-forme Linux.

Limites et exclusions

1. Maintenance et réparation du système assurées pendant un mois seulement après l'inspection finale.

2. Garanties transférées au client.

3. Uniquement responsable de l'installation du logiciel conçu par le client, deux semaines avant le début du projet.

4. Le client sera facturé pour toute formation supplémentaire non prévue au contrat.

Client

Le directeur du bureau d'aide sociale de la ville de Tours.

Annexe 7.1

Le PERT et la méthode de Monte Carlo

PERT – TECHNIQUE D'ÉVALUATION ET DE SUIVI DES PROJETS (PROGRAM EVALUATION AND REVIEW TECHNIQUE)

En 1958, le Special Office of the Navy et une firme de consultants nommée Booze, Allen et Hamilton conçoivent la technique PERT. Le but? Établir le calendrier de travail des 3 300 constructeurs participant au projet des missiles à ogive nucléaire Polaris de la marine américaine et se protéger des incertitudes associées aux estimations de temps de plusieurs tâches.

Le PERT est presque identique à la méthode du chemin critique, mais il tient pour acquis que chaque activité possède une échelle de durée correspondant à une distribution statistique. Le PERT fait appel à trois estimations de temps pour chaque activité. C'est donc dire que la durée de chaque activité peut varier selon une estimation optimiste et une estimation pessimiste, permettant ainsi d'établir une moyenne pondérée pour chaque activité. Comme les activités d'un projet sont représentées généralement sous forme de travail et comme le travail tend à s'accumuler quand il prend du retard, les concepteurs PERT ont opté pour une approximation de la *distribution bêta* pour représenter les durées d'une activité. Cette distribution est connue pour sa souplesse et s'accommode bien des données empiriques qui n'obéissent pas à une distribution normale. Les durées de l'activité peuvent s'étaler vers le haut ou vers le bas de la plage de données. La figure A7.1A illustre une distribution *bêta* des durées d'une activité qui s'étalent vers la droite; le travail tend généralement à traîner de la patte une fois qu'il accuse un certain retard. La distribution de la durée du projet est représentée par une distribution normale (symétrique) comme à la figure A7.1B. La distribution du projet représente la somme des moyennes pondérées des activités par rapport aux chemins critiques.

La moyenne pondérée et les variations de chaque activité permettent au gestionnaire de projet de calculer la probabilité de respecter différents calendriers de travail. Suivez les étapes décrites dans l'exemple hypothétique suivant. (Le jargon est difficile à comprendre

FIGURE A7.1   **Les distributions de la fréquence de l'activité et du projet**

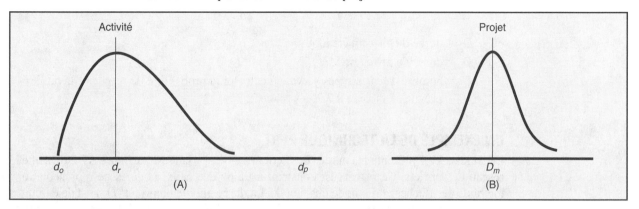

pour quiconque connaît peu le domaine des statistiques, mais le processus devient relativement simple après l'examen d'un ou deux exemples.)

La formule suivante permet de calculer la moyenne pondérée de la durée de l'activité :

$$d_m = \frac{d_o + 4d_r + d_p}{6}$$ **(7.1)**

où d_m = durée moyenne pondérée de l'activité

   d_o = durée optimiste de l'activité (1 chance sur 100 de terminer l'activité plus tôt que dans les conditions *normales*)

   d_p = durée pessimiste de l'activité (1 chance sur 100 de terminer l'activité plus tard que dans les conditions *normales*)

   d_r = durée réaliste de l'activité

Quand les trois estimations de temps sont déterminées, cette équation sert à calculer la moyenne pondérée de la durée de chaque activité. La valeur moyenne (déterministe) est placée dans le réseau des projets. On effectue les jalonnements aval, les jalonnements amont et les calculs de la marge comme on le ferait à l'aide de la méthode du chemin critique.

La variabilité dans les estimations de la durée de l'activité s'obtient en calculant l'équation suivante : l'équation 7.2 représente l'écart-type de l'*activité*. L'équation 7.3 représente l'écart-type du *projet*. Notons que l'écart-type de l'activité est au carré dans cette équation ; on l'appelle aussi « variance ». Cette somme comprend seulement les activités des chemins critiques ou du chemin révisé.

$$\sigma_{d_m} = \left(\frac{d_p - d_o}{6} \right)$$ **(7.2)**

$$\sigma_{D_m} = \sqrt{\Sigma \sigma_{d_m}{}^2}$$ **(7.3)**

Enfin, la durée moyenne du projet (D_m) est la somme de toutes les moyennes de l'activité le long du chemin critique (somme de d_m), et elle obéit à une distribution normale.

Connaître la durée moyenne du projet et les variances des activités permet de calculer la probabilité de terminer le projet à un moment précis, à l'aide de tableaux statistiques normalisés. L'équation 7.4 permet de calculer la valeur « Z » des tableaux statistiques (Z = nombre d'écarts-types par rapport à la moyenne), ce qui, grâce aux tableaux statistiques, indique la probabilité de terminer le projet au moment prévu.

$$Z = \frac{D_p - D_m}{\sqrt{\Sigma \sigma_{d_m}^2}}$$

(7.4)

où D_m = durée du chemin critique

D_p = durée du projet prévue

Z   = nombre d'écarts-types servant à calculer la probabilité de respecter la durée prévue au tableau A7.2, à la page 258

UN EXEMPLE DE LA TECHNIQUE PERT

Le tableau A7.1 présente les durées des activités et les variances. La figure A7.2 présente le réseau des projets. Ce réseau est construit à l'aide des deux modèles de représentation: méthode des flèches et méthode des nœuds. La durée prévue du projet (D_m) est de 64 unités de temps; le chemin critique est 1, 2, 3, 5, 6 ou A, B, C, E, F. Cette information permet de

TABLEAU A7.1

Les durées et les variances des activités

Activité	d_o	d_r	d_p	d_m	$[(d_p - d_o)/6]^2$
1-2	17	29	47	30	25
2-3	6	12	24	13	9
2-4	16	19	28	20	4
3-5	13	16	19	16	1
4-5	2	5	14	6	4
5-6	2	5	8	5	1

FIGURE A7.2

Un réseau hypothétique

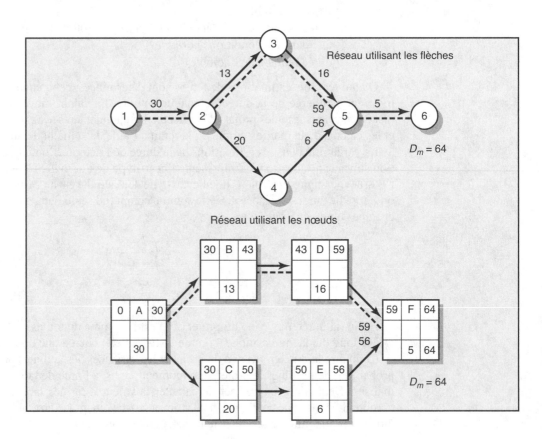

calculer aisément, à l'aide de méthodes statistiques normalisées, la probabilité de terminer le projet à une date précise.

Par exemple, quelle est la probabilité que le projet soit terminé avant un temps déterminé (D_p) de 67 ? La courbe normale du projet ressemblerait à celle de la figure A7.3.

À l'aide de la formule *Z,* la probabilité (P) peut se calculer comme suit :

$$Z = \frac{D_p - D_m}{\sqrt{\Sigma \sigma_{d_m}^{2}}}$$

$$Z = \frac{67 - 64}{\sqrt{25 + 9 + 1 + 1}}$$

$$Z = \frac{+3}{\sqrt{36}}$$

$$Z = +0{,}50$$

$$P = 0{,}69$$

FIGURE A7.3

Les durées possibles du projet

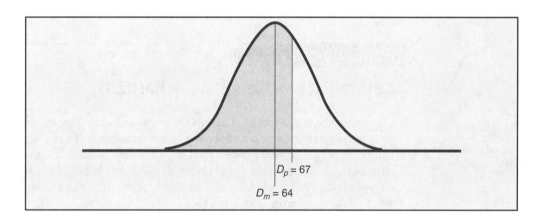

Dans le tableau A7.2, une valeur *Z* de +0,5 donne une probabilité de 0,69, ce qui signifie qu'il y a 69 % des chances de terminer le projet à temps, en 67 unités de temps ou avant.

À l'inverse, la probabilité de terminer le projet en 60 unités de temps se calcule ainsi :

$$Z = \frac{60 - 64}{\sqrt{25 + 9 + 1 + 1}}$$

$$Z = \frac{-4}{\sqrt{36}}$$

$$Z = -0{,}67$$

$$P \simeq 0{,}26$$

Dans le tableau A7.2, une valeur *Z* de −0,67 donne une probabilité approximative de 0,26, ce qui signifie qu'il y a environ 26 % des chances de terminer le projet à temps, en 60 unités de temps ou avant. Notons qu'il est possible d'effectuer ce même type de calcul pour tout chemin ou tout segment de chemin du réseau.

TABLEAU A7.2

Valeur Z	Probabilité (P)	Valeur Z	Probabilité (P)
−2,0	0,02	+2,0	0,98
−1,5	0,07	+1,5	0,93
−1,0	0,16	+1,0	0,84
−0,7	0,24	+0,7	0,76
−0,5	0,31	+0,5	0,69
−0,3	0,38	+0,3	0,62
−0,1	0,36	+0,1	0,54

Quand la haute direction dispose de telles probabilités, des compromis techniques visant à approuver ou à réduire le risque associé à la durée d'un projet précis peuvent être envisagés. Si le gestionnaire de projet souhaite améliorer les chances de terminer le projet en 64 unités de temps, par exemple, un minimum de deux possibilités s'offre à lui. D'abord, la haute direction peut allouer des sommes d'argent supplémentaires en vue de réduire la durée d'une ou de plusieurs activités du chemin critique. Une autre approche, plus prudente, consisterait à établir un fonds pour éventualités et à observer le déroulement du projet.

Étude de cas

Capital international inc. – Partie A

Capital international inc. (CI) est une petite maison bancaire d'investissement spécialisée dans le financement des petites et moyennes entreprises (PME). CI utilise un modèle normalisé de plan de projet pour chacun de ses clients. Seules les durées des activités et des circonstances particulières sont susceptibles de perturber le déroulement habituel. Adjointe au gestionnaire de projet, Monica Just s'est vu confier le client dont il est question ci-après. Voici l'information sur le réseau et les durées des activités qu'elle a réunies sur ce client :

Activité	Description	Activités préalables
A	Commencer le brouillon de l'historique de l'entreprise à l'aide du modèle.	—
B	Effectuer une recherche sur l'entreprise cliente.	—
C	Préparer un brouillon du plan de projet.	A, B
D	Coordonner la liste des besoins en compagnie du client.	C
E	Évaluer les demandes futures et les liquidités.	C
F	Esquisser des plans d'avenir pour l'entreprise cliente.	E
G	Créer et approuver des documents juridiques.	C
H	Réunir tous les brouillons dans une proposition préliminaire.	D, F, G
I	Énumérer les sources de financement potentielles.	G, F
J	Vérifier, approuver et imprimer la proposition finale.	H
K	Signer les contrats et virer les fonds.	I, J

Activité	Durée		
	optimiste	réaliste	pessimiste
A	4	7	10
B	2	4	8
C	2	5	8
D	16	19	28
E	6	9	24
F	1	7	13
G	4	10	28
H	2	5	14
I	5	8	17
J	2	5	8
K	17	29	45

LE RAPPORT DE GESTION

D'ordinaire, Mme Just et ses partenaires courtiers présentent le plan de leur projet à un comité de collègues qui le révise. Le comité vérifie si tous les points y sont traités, si les durées tiennent compte de la réalité et si les ressources sont disponibles. Mme Just vous demande de lui remettre un rapport contenant un calendrier des jours de travail et la date d'achèvement des travaux. Votre rapport contiendra aussi un réseau de projet. La durée moyenne d'approvisionnement d'un projet majeur est de 70 jours. Les partenaires de CI conviennent qu'ils auraient avantage à estimer à 95 % les chances d'atteindre le plan de référence. Comment ce projet se compare-t-il au projet d'une durée moyenne ? À combien devrait s'établir la moyenne pour que l'on soit certain que, dans une proportion de 95 %, le projet soit exécuté en 70 jours ?

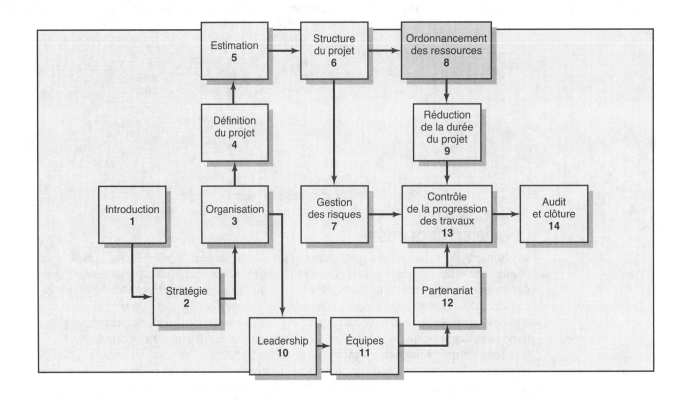

Estimation 5	Structure du projet 6	Ordonnancement des ressources 8
Définition du projet 4		Réduction de la durée du projet 9
Introduction 1	Organisation 3	Gestion des risques 7	Contrôle de la progression des travaux 13	Audit et clôture 14
Stratégie 2		Partenariat 12
	Leadership 10	Équipes 11

L'ordonnancement des ressources

Le problème

Les types de contraintes qui s'appliquent aux projets

La classification d'un problème d'ordonnancement

Les méthodes d'allocation des ressources

Une démonstration informatique de la planification des ressources sous contraintes

Le fractionnement et l'affectation multiple

Les avantages de l'ordonnancement des ressources

L'attribution des tâches dans un projet

L'ordonnancement des ressources pour des projets multiples

Résumé

Annexe 8.1 : La méthode de la chaîne critique

CHAPITRE 8

L'ordonnancement des ressources

Les durées inscrites dans le réseau des projets ne constituent un échéancier que lorsque des ressources ont été affectées.

Il y a toujours plus de propositions de projets que de ressources disponibles. Le système de priorité doit permettre de choisir les projets qui contribuent le plus aux objectifs de l'entreprise tout en respectant les contraintes en matière de disponibilité des ressources. Quand on planifie tous les projets et toutes les ressources nécessaires à l'aide de l'ordinateur, il est possible d'évaluer rapidement la faisabilité et les répercussions de l'ajout d'un nouveau projet à ceux qui sont déjà en cours d'exécution. Au moyen de cette information, l'équipe chargée de l'ordre de priorité des projets n'ajoutera un nouveau projet que si des ressources peuvent être officiellement engagées pour ce projet particulier. Le présent chapitre porte sur des méthodes de planification de l'emploi des ressources grâce auxquelles cette équipe peut effectuer des évaluations réalistes de la disponibilité des ressources et de la durée des projets. Le gestionnaire de projet fait appel à la même planification pour mettre en œuvre un projet. Lorsque des changements surviennent pendant l'exécution du projet, il est facile de mettre à jour la planification informatique et d'en évaluer les effets.

Le problème

Après que le personnel et d'autres ressources ont été affectés à son projet, un gestionnaire de projet dresse une liste de questions qui n'ont pas encore été réglées.

‣ La main-d'œuvre ou l'équipement affectés à mon projet seront-ils suffisants et disponibles pour le mener à terme ?

‣ Faudra-t-il recourir à des sous-traitants ?

‣ Existe-t-il des liens de dépendance imprévus relatifs aux ressources ? Y a-t-il un nouveau chemin critique ?

‣ À quel point l'utilisation des ressources est-elle souple ?

‣ L'échéance initiale est-elle réaliste ?

De toute évidence, ce gestionnaire de projet a une bonne compréhension des problèmes auxquels il doit faire face. Tout système d'ordonnancement des projets devrait permettre de trouver rapidement et facilement des réponses à ces questions.

Le réseau des projets et le calendrier de la durée de ses activités dont nous avons étudié la planification dans les chapitres précédents ne tiennent pas compte de l'utilisation et de la disponibilité des ressources. Les estimations de durées pour les lots de travaux et celles des dates des réseaux sont établies indépendamment en partant de l'hypothèse implicite que les ressources nécessaires seront disponibles. Ce peut être ou ne pas être le cas. Quand les ressources se révèlent suffisantes, mais que la demande varie considérablement au cours du cycle de vie d'un projet, il peut être souhaitable d'équilibrer cette demande en retardant ou en devançant les activités non critiques à l'aide des marges pour aplanir les pointes d'utilisation de la ressource afin de mieux l'utiliser dans le temps. Ce processus porte le nom de *nivellement* ou *lissage des ressources*. Par contre, lorsque les ressources ne suffisent pas à répondre aux fortes demandes, il faudrait repousser les débuts au plus tard de certaines activités et augmenter la durée du projet. Ce processus porte le nom de *planification des ressources sous contraintes*. Selon une étude d'un des auteurs de ce manuel sur plus d'une cinquantaine de projets, les durées prévues dans les réseaux des projets ont augmenté de 38 % lorsqu'on a procédé à un ordonnancement des ressources.

Les coûts rattachés au fait de ne pas avoir pris en considération l'utilisation et la disponibilité des ressources sont cachés ou, du moins, peu évidents. C'est pourquoi les entreprises ne se préoccupent souvent pas, en pratique, de l'ordonnancement de leurs ressources ou encore n'y accordent pas assez d'importance. En négligeant d'ordonnancer l'utilisation de ressources limitées, elles se retrouvent avec des coûts d'activités élevés et des retards qui se manifestent habituellement au milieu du projet alors qu'il devient difficile d'appliquer des mesures correctives. De plus, cette absence de planification les empêche de tenir compte des périodes de grande et de faible utilisation des ressources pendant l'exécution du projet. Comme les ressources sont généralement surutilisées et qu'elles sont rarement classées en fonction de leur disponibilité et du besoin qu'on en a, il faut trouver des moyens de résoudre ces problèmes. Le présent chapitre porte sur les méthodes mises à la disposition des gestionnaires de projet pour planifier l'utilisation et la disponibilité des ressources par le lissage et la planification des ressources sous contraintes.

Les types de contraintes qui s'appliquent aux projets

Les contraintes que subit un projet entravent ou retardent le début des activités. La marge apparaissant dans le réseau planifié s'en verra d'autant diminuée et l'ordonnancement sera moins souple, sans compter que les activités parallèles se feront peut-être moins nombreuses et que le projet accusera des retards. Dans l'ordonnancement des projets, il faut tenir compte de trois contraintes.

Les contraintes techniques ou logiques

Les contraintes techniques ou logiques portent généralement sur l'*ordre séquentiel* dans lequel les activités du projet doivent être exécutées. Le réseau des projets décrit des contraintes techniques. Le réseau de la construction d'une maison pourrait indiquer trois activités en succession, soit 1) couler le ciment des fondations ; 2) construire la charpente ; et 3) poser le toit. Dans le cas de l'élaboration d'un nouveau logiciel, le réseau présenterait l'ordre d'enchaînement des activités qui suit : 1) la conception ; 2) le codage ; et 3) l'essai. Autrement dit, on ne peut pas logiquement effectuer la deuxième activité avant que la première activité soit terminée, et ainsi de suite, comme l'illustre la figure 8.1A.

Les contraintes physiques

Dans de rares situations, des contraintes physiques liées à des conditions contractuelles ou environnementales ont un effet restrictif sur des activités qui, d'ordinaire, devraient être effectuées de façon parallèle. Pour la rénovation d'un compartiment sur un bateau, par exemple, des limites d'espace pourraient restreindre l'exécution d'une activité à une seule personne à la fois. L'exemple de l'érection d'une tour et du travail au sol qui doit être accompli à proximité illustre également bien ce problème. Les moyens qui s'appliquent en cas de

FIGURE 8.1

Des exemples de contraintes

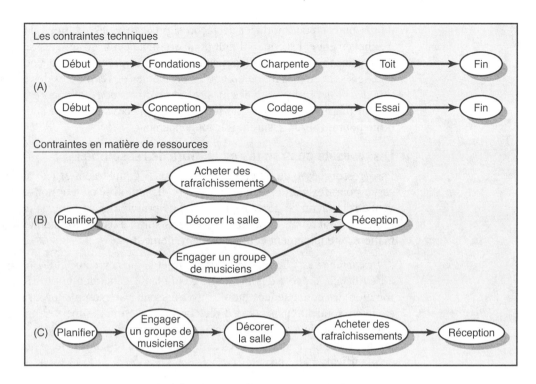

contraintes physiques s'apparentent à ceux qui sont utilisés quand il existe des contraintes en matière de ressources.

Les contraintes en matière de ressources

En général, l'absence ou la pénurie de ressources modifie les contraintes techniques de façon considérable. Le planificateur des projets peut supposer que les ressources sont suffisantes et indiquer l'exécution en parallèle de certaines tâches. Toutefois, les activités parallèles constituent des sources potentielles de conflits en matière de ressources. Supposons, par exemple, que la planification d'une réception de mariage comprenne quatre activités : 1) planifier ; 2) engager un groupe de musiciens ; 3) décorer la salle de réception ; et 4) acheter les rafraîchissements. Chaque activité requiert une journée. Les activités 2, 3 et 4 peuvent être effectuées parallèlement par des personnes différentes. Il n'existe aucune raison technique ni lien de dépendance qui empêche ces réalisations parallèles, comme l'illustre la figure 8.1B. Toutefois, si une seule personne devait accomplir les quatre activités, cette restriction de ressources exigerait leur réalisation par ordre séquentiel ou en succession. Il en résulterait un retard, et les relations au sein du réseau constitueraient un ensemble complètement différent (*voir la figure 8.1C*). Notons que les liens de dépendance entre les ressources ont préséance sur les liens de dépendance technologique. Par ailleurs, les liens de dépendance entre les ressources ne peuvent pas aller à l'encontre des liens de dépendance technologique. Autrement dit, l'engagement, la décoration et l'achat pourraient se dérouler en succession plutôt que simultanément, mais toutes ces activités devraient être terminées avant que la réception ait lieu.

Les interrelations et les interactions entre les contraintes de temps en matière de ressources sont complexes même dans le cadre de réseaux de projets de moindre envergure. Quand on examine ces interactions avant de démarrer le projet, on découvre souvent des problèmes surprenants. Les gestionnaires de projet qui ne tiennent pas compte de la disponibilité des ressources pour des projets même modérément complexes s'aperçoivent généralement de l'existence de ces problèmes lorsqu'il est trop tard pour les corriger. Une pénurie de ressources peut modifier de façon significative les relations de dépendance, les dates d'achèvement et les coûts. Il faut donc ordonnancer avec soin les ressources pour s'assurer de leur disponibilité dans les quantités requises et au moment voulu. Heureusement, des logiciels sont en mesure de cerner les problèmes de ressources dès le début de la planification des projets, alors que des mesures correctives peuvent encore être envisagées. Il suffit de leur fournir des données sur les ressources nécessaires à une activité et sur leur disponibilité pour qu'ils en assurent l'ordonnancement.

Les types de contraintes en matière de ressources

Par « ressources », on entend les personnes, l'équipement et les matières dont on peut se servir pour l'exécution d'une tâche. Leur disponibilité ou leur non-disponibilité influe souvent sur la façon de gérer les projets. Les principales ressources que les gestionnaires de projet doivent réunir, ordonnancer et gérer sur une base quotidienne sont les personnes, les matières, l'équipement et le fonds de roulement.

1. Les personnes   La ressource d'un projet la plus évidente et la plus importante se trouve, à l'évidence, du côté des personnes. On classe généralement les ressources humaines en fonction des compétences qu'elles fournissent, par exemple, programmeur, ingénieur mécanicien, soudeur, inspecteur, directeur du marketing et superviseur. Dans de rares cas, certaines compétences sont interchangeables mais, le plus souvent, au prix d'une perte de productivité. La multiplicité des compétences des ressources humaines complexifie la tâche de planification des projets.

2. Les matières   Les matières englobent un large éventail d'éléments, des produits chimiques destinés à un projet scientifique au ciment dans un projet de construction de route en passant par les données d'un sondage pour un projet de mise en marché.

On a imputé le retard de nombreux projets au manque de disponibilité et aux pénuries de matières. Quand un important manque de disponibilité des matières est à prévoir, on devrait inclure ces ressources dans le plan du réseau des projets et dans son calendrier. La livraison et la mise en place d'une tour de forage dans un champ pétrolifère sibérien, par exemple, doivent s'effectuer au cours d'une période de temps très limitée, soit pendant le seul mois d'été. Autrement dit, tout retard dans la livraison représente un délai coûteux d'un an. Le remplacement du revêtement et de certaines structures du Golden Gate Bridge de San Francisco est un autre exemple dans lequel les matières ont constitué les principales ressources planifiées. Les travaux étaient limités à la période de temps entre minuit et 5 h le matin. On avait prévu une pénalité de 1 000 $ par minute de travail effectué après cette fenêtre. La planification de la livraison des structures de remplacement devenait alors une partie extrêmement importante de la gestion de l'intervalle de cinq heures de travail alloué au projet. La planification des matières revêt également de plus en plus d'importance dans le développement de produits lorsque la mise en œuvre entraîne la perte d'une part de marché.

3. L'équipement   En général, on classe l'équipement par type, par taille et par quantité. Dans certains cas, on peut utiliser de l'équipement plus performant pour améliorer les échéanciers, mais il ne s'agit pas d'une pratique fréquente. On fait souvent fi du caractère contraignant de l'équipement. La négligence la plus courante consiste à supposer que l'équipement mis en commun est amplement suffisant pour un projet. Prenons l'exemple d'un projet qui requiert une machine de terrassement dans six mois, alors que l'entreprise en possède quatre. On tendra à supposer que cette ressource ne retardera pas le projet en cours. Toutefois, lorsqu'on aura besoin de la machine sur le chantier dans six mois, il se pourrait que les quatre véhicules soient monopolisés par d'autres projets. Dans les environnements à projets multiples, il est plus prudent de recourir à une réserve de ressources communes pour l'ensemble des projets. Cette façon de procéder oblige le gestionnaire à vérifier la disponibilité des ressources pour tous les projets et à réserver l'équipement nécessaire aux besoins particuliers de chacun d'eux dans l'avenir. En tenant compte des contraintes d'équipement avant le début d'un projet, il est possible d'éviter des coûts élevés de compression ou de retard.

4. Le fonds de roulement   Dans certaines situations, par exemple dans le domaine de la construction, on considère le fonds de roulement comme une ressource, car il est limité. Lorsque le fonds de roulement est facile à obtenir, le gestionnaire de projet peut faire effectuer plusieurs activités simultanément. Quand ce fonds est insuffisant du fait que le paiement est réclamé mensuellement au prorata des travaux, on doit parfois restreindre l'utilisation des matières et de la main-d'œuvre pour préserver l'encaisse. Cette situation dénote un problème de flux monétaires.

La classification d'un problème d'ordonnancement

La plupart des méthodes de planification de l'emploi des ressources utilisées de nos jours requièrent une classification des projets selon qu'ils sont affectés par une contrainte de temps ou une contrainte de ressources. Le gestionnaire de projet doit consulter sa matrice des priorités, comme l'illustre la figure 4.2, à la page 112, pour déterminer la catégorie de son projet. Un test simple permettant d'établir le type de contrainte qui caractérise le projet consiste à poser la question suivante : « Si le chemin critique est retardé, peut-on ajouter des ressources pour rattraper le temps perdu ? » Si la réponse à la question est « oui », on suppose qu'il s'agit d'une contrainte de temps. Si la réponse à la question est « non », on suppose que la contrainte relève de l'ordre des ressources.

> Un projet aux prises avec une contrainte de temps doit être achevé avant une date imposée. S'il le faut, il est possible d'ajouter des ressources pour s'assurer qu'il sera terminé à la date prévue. Bien que le temps constitue le facteur critique, l'utilisation des ressources ne devrait pas dépasser ce qui est nécessaire et suffisant.
>
> En ce qui concerne un projet aux prises avec une contrainte de ressources, on suppose que le niveau de ressources disponibles ne peut pas être dépassé. Quand les ressources s'avèrent insuffisantes, il est acceptable de retarder le projet, mais très peu.

Du point de vue de la planification, une contrainte de temps signifie que le temps (la durée du projet) est fixe, mais que les ressources sont souples. Une contrainte de ressources indique que les ressources sont fixes, mais que la durée est variable. Dans la prochaine section, nous aborderons les méthodes de planification des projets auxquelles ces deux types de contraintes s'appliquent.

Les méthodes d'allocation des ressources

Les hypothèses

Pour examiner les méthodes d'allocation des ressources, nous poserons certaines hypothèses restrictives pour concentrer notre attention sur le cœur du problème. Le reste du chapitre dépend entièrement des hypothèses formulées ici. D'abord, le fractionnement du travail sera prohibé. Autrement dit, lorsqu'une activité est planifiée, on suppose que son exécution se fera de façon continue jusqu'à la fin ; par conséquent, on ne pourra pas la commencer, l'interrompre pendant quelque temps et la terminer plus tard. Ensuite, le niveau de ressources utilisées dans une activité ne peut pas être modifié. En pratique, ces hypothèses restrictives n'ont pas d'application, mais elles simplifieront la compréhension. Les nouveaux gestionnaires de projet n'éprouveront aucune difficulté à faire face au fractionnement du travail et aux variations de niveaux de ressources lorsqu'ils y seront confrontés.

Les projets aux prises avec des contraintes de temps : nivellement de la demande de ressources

La planification des projets aux prises avec des contraintes temporelles porte principalement sur l'*utilisation* des ressources. Lorsque la demande pour un type de ressources particulier fluctue sans arrêt, sa gestion se complique, et son utilisation peut grandement s'en ressentir. Les gestionnaires chevronnés ont tenté de résoudre ce problème en recourant aux techniques de nivellement des ressources qui permettent d'en équilibrer ou d'en « niveler » la demande. En théorie, toutes ces techniques ont pour effet de retarder les activités non critiques en se servant de la marge positive pour réduire le niveau maximal de la demande de ressources et augmenter le niveau minimal de la demande de ressources. L'exemple suivant explique la marche à suivre concernant un projet aux prises avec des contraintes de temps, comme l'illustre la figure 8.2, à la page suivante.

Pour simplifier, supposons que ce projet de jardin botanique nécessite une seule ressource, des pelles rétrocaveuses (PR). Toutes les pelles rétrocaveuses sont interchangeables. Le diagramme de Gantt de la partie supérieure de la figure montre les activités sur une échelle de temps. Les liens de dépendance sont indiqués par les flèches de liaison verticale. Les flèches horizontales tracées à la suite des activités représentent la marge de chacune d'elles (par exemple, l'activité d'irrigation requiert six jours de travail et compte six jours de marge). Le nombre de pelles rétrocaveuses nécessaires pour chaque tâche est présenté dans le rectangle ombré indiquant la durée de l'activité. Une fois le terrain scarifié et le plan du jardin tracé, il est possible de commencer à préparer les allées, à irriguer, ainsi qu'à installer les clôtures et les murs de soutènement en même temps. Le diagramme du centre indique la fluctuation des ressources en pelles rétrocaveuses. De la période 4 à la période 10, il faut quatre de ces véhicules de chantier.

Comme le projet est aux prises avec des contraintes de temps, le but sera de réduire le niveau maximal de la demande de la ressource et, par conséquent, de mieux répartir son utilisation. Un examen rapide du début au plus tôt de la charge de travail pour la ressource montre que seulement deux activités bénéficient d'une marge pouvant servir à réduire la forte demande : l'installation de la clôture et des murs constitue le meilleur choix pour un nivellement des besoins en pelles rétrocaveuses. On pourrait aussi choisir l'irrigation. Il en résulterait toutefois des sommets et des creux dans le modèle d'utilisation de la ressource. Le choix se portera donc probablement sur l'activité perçue comme présentant le moins de risque de prendre du retard. La charge de travail de la ressource après le nivellement indique les résultats d'un retard dans l'activité d'installation de la clôture et des murs. Remarquez les différences dans les diagrammes des ressources. Le point important à noter est la diminution des ressources requises dans le cycle de vie du projet de quatre à trois, soit de 25 %. En outre, le graphique a été nivelé, ce qui en facilite la gestion.

La planification du projet du jardin botanique a atteint les trois objectifs du nivellement.

▶ On a réduit le niveau maximal de la demande de la ressource.

▶ On a réduit la quantité de ressources utilisées pendant le cycle de vie du projet.

▶ On a réduit au maximum les fluctuations de la demande de la ressource.

Ce dernier élément contribue à une amélioration de l'utilisation des ressources. Il est difficile de déplacer des pelles rétrocaveuses d'un endroit à un autre, sans compter les coûts associés aux variations du niveau des ressources nécessaires. On pourrait appliquer le même principe au mouvement des employés d'un projet à un autre. Les gens se montrent plus efficaces quand ils concentrent leurs efforts sur un projet plutôt que de diviser leur temps entre de multiples tâches, par exemple dans trois projets.

Le nivellement présente l'inconvénient de faire perdre une certaine souplesse au calendrier du projet, à cause de la réduction de la marge. Il accroît aussi le risque que des activités

FIGURE 8.2   Le projet du jardin botanique

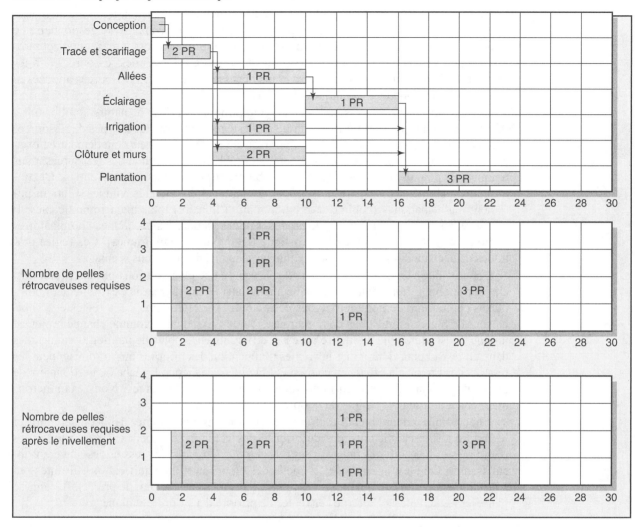

retardent le projet, car la diminution de la marge a généralement pour effet d'augmenter le nombre d'activités critiques ou d'activités sous-critiques. Abuser de cette opération en vue d'obtenir un diagramme des ressources parfaitement nivelé se révèle également dangereux. Le cas échéant, toutes les activités deviennent critiques.

L'exemple du jardin botanique illustre un problème de contrainte de temps, et sa résolution par la méthode du nivellement. Toutefois, en pratique, l'importance du problème peut le rendre très complexe même pour de petits projets. Les solutions «manuelles» ne sont pas réalisables. Fort heureusement, il existe de nos jours des progiciels dotés d'algorithmes très efficaces pour le nivellement des ressources d'un projet. De façon générale, ils utilisent les activités qui comportent le plus de marge pour niveler les ressources d'un projet en se basant sur le raisonnement selon lequel ces activités présentent le moins de risque. Cet argument est généralement fondé. Toutefois, il ne tient pas compte d'autres facteurs de risque tels qu'une diminution de la souplesse dans l'emploi de ressources réaffectées à d'autres activités ou encore la nature même de l'activité, qui peut être simple ou complexe. On peut facilement faire l'expérience de différentes solutions pour déterminer celle qui convient le mieux au projet et minimise le risque de tout retard.

Les projets aux prises avec des contraintes de ressources

Lorsque le nombre d'employés ou la quantité d'équipement ne peuvent répondre au niveau maximal de la demande et qu'il est impossible d'en obtenir davantage, le gestionnaire de projet se retrouve aux prises avec un problème de contrainte de ressources. Quel compromis adopter? La solution consiste à dresser une liste de priorités des ressources et à les affecter de façon à minimiser les retards sans dépasser la limite des ressources allouées ni modifier les dépendances techniques du réseau.

L'ordonnancement des ressources pose un important problème de nature combinatoire. Ainsi, même un réseau des projets de taille modeste requérant quelques types de ressources peut présenter plusieurs milliers de solutions réalisables. Des chercheurs ont démontré l'existence de solutions mathématiques *optimales* au problème d'allocation des ressources, mais uniquement pour de petits réseaux et un nombre très limité de types de ressources. L'extraordinaire quantité de données requises pour des réseaux plus étendus rend les solutions purement mathématiques (comme la programmation linéaire) totalement impraticables. Il existe cependant une autre façon de procéder pour résoudre les problèmes combinatoires complexes, soit l'utilisation de l'heuristique (les méthodes empiriques). Ces règles pratiques de décision ou de priorité sont employées depuis de nombreuses années.

L'heuristique ne permet pas toujours de parvenir à une planification optimale. Toutefois, elle sert à obtenir un «bon» ordonnancement dans le cas de réseaux extrêmement complexes comportant de nombreux types de ressources. L'efficacité de ses règles et combinaisons de règles a fait l'objet de nombreuses études. Cependant, comme chaque projet est unique, il est préférable de mettre à l'essai différents ensembles de méthodes empiriques dans un réseau pour déterminer les règles d'allocation des priorités qui minimiseraient les retards. Les progiciels offerts en ce moment facilitent beaucoup la tâche du gestionnaire de projet dans l'élaboration d'un bon ordonnancement des ressources. Nous examinerons maintenant un exemple simple de l'approche heuristique.

L'heuristique a pour objectif d'affecter des ressources aux activités de façon à minimiser les retards. Elle établit un ordre de priorité des activités auxquelles il faut allouer des ressources et des activités qui peuvent être retardées lorsque les ressources s'avèrent insuffisantes. On s'est aperçu que les méthodes empiriques de planification suivantes ont constamment permis de minimiser les retards dans un vaste éventail de projets. Il s'agit de planifier les activités à l'aide de ces règles de priorité dans l'ordre indiqué.

1. Marge minimale
2. Durée la plus courte
3. Numéro d'identification d'activité le moins élevé

En général, on applique l'heuristique en se servant de la méthode parallèle. Cette méthode consiste en un processus itératif qui débute à la première période de temps du projet et permet de planifier, période par période, les activités susceptibles de démarrer. Lorsque, dans n'importe quelle période, deux ou plusieurs activités requièrent la même ressource, on applique les règles de priorité. Supposons par exemple que, dans la période 5, trois activités remplissent les conditions nécessaires pour démarrer (c'est-à-dire qu'elles ont le même début au plus tôt) et qu'elles requièrent la même ressource. La première activité inscrite dans l'ordonnancement sera celle qui a la marge minimale (première règle). Toutefois, quand toutes les activités ont la même marge, on applique la règle suivante (deuxième règle) et on place en tête celle dont la durée est la plus courte. Dans des cas très rares, lorsque toutes les activités acceptables ont la même marge et la même durée, on choisit celle qui a le numéro d'identification le moins élevé (troisième règle), puisque chaque activité a un numéro unique. On comprend ici que la troisième règle est plutôt arbitraire et n'est utilisée que pour prioriser les activités.

Lorsqu'on atteint la limite d'une ressource, le début au plus tôt des activités successives qui ne sont pas encore inscrites dans la planification sera retardé (ainsi que toutes les activités subséquentes qui n'ont pas de marge libre) et leur marge, réduite. On répète la marche à suivre au cours des périodes suivantes jusqu'à ce que le calendrier du projet soit entièrement planifié. Cette procédure est illustrée ci-dessous et à la figure 8.3. Les zones ombrées du graphique de la charge de travail des ressources représentent l'intervalle d'ordonnancement des ressources sous contraintes (DH jusqu'à FT). On peut planifier la ressource n'importe où à l'intérieur de cet intervalle sans retarder le projet. Une planification de l'activité au-delà de la fin au plus tard entraînerait des retards dans le projet.

Le nombre de programmeurs se limite à trois. Suivez les actions décrites aux figures 8.3 et 8.4. Remarquez comment cette limite des programmeurs commence à retarder le projet.

La méthode parallèle

Période	Action
0-1	Seule l'activité 1 remplit les conditions. Elle requiert deux programmeurs.
	Inscrire l'activité 1 dans la planification.
1-2	Aucune activité ne répond aux conditions d'inscription dans la planification.
2-3	Les activités 2, 3 et 4 sont acceptables pour la planification. L'activité 3 a la marge la plus faible (0). Appliquer la première règle.
	Inscrire l'activité 3 dans la planification.
	L'activité 2 suit avec une marge de 2 ; toutefois, elle requiert deux programmeurs, et un seul est disponible.
	Retarder l'activité 2. Remettre à jour : DH = 3, marge = 1.
	La prochaine activité admissible est l'activité 4, car elle requiert seulement un programmeur.
	Inscrire l'activité 4 dans la planification.

——————————— *Voir la figure 8.4, à la page 271.* ———————————

Période	Action
3-4	L'activité 2 est acceptable, mais elle dépasse la limite de trois programmeurs mis en commun.
	Retarder l'activité 2. Remettre à jour : DH = 4, marge = 0.
4-5	L'activité 2 est acceptable, mais elle dépasse la limite de trois programmeurs mis en commun.
	Retarder l'activité 2. Remettre à jour : DH = 5, marge = −1.
	Retarder l'activité 7. Remettre à jour : DH = 11, marge = −1.
5-6	L'activité 2 est acceptable, mais elle dépasse la limite de trois programmeurs mis en commun.
	Retarder l'activité 2. Remettre à jour : DH = 6, marge = −2.
	Retarder l'activité 7. Remettre à jour : DH = 12, marge = −2.
6-7	Les activités 2, 5 et 6 sont acceptables avec des marges de −2, 2 et 0, respectivement.
	Inscrire l'activité 2 dans la planification (première règle).
	Comme l'activité 6 a une marge de 0, c'est la prochaine activité acceptable.
	Inscrire l'activité 6 dans la planification (première règle).
	La limite de trois programmeurs est atteinte.
	Retarder l'activité 5. Remettre à jour : DH = 7, marge = 1.
7-8	La limite est atteinte. Aucun programmeur n'est disponible.
	Retarder l'activité 5. Remettre à jour : DH = 8, marge = 0.
8-9	La limite est atteinte. Aucun programmeur n'est disponible.
	Retarder l'activité 5. Remettre à jour : DH = 9, marge = −1.
9-10	La limite est atteinte. Aucun programmeur n'est disponible.
	Retarder l'activité 5. Remettre à jour : DH = 10, marge = −2.
10-11	L'activité 5 est acceptable.
	Inscrire l'activité 5 dans la planification.
	(*Remarque :* l'activité 6 n'a pas de marge, car il n'y a aucun programmeur disponible, le maximum étant de 3.)
11-12	Aucune activité acceptable.
12-13	L'activité 7 est acceptable.
	Inscrire l'activité 7 dans la planification.

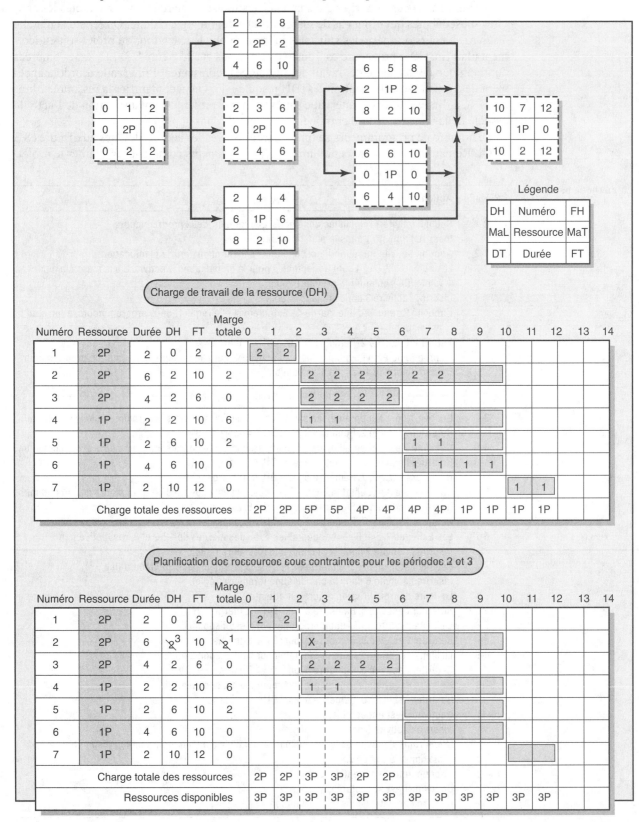

FIGURE 8.4 La planification des ressources sous contraintes pour les périodes 5 et 6

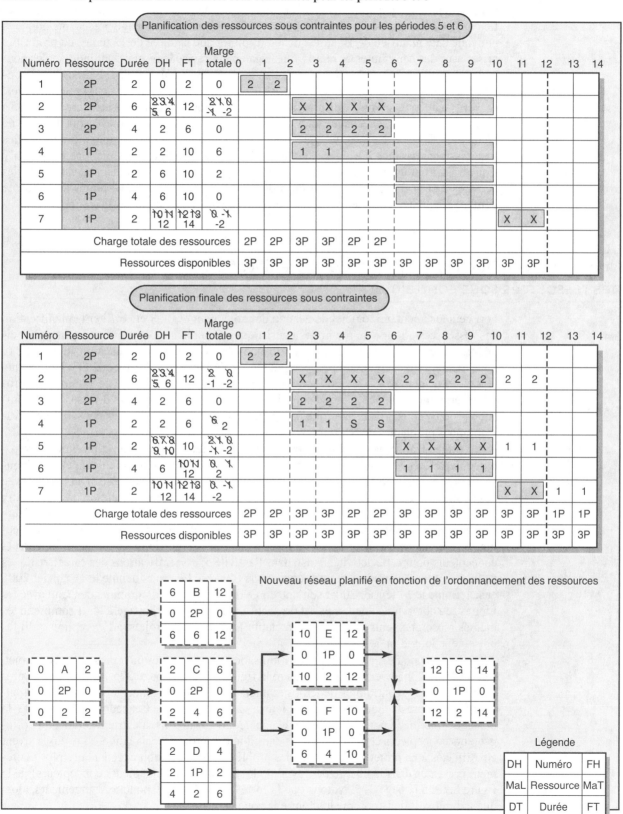

Notons qu'il est nécessaire de remettre à jour chaque période pour tenir compte des variations des dates de début au plus tôt et des marges des activités de façon que l'heuristique reflète les changements de priorité. Le réseau de la figure 8.4 de la page précédente donne la nouvelle date planifiée de 14 unités de temps plutôt que la durée de 12 unités du projet aux prises avec des contraintes de temps. On a également révisé le réseau pour indiquer les nouvelles dates de début et de fin ainsi que les marges de chaque activité. Notons que l'activité 6 est toujours une activité critique et qu'elle présente une marge de 0 unité de temps, car il n'y a aucune ressource disponible. (Les ressources sont affectées aux activités 2 et 5.) Comparez les marges de chaque activité inscrite aux figures 8.3 et 8.4. Elles ont diminué de façon significative. Notons que l'activité 4 a seulement 2 unités de marge plutôt que les 6 unités apparaissant à la figure 8.3. Ce changement se produit uniquement parce qu'il n'y a que trois programmeurs disponibles et qu'on en a besoin pour répondre aux exigences des activités 2 et 5. Bien que la durée du projet se soit accrue de 12 à 14 unités de temps, le nombre d'activités critiques (1, 2, 3, 5, 6, 7) a, de son côté, augmenté de quatre à six.

Une démonstration informatique de la planification des ressources sous contraintes

Fort heureusement, un logiciel de gestion de projet peut évaluer et corriger la planification des ressources à l'aide de méthodes heuristiques similaires à ce que nous avons décrit ci-dessus. En prenant l'exemple du projet Jeanne-Mance, dont il a été question au chapitre 6, nous démontrerons comment procéder au moyen du logiciel MS Project 2003. Notons que le logiciel ne gère pas le projet. Il s'agit simplement d'un outil dont le gestionnaire de projet se sert pour examiner le projet sous différentes perspectives et dans diverses conditions. À ce propos, consultez la rubrique à la page 278 pour obtenir d'autres conseils sur l'évaluation des problèmes de ressources.

Le projet Jeanne-Mance est le nom donné au projet d'élaboration d'un guide électronique de référence médical conçu pour les techniciens d'urgence médicale et les ambulanciers paramédicaux. La figure 8.5, à la page suivante, présente un réseau aux prises avec des contraintes de temps ; ces contraintes concernent la phase de conception du projet. Aux fins du présent exercice, supposons que cette phase du projet ne requière que des ingénieurs concepteurs et qu'ils sont interchangeables. Le nombre d'ingénieurs nécessaires pour effectuer chaque tâche est inscrit dans le réseau, où 500 % signifie qu'il faut cinq ingénieurs concepteurs pour cette activité. Ainsi, dans l'activité 5, « Spécifications des caractéristiques de base », il faut quatre ingénieurs concepteurs (400 %). Le projet débute le 1er janvier 2005 et se termine le 14 février 2005, soit une durée de 45 jours. Le diagramme de Gantt avec les limites (ou contraintes) de temps est présenté à la figure 8.6, à la page 274. Il comprend les mêmes renseignements qui ont servi à établir le réseau des projets, à l'exception qu'il les présente le long d'un axe temporel.

Enfin, on a ajouté un diagramme de l'utilisation des ressources pour un segment du projet, soit du 15 au 23 janvier, comme l'illustre la figure 8.7A, à la page 275. Notons que ce projet assujetti à des contraintes de temps requiert 21 ingénieurs concepteurs les 18 et 19 janvier (168 heures/8 heures par ingénieur = 21 ingénieurs). Ce segment représente la demande maximale pour la ressource « ingénieurs ». Toutefois, à cause d'un manque d'ingénieurs concepteurs et d'engagements dans d'autres projets, seuls huit d'entre eux peuvent être affectés à ce projet. Il en résulte des problèmes d'affectation excédentaire plus clairement présentés dans la charge de travail de la ressource (les ingénieurs concepteurs) de la figure 8.7B, à la page 275. Notons que la forte demande correspond à 21 ingénieurs, alors que la limite est de 8, comme le montre la zone en grisé.

FIGURE 8.5 L'ordonnancement pour le réseau du projet Jeanne-Mance avant le nivellement des ressources

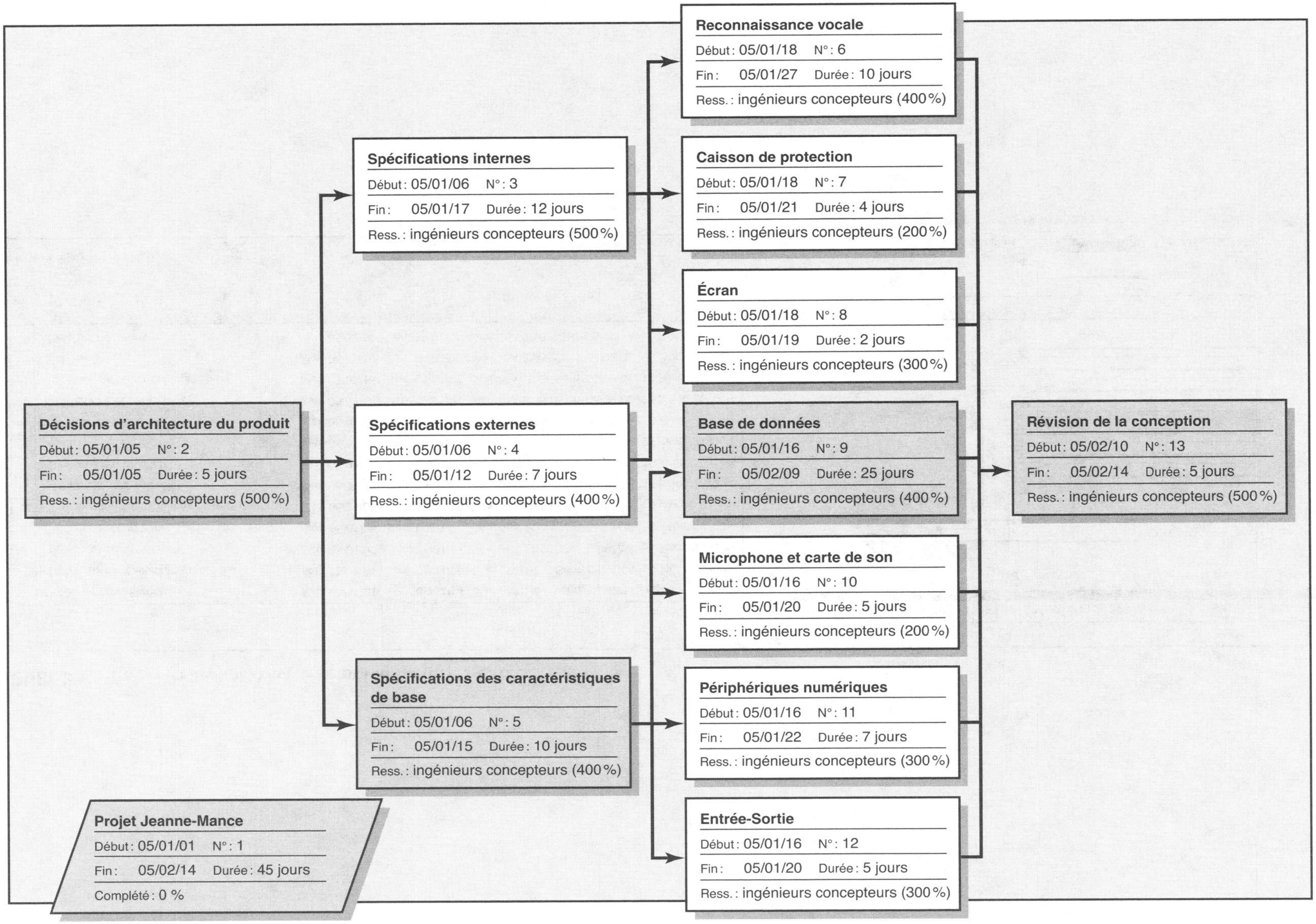

FIGURE 8.6 Le projet Jeanne-Mance avant l'ajout de ressources

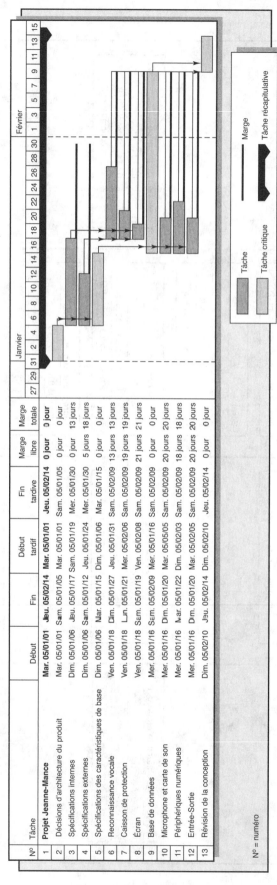

No	Tâche	Début	Fin	Début tardif	Fin tardive	Marge libre	Marge totale
1	**Projet Jeanne-Mance**	**Mar. 05/01/01**	**Jeu. 05/02/14**	**Mar. 05/01/01**	**Jeu. 05/02/14**	**0 jour**	**0 jour**
2	Décisions d'architecture du produit	Mar. 05/01/01	Sam. 05/01/05	Mar. 05/01/01	Sam. 05/01/05	0 jour	0 jour
3	Spécifications internes	Dim. 05/01/06	Jeu. 05/01/17	Sam. 05/01/19	Mer. 05/01/30	0 jour	13 jours
4	Spécifications externes	Dim. 05/01/06	Sam. 05/01/12	Jeu. 05/01/24	Mer. 05/01/30	5 jours	18 jours
5	Spécifications des caractéristiques de base	Dim. 05/01/06	Mar. 05/01/15	Dim. 05/01/06	Mar. 05/01/15	0 jour	0 jour
6	Reconnaissance vocale	Ven. 05/01/18	Dim. 05/01/27	Jeu. 05/01/31	Sam. 05/02/09	13 jours	13 jours
7	Caisson de protection	Ven. 05/01/18	Lun. 05/01/21	Mer. 05/02/06	Sam. 05/02/09	19 jours	19 jours
8	Écran	Ven. 05/01/18	Sam. 05/01/19	Ven. 05/02/08	Sam. 05/02/09	21 jours	21 jours
9	Base de données	Mer. 05/01/16	Sam. 05/02/09	Mer. 05/01/16	Sam. 05/02/09	0 jour	0 jour
10	Microphone et carte de son	Mer. 05/01/16	Dim. 05/01/20	Mar. 05/05/05	Sam. 05/02/09	20 jours	20 jours
11	Périphériques numériques	Mer. 05/01/16	Mar. 05/01/22	Dim. 05/02/03	Sam. 05/02/09	18 jours	18 jours
12	Entrée-Sortie	Mer. 05/01/16	Dim. 05/01/20	Mar. 05/02/05	Sam. 05/02/09	20 jours	20 jours
13	Révision de la conception	Dim. 05/02/10	Jeu. 05/02/14	Dim. 05/02/10	Jeu. 05/02/14	0 jour	0 jour

No = numéro

FIGURE 8.7A Le projet Jeanne-Mance – Un aperçu de l'utilisation d'une ressource dans un projet avec contrainte de temps du 15 au 23 janvier 2005

Ressource	Travail (en heures)	15 janvier 2005 (en heures)						21 janvier 2005		
		M	M	J	V	S	D	L	M	M
Ingénieurs concepteurs	**3024**	72	136	136	168	168	144	104	88	64
Décisions d'architecture du produit	200									
Spécifications internes	480	40	40	40						
Spécifications externes	224									
Spécifications des caractéristiques de base	320	32								
Reconnaissance vocale	320				32	32	32	32	32	32
Caisson de protection	64				16	16	16	16		
Écran	48				24	24				
Base de données	800		32	32	32	32	32	32	32	32
Microphone et carte de son	80		16	16	16	16	16			
Périphériques numériques	168		24	24	24	24	24	24	24	
Entrée-Sortie	120		24	24	24	24	24			
Révision de la conception	200									

FIGURE 8.7B

La charge de travail de la ressource pour le projet Jeanne-Mance, du 15 au 23 janvier 2005

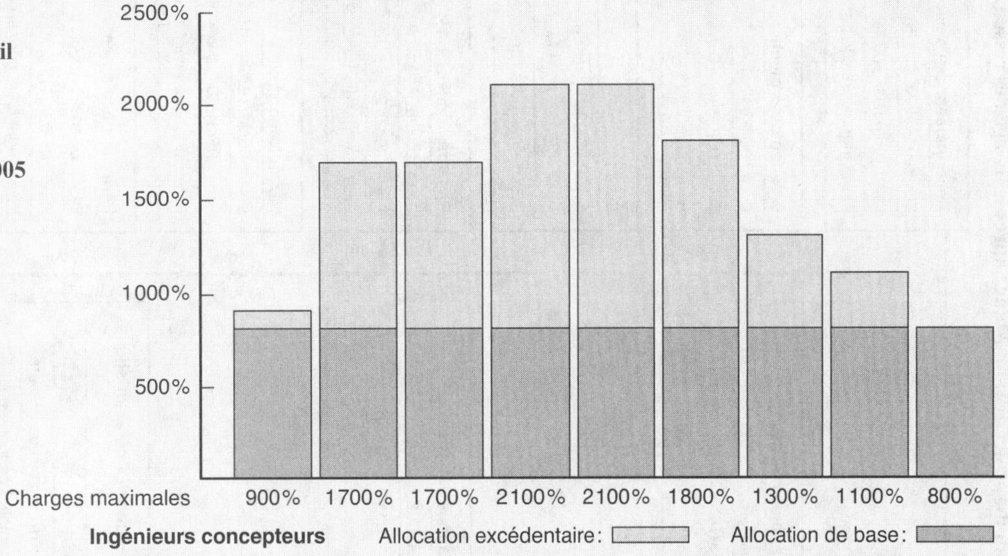

Charges maximales   900%   1700%   1700%   2100%   2100%   1800%   1300%   1100%   800%

Ingénieurs concepteurs   Allocation excédentaire: ▭   Allocation de base: ▭

Pour résoudre ce problème, on recourt à l'outil de lissage du logiciel et on commence par essayer d'en venir à bout en nivelant uniquement à l'intérieur de la marge. Cette solution permettrait de respecter la date d'achèvement initiale. Toutefois, comme on pouvait s'y attendre, elle ne règle pas tous les problèmes d'affectation. La solution suivante consiste à permettre au logiciel d'appliquer des méthodes heuristiques de planification et de niveler à l'extérieur de la marge. La nouvelle planification est présentée dans le diagramme du réseau de la figure 8.8, à la page 276, que l'on a révisé en tenant compte des ressources limitées. Le réseau élaboré en tenant compte des contraintes de ressources indique que l'échéance du projet a été repoussée au 26 février 2005. C'est donc dire qu'il durera 57 jours au lieu des 45 jours prévus dans le premier plan effectué. Le chemin critique comprend maintenant les activités 2, 3, 9 et 13.

La figure 8.9, à la page 277, présente le diagramme de Gantt du projet et le résultat du nivellement des ressources en fonction de la disponibilité de huit ingénieurs. L'application des méthodes heuristiques apparaît dans l'ordonnancement des activités intitulées « Spécifications internes », « Spécifications externes » et « Spécifications des caractéristiques de

FIGURE 8.8 Un aperçu de la planification du réseau du projet Jeanne-Mance après le lissage des ressources

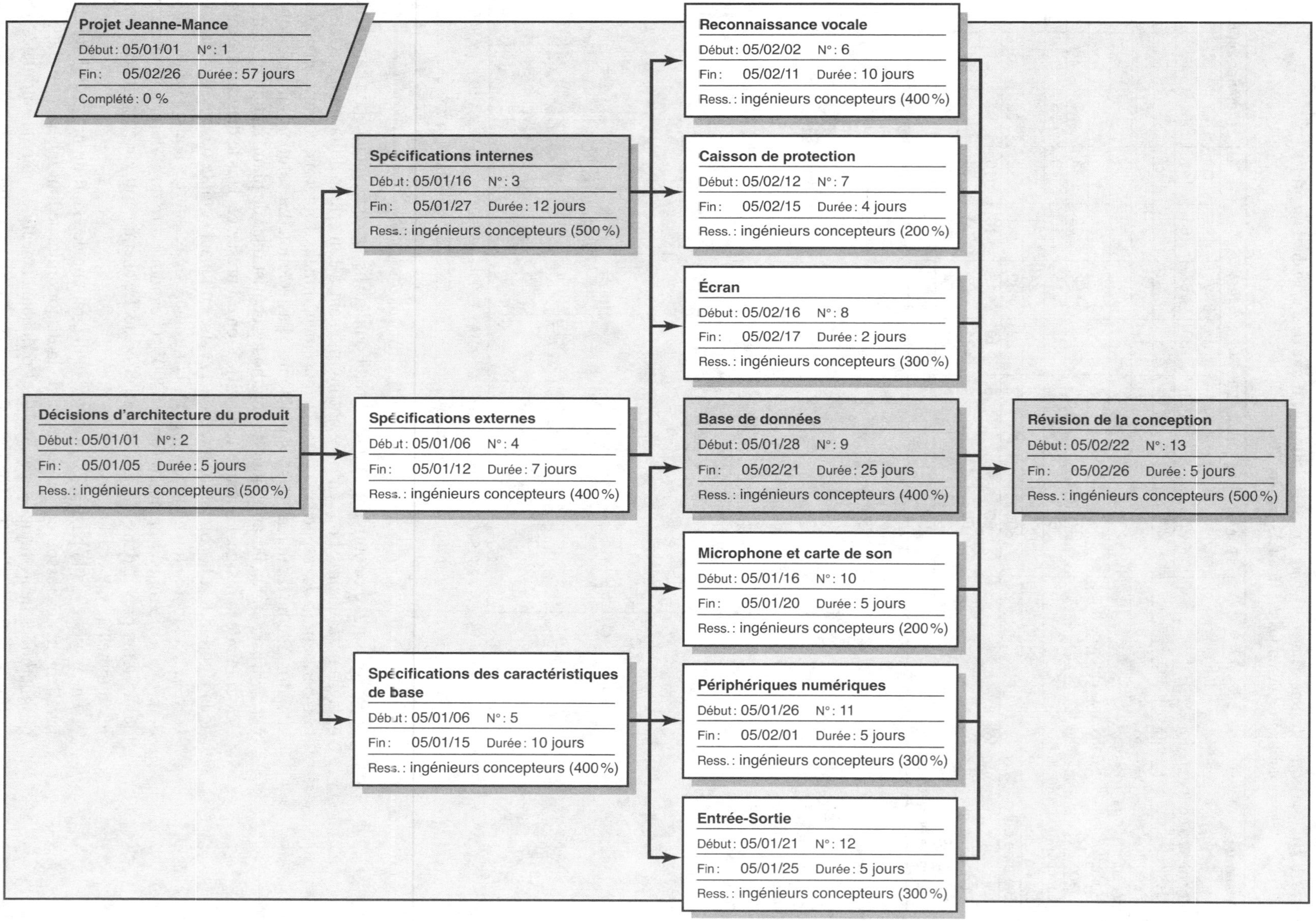

FIGURE 8.9 Le lissage des ressources du projet Jeanne-Mance

N°	Tâche	Début	Fin	Début tardif	Fin tardive	Marge libre	Marge totale
1	**Projet Jeanne-Mance**	**Mar. 05/01/01**	**Jeu. 05/02/26**	**Mar. 05/01/01**	**Ven. 05/02/25**	**0 jour**	**0 jour**
2	Décisions d'architecture du produit	Mar. 05/01/01	Sam. 05/01/05	Mar. 05/01/01	Sam. 05/01/05	0 jour	0 jour
3	Spécifications internes	Mer. 05/01/16	Dim. 05/01/27	Dim. 05/01/20	Jeu. 05/01/31	0 jour	4 jours
4	Spécifications externes	Dim. 05/01/06	Sam. 05/01/12	Ven. 05/01/25	Jeu. 05/01/31	15 jours	19 jours
5	Spécifications des caractéristiques de base	Dim. 05/01/06	Mar. 05/01/15	Dim. 05/01/06	Mar. 05/01/15	0 jour	0 jour
6	Reconnaissance vocale	Sam. 05/02/02	Lun. 05/02/11	Mar. 05/02/12	Jeu. 05/02/21	10 jours	10 jours
7	Caisson de protection	Mar. 05/02/12	Ven. 05/02/15	Lun. 05/02/18	Jeu. 05/02/21	6 jours	6 jours
8	Écran	Sam. 05/02/16	Dim. 05/02/17	Mer. 05/02/20	Jeu. 05/02/21	4 jours	4 jours
9	Base de données	Lun. 05/01/28	Jeu. 05/02/21	Lun. 05/01/28	Jeu. 05/02/21	0 jour	0 jour
10	Microphone et carte de son	Mer. 05/01/16	Dim. 05/01/20	Dim. 05/02/17	Jeu. 05/02/21	32 jours	32 jours
11	Périphériques numériques	Sam. 05/01/26	Ven. 05/02/01	Ven. 05/02/15	Jeu. 05/02/21	20 jours	20 jours
12	Entrée-Sortie	Lun. 05/01/21	Ven. 05/01/25	Dim. 05/02/17	Jeu. 05/02/21	27 jours	27 jours
13	Révision de la conception	Ven. 05/02/22	Ven. 05/02/25	Ven. 05/02/22	Ven. 05/02/25	0 jour	0 jour

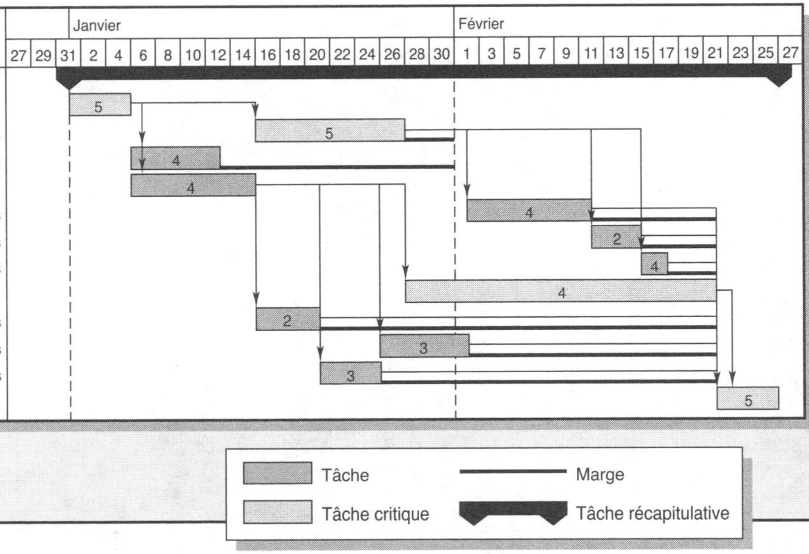

N° = numéro

Tâche   Marge
Tâche critique   Tâche récapitulative

Coup d'œil sur un cas réel

L'évaluation de l'attribution des ressources

De nos jours, l'un des avantages des logiciels de gestion de projet est leur capacité à déterminer les problèmes d'attribution des ressources et à trouver différentes solutions pour les résoudre. Un gestionnaire de projet qui utilise MS Project pour effectuer ses planifications nous a communiqué la liste de contrôle suivante pour régler les conflits qui surviennent après une attribution préliminaire des ressources.

1. Évaluez d'abord s'il y a des problèmes d'allocation excédentaire (visualisez le graphique de charge des ressources et identifiez les blocs de couleur rouge identifiant un problème de manque de ressources).

2. Déterminez où et quand des conflits surviennent à l'aide du tableau d'utilisation des ressources (ressources usage).

3. Résolvez le problème :
   a) en remplaçant les ressources allouées de façon excédentaire par des ressources appropriées qui sont disponibles. Demandez-vous ensuite si cette mesure résout le problème.
   Sinon,
   b) utilisez l'outil de nivellement et choisissez le niveau qui vous convient selon les marges dont vous disposez.

   i) Cette mesure règle-t-elle le problème ? (Y a-t-il encore une allocation excédentaire des ressources ?)
   ii) Vérifiez la sensibilité du réseau à une variation de la durée des tâches et demandez-vous si elle est acceptable.
   Sinon,
   c) considérez une nouvelle répartition du travail.
   i) Modifiez les durées des tâches en tenant compte des durées supplémentaires de mise en marche et d'arrêt.

4. Si le point 3 ne résout pas le problème, alors
   a) utilisez l'option par défaut de l'outil de nivellement et demandez-vous si la nouvelle date d'achèvement est acceptable.
   Sinon,
   b) négociez des ressources supplémentaires pour exécuter votre projet.
   Si c'est impossible,
   c) considérez une réduction du contenu du projet en vue de respecter l'échéance.

Bien que cette liste fasse précisément référence au logiciel MS Project, on peut appliquer les mêmes étapes à la plupart des logiciels de gestion de projet.

base ». À l'origine, toutes trois devaient débuter immédiatement après l'activité 1, « Décisions d'architecture du produit ».

Cet arrangement est impossible puisque, mises ensemble, les trois activités requièrent 14 ingénieurs. Le logiciel a donc choisi d'inscrire l'activité 5 en premier puisqu'elle se situe dans le chemin critique initial et qu'elle a une marge nulle (première règle heuristique). Ensuite, et de façon concomitante, le logiciel choisit l'activité 4 plutôt que l'activité 3, car sa durée est moindre (deuxième règle heuristique). Par conséquent, l'activité 3, « Spécifications internes », est retardée en raison de la restriction de huit ingénieurs. Notons que le chemin critique initial ne s'applique plus à cause des liens de dépendance aux ressources attribuables à la disponibilité de seulement huit ingénieurs.

Comparez le diagramme de Gantt de la figure 8.9 au diagramme de Gantt avec contrainte de temps de la figure 8.6, à la page 274. Notons, par exemple, les différences entre les dates de départ de l'activité 8 (écran). Dans le plan avec contrainte temporelle (*voir la figure 8.6*), le début de l'activité est prévu pour le 18 janvier tandis que, dans la planification des ressources avec contraintes (*voir la figure 8.9*), il est indiqué pour le 26 février, soit plus d'un mois plus tard.

Bien que l'on se serve fréquemment de diagrammes de Gantt pour illustrer les problèmes d'allocation excédentaire, nous préférons examiner des tableaux d'utilisation des ressources comme celui qui est présenté à la figure 8.7A, à la page 275. Ce tableau indique clairement à quel moment il y a un problème d'allocation excédentaire et permet de repérer les activités qui en sont la cause.

Les effets de la planification des ressources sous contraintes

Comme les calendriers nivelés, la planification des ressources sous contraintes diminue généralement la marge, réduit la flexibilité du plan en se servant de marges pour minimiser les retards et augmente le nombre d'activités critiques et sous-critiques. La complexité de l'ordonnancement s'accroît, car des restrictions de ressources s'ajoutent aux contraintes techniques. Les dates de début se trouvent alors soumises à deux contraintes. Le concept traditionnel de chemin critique en tant que suite logique d'activités échelonnées du début à la fin d'un projet n'a plus de sens. Les contraintes de ressources peuvent interrompre une séquence et laisser dans le réseau un ensemble d'activités critiques entrecoupées. Inversement, des activités parallèles peuvent devenir séquentielles. Les activités dotées d'une marge dans un réseau sous contrainte temporelle peuvent passer du statut de critiques à celui de non critiques.

Le fractionnement ou affectation multiple

Le fractionnement, ou affectation multiple, est une technique d'ordonnancement qui permet d'améliorer la planification du projet ou d'accroître l'utilisation des ressources. Le planificateur divise le travail continu inclus dans une activité en l'interrompant et en affectant la ressource à une autre activité pendant une certaine période de temps puis en la ramenant à l'activité initiale. Le fractionnement s'avère fort utile lorsque le travail n'entraîne pas des coûts élevés de fermeture ou de mise en route, par exemple, pour le déplacement de l'équipement du lieu d'une activité à un autre. L'erreur la plus courante consiste à interrompre le travail des ressources humaines, alors que les coûts de démarrage et d'arrêt conceptuels sont élevés. Par exemple, demander au concepteur d'un pont de s'interrompre pour travailler au problème de conception d'un autre projet peut avoir pour résultat que cette personne perdra jusqu'à quatre jours, le temps de s'adapter mentalement à la structure conceptuelle de l'une puis de l'autre activité. Ce coût peut être caché, mais il n'en demeure pas moins réel. La figure 8.10 décrit l'impact du fractionnement sur une opération. On a divisé l'activité initiale en trois activités séparées, A, B et C. Les temps de fermeture et de mise en route prolongent la durée totale de l'activité initiale.

Selon certains spécialistes, la tendance à résoudre les problèmes de pénurie de ressources par l'affectation multiple constitue l'une des principales raisons pour lesquelles les projets ne respectent pas leur calendrier. À notre avis, ils ont raison. Les planificateurs devraient

FIGURE 8.10

Le fractionnement, ou affectation multiple

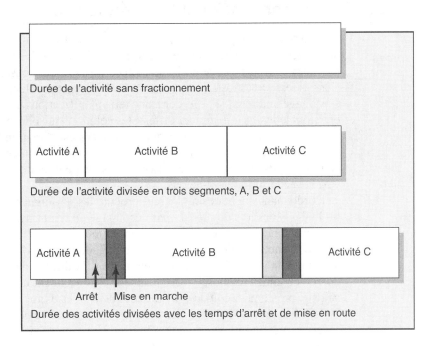

Durée de l'activité sans fractionnement

| Activité A | Activité B | Activité C |

Durée de l'activité divisée en trois segments, A, B et C

| Activité A | Activité B | Activité C |

Arrêt Mise en marche

Durée des activités divisées avec les temps d'arrêt et de mise en route

La pénurie de ressources dans les services forestiers américains

Un segment important du travail de gestion des services forestiers américains consiste à vendre des arbres qui ont atteint leur pleine maturité à des entreprises d'exploitation forestière qui en font la coupe conformément à des conditions contractuelles. Les produits de la vente sont versés au gouvernement américain. Le budget alloué à chaque forêt dépend du plan biennal soumis au U.S. Department of Agriculture.

Le siège social d'Olympic Forest, à Olympia, à Washington, a élaboré un plan biennal comme base de financement. Tous les districts de la forêt ont soumis leur projet de vente de bois (plus de 50 en tout) au siège social où le personnel les a compilés et les a regroupés dans un plan de projet englobant l'ensemble de la forêt. Un petit groupe de cadres supérieurs ont révisé le plan préliminaire pour déterminer s'il était raisonnable et réalisable. La direction a découvert avec satisfaction et soulagement que tous les projets paraissaient réalisables dans le cadre d'une durée de deux ans, jusqu'à ce que quelqu'un s'interroge sur la version imprimée du plan. « Pourquoi, dans ces projets, toutes les colonnes intitulées "Ressources" sont-elles vides ? » Un ingénieur a répondu que cette partie du rapport informatisé n'était pas utilisée.

Dans la discussion qui a suivi, chacun a reconnu l'importance des ressources dans la mise en œuvre du plan biennal. On a demandé aux programmeurs du rapport de refaire le plan en y incluant les ressources. La nouvelle version a surpris tout le monde. La durée du plan biennal s'étendait maintenant sur trois ans et demi à cause de la pénurie de main-d'œuvre ayant des compétences dans des domaines très pointus, en particulier des ingénieurs en construction de routes et des spécialistes en impact sur l'environnement. D'après les analyses, l'ajout de seulement trois spécialistes suffirait pour que le projet de deux ans se réalise dans les délais prévus. En outre, un examen plus approfondi a démontré que l'embauche de quelques employés spécialisés supplémentaires, outre les trois mentionnés précédemment, permettrait de comprimer une année supplémentaire complète de projets à l'intérieur du plan biennal. Il en résulterait un revenu supplémentaire de plus de trois millions de dollars américains. Le U.S. Department of Agriculture a rapidement approuvé la demande d'aide financière pour l'embauche de personnel qui favoriserait un tel accroissement de revenu.

éviter d'utiliser le fractionnement d'activités autant que faire se peut, sauf dans des situations où ils savent que les coûts de cette opération seront minimes ou lorsqu'il n'y a pas d'autres solutions à un problème de ressources. Les logiciels offrent le choix de l'affectation multiple pour chaque activité. Il faut y recourir avec parcimonie. À ce propos, reportez-vous une fois de plus à la rubrique à la page 278.

Les avantages de l'ordonnancement des ressources

Il importe de se rappeler que, si les ressources sont vraiment limitées et que les estimations de durées des activités sont exactes, la planification des ressources sous contraintes *se réalisera* à mesure que le projet sera mis en œuvre. Par conséquent, le fait de ne pas planifier des ressources restreintes peut causer de sérieux problèmes aux gestionnaires de projet. L'avantage pour eux de procéder à une telle planification *avant* le début du projet est qu'ils ont alors le temps d'examiner différentes solutions raisonnables. Lorsque le délai prévu se révèle inacceptable ou que le risque d'un retard est trop grand, il est possible de réévaluer l'hypothèse de la contrainte en matière de ressources. On considère alors des compromis entre les coûts et la durée. Dans certains cas, on peut modifier l'ordre de priorité. À ce propos, voyez la rubrique ci-dessus.

L'ordonnancement des ressources procure les renseignements nécessaires pour préparer les budgets des lots de travaux par découpage du temps avec des dates. Une fois élaborés, ils fournissent au gestionnaire de projet un moyen rapide de mesurer l'effet d'événements imprévus comme un roulement du personnel, des pannes de l'équipement ou le transfert du personnel du projet. Ils lui permettent aussi d'évaluer le degré de souplesse dans l'utilisation de certaines ressources. Ces évaluations deviennent un outil précieux pour le gestionnaire de projet qui reçoit de collègues des demandes d'emprunt ou de partage de ressources. Le fait d'accéder à de telles demandes crée un climat de bonnes relations et une obligation envers le prêteur qui peut toujours en tirer profit en cas de besoin.

La gestion des maniaques de la technologie*

Après une carrière fructueuse chez Sun Microsystems, Eric Schmidt a pris en main la société Novell inc. alors en difficulté et a contribué à la remettre sur pied en moins de deux ans. Son habileté à gérer les as de la technologie chargés d'élaborer les systèmes, l'équipement et les logiciels complexes qui constituent le pivot des entreprises qui ne jurent que par l'électronique constitue l'une des clés de son succès. M. Schmidt emploie l'expression « maniaques de la technologie » (et il peut se le permettre puisqu'il en est un avec son doctorat en science informatique) pour décrire les membres de ce groupe de techniciens qui règnent sur le cyberespace.

M. Schmidt entretient certaines idées intéressantes concernant l'affectation des maniaques de la technologie à des projets. Selon lui, grouper ce type d'employés dans des équipes de projet a pour effet de créer une pression productive entre pairs. De façon générale, ces génies se révèlent très préoccupés par ce que leurs collègues pensent d'eux. Ils constituent d'excellents juges de la qualité d'un travail technique et n'hésitent pas à louanger aussi bien qu'à critiquer ce que font leurs coéquipiers. Certains affichent une arrogance insupportable. Toutefois, M. Schmidt affirme que la meilleure manière de les contrôler consiste à les faire travailler ensemble, en les laissant se contrôler les uns les autres.

Néanmoins, toujours selon M. Schmidt, trop de maniaques excentriques sont nuisibles. Autrement dit, lorsqu'il y a un trop grand nombre de ces spécialistes dans une équipe de développement, ils tendent à se livrer à des séances intenses de nombrilisme technologique. Ils perdent alors les échéances de vue, et les retards deviennent inévitables. Pour freiner cette tendance, M. Schmidt recommande de restreindre l'utilisation de ces experts à de petits groupes. Il conseille fortement de diviser les projets de grande envergure en projets plus petits et plus faciles à gérer de façon à pouvoir y affecter de petites équipes de maniaques de la technologie. Cette façon de procéder permet de respecter les échéances et rend les équipes solidaires les unes des autres.

* RUSS, Mitchel. « How to Manage Geeks », *Fast Company*, juin 1999, p. 175-180.

L'attribution des tâches dans un projet

Lorsqu'ils procèdent aux affectations, les gestionnaires de projet devraient s'efforcer de faire correspondre le mieux possible les exigences et les besoins particuliers de chaque tâche aux compétences et à l'expérience des participants disponibles. Ce faisant, ils ont naturellement tendance à attribuer aux personnes les plus compétentes les tâches les plus difficiles. Toutefois, ils doivent se garder d'abuser d'une telle tactique car, avec le temps, ces employés pourraient en venir à s'insurger contre le fait qu'on leur confie invariablement les tâches les plus ardues. De même, des employés moins expérimentés pourraient se vexer de ne jamais se voir offrir d'occasion d'accroître leur fonds de connaissances ou d'habiletés. Il faut donc chercher à établir un équilibre entre l'exécution optimale des tâches et le besoin de développer les talents des employés qui participent à un projet.

Le gestionnaire de projet doit non seulement décider qui fait quoi, mais aussi avec qui. Un certain nombre de facteurs doivent être pris en considération lorsqu'il s'agit de déterminer les employés qui travailleront ensemble. D'abord, pour minimiser les tensions inutiles, le gestionnaire de projet devrait choisir des ressources dont les habitudes de travail et les personnalités sont compatibles et qui se complètent – c'est-à-dire que le point faible de l'un devrait être le point fort de l'autre. Un employé capable de résoudre brillamment des problèmes complexes, par exemple, peut faire preuve de négligence lorsqu'il s'agit de documenter ses supérieurs sur ses progrès. Il serait sage de l'associer à un employé qui prête naturellement attention aux détails. L'expérience constitue un autre facteur à considérer. Les employés de longue date devraient faire équipe avec les nouveaux venus, pour leur faire part de leur expérience et les familiariser avec les traditions et les normes de l'entreprise. Enfin, il faut aussi prendre en considération les besoins à venir. Supposons que certains employés qui n'ont jamais travaillé ensemble auparavant devront le faire plus tard dans un projet. Il serait alors sage de saisir toutes les occasions qui se présentent de commencer cet exercice le plus tôt possible pour qu'ils puissent mieux se connaître. À ce propos, voyez la rubrique ci-dessus. Vous y trouverez des idées intéressantes sur la composition des équipes de projet.

L'ordonnancement des ressources pour des projets multiples

Par souci de clarté, nous avons jusqu'ici traité des principales questions d'allocation des ressources dans le contexte d'un seul projet. En réalité, l'affectation des ressources se situe dans un environnement de projets multiples où il faut concilier les exigences de chaque projet avec les besoins des autres. Les entreprises doivent donc développer et gérer des systèmes efficaces d'allocation et d'ordonnancement des ressources pour plusieurs projets présentant des ordres de priorité, des exigences en matière de ressources, des ensembles d'activités et des risques différents. Un système de ce type doit être à la fois dynamique et capable d'intégrer de nouveaux projets en cours de route tout en permettant une réaffectation des ressources lorsqu'un projet est terminé. Bien que les problèmes et les principes propres à un seul projet en matière de ressources puissent aussi se révéler pertinents dans le cas d'un ensemble de projets, leur application et les solutions requises s'avèrent plus complexes, étant donné les liens d'interdépendance entre les projets.

Voici trois des problèmes les plus couramment observés dans la gestion de l'ordonnancement de ressources pour de nombreux projets. Notons qu'il s'agit de manifestations de problèmes propres aux projets uniques transposés dans un environnement à projets multiples.

1. **Un glissement général des calendriers**   Les projets partagent souvent les mêmes ressources. C'est pourquoi des retards dans l'un d'eux ont parfois un effet multiplicateur et retardent également les autres projets. Par exemple, le travail à un projet d'élaboration d'un logiciel peut être paralysé, car les codeurs prévus pour la tâche critique suivante ont pris du retard dans l'exécution d'un travail requis par un autre projet de développement.

2. **Une utilisation inefficace des ressources**   Comme les projets ont des exigences et des calendriers différents, on constate des minima et des maxima dans la demande globale de ressources. Par exemple, une entreprise peut compter 10 électriciens dans son personnel en vue de répondre à de fortes demandes alors qu'en temps normal cinq électriciens suffisent à la tâche.

3. **Les goulots d'étranglement des ressources**   Les délais et les calendriers s'allongent en raison de pénuries de ressources importantes requises par différents projets. Dans une usine de fabrication de semi-conducteurs, par exemple, on a dû retarder les échéanciers des projets à cause de la concurrence pour l'accès à l'équipement de test nécessaire au débogage des programmes. De même, l'échéance d'un grand nombre de projets d'une région forestière américaine a été repoussée, car le personnel ne comptait qu'un seul spécialiste en sylviculture.

Pour résoudre ces problèmes, de plus en plus d'entreprises mettent sur pied des bureaux de projet chargés de superviser l'ordonnancement des ressources pour tous leurs projets. La règle du «premier arrivé, premier servi» est une des méthodes de planification de l'emploi des ressources de nombreux projets. Elle consiste à élaborer un système de ligne d'attente dans lequel les projets en cours passent avant les nouveaux projets. Les calendriers de ces derniers sont établis en fonction des prévisions relatives à la disponibilité des ressources. Cette méthode favorise l'obtention d'estimations d'achèvement plus fiables. On la préfère généralement pour les projets de sous-traitance qui comportent des pénalités sévères en cas de retard. Il s'agit d'une façon de procéder moins simple qu'elle ne le paraît et qui a ses inconvénients. Ainsi, elle ne permet pas une utilisation optimale des ressources et ne tient pas compte de l'ordre de priorité des projets. À ce propos, voyez la rubrique présentée à la page suivante.

De nombreuses entreprises privilégient des processus d'ordonnancement des ressources plus élaborés pour accroître leur capacité de démarrer des projets. La plupart de ces méthodes s'attaquent au problème en traitant chaque projet comme une partie intégrante d'un

Coup d'œil sur un cas réel

La planification de ressources dans un contexte de projets multiples

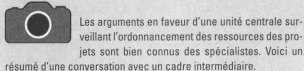

Les arguments en faveur d'une unité centrale surveillant l'ordonnancement des ressources des projets sont bien connus des spécialistes. Voici un résumé d'une conversation avec un cadre intermédiaire.

Intervieweur : Toutes mes félicitations ! J'ai su que votre proposition d'ordonnancement pour de multiples projets avait été acceptée. Il paraît que vous avez été très convaincant.

Cadre intermédiaire : Merci. Cette fois, je n'ai pas eu de difficulté à faire approuver ma proposition. Les membres du conseil d'administration se sont vite rendu compte qu'ils n'avaient pas le choix. Pour nous démarquer de nos concurrents, il faut investir nos ressources dans les bons projets.

Intervieweur : Aviez-vous déjà présenté cette proposition au conseil d'administration ?

Cadre intermédiaire : Pas dans cette entreprise. J'ai présenté le même exposé aux cadres de la société dans laquelle je travaillais jusqu'à il y a deux ans. À l'occasion de l'assemblée annuelle de bilan, on m'avait demandé de préparer une proposition faisant valoir le besoin et les avantages d'une fonction de planification centrale des ressources pour la gestion des projets.

J'ai essayé de réunir des arguments en faveur d'une concentration des projets sous un seul « parapluie », pour favoriser une normalisation des pratiques et permettre de faire des prévisions et d'affecter les employés clés aux projets importants. Je leur ai expliqué les avantages qu'il y avait à faire correspondre les demandes de ressources aux projets de mission critiques en utilisant une planification dynamique de ces ressources et un outil permettant de déceler les goulots d'étranglement et de résoudre les conflits.

À peu près tout le monde a reconnu qu'il s'agissait d'une bonne idée. J'étais assez satisfait de mon exposé. J'étais convaincu que les choses n'en resteraient pas là. Pourtant, ma proposition n'a jamais vraiment eu d'écho. Le tout s'est évaporé dans la brume.

Après réflexion, je crois que les gestionnaires ne faisaient pas confiance à leurs collègues des autres services. C'est pourquoi leur appui à une planification centrale des ressources manquait pour le moins d'enthousiasme. Chacun voulait protéger son domaine propre et s'assurer qu'il ne perdrait aucun pouvoir. La culture de leur entreprise manquait tout simplement de souplesse pour s'adapter au monde dans lequel nous vivons. Ils sont toujours aux prises avec d'incessants conflits entre projets.

Je suis content d'avoir changé d'entreprise. La culture ici est beaucoup plus orientée vers l'équipe. La haute direction fait tous les efforts possibles pour améliorer le rendement.

---

vaste projet et en adaptant les règles heuristiques de planification décrites précédemment à ce nouvel ensemble de projets. Les planificateurs de projet contrôlent l'utilisation des ressources et fournissent des calendriers à jour en se basant sur l'état d'avancement des travaux et sur la disponibilité des ressources dans tous les projets. Au cours des dernières années, l'une des principales améliorations apportées aux logiciels de gestion des projets est leur capacité d'établir un ordre de priorité dans l'allocation des ressources au profit de projets particuliers. On classe les projets par ordre ascendant (1, 2, 3, 4, etc.), et cet ordre annule l'effet des règles d'ordonnancement heuristiques, de sorte que les ressources sont allouées aux projets qui se trouvent en tête de liste. (*Remarque :* cette amélioration convient parfaitement aux entreprises qui font appel à des modèles de priorité semblables à ceux dont il a été question au chapitre 2.) La planification centralisée des projets permet aussi de déceler plus facilement les goulots d'étranglement des ressources qui freinent la progression des projets. Lorsqu'on a trouvé le problème, on peut recueillir des données sur ses effets, lesquelles serviront à justifier l'acquisition d'équipement supplémentaire, l'embauche de personnel indispensable ou l'obtention d'une date d'échéance plus éloignée.

Enfin, un grand nombre d'entreprises recourent à l'impartition pour résoudre leurs problèmes d'affectation des ressources. Dans certains cas, elles réduisent le nombre de projets qu'elles doivent gérer à l'interne à une poignée de projets essentiels et donnent en sous-traitance les moins importants à des entrepreneurs ou à des cabinets de consultation. Dans d'autres cas, elles leur confient des segments précis de leurs projets dans le but de surmonter des problèmes d'insuffisance ou d'ordonnancement des ressources. Elles peuvent aussi embaucher temporairement des travailleurs pour accélérer l'exécution de certaines activités qui prennent du retard ou donner en sous-traitance des tâches d'un projet pendant les périodes de pointe lorsque les ressources internes ne suffisent pas à la demande dans tous les projets. De nos jours, la capacité à gérer plus efficacement les fluctuations des charges de travail des projets constitue l'un des moteurs principaux de l'impartition.

Résumé

L'utilisation et la disponibilité des ressources sont des domaines où se posent des problèmes majeurs pour les gestionnaires de projet. En tenant compte de ces deux éléments essentiels dans l'élaboration de leur planification, ils peuvent déceler les goulots d'étranglement potentiels avant le début du projet. Ces gestionnaires devraient prendre conscience des multiples conséquences d'une absence de planification en ce qui concerne l'utilisation des ressources nécessaires à leurs projets. Les résultats de l'ordonnancement des ressources sont souvent très différents de ceux de la méthode standard du chemin critique.

Compte tenu des changements rapides de la technologie et de l'importance du temps de mise en marché, le fait de déceler les problèmes d'utilisation et de disponibilité des ressources avant même le début du projet permet d'économiser plus tard les coûts de compression des activités. Il s'agit alors d'enregistrer rapidement tout écart de ressources par rapport au plan et à l'ordonnancement qui survient au cours de la mise en œuvre du projet et de prendre note de son effet. Sans cette capacité de mise à jour immédiate, il est possible de ne pas découvrir le véritable effet négatif de la variation avant qu'elle se soit produite. En rattachant la disponibilité des ressources à un système gérant de multiples projets et de multiples ressources, on est en mesure d'établir un processus de priorité permettant de choisir les projets en fonction de leur contribution aux objectifs de l'entreprise et de son plan stratégique.

L'affectation de ressources à des projets ne concorde pas nécessairement avec le choix effectué par le sous-programme d'un logiciel. Dans ces cas, la meilleure façon de procéder consiste presque toujours à passer outre à la solution électronique pour concilier des différences de personnalités et de compétences.

Mots clés

affectation multiple	heuristique	projet aux prises avec des contraintes de ressources
charge	nivellement	projet aux prises avec des contraintes de temps
fractionnement		

Questions de révision

1. Quel lien existe-t-il entre l'ordonnancement des ressources et l'ordre de priorité des projets ?
2. En quoi l'ordonnancement des ressources diminue-t-il la souplesse en matière de gestion de projet ?
3. Donnez six raisons pour lesquelles l'ordonnancement des ressources constitue une tâche importante.
4. Comment l'impartition du travail dans un projet peut-elle alléger les trois problèmes les plus courants liés à l'ordonnancement des ressources en cas de projets multiples ?
5. Expliquez les risques associés au nivellement des ressources, à la compression des activités ainsi qu'aux durées imposées ou au « rattrapage » pendant la mise en œuvre d'un projet.

Exercices

1. Déterminez les dates au plus tôt et les dates au plus tard ainsi que la marge du projet à l'aide du plan de réseau présenté à la page suivante. Quelle est la durée du projet ? À l'aide de la méthode de votre choix, élaborez un calendrier de travail pour deux ressources, les ingénieurs électriciens (IE) et les ingénieurs mécaniciens (IM). Une seule de ces ressources est disponible. En vous basant sur votre ordonnancement des ressources, déterminez les dates au plus tôt et les dates au plus tard ainsi que les marges du projet.

Quelles activités sont maintenant critiques? Quelle est la nouvelle durée du projet? Une telle situation pourrait-elle se produire dans la réalité?

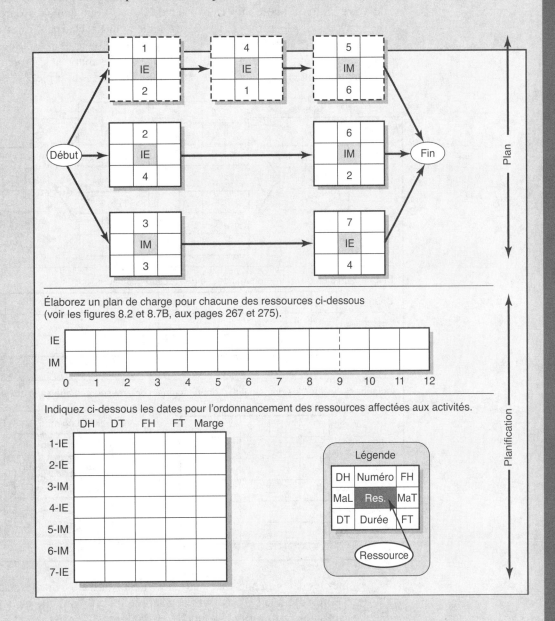

2. Déterminez les dates au plus tôt et les dates au plus tard ainsi que les marges du projet à l'aide du réseau de projet suivant. Quelle est la durée du projet? À l'aide de la méthode de votre choix, élaborez un calendrier de travail pour deux ressources, des charpentiers (C) et des électriciens (E). Il y a seulement un charpentier et deux électriciens disponibles. En vous basant sur votre ordonnancement de ressources, déterminez les dates au plus tôt et les dates au plus tard ainsi que les marges du projet. Quelles activités sont maintenant critiques? Quelle est la nouvelle durée du projet?

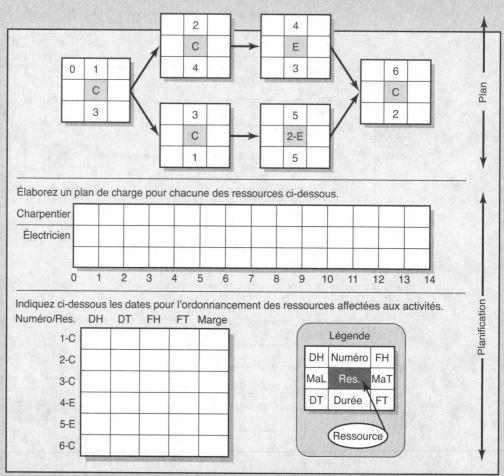

3. Déterminez les dates au plus tôt et les dates au plus tard ainsi que les marges des activités du réseau présenté à la page suivante en supposant qu'il subit une contrainte de temps. Quelles activités sont critiques? Quelle est la durée du projet aux prises avec des contraintes de temps?

Remarque : gardez à l'esprit que, dans le calendrier de travail de l'ordonnancement des ressources, on a ombré l'intervalle d'ordonnancement avec contrainte de temps (du début hâtif à la fin tardive). Toute ressource prévue en dehors de cette zone a pour effet de retarder le projet.

Simulez le fonctionnement d'un logiciel qui planifie des projets à l'aide de la méthode parallèle et des règles heuristiques suivantes. Planifiez une seule période à la fois.

Marge minimale

Durée la plus courte

Numéro d'identification le moins élevé

Conservez un enregistrement de chaque modification et mise à jour d'activité que vous effectuez à chaque période, par exemple, période 0-1, 1-2, 2-3, etc. (Utilisez une présentation similaire à celle de la page 269.) Cet enregistrement devrait comprendre toute modification ou mise à jour du début hâtif et des marges de chaque période, des activités prévues et des activités retardées. (*Indice :* conservez les liens de dépendance du réseau.) Servez-vous d'un plan de charge des ressources pour vous aider dans votre planification (*voir les pages 270 et 271*).

Indiquez l'ordre dans lequel vous avez planifié les activités du projet. Quelles activités de votre planification sont maintenant critiques ?

Déterminez de nouveau la marge de chaque activité d'après votre nouveau calendrier. Quelle est la marge de l'activité 1, de l'activité 4 et de l'activité 5 ?

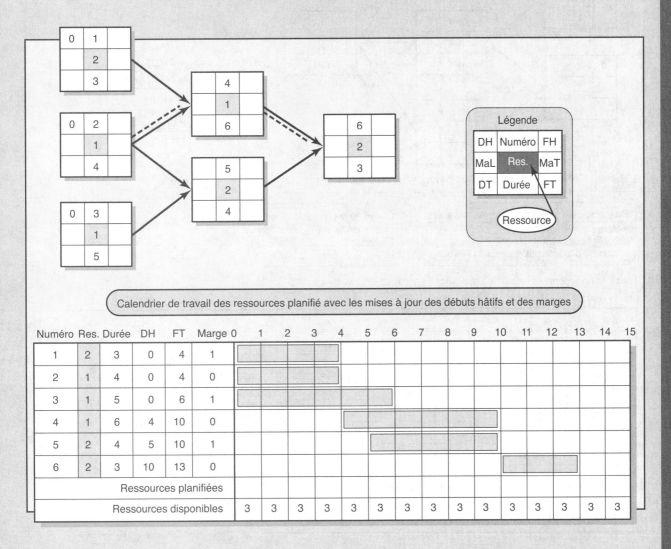

Calendrier de travail des ressources planifié avec les mises à jour des débuts hâtifs et des marges

Numéro	Res.	Durée	DH	FT	Marge	0	1	2	3	4	5	6	7	8	9	10	11	12	13	14	15
1	2	3	0	4	1																
2	1	4	0	4	0																
3	1	5	0	6	1																
4	1	6	4	10	0																
5	2	4	5	10	1																
6	2	3	10	13	0																
		Ressources planifiées																			
		Ressources disponibles				3	3	3	3	3	3	3	3	3	3	3	3	3	3	3

4. Élaborez un ordonnancement des ressources à l'aide du calendrier de travail ci-après. Servez-vous de la méthode parallèle et des règles heuristiques fournies. Assurez la mise à jour de chaque période, comme si elle était effectuée par un logiciel d'ordonnancement. *Remarque :* les activités 2, 3, 5 et 6 requièrent deux compétences en matière de ressources. Trois de ces compétences sont disponibles.

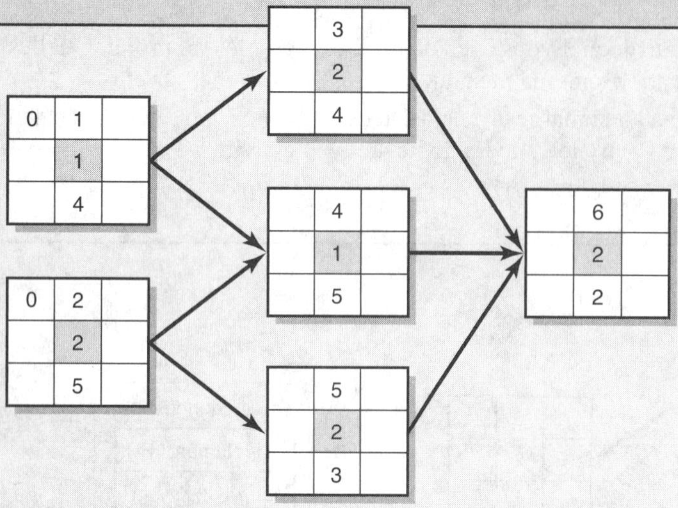

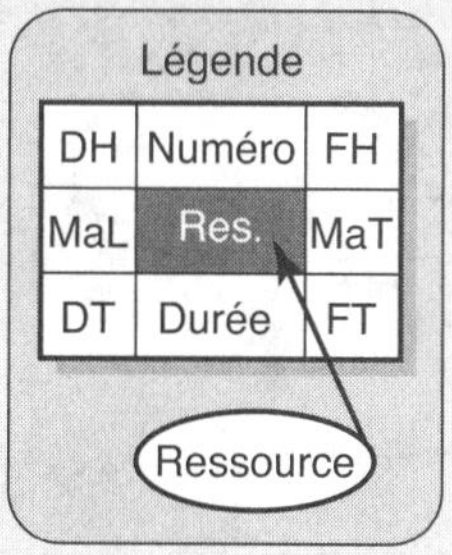

Élaborez un plan avec contrainte de temps dans le réseau des projets.

Légende

DH	Numéro	FH
MaL	Res.	MaT
DT	Durée	FT

Ressource

Respectez les règles heuristiques suivantes :
- Marge minimale
- Durée la plus courte
- Numéro d'identification le moins élevé

Indiquez l'ordre dans lequel vous avez planifié vos activités.
/_____ /_____ /_____ /
/_____ /_____ /_____ /

Élaborez un ordonnancement des ressources dans le calendrier de travail ci-dessous.

Numéro	Res.	Durée	DH	FT	Marge	0	1	2	3	4	5	6	7	8	9	10	11	12	13	14	15
1	1	4	0	5	1																
2	2	5	0	5																	
3	2	4	4	10																	
4	1	5	5	10																	
5	2	3																			
6	2	2																			
Ressources planifiées																					
Ressources disponibles						3	3	3	3	3	3	3	3	3	3	3	3	3	3	3	3

Quelle est la marge de l'ordonnancement pour les activités 1_____, 2_____ et 4_____ ?
Quelles activités sont maintenant critiques ? _____

5. Élaborez un ordonnancement des ressources dans le calendrier de travail ci-après. Servez-vous de la méthode parallèle et des règles heuristiques fournies. Assurez-vous de mettre à jour chaque période, comme si elle était effectuée par un logiciel d'ordonnancement. *Remarque :* les activités 1, 2, 3, 5 et 6 requièrent deux compétences en matière de ressources. Trois de ces compétences sont disponibles.

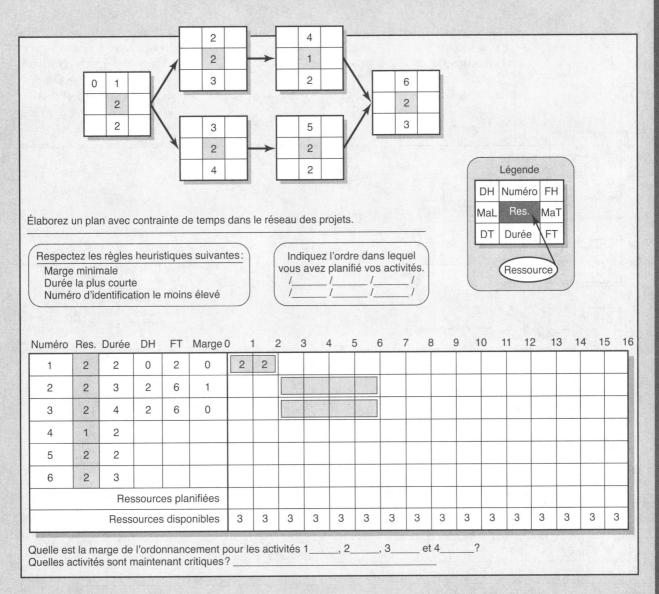

Élaborez un plan avec contrainte de temps dans le réseau des projets.

Respectez les règles heuristiques suivantes :

Marge minimale
Durée la plus courte
Numéro d'identification le moins élevé

Indiquez l'ordre dans lequel vous avez planifié vos activités.
/_____ /_____ /_____ /
/_____ /_____ /_____ /

Numéro	Res.	Durée	DH	FT	Marge	0	1	2	3	4	5	6	7	8	9	10	11	12	13	14	15	16
1	2	2	0	2	0	2	2															
2	2	3	2	6	1																	
3	2	4	2	6	0																	
4	1	2																				
5	2	2																				
6	2	3																				
Ressources planifiées																						
Ressources disponibles						3	3	3	3	3	3	3	3	3	3	3	3	3	3	3	3	3

Quelle est la marge de l'ordonnancement pour les activités 1_____, 2_____, 3_____ et 4_____ ?
Quelles activités sont maintenant critiques ? _____

6. Vous avez préparé la planification suivante pour un projet dont la ressource clé est une pelle rétrocaveuse. Votre planification dépend entièrement de la disponibilité de trois machines de ce type. Vous recevez un coup de fil de votre associé, Florian Bouquet, qui a désespérément besoin de l'une d'elles. Vous lui répondez que vous consentez à l'aider, mais à condition que votre projet se termine dans 11 mois.

Élaborez un ordonnancement des ressources dans le calendrier de travail ci-après pour déterminer s'il est possible d'exécuter votre projet en 11 mois avec seulement 2 pelles rétrocaveuses. Enregistrez l'ordre dans lequel vous planifiez vos activités en vous servant des règles d'ordonnancement heuristiques. Les activités 5 et 6 requièrent deux pelles rétrocaveuses; les activités 1, 2, 3 et 4 en nécessitent seulement une. Il est impossible de fractionner les activités. Pourrez-vous accéder à la requête de Bouquet?

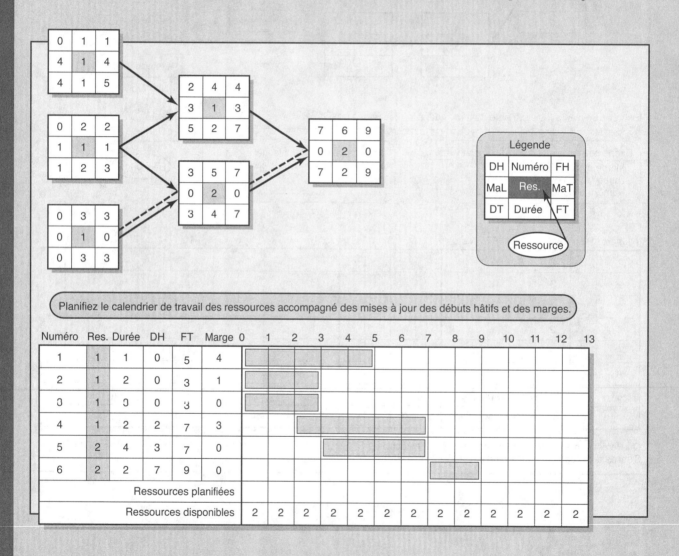

7. Élaborez un ordonnancement des ressources dans le calendrier de travail ci-après. Servez-vous de la méthode parallèle et des règles heuristiques fournies. N'oubliez pas de mettre à jour chaque période, comme si elle était effectuée par un logiciel d'ordonnancement. *Remarque :* les activités 1, 3, 5 et 6 requièrent deux compétences en matière de ressources. Trois de ces compétences sont disponibles.

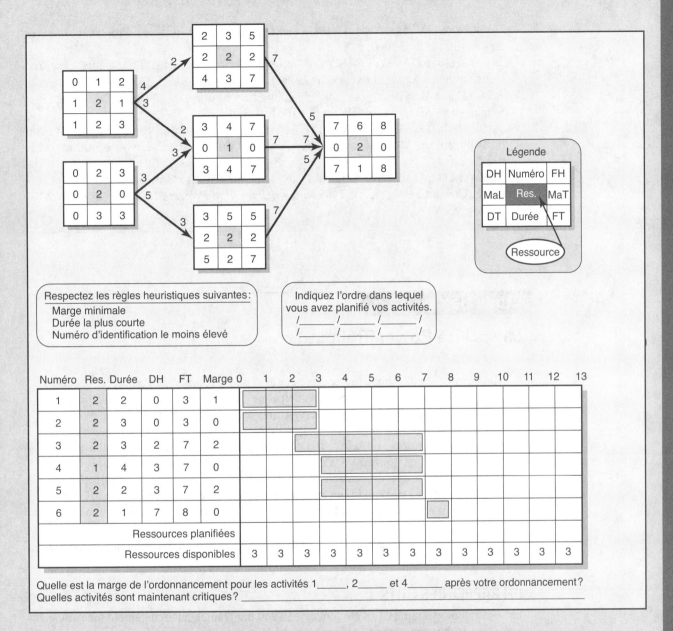

Respectez les règles heuristiques suivantes :
- Marge minimale
- Durée la plus courte
- Numéro d'identification le moins élevé

Indiquez l'ordre dans lequel vous avez planifié vos activités.
/_____ /_____ /_____ /
/_____ /_____ /_____ /

Numéro	Res.	Durée	DH	FT	Marge	0	1	2	3	4	5	6	7	8	9	10	11	12	13
1	2	2	0	3	1														
2	2	3	0	3	0														
3	2	3	2	7	2														
4	1	4	3	7	0														
5	2	2	3	7	2														
6	2	1	7	8	0														
Ressources planifiées																			
Ressources disponibles						3	3	3	3	3	3	3	3	3	3	3	3	3	3

Quelle est la marge de l'ordonnancement pour les activités 1_____, 2_____ et 4_____ après votre ordonnancement ?
Quelles activités sont maintenant critiques ? _____

Références

ARROW, K.J. et L. HUROWICZ. *Studies in Resource Allocation Process,* New York, Cambridge University Press, 1997.

BRUCKER, P., A. DREXL, R. MOHRING, L. NEWMANN et E. PESCH. «Resource-constrained Project Scheduling : Notation, Classification, Models and Methods», *European Journal of Operational Research,* vol. 112, n° 1, 1999, p. 3-42.

BURGESS, A.R. et J.B. KELLEBREW. «Variations in Activity Level on Cyclical Arrow Diagrams», *Journal of Industrial Engineering,* vol. 13, mars-avril 1962, p. 76-83.

CHARNES, A. et W.W. COOPER. «A Network Interpretation and Direct Sub Dual Algorithm for Critical Path Scheduling», *Journal of Industrial Engineering,* juillet-août 1962.

DEMEULEMEESTER, E.L. et W.S. HERROELEN. *Project Scheduling : A Research Handbook,* Norwell, Mass., Kluwer Academic Publishers, 2002.

FENDLY, L.G. «Towards the Development of a Complete Multi Project Scheduling System», *Journal of Industrial Engineering,* vol. 19, 1968, p. 105-155.

REINERSTEN, D. «Is it Always a Bad Idea to Add Resources to a Late Project?», *Electric Design,* 30 octobre 2000, p. 17-18.

TALBOT, B.F. et J.H. PATTERSON. «Optimal Methods for Scheduling Under Resource Constraints», *Project Management Journal,* décembre 1979.

WIEST, J.D. «A Heuristic Model for Scheduling Large Projects with Unlimited Resources», *Management Science,* vol. 18, février 1967, p. 359-377.

WOODWORTH, B.M. et C.J. WILLIE. «A Heuristic Algorithm for Resource Leveling in Multiproject, Multiresource Scheduling», *Decision Sciences,* vol. 6, juillet 1975, p. 525-540.

WOODWORTH, B.M. et S. SHANAHAN. «Identifying the Critical Sequence in a Resource Constrained Project», *International Journal of Project Management,* vol. 6, n° 2, 1988, p. 89-96.

Étude de cas

La société Power Train Ltd.

Nous avons des systèmes impeccables pour rapporter, repérer et contrôler les coûts des projets de conception. Notre planification des projets s'avère plus efficace que celle de n'importe quelle autre entreprise que je connais. Nos méthodes de planification semblaient bien fonctionner lorsque l'entreprise était petite et que nous n'avions que quelques projets. Toutefois, maintenant que nous exécutons beaucoup plus de projets et que nous nous servons d'un logiciel de planification pour en faire l'ordonnancement, il y a trop d'occasions où les bonnes personnes ne sont pas affectées aux projets considérés comme importants pour assurer notre succès. Cette situation nous coûte cher, nous cause des tas d'embêtements et nous stresse considérablement.

Claude Montero, vice-président de la conception et des opérations

UN RAPPEL DES FAITS

La société Power Train (PT) a été fondée en 1960 par Daniel Gage, ingénieur mécanicien et opérateur compétent. Avant de s'embarquer dans cette aventure, M. Gage avait travaillé pendant trois ans comme ingénieur concepteur dans une entreprise qui concevait et fabriquait des transmissions pour des tanks et des camions militaires. Il était donc tout naturel pour lui de fonder sa propre entreprise de conception et de fabrication de groupes motopropulseurs pour des entreprises de construction de machines agricoles. Actuellement, M. Gage ne dirige plus PT, mais il est toujours admiré à titre de fondateur de cette société. Sa famille et lui possèdent encore 25 % de l'entreprise qui s'est transformée en société publique en 1988 et qui a connu une croissance annuelle de 6 % au cours des cinq dernières années. Toutefois, on s'attend à ce que la croissance de ce secteur ralentisse, car l'offre dépasse la demande.

De nos jours, PT poursuit une tradition dont elle est fière, la conception et la fabrication de groupes motopropulseurs de la meilleure qualité pour les fabricants de tracteurs et d'équipement agricole. Parmi son personnel, elle compte 178 ingénieurs concepteurs et environ 1 800 employés de la production et de soutien. Les contrats des projets de conception conclus avec les fabricants de tracteurs représentent un pourcentage important des revenus de l'entreprise. En tout temps, il y environ 45 à 60 projets de conception en chantier simultanément. Une petite portion seulement du travail de conception est destinée aux véhicules militaires. PT n'accepte des commandes de l'armée que si elles requièrent une technologie nouvelle et d'avant-garde et qu'il s'agit de contrats à prix coûtant majoré.

Toutefois, un nouveau phénomène incite la haute direction de PT à prendre en considération un marché plus vaste. L'an dernier, un gros constructeur de camions suédois lui a fait une proposition pour la conception des groupes motopropulseurs de ses camions. À mesure que les entreprises de ce secteur se regroupent, les occasions d'affaires devraient se multiplier, car ces grands constructeurs font de plus en plus d'impartition pour réduire leurs coûts d'infrastructure et conserver une grande souplesse. La semaine dernière, un ingénieur concepteur de PT s'est entretenu avec un gestionnaire d'une société allemande de construction de camions lors d'une conférence. Le gestionnaire allemand examinait déjà la possibilité de confier à un sous-traitant la fabrication de transmissions et songeait à Porsche. Il a paru très content d'entendre parler des compétences de PT dans ce domaine. Une rencontre à ce sujet est prévue pour le mois prochain.

CLAUDE MONTERO

Titulaire d'un diplôme en administration de l'École supérieure de commerce de Rennes, Claude Montero a commencé à travailler chez PT en 1989. Il avait d'abord travaillé pendant cinq ans comme ingénieur mécanicien chez U.K. Hydraulics avant de retourner à l'université pour obtenir sa maîtrise. « Je voulais faire partie de l'équipe de direction pour être là où ça se passe. » M. Montero a rapidement gravi les échelons. Aujourd'hui vice-président de la conception et des opérations, il s'avoue préoccupé par les conflits et la confusion qui semblent sans cesse s'accroître quand il faut affecter du personnel aux projets. Bien qu'il éprouve un grand enthousiasme à l'idée de concevoir des groupes motopropulseurs pour de gros camions, il se dit que, compte tenu des problèmes de planification que posent les projets en cours, une augmentation importante des affaires ne ferait que multiplier les difficultés de PT. L'entreprise doit absolument trouver un moyen de régler ces conflits de planification avant de songer sérieusement à accroître son champ de compétence en se lançant dans la conception de transmissions de puissance pour les constructeurs de camions.

M. Montero réfléchit aux problèmes que PT a connus au cours de la dernière année. Le projet MF est le premier qui lui revient en mémoire. Il n'était pas d'une grande complexité et ne requérait pas la compétence des meilleurs ingénieurs. Malheureusement, le logiciel de planification lui a affecté l'un des ingénieurs les plus inventifs et les plus coûteux. Une situation similaire mais inverse s'est produite dans le cas du projet Deer. Il s'agissait de satisfaire un gros client et de trouver une nouvelle technologie hydrostatique pour petits tracteurs. Le logiciel de planification a affecté au projet des ingénieurs qui n'avaient pas l'habitude de travailler à des transmissions de ce type. M. Montero croit que, de toute façon, il faudrait que les employés soient affectés aux tâches qui leur conviennent. Après réflexion, il se rend compte que ces problèmes de planification n'ont fait qu'empirer depuis que l'entreprise a adopté l'ordonnancement de projets multiples. La solution serait peut-être de la doter d'un bureau des projets qui permettrait de venir à bout de ces difficultés.

M. Montero a donc convoqué l'équipe de technologie de l'information et les vendeurs de logiciels. La réunion a été intéressante mais peu fructueuse, car aucun participant ne connaît vraiment les problèmes de planification en détail. Les vendeurs ont fourni toutes sortes d'arguments montrant que les règles d'heuristique utilisées – la marge minimale, la durée la plus courte et le numéro d'identification – sont parfaitement efficaces pour assigner des tâches aux employés et minimiser les délais. Un vendeur a insisté pour dire que les logiciels de sa société permettraient à PT de personnaliser sa planification des projets et de l'affectation des employés pour tenir compte de n'importe quelle modification au choix. Il a répété à maintes reprises que « si les règles d'heuristique standard ne conviennent pas à vos exigences, vous pouvez en élaborer d'autres davantage adaptées à vos besoins ». Il s'est même proposé pour contribuer à la mise en œuvre de ce nouveau système. Par contre, il refuse d'y consacrer du temps tant que PT ne pourra pas lui décrire avec précision les critères à utiliser et leur ordre de succession pour choisir et affecter des ressources à des projets.

LES PROCHAINES ÉTAPES ?

Une croissance potentielle dans le domaine des groupes motopropulseurs de camions n'est pas réalisable tant que l'on ne parviendra pas à faire disparaître ou à diminuer de façon significative la confusion qui règne dans la planification des projets. M. Montero est résolu à s'attaquer à ce problème, mais il ignore par où commencer.

Annexe 8.1

La méthode de la chaîne critique

En pratique, les gestionnaires de projet gèrent avec prudence les marges des projets aux ressources limitées. Par exemple, certains utilisent un jalonnement aval et interdisent tout recours à la marge de tout lot de travaux ou activité sans leur autorisation expresse. Ils contrôlent et enregistrent minutieusement l'état des travaux d'après le pourcentage d'avancement et la durée restante pour déterminer toutes les activités qui devancent les dates d'achèvement estimées de façon à pouvoir faire commencer leurs successeurs avant les dates prévues, qu'il s'agisse d'activités critiques ou non critiques. Grâce à ce contrôle et aux encouragements à terminer les activités avant l'expiration des durées estimées, le temps économisé sert à démarrer plus tôt des activités subséquentes, et il n'y a aucun gaspillage de temps. L'objectif consiste à économiser la marge en vue de s'assurer un délai tampon pour achever le projet quelque temps avant l'échéance ou pour faire face aux retards qui peuvent toujours survenir dans des activités ou des chemins critiques.

Eliyahu Goldratt, qui s'est fait le champion attitré de la théorie des contraintes dans son ouvrage de vulgarisation intitulé *The Goal,* préconise une nouvelle manière de gérer les marges. Il a inventé l'expression « chaîne critique » pour tenir compte des dépendances à la fois techniques et de ressources qui agissent comme des contraintes sur le réseau d'un projet. Chaque type de contrainte peut être à l'origine de liens de dépendance entre les tâches et, dans le cas de contraintes de ressources, il pourrait même créer de nouvelles dépendances entre elles. Rappelez-vous qu'une ressource critique peut modifier un chemin critique. Examinez de nouveau la figure 8.4, à la page 271. La chaîne critique (C-C) correspond à la plus longue séquence de liens qui existe dans ce projet. On se sert du terme « chaîne » plutôt que « chemin » parce que, en général, on tend à associer ce dernier mot uniquement à des dépendances techniques et non à des dépendances de ressources. L'auteur utilise le concept de C-C en vue d'élaborer des stratégies permettant d'accélérer l'exécution des projets. Ces stratégies sont basées sur ses observations en matière d'estimations d'activités individuelles.

LES ESTIMATIONS DE DURÉES

D'après Eliyahu Goldratt, les gens tendent naturellement à ajouter du temps de sécurité (au cas où…) à leurs estimations. On a des raisons de croire que les employés chargés d'estimer les durées présentent des résultats selon lesquels il y a environ 80 % à 90 % de chances que les activités soient terminées à la date de fin estimée ou avant. Par conséquent, la valeur médiane (50 % de chances) est surestimée d'environ 30 % à 40 %. Par exemple, un programmeur peut estimer qu'il a 50 % de chances de terminer sa tâche en cinq jours. Toutefois, pour s'assurer de réussir et se protéger contre des problèmes potentiels, il ajoute trois jours à titre de sécurité et indique qu'il mettra huit jours pour achever l'activité. Dans ce cas, la valeur médiane (50 %) est surestimée d'environ 60 %. Si ce réflexe de constituer une réserve cachée était appliqué à tout le projet, la plupart des activités devraient théoriquement être terminées avant les dates indiquées. Gardez à l'esprit que le programmeur a toujours 50 % de chances de terminer sa tâche en cinq jours ou moins.

Cette situation met en évidence un paradoxe intéressant. Pourquoi, s'il y a une tendance à la surestimation des durées d'activités, un si grand nombre de projets sont-ils en retard dans leurs échéances ? M. Goldratt suggère différentes explications.

- *La loi de Parkinson*   Le travail occupe tout le temps disponible. Pourquoi se dépêcher de terminer aujourd'hui un travail qui ne doit pas être remis avant demain ?

- *L'autoprotection*   Le participant évite de rapporter qu'il a terminé une tâche avant le temps, de peur que la haute direction ajuste ses futures normes et exige davantage de lui la prochaine fois.

- *Le témoin qu'on laisse tomber*   Le fait de terminer d'avance une activité ne signifie pas que l'activité suivante commencera tout de suite, car les employés chargés de l'exécuter ne sont pas prêts à commencer aussi tôt. Par conséquent, le temps économisé est perdu.

- *Une affectation multiple excessive*   Ce phénomène prolonge la durée de l'achèvement des tâches.

- *Les goulots d'étranglement des ressources*   La disponibilité limitée des ressources critiques cause des retards.

- *La procrastination*   Les gens tendent à retarder le début d'une tâche jusqu'à ce qu'ils soient forcés de s'y mettre.

Les explications du témoin qu'on laisse tomber et de la procrastination valent la peine qu'on s'y arrête. Elyahu Goldratt utilise la course de relais comme métaphore pour décrire l'effet d'une mauvaise coordination des ressources. En effet, l'effort d'un coureur est perdu lorsque le coureur suivant n'est pas prêt à saisir le témoin quand il arrive. De même, le temps gagné grâce à l'achèvement d'une tâche avant la date prévue est perdu quand l'équipe suivante n'est pas prête à commencer les tâches du projet qui lui sont confiées.

Selon M. Goldratt, à l'image des étudiants qui tendent à retarder la rédaction de leur travail de session jusqu'à la dernière minute, les travailleurs repoussent le commencement d'une tâche lorsqu'ils se rendent compte qu'ils ont plus de temps qu'il n'en faut pour l'accomplir. Ce comportement n'est pas sans danger, car il est souvent difficile de déceler des obstacles avant que le travail soit en cours. En retardant le début de la tâche, on compromet la possibilité de surmonter ces obstacles tout en effectuant le travail dans les délais prévus.

LE FONCTIONNEMENT DE LA CHAÎNE CRITIQUE

La solution de M. Goldratt pour réduire les dépassements de temps des projets consiste à insister pour que l'on utilise les véritables estimations de durée à 50 % plutôt que des estimations d'après lesquelles il y a 80 % à 90 % des chances que l'activité soit terminée avant la date d'échéance. L'utilisation de ces estimations à 50 % donne des durées correspondant à environ la moitié des valeurs obtenues pour un taux à faible risque (entre 80 % et 90 %). Elle empêche que les répercussions de la loi de Parkinson, du syndrome étudiant et du principe de l'autoprotection se fassent sentir et devrait augmenter la productivité du côté des tâches individuelles. De même, une compression du calendrier réduit le risque qu'intervienne l'effet du témoin qu'on laisse tomber.

M. Goldratt recommande d'intégrer des délais tampons dans les planifications en guise d'« amortisseurs » pour protéger la date d'achèvement du projet contre les durées de tâches qui pourraient dépasser les estimations à 50 %. D'après son raisonnement, en se servant de ces estimations, on élimine essentiellement le « filet de protection » de chaque activité. Il conseille aussi d'employer des fractions de cette « protection » collective de façon stratégique en insérant des délais tampons là où il est probable que des problèmes surviennent. En premier lieu, comme toutes les activités situées le long de la chaîne critique présentent une *incertitude* inhérente difficile à prévoir, on ne peut pas être certain de la *durée du projet.* Par conséquent, on ajoute un délai tampon à sa durée prévue, par exemple, 50 % de l'ensemble des réserves cachées de durées des activités. Deuxièmement, on ajoute des *tampons secondaires* au réseau, aux endroits où les chemins non critiques fusionnent avec la chaîne critique. Ces tampons servent à protéger le chemin critique contre les retards. En dernier lieu, on insère des délais tampons liés aux ressources, là où des ressources rares sont requises pour une activité. Ces délais peuvent prendre au moins deux formes, soit celle d'un délai tampon que l'on rattache à une ressource critique pour s'assurer que la ressource en question est disponible dès que le besoin s'en fait sentir – pour empêcher tout arrêt dans la course à relais –, soit celle d'un délai que l'on ajoute aux activités précédant le travail lié à une ressource rare – pour se protéger contre les goulots d'étranglement de la ressource en augmentant la probabilité que l'activité précédente soit terminée lorsque la ressource sera disponible. Tous ces tampons réduisent le risque que la durée du projet soit prolongée et augmentent les chances d'un achèvement hâtif.

LA CHAÎNE CRITIQUE COMPARATIVEMENT À LA MÉTHODE TRADITIONNELLE DE PLANIFICATION

Pour illustrer les effets de la chaîne critique sur la planification, comparons-la à la méthode traditionnelle de planification des projets. Nous tenterons d'abord de résoudre des problèmes de ressources de la façon décrite dans le présent chapitre, puis nous verrons comment procéder avec la méthode de la chaîne critique. La figure A8.1A, à la page suivante, montre le réseau planifié du projet de contrôle de l'air sans tenir compte des ressources. Autrement dit, on suppose que les activités sont indépendantes les unes des autres et que les ressources seront disponibles au moment voulu ou qu'elles sont interchangeables. La figure A8.1B, à page suivante, présente le diagramme de Gantt du projet. Les barres foncées représentent les durées des activités critiques, les barres de couleur claire, celles des activités non critiques et les barres en gris pâle, les marges. Notez que la durée du projet est de 45 jours et que le chemin critique est formé des activités 1, 4, 6, 7 et 8.

Les activités parallèles constituent une source de conflits potentiels en matière de ressources, comme dans le présent projet. Supposons que M. Rollin soit la ressource pour les activités 3 et 6. Lorsqu'on insère cette donnée dans le diagramme de Gantt de la figure A8.1B, on constate que l'activité 3 chevauche l'activité 6 pendant cinq jours, une situation impossible. Comme M. Rollin ne peut pas effectuer deux tâches en même temps et que personne n'est en mesure de prendre sa place, il y a une dépendance en matière de ressources. Il en résulte que les activités 3 et 6, considérées au départ comme indépendantes, sont en réalité dépendantes. Il faut trouver un compromis. La figure A8.2A, à la page 298, contient le réseau du projet de contrôle de l'air, y compris les ressources. L'ajout de la flèche en pointillé permet d'indiquer la dépendance attribuable à la ressource entre ces activités. Le diagramme de Gantt de la figure A8.2B, à la page 298, présente la planification révisée qui

FIGURE A8.1A   Le projet de contrôle de l'air : calendrier sans les ressources

Révision de la commande
—————————————
Début hâtif :   0   Nº : 1
—————————————
Fin hâtive :   2   Durée : 2 jours

Commande des pièces au vendeur
—————————————
Début hâtif :   2   Nº : 2
—————————————
Fin hâtive :   17   Durée : 15 jours

Production d'autres pièces de série
—————————————
Début hâtif :   2   Nº : 3
—————————————
Fin hâtive :   20   Durée : 18 jours

Conception des pièces personnalisées
—————————————
Début hâtif :   2   Nº : 4
—————————————
Fin hâtive :   15   Durée : 13 jours

Développement du logiciel
—————————————
Début hâtif :   2   Nº : 5
—————————————
Fin hâtive :   20   Durée : 18 jours

Fabrication de l'équipement personnalisé
—————————————
Début hâtif :   15   Nº : 6
—————————————
Fin hâtive :   30   Durée : 15 jours

Montage
—————————————
Début hâtif :   30   Nº : 7
—————————————
Fin hâtive :   40   Durée : 10 jours

Essai
—————————————
Début hâtif :   40   Nº : 8
—————————————
Fin hâtive :   45   Durée : 5 jours

Durée du projet : 45 jours

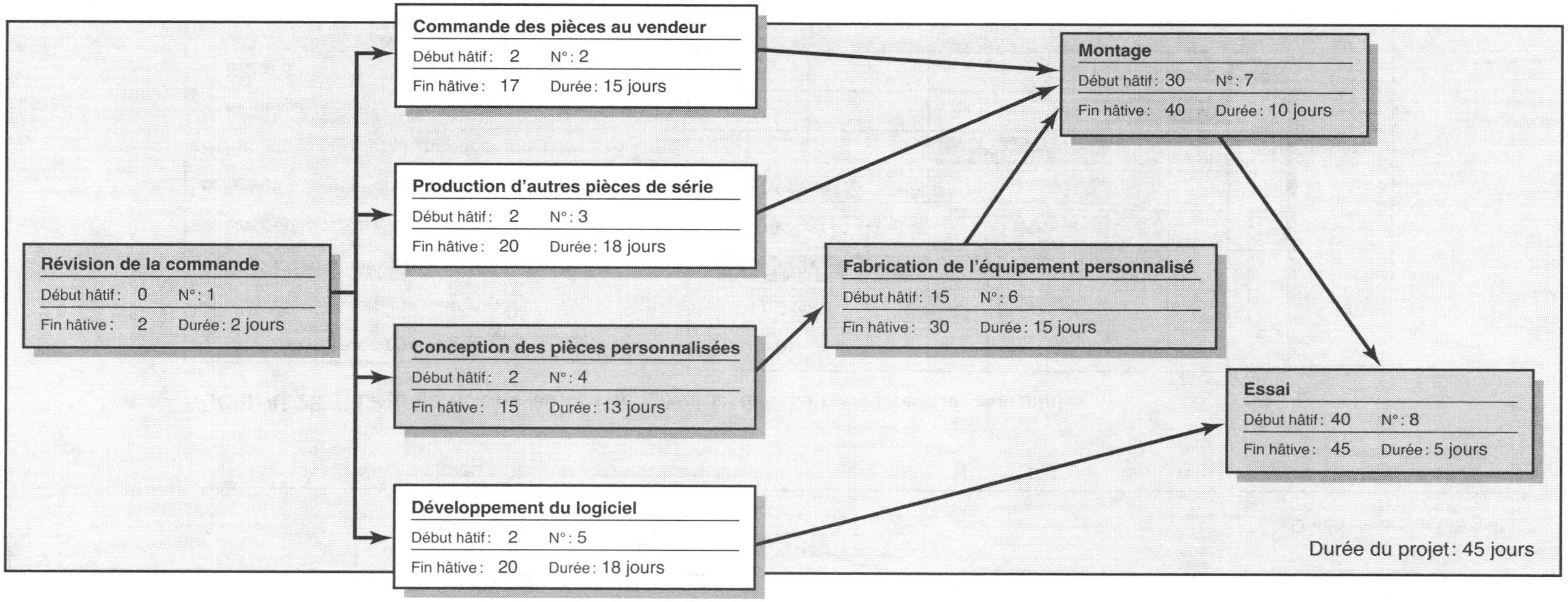

FIGURE A8.1B   Le projet de contrôle de l'air : calendrier sans les ressources

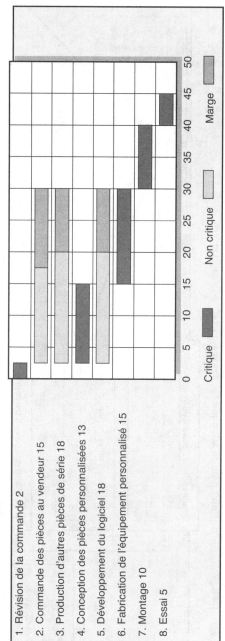

1. Révision de la commande 2
2. Commande des pièces au vendeur 15
3. Production d'autres pièces de série 18
4. Conception des pièces personnalisées 13
5. Développement du logiciel 18
6. Fabrication de l'équipement personnalisé 15
7. Montage 10
8. Essai 5

Critique   Non critique   Marge

FIGURE A8.2A Le projet de contrôle de l'air : planification pilotée des ressources sous contraintes

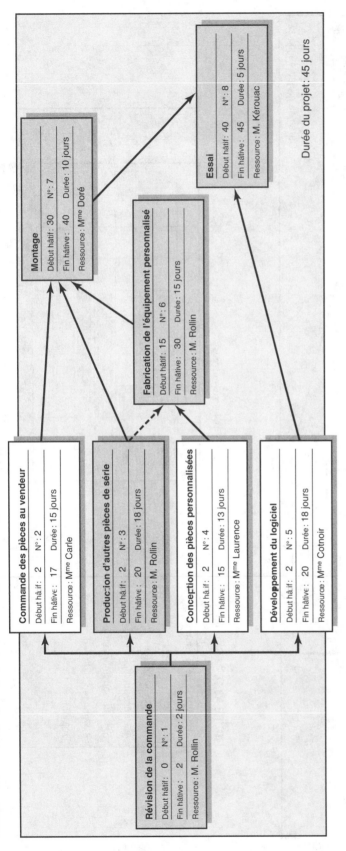

Révision de la commande

Début hâtif : 0   N° : 1
Fin hâtive : 2   Durée : 2 jours
Ressource : M. Rollin

Commande des pièces au vendeur

Début hâtif : 2   N° : 2
Fin hâtive : 17   Durée : 15 jours
Ressource : Mᵐᵉ Carle

Production d'autres pièces de série

Début hâtif : 2   N° : 3
Fin hâtive : 20   Durée : 18 jours
Ressource : M. Rollin

Conception des pièces personnalisées

Début hâtif : 2   N° : 4
Fin hâtive : 15   Durée : 13 jours
Ressource : Mᵐᵉ Laurence

Développement du logiciel

Début hâtif : 2   N° : 5
Fin hâtive : 20   Durée : 18 jours
Ressource : Mᵐᵉ Cotnoir

Fabrication de l'équipement personnalisé

Début hâtif : 15   N° : 6
Fin hâtive : 30   Durée : 15 jours
Ressource : M. Rollin

Montage

Début hâtif : 30   N° : 7
Fin hâtive : 40   Durée : 10 jours
Ressource : Mᵐᵉ Doré

Essai

Début hâtif : 40   N° : 8
Fin hâtive : 45   Durée : 5 jours
Ressource : M. Kérouac

Durée du projet : 45 jours

FIGURE A8.2B Le projet de contrôle de l'air : planification des ressources sous contraintes

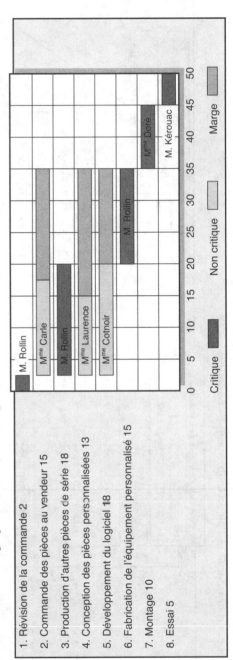

1. Révision de la commande 2
2. Commande des pièces au vendeur 15
3. Production d'autres pièces de série 18
4. Conception des pièces personnalisées 13
5. Développement du logiciel 18
6. Fabrication de l'équipement personnalisé 15
7. Montage 10
8. Essai 5

Critique   Non critique   Marge

résout le problème d'allocation excédentaire de M. Rollin. C'est pourquoi la marge de certaines activités a changé mais, ce qui est plus important, le chemin critique a également été modifié. Il se compose désormais des activités 1, 3, 6, 7 et 8. Cet ordonnancement de ressources indique en outre la nouvelle durée du projet maintenant estimée non pas à 45, mais bien à 50 jours.

Appliquons maintenant la méthode de la chaîne critique au projet de contrôle de l'air. La figure A8.3, à la page 300, illustre plusieurs changements qui s'imposent. En premier lieu, les estimations de tâches correspondent à des approximations établies selon la règle des 50 %. En deuxième lieu, les activités de la chaîne critique n'ont pas toutes un lien de dépendance entre elles. La fabrication des pièces personnalisées fait partie de cette chaîne en raison d'une dépendance en matière de ressources préalablement définie. En troisième lieu, on a ajouté un délai tampon à la fin de la planification. En dernier lieu, on a inséré des tampons secondaires à chaque point où une activité non critique se raccorde avec la chaîne critique.

Le diagramme de Gantt de la figure A8.4, à la page 300, représente bien l'effet de la méthode de la chaîne critique sur la planification du projet. Notons d'abord les dates de début au plus tard de chacune des trois activités non critiques. Par exemple, dans la méthode du chemin critique, la planification indique que les activités «Commande des pièces au vendeur» et «Développement du logiciel» doivent commencer immédiatement après l'activité «Révision de la commande». Dans celle de la chaîne critique, on les a prévues plus tard dans le projet. On a ajouté trois jours de tampon secondaire à chacune de ces activités pour absorber tout retard qui pourrait survenir dans leur exécution. Enfin, on estime que le projet devrait avoir une durée non pas de 50 jours, mais plutôt de 27 jours avec 10 jours de tampon pour l'ensemble des activités.

Cet exemple permet d'expliquer les différences entre un tampon et une marge. La marge est ce temps libre inhérent à la planification des activités non critiques et on la détermine en calculant l'écart entre le début au plus tôt et le début au plus tard d'une activité. Le tampon, par contre, est un bloc de temps réservé d'avance et destiné à neutraliser les effets des risques les plus probables. On le contrôle avec rigueur, de sorte que, s'il n'est pas requis, les activités subséquentes peuvent démarrer aux dates indiquées dans la planification. Les tampons sont nécessaires en partie, car les estimations se basent sur des approximations à 50 % et, par conséquent, environ la moitié des activités prendront plus de temps que prévu. On les insère donc dans la planification pour se protéger contre ces prolongations de durées et en minimiser les effets. Les tampons ne font pas partie de la planification du projet et ne servent que lorsqu'une gestion saine l'exige.

Les figures ne le montrent pas, mais l'ajout de six jours au calendrier de M. Rollin constituerait un exemple de tampon lié aux ressources. (Rappelez-vous que cet employé est la ressource critique qui a entraîné une extension de la planification.) Ainsi, il pourrait continuer à travailler au projet après le 18e jour, si jamais la production des pièces de série ou la fabrication de l'équipement personnalisé prenaient plus de temps que prévu. On contrôlerait alors étroitement l'avancement de ces deux tâches et on en modifierait le calendrier en conséquence.

LA CHAÎNE CRITIQUE ET L'AFFECTATION MULTIPLE

Les tampons sont inutiles dans la lutte contre les effets insidieux de l'affectation multiple qui se répand partout, en particulier dans un environnement où les travailleurs jonglent avec différentes affectations à de multiples projets. Elihayu Goldratt formule trois recommandations pour diminuer les répercussions de l'affectation multiple.

FIGURE A8.3 Le projet de contrôle de l'air : le réseau de la chaîne critique

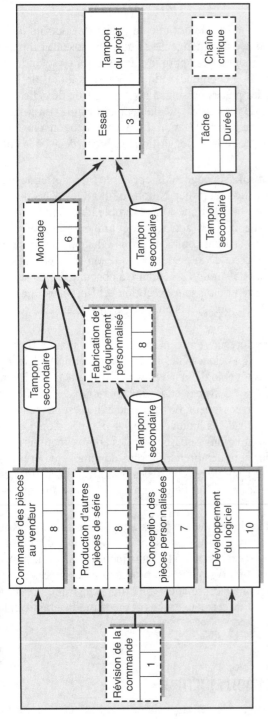

FIGURE A8.4 Un diagramme de Gantt du projet de contrôle de l'air : le réseau de la chaîne critique

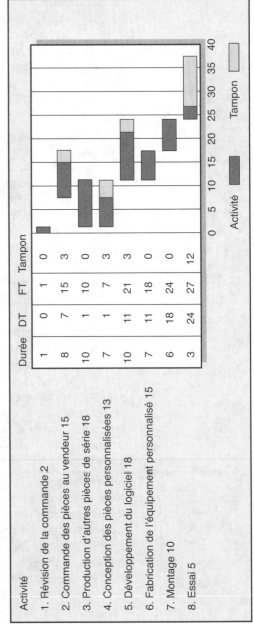

1. Il faut réduire le nombre de projets pour éviter que les ressources soient affectées à un grand nombre d'entre eux en même temps.

2. Il est recommandé de contrôler les dates de début des projets en tenant compte de la rareté des ressources. On doit éviter de démarrer un projet tant que l'on ne dispose pas des ressources suffisantes pour y travailler à plein temps.

3. Il est essentiel de réserver par contrat (immobiliser) les ressources nécessaires avant le début du projet.

LE CONTRÔLE DE L'AVANCEMENT DU PROJET

Dans la méthode de la chaîne critique, on utilise des tampons pour contrôler le rendement du calendrier. Comme le montre la figure A8.3, à la page précédente, le tampon permet de protéger le projet contre des retards le long de la chaîne critique. Aux fins de contrôle, on scinde généralement ce tampon en trois zones correspondant aux situations suivantes : tout va bien, il faut surveiller et il faut agir. À mesure que la réserve diminue et que l'on entre dans la deuxième zone, des signaux indiquent qu'il faut appliquer des mesures correctives. Pour que la gestion des tampons s'avère vraiment efficace, il faut comparer leur utilisation avec l'état d'avancement réel du projet. Par exemple, quand le pourcentage d'avancement du projet se situe à 75 % et que le gestionnaire de projet n'a recouru qu'à 50 % des tampons prévus, le projet est sur la bonne voie. Par contre, lorsque seulement 25 % du projet est achevé et que 50 % des tampons ont déjà été utilisés, la situation est alarmante, et il faut adopter des mesures correctives au plus tôt. Vous trouverez la description d'une méthode d'estimation du pourcentage d'avancement au chapitre 13.

LA MÉTHODE DE LA CHAÎNE CRITIQUE DE NOS JOURS

La méthode de la chaîne critique a donné lieu à un grand nombre de discussions dans le monde de la gestion de projet. Elle obtient un soutien théoriquement solide, mais encore limité en ce moment, bien qu'il augmente continuellement. Par exemple, la société Harris Semiconductor a réussi à construire une nouvelle usine de fabrication de plaquettes de silice automatisées en moins de 13 mois grâce à la méthode de la chaîne critique alors que, dans ce secteur, la norme pour de telles installations varie de 26 à 36 mois. Le secteur aérospatial israélien a également privilégié les techniques de la chaîne critique pour réduire le temps moyen de travail d'entretien sur les avions de deux mois à deux semaines. Aux États-Unis, la US Air Force et la Marine, ainsi que des entreprises telles que Boeing, Lucent Technologies, Intel, GM et 3M, appliquent les principes de cette méthode à leurs environnements à multiples projets.

Pourtant, certains ont des réserves à l'égard de la méthode de la chaîne critique. En premier lieu, cette méthode, à leurs yeux, ne règle pas la principale cause des retards dans les projets, c'est-à-dire une définition inadéquate et l'instabilité de leur contenu. En deuxième lieu, ces personnes mettent en doute les hypothèses de Eliyahu Goldratt touchant le comportement humain. Elles contestent notamment l'idée que les spécialistes tendent à gonfler les estimations et les employés, à agir délibérément au détriment de leur entreprise dans leur propre intérêt et pour leur profit. En troisième lieu, elles rejettent aussi l'insinuation selon laquelle des professionnels expérimentés pourraient afficher des comportements s'apparentant à la procrastination. En dernier lieu, à tort ou à raison, certains voient dans cette méthode des éléments implicites de suspicion et de manque de confiance dans la compétence des employés. Les détracteurs les plus virulents considèrent la chaîne critique comme un système extrêmement manipulateur qui n'offre aucune chance aux employés tout en comptant que cette pression supplémentaire augmentera leur productivité.

La clé du succès de l'implantation de cette théorie réside dans la culture organisationnelle. Si l'entreprise apprécie les efforts consciencieux qui ne parviennent pas à respecter les estimations autant que ceux qui sont couronnés de succès, les employés accepteront plus facilement cette façon de travailler. Par contre, si la haute direction traite différemment l'échec et le succès bien que les efforts fournis soient également soutenus, la résistance à l'application d'une telle méthode sera grande. Les entreprises qui adoptent la méthode de la chaîne critique investissent beaucoup d'énergie pour faire accepter ses principes fondamentaux par tous les participants et pour calmer les craintes que ce système peut engendrer.

RÉSUMÉ

Quelle que soit la position que l'on adopte dans le débat sur la chaîne critique, il faut reconnaître que cette méthode a non seulement attiré l'attention sur le problème de la dépendance en matière de ressources et mis en lumière les maux actuels dus à l'affectation multiple, mais elle a aussi amené les gestionnaires à reconsidérer les méthodes traditionnelles de planification des projets.

EXERCICES

1. Rendez-vous à la page d'accueil du Goldratt Institute, à l'adresse suivante : [www.goldratt.com] pour obtenir de l'information récente sur l'application des techniques de la chaîne critique à la gestion de projet.
2. Appliquez les principes de planification de la chaîne critique au projet de la société Print Software présenté au chapitre 6, à la page 196. Révisez les estimations de durées en les réduisant de 50 % et arrondissez les durées impaires (par exemple, mettez 4 pour 3). Tracez un diagramme réseau de la chaîne critique de ce projet semblable à celui de la figure A8.3, à la page 300, ainsi qu'un diagramme de Gantt semblable à celui de la figure A8.4, à la page 300. En quoi ces diagrammes différeraient-ils de ceux qui sont produits à l'aide de la technique de planification traditionnelle ?

RÉFÉRENCES DE L'ANNEXE

GOLDRATT, E. *Critical Chain,* Great Barrington, MA, North River Press, 1997.

HERROELEN, W., R. LEUS et E. DEMEULEMEESTER. «Critical Chain Project Scheduling: Do Not Oversimplify», *Project Management Journal,* vol. 33, n° 4, 2002, p. 48-60.

LEACH, L.P. «Critical Chain Project Management», *Proceedings of 29th Annual Project Management Institute, 1998 , Seminars and Symposium,* Newtown, PA, Project Management Institute, 1998, p. 1239-44.

LEVINE, H.A. «Shared Contingency: Exploring the Critical Chain», *PM Network,* octobre 1999, p. 35-38.

NEWBOLD, R.C. *Project Management in the Fast Lane: Applying the Theory of Constraints,* Baton Roca, FL., St. Lucie Press, 1998.

NOREEN, E., D. SMITH et J. MACKEY. *The Theory of Constraints and its Implication for Management Accounting,* Barrington, MA., North River Press, 1995.

RAZ, T., R. BARNES et D. DVIR. «A Critical Look at Critical Chain Project Management», *Project Management Journal,* décembre 2003, p. 24-32.

SOOD, S. «Taming Uncertainty: Critical-Chain Buffer Management Helps Minimize Risk in the Project Equation», *PM Network,* mars 2003, p. 57-59.

ZALMANSON, E. «Reader's Feedback», *PM Network,* vol. 15, n° 1, 2001, p. 4.

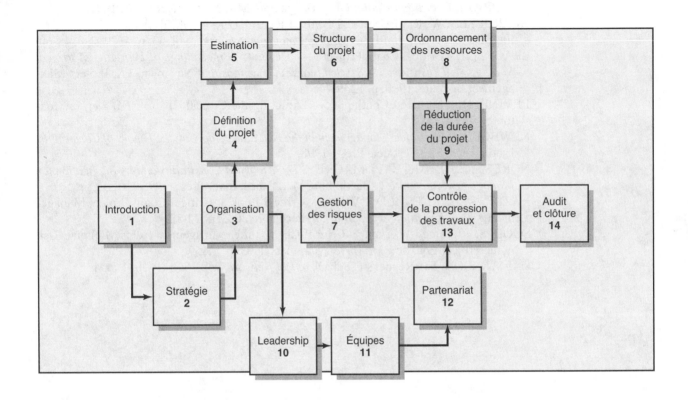

Estimation **5**	Structure du projet **6**	Ordonnancement des ressources **8**	

	Réduction de la durée du projet **9**

| Définition du projet **4** | | |

| Introduction **1** | Organisation **3** | Gestion des risques **7** | Contrôle de la progression des travaux **13** | Audit et clôture **14** |

| Stratégie **2** | | Partenariat **12** |

| Leadership **10** | Équipes **11** |

La réduction de la durée d'un projet

Les raisons qui justifient la réduction de la durée d'un projet

Quelques méthodes pour accélérer l'exécution d'un projet

L'analyse coût-durée d'un projet

La construction d'un diagramme coût-durée d'un projet

Quelques considérations pratiques

Que faire si c'est le coût et non le temps qui pose un problème ?

Résumé

CHAPITRE 9

La réduction de la durée d'un projet

Vous en avez besoin pour quand ?
Hier !

Imaginez les situations suivantes.

> Après avoir mis la dernière main à votre calendrier, vous vous apercevez que la date d'achèvement prévue se situe deux mois après celle que votre patron a publiquement annoncée à un important client.
>
> Deux mois après son démarrage, vous vous rendez compte que le projet accuse déjà trois semaines de retard par rapport à son délai initial.
>
> Après quatre mois de travail, la haute direction modifie son ordre de priorité et vous annonce que l'argent n'est plus un problème. Vous devez maintenant terminer le projet le plus tôt possible.

Que faites-vous ?

Le présent chapitre porte sur certaines stratégies à déployer pour réduire la durée d'un projet avant son élaboration ou en cours d'exécution. Les options disponibles dépendent des contraintes. C'est ici qu'entre en jeu la matrice des priorités étudiée au chapitre 4. Par exemple, nous pouvons affirmer qu'il y a plus de méthodes de réduction de la durée d'un projet lorsqu'il n'y a pas de contraintes de ressources que lorsqu'on ne peut pas dépasser le budget initial. Nous chercherons d'abord à déterminer pourquoi on réduit la durée d'un projet et nous analyserons ensuite différents moyens d'accélérer son exécution. Le chapitre se terminera par une analyse de la structure classique coût-temps servant à choisir les activités dont la durée doit être réduite. Le terme *comprimer* dans le vocabulaire de la gestion de projet désigne une réduction de la durée d'une activité ou d'un projet au-delà de ce qui peut se faire d'ordinaire.

Les raisons qui justifient la réduction de la durée d'un projet

Il y a peu de circonstances dans lesquelles un gestionnaire de projet ou un maître d'œuvre ne souhaiterait pas réduire la durée d'un projet. Il est possible de comprimer la durée d'une activité critique, mais il en résulte presque toujours une augmentation des coûts directs. Le gestionnaire fait alors face à un dilemme entre le coût et la durée : vaut-il la peine de réduire la durée compte tenu des coûts supplémentaires que cette mesure occasionne ? Dans ce genre de situation, on s'efforce généralement de réduire le chemin critique qui détermine la date d'achèvement du projet. À ce propos, voyez la rubrique à la page suivante.

La réaction au tremblement de terre de Northridge

David Butow/Corbis.

Le 17 janvier 1994, un tremblement de terre d'une magnitude de 6,8 a secoué le bassin de la ville de Los Angeles, près de la banlieue de Northridge, faisant 60 morts, des milliers de blessés et des milliards de dollars de dommages. Le pouvoir destructeur de la nature n'était nulle part aussi évident que dans l'effondrement de certaines sections du réseau autoroutier qui a paralysé le transport quotidien d'environ un million d'habitants de la région. Le tremblement de terre de Northridge a posé au service de transport de la Californie (CalTrans) l'un de ses plus importants défis en près de 100 ans d'existence. En vue d'accélérer le processus de reconstruction, le gouverneur Pete Wilson a approuvé des mesures d'exception permettant à CalTrans de rationaliser les procédures d'attribution de contrats et d'offrir des mesures incitatives intéressantes afin que les travaux soient terminés avant les dates prévues. Pour chaque journée d'avance sur le calendrier, l'agence devrait verser un boni alléchant. Inversement, l'entrepreneur serait pénalisé de la même somme pour chaque journée de retard. La somme variait de 50 000 $ à 200 000 $ selon l'importance de la tâche.

Ce plan incitatif a été un stimulant efficace pour les entrepreneurs en reconstruction d'autoroutes. La société C.C. Myers de Rancho Cordova en Californie a obtenu le contrat de reconstruction des 10 viaducs de l'Interstate. L'entreprise a déployé un effort surhumain pour terminer le projet en 66 jours, une avance incroyable de 74 jours par rapport à la date d'échéance, et recevoir une prime de 14,8 millions de dollars. Ses dirigeants ont profité de toutes les occasions pour économiser du temps et pour rationaliser les opérations. Ils ont considérablement augmenté leur main-d'œuvre. Le nombre des ouvriers de fonderie, par exemple, est passé de 15 à 134. L'entreprise a également installé un équipement d'éclairage spécial pour s'assurer que le travail puisse se poursuivre jour et nuit. De même, elle a aménagé les emplacements et utilisé des matériaux spéciaux pour permettre aux ouvriers de continuer à travailler même dans des conditions météorologiques défavorables qui, normalement, les auraient forcés de s'interrompre. Le travail lui-même était ordonnancé à la façon d'une chaîne de montage, de sorte que chaque activité critique était suivie de l'activité critique subséquente. L'entreprise avait conçu des mesures de rémunération au rendement généreuses pour récompenser les équipes de travail et les pousser à atteindre chaque étape jalon le plus tôt possible. Les équipes de charpentiers étaient en compétition avec celles des ouvriers de fonderie pour déterminer lesquelles finiraient les premières.

Bien que la société C.C. Myers ait reçu une prime considérable pour avoir terminé les travaux avant l'échéance, elle a dû dépenser une grande quantité d'argent en heures supplémentaires, en équipement spécial, en primes au rendement et autres mesures pour soutenir le rythme du travail. Toutefois, l'agence de transport californienne a aussi fait sa part pour soutenir les efforts de Myers. Comme le travail de reconstruction se poursuivait jour et nuit, accompagné du vacarme des marteaux-piqueurs et de l'enfonçage des pieux, entre autres, elle a logé temporairement de nombreuses familles dans des motels locaux. Elle a même élevé un mur insonorisant provisoire en plastique pour réduire le bruit qui incommodait les résidants d'un ensemble d'habitations collectives situé à proximité du chantier. Le rideau à double couche, d'une longueur de 137 m et d'une hauteur de 6 m, avait été conçu pour diminuer ce bruit de 10 db.

Malgré les dépenses engagées et les difficultés inhérentes à la réfection des autoroutes de jour comme de nuit, la majorité des habitants de Los Angeles ont applaudi les efforts de l'agence de transport californienne pour remettre les infrastructures sur pied après la catastrophe. Selon un rapport du bureau de planification et de recherche du gouverneur, pour chaque journée où l'autoroute de Santa Monica a été fermée, l'économie locale a perdu plus d'un million de dollars.

* BAXTER, Jerry B. « Responding to the Northridge Earthquake », *PM Network*, novembre 1994, p. 13-22.

Il existe de nombreuses bonnes raisons pour réduire la durée d'un projet. L'une d'elles est la « date d'achèvement imposée ». Par exemple, un politicien déclare publiquement l'ouverture d'un nouveau palais de justice d'ici deux ans ou le président d'une société de services et d'ingénierie en informatique mentionne dans un discours que de nouveaux programmes à la fine pointe de la technologie seront offerts dans un an. De telles annonces sont en fait trop souvent des « dates d'achèvement imposées », alors qu'elles ne tiennent aucunement compte des problèmes ou des coûts inhérents au respect d'une telle date.

On établit la durée du projet à l'étape de la conception, avant même qu'un calendrier détaillé ou non détaillé de toutes les activités qu'il comprend ait été fixé. Malheureusement, cette pratique très courante entraîne presque toujours des coûts plus élevés que si l'on avait effectué une planification minutieuse à l'aide de méthodes efficaces et peu coûteuses. De plus, une date d'échéance compromet parfois la qualité. Par-dessus tout, les participants au projet tiennent rarement compte des coûts accrus liés aux dates d'échéance imposées. Et pourtant, les durées imposées demeurent le lot quotidien des gestionnaires de projet.

Au cours des dernières années, le délai de mise en marché a pris une nouvelle importance en raison d'une concurrence internationale acharnée et de progrès technologiques rapides. Le marché impose une limite de durée aux projets. Dans les entreprises des secteurs de technologie de pointe, il existe une règle empirique d'après laquelle un retard de six mois dans la mise sur le marché d'un produit peut entraîner une perte de bénéfices bruts ou de part du marché d'environ 30 %. Le cas échéant, les entreprises de technologie de pointe supposent habituellement, sans analyse formelle, que les économies de temps et le fait d'éviter des pertes de bénéfices valent amplement les coûts supplémentaires requis pour réduire la durée du projet. Fait intéressant à noter, les sociétés se livrent beaucoup plus à des analyses sérieuses en période de récession, alors que les flux monétaires sont limités.

Dans les accords de partenariat, les contrats avec responsabilité de réalisation peuvent rendre la réduction de la durée d'un projet profitable, généralement autant pour l'entrepreneur que pour le client. Un entrepreneur termine la construction d'un pont au-dessus d'un lac 18 mois avant la date d'échéance et obtient plus de 6 millions de dollars pour y parvenir. Toutefois, comme l'accessibilité du pont à la collectivité environnante 18 mois plus tôt que prévu a permis de réduire le nombre d'embouteillages, les coûts des mesures incitatives ont paru peu élevés à l'utilisateur payeur. Dans un autre cas d'entente de partenariat en vue d'une amélioration continue, les efforts communs du maître d'ouvrage et de l'entrepreneur ont favorisé l'achèvement plus tôt que prévu d'une écluse sur une rivière et ils ont pu se diviser également les économies qui en résultaient.

Des délais imprévus attribuables, par exemple, à des conditions météorologiques défavorables, à des défauts de conception ou à des pannes de matériel, causent des retards importants en cours de projet. Réduire la durée d'un projet dans ce cas serait tout aussi pertinent. En général, pour rattraper le temps perdu, on comprime la durée de certaines activités critiques restantes. Il faut alors comparer les coûts supplémentaires de ce rattrapage à ceux d'un retard.

On comptabilise parfois des sommes très élevées à titre de coûts indirects ou de coûts liés au fonds commercial avant même le début du projet. Le cas échéant, la prudence exige d'examiner les coûts directs d'une compression du chemin critique par rapport à des économies sur les coûts indirects ou du fonds commercial. En général, il est possible que certaines activités du chemin critique puissent être réduites pour un investissement supplémentaire moindre que l'économie des frais généraux quotidiens. Dans certaines conditions, on réalise ainsi des économies considérables en courant peu de risques.

Enfin, à certains moments, il importe de réaffecter le personnel ou le matériel clé à de nouveaux projets. Dans ce contexte, on compare le coût de la compression du projet aux coûts liés au fait de ne pas remettre en disponibilité le personnel ou l'équipement essentiels.

Quelques méthodes pour accélérer l'exécution d'un projet

Le gestionnaire de projet dispose de plusieurs méthodes efficaces pour comprimer des activités précises d'un projet lorsqu'il n'y a aucune contrainte de ressources. Nous vous présentons quelques-unes d'entre elles ci-après.

L'ajout de ressources

L'affectation de personnel ou de matériel supplémentaires aux activités constitue l'une des méthodes les plus couramment employées pour réduire la durée d'un projet. Il y a toutefois des limites à la rapidité que l'on peut acquérir grâce à un ajout de personnel. Doubler le nombre des effectifs ne réduira pas nécessairement le temps d'exécution de moitié. Cette relation se vérifie seulement lorsque les tâches peuvent être divisées de façon à ce que le besoin de communication entre les travailleurs devienne minimal, par exemple dans la récolte manuelle ou le pavage d'une route.

La plupart des projets ne sont pas organisés ainsi. En général, l'ajout de personnel a pour effet d'augmenter les exigences en matière de communication pour coordonner les efforts de chacun. Supposons, par exemple, que l'on double l'effectif d'une équipe en y ajoutant deux travailleurs. Il faudra six fois plus de communication à deux qu'il n'en fallait dans l'équipe initiale de deux employés. Non seulement faut-il plus de temps pour coordonner le travail et gérer une équipe plus grande, mais on doit aussi calculer un délai supplémentaire pour assurer la formation des nouveaux venus et pour les amener à accélérer l'exécution de leurs tâches dans le projet. Le résultat final est exprimé comme suit dans la loi de Brooks : ajouter de la main-d'œuvre à un projet de logiciel qui a pris du retard ne fait que retarder ce projet davantage.

Frederick Brooks a formulé ce principe en se basant sur sa propre expérience à titre de gestionnaire du projet du logiciel System 360 d'IBM au début des années 1960. Des recherches subséquentes ont démontré que l'ajout de personnel à un projet qui a pris du retard n'accentue pas nécessairement ce retard. L'important est de s'assurer que les employés nouvellement ajoutés soient affectés tôt dans le projet de façon qu'il y ait suffisamment de temps pour rattraper le retard lorsqu'ils auront été pleinement intégrés au projet.

L'impartition des tâches d'un projet

L'impartition d'une activité constitue également une méthode courante qui permet de réduire la durée d'un projet. Le sous-traitant a parfois accès à une technologie plus évoluée ou à des compétences supérieures qui permettent d'accélérer l'exécution de cette activité. L'impartition pour faire exécuter une tâche à la pelle rétrocaveuse, par exemple, permettrait de réaliser en deux heures ce qu'une équipe de travailleurs mettrait deux jours à faire. De même, en engageant une société d'experts-conseils spécialisée dans la programmation ADSI (*Active Directory Service Interfaces*), une entreprise peut espérer réduire de moitié le temps requis par des programmeurs internes moins expérimentés pour effectuer le même travail. La sous-traitance libère également des ressources susceptibles d'être affectées à une activité critique, ce qui devrait idéalement avoir pour résultat de raccourcir la durée du projet. À ce propos, voyez la rubrique de la page suivante.

La planification d'heures supplémentaires

La façon la plus simple d'ajouter de la main-d'œuvre à un projet ne consiste pas à engager davantage de personnel, mais à planifier des heures supplémentaires. Lorsqu'une équipe travaille 50 heures par semaine au lieu de 40, ses membres peuvent accomplir 25 % plus de travail. Grâce à cette forme de planification, on évite les coûts supplémentaires de coordination et de communication inhérents à l'ajout de nouveaux venus. Quand les employés concernés sont des travailleurs salariés, il n'y a pas nécessairement plus de coûts réels

Coup d'œil sur un cas réel

L'impartition reprend de la vigueur dans le domaine de la biotechnologie*

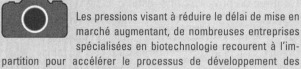

Les pressions visant à réduire le délai de mise en marché augmentant, de nombreuses entreprises spécialisées en biotechnologie recourent à l'impartition pour accélérer le processus de développement des médicaments. Selon Panos Kalaritis, cofondateur de la société Irix Pharmaceuticals, l'impartition du développement du procédé peut accélérer l'évolution du produit en permettant à la société pharmaceutique de poursuivre ses recherches pendant qu'un sous-traitant travaille à l'optimisation de ce procédé. Susan Dexter, de la société Lonza Biologics, a établi différents types de contrats d'impartition, entre autres, les ententes concernant le développement de produit, les fournitures pour essais cliniques, les fournitures du marché interne ou commerciales et le transfert de technologie. Souvent, dit-elle, un projet peut englober plusieurs des étapes ci-dessus sur une période de plusieurs années.

Selon Paul Henricks, dirigeant d'entreprise de Patheon Inc., faire appel à un sous-traitant permet à l'entreprise cliente d'avoir accès à des connaissances et à des infrastructures spécialisées ainsi qu'à des ressources et à une capacité de production souples. La société maîtresse peut aussi gérer les risques en recourant au partage des responsabilités par le biais de l'impartition.

«La communication constitue la clé d'une relation d'impartition fructueuse», déclare Dan Gold, vice-président au développement des procédés à la société Covance, autrefois appelée Corning Bio. «L'entreprise de sous-traitance et celle qui recourt à l'impartition devraient chacune nommer un gestionnaire de projet, et ces deux gestionnaires devraient collaborer étroitement au maintien des communications, au suivi et à la documentation de l'exécution du projet. Les deux parties doivent unir leurs efforts pour travailler en partenariat à l'achèvement du projet.»

* LERNER, Mathew. «Outsourcing in Bio-Technology Picks Up Speed», *Chemical Market Reporter*, vol. 251, nº 14, p. 17.

associés au travail supplémentaire. En outre, les employés qui travaillent après les heures normales sont moins susceptibles d'être distraits de leur tâche.

Les heures supplémentaires comportent aussi des inconvénients. En premier lieu, l'employé payé à l'heure voit son taux majoré de 50 % pour les heures de travail effectuées au-delà de l'horaire normal ; ce taux passe à 100 % les fins de semaine et les congés fériés. En outre, le recours aux heures supplémentaires de façon continue implique parfois des «coûts» immatériels tels qu'un divorce, le syndrome d'épuisement professionnel ou encore un roulement de personnel plus élevé. Cette dernière mesure se révèle un problème organisationnel crucial lorsqu'il y a une pénurie de travailleurs. De plus, on simplifie beaucoup les choses en supposant que, sur une longue période, un employé est aussi productif pendant sa onzième heure de travail que pendant la troisième. Il y a des limites naturelles à la capacité humaine. Le travail supplémentaire prolongé peut en fait entraîner un déclin global de la productivité lorsque la fatigue s'installe.

Malgré leurs inconvénients possibles, les heures supplémentaires et les longues heures de travail demeurent généralement la solution privilégiée pour accélérer l'exécution d'un projet, en particulier lorsque les membres de l'équipe sont des employés salariés.

L'établissement d'une équipe de projet de base

Comme nous l'avons vu au chapitre 3, la rapidité constitue l'un des avantages de l'équipe de projet autogérée pour exécuter un projet. En affectant des professionnels à plein temps à un projet, on évite les coûts cachés de l'affectation multiple qui force les employés à jongler avec les demandes de multiples projets. Les professionnels peuvent alors concentrer toute leur attention sur un projet particulier. Une telle concentration crée un objectif commun qui cimente un ensemble de professionnels aux compétences diverses à l'intérieur d'une équipe d'une grande cohésion capable d'accélérer l'exécution d'un projet. Nous analyserons les facteurs qui contribuent à l'émergence de ces équipes de projet hautement performantes au chapitre 11.

Une exécution en deux phases – rapidement et correctement

Lorsqu'on est pressé, on peut d'abord tenter d'élaborer une solution rapide et sommaire à court terme puis reprendre le travail et le faire correctement dans une deuxième phase. Le stade Rose Garden à Portland en Oregon, par exemple, devait être terminé pour le début de la saison de basket-ball 1995-1996 de la National Basketball Association (NBA). Des retards ont rendu ce délai impossible. L'équipe de projet a donc installé des gradins à découvert temporaires pour recevoir les spectateurs venus assister au premier match de la saison locale. Les coûts supplémentaires associés au fait d'effectuer deux fois le même travail sont souvent plus que compensés par les bénéfices liés au respect de la date d'échéance.

Il existe moins de solutions pour le gestionnaire qui désire accélérer l'exécution d'un projet lorsqu'il n'y a aucune ressource supplémentaire disponible ou que son budget est très limité. C'est particulièrement vrai une fois le calendrier établi. Voici quelques-unes de ces solutions.

La construction en régime accéléré

Il s'avère parfois possible de modifier les liens de dépendance du réseau d'un projet de manière que les activités critiques soient effectuées en parallèle (simultanément) plutôt que de façon séquentielle. Cette solution de rechange se révèle utile, mais uniquement lorsque la situation s'y prête. Lorsqu'on analyse cette possibilité, on est surpris d'observer jusqu'à quel point les membres de l'équipe de projet peuvent faire preuve d'imagination dans la découverte de moyens pour restructurer des activités séquentielles de façon parallèle. Comme nous l'avons vu au chapitre 6, l'une des méthodes de restructuration les plus couramment employées consiste à transformer des liaisons fin-début en liaisons début-début. Par exemple, au lieu d'attendre l'approbation de la conception finale, les ingénieurs en fabrication commencent à construire la chaîne de production aussitôt que l'établissement des spécifications essentielles est terminé. Le passage du mode séquentiel au mode parallèle requiert généralement une coordination plus étroite entre les personnes chargées des activités visées, mais peut générer des économies de temps considérables.

La chaîne critique

En tant que méthode de gestion, la chaîne critique est conçue pour accélérer l'exécution des projets. Comme nous l'avons vu au chapitre 8, rien de définitif n'a encore été décidé à propos de ses possibilités d'application. Toutefois, ses principes semblent être logiques et valoir la peine d'être essayés lorsque la vitesse constitue un facteur essentiel. Par contre, il serait difficile de l'appliquer à un projet en cours. En effet, la méthode de la chaîne critique requiert beaucoup de formation et un changement dans les habitudes et les points de vue impossibles à obtenir rapidement. Bien que certains rapports aient indiqué des gains immédiats, en particulier sur le plan des durées d'exécution, il faut probablement un engagement à long terme des gestionnaires pour tirer tous les avantages possibles de cette façon de procéder. À ce propos, voyez la rubrique à la page suivante pour un exemple presque surréaliste de l'application de la chaîne critique.

La réduction du contenu du projet

La réaction la plus courante au problème des dates d'échéance impossibles à respecter consiste probablement à réduire le contenu du projet ou à en atténuer l'importance. Invariablement, cette solution a pour effet de réduire l'aspect fonctionnel du projet. La consommation moyenne d'une nouvelle voiture, par exemple, sera de 10,5 L/100 km au lieu de 7,5 L/100 km, ou encore le logiciel ne comportera pas toutes les caractéristiques prévues au départ. Bien qu'elle permette de réaliser d'importantes économies de temps et d'argent, la réduction du contenu du projet peut aussi avoir pour inconvénient de diminuer la valeur du projet. Si la voiture consomme plus d'essence au kilomètre, pourra-t-elle soutenir la concurrence? Les clients voudront-ils encore d'un logiciel qui n'a pas toutes les caractéristiques annoncées?

Coup d'œil sur un cas réel

La construction la plus rapide du monde*

AP/Wide Word Photos.

Le 13 mars 1999 à Auckland en Nouvelle-Zélande, Habitat for Humanity a construit une maison à quatre chambres du rez-de-chaussée jusqu'au toit, parfaitement habitable et complètement équipée avec rideaux, douches fonctionnelles, pelouse et clôture, en 3 heures, 44 minutes et 59 secondes. L'entreprise a ainsi établi un record mondial de rapidité en construction de maisons.

« Nous avons considérablement abaissé le record ! » a déclaré le directeur général de l'entreprise, Graeme Lee. « Le record précédent de 4 heures, 39 minutes et 8 secondes était détenu par une section régionale de Habitat à Nashville aux États-Unis. Il s'agissait d'une maison à trois chambres tandis que la nôtre en a quatre et que le tout s'est fait avec l'aide de seulement 140 volontaires sur le chantier. » D'après les règles, la construction doit démarrer à partir d'une plate-forme déjà établie pour servir de plancher. La maison est terminée lorsqu'elle est conforme au code de construction local et que ses propriétaires peuvent y emménager.

La planification du projet a nécessité quatre mois. Ses gestionnaires ont appliqué les principes de la méthode de la chaîne critique à l'aide du logiciel ProChain pour compléter le calendrier. Ils ont calculé 150 à 200 fois leur chaîne critique et ensuite ils l'ont analysée pour tenter d'optimiser la séquence des opérations. Ils se sont servis de ce processus répétitif pour développer graduellement le plan le plus rapide.

L'une des raisons de l'efficacité du projet a été l'utilisation de murs préfabriqués « Laserbilt » produits à partir de panneaux de particules de bois de 36 mm d'épaisseur à l'aide d'une technologie inventée par une entreprise de Nouvelle-Zélande. Les constructeurs ont également économisé du temps en se servant d'une grue pour installer la structure en bois du toit (construite sur un chantier adjacent) sur les quatre murs extérieurs.

Une fois le toit posé sur les murs, les travailleurs l'ont recouvert de tôle. Pendant ce temps, d'autres fixaient le revêtement des murs extérieurs et installaient les fenêtres, entourés de peintres qui peignaient quasiment la surface de leurs marteaux pendant qu'ils clouaient le matériel. À l'intérieur, d'autres travailleurs posaient le prélart pendant que d'autres commençaient à peindre les chambres. Une fois le prélart en place, ils ont installé les salles de bains et accroché les rideaux. À l'extérieur, pendant que certains posaient la tôle sur la toiture, d'autres construisaient une terrasse et des escaliers, traçaient un chemin jusqu'à la rue, installaient une boîte à lettres et une corde à linge, érigeaient une clôture de bois autour du terrain, plantaient trois arbres, nivelaient les pelouses et semaient des fleurs.

Dans leur évaluation du projet après son exécution, les planificateurs se sont rendu compte qu'ils auraient pu économiser encore plus de temps. Ils s'étaient fixé comme règle de gestion qu'il devait y avoir un ouvrier spécialisé dans une pièce à la fois, mais l'enthousiasme des participants a pris le dessus, et chacun a fait ce qu'il pouvait là où il le pouvait, en particulier vers la fin. Selon le chef du projet, si les travailleurs étaient sortis de la maison aussitôt leur tâche terminée et s'ils s'étaient montrés un peu plus disciplinés, on aurait pu encore réduire de 15 minutes le record obtenu.

Habitat for Humanity est une organisation caritative internationale qui construit des maisons simples à prix abordable qu'elle vend sans intérêt ni profit à des familles dans le besoin.

* AVRAHAM, Y. GOLDRATT INSTITUTE. « A 4 Bedroom House in 3 Hours, 44 minutes & 59 seconds », [http://www.goldratt.com] ; « Fastest House in the World », Habitat for Humanity International, [http://habitat.org].

Pour restreindre le contenu d'un projet sans en diminuer la valeur, il faut réévaluer ses véritables spécifications. En prévision de scénarios optimistes se déroulant sans anicroche, les concepteurs ajoutent généralement des exigences souhaitables mais non essentielles. Il s'agit alors d'expliquer la situation au client ou aux commanditaires du projet et de préciser que, si le contenu du projet reste tel quel, l'échéance devra être retardée. Ceux-ci devront alors accepter un délai ou investir davantage pour accélérer le processus. S'ils refusent l'une ou l'autre solution, il faudra avoir avec eux une sérieuse discussion visant à déterminer les caractéristiques essentielles et les éléments qu'ils sont prêts à sacrifier pour que la date d'échéance du projet soit respectée. Un réexamen plus approfondi des caractéristiques peut même améliorer la valeur du projet en permettant de l'exécuter plus rapidement et à un moindre coût que prévu.

Le calcul des économies d'une réduction du contenu d'un projet commence avec la structure de découpage du projet (SDP). Une diminution de l'aspect fonctionnel signifie que l'on peut réduire, voire éliminer, certaines tâches, des produits livrables ou des spécifications requises. Il faut retrouver ces tâches dans la planification et effectuer les changements qui s'imposent. Le planificateur devrait se concentrer sur les modifications apportées aux activités du chemin critique.

Un compromis sur la qualité

On a toujours le choix de réduire la qualité, mais cette décision est rarement acceptable et rarement adoptée. Lorsqu'on sacrifie la qualité, il est possible de réduire la durée d'une activité du chemin critique.

En pratique, pour la compression des projets, on se sert généralement de la planification d'heures supplémentaires, de l'impartition et de l'ajout de ressources. Chacune de ces solutions permet de conserver l'essence du plan initial. Les solutions qui comportent une modification du plan de projet original sont l'exécution en deux phases, la construction en régime accéléré et l'exécution du projet par phases. Pour assurer l'efficacité de ces techniques, la révision du contenu du projet, des besoins des clients et de la durée s'avère très importante.

L'analyse coût-durée d'un projet

Rien ne laisse croire que la nécessité de réduire la durée des projets disparaîtra. Le gestionnaire de projet doit donc relever le défi d'utiliser une méthode rapide et logique pour comparer les profits associés à cette réduction aux coûts qui en découlent. Faute de méthodes logiques et fiables, il est difficile d'isoler les activités susceptibles d'influer le plus sur la réduction de la durée du projet tout en maintenant les coûts au minimum. Dans la présente section, nous décrirons une procédure pour déterminer les coûts de la réduction de la durée d'un projet qui permet de comparer ces coûts avec les avantages financiers d'une exécution accélérée. Cette méthode exige une collecte des coûts directs et indirects des durées précises d'un projet. On examine les activités critiques et on recherche celles dont le coût direct est le moins élevé et qui seraient susceptibles de diminuer la durée du projet. On calcule ensuite le coût total des durées et on le compare avec les profits qui résultent d'une réduction de temps, avant même le début du projet ou pendant qu'il est en cours.

L'explication des coûts d'un projet

Les catégories générales des coûts associés à un projet sont présentées à la figure 9.1, à la page suivante. Le coût total de chaque durée correspond à la somme des coûts directs et indirects. Les coûts indirects s'accumulent tout au long du cycle de vie d'un projet. Par conséquent, toute réduction de la durée du projet entraîne une diminution de ces coûts.

Dans ce diagramme, les coûts directs augmentent à un taux croissant à mesure que la durée du projet diminue par rapport au calendrier initial. Grâce à l'information que fournit

FIGURE 9.1

Un diagramme coût-durée d'un projet

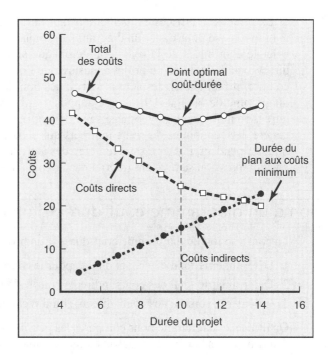

un diagramme de ce type, le gestionnaire de projet est en mesure d'évaluer rapidement toutes les possibilités telles que le respect du délai de mise sur le marché. Toutefois, il faut analyser plus en profondeur les coûts directs et indirects avant d'expliquer comment procéder pour obtenir les renseignements nécessaires à l'élaboration d'un diagramme semblable à celui de la figure 9.1.

Les coûts indirects d'un projet

Les coûts indirects comprennent habituellement des frais généraux comme la supervision, l'administration, les consultants et les intérêts. Il est impossible d'associer ces coûts à un lot de travaux ou à une activité particulière, d'où leur nom. Ils varient directement en fonction du temps écoulé. Autrement dit, toute réduction de la durée devrait se traduire par une diminution de ces charges. Si les frais quotidiens de supervision et d'administration et les honoraires des experts-conseils s'élèvent à 2 000 $, par exemple, toute réduction de la durée du projet représentera une économie de 2 000 $ par jour. Lorsque les coûts indirects constituent un pourcentage important du total des coûts d'un projet, des compressions de la durée représentent des économies très réelles, à condition que les ressources indirectes soient utilisées ailleurs.

Les coûts directs d'un projet

Les coûts directs correspondent généralement à la main-d'œuvre, aux matières, au matériel et parfois à la sous-traitance. On les attribue directement à un lot de travaux ou à une activité, d'où leur nom. Idéalement, ces coûts qui s'accumulent pendant la durée d'une activité représentent les coûts de revient optimaux, c'est-à-dire des coûts générés par des méthodes efficaces et peu coûteuses pour une durée normale. Quand les durées de projet sont imposées, il est possible que les coûts directs ne correspondent plus à des méthodes efficaces et peu coûteuses. En effet, les coûts occasionnés par une date d'échéance imposée sont plus élevés que les coûts de la durée d'un projet établis d'après des délais normaux pour les activités. Comme on suppose que le calcul des coûts directs se fait en fonction de méthodes efficaces et de durées normales, toute réduction de la durée d'une activité devrait avoir pour effet de les faire augmenter. La somme des coûts de tous les lots de travaux ou de toutes les activités représente le total des coûts directs d'un projet.

La principale difficulté à laquelle il faut faire face quand il s'agit de recueillir l'information requise pour tracer un diagramme semblable à celui de la figure 9.1 consiste à calculer le coût direct de la réduction de chaque activité critique puis à déterminer le coût direct total de la durée du projet à mesure que l'on comprime la durée de l'ensemble. Pour ce faire, il faut choisir les activités critiques dont la compression coûte le moins cher. Le diagramme de la figure 9.1 laisse supposer qu'il existe toujours un point optimal coût-durée. Toutefois, cette hypothèse se vérifie uniquement quand la réduction du calendrier génère des économies de coûts indirects qui dépassent les coûts directs engagés. En pratique, cependant, il y a presque toujours des activités pour lesquelles les coûts directs liés à une compression se révèlent inférieurs aux coûts indirects.

La construction d'un diagramme coût-durée d'un projet

La construction du diagramme coût-durée d'un projet comporte trois grandes étapes.

1. Déterminer le total des coûts directs pour les durées de projet choisies.
2. Déterminer le total des coûts indirects pour les durées de projet choisies.
3. Calculer la somme des coûts directs et indirects de ces durées.

On utilise le diagramme pour comparer les possibilités de coûts supplémentaires en vue de déterminer des bénéfices. Nous examinerons maintenant ces étapes en détail.

Comment déterminer les activités dont la durée doit être réduite

La tâche la plus difficile dans la construction d'un diagramme coût-durée consiste à déterminer le total des coûts directs pour des durées de projet précises à l'intérieur d'une fourchette pertinente. La principale préoccupation concerne le choix des activités à raccourcir et le degré de réduction. Essentiellement, le gestionnaire cherche les activités critiques dont la réduction entraînerait *le plus petit accroissement de coût par unité de temps*. Le raisonnement qui sous-tend son choix repose sur l'établissement de la durée normale et de la durée réduite de ces activités et des coûts qui y correspondent. La *durée normale* d'une activité résulte de l'emploi de méthodes efficaces, réalistes et peu coûteuses pour son exécution dans des conditions normales. La réduction d'une activité porte le nom de *compression*. La durée la plus courte possible pour la réalisation d'une activité estimée de façon réaliste est désignée sous le nom de *durée d'exécution minimale*. Le coût direct correspondant à la réalisation d'une activité à l'intérieur de sa durée minimale est un *coût de réduction*. Le gestionnaire se renseigne sur les durées, les coûts de revient rationnels et les coûts de réduction auprès du personnel qui connaît le mieux ces activités. Le diagramme coût-durée hypothétique d'une activité est illustré à la figure 9.2, à la page suivante.

L'activité a une durée normale de 10 unités de temps pour un coût de 400 $. Sa durée d'exécution minimale est de 5 unités de temps à un coût de réduction de 800 $. L'intersection entre la durée normale et le coût de revient rationnel représente le coût peu élevé et le début au plus tôt initial. Le point de réduction représente la durée maximale à laquelle cette activité peut être comprimée. La droite en gras qui relie les points normaux et de compression indique la pente, d'après laquelle, par hypothèse, le coût de réduction de la durée de cette activité est constant *par unité de temps*. Voici les hypothèses qui sous-tendent l'utilisation de ce diagramme.

1. La relation entre le coût et la durée est linéaire.
2. La durée normale suppose que l'on se sert de méthodes efficaces et peu coûteuses pour effectuer l'activité.
3. La durée minimale correspond à une limite – il s'agit de la plus grande réduction de durée possible dans des conditions réalistes.

FIGURE 9.2

Le diagramme d'une activité

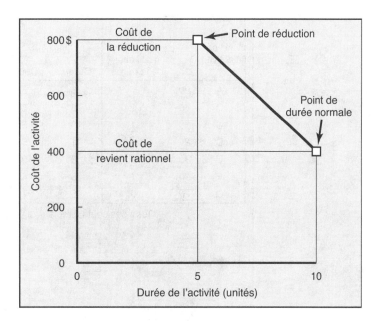

4. La pente représente le coût *par unité de temps.*

5. Tous les diminutions de la durée doivent avoir lieu dans les limites des durées normales et minimales.

Lorsqu'il connaît la pente du coût des activités, le gestionnaire peut comparer et choisir les activités critiques susceptibles d'être raccourcies. Plus la pente est faible, moins il en coûte pour réduire l'activité d'une unité de temps. Plus la pente est forte, plus le coût de la réduction d'une unité de temps augmente. On calcule le coût par unité de temps ou la pente de toute activité à l'aide de l'équation suivante.

$$\text{Pente des coûts} = \frac{\text{Élévation}}{\text{Distance}} = \frac{\text{Coût de réduction} - \text{Coût de revient rationnel}}{\text{Durée normale} - \text{Durée minimale}}$$

$$= \frac{CR - CN}{DN - DM} = \frac{800\,\$ - 400\,\$}{10 - 5}$$

$$= \frac{400\,\$}{5} = 80\,\$ \text{ par unité de temps}$$

À la figure 9.2, l'élévation correspond à l'axe des *y* (les coûts) et la distance, à l'axe des *x* (la durée). La droite des coûts a une pente de 80 $ pour chaque unité de temps soustraite de la durée de l'activité. La limite de réduction de la durée est de cinq unités de temps. La comparaison des pentes de toutes les activités critiques permet de déterminer les activités qu'il faudrait raccourcir pour minimiser le total des coûts directs. Lorsqu'on dispose d'un calendrier préliminaire du projet (ou d'un calendrier en préparation) dans lequel toutes les activités sont inscrites au moment de leur début au plus tôt, le processus de recherche des activités critiques susceptibles d'être comprimées peut commencer. Il faut alors calculer le total des coûts directs de chaque durée réduite du projet.

Un exemple simplifié

La figure 9.3A présente les durées, les coûts de revient rationnels et les coûts de réduction de chaque activité, la pente et la limite de la réduction de durée, le total des coûts directs ainsi que le réseau du projet ayant une durée de 25 unités de temps. Notons que le total des

FIGURE 9.3

**Un exemple
de compromis
coût-durée**

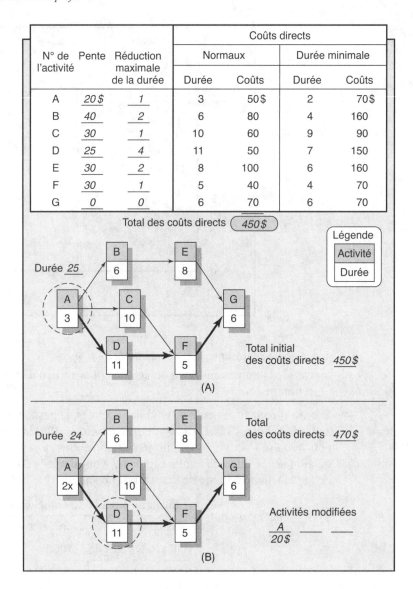

N° de l'activité	Pente	Réduction maximale de la durée	Coûts directs			
			Normaux		Durée minimale	
			Durée	Coûts	Durée	Coûts
A	20 $	1	3	50 $	2	70 $
B	40	2	6	80	4	160
C	30	1	10	60	9	90
D	25	4	11	50	7	150
E	30	2	8	100	6	160
F	30	1	5	40	4	70
G	0	0	6	70	6	70

Total des coûts directs 450 $

coûts directs pour la durée de 25 unités s'élève à 450 $. Il s'agit d'un point d'ancrage à partir duquel on enclenche le processus de compression des chemins critiques et de détermination du total des coûts directs de chaque durée de moins de 25 unités de temps. La compression de durée maximale d'une activité correspond à la différence entre la durée normale de l'activité et son point limite de réduction. Par exemple, on peut raccourcir l'activité D de sa durée normale de 11 unités jusqu'à un point limite de réduction de 7 unités, soit un maximum de 4 unités de temps. On calcule la pente positive de l'activité D comme suit.

$$\text{Pente} = \frac{\text{Coût de réduction} - \text{Coût de revient rationnel}}{\text{Durée normale} - \text{Durée minimale}}$$

$$= \frac{150\,\$ - 50\,\$}{11 - 7}$$

$$= \frac{100\,\$}{4} = 25\,\$ \text{ par unité réduite}$$

Le réseau indique que le chemin critique se compose des activités A, D, F et G. Comme il est impossible de réduire la durée de l'activité G, on a encerclé l'activité A, car il s'agit de l'activité dont le coût de réduction est le moindre. Autrement dit, sa pente (20 $) a une valeur moins élevée que la pente des activités D et F (25 $ et 30 $, respectivement). En réduisant l'activité A d'une unité, on raccourcit la durée du projet à 24 unités, mais on augmente le total des coûts directs à 470 $ (450 $ + 20 $ = 470 $). La figure 9.3B illustre ces changements. On a réduit la durée de l'activité A de deux unités de temps. La lettre « x » indique qu'il est impossible de la raccourcir davantage. On a encerclé l'activité D afin d'indiquer que sa compression serait la moins coûteuse de toutes (25 $) pour raccourcir la durée du projet à 23 unités de temps. Comparez ce coût au coût de réduction de l'activité F. Comme l'illustre la figure 9.4A, les coûts directs du projet pour une durée de 23 unités de temps s'élèvent à 495 $.

Notons que le réseau du projet de la figure 9.4A comporte maintenant deux chemins critiques – A, C, F et G et A, D, F et G. Pour réduire la durée du projet à 22 unités de temps, il faudrait raccourcir la durée de l'activité F. On l'a donc encerclée dans le réseau. Ce changement est illustré à la figure 9.4B. Les coûts directs d'un projet d'une durée de 22 unités s'élèveraient à 525 $. Cette réduction a fait apparaître un troisième chemin critique composé

FIGURE 9.4

Un exemple de compromis coût-durée (*suite*)

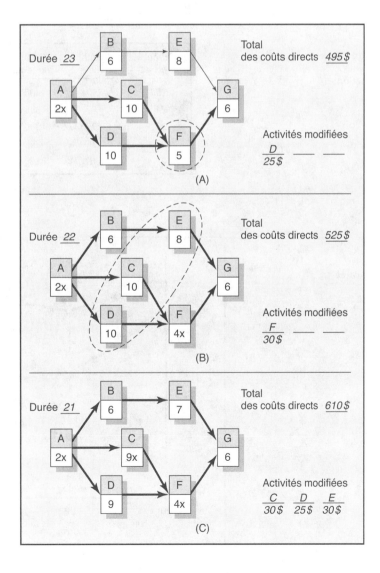

des activités A, B, E et G. Toutes les activités sont maintenant critiques. La méthode la moins coûteuse pour réduire la durée du projet à 21 unités est une combinaison des activités (encerclées) C, D et E, qui coûtent respectivement 30 $, 25 $ et 30 $. Toutefois, cette combinaison augmente à 610 $ le total des coûts directs. Les résultats de ces changements sont illustrés à la figure 9.4C. Bien qu'il soit encore possible de comprimer certaines activités (celles dont la durée n'est pas suivie d'un « x »), aucune d'entre elles, individuellement ou en combinaison, ne permettrait de parvenir à une réduction de la durée du projet.

Après avoir déterminé le total des coûts directs des durées du projet, on passe à l'étape suivante qui consiste à recueillir les coûts indirects de ces mêmes durées. Ces coûts prennent généralement la forme d'un taux journalier, et on peut les obtenir facilement auprès du service de comptabilité. La figure 9.5 présente les coûts directs, les coûts indirects et les coûts du projet. Ces coûts ont été reportés dans le diagramme de la figure 9.6. D'après ce diagramme, la combinaison optimale coût-durée est de 22 unités de temps et de 775 $. En supposant que le projet s'exécute tel que prévu, tout écart par rapport à cette durée augmentera les coûts du projet. La réduction de 25 à 22 unités de temps est possible car, dans cette fourchette, la pente absolue des coûts indirects a des valeurs supérieures aux valeurs de la pente des coûts directs.

FIGURE 9.5

Un sommaire des coûts en fonction de la durée

Durée du projet	Coûts directs	+	Coûts indirects	=	Coûts totaux
25	450		400		850 $
24	470		350		820
23	495		300		795
22	525		250		775
21	610		200		810

FIGURE 9.6

Le diagramme coût-durée du projet

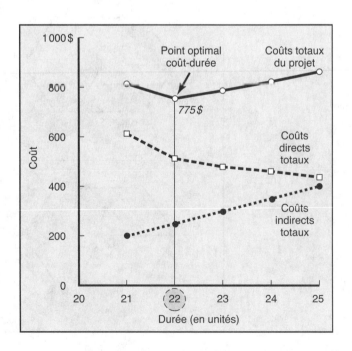

Quelques considérations pratiques

Le diagramme coût-durée d'un projet

Le diagramme présenté à la figure 9.1, à la page 313, et à la figure 9.6 s'avère fort utile pour comparer toute solution de rechange ou tout changement proposé au point optimal de coût et de durée. Mieux encore, il permet de mettre en évidence l'importance des coûts indirects au moment de prendre des décisions. En effet, souvent on les oublie dans les situations concrètes, lorsque la pression pour trouver des actions correctives s'intensifie. Enfin, on peut se servir de ce diagramme avant le démarrage du projet aussi bien que pendant son exécution. La construction d'un tel diagramme, à la phase de planification du projet sans durée imposée, devrait constituer le choix idéal, car la durée normale est plus logique. Il serait moins souhaitable de faire cet exercice à la phase de planification d'un projet avec une durée imposée, car la durée normale serait alors calculée pour correspondre à la date fixée, et il serait peu probable qu'elle soit peu coûteuse. L'élaboration d'un tel diagramme après le début du projet constitue une solution encore moins souhaitable, car certaines possibilités pourraient être exclues du processus de décision. Le gestionnaire ne doit pas nécessairement employer la méthode décrite ici. Toutefois, quelle que soit la solution préconisée, les principes et les concepts inhérents à cette méthode s'appliquent bien en pratique et ils devraient être pris en considération au moment de toute décision en matière de compromis entre les coûts et la durée.

Les durées minimales

La collecte des durées minimales, même pour un projet de taille moyenne, peut poser des problèmes. Il s'avère difficile de rendre compte de la signification même de la «durée minimale». Que veut-on dire lorsqu'on définit cette durée comme l'intervalle le plus court que l'on puisse prévoir de façon réaliste pour exécuter une activité? Cette définition se prête à de multiples interprétations et jugements. Certains estimateurs se sentent très mal à l'aise à l'idée de déterminer des durées minimales. De façon générale, quelle que soit leur opinion à ce sujet, la précision de ce type de durées et des coûts qui y sont associés est souvent très rudimentaire au mieux lorsqu'on la compare à celle des durées et des coûts de revient rationnels.

L'hypothèse de linéarité

Comme la précision des durées et des coûts des activités que l'on cherche à réduire est discutable, la question que se posent certains théoriciens à savoir si la relation entre le coût et la durée est linéaire ou curviligne préoccupe rarement les gestionnaires dans la pratique. On peut établir des comparaisons rapides et acceptables en se servant de l'hypothèse de la linéarité. Cette méthode simple convient à la plupart des projets. Dans certaines situations peu courantes, il est impossible de réduire les activités d'une unité de temps à la fois. La compression est alors complète ou nulle. Par exemple, l'activité A sera effectuée en 10 jours (pour 1 000 $, par exemple) ou en 7 jours (pour 1 500 $), mais il n'existe aucune option permettant de l'exécuter en 8 ou 9 jours. Dans quelques rares cas de projets extrêmement vastes, longs et complexes, les techniques de la valeur actualisée peuvent se révéler utiles, mais leur analyse dépasse le cadre du présent manuel.

Une révision du choix des activités à réduire

La méthode de compression coût-durée est fondée sur le choix du mode d'exécution le moins coûteux pour réduire la durée d'un projet. Toutefois, il existe d'autres facteurs qui devraient être évalués outre le coût. En premier lieu, il faut prendre en considération le calendrier d'exécution des activités. La compression d'une activité critique au début d'un projet peut entraîner des dépenses inutiles lorsqu'une autre activité critique se termine plus tôt que prévu ou qu'un chemin jusque-là non critique devient le nouveau chemin critique. Le cas échéant, l'argent dépensé au commencement est gaspillé. Il n'y a aucun avantage à tirer de l'exécution hâtive de cette activité par compression. À l'inverse, il peut être avisé de réduire une activité critique en début du réseau de projet quand les activités subséquentes peuvent être retardées et absorber le temps économisé. Le gestionnaire de projet a alors encore la possibilité de recourir à une compression des activités finales pour rattraper le temps perdu.

En deuxième lieu, il faut considérer l'effet de la compression sur le moral et la motivation de l'équipe de projet. Quand la méthode du moindre coût donne à plusieurs reprises à un même sous-groupe le signal d'accélérer, l'épuisement et une certaine irritation finiront par se manifester. À l'inverse, lorsque les heures supplémentaires sont rémunérées, d'autres membres de l'équipe pourraient accepter difficilement de ne pas profiter de cet avantage. Cette situation est susceptible de créer des tensions au sein de l'équipe. Un bon gestionnaire de projet doit savoir mesurer les réactions que suscitera la compression d'activités chez tous les membres de son équipe.

En dernier lieu, il faut tenir compte des risques inhérents à la compression d'activités précises. En effet, cette méthode s'avère plus risquée dans certains cas que dans d'autres. La décision d'accélérer l'élaboration du code de conception d'un logiciel, par exemple, s'avérera peu judicieuse si cette mesure peut augmenter la probabilité que des erreurs apparaissent en aval dans le processus. À l'inverse, on serait peut-être bien avisé de réduire une activité coûteuse si cette façon de procéder n'entraîne que peu de risques inhérents à son exécution.

Les décisions en matière de réduction de la durée et la sensibilité des réseaux

Le maître d'ouvrage ou le gestionnaire de projet devraient-ils systématiquement opter pour la combinaison optimale coût-durée ? Tout dépend des circonstances. Il leur faut considérer les éléments de risques. Rappelez-vous que, dans notre exemple, le point optimal de durée du projet représentait un coût réduit et un nombre d'unités de temps inférieur à la durée normale initiale, comme l'illustre la figure 9.6, à la page 318. La droite des coûts directs du projet à proximité du point normal est généralement assez aplatie. Comme les coûts indirects s'avèrent habituellement plus élevés dans la même fourchette, le point optimal coût-durée se situe sous le point de durée normale. La logique de la méthode coût-durée voudrait que le gestionnaire de projet réduise la durée du projet jusqu'au point où les valeurs du coût total et de la durée sont les moins élevées.

Le degré de réduction de la durée d'un projet par rapport à la durée normale pour se rapprocher d'un point optimal dépend de la *sensibilité* du réseau. On dit qu'un réseau est sensible lorsqu'il compte plusieurs chemins critiques ou sous-critiques. Dans notre exemple, la restructuration du projet vers sa durée optimale requiert une dépense d'argent pour réduire les activités critiques, ce qui entraîne une réduction des marges ou une augmentation du nombre de chemins et d'activités critiques. Dans un projet comptant plusieurs chemins sous-critiques, la réduction des marges accroît le risque d'un retard. Il pourrait en résulter dans la pratique un coût total du projet plus élevé que prévu si certaines activités sous-critiques sont retardées et deviennent critiques. L'argent consacré à la réduction de la durée de certaines activités du chemin critique initial aurait alors été dépensé en vain. Les réseaux sensibles nécessitent une analyse attentive. En fait, la compression de projets qui comportent plusieurs chemins sous-critiques a pour effets de diminuer la souplesse du calendrier et

Je te parie…

Michael Newman/Photo Edit.

Dans ce chapitre, nous avons vu comment les gestionnaires de projet procèdent généralement pour comprimer les durées des activités. Pour ce faire, ils affectent de la main-d'œuvre et du matériel supplémentaires en vue de diminuer le temps alloué aux tâches prévues dans la planification. Toutefois, ces gestionnaires font souvent face à des situations où, pour accélérer l'exécution d'une tâche critique précise, ils doivent stimuler l'enthousiasme de membres de leur équipe. Imaginez le scénario suivant.

Frédéric Tran vient de recevoir un travail prioritaire du siège social de l'entreprise. Les premières ébauches d'ingénierie dont l'échéance était prévue pour le lendemain doivent être envoyées par courriel avant 16 h aujourd'hui sur la côte Ouest pour que l'atelier de fabrication des prototypes puisse commencer la construction de celui qui sera présenté à la haute direction. M. Tran va voir Sydney Truong, dessinateur technique chargé de cette tâche, qui lui répond aussitôt que c'est impossible. Tout en admettant la très grande difficulté de respecter cette échéance, il ne pense pas que ce soit aussi impossible que M. Truong le laisse entendre ou même le croit vraiment. Que devrait-il faire ?

Il assure M. Truong que, bien qu'il s'agisse d'un travail urgent, il est convaincu de sa capacité à en venir à bout. Lorsque M. Truong s'entête dans son refus, il lui répond : « Prenons un pari. Si tu termines ce plan d'ici 16 h, je t'obtiens deux billets de l'entreprise pour la partie de hockey de demain soir entre le Canadien de Montréal et les Sénateurs d'Ottawa ! » M. Truong accepte le défi, travaille d'arrache-pied pour terminer sa tâche et réussit à amener sa fille à sa première partie de hockey professionnel.

Des entrevues avec des gestionnaires de projet révèlent que bon nombre d'entre eux utilisent des paris comme celui que nous venons de décrire pour motiver des employés à fournir un rendement exceptionnel. Ces paris portent sur une vaste gamme de récompenses allant de billets pour des événements sportifs ou des spectacles à des chèques-cadeaux pour des restaurants cinq étoiles, en passant par des après-midi de congé bien mérités. Pour obtenir les résultats escomptés, les paris doivent respecter les principes de la théorie des attentes en matière de motivation.

Résumée à sa plus simple expression, cette théorie se base sur trois questions fondamentales.

1. Puis-je le faire ? (Est-il possible de relever ce défi ?)
2. Vais-je obtenir ce qui est promis ? (Puis-je démontrer que j'ai relevé le défi et puis-je faire confiance au gestionnaire de projet pour qu'il tienne sa promesse ?)
3. Le résultat en vaut-il la peine ? (La récompense a-t-elle une valeur personnelle suffisante pour compenser le risque et les efforts supplémentaires ?)

Si, dans l'esprit de la personne participante, la réponse à n'importe laquelle de ces questions est « non », il est peu probable que le pari l'intéresse. Par contre, si ses réponses sont affirmatives, elle acceptera probablement le défi et aura la motivation nécessaire pour le relever.

Les paris constituent des instruments de motivation efficaces. Ils ajoutent du piquant et un élément de divertissement au travail. Il faut tout de même tenir compte des conseils pratiques suivants.

1. Le pari a une plus grande valeur quand il profite également aux membres de la famille du participant ou à des personnes auxquelles il tient. Avoir la possibilité d'amener son fils ou sa fille à un match de hockey professionnel permet à l'employé de « marquer des buts » chez lui grâce à son travail. Ces paris permettent aussi de reconnaître et de récompenser le soutien que les membres de l'équipe reçoivent de leur famille et de souligner l'importance de leur travail aux yeux de ceux qu'ils aiment.
2. Il faut utiliser les paris avec modération, sinon tout peut devenir négociable, et seulement dans des circonstances particulières qui demandent un effort exceptionnel.
3. Pour éviter de susciter l'envie et d'introduire des éléments de discorde au sein de l'équipe, les paris devraient porter sur un effort individuel clairement défini. Si les autres membres de l'équipe constatent que le pari requiert un effort vraiment considérable qui dépasse les obligations de l'emploi, ils reconnaîtront que la récompense est juste et méritée.

d'augmenter les risques de ne pas respecter les échéances. Le résultat d'une telle analyse indiquerait probablement un déplacement, mais seulement partiel, de la durée normale vers la durée optimale.

Toutefois, il existe une situation favorable où un mouvement vers la durée optimale peut générer des économies très importantes et réelles, ce qui se produit lorsque le réseau est *insensible*. Un réseau des projets est insensible lorsqu'il présente un chemin critique dominant, c'est-à-dire aucun chemin sous-critique. Dans ce contexte, le déplacement du point de durée normale vers le point de durée optimale *ne crée pas* de nouvelles activités ou d'activités sous-critiques. Il en résulte que la réduction de la marge des activités non critiques n'augmente que très légèrement le risque qu'elles deviennent critiques en comparaison de l'effet qu'elle produit dans un réseau sensible. Les réseaux insensibles ont donc le potentiel le plus élevé en matière d'économies réelles et parfois importantes à réaliser sur le total des coûts du projet tout en présentant un risque minimal que des activités non critiques deviennent critiques.

Les réseaux insensibles sont assez courants en pratique. On en compte dans environ 25 % de tous les projets. Les membres d'une équipe de projet chargée de la conception d'un métro léger, par exemple, ont constaté que leur réseau comportait un chemin critique dominant et des coûts indirects relativement élevés. Il leur est rapidement apparu que, en consacrant des sommes d'argent supplémentaires à quelques activités critiques, ils pourraient réaliser des économies considérables sur les coûts indirects. En effet, des économies de plusieurs millions de dollars leur ont ensuite permis de prolonger la voie ferrée et d'ajouter une autre station. La logique de cet exemple s'applique aux petits projets comme aux gros. Les réseaux insensibles auxquels sont rattachés des coûts indirects élevés peuvent générer des économies importantes.

Enfin, la décision de comprimer des activités et le choix de ces activités sont une question de jugement. Ils requièrent un examen minutieux des solutions possibles, des coûts et des risques qui s'y rattachent et de l'importance de respecter une échéance.

Que faire si c'est le coût et non le temps qui pose un problème ?

De nos jours, dans un monde où les activités se déroulent à un rythme effréné, on semble accorder une grande importance à la rapidité d'exécution. Néanmoins, les entreprises recherchent toujours des moyens de faire les choses à peu de frais. C'est le cas, en particulier, pour les projets basés sur des soumissions à prix ferme où la marge bénéficiaire dépend de la différence entre le montant de la soumission et le coût réel du projet. Dans ce contexte, chaque dollar économisé est un dollar de plus dans la caisse de l'entreprise. Parfois, pour obtenir un contrat, les entreprises font des soumissions qui leur confèrent peu de marge de manœuvre, d'où une pression supplémentaire pour restreindre les coûts. Dans d'autres cas, des mesures incitatives d'ordre financier sont liées au plafonnement des coûts.

Même dans les situations où les coûts sont transférés aux clients, il existe une pression visant à les réduire. En effet, les dépassements de coûts indisposent les clients et peuvent nuire aux futures occasions d'affaires. Il est possible d'établir des budgets fixes ou de les restreindre. Lorsque le fonds pour éventualités est à sec, on doit compenser les dépassements de coûts par de la rigueur dans l'exécution du reste des activités.

Comme nous l'avons vu, la réduction de la durée d'un projet peut aboutir à des dépenses qui se traduisent par des heures supplémentaires rémunérées, l'embauche de personnel supplémentaire et l'utilisation de matières ou de matériel plus coûteux. À l'inverse, une prolongation de la durée d'un projet génère des économies de coûts quand elle permet l'emploi d'une main-d'œuvre moins nombreuse et moins qualifiée (moins coûteuse) ainsi que l'utilisation d'un matériel et de matières à meilleur prix. Nous analyserons maintenant quelques-unes des solutions les plus couramment utilisées pour réduire les coûts.

Une réduction du contenu du projet

De même qu'il est possible d'économiser du temps en réduisant le contenu d'un projet, on peut réaliser des économies importantes en livrant un produit ou un service inférieur à ce qui était initialement prévu. Encore une fois, le calcul des économies liées à la réduction du contenu d'un projet commence au moment de l'élaboration de la SDP. Toutefois, comme le temps n'est plus en cause, il n'est pas nécessaire de concentrer son attention sur les activités critiques.

Une responsabilité accrue confiée au maître d'ouvrage

L'un des moyens de réduire les coûts d'un projet consiste à déterminer les tâches que les clients pourraient effectuer eux-mêmes. Les propriétaires d'une maison, par exemple, recourent souvent à cette méthode pour réduire les coûts de leur projet de rénovation. Ainsi, pour diminuer le coût de la transformation d'une salle de bains, certains d'entre eux accepteront volontiers de peindre eux-mêmes la pièce plutôt que de payer l'entrepreneur pour le faire. Dans les projets de systèmes d'information, le client consent parfois à prendre une partie de la responsabilité de l'essai du matériel ou de la formation interne. Naturellement, il vaut mieux négocier ce type d'arrangement avant le début du projet. Les clients se montrent moins ouverts à cette idée lorsqu'elle leur est présentée sans ménagement en cours de projet. Le partage des responsabilités a notamment pour avantage, tout en diminuant les coûts, de conserver le contenu initial du projet. Toutefois, une telle solution se limite forcément aux domaines où le client possède les compétences et la capacité requises pour effectuer les tâches que l'on désire lui confier.

L'impartition d'activités ou de l'ensemble du projet

Lorsque les estimations dépassent le budget, il est logique non seulement de réexaminer le contenu du projet, mais aussi de chercher des moyens moins coûteux de l'exécuter. Le cas échéant, il s'avérerait plus rentable d'impartir des segments ou même l'ensemble d'un projet plutôt que de compter sur des ressources internes, en offrant des tâches à une concurrence externe sur le prix. Les sous-traitants spécialisés jouissent souvent d'avantages exceptionnels, comme des rabais importants sur l'achat de grandes quantités ou la possession d'équipement pouvant effectuer le travail plus rapidement et à meilleur prix que celui de la plupart des entreprises. Les coûts indirects et les coûts de main-d'œuvre de ces sous-traitants peuvent aussi être moins élevés. Pour diminuer les coûts de leurs projets de conception de logiciels, par exemple, un grand nombre de sociétés occidentales recourent à la sous-traitance et s'adressent à des entreprises situées en Inde où le salaire d'un ingénieur logiciel correspond à un huitième de celui de son homologue occidental. Toutefois, l'impartition signifie généralement que l'entreprise exerce moins de contrôle sur le projet et qu'au départ elle doit définir clairement les produits livrables auxquels elle s'attend.

Des remue-méninges sur les économies de coûts

De même qu'ils peuvent constituer une source inépuisable de solutions pour accélérer l'exécution des activités de leur projet, les membres de l'équipe de projet peuvent aussi proposer des moyens pratiques de réduire ses coûts. Selon un gestionnaire de projet, par exemple, l'équipe qu'il avait sous son aile a réussi à trouver des suggestions d'économies de coûts totalisant plus de 75 000 $, et aucune n'a mis en péril le contenu du projet. Les gestionnaires de projet devraient reconnaître l'importance de demander simplement s'il existe un moyen moins coûteux et plus efficace d'effectuer une tâche.

Résumé

Des dates d'échéance imposées, des considérations en matière de délai de mise en marché, des contrats avec responsabilité de réalisation, des besoins en ressources clés, des coûts indirects élevés ou des retards imprévus justifient tous la nécessité de réduire la durée d'un projet. Ces circonstances, très courantes en pratique, donnent lieu à ce que l'on appelle des décisions de compromis coût-durée. Le présent chapitre nous a permis de décrire une procédure logique et formelle pour évaluer les situations exigeant de réduire la durée d'un projet. La compression de la durée d'un projet augmente le *risque* d'un retard. Le point jusqu'auquel il faut réduire la durée d'un projet, de sa durée normale à un point optimal, dépend de la *sensibilité* de son réseau. Un réseau de projet sensible comporte plusieurs chemins critiques ou sous-critiques. Il faut faire preuve d'une grande prudence dans la réduction d'un réseau sensible pour éviter d'accroître les risques inhérents au projet. À l'inverse, le réseau insensible offre des possibilités d'économies de coûts parfois importantes, car il permet d'éliminer certains coûts indirects avec peu de risques en contrepartie.

Nous avons examiné différentes stratégies pour réduire la durée d'un projet dans des contextes où les ressources sont limitées ou non. L'accélération d'un projet entraîne généralement des coûts sous forme soit de dépenses en vue d'obtenir davantage de ressources, soit de compromis sur le contenu du projet. Dans ce dernier cas, il est essentiel que tous les acteurs en cause soient consultés et donnent leur accord aux changements qui doivent être effectués. Il faut aussi prendre en considération la différence entre la mise en œuvre d'activités susceptibles de réduire la durée d'un projet en cours d'exécution par opposition à leur intégration à l'étape de la planification. En général, il y a beaucoup moins de possibilités une fois le projet démarré. C'est particulièrement vrai lorsqu'on veut tirer profit des nouvelles méthodes de planification telles que la construction en régime accéléré et la chaîne critique. Le temps consacré à l'examen des options possibles et au développement de plans de rechange se traduira par des économies de durée à la fin du projet.

Mots clés

construction en régime accéléré
coûts directs
coûts indirects

diagramme coût-durée d'un projet
durée minimale
exécution du projet par phases

impartition
point de réduction

Questions de révision

1. Quels sont les avantages et les inconvénients de réduire le contenu d'un projet en vue d'accélérer son exécution ? Que peut-on faire pour réduire ces inconvénients ?

2. En général, pourquoi les gestionnaires de projet recourent-ils à la planification de travail supplémentaire pour rattraper le temps perdu ? Quels sont les problèmes potentiels d'une telle solution ?

3. Déterminez cinq coûts indirects d'un projet modérément complexe. Pourquoi considère-t-on ces coûts comme des coûts indirects ?

4. Comment un gestionnaire de projet se sert-il d'un diagramme coût-durée ? Expliquez votre réponse.

5. Réduire la durée d'un projet accroît les risques de retard. Expliquez cette affirmation.

6. Comment est-il possible de raccourcir le chemin critique tout en économisant de l'argent ?

Exercices

1. Tracez un réseau des projets à l'aide des renseignements suivants.

Activité	Antécédents	Durée
A	Aucun	2
B	A	4
C	A	3
D	A	2
E	B	3
F	C	6
G	C, D	5
H	E, F	6
I	G	5
J	H, I	5

Il est possible de réduire la durée des activités B et H à un minimum de deux semaines. Quelle activité comprimeriez-vous pour réduire la durée du projet de deux semaines ? Pourquoi ?

2. À l'aide du réseau et des données qui suivent, calculez le coût direct de chaque durée du projet. Les coûts indirects de chaque durée s'élèvent à 400 $ (pour 19 unités de temps), à 350 $ (pour 18), à 300 $ (pour 17) et à 250 $ (pour 16). Déterminez le coût total du projet correspondant à chaque durée. Reportez dans un diagramme coût-durée le total des coûts directs, des coûts indirects et des coûts du projet de chaque durée. Quel est le couple coût-durée optimal pour ce projet ? Quel en est le coût ?

Activité	Coût de réduction (pente)	Réduction maximale de la durée	Durée normale	Coût de revient rationnel
A	20	1	3	50
B	60	2	5	60
C	40	1	3	70
D	0	0	10	50
E	50	3	6	100
F	100	3	7	90
G	70	1	5	50
				470 $

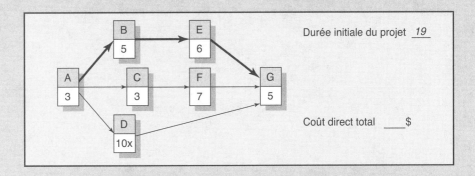

Durée initiale du projet _19_

Coût direct total ____ $

3. À l'aide des données et des renseignements suivants, calculez le coût direct de chaque durée du projet. Les coûts indirects de chaque durée s'élèvent à 90 $ (pour 15 unités de temps), à 70 $ (pour 14), à 50 $ (pour 13), à 40 $ (pour 12) et à 30 $ (pour 11). Déterminez le coût total du projet correspondant à chaque durée. Quel est le couple coût-durée optimal pour ce projet ? Quel en est le coût ?

Activité	Coût de réduction (pente)	Réduction maximale de la durée	Durée normale	Coût de revient rationnel
A	20	1	5	50
B	60	2	3	60
C	0	0	4	70
D	10	1	2	50
E	60	3	5	100
F	100	1	2	90
G	30	1	5	50
H	40	0	2	60
I	200	1	3	200
				730 $

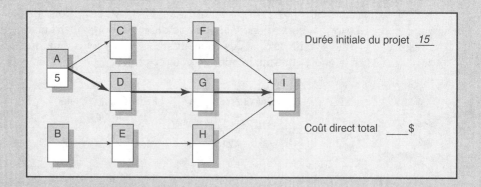

4. Supposons que les coûts indirects de chaque durée s'élèvent à 1 200 $ pour 16 semaines, à 1 130 $ pour 15 semaines, à 1 000 $ pour 14 semaines, à 900 $ pour 13 semaines, à 860 $ pour 12 semaines, à 820 $ pour 11 semaines et à 790 $ pour 10 semaines. Déterminez le coût total de chaque durée. Reportez ces coûts dans un diagramme coût-durée. Quel est le couple coût-durée optimal pour ce projet ?

Activité	Coût de réduction (pente)	Réduction maximale de la durée	Durée normale	Coût de revient rationnel
A	10	1	4	30
B	70	2	7	60
C	0	0	1	80
D	20	2	4	40
E	50	3	5	110
F	200	3	5	90
G	30	1	2	60
H	40	1	2	70
I	0	0	2	140
				680 $

Unité de temps = 1 semaine

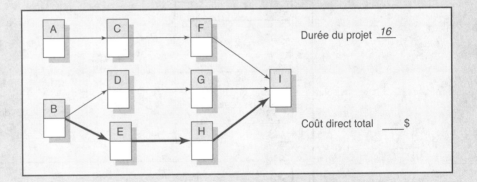

Durée du projet *16*

Coût direct total ____ $

5. Supposons que les coûts indirects de chaque durée s'élèvent à 300 $ pour 27 semaines, à 240 $ pour 26 semaines, à 180 $ pour 25 semaines, à 120 $ pour 24 semaines, à 60 $ pour 23 semaines et à 50 $ pour 22 semaines. Calculez les coûts directs et indirects ainsi que le total des coûts de chaque durée. Quel est le couple coût-durée optimal pour ce projet ? Le client vous offre 10 $ pour chaque semaine de réduction de la durée du projet par rapport au réseau initial. Acceptez-vous son offre ? Le cas échéant, pour combien de semaines ?

Activité	Coût de réduction (pente)	Réduction maximale de la durée	Durée normale	Coût de revient rationnel
A	80	2	10	40
B	30	3	8	10
C	40	1	5	80
D	50	2	11	50
E	100	4	15	100
F	30	1	6	20
				300 $

Unité de temps = 1 semaine

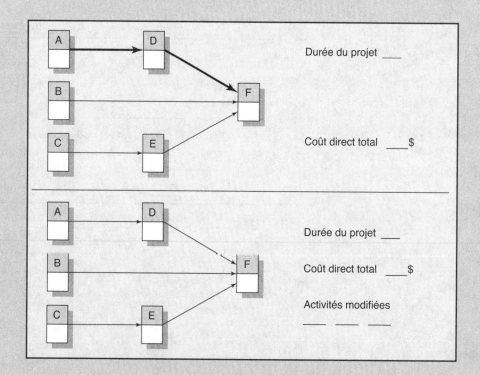

6. Servez-vous des renseignements ci-après pour comprimer la durée du projet d'une unité de temps à la fois au moyen de la méthode du moindre coût. Réduisez le calendrier jusqu'à ce que vous atteigniez la durée d'exécution minimale du réseau. Pour chaque mesure de compression, indiquez les activités dont vous avez réduit la durée ainsi que le coût total modifié. Expliquez votre décision chaque fois que vous avez à choisir entre des activités ayant le même coût.

Remarque: la durée d'exécution minimale du réseau correspond au point où il devient impossible de réduire davantage la durée du projet.

Numéro d'identification de l'activité	Pente	Réduction maximale de la durée	Coûts directs			
			Durée normale	Coût de revient rationnel	Durée minimale	Coût de réduction
A	—	0	4	50$	0	—
B	40$	3	5	70	2	190$
C	40	1	5	80	4	40
D	40	2	4	40	2	120
E	40	2	5	60	3	140
F	40	1	5	50	4	90
G	30	1	4	70	3	160
H	30	1	4	80	3	110
I	—	0	3	50	0	—

Total des coûts directs: 550$

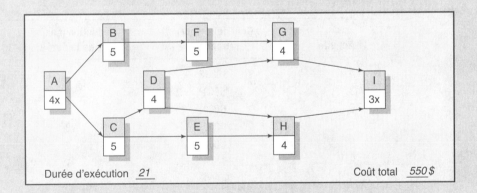

Durée d'exécution *21*   Coût total *550$*

Références

ABDEL-HAMID, T. et S. MADNICK. *Software Project Dynamics: An Integrated Approach,* Englewood Cliffs, NJ, Prentice Hall, 1991.

BAKER, B.M. «Cost/Time Trade-off Analysis for the Critical Path Method», *Journal of the Operational Research Society,* vol. 48, n° 12, 1997, p. 1241-1244.

BROOKS, F.P., Jr. *The Mythical Man-Month: Essays on Software Engineering Anniversary Edition,* Reading, MA, Addison-Wesley Longman, Inc., 1994, p. 15-26.

DEMARCO, T. *Slack: Getting Past Burnout, Busywork, and the Myth of Total Efficiency,* New York, Broadway, 2002.

IBBS, C.W., S.A. LEE et M.I. LI. «Fast-Tracking's Impact on Project Change», *Project Management Journal,* vol. 29, n° 4, 1998, p. 35-42.

KHANG, D.B. et M. YIN. « Time, Cost, and Quality Tradeoff in Project Management », *International Journal of Project Management,* vol. 17, n° 4, 1999, p. 249-256.

PERROW, L.A. *Finding Time : How Corporations, Individuals, and Families Can Benefit From New York Practices,* Ithaca, NY, Cornell University Press, 1997.

ROEMER, T.R., A. et R. WANG, « Time-cost Trade-offs in Overlapped Product Development », *Operations Research,* vol. 48, n° 6, 2000, p. 858-865.

SMITH, P.G. et D.G. REINERSTEN. *Developing Products in Half the Time,* New York, Van Nostrand Reinhold, 1995.

VERZUH, E. *The Fast Forward MBA in Project Management,* New York, John Wiley, 1999.

VROOM, V.H. *Work and Motivation,* New York, John Wiley & Sons, 1964.

Étude de cas

Capital international inc. – Partie B

Étant donné le réseau des projets établi dans la partie A de l'étude de cas tirée du chapitre 7, à la page 258, Mme Just veut également se préparer à répondre à toute question concernant la compression de la durée du projet. Le sujet est presque toujours accueilli favorablement par le service de comptabilité, le comité de révision et le client. Pour être prête à en discuter avec eux, Mme Just a mis sur papier les données suivantes advenant la nécessité de réduire la durée du projet. (Servez-vous des durées moyennes pondérées (t_e) calculées dans la partie A de l'étude de cas de Capital international au chapitre 7.)

Activité	Coût de revient rationnel	Réduction maximale de la durée	Coût de la réduction par jour
A	3 000 $	3	500 $
B	5 000	2	1 000
C	6 000	0	—
D	20 000	3	3 000
E	10 000	2	1 000
F	7 000	1	1 000
G	20 000	2	3 000
H	8 000	1	2 000
I	5 000	1	2 000
J	7 000	1	1 000
K	12 000	6	1 000

Total des coûts de revient rationnels = 103 000 $

À l'aide des données fournies, déterminez les décisions à prendre en matière de compression d'activités et la valeur optimale coût-durée du projet. À partir des résultats que vous obtiendrez, quelles recommandations formuleriez-vous à l'adjointe au gestionnaire de projet pour qu'elle soit prête à répondre aux questions du comité de révision ? Supposez que les coûts indirects de ce projet s'élèvent à 700 $ par jour de travail. Cette hypothèse modifie-t-elle vos recommandations ?

Étude de cas

Whitbread : La course autour du monde en équipage avec escale

Année après année, plusieurs pays inscrivent leurs voiliers dans la course autour du monde Whitbread d'une durée de neuf mois. Au cours des dernières années, 14 pays ont participé à cette course. Chaque année, les voiliers participants affichent les développements récents sur les plans de la technologie et des compétences humaines que leur pays peut fournir.

Bjorn Ericksen a été choisi comme gestionnaire de projet en raison de son expérience comme maître barreur et de sa célébrité récente en tant que « meilleur concepteur de voiliers de course du monde ». M. Ericksen est enchanté et fier d'avoir la possibilité de concevoir, de construire et de tester le voilier que son pays inscrira à la course Whitbread l'année prochaine ainsi que d'entraîner son équipage. Il a choisi Karin Knutsen comme ingénieure conceptrice en chef et Trygve Wallvik comme maître barreur. Ces chefs d'équipe veilleront à ce que tout soit prêt à temps pour le défilé traditionnel des voiliers participants sur la Tamise, en Angleterre, qui marque le départ de la course.

En réfléchissant à un plan, M. Ericksen imagine deux chemins qui se développent parallèlement du début à la fin du projet – la conception et la construction, d'un côté, et l'entraînement de l'équipage, de l'autre. Le voilier de l'année dernière servira à l'entraînement jusqu'à ce que le nouveau voilier soit prêt à recevoir les membres de l'équipage pour qu'ils apprennent à y effectuer les tâches d'entretien nécessaires. M. Ericksen a demandé à Mᵐᵉ Knutsen et à M. Wallik de l'assister dans l'élaboration d'un plan de projet. Tous trois s'entendent sur l'objectif principal, soit d'avoir un voilier et un équipage gagnants prêts à participer à la prochaine course, le tout à un coût de 3,2 millions de dollars. D'après le calendrier, ils disposent de 45 semaines avant que le nouveau voilier quitte le port à destination de l'Angleterre pour le début de la course.

LA RÉUNION DE DÉMARRAGE

M. Ericksen a demandé à Mᵐᵉ Knutsen de commencer par décrire les principales activités de conception, de construction et d'essai du voilier ainsi que leur ordre séquentiel. Voici les résultats de cette description. La conception de la coque, du pont, du mât et des accessoires devrait nécessiter seulement six semaines, car on dispose des plans imprimés des voiliers des courses précédentes de leur pays et de participants de quelques autres pays. Une fois la conception terminée, on peut construire la coque et commander le mât, les voiles et les accessoires. La construction de la coque sera terminée en 12 semaines. Le mât commandé, il faut anticiper un délai de livraison de huit semaines. Pour les 7 voiles, il faudra attendre 6 semaines et pour les accessoires, 15 semaines. Aussitôt que la coque est prête, on peut installer les ballasts, activité qui nécessite deux semaines. Ensuite, il est possible d'entreprendre la construction du pont qui durera cinq semaines. Parallèlement, le traitement de la coque à l'aide d'un produit d'étanchéité spécial et d'un revêtement résistant au frottement devrait se faire en trois semaines. Une fois le pont terminé et le mât et les accessoires livrés, on peut fixer le mât et les voiles en deux semaines. On peut aussi installer les accessoires, ce qui requiert six semaines. Lorsque toutes ces activités seront terminées, les essais du bateau en mer commenceront pour une durée de cinq semaines. Mᵐᵉ Knutsen croit pouvoir obtenir des estimations précises de coûts pour le bateau dans environ deux semaines.

De son côté, M. Wallvik croit être en mesure de commencer à sélectionner les 12 membres – hommes et femmes – de l'équipage et à leur trouver un logement dès maintenant. Selon lui, il faudra six semaines pour constituer un équipage qui se consacrera exclusivement à la course et l'amener sur place, puis trois semaines pour trouver des logements à ses membres. Il rappelle à M. Ericksen que le voilier de l'année dernière doit être prêt à servir à l'entraînement de l'équipage dès que ses membres arriveront, jusqu'à ce que le nouveau modèle soit prêt pour des essais. Pour maintenir l'ancien bateau en état, il en coûtera 4 000 $ par semaine pendant toute la durée de son utilisation. Une fois l'équipage arrivé et installé, ces 12 membres développeront et mettront en œuvre un programme d'entraînement systématique de navigation et d'entretien, ce qui nécessitera 15 semaines (sur l'ancien voilier). En outre, lorsque l'équipage aura été sélectionné et qu'il se trouvera sur place, le choix du matériel dont il aura besoin peut se faire en seulement deux semaines. Il faudra ensuite commander ce matériel et attendre cinq semaines pour qu'il soit livré. Dès que le matériel de l'équipage sera livré et que le programme d'entraînement sera terminé, le travail d'entretien du nouveau voilier par l'équipage commencera et il devrait requérir 10 semaines. Toutefois, cet entretien ne peut pas commencer avant la fin de la construction du pont et l'arrivée du mât, des voiles et des accessoires. Dès que l'équipage commencera l'entretien du nouveau voilier, les dépenses s'élèveront à 6 000 $ par semaine jusqu'à ce que l'entraînement en mer soit terminé. Une fois l'entraînement à l'entretien du nouveau voilier terminé et pendant que l'on effectue les tests en mer, il est possible de commencer l'entraînement initial à la navigation qui devrait durer sept semaines. Enfin, au moment où les essais sur le navire et l'entraînement initial seront terminés, l'entraînement en mer commencera, si les conditions météorologiques le permettent. Cet entraînement en mer durera huit semaines. M. Wallvik croit pouvoir réunir les estimations de coûts en une semaine grâce aux données de l'an dernier.

M. Ericksen est satisfait de la compétence dont font preuve ses deux chefs d'équipe. Il croit cependant qu'ils ont besoin d'un spécialiste pour élaborer un réseau de chemins critiques pour déterminer s'ils peuvent respecter sans encombre l'échéance de la date de départ de la course. Ses deux collaborateurs sont d'accord. Selon Mme Knutsen, les estimations de coûts devraient également comporter des coûts de réduction de toutes les activités susceptibles d'être comprimées et les coûts résultant de cette compression. Elle propose aussi que l'équipe remplisse la matrice des priorités suivante pour les prises de décisions concernant le projet.

FIGURE C9.1

La matrice des priorités du projet Whitbread

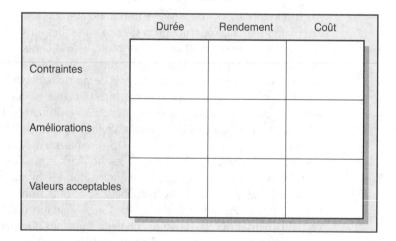

DEUX SEMAINES PLUS TARD

Mme Knutsen et M. Wallvik présentent à M. Ericksen les estimations de coûts suivantes pour chaque activité et les coûts de réduction correspondants (en milliers de dollars).

Activité		Durée normale	Coût de revient rationnel	Durée minimale	Coût de la réduction
A	Conception	6	40$	4	160$
B	Construction de la coque	12	1 000	10	1 400
C	Installation des ballasts	2	100	2	100
D	Commande du mât	8	100	7	140
E	Commande des voiles	6	40	6	40
F	Commande des accessoires	15	600	13	800
G	Construction du pont	5	200	5	200
H	Revêtement de la coque	3	40	3	40
I	Installation des accessoires	6	300	5	400
J	Installation du mât et des voiles	2	40	1	80
K	Essais	5	60	4	100
L	Essais en mer	8	200	7	450
M	Sélection des membres de l'équipage	6	10	5	20
N	Réservation des logements	3	30	3	30
O	Sélection du matériel de l'équipage	2	10	2	10
P	Commande du matériel de l'équipage	5	30	5	30
Q	Navigation et entretien	15	40	12	130
R	Entraînement de l'équipage à l'entretien	10	100	9	340
S	Entraînement initial à la navigation à voile	7	50	5	350

M. Ericksen révise ces données et se demande si le projet respectera le budget de 3,2 millions de dollars et l'échéance de 45 semaines établis au départ. Expliquez la situation à l'équipe de projet.

Étude de cas

Le mariage immédiat – Partie A*

Le 31 décembre de l'année dernière, Lorraine est entrée en coup de vent dans le salon familial pour annoncer à ses parents qu'elle et Colin, son petit ami, allaient se marier. Une fois remise du choc, sa mère l'a serrée dans ses bras et lui a demandé à quand était fixé le grand jour. Sa question a donné lieu à la conversation suivante.

Lorraine : Le 21 janvier.

La mère : Quoi ?

Le père : Je sens que le mariage immédiat fera fureur cette année. Pourquoi êtes-vous si pressés ?

Lorraine : Parce que Colin fait partie de l'infanterie et qu'il va être envoyé outre-mer le 30 janvier. Nous voulons avoir au moins une semaine de lune de miel.

La mère : Mais, ma chérie, nous n'aurons jamais le temps de tout préparer d'ici là ! Rappelle-toi tout ce qu'il a fallu faire pour le mariage de ta sœur ! Même en commençant demain matin, il faut prévoir une journée pour réserver l'église et pour louer la salle de réception, et on demande un préavis d'au moins 14 jours.

* Adaptation d'une étude de cas rédigée par le professeur D. Clay Whybark de la University of North Carolina à Chapel Hill, en Caroline du Nord.

Tout ça doit être fait avant que nous commencions à décorer, ce qui prend trois jours. C'est vrai qu'une somme supplémentaire de 200 $ appliquée un dimanche réduirait probablement le préavis de 14 à 7 jours…

Le père : Aïe !

Lorraine : Je veux que Josée Soucy soit ma demoiselle d'honneur.

Le père : Est-ce qu'elle ne fait pas partie de la troupe du Cirque du Soleil stationnée en permanence à Las Vegas ? Il lui faudra 10 jours pour se préparer et venir en voiture jusqu'ici.

Lorraine : Nous pourrions lui payer le billet d'avion. Pour seulement 1 000 $, elle serait ici en deux jours !

Le père : Aïe ! Aïe !

La mère : Et le traiteur ? Il faut compter deux jours pour choisir le gâteau et les décorations. Tu sais qu'aux Petits Délices le chef demande qu'on le prévienne cinq jours à l'avance. Et nous devons avoir tout ça avant de commencer à décorer.

Lorraine : Est-ce que je pourrais porter ta robe de mariée, maman ?

La mère : Il faudrait remplacer une partie de la dentelle mais, oui, je crois que ça irait. Nous pourrions commander de la dentelle de Bruges en même temps que le tissu pour les robes des demoiselles d'honneur. La commande et la livraison se font en huit jours. Comme il faut d'abord choisir le modèle, ça prendra trois jours de plus.

Le père : Nous pourrions recevoir le tissu au bout de cinq jours si nous payons 20 $ supplémentaires pour le transport aérien. Aïe !

Lorraine : Je veux que Mme Pinson fasse les robes.

La mère : Mais elle demande 48 $ par jour !

Le père : Aïe ! Aïe ! Aïe !

La mère : Si nous nous occupions de la couture nous-mêmes, nous pourrions confectionner les robes en 11 jours. Si Mme Pinson nous aidait, ce serait possible d'avoir terminé en 6 jours, au coût de 48 $ pour chaque journée retranchée aux 11 jours. Elle est très habile de ses doigts.

Lorraine : Je ne veux personne d'autre qu'elle.

La mère : Il faut calculer deux autres jours pour effectuer les derniers essayages et encore deux autres pour nettoyer et repasser les robes. Elles doivent être prêtes avant le soir de la répétition. Nous devons répéter la cérémonie la veille du mariage.

Le père : Tout devrait être prêt pour ce soir-là.

La mère : Zut ! Nous avons oublié les invitations !

Le père : Nous devrions commander les invitations à l'Imprimerie de M. Bobin. Ça prend généralement sept jours. Je parie que le patron accepterait de les imprimer en cinq ou six jours si nous lui versons 20 $ de plus pour chaque journée retranchée aux sept jours. Aïe !

La mère : Nous aurons besoin de deux jours pour choisir le modèle des invitations avant de les commander et nous voulons faire imprimer notre adresse sur les enveloppes-réponses.

Lorraine : Oh ! Quelle bonne idée !

La mère : Les invitations doivent être envoyées au moins 10 jours avant le mariage. Si elles sont postées plus tard, certains membres de la famille pourront ne pas recevoir la leur assez tôt pour venir assister au mariage, et ils seront furieux. Je suis sûre que si nous ne réussissons pas à les poster au moins huit jours avant le mariage, tante Estelle ne pourra pas se libérer. Elle serait bien capable de diminuer son cadeau de noces de 200 $.

Le père : Aïe ! Aïe !

La mère : Nous devrons aller les porter nous-mêmes au bureau de poste et ça nous prendra une journée. Il faut compter trois jours pour inscrire les adresses sur les enveloppes, à moins que nous n'engagions des jeunes filles à temps partiel, mais nous ne pourrons pas commencer tant que l'imprimeur n'aura pas terminé son travail. En engageant de l'aide, nous pourrions probablement gagner deux jours au coût de 40 $ par jour retranché.

Lorraine : Il faut trouver des cadeaux pour les demoiselles d'honneur. Je pourrais consacrer une journée à m'en occuper.

La mère : Avant même de commencer à rédiger les invitations, nous devons dresser une liste des invités. Ciel ! Il faudra quatre jours pour l'établir, et je suis la seule qui comprend quelque chose à notre carnet d'adresses.

Lorraine : Oh ! Maman, je suis si excitée ! Nous pouvons confier une tâche différente à chacun des membres de la famille.

La mère : Ma pauvre chérie, je ne sais pas comment nous allons nous y prendre. Penses-y ! Je dois choisir les invitations et les modèles, réserver l'église, puis…

Le père : Pourquoi ne pas prendre 3 000 $ et aller te marier en cachette ? Le mariage de ta sœur m'a coûté 2 400 $ et, pourtant, elle n'a fait venir personne de Las Vegas, elle n'a engagé ni jeunes filles ni Mme Pinson, elle n'a pas eu besoin de transport aérien ni quoi que ce soit du genre.

1. À l'aide de la méthode des papiers adhésifs expliquée à la page 174, tracez un réseau des projets pour le mariage immédiat.

2. Établissez un calendrier pour ce mariage à l'aide du logiciel MS Project. Pouvez-vous respecter l'échéance du 21 janvier ? Sinon, combien en coûterait-il pour tout faire avant cette échéance ? Quelles activités devriez-vous modifier ?

Étude de cas

Le mariage immédiat – Partie B

Plusieurs complications ont entravé les efforts déployés pour que tout soit prêt au moment de la répétition du 20 janvier. Puisque Lorraine se montre intransigeante sur la date du mariage, comme Colin d'ailleurs et pour des raisons évidentes, il faut évaluer les répercussions de chaque complication.

1. Le 1er janvier, le président du conseil de fabrique de l'église est resté insensible au don supplémentaire de 200 $. Il a refusé de réduire le préavis de 14 à 7 jours.

2. Le 2 janvier, la mère de Lorraine est frappée par la grippe et doit s'aliter pendant trois jours alors qu'elle commençait à dresser la liste des invités.

3. L'imprimerie de M. Bobin n'a pu effectuer aucun travail le 5 janvier en raison du remplacement de brosses défectueuses dans le moteur électrique de la presse.

4. La dentelle et le tissu des robes ont été perdus durant le transport. Cette mauvaise nouvelle ne parvient à la famille que le 10 janvier.

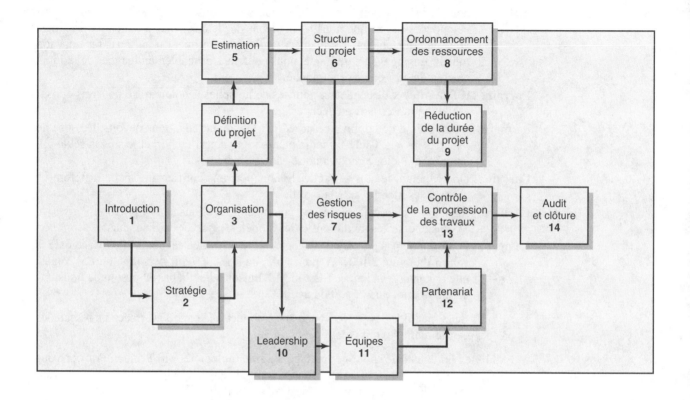

Estimation **5**	Structure du projet **6**	Ordonnancement des ressources **8**	

Définition du projet **4**

Introduction **1**

Organisation **3**

Gestion des risques **7**

Réduction de la durée du projet **9**

Contrôle de la progression des travaux **13**

Audit et clôture **14**

Stratégie **2**

Leadership **10**

Équipes **11**

Partenariat **12**

Le leadership : être un gestionnaire de projet efficace

Gérer un projet et diriger un projet

Gérer les acteurs d'un projet

Un réseau d'échanges et d'influence

L'élaboration d'un réseau social

L'éthique et la gestion de projet

Bâtir la confiance : la clé pour exercer son influence

Les qualités d'un gestionnaire de projet efficace

Résumé

CHAPITRE 10

Le leadership : être un gestionnaire de projet efficace

J'avais tellement hâte de gérer mon propre projet et de le diriger à ma façon…
En essayant, je me suis aperçu qu'il me restait bien des choses à apprendre !

– *Un gestionnaire de projet à ses premières armes*

Le gestionnaire de projet efficace favorise des relations de collaboration entre les groupes d'employés affectés à un projet. Voilà un des principes clés de son utilité. Le succès d'un projet ne repose pas uniquement sur la performance de l'équipe de projet. En général, la réussite ou l'échec dépendra de la contribution de la haute direction, des gestionnaires fonctionnels, des clients, des fournisseurs, des entrepreneurs et de tout autre intervenant au projet.

Dans le présent chapitre, nous expliquerons d'abord brièvement les différences entre diriger un projet et gérer un projet. Nous traiterons ensuite de l'importance d'en gérer les parties prenantes. Pour y parvenir efficacement, le gestionnaire de projet devra exercer une influence considérable. Les sources d'influence que nous décrirons serviront à expliquer comment le gestionnaire de projet développe un capital sociétal. Ce style de gestion nécessite une interaction constante entre les groupes dont dépend le gestionnaire de projet. Nous prêterons une attention particulière à la gestion des relations délicates avec la haute direction et à l'importance de diriger par l'exemple. Nous verrons aussi à quel point il importe d'obtenir la collaboration des autres de façon à gagner et à conserver leur confiance. Nous conclurons notre réflexion en abordant les qualités essentielles d'un gestionnaire de projet efficace. Les chapitres suivants traiteront de la gestion d'une équipe de projet et de la collaboration des ressources extérieures à l'organisation.

Gérer un projet et diriger un projet

Dans un monde idéal, le gestionnaire de projet aurait simplement à mettre en œuvre le projet pour qu'il s'exécute sans embûche. Il travaillerait de concert avec les autres pour élaborer un calendrier de travail, former une équipe de projet, observer le déroulement des travaux, expliquer l'étape suivante et, par la suite, tous se mettraient à l'œuvre. Bien entendu, personne ne vit dans un monde idéal, et les plans se déroulent rarement comme prévu. Les participants au projet deviennent irritables ; ils ne se complètent pas ; certains services ne respectent pas leurs engagements ; des ennuis techniques surviennent ; les travaux sont plus longs que prévu. Le travail du gestionnaire est de remettre le projet sur la bonne voie. Il bouscule certaines activités, trouve des façons de régler les problèmes techniques, sert de médiateur quand la tension monte et négocie les compromis nécessaires relativement au temps, au coût et au contenu du projet.

Cependant, le gestionnaire de projet fait bien plus que jouer les pompiers et empêcher le projet de déraper. Il innove et s'adapte aux circonstances en perpétuel changement. En général, il doit dévier de ce qui avait été prévu et apporter des modifications considérables au contenu du projet et au calendrier, en raison de menaces imprévues ou d'occasions à saisir. Les besoins des clients, par exemple, peuvent changer et nécessiter, en cours de projet, des modifications significatives dans la conception. La concurrence peut lancer de nouveaux produits, forçant ainsi une entreprise à modifier ses priorités en matière de temps, de coût et de contenu. Les relations de travail entre les participants au projet peuvent se détériorer et forcer la mise sur pied d'une nouvelle équipe. En dernier ressort, ce qui avait été planifié ou prévu au départ peut différer considérablement du résultat final.

Le gestionnaire de projet est responsable des ressources affectées au projet en fonction du plan. Parallèlement, il doit apporter des modifications aux plans et aux calendriers, car certains problèmes persistants les rendent irréalisables. En d'autres mots, le gestionnaire voit à ce que le projet s'exécute sans interruption, tout en opérant les changements qui s'imposent en cours de route. Selon John P. Kotter, ces deux activités font la différence entre gérer un projet et le diriger. La gestion consiste à composer avec la complexité, et le leadership, avec le changement.

Une bonne gestion procure ordre et stabilité grâce à l'élaboration de plans et d'objectifs, à la conception de structures et de procédures, aux comparaisons entre les résultats et les plans et aux mesures correctives, le cas échéant. Le leadership, quant à lui, signifie reconnaître le besoin de changer radicalement l'orientation du projet et de prendre les mesures nécessaires pour en poursuivre l'exécution, informer les acteurs de la nouvelle orientation et les inciter à travailler ensemble pour surmonter les obstacles occasionnés par le changement et atteindre les nouveaux objectifs.

Un leadership fort, bien qu'il soit généralement souhaitable, n'est pas toujours indispensable au succès d'un projet. Le projet bien défini qui n'est l'objet d'aucune surprise importante nécessite peu de leadership ; telle serait la construction d'un immeuble d'habitation traditionnel pour lequel le gestionnaire de projet ne fait que suivre le plan des travaux. À l'inverse, plus le degré d'incertitude d'un projet est élevé – qu'il s'agisse d'un changement de contenu, d'impasses technologiques, d'une absence de coordination entre les employés, et ainsi de suite –, plus le besoin de leadership se fait sentir. Un leadership fort serait indispensable, par exemple, dans un projet de développement de logiciels dans lequel les paramètres changent constamment pour emboîter le pas aux progrès de l'industrie.

Seule une personne bien spéciale peut assumer avec efficacité les deux rôles. Certaines personnes sont des visionnaires qui excellent à communiquer leur enthousiasme devant le changement. Cependant, trop souvent, elles n'ont pas la patience ni la discipline pour composer avec les tâches routinières de la gestion. Dans la même veine, certaines sont très bien organisées et méthodiques, mais elles ne savent pas inspirer les autres.

Le leader compétent peut compenser ses faiblesses en gestion en s'entourant d'adjoints de confiance qui surveillent et s'occupent des détails du projet. De même, un dirigeant exerçant moins de leadership peut accroître ses forces en engageant des adjoints habiles à détecter le besoin de changement et à rallier les participants au projet. Toutefois, le bon gestionnaire devient un atout précieux pour son organisation quand il a la compétence pour gérer aussi bien que pour diriger un projet. Grâce à ces deux compétences, il sait reconnaître le besoin de gérer les interfaces du projet et développer un réseau social qui lui permettra de déterminer ce qui doit être fait et d'obtenir la collaboration nécessaire pour le réaliser.

Gérer les acteurs d'un projet

Le gestionnaire de projet qui en est à ses premières armes a hâte d'appliquer ses propres idées et de gérer son personnel afin de mener son projet à terme. Il se rend bientôt compte que le succès du projet dépend de la collaboration de plusieurs intervenants dont plusieurs ne relèvent pas de lui directement. Dans un projet d'intégration d'un système, par exemple, un gestionnaire de projet s'est étonné du temps qu'il consacrait à travailler et à négocier avec les fournisseurs, les consultants, les techniciens et les autres gestionnaires fonctionnels :

> Au lieu de travailler avec mes ressources à l'exécution du projet, j'ai été constamment sollicité par les exigences de différents groupes de personnes qui, bien qu'elles n'aient pas été directement engagées dans le projet, portaient tout de même un intérêt particulier à son succès.

Trop souvent, quand de nouveaux gestionnaires parviennent à trouver le temps de travailler directement au projet, ils adoptent l'attitude « mettre la main à la pâte » dans leur gestion. Ils agissent ainsi non pas parce qu'ils sont des autocrates assoiffés de pouvoir, mais parce qu'ils sont pressés d'obtenir des résultats. Ils deviennent alors rapidement frustrés de voir que les travaux s'effectuent lentement, qu'il faut augmenter les effectifs et que la collaboration ne va pas de soi. Malheureusement, comme la frustration du gestionnaire de projet ira en s'aggravant, il éprouvera la tentation bien naturelle d'exercer encore plus de pression sur son personnel et de s'impliquer toujours davantage dans le projet. Ce gestionnaire de projet se fait alors rapidement une réputation de faire de la gestion détaillée au quotidien, et il commence à perdre de vue son rôle véritable, celui de guider le projet.

Certains nouveaux gestionnaires de projet n'arrivent pas à mettre un terme au cercle vicieux. D'autres se rendent compte qu'avoir de l'autorité n'est pas synonyme d'avoir de l'influence et que, pour devenir un gestionnaire de projet efficace, il faut savoir gérer une série d'interfaces bien plus étendue et plus complexe qu'ils ne le croyaient. Ils se retrouvent alors devant une toile de relations nécessitant un réseau d'influences beaucoup plus large qu'ils ne le pensaient nécessaire ni même possible.

Par exemple, un projet d'envergure – qu'il s'agisse de la réfection d'un pont, de la création d'un produit ou de l'installation d'un nouveau système d'information – impliquera de travailler avec différents groupes d'acteurs. Il y a, en premier lieu, le noyau de spécialistes responsables d'exécuter le projet. À ce groupe s'ajouteront, à divers moments, des professionnels travaillant à des segments précis du projet. En deuxième lieu, il y a des groupes de personnes, au sein de l'organisation, qui sont directement ou indirectement liés au projet. Le groupe le plus évident est sans doute la haute direction de qui relève le gestionnaire de projet. Il y a également d'autres gestionnaires qui fournissent les ressources ou qui assument la responsabilité de certains segments du projet ou des services de soutien administratif, comme les ressources humaines, les finances, etc. Selon la nature du projet, on trouve aussi différents groupes extérieurs à l'organisation qui influent sur son succès. Comme l'illustre la figure 10.1, à la page suivante, le plus important est le client, car c'est pour lui que le projet a été conçu.

Chacun de ces groupes apporte au projet son expertise, ses normes, ses priorités et son calendrier de travail. L'ampleur et la complexité des relations à développer et à entretenir distinguent la gestion de projet des autres types de gestion. Pour être efficace, le gestionnaire de projet doit comprendre comment ces groupes exercent une influence sur le projet et développer des méthodes pour gérer leur dépendance. Voici la nature de ces dépendances :

▸ L'**équipe de projet** gère les travaux et voit à leur réalisation. La plupart des participants souhaitent sincèrement effectuer un bon travail, mais ils sont aussi préoccupés par leurs autres obligations et par la façon dont ce projet contribuera à leurs aspirations et à leurs objectifs personnels.

▸ Les **gestionnaires de projet** se font concurrence pour obtenir les ressources et le soutien de la haute direction. En même temps, ils ont souvent à partager les ressources et l'information.

▸ Les groupes de **soutien administratif**, comme les ressources humaines, les systèmes d'information, les acheteurs et le personnel d'entretien, rendent des services indispensables. Cependant, ils imposent leurs contraintes et leurs exigences, comme la remise de pièces justificatives et de comptes rendus ponctuels et précis.

▸ Les **gestionnaires fonctionnels**, selon le type d'organisation du projet, jouent un rôle mineur ou majeur dans le succès d'un projet. Dans la matrice d'allocation des responsabilités, ils ont pour rôle d'attribuer le travail au personnel du projet, de résoudre les dilemmes techniques et de veiller à la réalisation de segments importants du projet. En général, les équipes de projet tirent profit des suggestions techniques des gestionnaires fonctionnels, et leur acceptation du projet, lorsque celui-ci est achevé, est essentielle pour sa mise en application. Les gestionnaires collaborent de bon gré, mais jusqu'à un certain point. Ils tiennent aussi à conserver leur statut dans l'organisation et s'assurent que le projet dérange le moins possible leurs activités habituelles.

▸ La **haute direction** approuve le financement du projet et établit les priorités dans l'organisation. Ces cadres déterminent les critères de succès et accordent des récompenses pour les réalisations. Les ajustements significatifs de budget, de contenu et de calendrier nécessitent habituellement leur approbation. Ils ont à cœur le succès du projet, mais en même temps, ils doivent toujours considérer d'abord ce qui est dans l'intérêt de l'entreprise.

FIGURE 10.1

Le réseau des acteurs

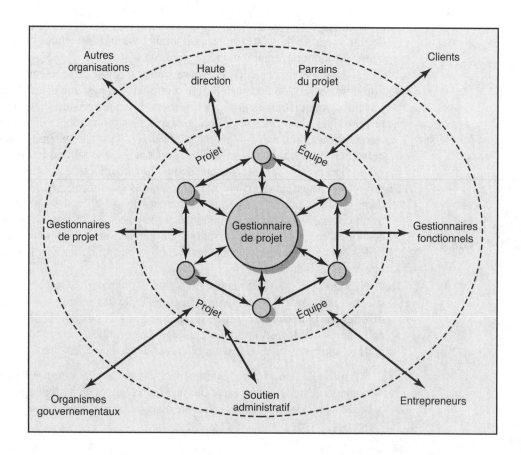

Gestionnaire de projet ou chef d'orchestre ?

Jose Luis Pelaez, inc./Corbis.

Les métaphores font image bien plus que les mots. Par exemple, on peut dire d'une réunion qu'elle est interminable ou « qu'elle avance à pas de tortue ». Pour décrire le rôle du gestionnaire de projet, on recourt souvent à la métaphore du *chef d'orchestre*. Le chef d'orchestre agence les sons de différents instruments pour interpréter une œuvre et produire une très belle musique. De même, le gestionnaire de projet agence les talents et la contribution de différents spécialistes pour exécuter un projet. Les deux doivent être capables de comprendre comment les différents joueurs participent au succès de l'ensemble. Ils dépendent presque entièrement de l'expertise et du savoir-faire de leurs joueurs. Le chef d'orchestre ne sait pas jouer de tous ces instruments de musique. De même, le gestionnaire de projet ne possède que partiellement la connaissance technique nécessaire pour prendre des décisions. En fait, le rôle du chef d'orchestre et du gestionnaire de projet consiste à faciliter le travail des autres plutôt que de le réaliser eux-mêmes.

Le chef d'orchestre utilise ses bras, une baguette et des gestes pour diriger le rythme, l'intensité et la participation de différents musiciens. De même, le gestionnaire de projet orchestre l'exécution du projet en gérant la participation et l'engagement des membres de l'équipe de projet. Le gestionnaire de projet jongle avec le temps et les processus ; il amène les participants à prendre les bonnes décisions au bon moment, tout comme le chef d'orchestre signale aux instruments à vent que c'est à leur tour de s'exécuter. Chacun d'eux contrôle le rythme et l'intensité de l'œuvre en gérant le tempo et l'engagement des joueurs. Enfin, chacun a une vision qui transcende la portée de la musique ou le plan du projet. Pour réussir, ils doivent tous deux gagner la confiance et le respect de leurs joueurs.

- ▸ Les **parrains** font valoir le projet et jouent de leur influence pour qu'il soit approuvé. Leur réputation dépend du succès du projet, et ils doivent être informés au fur et à mesure de tout fait nouveau important. Non seulement sont-ils des alliés du projet, mais ils le défendront quand il est remis en question.

- ▸ Les **sous-traitants** réalisent, dans certains cas, tous les travaux, alors que l'équipe de projet ne fait que coordonner leurs interventions. Dans d'autres cas, ils sont responsables de segments auxiliaires du contenu du projet. Un mauvais travail et des délais dans le calendrier peuvent nuire aux tâches de l'équipe de projet. Bien que la réputation des entrepreneurs se fonde sur la qualité de leur travail, ils doivent évaluer leur contribution à un projet par rapport à leur marge bénéficiaire et à leurs engagements envers d'autres clients.

- Les **organismes gouvernementaux** imposent de nombreuses contraintes à l'équipe de projet. Il faut obtenir des permis. Les travaux de construction doivent respecter le code du bâtiment. Les nouveaux médicaments doivent être soumis à une rigoureuse batterie de tests de la Direction générale des produits de santé et des aliments du Canada. D'autres produits doivent se conformer aux normes de sécurité, par exemple, de la Commission de la santé et de la sécurité au travail (CSST).

- Les **autres organisations** peuvent nuire au projet, directement ou indirectement, selon la nature de celui-ci. Par exemple, les fournisseurs procurent les ressources nécessaires pour l'exécution d'un projet. Les délais, les pénuries et la mauvaise qualité sont susceptibles de freiner un projet. Les groupements de défense d'intérêt peuvent faire pression sur les organismes gouvernementaux. Les clients engagent souvent des consultants, des communicateurs et des vérificateurs pour protéger leurs intérêts.

- Les **clients** définissent le contenu du projet. Le succès ultime du projet repose sur leur satisfaction. Le gestionnaire de projet doit être à l'écoute des exigences et des besoins changeants des clients et répondre à leurs attentes. Ce qui importe pour le client, c'est de faire une *bonne affaire*. Comme nous le verrons au chapitre 11, cela crée nécessairement des tensions au sein de l'équipe de projet.

Ces relations sont interdépendantes, car la capacité d'un gestionnaire de projet à travailler efficacement avec un groupe influera sur sa capacité de gérer d'autres groupes. Par exemple, il est possible que le gestionnaire fonctionnel se montre moins coopératif quand il perçoit que l'engagement de la haute direction envers le projet se refroidit. À l'inverse, quand un gestionnaire de projet est en mesure de protéger son équipe contre une ingérence excessive du client, il affirme son ascendant sur elle.

La structure de la gestion de projet exercera une influence sur le nombre et le degré des relations de dépendance externes à gérer. Former une équipe de projet dévouée a comme avantage de réduire les relations de dépendance, particulièrement à l'intérieur de l'entreprise, car la plupart des ressources sont attribuées au projet. À l'inverse, une structure de matrice fonctionnelle accroît les relations de dépendance, de sorte que le gestionnaire de projet est davantage à la merci des collègues fonctionnels pour exécuter les travaux et obtenir du personnel.

Auparavant, la gestion de projet consistait surtout à diriger et à surveiller les subordonnés ; la nouvelle tendance considère davantage la capacité de gérer les différents acteurs et de prévoir les changements comme étant les tâches les plus importantes. Le gestionnaire de projet calme les inquiétudes des clients, obtient du soutien pour le projet à des niveaux plus élevés de l'administration et repère rapidement les problèmes qui menacent les travaux, tout en défendant le bien-fondé du projet et les intérêts des participants.

Dans ce dédale de relations, le gestionnaire de projet décèle d'abord ce qui doit être accompli pour atteindre les objectifs du projet et, par la suite, développe le réseau de collaboration pour le faire. Un bon gestionnaire de projet parvient à gagner la collaboration des intervenants au lieu de l'exiger avec autorité. Pour ce faire, il doit posséder de grandes compétences en communication, une habileté tactique et un vaste réseau d'influences.

Un réseau d'échanges et d'influence

Pour bien gérer son projet, le gestionnaire construit avec adresse un réseau de collaboration entre divers alliés. Les réseaux consistent en des alliances mutuellement bénéfiques et généralement gouvernées par la loi de la réciprocité. Le principe de base est le suivant : une bonne action en entraîne une autre et, de la même manière, une mauvaise action suscite des représailles. La première chose à faire pour attirer la collaboration des autres est de leur

TABLEAU 10.1

Les monnaies d'échange courantes entre les organisations

Source : adaptation de *Influence Without Authority*, Allan R. Cohen et David L. Bradford, New York, John Wiley & Sons, 2005. Réimprimé avec la permission de John Wiley & Sons, Inc.

Monnaie liée aux tâches	
Ressources	Prêter ou donner de l'argent, augmenter le budget, offrir du personnel, etc.
Assistance	Donner un coup de main dans les projets existants ou accomplir certaines tâches de bon gré.
Coopération	Donner du soutien dans les tâches, réagir promptement ou contribuer à la mise en œuvre.
Information	Fournir des connaissances organisationnelles et techniques.
Monnaie liée au poste	
Avancement	Confier une tâche ou une mission qui peut amener une promotion.
Reconnaissance	Reconnaître les efforts, les réalisations ou les compétences.
Visibilité	Donner l'occasion de se faire connaître des cadres supérieurs ou des personnes clés dans l'organisation.
Réseau et contacts	Donner l'occasion de créer des liens avec d'autres.
Monnaie liée à l'inspiration	
Vision	Être engagé dans une tâche importante pour le service, l'organisation, le client ou la société.
Excellence	Avoir l'occasion d'accomplir des choses importantes avec succès.
Éthique	Faire la bonne chose en se dépassant personnellement.
Monnaie liée aux relations	
Acceptation	Offrir un rapprochement et l'amitié avec autrui.
Soutien du personnel	Fournir un appui personnel et émotionnel.
Compréhension	Écouter les problèmes et les inquiétudes d'autrui.
Monnaie liée aux bénéfices personnels	
Défi et apprentissage	Partager les tâches qui développent les habiletés et les compétences.
Participation et engagement	Laisser les autres être partie prenante et avoir de l'influence.
Gratitude	Exprimer son appréciation.

procurer des ressources et des services en échange de ressources et de services futurs. Comme le dit le vieil adage : « *Quid pro quo* » (« On n'a rien pour rien »). De nos jours, on serait plutôt porté à dire : « Un service en attire un autre. »

A.R. Cohen et David L. Bradford appellent ce réseau d'échanges de la « monnaie d'échange ». Pour faire des affaires dans un pays donné, on doit se préparer à utiliser la monnaie appropriée, et le taux de change peut varier, au fil du temps, en fonction des conditions. De la même manière, ce qui revêt de l'importance pour un directeur du marketing sera différent pour un ingénieur de projet d'expérience ; il vous faudra donc recourir à divers types de monnaie pour vous assurer la collaboration de chacun. Cette analogie est un peu simpliste, mais le principe demeure que, à long terme, les colonnes « débit » et « crédit » doivent s'équilibrer quand on souhaite maintenir les relations de collaboration. Le tableau 10.1 présente les monnaies d'échange couramment utilisées par les organisations, établies par Cohen et Bradford ; nous les étudierons plus en détail dans les sections suivantes.

La monnaie liée aux tâches

La monnaie liée aux tâches est tributaire de la compétence d'un gestionnaire de projet à contribuer à la réalisation des tâches d'autrui. La forme la plus éloquente de cette monnaie est sans doute la capacité de réagir favorablement aux requêtes des subordonnés pour obtenir de la main-d'œuvre additionnelle, de l'argent ou du temps afin de terminer un segment du projet. C'est le même genre de monnaie dont il est question quand un gestionnaire de projet partage ses ressources avec un autre gestionnaire de projet qui en a besoin. À un niveau plus personnel, il peut s'agir simplement d'un coup de main donné à un collègue pour l'aider à régler un problème technique.

Dire un bon mot au sujet de la proposition d'un collègue ou même la recommander constitue une autre forme de cette monnaie. Puisque tout travail important soulèvera sans doute une certaine opposition, la personne cherchant à obtenir l'approbation d'un plan ou d'une proposition gagne à avoir un « ami influent ».

Une autre forme de cette monnaie consiste à fournir un effort considérable, comme répondre à une demande urgente pour terminer un document de conception en deux jours au lieu des quatre jours habituels ; ce geste ne manquera pas d'attirer la gratitude. Enfin, faire connaître à d'autres gestionnaires une information qui leur sera utile relève du même type de monnaie.

La monnaie liée au poste

La monnaie liée au poste tient de la compétence du gestionnaire de projet à améliorer la situation professionnelle des autres dans l'organisation. Un gestionnaire de projet peut assigner à quelqu'un une tâche exigeante qui favorisera son avancement et qui lui permettra de développer ses compétences et ses habiletés. En effet, si une personne vous offre l'occasion de faire vos preuves, vous lui en serez très reconnaissant. De plus, quand un gestionnaire de projet ne garde pas pour lui tout le mérite de la réussite et qu'il sait attirer l'attention des cadres sur les efforts et les réalisations des autres, il obtiendra leur soutien.

Selon certains gestionnaires de projet, l'une des stratégies efficaces pour s'attirer la collaboration des professionnels d'autres services et organisations consiste à trouver un moyen de leur faire faire bonne figure devant leurs patrons. Un gestionnaire de projet, par exemple, a travaillé avec un sous-traitant dont l'organisation s'est beaucoup investie dans la gestion intégrale de la qualité (GIQ). Le gestionnaire de projet s'est assuré de mentionner, au cours d'une réunion d'information destinée aux cadres, comment les processus d'amélioration de la qualité mis de l'avant par cet entrepreneur avaient largement contribué au contrôle des coûts et à la prévention des problèmes.

Une autre façon de reconnaître les autres consiste à travailler à leur réputation au sein de l'organisation. Avoir « bonne presse » peut ouvrir bien des portes alors qu'avoir « mauvaise presse » peut isoler une personne et limiter son champ d'action. Ce type de monnaie consiste également à se porter à la défense d'une personne injustement blâmée et à plaider son innocence.

Enfin, l'aspect le plus puissant de cette monnaie, c'est le partage de l'information. Aider les autres à étendre leur réseau en leur présentant des personnes clés attire la gratitude. Supposons, par exemple, qu'un directeur fonctionnel se fasse suggérer de communiquer avec une personne influente pour savoir ce qui se passe réellement dans ce service ou obtenir rapidement quelque chose ; celui-ci lui sera sans doute redevable.

La monnaie liée à l'inspiration

La forme d'influence la plus puissante se base probablement sur l'inspiration. La plupart des sources d'inspiration viennent du désir ardent qu'ont les gens de faire une différence et de trouver un sens à leur vie. Quand le gestionnaire de projet sait communiquer avec passion et force sa vision d'un projet, il peut inciter les autres à s'engager pleinement. Plusieurs percées technologiques associées à l'introduction du premier ordinateur Macintosh, par exemple, ont été attribuées au sentiment qu'avaient les membres de l'équipe de projet d'avoir la chance de changer la perception des gens à propos des ordinateurs. Un autre aspect de la vision consiste à donner à un employé l'occasion d'accomplir vraiment bien une tâche. En général, tirer satisfaction de son travail constitue une grande motivation.

Souvent, la nature même d'un projet devient source d'inspiration. Découvrir un médicament pour une maladie jusque-là incurable, mettre sur pied un nouveau programme social pour aider les gens dans le besoin ou construire une centrale électrique éolienne permettant de produire une énergie propre sont des entreprises qui apportent une grande satisfaction et le sentiment d'accomplir quelque chose de concret. L'inspiration agit comme un aimant : elle attire les gens au lieu de les forcer à faire quelque chose.

La monnaie liée aux relations

La monnaie liée aux relations sert davantage à renforcer le lien avec une personne qu'à accomplir des tâches liées au projet. L'essence de cette forme d'influence consiste à établir une relation qui dépasse les frontières professionnelles et qui se transforme en amitié. On développe de telles relations en donnant son appui personnel et émotionnel. Remonter le moral d'une personne abattue, lui redonner confiance et donner des encouragements ne peuvent que susciter de bons sentiments à votre égard. Faire preuve d'humour et dédramatiser les situations difficiles constituent une autre forme de cette monnaie. De même, côtoyer des gens dans des activités extérieures au travail, comme le sport ou des sorties en famille, est une autre façon d'enrichir les relations.

La forme la plus fondamentale de cette monnaie consiste simplement à écouter les autres. Selon des psychologues, la plupart des gens éprouvent un grand désir d'être compris ; souvent, les relations se brisent parce que les deux parties ne sont plus à l'écoute l'une de l'autre. Partager les secrets et les ambitions et devenir un confident avisé créent aussi un lien spécial entre les personnes.

La monnaie liée aux bénéfices personnels

La monnaie liée aux bénéfices personnels concerne les besoins individuels et le sens prépondérant de l'estime de soi. Certains affirment que l'estime de soi est un besoin psychologique essentiel ; notre aptitude à aider les autres à prendre conscience de leur importance et de leur valeur personnelle les disposera favorablement à notre égard. Un gestionnaire de projet peut rehausser, chez un collègue, le sens de sa valeur en partageant avec lui des tâches qui améliorent ses compétences et ses habiletés, déléguer son autorité sur les travaux à un autre afin qu'il se sente partie prenante ou permettre à une personne de se sentir à l'aise d'explorer ses capacités. Cette forme de monnaie se voit également dans l'expression sincère de la gratitude envers la contribution d'autrui. Cependant, quand on exprime de la gratitude, il vaut mieux faire preuve de modération, car elle pourrait perdre de son effet. En d'autres mots, le premier *merci* a plus d'effet que le vingtième.

En conclusion, l'influence d'un gestionnaire de projet se mesure en fonction de ce qu'il peut offrir aux autres et de ce qui a de la valeur à leurs yeux. De plus, étant donné la diversité des gens dont dépend un gestionnaire de projet, il importe que celui-ci soit capable d'acquérir et d'utiliser différentes monnaies d'influence. La capacité de le faire sera limitée en partie par la nature du projet et son organisation. Un gestionnaire de projet à la tête d'une équipe dévouée, par exemple, a bien plus à offrir aux membres de son équipe que le gestionnaire de projet qui a pour tâche de coordonner les activités de plusieurs professionnels issus de différents services et organisations. Dans de tels cas, le gestionnaire de projet devra compter davantage sur les influences personnelles et relationnelles pour obtenir la collaboration d'autrui.

L'élaboration d'un réseau social

Le schéma des dépendances sociales

La première étape de l'élaboration d'un réseau social consiste à déterminer les ressources sur lesquelles repose le succès du projet. Le gestionnaire de projet et ses adjoints doivent se poser les questions de la page suivante.

▸ De qui nous faudra-t-il obtenir la collaboration ?

▸ De qui devrons-nous avoir le consentement ou l'approbation ?

▸ Qui peut s'opposer à l'exécution du projet ?

En général, le gestionnaire de projet considère comme utile de dessiner un schéma de ces relations de dépendance avec autrui. Par exemple, la figure 10.2 illustre les relations de dépendance qu'a établies un gestionnaire de projet responsable d'implanter un nouveau progiciel de finances dans son entreprise.

Il vaut toujours mieux surestimer que sous-estimer les relations de dépendance. Trop souvent, des gestionnaires de projet talentueux et compétents se sont heurtés à des obstacles à cause de personnes dont ils n'avaient pas prévu la position ou le pouvoir. Après avoir déterminé les personnes dont on dépendra, il ne reste plus qu'à se mettre à leur place et à voir le projet avec leurs yeux.

▸ Quelles différences existe-t-il entre moi et les personnes dont je dépends (objectifs, valeurs, pression, méthodes de travail, risques) ?

▸ Comment ces personnes perçoivent-elles le projet (partisans, neutres, opposants) ?

▸ Quel est le statut actuel de ma relation avec les personnes dont je dépends ?

▸ Quelles sont les sources d'influence dont je dispose envers les personnes dont je dépends ?

Quand on commence cette analyse, on comprend ce qui revêt de la valeur aux yeux des autres et le type de monnaie d'échange à privilégier afin de créer des liens avec eux. On prend conscience des problèmes possibles, par exemple une personne envers qui on a déjà des dettes ou pour qui on ne dispose pas de la monnaie appropriée. De plus, examiner le point de vue d'un autre et les raisons qui expliquent sa façon de voir permettra de prévoir ses réactions et ses sentiments envers vos décisions et vos actions. Cette information s'avère vitale dans le choix de votre stratégie d'influence et de vos tactiques pour entreprendre des négociations gagnant-gagnant.

FIGURE 10.2

Les relations de dépendance d'un projet d'implantation d'un progiciel de finances

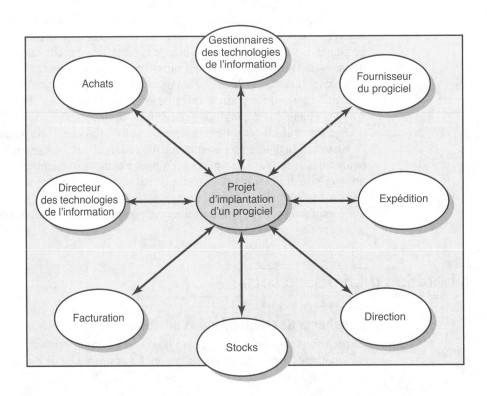

Après avoir tracé un schéma de son réseau de relations de dépendance, par exemple, le gestionnaire de projet responsable de l'installation du progiciel s'est rendu compte qu'il éprouverait sans doute de sérieux ennuis avec le directeur du service de la réception des marchandises, l'un des principaux utilisateurs du nouveau progiciel. Le gestionnaire de projet n'avait encore jamais travaillé avec lui. Toutefois, il avait entendu certaines rumeurs selon lesquelles il désapprouvait le choix du progiciel et considérait le projet comme un autre dérangement inutile des activités de son service. Avant de démarrer le projet, le gestionnaire de projet a invité le directeur à dîner et a écouté patiemment ses inquiétudes. Il a pris le temps nécessaire pour bien expliquer, au directeur et à son personnel, les avantages du nouveau progiciel. Il s'est efforcé d'atténuer les dérangements que la transition occasionnerait dans son service. Le gestionnaire de projet a modifié la mise en œuvre du projet pour privilégier ses préférences concernant le moment de l'installation du progiciel et la formation de son personnel. En conséquence, le directeur de la réception des marchandises et les employés de son service ont perçu le changement d'un meilleur œil, et la transition s'est effectuée plus facilement que prévu.

La gestion sur le terrain

L'exemple précédent décrit la deuxième étape de l'élaboration d'un réseau social bien disposé envers le projet. Après avoir déterminé les acteurs clés dont dépend le succès du projet, on prend contact avec eux et on commence à établir une relation. Cette relation fait appel à un style de gestion que les employés de Hewlett-Packard (HP) appellent « gestion sur le terrain » pour illustrer le fait que le gestionnaire de projet passe presque tout son temps à l'extérieur de son bureau. Par son interaction directe avec les acteurs sur le terrain, le gestionnaire de projet se tient informé du déroulement du projet et établit les relations nécessaires à son succès.

Le gestionnaire de projet efficace prend contact avec les acteurs clés afin de suivre les faits nouveaux, de prévoir les problèmes possibles, de donner des encouragements et de rappeler les objectifs et la vision du projet. Il est sur place pour résoudre les conflits et prévenir les impasses. En un mot, il « gère » le projet. Engagé dans tous les aspects du projet, il devient la source première d'information. Les participants s'adressent à lui pour obtenir l'information la plus complète et la plus récente sur le projet, ce qui renforce d'autant son rôle central de gestionnaire de projet.

Nous avons aussi observé des gestionnaires de projet qui évitent la gestion sur le terrain et tentent de gérer les projets à partir de leur bureau et de leur ordinateur. Ils annoncent fièrement leur politique de la porte ouverte et encouragent les participants à venir les consulter quand surgissent les complications ou les problèmes. Ils croient au dicton « Pas de nouvelles, bonnes nouvelles ». En conséquence, ils n'auront de contacts qu'avec les acteurs communicatifs. En effet, les acteurs qui tendent à recourir facilement au gestionnaire de projet reçoivent une proportion trop élevée de son attention. Ainsi, les acteurs moins disponibles, c'est-à-dire physiquement plus éloignés, ou plus passifs sont ignorés. Ce comportement fait en sorte que les participants, quand ils ne font pas de remous, reçoivent peu d'attention et peuvent en éprouver du ressentiment lorsqu'ils se croient plus méritants.

Bien que le gestionnaire de projet consacre une plage importante de son horaire à son équipe, il trouve quand même le temps de communiquer régulièrement avec les acteurs moins directement concernés. Il garde contact avec les fournisseurs, les marchands, la direction et les autres gestionnaires fonctionnels. En agissant ainsi, il se familiarise avec différents participants, noue des amitiés, découvre des occasions de rendre service et comprend les valeurs et les besoins d'autrui. Il rappelle aux autres leur engagement et défend la cause du projet. Il exerce aussi une influence sur les attentes des participants, comme l'illustre la rubrique, à la page suivante. Grâce à ses contacts fréquents, il rassure les gens sur le projet et les met en garde contre les problèmes possibles, dissipe les rumeurs et apporte des ébauches de solution pour écarter efficacement les ennuis.

Coup d'œil sur un cas réel

La gestion des attentes*

Dorothy Kirk, consultante en gestion de projet et gestionnaire de projet pour le compte de *Financial Solutions Group of Mynd,* offre quelques judicieux conseils sur l'art de gérer les attentes des participants à un projet :

[...] Les attentes sont tenaces. Seule l'absence de preuve du contraire suffit pour qu'elles prennent racine. Une fois enracinées, les paroles que l'on ne dit pas semblent les inciter à croître. Les attentes se développent et prennent de l'ampleur, mais ne sont pas pour autant réalistes. C'est pourquoi les gestionnaires de projet se battent souvent contre des attentes irréalistes.

Voici quelques trucs de Dorothy Kirk pour gérer les attentes :

▶ La façon dont vous présentez l'information peut préciser les attentes ou les rendre confuses. Par exemple, si vous estimez qu'une tâche nécessitera 317 heures, votre précision hausse le niveau des attentes. Le participant au projet sera sans doute mécontent si le projet exige 323 heures de travail. Par contre, il serait probablement satisfait de 323 heures, si vous aviez effectué une estimation entre 300 et 325 heures.

▶ Soyez conscient que c'est dans la nature humaine de chercher à interpréter une situation à son avantage. Si vous dites à un client que la tâche sera terminée en janvier, par exemple, vous êtes porté à l'interpréter en votre faveur et à vous dire que vous avez jusqu'à la fin janvier. Cependant, le client croira plutôt que le tout sera terminé le 1er janvier.

▶ Saisissez toutes les occasions de comparer vos attentes avec la réalité. Trop souvent, nous fuyons les occasions de reconsidérer nos attentes, car nous nous accrochons à l'espoir que, de toute manière, les choses tourneront à notre avantage.

▶ Évitez de demander à un participant au projet de suggérer des améliorations si vous n'avez pas l'intention d'en tenir compte. Si vous lui demandez son avis, vous hausserez ses attentes.

▶ Prenez la peine d'expliquer ce qui est évident. Ce qui vous paraît évident ne l'est pas nécessairement aux yeux des autres.

▶ Ayez le courage d'annoncer les mauvaises nouvelles. Communiquez-les ouvertement en personne. Attendez-vous à provoquer la colère et la frustration. Ne soyez pas pour autant sur la défensive. Préparez-vous à expliquer l'impact des problèmes. Par exemple, ne dites jamais que le projet sera retardé sans préciser une nouvelle date. Expliquez les mesures que vous prenez pour que cela ne se répète pas.

Tous les acteurs ont des attentes relativement à l'horaire, au coût et aux avantages du projet. Le rôle du gestionnaire de projet consiste à écouter, à comprendre et à gérer ces attentes.

* KIRK, D. « Managing Expectations », *PM Network,* août 2000, p. 59-62.

Quand le gestionnaire de projet ne prend pas l'initiative de créer un réseau bien disposé à l'égard du projet, il s'expose à rencontrer un gestionnaire ou un autre participant seulement quand celui-ci a de mauvaises nouvelles à lui annoncer ou qu'il a besoin d'une faveur – par exemple, il n'a pas les données promises ou le projet prend du retard. Lorsque le gestionnaire de projet n'a pas déjà établi des interactions fréquentes et bienveillantes avec un participant au projet, leur première rencontre sera sans doute tendue s'il s'agit de discuter d'un problème. Selon toute vraisemblance, les parties seront alors sur la défensive, s'interrompront et perdront de vue le problème.

Le gestionnaire de projet d'expérience sait qu'il importe de nouer des relations avant d'en avoir besoin. Il prend contact avec les acteurs clés quand il n'y a aucun problème majeur, et donc aucune anxiété ni méfiance. Au cours de ces rencontres sociales, les deux parties parlent de choses et d'autres et se taquinent. Le gestionnaire de projet habile cherche également à marquer des points dans ses relations avec les acteurs potentiellement importants. Il s'offre volontiers pour donner un coup de main, prodigue des conseils judicieux et échange de l'information. En agissant ainsi, il enrichit la relation, ce qui lui permettra de mieux gérer les problèmes qui surgiront en cours de route. Quand une personne en considère une autre comme agréable, crédible et serviable sur la base de ses expériences passées avec elle, elle aura tendance à réagir favorablement à ses demandes et à aborder les problèmes plus sereinement.

La gestion des relations avec les supérieurs

Les recherches ne laissent aucun doute : le succès d'un projet dépend fortement de l'appui de la haute direction. Un budget approprié, une réaction favorable aux besoins imprévus et un message clair d'incitation à la collaboration aux autres membres de l'organisation sont tous des signes que la haute direction donne son appui au projet.

Recherche en action

Améliorer la performance des équipes de nouveaux produits*

D.G. Ancona et D. Caldwell ont étudié la performance de 45 équipes de nouveaux produits dans cinq entreprises de haute technologie et ont obtenu des résultats surprenants. Le plus significatif d'entre eux est que la dynamique interne d'une équipe n'est pas liée à la performance. En effet, la bonne performance des équipes ne dépend pas de la clarté des objectifs, de la répartition juste et équitable des tâches entre les membres ou de la compétence à réaliser ses objectifs personnels. La performance d'une équipe dépend plutôt du niveau et de l'intensité de ses interactions externes avec le reste de l'organisation. Ancona et Caldwell ont établi quatre modèles d'activités qui contribuent à créer une équipe très performante :

1. Les activités d'*ambassadeur* visent à représenter l'équipe auprès des autres et à la protéger contre toute forme d'interférence. Le gestionnaire de projet assume généralement cette responsabilité, c'est-à-dire qu'il garde son équipe à l'abri des pressions politiques et qu'il cherche à obtenir des appuis pour son projet dans la hiérarchie de l'entreprise.

2. Les activités du *coordonnateur de tâches* consistent à coordonner le travail de l'équipe avec celui des autres unités et organisations. Contrairement au rôle d'ambassadeur qui se joue plus haut dans la hiérarchie, les activités du coordonnateur sont plus latérales et impliquent la négociation et l'interaction entre les parties intéressées.

3. Dans les activités de l'*explorateur,* le gestionnaire de projet part en expédition. Il part à la recherche d'information sur ce qui se passe ailleurs dans l'organisation et la rapporte à son équipe. Il s'agit d'une tâche moins structurée que celle de coordonnateur de tâches.

4. Les activités du *protecteur* diffèrent des autres, car elles visent à conserver l'information et les ressources au sein de l'équipe et à empêcher les fuites. Une tâche clé du protecteur consiste à maintenir l'information secrète jusqu'au moment propice pour la révéler.

Ancona et Caldwell ont découvert que, dans les équipes de projet performantes, l'importance de ces activités varie durant le cycle de vie du développement du produit. Par exemple, les activités de l'explorateur sont critiques durant la phase de création, c'est-à-dire quand l'idée du produit se précise et que l'équipe se forme. Les activités d'ambassadeur sont capitales dans la phase de développement où les caractéristiques du produit sont approuvées et que la tâche principale est maintenant de développer le prototype.

Cependant, Ancona et Caldwell précisent que leurs observations ne minimisent pas l'importance du travail d'équipe et des activités internes de l'équipe dans le succès du projet. Une dynamique efficace au sein de l'équipe s'avère essentielle pour bien intégrer l'information provenant de sources extérieures et pour coordonner les activités des différents groupes. Leur recherche confirme le principe selon lequel les problèmes et les occasions intéressantes se situent souvent en marge du projet. Le gestionnaire de projet a donc comme premier mandat de gérer l'interface entre son équipe et le reste de l'organisation.

* ANCONA, D.G. et D. CALDWELL. « Improving the Performance of New-Product Teams », *Research Technology Management,* vol. 33, n° 2, mars-avril 1990, p. 25-29.

Le soutien manifeste de la haute direction n'est pas critique seulement pour obtenir l'appui des autres gestionnaires, mais il constitue également un facteur clé dont le gestionnaire de projet a besoin pour motiver son équipe. Rien ne confirme davantage la qualité de leader d'un gestionnaire que son habileté à défendre un projet. Pour mériter la loyauté des membres de son équipe, le gestionnaire de projet doit devenir un bon défenseur de son projet. Il doit être capable d'amener la haute direction à refuser les demandes irréalistes, à fournir des ressources supplémentaires et à reconnaître les réalisations des membres de son équipe.

Les relations entre la haute direction et le gestionnaire de projet sont fondamentales, et c'est peut-être pourquoi celui-ci vit autant de frustrations. Voici quelques commentaires qu'ont formulés certains gestionnaires de projet sur la haute direction :

Ils n'ont pas conscience des ennuis qu'ils nous créent en affectant Luc à un autre projet.

Je voudrais bien les voir exécuter ce projet avec le budget qu'ils nous ont accordé.

J'aimerais bien qu'ils décident, une fois pour toutes, ce qui est vraiment important.

Bien qu'il semble paradoxal qu'un subordonné « gère » son supérieur, le gestionnaire de projet habile consacre temps et énergie à influencer la haute direction et à obtenir son soutien. Il doit comprendre la différence considérable de perspectives et développer l'art de persuader ses supérieurs.

Parmi les tensions possibles entre la haute direction et le gestionnaire de projet, plusieurs sont une question de divergence de points de vue. Le gestionnaire de projet pense tout naturellement à ce qu'il y a de mieux pour son projet. À ses yeux, il devient ce qu'il y a de plus important au monde. Les priorités de la haute direction, par contre, sont tout autres. Les cadres ont d'abord à cœur l'intérêt de l'organisation. Rien n'est plus normal que de voir ces deux intérêts s'opposer quelquefois. Un gestionnaire de projet, par exemple, peut exercer une pression considérable pour obtenir du personnel supplémentaire et essuyer un refus parce que la haute direction considère que les autres services ont besoin de tout leur personnel. Bien qu'une bonne communication arrive à aplanir les différences, le gestionnaire de projet doit quand même accepter le fait que la haute direction verra toujours le monde d'un œil différent.

Quand un gestionnaire de projet comprend que les désaccords avec ses supérieurs constituent davantage une question de perspective que de substance, il peut consacrer son énergie à développer l'art de convaincre la direction. Avant d'y parvenir, il doit toutefois d'abord faire preuve de loyauté. Dans ce contexte, la loyauté signifie qu'un gestionnaire de projet doit montrer qu'il répond constamment aux demandes et qu'il se plie de bonne grâce aux paramètres de l'entreprise. Liée de près à la loyauté, la crédibilité, fondée sur une longue série de succès, exerce aussi son influence. Après que le gestionnaire de projet a prouvé sa loyauté, la haute direction devient plus réceptive à ses projets et à ses demandes.

Le gestionnaire de projet a tout intérêt à cultiver des liens forts avec les cadres supérieurs qui parrainent le projet. Comme ces cadres haut placés se sont battus pour obtenir l'approbation du projet et le financement nécessaire, leur réputation dépend de son succès. Les parrains sont également ceux qui défendent le projet quand il fait l'objet d'une controverse dans les hautes sphères de direction. Comme l'illustre la figure 10.3, ils le protègent contre les obstructions en provenance de l'organisation. Le gestionnaire de projet doit *toujours* informer ses supérieurs des problèmes susceptibles d'apporter des complications ou des déceptions. Par exemple, si les coûts menacent de dépasser le budget ou si un ennui technique est susceptible de retarder la fin du projet, le gestionnaire s'assure que les parrains en seront les premiers informés.

Quand le gestionnaire de projet se prépare à négocier avec ses supérieurs pour obtenir des ressources, des prolongations ou des fonds supplémentaires, il sait que le choix du moment est critique. Demander un budget supplémentaire le lendemain de la présentation des résultats trimestriels décevants a moins de chances de succès que de formuler la même requête quatre semaines plus tard. Le bon gestionnaire de projet sait choisir le moment opportun pour s'adresser à la haute direction. Il demande à son parrain de défendre sa cause. Il reconnaît aussi que le consentement de la haute direction a ses limites. En effet, il faut se rappeler que les atouts dans un jeu sont comptés et qu'il vaut mieux les utiliser judicieusement.

Dans son rapport périodique à ses supérieurs, le gestionnaire de projet doit donner l'image la plus positive possible sans pour autant enjoliver la vérité. Il s'efforce d'adopter le modèle de communication des cadres supérieurs en copiant leur style et leur jargon dans ses présentations. Un gestionnaire de projet, par exemple, s'est rendu compte que la haute direction avait tendance à privilégier certaines métaphores sportives pour décrire certains contextes d'affaires. Il a donc écrit, dans son rapport, pour expliquer un délai dans le calendrier : « Nous avons perdu cinq verges, mais il nous reste encore deux jeux pour obtenir le premier essai. » Le gestionnaire de projet astucieux apprend le langage de la haute direction et l'utilise à son avantage.

FIGURE 10.3

Le rôle du parrain d'un projet

Parrain du projet

Projet

Diriger sur la corde raide*

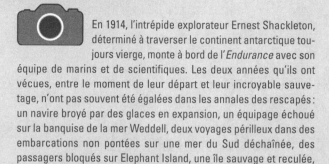 En 1914, l'intrépide explorateur Ernest Shackleton, déterminé à traverser le continent antarctique toujours vierge, monte à bord de l'*Endurance* avec son équipe de marins et de scientifiques. Les deux années qu'ils ont vécues, entre le moment de leur départ et leur incroyable sauvetage, n'ont pas souvent été égalées dans les annales des rescapés : un navire broyé par des glaces en expansion, un équipage échoué sur la banquise de la mer Weddell, deux voyages périlleux dans des embarcations non pontées sur une mer du Sud déchaînée, des passagers bloqués sur Elephant Island, une île sauvage et reculée, souffrant de faim et de froid, à la limite de l'endurance humaine.

Cette aventure a incité Dennis Perkins à écrire *Leading at the Edge: Leadership Lessons from the Extraordinary Saga of Shackleton's Antarctic Expedition* (*Diriger sur la corde raide : Leçons à tirer de l'extraordinaire saga de l'aventure de Shackleton en Antarctique*). Dennis Perkins illustre par de nombreux exemples comment la conduite de Shackleton a influencé le comportement de son équipage en détresse. En effet, du début à la fin de l'expédition transatlantique, Shackleton a toujours encouragé une attitude empreinte de bienveillance et de respect :

> Après le naufrage de l'*Endurance,* Shackleton a fait chauffer du lait qu'il a distribué de tente en tente afin de donner à son équipage la « boisson de vie ». Après avoir fait voile jusqu'à l'île de Géorgie du Sud et que l'équipage épuisé a débarqué, Shackleton a assumé la première veille qu'il a gardée trois heures au lieu d'une comme à l'accoutumée.

> Les membres d'équipage ont imité le comportement dévoué de Shackleton, comme l'illustre un des moments les plus dramatiques de la saga de l'*Endurance.* Les provisions étaient à un niveau périlleusement bas. Il n'en restait que pour une semaine, et la modeste ration de steak de phoque servie au déjeuner avait été sacrifiée. Les hommes inspectaient les restes de viande habituellement servis aux chiens afin d'y découvrir des morceaux comestibles pour eux.

> Dans ces conditions extrêmes et après une nuit d'humidité et d'insomnie, une dispute a éclaté. Coincé entre deux opposants, un membre d'équipage (Greenstreet) a renversé sa petite portion de lait en poudre et s'est alors adressé en criant au biologiste (Clark). Alfred Lansing a décrit ce qui s'est passé par la suite :

Topham/The Image Works.

> Greenstreet s'est arrêté pour reprendre son souffle. Au même moment, sa colère est tombée, et il a gardé le silence. Dans la tente, tous les autres se sont aussi calmés, ont regardé Greenstreet, hirsute, barbu, couvert de suie de lard avec à la main sa tasse vide, regardant désespérément la neige qui venait d'engouffrer son précieux lait. Cette perte était si tragique qu'il semblait presque sur le point de pleurer. Sans parler, Clark s'est approché et a versé du lait dans la tasse de Greenstreet. Après lui, Worsely, les Macklin, Rickerson, Kerr, Orde-Lees et finalement Blackborrow ont fait de même. Ils ont fini leur lait en silence.

* Adaptation de *Leading at the Edge: Leadership Lessons from the extraordinary Saga of Shackleton's Antarctica Expedition,* New York, AMACOM Press, 2000, Dennis N.T. Perkins, p. 94-95; et *Endurance: Shackleton's Incredible Voyage,* Alfred Lansing, New York, Carroll et Graf, 1998, p. 127.

Enfin, certains gestionnaires de projet admettent ne pas tenir compte de la ligne de commandement. Quand ils pensent que la haute direction refusera une requête importante qu'ils savent avantageuse pour le projet, ils procéderont sans demander l'autorisation. Bien qu'ils reconnaissent courir de grands risques, ils affirment que les patrons s'opposent rarement au succès, comme l'illustre la rubrique ci-dessus.

Diriger par l'exemple

Un style de gestion omniprésent et interactif s'avère essentiel non seulement pour créer et entretenir des liens de collaboration, mais aussi pour permettre aux gestionnaires de projet d'exploiter leur outil de gestion le plus puissant, c'est-à-dire leur attitude. Souvent, quand les gens sont dans l'incertitude, ils observent les autres pour savoir comment réagir. Ils sont

FIGURE 10.4

Diriger par l'exemple

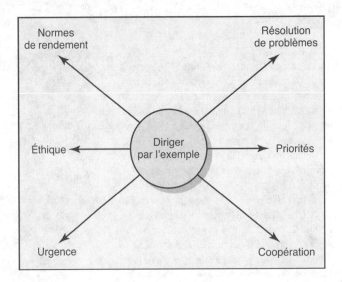

ainsi portés à imiter le comportement de leurs supérieurs. Le comportement du gestionnaire de projet reflète comment ses subordonnés devraient travailler. Par sa façon d'agir, le gestionnaire de projet exerce une influence sur l'attitude des autres ainsi que sur leurs réactions dans plusieurs situations liées au projet. Pour être efficace, le gestionnaire de projet dirige par l'exemple dans plusieurs aspects du projet (*voir la figure 10.4*), comme nous l'expliquons ci-après.

Les priorités

Les actions sont plus éloquentes que les mots. Les subordonnés et les autres acteurs devinent les priorités du gestionnaire de projet en observant les activités auxquelles il consacre son temps. Quand ce gestionnaire insiste pour qu'un projet soit critique, mais qu'il semble consacrer plus de temps aux autres projets, ses déclarations sont susceptibles d'avoir peu d'effets. À l'inverse, lorsqu'il prend le temps d'examiner une activité opérationnelle au lieu de se contenter d'un rapport, il montre ainsi l'importance qu'il accorde aux employés et à leur travail. De même, le genre de questions qu'il pose indique ses priorités. En demandant souvent comment tel aspect satisfera le client, le gestionnaire de projet insiste sur la satisfaction de celui-ci.

L'urgence

Par ses agissements, le gestionnaire de projet communique un sentiment d'urgence qui se ressentira dans toutes les activités du projet. Ce sentiment d'urgence se traduit par une échéance serrée, des rapports de réunion périodiques et des solutions audacieuses pour mener à terme le projet. Le gestionnaire de projet fait appel à ces outils comme un métronome pour prendre le pouls du projet. Par contre, ces outils s'avéreront inefficaces si le comportement du gestionnaire de projet ne s'ajuste pas en conséquence. S'il souhaite que les autres travaillent plus vite et trouvent rapidement des solutions aux problèmes, il devra en faire autant. Il devra lui aussi hâter le pas. Il accélérera la fréquence de ses interactions, parlera davantage, se déplacera plus rapidement, arrivera plus tôt au travail et partira plus tard. En augmentant le rythme de ses activités quotidiennes, le gestionnaire de projet renforce le sentiment d'urgence chez les autres.

La résolution de problèmes

La façon dont le gestionnaire de projet réagit aux problèmes donne le ton aux autres quand vient leur tour de trouver une solution. Quand les mauvaises nouvelles donnent lieu à des remontrances, les employés hésiteront à faire preuve de transparence. Lorsque le gestionnaire de projet se préoccupe davantage de trouver un coupable que d'empêcher le problème de se reproduire, les employés seront portés à brouiller les pistes pour jeter le blâme sur quelqu'un d'autre. Par contre, quand le gestionnaire de projet tente de faire d'un problème une occasion d'agir ou de tirer une leçon de cette erreur, son équipe aura tendance à adopter une approche plus proactive pour résoudre les problèmes.

La coopération

La façon dont le gestionnaire de projet agit envers ses fournisseurs exerce une influence sur l'attitude des membres de son équipe envers ces mêmes personnes. Quand il émet des remarques désobligeantes sur les «idiots» du service du marketing, souvent l'équipe en arrivera à partager la même opinion. Par contre, quand il se fait un point d'honneur de traiter les fournisseurs avec respect et de répondre à leurs besoins, il est fort probable que les autres l'imiteront.

Les normes de rendement

Pour que les participants dépassent les attentes du projet, le gestionnaire de projet d'expérience reconnaît qu'il doit lui-même aller au-delà de ce que les autres attendent de lui. C'est par la qualité de ses interactions quotidiennes qu'il fixe une norme de rendement élevée pour le projet. Il répond rapidement aux besoins des autres, prépare avec soin les réunions qu'il dirige fermement, s'informe de toutes les questions critiques, facilite la résolution de problèmes et ne cède pas sur les sujets qu'il croit importants.

L'éthique

Les participants au projet régleront les dilemmes d'ordre éthique qui surgissent en cours de route de la même manière que leur gestionnaire de projet. Dans bien des cas, les membres de l'équipe agiront conformément à la façon d'agir de leur gestionnaire. Si le gestionnaire de projet déforme ou cache délibérément une information vitale en la présentant aux clients ou à la haute direction, il signifie aux autres que ce comportement est acceptable. Inévitablement, la gestion de projet implique toute une variété de dilemmes d'ordre éthique. Profitons de l'occasion pour explorer plus en détail ce sujet.

L'éthique et la gestion de projet

Les chapitres précédents ont déjà effleuré les questions d'éthique, comme gonfler les estimations de coût et de temps, exagérer les avantages du projet dans la proposition, et ainsi de suite. Les dilemmes d'ordre éthique surviennent dans des situations où il s'avère difficile de déterminer si nous agissons bien ou mal. Par exemple, est-il acceptable de dire à un client, à tort, que vous avez la situation bien en main, alors que votre raison de le faire consiste à lui éviter de prendre panique et d'empirer la situation?

Selon une enquête auprès de gestionnaires de projet, 81% des répondants affirment être confrontés à des dilemmes d'ordre éthique dans leur travail. Les dilemmes sont de toutes sortes: faire pression pour fausser un rapport périodique, retarder des signatures, retenir de la documentation pour donner une meilleure image de la progression des travaux, fausser les comptes de coût de revient, compromettre les normes de sécurité afin d'accélérer le déroulement et approuver un travail bâclé.

La gestion de projet est un travail complexe. Les questions éthiques impliquent invariablement que les capacités de jugement et d'interprétation du gestionnaire de projet se trouveront dans des zones grises. Il est difficile, par exemple, de distinguer la falsification délibérée des estimations d'une simple erreur ou, encore, l'exagération délibérée des retombées positives du projet d'un optimisme sincère. Comment déterminer si les promesses illusoires sont en réalité des supercheries ou la conséquence naturelle d'un changement de circonstances?

Coup d'œil sur un cas réel

La débâcle d'Arthur Andersen*

«Pense et parle avec droiture.» C'est sur ce principe qu'Arthur E. Andersen a fondé son cabinet d'expertise comptable au début des années 1900. Sa mère lui avait enseigné ce principe avant qu'il ne devienne la devise de son entreprise. Sa réputation d'intégrité ainsi que son approche systématique et planifiée du travail ont fait du cabinet d'Arthur Andersen l'une des plus célèbres et imposantes entreprises d'experts-comptables du monde.

Travailler pour Arthur Andersen n'était pas pour tout le monde. La culture de l'entreprise était rigide : bien trop hiérarchisée pour les personnes plus avant-gardistes. Nombre d'employés ont quitté le cabinet après moins de deux ans, jugeant que les avantages ne valaient pas les exigences auxquelles ils devaient répondre. D'autres se sont pliés aux règles du jeu et y ont fait leur nid. Pour conserver leur place dans l'entreprise, les membres du personnel devaient travailler fort, respecter l'autorité et démontrer un niveau élevé de conformité aux règles. En retour, ils étaient récompensés par des promotions, du soutien et la possibilité de devenir associé. Ces employés ayant fait carrière dans l'entreprise ont vieilli ensemble, professionnellement et personnellement ; la plupart d'entre eux n'avaient jamais travaillé ailleurs. Pour ces vétérans, Andersen était comme une seconde famille, et ils ont développé de profonds sentiments de loyauté envers l'entreprise et sa culture (p. 133).

Le 23 octobre 2001, David Duncan annonce aux membres de son équipe de projet d'Enron qu'ils devront désormais se plier à la nouvelle politique d'Andersen sur la gestion des documents pour vérification. La politique avait été établie afin que certains documents de l'entreprise ne puissent servir de preuves en cour. Elle exigeait de montrer les documents d'opinion et de vérification. Elle autorisait néanmoins la destruction de nombreux documents secondaires de tous genres. Les membres de l'équipe ont d'abord réagi par un silence consterné aux directives de M. Duncan. Ensuite, ils se sont précipités pour faire ce qu'il venait de leur demander. Personne n'a exigé d'explications supplémentaires. Aucun employé n'a demandé si cette procédure était bien ou mal. Nul ne s'est interrogé à savoir s'il agissait dans l'illégalité. Le personnel d'Andersen à Houston s'est simplement conformé aux ordres sans poser de questions.

Le 9 novembre, un jour après que la Securities Exchange Commission (SEC) a assigné Andersen à comparaître, le déchiquetage de papier a cessé. Plus d'une tonne de documents avaient été détruits ainsi que 30 000 courriels et fichiers informatiques relatifs à Enron. Selon l'équipe juridique qui défendait Andersen, ce déchiquetage n'avait rien d'inhabituel et n'était que pratique courante pour éliminer des dossiers inutiles. La SEC, pour sa part, y voyait la pointe d'une vaste opération de dissimulation. En conséquence, l'une des entreprises d'expertise comptable les plus respectées du monde n'a eu d'autre choix que de fermer ses portes.

* SQUIRES, Susan E. *et al. Inside Arthur Andersen : Shifting Values, Unexpected Consequences,* Upper Saddle (NJ), Prentice Hall, 2004.

Dans un effort pour clarifier la déontologie des affaires, plusieurs entreprises et regroupements professionnels établissent un code de déontologie. Certains cyniques perçoivent ce code comme de la poudre aux yeux ; ses défenseurs sont d'avis qu'il constitue un premier pas important, bien qu'il comporte certaines limites. Dans la pratique, l'éthique d'une personne ne se trouve pas dans les documents officiels. Elle se trouve plutôt du côté de son travail, de sa famille, de son éducation, de sa profession et de ses interactions quotidiennes. La plupart des gestionnaires de projet affirment qu'ils se fient à leur sens personnel du bien et du mal, ce que l'un d'eux a appelé sa «boussole intérieure». Pour déterminer si un comportement est éthique, il suffit de se demander : «Imagine que tes intentions seront publiées à la une de ton journal local. Cette idée te plairait-elle ? Serais-tu à l'aise ?»

Malheureusement, les scandales d'Enron, de Worldcom et d'Arthur Andersen ont montré que certains professionnels chevronnés refusent d'assumer leurs responsabilités personnelles en faveur de manœuvres illégales et obéissent aux directives de leurs supérieurs, comme l'illustre l'encadré sur Arthur Andersen. La haute direction et la culture de l'entreprise exercent une grande influence sur les croyances de ses membres, à propos de ce qui est bien et de ce qui est mal. Plusieurs sociétés encouragent les transgressions éthiques en développant une mentalité qui met l'accent sur le fait de «gagner à tout prix». La pression exercée sur certains cadres pour qu'ils réussissent peut les amener à croire que la fin justifie les moyens. D'autres organisations, par contre, se font un point d'honneur de jouer franc-jeu et finissent par se tailler une place sur le marché grâce à leur réputation d'honnêteté et de fiabilité.

Aux yeux de nombreux gestionnaires de projet, adopter un comportement éthique constitue une récompense. Quand nous nous laissons guider par notre boussole intérieure, notre attitude reflète nos valeurs personnelles. D'autres considèrent même qu'un comportement éthique est une double récompense. Non seulement on dort sur ses deux oreilles, mais on acquiert aussi une excellente réputation. Comme nous l'expliquerons dans la section suivante, une telle réputation se révèle essentielle pour inspirer la confiance sans laquelle le gestionnaire de projet ne peut exercer efficacement son influence.

Bâtir la confiance : la clé pour exercer son influence

Nous connaissons tous des gens influents, mais en qui nous n'avons pas confiance ; on prétend souvent que ces personnes sont très politiques. Ceux-ci connaissent un grand succès à court terme, mais l'impression de méfiance qu'ils inspirent sabote leur influence à long terme. Non seulement le gestionnaire de projet doit-il exercer son influence, mais il doit aussi le faire de façon à gagner et à conserver la confiance d'autrui.

On peut expliquer la confiance en décrivant ce qui se produit en son absence. Imaginons la différence entre une relation de travail où l'on se méfie de l'autre partie et une autre où l'on se sent en confiance. Quand les gens se méfient les uns des autres, ils consacrent beaucoup de temps et d'énergie à tenter de discerner les ordres du jour dissimulés ainsi que le sens réel des communications et à obtenir des garanties pour les promesses qu'on leur fait. Chacun est sur ses gardes et hésite à collaborer. Voici comment un gestionnaire dit avoir réagi envers un chef de projet en qui il n'avait pas confiance :

> Chaque fois que Brigitte s'adressait à moi, j'essayais de lire entre les lignes pour comprendre de quoi il s'agissait vraiment. Quand elle formulait une demande, ma première réaction était de dire « non » jusqu'à ce qu'elle prouve le bien-fondé de sa requête.

À l'inverse, la confiance est le « lubrifiant » grâce auquel les interactions sont faciles et efficaces. Quand nous inspirons confiance, les autres ne remettent pas en question nos actions et nos intentions, bien que les circonstances soient ambiguës. Cohen et Bradford affirment que, si les gens ont confiance, ils seront moins portés à exiger un remboursement immédiat pour ce qu'ils ont consenti ; ils accorderont une plus grande marge de crédit et des conditions de remboursement plus accommodantes. Cette souplesse s'avère vitale pour le gestionnaire de projet, surtout en période de changements organisationnels et d'incertitude où il est plus difficile d'établir un « taux de change juste ». Voici ce qu'un gestionnaire fonctionnel avait à dire d'un gestionnaire de projet en qui il avait confiance :

> Si Jérôme disait avoir besoin de quelque chose, je ne posais aucune question. Je savais que c'était important, sinon il ne l'aurait pas demandé.

La confiance est un concept insaisissable. Il est difficile d'expliquer en termes précis pourquoi certains gestionnaires de projet inspirent la confiance et d'autres pas. Une façon simple de comprendre la confiance est de la percevoir comme une question de caractère et de compétence. Le caractère relève des motifs personnels, par exemple, veut-il ou ne veut-il pas faire ce qui doit être fait ? Les compétences concernent davantage les habiletés nécessaires pour réaliser ces objectifs, par exemple, sait-il ou ne sait-il pas faire ce qui doit être fait ?

Dans son livre à succès intitulé *Seven Habits of Highly Effective People*, Stephen Covey fait revivre la notion de « caractère » dans la documentation traitant du leadership. M. Covey a critiqué les principes actuels de gestion, car ils encouragent les compétences relationnelles superficielles et les techniques de manipulation. C'est ce qu'il appelle l'« éthique de la personnalité ». À son avis, l'essence des gens très efficaces réside dans leur éthique du caractère, profondément enracinée dans leurs valeurs personnelles, comme la dignité, la serviabilité, la justice, la poursuite de la vérité et le respect.

L'un des traits distinctifs du caractère est la constance. Quand les gens fondent leurs agissements sur une série de principes, ils sont naturellement plus prévisibles, car leurs actions sont enlignées avec ces principes. Un autre trait de caractère est l'ouverture aux autres. Quand les personnes ont le sens de leur identité et de ce qui compte à leurs yeux, ils sont plus réceptifs aux autres. Ils sont alors capables d'éprouver de l'empathie et d'obtenir un consensus. Enfin, le caractère comprend aussi le sens de la résolution. Le gestionnaire de projet qui a du caractère n'agit pas par ambition personnelle, mais pour le bien commun. Son souci premier concerne le bien-être de l'organisation et du projet, et non pas ses intérêts personnels. Cette volonté de donner priorité aux intérêts organisationnels suscite le respect, la loyauté et la confiance.

Les commentaires de deux membres d'une équipe sur deux gestionnaires de projet différents expriment bien ce que l'on entend par « caractère ».

> De prime abord, tout le monde aimait Charles et ressentait de l'enthousiasme pour le projet. Mais après un certain temps, les gens se sont mis à douter de ses motivations personnelles. Il avait tendance à dire différentes choses à différentes personnes. Les gens ont commencé à se sentir manipulés. Charles passait trop de temps avec la haute direction.

> Les gens ont commencé à croire qu'il ne cherchait que son propre intérêt. C'était SON projet. Quand le projet a commencé à mal tourner, il a déserté le bateau et laissé quelqu'un d'autre recoller les morceaux. Je ne travaillerai plus jamais pour lui.

> Ma première impression d'Emma était neutre. Elle avait un style de gestion tranquille et sans prétention. Avec le temps, j'ai appris à respecter son jugement et son habileté à faire travailler les gens ensemble. Quand les gens allaient la voir pour un problème ou une requête, elle écoutait toujours attentivement. Si elle ne pouvait accéder à leur demande, elle prenait chaque fois le temps d'expliquer pourquoi. Quand des désaccords surgissaient, elle pensait toujours à ce qu'il y avait de mieux pour le projet. Les mêmes règles s'appliquaient à tous les employés ; personne n'avait de traitement de faveur. Si j'en avais l'occasion, je serais heureux de travailler avec elle pour un autre projet.

Le caractère ne peut, à lui seul, inspirer la confiance. Il faut également croire en la compétence des gens avant de leur accorder notre confiance. Nous connaissons tous des gestionnaires bien intentionnés que nous aimons, mais en qui nous n'avons pas confiance. Bien que nous nous prenions d'amitié pour eux, nous ne souhaitons pas travailler pour eux ou avec eux. La compétence se manifeste dans bien des aspects. D'abord, il y a les connaissances et les compétences liées aux tâches qui se reflètent dans la manière de répondre aux questions, de résoudre les problèmes techniques et d'exceller dans certains travaux. Il y a aussi les compétences interpersonnelles qui s'expriment par la façon de bien écouter, de communiquer clairement, de résoudre des différends, de donner des encouragements, et ainsi de suite. Enfin, il y a les compétences organisationnelles. Cela signifie être capable d'animer efficacement des réunions, de fixer des objectifs concrets, de réduire les pertes de temps et de tisser un réseau social. Trop souvent, les jeunes ingénieurs et les autres professionnels tendent à accorder trop d'importance aux compétences liées aux tâches ou aux habiletés techniques. Ils sous-estiment la valeur des compétences organisationnelles et émotionnelles. Cependant, les professionnels d'expérience reconnaissent l'importance de la gestion et exploitent davantage leurs compétences organisationnelles et interpersonnelles.

Les nouveaux gestionnaires de projet ont souvent le même problème : former leur caractère et développer leurs compétences ne se font pas en un jour. Le caractère et la compétence se voient quand ils sont mis à l'épreuve, par exemple quand il s'agit d'effectuer un appel difficile ou de résoudre un problème complexe. Le gestionnaire de projet chevronné a l'avantage d'avoir déjà une réputation et, derrière lui, une longue série de succès. Bien que les recommandations de parrains crédibles aident les jeunes gestionnaires de projet à faire bonne impression, ceux-ci devront démontrer leur caractère et leur compétence dans leurs interactions avec les autres pour gagner leur confiance.

Jusqu'à maintenant, ce chapitre s'est arrêté à l'importance de tisser un réseau social pour que le projet s'exécute dans la confiance et l'entraide. La section suivante se penchera sur la nature du travail du gestionnaire de projet et les qualités nécessaires pour y exceller.

Les qualités d'un gestionnaire de projet efficace

À première vue, la gestion de projet est une discipline trompeuse. En théorie, il y a une logique dans la progression d'un projet, c'est-à-dire que le gestionnaire formule d'abord un rapport de contenu de projet, puis élabore une structure de découpage du projet (SDP), développe un réseau, ajoute des ressources, met la dernière main au plan et détermine les étapes clés. Au moment de mettre en œuvre et d'exécuter le projet, cependant, la logique s'envole. Le gestionnaire de projet est alors confronté à un monde désorganisé, rempli d'incohérences et de paradoxes (*voir la rubrique Recherche en action à la page suivante*). Le gestionnaire de projet aguerri est en mesure de composer avec la nature contradictoire de son travail. Voici certaines de ces contradictions.

> **Innover tout en maintenant la stabilité.**   Le gestionnaire de projet joue les pompiers, rétablit l'ordre et remet tout projet sur la bonne voie. En même temps, il est innovateur et développe de nouvelles façons plus efficaces de procéder. Les innovations perturbent la stabilité de la routine et provoquent des dérangements avec lesquels il faut savoir composer.

> **Ne jamais perdre de vue l'ensemble du projet, mais mettre la main à la pâte.**   Le gestionnaire de projet garde une vue d'ensemble de son projet pour déterminer comment il s'intègre dans la stratégie de l'entreprise. Parallèlement, dans certaines occasions, il retrousse ses manches et s'implique dans les travaux et les aspects techniques. S'il ne voit pas aux détails, qui le fera ?

> **Encourager les employés, mais exercer de la pression sur l'équipe.**   Le gestionnaire de projet motive, dorlote et encourage ses membres tout en maintenant l'efficacité du travail d'équipe. Il s'assure d'être juste et constant dans sa manière de traiter les membres de son équipe, tout en traitant chacun d'eux comme une personne spéciale.

> **Intervenir ou laisser aller.**   Le gestionnaire de projet intervient, dénoue les impasses, résout les problèmes techniques et préconise différentes approches. En même temps, il doit deviner le moment propice pour se retirer et laisser les autres décider ce qu'il faut faire.

> **Être souple tout en demeurant ferme.**   Le gestionnaire de projet sait s'adapter et réagir aux événements qui surviennent au cours d'un projet. À d'autres moments, il ne déroge pas de sa ligne de conduite et se montre implacable quand tout le monde est prêt à abandonner.

> **Être loyal envers son équipe et son organisation.**   Le gestionnaire de projet doit former une équipe de travail unie dont les membres entretiennent leur motivation afin de fournir un rendement extraordinaire. Cependant, il doit remédier aux inconvénients d'une trop grande cohésion où les membres de son équipe se montrent fermés aux idées de l'extérieur. Il cultive la loyauté autant envers son équipe qu'envers son organisation.

Gérer ces contradictions et celles qui sont inhérentes à un projet requiert finesse et équilibre. La finesse consiste à savoir alterner entre des modèles de comportement opposés. La plupart du temps, par exemple, le gestionnaire de projet implique activement les autres, procède par étapes et cherche à obtenir un consensus. Dans certains autres cas, il n'a d'autre choix que d'agir en autocrate et de prendre des mesures décisives et unilatérales. Faire preuve d'équilibre signifie que le gestionnaire de projet est conscient que les extrêmes représentent un danger et que l'abus d'une bonne chose devient immanquablement nuisible. Par exemple, nombre de gestionnaires de projet tendent à déléguer systématiquement les tâches

Gérer les tensions liées au développement des produits*

Marianne Lewis et ses collègues ont cherché à déterminer comment les gestionnaires de projet font face aux multiples contingences, souvent contradictoires et changeantes, inhérentes au processus de développement des produits. En examinant la documentation sur le sujet, ils ont trouvé deux tendances apparemment opposées. L'une prône un style libre où sont encouragées la créativité, la souplesse et l'improvisation des membres de l'équipe. La seconde suggère une approche plus structurée dans laquelle les structures et les procédures guident le travail des membres de l'équipe.

Aux yeux des défenseurs du style libre, le développement des produits est ambigu par définition. Dans cette optique, le gestionnaire de projet s'efforce de faciliter l'improvisation et la créativité dans l'équipe et favorise les innovations à partir de la base. Le progrès est évalué sur la base de l'apprentissage par l'expérience des membres, c'est-à-dire l'évolution de leur vision, de leurs connaissances et de leurs compétences en ce qui concerne le projet, et de leurs interactions avec les autres et avec le produit lui-même.

À l'opposé, les partisans du style structuré considèrent que le développement des produits est prévisible et rationnel et qu'une gestion descendante s'avère plus efficace. La haute direction établit la ligne de conduite et la structure, s'efforçant de diriger les efforts de l'équipe et de faire coïncider le projet avec les objectifs de l'organisation. Afin d'exercer un certain contrôle, la haute direction détermine quelques jalons rapprochés qu'elle évaluera de manière critique relativement aux normes de conception et à l'attribution des ressources.

L'équipe de Marianne Lewis a recueilli des données sur 80 projets de développement de produits dans une grande entreprise chimique fabriquant des produits très diversifiés, tels qu'un nouveau système d'ascenseur, une nouvelle formule de bâton déodorant, des vitamines en vente libre et des produits agrochimiques. Elle s'est penchée sur le lien existant entre le style libre et le style structuré et le succès du projet. Cette étude se révèle d'autant plus crédible que l'équipe a observé ces deux styles pendant toute la durée du projet.

Les résultats montrent que faire preuve d'innovation et d'efficacité, même modestement, requiert des modèles de comportement paradoxaux. L'étude révèle que, pour assurer le succès du développement de produits, le gestionnaire de projet doit 1) mener de front les activités libres et structurées ; 2) préconiser un style ou l'autre selon que les changements constituent une source d'incertitude ; et 3) trouver des compromis quand les demandes sont contradictoires. Le gestionnaire de projet, par exemple, doit exercer un leadership fort afin que les membres de son équipe ne perdent pas de vue les objectifs et le calendrier du projet, tout en leur laissant la latitude nécessaire pour donner libre cours à leur créativité et renforcer leur motivation.

* LEWIS, Marianne W. *et al.* « Product development tensions : Exploring contrasting styles of project management », *Academy of Management Journal,* vol. 45, nº 3, 2002, p. 546-564.

les plus stressantes et difficiles aux meilleurs membres de leur équipe. Cette habitude finit par créer du ressentiment chez les membres désignés ; en outre, elle empêche les autres moins habiles de développer leur potentiel.

Existe-t-il un style ou une formule de gestion qui garantit l'efficacité d'un gestionnaire de projet ? La réponse à la question est non. Le monde de la gestion de projet s'avère bien trop complexe pour les formules toutes faites. Les gestionnaires de projet habiles savent adapter leur style aux circonstances.

Alors, quelles qualités devrait-on trouver chez un gestionnaire de projet efficace ? Plusieurs auteurs ont étudié la question. Ils ont dressé mille et une listes de compétences et d'habiletés nécessaires pour devenir un bon gestionnaire de projet. En parcourant ces listes, on peut croire qu'il faut des qualités surhumaines pour y parvenir. Ne devient pas un bon gestionnaire de projet qui veut. Cependant, certains gestionnaires de projet arrivent à développer les compétences et les traits fondamentaux qui leur permettent de bien faire leur travail. Voici neuf de ces traits.

1. **Une approche systémique** Le gestionnaire de projet devrait être en mesure d'opter pour une approche holistique plutôt que pour une approche réductionniste. Au lieu de morceler un projet en plusieurs de ses composantes (la planification et le budget) et de le

gérer en comprenant individuellement chacune de ses parties, l'approche systémique vise plutôt à comprendre comment les différents facteurs interagissent pour atteindre les résultats escomptés. En d'autres mots, la clé du succès réside dans la gestion de l'inter-action entre les composantes et non pas dans les composantes elles-mêmes.

2. **Une intégrité personnelle** Avant de diriger et de gérer les autres, il faut d'abord être capable de se diriger et de se gérer soi-même. On doit commencer par prendre solide-ment conscience de qui l'on est, de ce que l'on croit et de la façon dont on devrait agir. Cette force intérieure donne l'énergie pour composer avec les hauts et les bas du cycle de vie d'un projet et la crédibilité nécessaire pour gagner la confiance d'autrui.

3. **La proactivité** Le bon gestionnaire de projet agit sur-le-champ pour empêcher que les petits ennuis dégénèrent. Il passe le plus clair de son temps dans sa sphère d'influence afin de résoudre les problèmes et ne s'attarde pas aux événements qui échappent à son contrôle. Le gestionnaire de projet n'a pas le temps de se lamenter.

4. **Une grande tolérance au stress** La gestion de projet n'est pas pour les petites natures. La pression qu'imposent des échéances, les incertitudes techniques et les relations avec certains professionnels têtus et difficiles peut générer beaucoup de stress. Nous n'avons pas tous la même tolérance au stress. L'exercice physique, une saine alimentation et une famille compréhensive s'avèrent indispensables pour affronter les défis de la gestion de projet.

5. **Une compréhension générale des affaires** Le rôle premier du gestionnaire de projet consiste à intégrer les contributions de différentes disciplines techniques et administra-tives. C'est pourquoi il doit posséder une connaissance de base des affaires et des inter-actions entre les disciplines fonctionnelles afin d'assurer le succès de l'entreprise.

6. **Une habilité de communicateur** Ce trait paraît sur toutes les listes d'aptitudes réper-toriées, et pour cause. Le gestionnaire de projet communique avec une grande diversité de personnes. Non seulement sait-il exposer ses idées pour qu'elles soient faciles à com-prendre, mais il sait aussi écouter avec empathie et saisir le vrai sens de ce qu'il entend.

7. **Une gestion efficace du temps** Le temps est la ressource la plus rare du gestionnaire de projet. Il arrive à gérer intelligemment son temps et à changer promptement ses prio-rités. Il dose ses interactions afin que personne ne se sente laissé pour compte.

8. **Une habileté de politicien** Le gestionnaire de projet s'entend avec une grande diver-sité de personnes. Il arrive à gagner leur appui et leur approbation du projet, dont il vante les mérites, sans pour autant compromettre la vérité.

9. **Une nature optimiste** Le gestionnaire de projet affiche une attitude gagnante. C'est à lui de trouver la lumière dans les jours sombres et de conserver le moral des troupes. En général, un bon sens de l'humour et une approche enjouée constituent la plus grande force du gestionnaire de projet.

Comment une personne arrive-t-elle à acquérir ces compétences ? Participer à des ateliers, apprendre à se connaître et suivre des cours augmentent le sens des affaires et la pensée sys-témique. Des programmes de formation améliorent les compétences communicationnelles et politiques. Il est également possible d'apprendre des techniques de gestion de stress et de temps. Cependant, à notre connaissance, aucun atelier ni potion magique ne parvient à transformer un pessimiste en optimiste ou à donner à quelqu'un le sens des priorités. Ce sont des qualités inhérentes à la personnalité. L'optimisme, l'intégrité et même la proacti-vité ne s'apprennent pas facilement s'il n'y a pas déjà une prédisposition.

Résumé

Pour réussir, le gestionnaire de projet crée un réseau de collaboration avec une grande diversité d'alliés. Il commence par déterminer les acteurs clés du projet, établit un diagnostic de la nature de ses relations avec eux et développe une base pour exercer son influence. Le gestionnaire de projet efficace acquiert et entretient une vaste gamme d'influences. Il exploite ces influences et privilégie un style de gestion très interactif afin de contrôler le déroulement du projet et d'amorcer des changements salutaires dans les plans du projet et l'orientation. L'optimisme, l'intégrité et même la proactivité ne se développent pas facilement s'il n'y a pas de prédisposition. Le gestionnaire de projet agit de manière à gagner la confiance, générée par la perception qu'ont les autres de son caractère et de ses compétences.

Les gestionnaires de projet auraient avantage à garder à l'esprit les suggestions suivantes.

> *Mettre sur pied un réseau de relations avant d'en avoir besoin.*   Le gestionnaire de projet doit repérer les acteurs clés et penser à ce qu'il peut faire pour eux avant qu'il ait lui-même besoin de leur aide. Il est toujours plus facile de recevoir une faveur après en avoir accordé une. Pour ce faire, le gestionnaire voit le projet comme un système et sait à quel point ce réseau influe sur les activités et les ordres du jour, à l'intérieur et à l'extérieur de l'organisation. Dans cette perspective, il peut découvrir les occasions de rendre service et gagner ainsi le soutien d'autrui.

> *Se méfier de la règle d'or.*   Bien des gestionnaires de projet résument leur style de gestion au principe de base suivant : « Ne fais pas à autrui ce que tu ne voudrais pas qu'on te fît. » Bien que ce dicton soit empreint de sagesse, il dissimule un danger. Il se peut que les autres ne désirent pas ce que le gestionnaire de projet veut ou qu'ils n'aient pas les mêmes besoins que lui. Ce qui paraît juste aux yeux d'un gestionnaire ne l'est peut-être pas pour les autres. L'empathie lui permettra de se mettre à leur place et de comprendre leurs besoins et leurs désirs particuliers.

> *Les rencontres fréquentes entretiennent la confiance.*   La confiance s'émousse dans l'absence. C'est particulièrement vrai dans un contexte de changements rapides et d'incertitudes qui engendre inévitablement le doute, la méfiance et même certains épisodes temporaires de paranoïa. Le gestionnaire de projet maintient un contact fréquent avec les acteurs clés afin d'être au fait des derniers événements, de calmer les inquiétudes, de rester en contact avec la réalité et de canaliser les efforts. Les rencontres fréquentes entretiennent le respect et la confiance mutuels.

Enfin, comment exercer une influence sur les autres, avec éthique et efficacité ? Tout dépendra de notre perception d'autrui. Le gestionnaire de projet les considère-t-il comme des partenaires potentiels ou comme des obstacles à ses objectifs ? S'ils sont des obstacles à ses yeux, il exercera son influence en les manipulant et en forçant leur consentement et leur collaboration. S'il les voit comme des partenaires, il exercera son influence pour mériter leur engagement et leur appui. Les personnes pour qui l'élaboration d'un réseau social signifie la création de partenariats abordent chaque interaction avec deux objectifs en tête : régler le problème immédiat et améliorer la relation de travail de manière qu'elle soit encore plus efficace la prochaine fois. Le gestionnaire de projet d'expérience sait que « l'on sème ce que l'on récolte ». C'est pourquoi il évite à tout prix de s'aliéner les acteurs simplement pour avoir cherché un succès immédiat.

Mots clés

créer un réseau social	loi de la réciprocité	partie prenante
diriger par l'exemple	monnaie d'échange interne	pensée systémique
gestion sur le terrain	parrain d'un projet	proactif

Questions de révision

1. Pourquoi la métaphore du chef d'orchestre est-elle appropriée pour décrire le travail du gestionnaire de projet ? Quels aspects de la gestion de projet ne sont pas représentés par cette métaphore ? À votre avis, d'autres métaphores conviendraient-elles ?

2. Qu'est-ce que le modèle d'influence par échange vous suggère pour créer un réseau de collaboration en vue d'exécuter un projet ?

3. À votre avis, quelles différences y a-t-il entre les influences exercées par les divers types de monnaie d'échange qu'utiliserait un gestionnaire de projet dans une matrice fonctionnelle et les influences qu'il choisirait s'il était à la tête d'une équipe dévouée ?

4. Pourquoi importe-t-il d'établir des relations avant d'en avoir besoin ?

5. Pourquoi est-il capital de tenir le parrain informé du déroulement d'un projet ?

6. Pourquoi la confiance est-elle une question à la fois de caractère et de compétence ?

7. Parmi les neuf traits ou compétences nécessaires pour devenir un gestionnaire de projet efficace, lequel est le plus important ? Lequel est le moins important ? Pourquoi ?

Exercices

1. Rendez-vous sur le site *http://www.personal.psu.edu/%7Ej5j/IPIP/ipipneo300.htm*. Répondez au questionnaire interactif afin de découvrir votre type de tempérament. Lisez de la documentation relative à votre tempérament. Qu'apprenez-vous sur les types de projets qui vous conviendraient le mieux ? Que dit-on au sujet de vos forces et de vos faiblesses comme gestionnaire de projet ? Comment pouvez-vous compenser vos faiblesses ?

2. Rendez-vous sur le site du Project Management Institute à l'adresse *http://www.pmi.org/prod/groups/public/documents/info/ap_memethstandards.pdf* et prenez connaissance du code d'éthique du PMI. En quoi cette information aide-t-elle à déterminer les comportements appropriés et ceux qui ne le sont pas ?

3. Afin de venir en aide aux sidéens, vous organisez dans votre ville un concert-bénéfice qui mettra en vedette des groupes nationaux de *trash metal* ainsi que des conférenciers. Dessinez un schéma des relations de dépendance illustrant les groupes de personnes les plus importants dont dépendra le succès de ce projet. À votre avis, lequel sera le plus coopératif ? Lequel sera le moins coopératif ? Pourquoi ?

4. Vous êtes le gestionnaire de projet responsable de la construction d'un nouvel aéroport international. Dessinez un schéma des relations de dépendance illustrant les groupes de personnes les plus importants dont dépendra le succès de ce projet. À votre avis, lequel sera le plus coopératif ? Lequel sera le moins coopératif ? Pourquoi ?

5. Décrivez une relation importante dans laquelle vous avez du mal à obtenir la collaboration de l'autre partie (collègue de travail, patron ou ami). Évaluez cette relation sous l'angle du modèle des monnaies d'échange. Quels types de monnaie avez-vous échangés dans cette relation ? Le « compte de banque » de cette relation est-il « déficitaire » ? Quels types d'influence conviendraient pour échafauder une relation plus solide avec cette personne ?

6. Voici six mini-cas illustrant des dilemmes d'ordre éthique associés à la gestion de projet. Quelle serait votre réaction pour chacune des situations ? Pourquoi ?

Jacques Lecours

Vous venez de quitter une réunion d'affectation du personnel au cours de laquelle ont été attribués les rôles de chacun au sein d'un futur projet. Malgré tous vos efforts, vous n'êtes pas parvenu à convaincre le gestionnaire de projet d'accorder une promotion à l'un de vos meilleurs adjoints, Jacques Lecours, au poste de gestionnaire de projet. Vous vous sentez un peu coupable, car vous avez fait miroiter cette promotion à M. Lecours afin de le motiver. M. Lecours a répondu en travaillant de nombreuses heures supplémentaires afin de terminer à temps le segment du projet dont il était responsable. Vous vous demandez comment il réagira quand il apprendra la nouvelle. Plus important encore, vous ignorez comment sa réaction influera sur votre projet. Il vous reste cinq jours pour respecter une échéance critique pour un client très important. Malgré les difficultés, il vous paraissait possible de terminer le projet à temps. Maintenant, vous n'en êtes plus si certain. M. Lecours est à mi-chemin d'avoir terminé la phase de documentation, c'est-à-dire la dernière activité critique. Quelquefois, il est émotif, et vous craignez qu'il explose quand il apprendra qu'il n'a pas obtenu la promotion promise. En retournant à votre bureau, vous vous demandez ce qu'il conviendrait de faire. Devez-vous dire à M. Lecours qu'il ne sera pas promu ? Que direz-vous s'il vous demande le résultat des nouvelles affectations ?

Minotti inc. – Le projet de construction

Vous êtes le gestionnaire de projet d'un contrat de construction pour la société Minotti inc. Jusqu'à maintenant, votre projet a de l'avance et coûte moins cher que prévu. Vous attribuez ce succès aux bonnes relations de travail que vous entretenez avec les menuisiers, les plombiers, les électriciens et les opérateurs qui travaillent pour votre organisation. Plus d'une fois, vous leur avez demandé de fournir un effort supplémentaire, ce qu'ils ont fait.

Un certain dimanche après-midi, vous décidez de montrer le chantier à votre fils. En lui montrant les segments du projet, vous découvrez que plusieurs pièces d'équipement de grande valeur ne se trouvent pas dans la remise d'entreposage. Quand vous revenez au travail le lendemain, vous êtes sur le point d'informer votre superviseur de cette disparition quand vous constatez que tout l'équipement est de retour dans la remise. Que devriez-vous faire ? Pourquoi ?

La réunion périodique du projet

Vous êtes en route pour assister à une réunion périodique avec votre cliente. Vous avez éprouvé un problème technique important qui retarde le projet. Ce sont de mauvaises nouvelles, car le délai d'exécution est prioritaire sur tout le reste. Vous croyez que votre équipe peut résoudre le problème si on laisse les membres libres d'y consacrer toute leur attention et qu'en travaillant très fort il est possible de rattraper le retard. Vous croyez également que, en informant la cliente du problème, elle exigera de tenir une réunion avec votre équipe pour discuter des enjeux. Vous vous attendez aussi à ce qu'elle envoie quelques collègues afin de déterminer si le problème se règle. Ces interruptions vont sans doute retarder davantage votre projet. Que devriez-vous dire à votre cliente sur l'état actuel du projet ?

Le projet du réseau local Étoile filante

Vous travaillez pour une grande société d'experts-conseils. Vous avez été désigné comme responsable du projet de réseau local Étoile filante. Les travaux du projet sont presque terminés. Vos clients chez Étoile filante semblent satisfaits de votre performance. Au cours du projet, vous avez dû modifier le contenu original afin d'accommoder certains besoins particuliers des gestionnaires. Les coûts de ces modifications et les charges indirectes ont été justifiés et soumis au service de la comptabilité centralisée. Les employés de ce service ont traité l'information et vous ont remis un ordre de modification que vous devez signer. Vous êtes surpris de constater que ce document dépasse de 10 % le total que vous avez soumis. Vous communiquez avec Joseph Lamarche du Service de la comptabilité et demandez s'il n'y a pas une erreur. Il répond sèchement qu'aucune erreur n'a été commise et que la haute direction a modifié la facture. Il vous recommande de signer le document.

Greendale Bio-Tech

Vous êtes responsable d'installer la nouvelle chaîne de montage Double E. Votre équipe a recueilli les estimations et utilisé la SDP pour déterminer le calendrier du projet. Vous avez confiance dans ce calendrier et dans le travail des membres de votre équipe. Vous informez la haute direction que, selon vos prévisions, le projet durera 110 jours et prendra fin le 5 mars. La nouvelle est accueillie favorablement. Le parrain du projet vous informe même que la commande n'a pas besoin d'être expédiée avant le 1er avril. Vous quittez la réunion en vous demandant si vous devriez faire part de cette information aux membres de votre équipe.

Références

ANACONA, D.G. et D. CALDWELL. «Improving the Performance of New-Product Teams», *Research Technology Management,* vol. 33, n° 2, mars-avril 1990, p. 25-29.

BADARACCO, J.L. Jr. et A.P. WEBB. «Business Ethics : A View from the Trenches», *California Management Review,* vol. 37, n° 2, hiver 1995, p. 8-28.

BAKER, B. «Leadership and the Project Manager», *PM Network,* décembre 2002, p. 20.

BAKER, W.E. *Network Smart : How to Build Relationships for Personal and Organizational Success,* New York, McGraw-Hill, 1994.

BENNIS, W. *On Becoming a Leader,* Reading, MA, Addison-Wesley, 1989.

CABANIS, J. «A Question of Ethics : The Issues Project Managers Face and How They Resolve Them», *PM Network,* décembre 1996, p. 19-24.

COHEN, A.R. et D.L. BRADFORD. *Influence Without Authority,* New York, John Wiley & Sons, 1990.

COVEY, S.R. *The Seven Habits of Highly Effective People,* New York, Simon & Schuster, 1989.

GABARRO, S.J.J. *The Dynamics of Taking Charge,* Boston, Harvard Business School Press, 1987.

HILL, L.A. *Becoming A Manager : Mastery of a New Identity,* Boston, Harvard Business School Press, 1992.

KAPLAN, R.E. «Trade Routes : The Manager's Network of Relationships», *Organizational Dynamics,* vol. 12, n° 4, printemps 1984, p. 37-52.

KIRK, D. «Managing Expectations», *PM Network,* août 2000, p. 59-62.

KOTTER, J.P. «Power, Dependence, and Effective Management», *Harvard Business Review,* vol. 55, n° 4, juillet–août 1977, p. 125-136.

KOTTER, J.P. «What Leaders Really Do», *Harvard Business Review,* vol. 68, n° 3, mai-juin 1990, p. 103-111.

KOUZES, J.M. et B.Z. POSNER. *The Leadership Challenge,* San Francisco, Jossey-Bass, 1987.

KOUZCS, J.M. et B.Z. POSNER. *Celebrity : How Leaders Gain and Lose It. Why People Demand It,* San Francisco, Jossey-Bass, 1993.

LARSON, E. et J.B. KING. «The Systemic Distortion of Information : An Ongoing Management Challenge», *Organizational Dynamics,* vol. 24, n° 3, hiver 1996, p. 49-62.

LEWIS, M.W., M.A. WELSH, G.E. DEHLER et S.G. GREEN. «Product Development Tensions : Exploring Contrasting Styles of Project Management», *Academy of Management Journal,* vol. 45, n° 3, 2002, p. 546-564.

PETERS, L.H. «A Good Man in a Storm : An Interview with Tom West», *Academy of Management Executive,* vol. 16, n° 4, 2002, p. 53-63.

PETERS, L.H. «Soulful Ramblings : An Interview with Tracy Kidder», *Academy of Management Executive,* vol. 16, n° 4, 2002, p. 45-52.

PETERS, T. *Thriving on Chaos : Handbook For a Management Revolution,* New York, Alfred A. Knopf, 1988.

PINTO, J.L. et D.P. SLEVEN. «Critical Success Factors in Successful Project Implementation», *IEEE Transactions in Engineering Management,* vol. 34, n° 1, 1987, p. 22-27.

PINTO, J.L. et S.K. MANTEL. «The Causes of Project Failure», *IEEE Transactions in Engineering Management,* vol. 37, n° 4, 1990, p. 269-276.

POSNER, B.Z. « What it Takes to be an Effective Project Manager », *Project Management Journal,* mars 1987, p. 51-55.

ROBB, D.J. « Ethics in Project Management : Issues, Practice, and Motive », *PM Network,* décembre 1996, p. 13-18.

SAYLES, L.R. *Leadership : Managing in Real Organizations,* New York, McGraw-Hill, 1989, p. 70-78.

SAYLES, L.R. *The Working Leader,* New York, Free Press, 1993.

SENGE, P.M. *The Fifth Discipline,* New York, Doubleday, 1990.

SHENHAR, A.J. et B. NOFZINER. « A New Model for Training Project Managers », *Actes du 28ᵉ colloque annuel du Project Management Institute,* 1997, p. 301-306.

SHTUB, A., J.E. BARD et S. GLOBERSON. *Project Management. Engineering, Technology and Implementation,* Englewood Cliffs, NJ, Prentice Hall, 1994.

VERMA, V.K. « Organizing Projects for Success : The Human Aspects of Project Management », vol. 1, Newton Square, PA, Project Management Institute, 1995, p. 45-73.

WYSOCK, R.K., R. BECK et D.B. CRANE. *Effective Project Management,* New York, John Wiley & Sons, 1995.

Étude de cas

L'Institut des sciences de la mer de Rimouski (ISMER)*

Il fait déjà 22 °C quand la voiture de Chantale Lejeune s'arrête dans le stationnement de l'Institut des sciences de la mer de Rimouski (ISMER). À la radio, le présentateur rappelle de laisser une plus grande quantité d'eau aux animaux domestiques, car les températures atteindront les 30 degrés pour la troisième journée consécutive. Mme Lejeune s'est promis d'appeler son mari Jean en arrivant à son bureau afin qu'il laisse suffisamment d'eau à l'extérieur pour leur chat Figaro. Mme Lejeune a achevé aux trois quarts le projet de conversion à Microsoft NT. Hier a été une journée désastreuse, et elle est déterminée à reprendre la situation en main.

CHANTALE LEJEUNE

Chantale Lejeune est âgée de 27 ans. Elle est titulaire d'un baccalauréat en informatique à l'Université du Québec à Rimouski (UQAR). Après l'université, elle a trouvé un emploi chez Systèmes inc., à Québec, où elle est demeurée cinq ans. Pendant ses études, elle a travaillé à temps partiel pour un professeur d'océanographie, Pierre Levert, pour créer une base de données sur mesure pour son projet de recherche. M. Levert vient d'être nommé directeur de l'ISMER. Mme Lejeune a confiance que son expérience passée auprès de lui représente un atout majeur pour obtenir le poste de directrice du service informatique à l'ISMER. Bien qu'elle accuse une baisse de salaire non négligeable, elle ne veut pas rater l'occasion de retourner à son *alma mater*. Son travail chez Systèmes inc. est très exigeant. Les longues heures de travail et les nombreux voyages ont créé des tensions dans sa vie conjugale. Elle a hâte de trouver un emploi normal dont le nombre d'heures de travail serait raisonnable. Entre-temps, son mari en profitera pour terminer sa maîtrise en administration des affaires (MBA) à l'UQAR. Chez Systèmes inc., Mme Lejeune a travaillé au passage à l'an 2000 et a installé des serveurs NT. Elle est convaincue de posséder l'expertise technique requise pour exceller dans son nouvel emploi.

L'ISMER est un centre de recherche financièrement indépendant, mais il est affilié à l'Université du Québec à Rimouski. Plusieurs employés à temps plein et à temps partiel y travaillent. L'institut reçoit des subventions de recherche d'organismes subventionnaires très diversifiés ainsi que du financement de l'industrie privée. Généralement, l'ISMER mène de front 7 ou 8 projets de recherche majeurs et 20 à 25 projets plus modestes. Plusieurs chercheurs sont aussi engagés dans l'enseignement des sciences à l'UQAR et profitent de l'ISMER pour mener leurs propres recherches.

---

* Cette étude de cas est fictive. Seuls les lieux et le contexte général reflètent la réalité.

LES QUATRE PREMIERS MOIS À L'ISMER

Mme Lejeune a travaillé à l'ISMER pendant quatre mois avant de se voir confier le projet de conversion à NT. À son arrivée à l'ISMER, elle a tenu à se présenter aux différents groupes d'employés. Ses contacts avec le personnel s'avèrent néanmoins limités. Elle consacre presque tout son temps à se familiariser avec le système d'information de l'ISMER, à former son personnel, à régler les problèmes imprévus et à planifier le projet de conversion. Souffrant d'allergies alimentaires, Mme Lejeune se garde d'accompagner les employés pour aller manger dans les restaurants environnants. Elle a cessé d'assister régulièrement aux réunions bihebdomadaires afin de consacrer plus de temps à son travail. Elle n'y va plus que si un point à l'ordre du jour la concerne.

Le mois dernier, un virus transmis par Internet a corrompu le système. Mme Lejeune a consacré une fin de semaine complète à la restauration du système. Elle n'arrive pas à régler le problème récurrent d'un code du serveur, appelé « Poncho », qui tombe en panne occasionnellement, sans raison apparente. Au lieu de changer Poncho, elle décide de le surveiller de près jusqu'à ce qu'il soit remplacé par le nouveau système NT. Son travail est souvent interrompu par des chercheurs pris de panique, aux prises avec tout un éventail de problèmes informatiques et qui réclament son aide immédiate. Elle est fascinée de constater à quel point plusieurs chercheurs n'ont même pas de rudiments informatiques et qu'elle doit leur enseigner des fonctions aussi élémentaires que la gestion des courriels et la configuration de la base de données. Elle trouve le temps d'aider la professeure adjointe, Amanda Johnson, dans son projet. Amanda Johnson est la seule chercheure à avoir répondu au courriel de Mme Lejeune annonçant aux employés que l'équipe affectée aux systèmes d'information est disponible pour les aider dans leurs projets. Mme Lejeune a mis sur pied un centre de projets virtuel sur Internet afin que Mme Johnson puisse collaborer avec ses collègues, en Italie et en Thaïlande, pour obtenir une subvention de recherche de l'ONU. Elle espère avoir bientôt plus de temps à consacrer à des projets aussi stimulants.

Mme Lejeune dispose d'une équipe de cinq étudiants de la Faculté des sciences informatiques qui l'aident à temps partiel. Au début, elle hésite à déléguer du travail aux étudiants et elle les surveille étroitement. Elle se rend vite compte qu'ils sont tous des travailleurs brillants et compétents, déterminés à convertir cette expérience de travail en carrière lucrative à la fin de leurs études. Elle admet éprouver de la difficulté quelquefois à créer des liens avec eux, dont les intérêts portent surtout sur les fêtes d'étudiants et les tournois de jeux en réseau. Elle perd patience, une seule fois, envers Samantha Jodoin pour avoir omis d'installer un antivirus qui aurait évité la corruption dont il a été question plus tôt. Après cet incident, elle surveille de près le travail de l'étudiante, mais avec le temps, celle-ci finit par prouver sa valeur. Mme Lejeune se reconnaît dans les habitudes de travail de l'étudiante.

LE PROJET DE CONVERSION À MICROSOFT NT

Mme Lejeune a semé l'idée du projet de conversion NT dans son entrevue de recrutement avec le directeur et elle lui a démontré qu'elle avait les compétences pour la réaliser. Une fois embauchée, elle réussit à convaincre le directeur et son entourage immédiat d'aller de l'avant avec le projet, mais elle se heurte à une certaine résistance. Certains gestionnaires fonctionnels se demandent s'il est vraiment nécessaire d'entreprendre une autre conversion seulement 16 mois après le passage à Windows 95. Quelques chercheurs exercent des pressions pour que l'argent consenti soit plutôt consacré à l'installation d'un système de climatisation central. Enfin, le directeur accepte le projet une fois que Mme Lejeune l'a convaincu que la conversion se fera en douceur et que l'ISMER se retrouvera avec un système d'information à la fine pointe de la technologie.

La conversion s'échelonnera sur huit semaines et comprendra quatre phases : le paramétrage du serveur, l'installation du réseau, le transfert de données et la conversion des postes de travail. Le projet sera exécuté pendant l'été afin que les étudiants puissent y travailler à temps plein. Mme Lejeune et son équipe d'étudiants devront d'abord acheter et installer sept nouveaux serveurs NT. Ils créeront ensuite un nouveau réseau local (LAN). Ils transféreront les données dans la nouvelle base de données Oracle NT. Enfin, ils convertiront les 65 ordinateurs clients en postes NT capables de fonctionner avec le nouveau système. Chez Systèmes inc., Mme Lejeune s'est activement impliquée dans quatre conversions similaires. Elle a confiance qu'avec l'aide de son équipe le projet sera exécuté sans trop de problèmes techniques. Elle est également d'avis que les employés de l'ISMER s'accommoderont bien de la conversion, car l'interface NT est très semblable à celle de Windows 95.

Mme Lejeune sait bien que le projet sera considéré comme un succès à condition que les travaux de conversion occasionnent un minimum de dérangements dans les activités quotidiennes. Elle organise une séance d'information du personnel afin d'expliquer le déroulement du projet et son impact sur les opérations de l'ISMER. Le peu de présences à la réunion la déçoit. C'est en partie parce que le personnel de l'ISMER travaille selon un horaire irrégulier. Plusieurs chercheurs sont des oiseaux de nuit qui préfèrent travailler quand les autres dorment. De plus, d'autres employés voyagent fréquemment. Elle finit par donner deux autres séances d'information, dont l'une en soirée. Malgré cela, les employés viennent peu nombreux.

Les principales inquiétudes du personnel concernent la durée du temps d'arrêt entre les deux systèmes et la compatibilité des bases de données et des logiciels actuels avec le nouveau système. Mme Lejeune les assurent que la plupart des temps d'arrêt auront lieu les fins de semaine et qu'ils seront annoncés bien à l'avance. La seule interruption se limitera aux deux heures nécessaires pour convertir leur ordinateur en poste de travail. Mme Lejeune déploie des efforts supplémentaires pour effectuer une recherche sur la question de compatibilité et envoie un courriel à tous les employés accompagné d'une liste des logiciels qui ne fonctionnent pas avec NT. Les seuls problèmes de logiciels concernent les programmes DOS v2.1 sur mesure ou d'autres logiciels plus âgés qui ne fonctionneront pas dans le nouvel environnement NT. Dans un cas, elle demande à un élève de récrire et d'améliorer le programme actuel d'un chercheur. Dans un autre cas, Mme Lejeune réussit à persuader l'employé d'utiliser un logiciel récent et plus efficace.

Mme Lejeune envoie un second courriel demandant aux employés de libérer leurs disques durs et de supprimer les fichiers inutiles, car le nouveau programme NT occupera considérablement plus d'espace que le système d'exploitation Windows 95. Dans certains cas, elle remplace les disques durs existants par d'autres plus gros afin d'éviter le problème. Elle fait circuler par courriel un horaire de transition pour que les employés y inscrivent le moment où ils sont disposés à interrompre leur travail pour permettre aux étudiants d'effectuer le passage de l'ordinateur au poste de travail. Environ 70 % des employés répondent à son courriel. Elle et son équipe communiquent avec les autres employés pour déterminer un moment pour assurer la transition.

Les six premières semaines du projet se déroulent plutôt bien. Les serveurs NT arrivent à temps et sont installés et configurés. L'installation du réseau est retardée de trois jours, car le chef du service des incendies se présente plus tôt que prévu pour inspecter les câbles électriques. Mme Lejeune ne l'a encore jamais rencontré et elle est surprise de voir comme il est tatillon. Les travaux ne passent pas l'inspection, et il faut trois jours avant d'en passer une autre. La rumeur de l'échec de l'inspection court dans l'ISMER. Un farceur met une affiche de prévention contre les incendies sur la porte du bureau des systèmes d'information. Mme Lejeune apprend plus tard que les chefs des services des incendies ont reçu l'ordre d'être très vigilants à la suite d'un récent incendie qui a sévi en ville.

Le transfert des données dans la nouvelle base de données Oracle prend un peu plus longtemps que prévu car, contrairement à ce qui a été annoncé, la nouvelle version n'est pas compatible avec l'ancienne. Heureusement, cet incident retarde le projet de trois jours seulement. Le projet entre maintenant dans sa quatrième et dernière phase, c'est-à-dire la conversion des ordinateurs en postes de travail NT. Cette phase requiert que l'équipe de Mme Lejeune supprime l'ancien système d'exploitation et installe le nouveau programme dans chaque ordinateur de l'ISMER. Mme Lejeune a prévu deux heures par ordinateur et fixé un maximum de 10 ordinateurs par jour afin de faire des copies de sauvegarde appropriées au cas où un problème surgirait.

Mme Lejeune décide de commencer la conversion par le bureau du directeur, M. Levert, et l'avise que tout se déroule comme prévu. Bientôt, des problèmes tenaces commencent à faire surface. En premier lieu, certains employés oublient leur rendez-vous pour la conversion. L'équipe est forcée d'attendre qu'ils terminent ce qu'ils ont entrepris avant d'assurer la conversion. En deuxième lieu, les pilotes de certains ordinateurs sont incompatibles, et l'équipe doit prendre le temps nécessaire pour les télécharger. En troisième lieu, quelques employés ont négligé d'aménager assez d'espace sur le disque dur pour y installer le nouveau système d'exploitation. Dans la plupart des cas, un membre de l'équipe travaille avec l'employé pour supprimer ou compresser les fichiers inutiles. Un autre pépin survient : un employé demeure introuvable, et Mme Lejeune doit décider elle-même quels fichiers supprimer. Heureusement, le disque contient beaucoup de jeux et d'anciens fichiers WordPerfect. En dernier lieu, le troisième jour en mi-journée, un médecin déclare Steve Stills, un des étudiants, inapte à tout travail informatique pour deux semaines à cause d'un problème de tunnel carpien.

Trois jours plus tard, seulement 22 ordinateurs ont été convertis en postes de travail NT. À la fin de la journée, Mme Lejeune envoie un courriel à tous les utilisateurs qui attendent toujours, dans lequel elle s'excuse du retard et leur propose un nouvel horaire pour configurer leur système.

L'APPEL

Mme Lejeune et son personnel s'affairent à effectuer la conversion des ordinateurs en postes de travail quand elle reçoit un appel de la secrétaire du directeur qui lui demande de descendre immédiatement et de se joindre à la réunion de la haute direction. La voix de la secrétaire est tendue, de sorte que Mme Lejeune se pose bien des questions. Tandis qu'elle range ses effets, l'étudiante Samanthe Jodoin, visiblement mal à l'aise, l'avise que certains sites Web de l'ISMER semblent causer des problèmes. Elle a découvert hier que certains liens dans les pages Web créées dans Netscape ne fonctionnaient pas dans l'environnement Microsoft. Mme Lejeune veut savoir pourquoi on ne l'a pas avisée avant. L'étudiante lui avoue qu'elle pensait avoir réglé le problème hier soir. Mme Lejeune lui dit qu'elles en reparleront à son retour de la réunion.

Mme Lejeune entre dans la salle et voit immédiatement que de nouvelles personnes assistent à la réunion. Le directeur l'accueille en lui disant : « Heureux de constater que vous avez trouvé le temps de venir nous voir. Je ne cesse d'entendre mon personnel se plaindre de votre projet de conversion NT. Le docteur Phillips, ici présent, ne peut accéder à ses documents, car ses fichiers WordPerfect ont mystérieusement disparu. Le programme d'évaluation thermique du docteur Simon, qu'il utilise depuis les sept dernières années, semble ne plus fonctionner. De plus, le site Web que nous utilisons pour coordonner nos recherches avec celles de l'Institut d'Oslo est totalement inutilisable. Tous se plaignent que le calendrier d'installation perturbera leur travail. Je veux savoir pourquoi je n'ai pas été informé de ces problèmes. Je vais me faire lyncher pour avoir approuvé votre projet ! »

1. Si vous étiez Mme Lejeune, que répondriez-vous au directeur ?
2. Mme Lejeune a commis certaines erreurs qui ont entraîné ces problèmes vers la fin du projet. Lesquelles ?
3. Qu'aurait-elle pu faire pour mieux gérer le projet de conversion ?

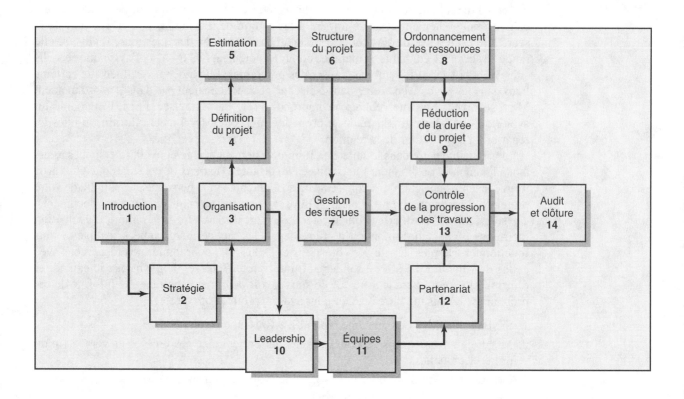

Estimation **5**	Structure du projet **6**
Ordonnancement des ressources **8**	

CHAPITRE 11

La gestion des équipes de projet

La différence de productivité entre une équipe ordinaire et une équipe enthousiaste et très performante n'est pas de 10, de 20 ou même de 30 % mais bien de 100, de 200 et même de 500 % !

– Tom Peters, consultant en gestion et auteur

Le terme *synergie,* dérivé du mot grec *sunergia,* qui signifie « coopération », rend bien la magie et la puissance des équipes. Il s'agit d'une action coordonnée de plusieurs éléments qui peut être positive ou négative. « Le tout vaut plus que la somme des parties » exprime l'essentiel de la synergie positive. À l'inverse, il y a synergie négative lorsque le tout vaut moins que la somme des parties. On pourrait représenter ces deux états par les équations mathématiques suivantes.

$$\text{Synergie positive : } 1 + 1 + 1 + 1 + 1 = 10$$

$$\text{Synergie négative : } 1 + 1 + 1 + 1 + 1 = 2 \text{ (ou même } -2)$$

On peut observer de bons exemples de synergie sur les terrains de football, de rugby ou de basket-ball. Par exemple, les Bulls de Chicago ont dominé le basket-ball professionnel pendant les années 1990. Il faut reconnaître que, avec Michael Jordan, ils comptaient sinon le plus grand, du moins l'un des meilleurs joueurs de basket-ball de tous les temps. Pourtant, ce n'est que lorsque la direction des Bulls a trouvé des joueurs capables de compléter les habiletés de Jordan et lorsque celui-ci a admis le fait qu'il devait jouer en équipe que cette formation a commencé à collectionner les championnats. On pouvait observer de la synergie positive dans la façon systématique dont les joueurs exécutaient une contre-attaque au cours de laquelle les gestes combinés des cinq participants produisaient un smash auquel personne ne pouvait s'opposer, ou dans leur jeu défensif à caractère offensif qui, contre toute attente, bloquait les tentatives d'un adversaire plus grand et plus talentueux qu'eux. La synergie négative est tout aussi apparente dans les dernières équipes du classement de la National Basketball Association (NBA) où certains joueurs ne tiennent aucun compte de coéquipiers libres de leurs mouvements avant d'exécuter des lancers de trois points complètement à côté du panier ou encore lorsque deux ou trois membres de l'équipe tardent à se replier à la défense laissant un coéquipier essayer seul de contrer une échappée à trois contre un. Lorsque des équipes démontrent une synergie négative, on dit souvent qu'elles sont sous-performantes ; on qualifiera de « championnes » celles qui font preuve d'une synergie positive.

Bien qu'elles soient moins visibles que dans les équipes sportives, on peut observer et ressentir ces formes de synergie dans les activités quotidiennes des équipes de projet. Voici une description qu'en fait un gestionnaire de projet que nous avons interviewé.

> Au lieu de fonctionner comme une grande équipe, nous nous sommes divisés en sous-groupes. Les employés du marketing se tenaient ensemble de même que ceux des systèmes d'information. Tous perdaient beaucoup de temps à médire et à se plaindre les uns des autres. Lorsque le projet a commencé à prendre du retard, chacun a cherché à brouiller les pistes et à blâmer quelqu'un d'autre. Après un certain temps, nous évitions de nous parler directement et nous communiquions par courriels. La direction est enfin intervenue et a formé une autre équipe pour sauver le projet. Ce fut l'une des pires expériences de gestion de projet de ma vie.

Fort heureusement, ce gestionnaire pouvait aussi nous faire part d'une autre expérience plus positive.

> Il y avait une sorte d'enthousiasme communicatif au sein de l'équipe. Naturellement, nous avions notre lot d'ennuis et de revers, mais nous y faisions face au fur et à mesure. À certains moments, nous réussissions même à accomplir l'impossible. Le projet nous tenait tous à cœur, et nous nous entraidions. En même temps, il y avait une certaine émulation entre nous pour essayer d'en faire davantage. Ce fut l'une des périodes les plus stimulantes de ma vie !

Voici une liste de caractéristiques couramment associées aux équipes très performantes qui font preuve d'une synergie positive.

1. L'équipe partage le sentiment d'un but commun, et chaque membre est prêt à travailler pour atteindre les objectifs du projet.
2. L'équipe reconnaît les talents et les compétences de chaque membre et s'en sert à tout moment, en fonction des besoins du projet. Elle accepte alors volontiers l'influence et le leadership des membres dont les habiletés correspondent à la tâche à accomplir dans l'immédiat.
3. Les rôles sont bien équilibrés et partagés de façon à faciliter à la fois l'accomplissement des tâches et le développement de sentiments de cohésion et de confiance au sein du groupe.
4. L'équipe canalise son énergie vers la résolution des problèmes plutôt que d'épuiser ses forces dans des conflits interpersonnels ou des rivalités stériles.
5. L'équipe encourage les divergences d'opinions et favorise leur libre expression.
6. Pour inciter les membres de l'équipe à prendre des risques et à faire preuve de créativité, on traite les erreurs comme des moyens d'apprendre plutôt que comme des raisons de sévir.
7. Les membres de l'équipe se fixent des normes personnelles de rendement élevées et s'encouragent à réaliser les objectifs du projet.
8. Les membres s'identifient à leur équipe et la considèrent comme un important facteur de croissance tant sur le plan professionnel que sur le plan personnel.

Les équipes très performantes deviennent championnes dans leur domaine, créent des produits d'avant-garde, dépassent les attentes de leurs clients et terminent leurs projets avant la date d'échéance et à des coûts moindres que prévu. Leurs membres sont reliés les uns aux autres par des liens d'interdépendance et une vision ou un objectif communs. Ils se font confiance et manifestent un niveau élevé de collaboration.

Le modèle de développement des équipes en cinq étapes

Selon de nombreux experts, les équipes, comme les nouveau-nés durant les premiers mois de leur existence, se développent d'une façon relativement prévisible. L'un des modèles les plus connus comporte cinq étapes (*voir la figure 11.1*) que les équipes doivent franchir pour devenir efficaces.

FIGURE 11.1

Le modèle de développement d'une équipe en cinq étapes

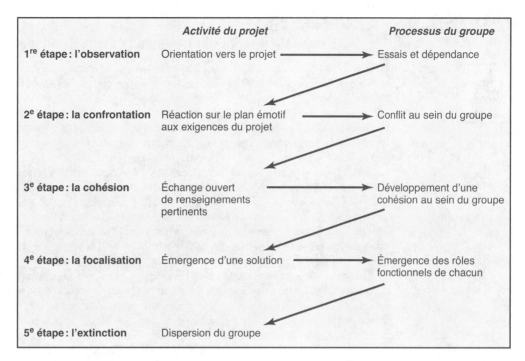

1. **L'observation**   Au cours de cette étape initiale, les membres de l'équipe lient connaissance les uns avec les autres et se font expliquer le contenu du projet. Ils commencent à établir des règles de base en tâchant de déterminer les comportements acceptables en ce qui a trait à la fois au projet (le rôle de chacun, les attentes en matière de rendement) et aux relations interpersonnelles (qui est le véritable patron). Cette étape s'achève lorsque les membres commencent à se considérer comme faisant partie d'un groupe.

2. **La confrontation**   Comme son nom le suggère, cette étape se caractérise par un niveau élevé de conflits internes. Tout en acceptant leur appartenance à une équipe de projet, les membres résistent aux contraintes que le projet et le groupe imposent à leur individualité. Il y a conflit pour déterminer qui contrôlera le groupe et comment les décisions seront prises. À mesure que ces conflits se résolvent, les membres de l'équipe acceptent le leadership du gestionnaire de projet, et le groupe peut passer à l'étape suivante.

3. **La cohésion**   À la troisième étape, des relations étroites se nouent, et le groupe fait preuve de cohésion. Les sentiments de camaraderie et de responsabilité partagée envers le projet se renforcent. L'établissement des normes prend fin lorsque la structure du groupe se raffermit et que ses membres dressent une liste commune d'attentes sur la façon dont ils devraient travailler ensemble.

4. **La focalisation**   À cette étape, la structure de fonctionnement de l'équipe est parfaitement au point et acceptée par tous. L'énergie du groupe, après avoir soutenu l'effort de ses membres pour se connaître et déterminer comment travailler ensemble, se canalise maintenant vers la réalisation des objectifs du projet.

5. **L'extinction**   Dans le cas de groupes de travail traditionnels, le rendement constitue la dernière étape du développement. Toutefois, dans celui des équipes de projet, il s'agit de la phase d'achèvement pendant laquelle elles préparent leur propre démembrement. Un rendement élevé cesse d'être la priorité. On s'active plutôt à mettre la dernière main au projet. Les réactions des membres de l'équipe varient à cette étape. Certains sont optimistes et se réjouissent des succès de l'équipe; d'autres se sentent déprimés à l'idée de quitter leurs camarades et de mettre un terme à des liens d'amitié tissés durant le cycle de vie du projet.

Le modèle de l'équilibre ponctué pour le développement des équipes*

D'après les recherches du professeur Gersick, les groupes ne se développent pas tous en passant par la même séquence d'étapes comme le laisse croire le modèle en cinq étapes. Son étude, basée sur le concept de systèmes d'équilibre ponctué, montre que la détermination des moments où les groupes se forment et où ils modifient réellement leur façon de travailler suit une logique rigoureuse. L'intérêt de cette étude vient du fait qu'elle s'appuie sur des recherches effectuées auprès de plus d'une douzaine de groupes de travail sur le terrain et en laboratoire auxquels on avait assigné l'exécution d'un projet précis. Ces recherches révèlent que chaque groupe se met à la tâche avec sa propre méthode d'exécution du projet qui est élaborée dès la première rencontre et qui comprend la définition du comportement et des rôles qui prédominent dans la première phase. Cette phase se poursuit pendant toute la première moitié de la période allouée à l'exécution du projet, quelle que soit la durée réelle de cette période. Au point médian, une transition importante se produit. Les membres de l'équipe abandonnent leurs normes et leurs modèles de comportements anciens pour adopter une nouvelle manière d'agir et de nouvelles relations de travail qui contribuent à faire avancer davantage le projet. La dernière réunion se caractérise par une accélération des activités en vue de l'achèvement du projet. Ces conclusions sont représentées sommairement à la figure 11.2.

Ces études ont permis d'effectuer une découverte importante, soit que chaque groupe traverse une période de transition au même point dans son développement – très précisément à mi-chemin entre la première réunion et la date d'échéance – bien que certains groupes travaillent aussi peu qu'une heure à un projet, tandis que d'autres y consacreront six mois. Il semble qu'à ce point tous les groupes traversent une crise de milieu d'existence. Ce point médian joue le rôle d'un réveil en rendant les membres de l'équipe plus conscients que jamais des limites de temps et de la nécessité d'agir. Dans le contexte du modèle à cinq étapes, le nouveau modèle suggère que les groupes commencent par une combinaison des étapes de l'observation et de la cohésion, qu'ils passent ensuite à une période de faible rendement suivie par la confrontation puis par une période de rendement élevé pour enfin atteindre la fin des activités.

Les découvertes du professeur Gersick indiquent qu'il existe des moments naturels de transition dans l'existence des équipes pendant lesquels leurs membres sont réceptifs aux changements et que ces moments se présentent naturellement au point médian prévu au cours de la durée d'un projet. Toutefois, un gestionnaire de projet ne veut pas attendre six mois dans le contexte d'un projet complexe de 12 mois que son équipe décide de se mettre à l'ouvrage ! À ce stade, il importe de noter que les groupes étudiés par le professeur Gersick travaillaient à des projets d'importance relativement limitée ; par exemple, un groupe de travail formé de quatre employés de banque

Ce modèle comporte plusieurs enjeux pour le gestionnaire d'équipe de projet. En premier lieu, il doit s'efforcer d'aider le groupe à atteindre rapidement l'étape de la focalisation, ou quatrième étape. En deuxième lieu, ce modèle propose une structure qui permet à l'équipe de comprendre son propre développement. Il peut s'avérer utile pour le gestionnaire de projet d'en faire part aux membres de son groupe pour les aider à accepter les tensions de l'étape de la confrontation et pour orienter leurs efforts vers des phases productives. Enfin, ce modèle souligne l'importance de l'étape de cohésion qui contribue de façon significative au niveau de productivité que l'on peut obtenir à l'étape de la focalisation. Comme nous le verrons, le gestionnaire de projet joue un rôle dynamique dans l'établissement des normes du groupe qui concourront au succès final du projet.

Les facteurs conjoncturels influant sur le développement des équipes

Les expériences et les recherches indiquent que les équipes de projet très performantes sont beaucoup plus susceptibles de se développer dans les conditions suivantes.

- Chaque équipe compte 10 membres ou moins.
- Les employés doivent décider volontairement de se joindre à l'équipe.
- L'équipe travaille au projet du début jusqu'à la fin.

FIGURE 11.2   Le modèle de l'équilibre ponctué pour le développement des équipes

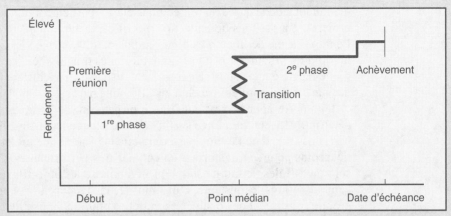

était chargé de concevoir un nouveau compte en un mois et un autre groupe de 12 personnes choisies parmi du personnel médical devait réorganiser deux unités d'un établissement de soins de santé. Dans la plupart des cas, on n'avait préparé aucun plan de projet structuré. Ces résultats permettent au moins de souligner l'importance d'une gestion de projet efficace et la nécessité de fixer des échéances et des étapes clés. Une série d'échéances associées aux principales étapes clés permet de créer de multiples points de transition propices au développement naturel du groupe. Par exemple, on peut scinder un projet de construction de 12 mois en 6 à 8 étapes clés correspondant à autant d'échéances à respecter de façon à susciter la tension requise pour stimuler le rendement de l'équipe.

* GERSICK, Connie J. «Time and Transition in Work Teams: Toward a New Model of Group Development», *Academy of Management Journal,* vol. 31, n° 1, mars 1988, p. 9-41 et Connie J. GERSICK, «Making Time Predictable Transitions in Task Groups», *Academy of Management Journal,* vol. 32, n° 2, juin 1989, p. 274-309.

» Les membres de l'équipe sont affectés au projet à plein temps.

» L'équipe fait partie d'une entreprise dont la culture favorise la coopération et la confiance.

» Les membres de l'équipe n'ont de compte à rendre qu'au gestionnaire de projet.

» Tous les domaines fonctionnels pertinents sont représentés dans l'équipe.

» Le projet comporte un objectif stimulant.

» Les membres de l'équipe sont installés à portée de voix les uns des autres.

Dans la réalité, il est rare qu'un gestionnaire soit appelé à diriger un projet qui remplit toutes ces conditions. Un grand nombre d'exigences associées à un projet, par exemple, requièrent la participation active de plus de 10 personnes et parfois même celle d'un ensemble complexe d'équipes interdépendantes comprenant plus de 100 professionnels. Dans beaucoup d'entreprises, les gestionnaires fonctionnels ou les services centralisés de main-d'œuvre affectent eux-mêmes des employés à un projet sans que le gestionnaire de projet n'ait grand-chose à dire à ce sujet. Pour optimiser l'utilisation des ressources, on affecte temporairement des employés ou des participants à une équipe ou seulement lorsque leurs compétences sont requises. Dans le cas d'une équipe de travail spéciale, aucun membre ne travaille à temps plein au projet. Dans de nombreuses entreprises, il existe une culture du «ça n'a pas été inventé ici» qui décourage la collaboration au-delà des frontières fonctionnelles.

Les membres d'une équipe dépendent souvent hiérarchiquement de différents gestionnaires fonctionnels. Dans certains cas, le gestionnaire de projet n'exerce aucune influence directe sur l'évaluation du rendement et les possibilités d'avancement des membres de son équipe. Parfois, les principales unités fonctionnelles ne sont pas représentées dans l'équipe tout au long de la durée du projet, mais elles y participent plutôt de façon séquentielle. Les projets n'ont pas tous non plus un objectif captivant. Il s'avère parfois difficile de susciter l'enthousiasme des membres d'une équipe pour des projets banals comme une simple évolution d'un produit ou la construction d'unités d'habitation standards. Enfin, les membres d'une même équipe se trouvent souvent dispersés dans différents bureaux, immeubles ou, dans le cas d'un projet virtuel, dans différents pays.

Il importe pour le gestionnaire de projet comme pour les membres d'une équipe de déterminer les contraintes de la situation dans laquelle ils travaillent et d'en tirer le meilleur parti possible. Il ne faudrait pas croire que les équipes de projet possèdent toutes le potentiel requis pour se transformer en équipes très performantes. Dans des conditions qui ne sont pas idéales, le fait de simplement atteindre les objectifs du projet peut nécessiter un combat de tous les instants. L'ingéniosité, la rigueur et la sensibilité à la dynamique du groupe constituent des qualités essentielles pour maximiser le rendement d'une équipe de projet.

La mise sur pied d'équipes de projet très performantes

Le gestionnaire de projet joue un rôle essentiel dans le développement d'équipes très performantes. Il en choisit les membres, préside ses réunions, établit l'identité de son équipe, crée une motivation ou une vision communes, gère un système de récompense qui encourage le travail de groupe, orchestre les prises de décision, résout les conflits qui éclatent au sein de l'équipe et la revigore lorsque l'énergie commence à manquer, comme l'illustre la figure 11.3. Le gestionnaire de projet tire profit des facteurs conjoncturels qui contribuent naturellement au développement de son équipe tout en tâchant d'improviser pour atténuer ceux qui y nuisent. Ce faisant, il préconise un style de gestion fortement interactif qui constitue un exemple de travail d'équipe et, comme nous l'avons vu dans le chapitre précédent, qui permet de gérer l'interface entre l'équipe et le reste de l'entreprise.

Le recrutement des membres de l'équipe

Le processus de sélection et d'engagement des membres d'une équipe de projet varie selon l'entreprise. Deux facteurs importants influent sur ce processus : l'importance du projet et la structure de gestion qui permet de l'exécuter. Souvent, dans le cas de projets en tête de liste dans l'ordre de priorité et qui auront un effet décisif sur l'avenir de l'entreprise, le gestionnaire de projet a carte blanche pour choisir les employés qui lui paraissent nécessaires au projet. Quand il s'agit de projets moins importants, il tente de convaincre le personnel des différentes unités de l'entreprise de se joindre à son équipe. Dans de nombreuses structures matricielles, le gestionnaire fonctionnel exerce un contrôle sur le personnel affecté à un projet ; le gestionnaire de projet doit donc travailler de concert avec lui pour obtenir le

FIGURE 11.3

La formation d'une équipe de projet très performante

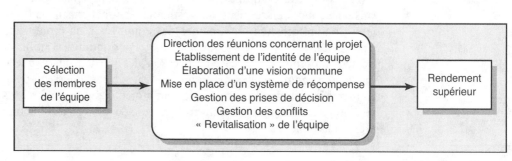

personnel nécessaire. Même lorsque les membres d'une équipe sont choisis et affectés à plein temps à un projet, il doit rester sensible aux besoins de ses collègues. Il n'existe pas de meilleur moyen de se créer des ennemis dans une entreprise que de priver d'autres services de leur personnel essentiel sans nécessité apparente.

Le gestionnaire de projet chevronné insiste sur l'importance de demander des volontaires. Toutefois, l'établissement de la méthode de sélection n'est pas nécessairement de son ressort. Néanmoins, on ne peut pas nier la valeur du volontariat par opposition à l'affectation. Consentir à travailler à un projet constitue une première étape dans le développement d'un engagement personnel envers ce projet. Un tel engagement s'avère essentiel pour maintenir un certain degré de motivation lorsque le projet connaît des difficultés et requiert des efforts supplémentaires.

Au moment de la sélection et de l'engagement des membres de son équipe, le gestionnaire de projet recherche naturellement des personnes possédant l'expérience, les connaissances et les habiletés techniques essentielles à l'exécution du projet. En même temps, certaines considérations moins évidentes doivent entrer en ligne de compte dans ce processus.

▶ *L'habileté à résoudre les problèmes*   Quand le projet est complexe et manque de clarté, le gestionnaire recherche des personnes capables de travailler dans un climat d'incertitude et qui possèdent les habiletés requises pour déterminer les problèmes et les résoudre. Ces personnes peuvent par contre s'ennuyer et se révéler moins productives dans le contexte de projets simples où tout se déroule selon les règles.

▶ *La disponibilité*   Parfois, les personnes les plus disponibles ne sont pas celles dont le gestionnaire de projet a besoin dans son équipe. À l'inverse, si les personnes choisies assument déjà trop de responsabilités, elles peuvent ne pas avoir grand-chose à apporter à l'équipe.

▶ *Les compétences technologiques*   Tout gestionnaire devrait se méfier des employés qui possèdent énormément de connaissances sur une technologie particulière. Il s'agit parfois de gens passionnés par les techniques qui aiment l'étude, mais qui éprouvent de la difficulté à s'atteler à une tâche et à l'effectuer.

▶ *La crédibilité*   La crédibilité d'un projet est rehaussée par la réputation des employés qui y participent. Engager un nombre suffisant d'éléments « gagnants » a pour effet d'augmenter la confiance de l'équipe dans le projet.

▶ *Les relations*   Pour commencer à établir une relation de coopération avec un groupe d'acteurs importants, mais potentiellement peu coopératifs, le gestionnaire a intérêt à engager des ressources qui entretiennent déjà de bonnes relations de travail avec ce groupe. C'est particulièrement vrai en ce qui concerne des projets exécutés dans un environnement matriciel où une partie importante du travail doit se faire sous la responsabilité d'un service fonctionnel et non de l'équipe de base elle-même.

▶ *L'ambition, l'initiative et l'énergie*   Ces qualités peuvent compenser un bon nombre de lacunes dans d'autres domaines et ne doivent pas être sous-estimées.

Après avoir passé en revue les compétences dont il a besoin, le gestionnaire de projet devrait tenter de trouver, par le biais de différents « informateurs » dans l'entreprise, qui est qualifié, qui est disponible et qui pourrait vouloir travailler à son projet. Certaines entreprises autorisent les entrevues directes. Souvent, un gestionnaire de projet devra utiliser ses « avantages politiques » pour que certains employés très recherchés fassent partie de son équipe.

Dans les environnements matriciels, le gestionnaire de projet doit prendre rendez-vous avec des gestionnaires fonctionnels pour discuter avec eux des exigences du projet en matière de personnel. Il devrait s'y présenter en ayant à sa disposition les documents suivants : une définition générale du contenu du projet, des approbations de la haute direction, une description des tâches ainsi qu'un calendrier général portant sur les employés du service visé.

Il doit expliquer avec précision les qualités qu'il recherche et les raisons de leur importance. Ce type de rencontre requiert de grandes habiletés à négocier. Ainsi, il est préférable d'encourager les gestionnaires fonctionnels à suggérer des noms d'employés de leur service à titre de candidats. Lorsqu'ils invitent le gestionnaire de projet à proposer lui-même des noms, celui-ci serait avisé de procéder avec circonspection. « J'aimerais vraiment avoir Marguerite Brault dans mon équipe, mais je sais combien son travail ici est important. Que diriez-vous de Pierre Talbot? » Si la conversation est habilement menée, le gestionnaire de projet peut réussir à conclure une entente séance tenante qu'il doit mettre sur papier immédiatement après la rencontre sous forme de protocole d'accord.

Par contre, quand le gestionnaire fonctionnel se montre récalcitrant à toute suggestion et que la discussion ne mène nulle part, le gestionnaire de projet devrait habilement y mettre fin en convenant avec lui de revenir sur le sujet dans quelques jours. De cette façon, il démontre de la persévérance et la volonté de faire ce qui sera en son pouvoir pour régler le problème. Évidemment, en fin de compte, il devra accepter la meilleure offre qui lui sera faite. Les gestionnaires de projet devraient prendre soin de ne jamais révéler comment les différents membres de l'équipe ont été choisis. Le projet pourrait se trouver paralysé dès le départ si les membres de l'équipe savent que certains d'entre eux ont été affectés contre leur gré et qu'ils perçoivent des différences dans les attitudes et l'engagement des uns ou des autres.

La direction des réunions

La première réunion d'une équipe de projet

Les recherches sur le développement des équipes confirment ce que nous ont affirmé des gestionnaires de projet. La réunion de démarrage du projet joue un rôle essentiel dans le fonctionnement de l'équipe à ses débuts. Voici ce qu'en dit un gestionnaire de projet de longue date.

> La première rencontre de l'équipe laisse entrevoir comment ses membres travailleront ensemble. Une réunion désorganisée ou qui s'embourbe sans que l'on comprenne qu'il s'est passé quelque chose de décisif peut donner un indice sur la façon dont le groupe fonctionnera par la suite. Par contre, si tout est dirigé avec vivacité et précision et que l'on traite de sujets et de problèmes réels de façon franche et directe, les membres de l'équipe quittent la réunion enthousiasmés à l'idée de participer à un tel projet.

En général, le gestionnaire de projet s'efforce d'atteindre trois objectifs au cours de la réunion de démarrage de son équipe. En premier lieu, il lui faut fournir aux membres de l'équipe un aperçu du projet, y compris le contenu et les objectifs, le calendrier général, la méthode et les procédures. En deuxième lieu, il doit commencer à répondre à certaines de ses préoccupations sur le plan interpersonnel décrites dans le modèle de développement de l'équipe. Qui sont les autres membres de l'équipe? Comment chacun s'intégrera-t-il à l'ensemble? Comment chacun parviendra-t-il à travailler avec les autres? En dernier lieu, et c'est l'objectif le plus important, il s'agit de se mettre à établir le cadre d'un modèle de coopération entre les membres de l'équipe en vue de l'exécution du projet. Le gestionnaire de projet doit reconnaître que les premières impressions comptent. Son comportement sera soigneusement étudié et interprété par les membres de son équipe. Cette réunion doit servir de modèle pour les réunions à venir ainsi qu'à présenter le rôle qu'il y jouera au sein de l'équipe et à refléter son style de gestion.

La réunion elle-même peut prendre de multiples formes. Souvent, dans les projets d'envergure, la réunion de démarrage s'étale sur une ou deux journées et se déroule dans un endroit éloigné où il y a peu de risques d'interruptions. Cette retraite fournit aux membres de l'équipe assez de temps pour faire connaissance, commencer à établir des règles de base et définir la structure du projet. L'un des avantages d'une réunion de démarrage hors des murs de l'entreprise est qu'elle procure aux membres de l'équipe de nombreuses occasions d'interagir de façon décontractée au cours des pauses, des repas et des activités du soir. De telles interactions jouent un rôle essentiel dans la formation de relations entre collègues.

Toutefois, beaucoup d'entreprises n'ont pas les moyens de planifier de telles « retraites ». Dans d'autres cas, le contenu du projet et le degré de participation des membres du groupe ne justifient pas un tel investissement de temps. Le cas échéant, le principe de base devrait être d'opter pour la simplicité. Trop souvent, alors qu'il est pressé par le temps, le gestionnaire de projet tente d'en faire trop au cours de la réunion de démarrage. En procédant ainsi, il ne réussit pas à résoudre complètement certains problèmes, et les membres de l'équipe ont l'impression, en quittant la réunion, d'avoir été assommés par une masse d'information ! Le gestionnaire doit se rappeler qu'il y a une limite à la quantité de données qu'une personne peut assimiler et qu'il aura l'occasion au cours de réunions subséquentes d'établir les règles de base et de régler des questions de procédure. Le but principal consiste à tenir une réunion productive et à se fixer des objectifs réalistes compte tenu du temps disponible. Quand la réunion ne dure qu'une heure, le gestionnaire de projet devrait simplement donner un aperçu du contenu du projet, discuter de la formation de l'équipe et fournir à chaque membre du groupe l'occasion de se présenter.

L'établissement des règles de base

Que ce soit à l'occasion d'une première réunion bien préparée ou de réunions subséquentes, le gestionnaire de projet doit rapidement commencer à établir les règles de base fonctionnelles quant à la façon dont les membres de son équipe travailleront ensemble. Il est indispensable que ces règles portent non seulement sur des questions concernant l'organisation et la procédure, mais également sur des questions normatives en ce qui a trait aux interactions au sein de l'équipe. Bien que les procédures varient selon la société et les projets, certains sujets importants doivent nécessairement être considérés. Les voici.

Les décisions planifiées

▶ Comment développera-t-on le plan du projet ?

▶ De quels outils se servira-t-on pour soutenir le projet ?

▶ Utilisera-t-on un progiciel de gestion de projet particulier ? Si oui, lequel ?

▶ Qui s'occupera de saisir les données de la planification dans le progiciel ?

▶ Quels sont les rôles et les responsabilités de chaque participant ?

▶ Qui doit être informé des décisions prises ? Comment les informera-t-on ?

▶ Quelle importance relative faut-il accorder au coût, à la durée et au rendement ?

▶ Quels sont les produits livrables du processus de planification du projet ?

▶ Quel mode de présentation conviendrait à chaque produit livrable ?

▶ Qui approuvera chaque produit livrable et indiquera la fin de son exécution ?

▶ Qui recevra chaque produit livrable ?

Les décisions en matière de suivi

▶ Comment évaluera-t-on les progrès accomplis ?

▶ Avec quel degré de précision analysera-t-on le projet ?

▶ Comment les membres de l'équipe obtiendront-ils des données les uns des autres ?

▶ À quel rythme obtiendront-ils ces données ?

▶ Qui produira et distribuera les rapports ?

▶ Qui a besoin d'être tenu au courant des progrès du projet et comment informer ces personnes ?

▶ Quel contenu et quelle présentation conviennent à chaque destinataire ?

La gestion des martiens*

Courtoisie de la NASA.

Après 35 ans, la carrière de l'ingénieure Donna Shirley, spécialisée en aérospacial, a atteint son zénith en juillet 1997 lorsqu'on a pu voir Sojourner – véhicule propulsé à l'énergie solaire, autoguidé et de la taille d'un four micro-ondes – en train d'explorer le sol de Mars grâce aux images spectaculaires fournies par Pathfinder à partir de la surface de la planète rouge. Cet événement représente un jalon dans l'exploration de l'espace. Aucun véhicule n'avait jusque-là parcouru la surface d'une autre planète. Mme Shirley, gestionnaire du programme d'exploration de Mars au Jet Propulsion Laboratory, dirigeait l'équipe presque entièrement masculine qui a conçu et fabriqué Sojourner. Dans son étude d'une remarquable perspicacité, intitulée *Managing Martians* et écrite en collaboration avec Danelle Morton, elle fait l'observation suivante concernant la gestion d'équipes de développement.

Quand on dirige des gens vraiment brillants et créatifs, on se rend compte, à un moment donné, qu'il est impossible de leur donner des ordres ou d'exercer un contrôle sur eux, car on est incapable de comprendre ce qu'ils font. Lorsqu'ils atteignent un point où ils dépassent la capacité de leur chef à les comprendre, celui-ci doit prendre une décision en tant que gestionnaire. Il peut les limiter et limiter le projet à la mesure de son intelligence, ce qui à mon avis est la mauvaise manière de procéder, ou il peut leur faire confiance et utiliser ses habiletés en gestion pour les aider à concentrer leurs efforts sur l'objectif du projet.

Un grand nombre de mauvais gestionnaires se sentent menacés lorsque leurs « subordonnés » en savent plus qu'eux. Ils préfèrent engager des personnes dont l'intelligence est inférieure à la leur pour toujours avoir l'impression qu'ils dominent la situation ou ils restreignent la capacité des gens qui savent des choses qu'ils ignorent pour pouvoir maintenir leur autorité. C'est l'ensemble du projet qui souffre alors du sentiment d'insécurité de son gestionnaire.

* SHIRLEY, Donna et Danelle MORTON, *Managing Martians*, New York, Broadway Books, 1998, p. 88-89.

> Les réunions
> - Où les réunions auront-elles lieu ?
> - De quel type de réunions s'agira-t-il ?
> - Qui présidera ces réunions ?
> - Comment produira-t-on les ordres du jour ?
> - Comment enregistrera-t-on les renseignements fournis ?

La gestion des décisions en matière de changements

> Comment introduira-t-on des changements ?
> Qui détiendra l'autorité pour approuver les changements ?
> Comment documentera-t-on et évaluera-t-on les changements au plan ?

Les décisions en matière de relations

▸ Avec quels services ou bureaux l'équipe doit-elle interagir pendant le projet ?

▸ Quels sont les rôles et les responsabilités de chaque service (révision, approbation, création et utilisation) ?

▸ Comment renseignera-t-on tous les participants sur les produits livrables, les dates du calendrier, les attentes, etc. ?

▸ Comment les membres de l'équipe communiqueront-ils entre eux ?

▸ Quels renseignements seront ou ne seront pas échangés ?

On dresse des listes de ce type à titre de guides seulement. Il est possible d'y ajouter ou d'en retrancher des éléments suivant les besoins du projet. Bon nombre de ces procédures ont déjà été établies pour des projets précédents et nécessitent simplement une révision sommaire. Par exemple, beaucoup de sociétés sont susceptibles d'utiliser les logiciels Microsoft Project ou Primavera en guise d'outils habituels de planification et de suivi. De même, chaque entreprise aura probablement un format préétabli pour la publication de renseignements sur l'état d'avancement d'un projet. L'équipe de projet décidera elle-même de la façon de traiter les autres éléments. Lorsque les circonstances s'y prêtent, le gestionnaire de projet devrait encourager activement les membres de l'équipe à donner leur avis et s'inspirer de leur expérience et de leurs préférences en matière d'habitudes de travail. Ce processus contribue aussi à leur donner une place dans les décisions concernant le fonctionnement. Ces décisions devraient être enregistrées et distribuées à tous les participants.

Pendant l'élaboration de ces procédures de fonctionnement, le gestionnaire de projet doit, par ses paroles et ses actions, commencer à travailler avec les membres de son équipe pour établir les normes qui régiront leurs interactions. Voici quelques exemples de normes qui, selon les observations des chercheurs, sont associées aux équipes très performantes.

▸ La confidentialité est préservée ; aucun renseignement n'est communiqué en dehors de l'équipe à moins que tous ses membres y consentent.

▸ Il est acceptable d'éprouver des difficultés, mais non de surprendre les autres. Il faut immédiatement les prévenir lorsqu'on s'aperçoit de l'impossibilité de respecter une échéance ou d'atteindre une étape clé à la date prévue.

▸ Bâcler son travail pour régler un problème ou une question n'est en aucune façon toléré.

▸ Il faut accepter de ne pas tous être d'accord mais, lorsqu'une décision est prise, quels que soient les sentiments personnels de chacun, il faut aller de l'avant.

▸ Il faut respecter les personnes qui n'appartiennent pas au groupe et éviter de faire mousser sa position au sein de l'équipe.

▸ Travailler avec acharnement n'empêche pas d'éprouver du plaisir.

Une façon de rendre ces normes moins abstraites consiste à élaborer une charte de l'équipe de projet qui va au-delà de la description du contenu du projet et énonce clairement les normes et les valeurs du groupe. Cette charte devrait être le fruit d'un effort collectif de la part des membres de l'équipe de base. Le gestionnaire de projet peut prendre l'initiative en proposant certains principes, mais il doit se montrer réceptif aux suggestions de son équipe. Lorsque tout le monde s'est entendu sur les règles de conduite, chaque membre de l'équipe signe le document final pour symboliser son adhésion aux principes qu'il renferme. Malheureusement, il s'agit dans certains cas d'un rituel sans aucune signification car, une fois signée, la charte est archivée, et plus personne n'en parle. Pour avoir un effet durable, elle doit occuper une place légitime dans le système de contrôle du projet. De même qu'elle révise les progrès accomplis en vue de la réalisation des objectifs du projet, l'équipe doit aussi évaluer jusqu'à quel point ses membres adhèrent aux principes de sa charte.

Le projet Platypus de Mattel*

Françoise Lemoyne.

Mattel est l'un des fabricants de jouets les plus importants du monde. Ses gammes de produits comptent notamment les poupées Barbie, les jouets Fisher-Price et Hot Wheels. La société a commis une erreur en négligeant de tirer parti de la tendance à l'accroissement du pouvoir des filles à la fin des années 1990. Bien décidée à ne plus se faire prendre en défaut, elle a restructuré son processus de développement des produits en mettant sur pied le projet Platypus.

Le projet Platypus englobe des employés provenant de différentes unités fonctionnelles qui quittent leur poste habituel durant trois mois et s'installent en dehors du siège social de l'entreprise dans un endroit distinct où ils travaillent en collaboration à de nouvelles idées de produits. Les membres de l'équipe du projet Platypus passent parfois leurs journées à laisser tomber des œufs du haut d'une échelle de quatre mètres ou à se lancer des animaux en peluche. Ces « corvées » font partie des séances de développement de l'esprit d'équipe des groupes. Les séances sont conçues pour amener les gens à modifier leur façon de penser et pour stimuler leur imagination dans la recherche d'idées de nouveaux jouets.

Selon Ivy Ross, directrice de la division des jouets pour filles chez Mattel, des exercices comme celui de concevoir un moyen d'empêcher un œuf de se casser en tombant d'une hauteur de quatre mètres ou celui de lancer des animaux en peluche à un collègue pour se libérer de ses inhibitions permettent aux gens de penser hors des cadres établis, de découvrir les changements dans les tendances des consommateurs et de prévoir les changements sur le marché. « Certaines entreprises font appel à des groupes hors cadres, nous avons Platypus (en français "ornithorynque"). J'ai cherché la définition de ce mot et j'ai trouvé que c'était un mélange peu courant de différentes espèces », affirme la directrice.

La force de Platypus réside dans la capacité des membres de l'équipe à tirer parti des idées créatrices les uns des autres. Une norme importante du groupe est que personne n'a le monopole d'une idée. Tout appartient au groupe, ce qui aide à éliminer l'esprit de concurrence.

Le projet Platypus sert aussi à encourager les liens à l'intérieur des équipes. Les membres continueront ainsi à se faire part de leurs idées et à collaborer lorsque les concepts de création progresseront vers le développement d'un produit et sa fabrication. Auparavant, le développement d'un produit chez Mattel ressemblait à une course à relais où chacun se passait le témoin, comme l'explique Mme Ross. L'entreprise veut maintenant que chacun collabore à un processus de conception et de développement dans lequel tous partagent un sentiment de propriété et d'accomplissement. Les participants au projet travaillent dans un immense espace ouvert sans murs et sans cloisons. Leurs bureaux sont munis de roulettes pour encourager la collaboration et le partage spontanés. Ils peuvent afficher des ébauches de leurs idées sur les murs et inviter leurs collègues à formuler des suggestions.

La première tentative du projet Platypus a eu pour résultat un jouet appelé « Ello », un ensemble composite de jeu de construction et de trousse d'activités. Il s'agit de pièces emboîtables qui permettent aux enfants de se servir de leur imagination pour construire n'importe quoi d'un bijou jusqu'à une maison. Les équipes de projet Platypus travaillent constamment à développer deux ou trois nouvelles idées de produits chaque année.

* SALTER, Chuck. « Ivy Ross is Not Playing Around », *Fast Company,* n° 64, novembre 2002, p. 104.

Le gestionnaire de projet joue un rôle primordial dans l'établissement des normes de l'équipe par le biais de l'exemple qu'il donne. S'il admet franchement ses erreurs et qu'il fait part au groupe des leçons qu'il en a tirées, d'autres membres de l'équipe commenceront à l'imiter. En même temps, il lui faut intervenir dès qu'il croit que ces normes ne sont pas respectées. Il devrait s'entretenir en privé avec les fautifs et exposer clairement ses attentes. Il est surprenant de constater que, lorsqu'un groupe a atteint une certaine cohésion et qu'il s'est doté de normes clairement établies, ses membres veillent eux-mêmes à leur respect de sorte que le gestionnaire a rarement besoin de jouer les préfets de discipline. Un gestionnaire de projet, par exemple, nous a confié que son équipe avait pris l'habitude d'apporter un petit sac de haricots à chaque réunion. Quand un membre du groupe avait l'impression qu'un collègue exagérait ou masquait la vérité, il avait l'obligation de lui lancer le sac de haricots.

La gestion des réunions subséquentes

La réunion de démarrage n'est qu'un des différents types de réunions requises pour exécuter un projet. Il y a aussi des réunions sur l'état d'avancement des travaux, la résolution de problèmes et la vérification des comptes. Nous traiterons de questions directement reliées à ces réunions dans des chapitres ultérieurs. Pour le moment, voici quelques lignes de conduite générales pour assurer l'efficacité de ces rencontres. Elles s'adressent directement à la personne qui les préside.

- Commencer les réunions à l'heure, que tous les membres de l'équipe soient présents ou non.
- Préparer et distribuer un ordre du jour avant la réunion.
- Indiquer l'heure de la levée de la séance.
- Prendre le temps, de façon périodique, de revoir le degré d'efficacité des réunions précédentes.
- Inviter les participants à formuler des recommandations et à mettre en œuvre les changements.
- S'assurer que le procès-verbal sera bien rédigé.
- Revoir l'ordre du jour avant de commencer et allouer provisoirement du temps pour chaque point.
- Dresser un ordre de priorité des sujets pour pouvoir effectuer des ajustements en fonction des contraintes de temps.
- Encourager une participation active de tous les membres du groupe en posant des questions plutôt qu'en exposant des faits.
- Résumer les décisions et revoir l'attribution des tâches à accomplir pour la prochaine réunion.
- Préparer et distribuer un résumé de la réunion aux personnes concernées.
- Reconnaître les réalisations et les comportements constructifs.

En général, on considère que les réunions nuisent à la productivité, mais ce ne devrait pas être le cas. La plupart des gens se plaignent de leur longueur : en préparant un ordre du jour et en fixant le moment où elles se termineront, on aide les participants à gérer la durée des discussions et on fournit une base pour accélérer les débats. La rédaction du procès-verbal constitue souvent une tâche désagréable et fastidieuse. L'utilisation d'ordinateurs portatifs pour enregistrer les décisions et les renseignements en temps réel facilite le processus de communication. Une préparation minutieuse et l'application constante de ces lignes de conduite peuvent faire jouer aux réunions un rôle vital dans les projets.

L'établissement d'une identité d'équipe

Le manque de membres engagés à plein temps constitue l'un des défis que le gestionnaire de projet doit généralement relever lorsqu'il forme une équipe. Des spécialistes participent à différentes phases du projet et consacrent la majorité de leur temps et de leur énergie ailleurs. En général, il appartient à différentes équipes qui se concurrencent toutes pour leur temps et leur engagement. Selon David Frame, spécialiste en gestion de projet, un grand nombre de gestionnaires considèrent tout projet particulier comme une abstraction, de sorte que leur niveau de motivation en souffre. Le gestionnaire de projet doit rendre l'existence de son équipe aussi concrète que possible à chacun de ses membres en lui développant une identité originale à laquelle les participants sont susceptibles de s'attacher affectivement. Les réunions de l'équipe, un lieu de travail commun ainsi qu'un nom et des rituels propres au groupe constituent des moyens couramment employés pour y parvenir.

▸ *Une utilisation efficace des réunions*   Des réunions périodiques fournissent aux membres de l'équipe une tribune importante pour communiquer l'information touchant le projet. Elles ont une autre fonction, moins apparente, soit celle d'aider à établir une identité concrète à l'équipe. Au cours de ces réunions, les participants prennent conscience qu'ils ne travaillent pas seuls. Ils font partie d'une grande équipe, et le succès du projet dépend des efforts concertés de tous et de chacun. Des réunions de tous les participants en temps opportun permettent aussi de définir les enjeux de l'appartenance à l'équipe et raffermissent son identité collective.

▸ *Un lieu de travail commun*   La façon la plus évidente de concrétiser l'existence d'une équipe de projet consiste à faire travailler tous ses membres dans le même espace. Ce n'est pas toujours possible dans un environnement matriciel où chaque membre contribue au projet à temps partiel et participe simultanément à d'autres projets et activités. Un substitut intéressant à cette solution est la mise sur pied d'un bureau du projet, quelque chose comme le carré des officiers ou la salle de réunion d'un club privé. Cet endroit devrait servir de lieu de réunion commun et contenir l'essentiel de la documentation sur le projet. En général, ses murs sont recouverts de diagrammes de Gantt, de diagrammes des coûts et d'autres résultats ayant un lien avec la planification et le contrôle du projet. Le bureau du projet sert à rassembler les signes concrets de l'effort fourni.

▸ *La création d'un nom pour l'équipe*   La création d'un nom, comme Crevier et ses increvables, les mousquetaires ingénieux, etc., est un moyen bien connu pour concrétiser l'existence de l'équipe. Souvent, on crée aussi un logo associé à ce nom. Encore une fois, le gestionnaire de projet devrait compter sur l'ingéniosité des membres de son équipe pour trouver un nom et un logo appropriés. Ces symboles peuvent être ensuite imprimés sur du papier à correspondance, des tee-shirts, des tasses à café, etc., pour manifester l'appartenance à l'équipe.

▸ *Les rituels*   Comme on se sert de rituels pour aider à établir l'identité particulière d'une entreprise, des gestes symboliques similaires au niveau du projet peuvent contribuer à développer une sous-culture propre à l'équipe. Dans un cas particulier, les membres d'une équipe ont reçu chacun une cravate ornée de rayures dont le nombre correspondait à celui des étapes clés de leur projet. À chaque étape franchie, les membres du groupe se réunissaient et coupaient une rayure de leur cravate pour indiquer le progrès accompli. Selon Ralph Katz, l'équipe de conception de puces alpha de Digital Equipment avait l'habitude de reconnaître le mérite des employés qui avaient trouvé un bogue de conception en leur remettant un insecte jouet phosphorescent. Plus le bogue découvert était important, plus l'insecte était gros. De tels rituels permettent de distinguer le travail effectué pour un projet du reste des activités et de lui accorder un statut spécial.

Un rat galvanise l'équipe ELITE d'un journal*

Comme un grand nombre d'autres journaux étasuniens à la fin des années 1980, le *Tallahassee Democrat* de Knight-Ridder luttait pour sa survie en raison de la baisse de ses revenus. Son directeur général, Fred Mott, était convaincu que la solution à l'impasse consistait à satisfaire davantage la clientèle. Malgré tous ses efforts, le *Democrat* réalisait très peu de progrès en ce sens. Une section de l'entreprise illustrait particulièrement bien le problème, celui de la publicité, où les pertes de revenus dues à des erreurs pouvaient s'élever jusqu'à 10 000 $ par mois.

M. Mott a donc décidé de former une équipe de 12 de ses meilleurs employés venant des différents services du journal. Cette équipe a bientôt été connue sous le nom d'ELITE, car sa tâche consistait à éliminer les erreurs. Au début, ses membres ont perdu beaucoup de temps à s'accuser plutôt que d'essayer de régler le problème des erreurs dans le journal. Par la suite, les choses ont pris un tournant décisif lorsque l'un d'eux a présenté aux autres ce que l'on a appelé plus tard un *rat tracks fax* (une télécopie couverte d'empreintes de rat) et en a expliqué l'origine. Il semble qu'une personne a télécopié une annonce préparée avec négligence. On aurait dit qu'un rat avait couru de haut en bas de la page pendant l'impression. Elle est passée par les mains de sept employés différents et aurait probablement été imprimée si elle n'avait pas été totalement illisible. La présentation de cette télécopie a brisé la glace, et les membres de l'équipe ont reconnu que chacun d'eux, et non quelqu'un d'autre, avait sa part de responsabilités. Puis, comme le rappelle un des participants : « Nous avons eu de sérieuses discussions, et des larmes ont coulé à ces réunions ! »

Après avoir laissé libre cours à leurs émotions, les membres du groupe se sont sentis étroitement liés les uns aux autres et galvanisés à l'idée de la tâche qui les attendait. Ils ont examiné l'ensemble du processus de vente, de préparation, d'impression et de facturation des annonces. Ils ont découvert des erreurs types, la plupart attribuables à de mauvaises communications, à des contraintes de temps et à un manque de coopération. Ils ont donc formulé une série de recommandations qui a complètement transformé le processus en usage pour les annonces du journal. Grâce au leadership de l'équipe, la précision de cette section a augmenté considérablement et s'est maintenue à un niveau supérieur à 99 %. Les pertes de revenus associées aux erreurs sont devenues presque nulles. Des sondages ont ensuite indiqué un revirement favorable de la satisfaction des annonceurs.

L'effet d'ELITE s'est néanmoins fait sentir au-delà des statistiques. La façon originale dont l'équipe a réagi pour assurer la satisfaction des clients s'est communiquée à d'autres services du journal. En fait, cette équipe, composée en grande partie d'employés déjà très actifs dans leur domaine, a été le fer de lance d'une transformation culturelle qui a mis l'accent sur le service à la clientèle au *Democrat*.

* KATZENBACH, Jon R. et Douglas K. SMITH. *The Wisdom of Teams*, Boston, Harvard Business School Press, 1993, p. 67-72.
[Copyright McKinsey & Co., inc.]

L'élaboration d'une vision commune

Contrairement aux énoncés de contenu des projets qui comportent des coûts précis, des dates d'achèvement et des exigences de rendement, une « vision » porte sur les aspects moins concrets de l'exécution d'un projet. Il s'agit pour les membres d'une équipe d'une représentation commune de ce que sera leur projet une fois achevé, de la manière dont ils travailleront ensemble ou de la façon dont les clients accepteront le projet. Pour simplifier les choses, une vision commune constitue la réponse à la question : « Que voulons-nous créer ? » Nous ne partageons pas tous la même vision, mais les images devraient se ressembler. Ces visions prennent différents aspects, différentes formes. On peut les exprimer par un slogan ou par un symbole ou encore les rédiger sous forme d'énoncés précis.

Une « vision » importe moins que l'effet qu'elle produit. Elle incite les membres d'une équipe à fournir le meilleur d'eux-mêmes. (À ce propos, lisez la rubrique à la page 387.) En outre, une vision partagée réunit des professionnels ayant des expériences et des activités différentes autour d'une aspiration commune. Elle les motive à subordonner leur emploi du temps individuel aux besoins de l'équipe et à contribuer de leur mieux au succès du projet. « En présence de grandeur, la mesquinerie disparaît », selon le psychologue Robert Fritz. Les « visions » fournissent une orientation et contribuent à communiquer des éléments prioritaires moins faciles à discerner, de sorte que les membres de l'équipe ont plus de facilité à porter des jugements appropriés. Enfin, une vision commune d'un projet favorise l'engagement à long terme et décourage l'opportunisme qui, au niveau collectif, diminue la qualité du projet.

La « vision » est parfois étonnamment simple. Par exemple, on peut exprimer la conception d'une nouvelle voiture en disant qu'il s'agit d'un « mini-missile ». Comparons cette métaphore à une description plus traditionnelle du produit comme étant un véhicule sport à prix moyen. L'image mentale du mini-missile donne une idée beaucoup plus claire de ce que le produit final devrait être. Les ingénieurs concepteurs comprendront tout de suite que le véhicule sera à la fois petit et rapide, fougueux au démarrage, agile dans les courbes et capable de grandes vitesses dans les sections en ligne droite. De toute évidence, ils devront mettre au point un grand nombre de détails, mais la vision les aidera à établir un cadre commun pour les prises de décision.

Il semble que, pour qu'une « vision » soit efficace, elle doit avoir quatre propriétés essentielles, comme l'illustre la figure 11.4. En premier lieu, ses caractéristiques doivent être faciles à communiquer. Une image mentale n'a aucune valeur quand elle n'existe que dans la tête de son concepteur. En deuxième lieu, elle doit poser des défis tout en restant réaliste. Par exemple, les membres d'un groupe de travail chargé de remanier le programme du département des études commerciales d'un cégep pourraient s'arracher les cheveux si le directeur leur annonçait que leur vision doit être d'élaborer un programme capable de concurrencer celui de la Harvard Business School. À l'inverse, une vision réaliste consisterait pour ce groupe à vouloir développer le meilleur programme collégial de gestion financière informatisée de la région. En troisième lieu, le gestionnaire de projet doit croire profondément à cette « vision ». Pour qu'une telle représentation mentale soit efficace, il est essentiel qu'elle suscite de la passion. En dernier lieu, elle devrait être une source d'inspiration pour les autres.

Lorsqu'il a compris l'importance d'élaborer une vision commune, un gestionnaire de projet doit encore se demander comment en trouver une qui convient à un projet particulier. Précisons d'abord que le gestionnaire de projet n'invente pas ces images mentales. Il sert de catalyseur et de « maître à penser » dans l'élaboration d'une vision commune à tous les membres de son équipe. En général, la vision est inhérente au contenu et aux objectifs du projet. Les gens s'emballent naturellement à l'idée d'être les premiers à lancer une nouvelle technologie sur le marché ou à résoudre un problème qui met leur entreprise en péril. Même lorsque le projet s'avère ordinaire, il existe souvent beaucoup de possibilités d'établir une vision captivante. L'un des moyens d'y arriver consiste à discuter avec les participants au projet pour déterminer dès le début ce en quoi le projet les stimule. Certains répondront qu'ils désirent faire mieux que lors du projet précédent ou qu'ils aiment voir la satisfaction dans les yeux des clients une fois le projet achevé. Bon nombre de visions se développent en réaction à la concurrence. L'équipe de Kodak chargée de développer l'appareil photo jetable Fun Saver, par exemple, était aiguillonnée par l'idée de devancer la société Fuji, engagée dans le même effort, sur le marché.

FIGURE 11.4

Les éléments essentiels à une vision de projet efficace

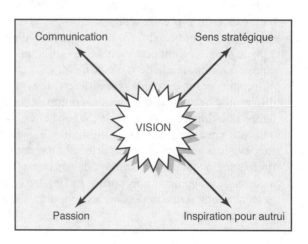

Un brave homme dans la tourmente*

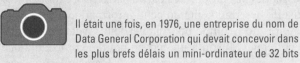

Il était une fois, en 1976, une entreprise du nom de Data General Corporation qui devait concevoir dans les plus brefs délais un mini-ordinateur de 32 bits rapide et à un prix raisonnable pour concurrencer le VAX de sa rivale (Digital Equipment Corporation). Le directeur général de Data General, Edson de Castro, a alors lancé le projet Fountainhead et y a affecté ses meilleurs éléments en leur fournissant suffisamment de ressources pour exécuter ce projet. En vue de soutenir leurs efforts, il a aussi mis sur pied le projet Eagle à l'intérieur du groupe Eclipse sous la direction de Tom West. Ces deux projets ont commencé en 1978.

En 1980, Data General a annoncé la sortie de son nouvel ordinateur qui se caractérisait par sa simplicité, sa puissance et son coût peu élevé. Cet ordinateur n'était pas le produit du projet Fountainhead, doté de ressources abondantes et piloté par la meilleure équipe de Data General, mais bien celui du projet Eagle de l'équipe Eclipse, dirigée par Tom West, dont les ressources étaient très limitées. Tracy Kidder a été témoin de ce qui s'est passé et l'a raconté dans *The Soul of a New Machine* pour lequel il a obtenu le prix Pulitzer en 1982. Cet ouvrage, qui selon M. Kidder aurait pu intéresser une poignée d'informaticiens, est devenu un classique dans le domaine de la gestion de projet.

Au début de son livre, l'auteur présente le personnage central de cette histoire, Tom West, en racontant comment il aimait naviguer sur son yacht dans les eaux agitées de la mer au large des côtes de la Nouvelle-Angleterre. Le prologue s'intitulait « A Good Man in a Storm ».

Près de 20 ans après la publication du livre de Tracy Kidder, Tom West a accordé une entrevue à Lawrence Peters du périodique *Academy of Management Executive*. En voici quelques extraits qui expriment ses idées sur la gestion de projets innovateurs.

Sur la sélection des membres d'une équipe :

> On explique à l'employé le défi dont il s'agit et on observe si ses yeux se mettent à briller.

Sur la façon de motiver les membres d'une équipe :

> Le défi, c'est l'essentiel. Les gens, en particulier les personnes créatives qui ont une formation technique et qui veulent faire avancer les choses, vont tout faire ce qui est possible ou nécessaire. Je l'ai fait moi-même et je l'ai répété de très nombreuses fois. Ça semble fonctionner.

Sur l'importance d'avoir une « vision » :

> Il faut trouver un symbole de ralliement. Il faut avoir quelque chose qui se décrit très simplement et qui a cette sorte de capacité à convaincre susceptible de faire dire à un ingénieur : « Oui, c'est ça que nous devons faire maintenant. » Autrement, on aura constamment l'impression de ramer à contre-courant.

Sur le rôle du gestionnaire de projet :

> On doit agir comme une meneuse de claque, comme un entraîneur. On doit constamment rappeler aux membres de son équipe leur objectif, leurs activités à réaliser pour mettre la balle dans le but et leur propension à déceler les activités qui ne vont nulle part. On doit livrer un grand nombre de batailles pour eux. Par exemple, on ne veut pas que son ingénieur concepteur perde du temps à argumenter avec un employé de l'atelier de dessin technique sur les raisons pour lesquelles l'employé devrait procéder de la façon qu'il le demande. C'est moi qui dois m'en occuper. Je peux aussi utiliser mon autorité quand le contexte le commande, et il m'est arrivé de le faire.

* KIDDER, Tracy. *Soul of a New Machine*, New York, Avon Books, 1981 ; PETERS, L.H. « "A Good Man in a Storm" : An Interview with Tom West », *Academy of Management Executive*, vol. 16, n° 4, 2002, p. 53-60.

Certains spécialistes préconisent la tenue de réunions expressément consacrées à l'élaboration d'une vision. Ces réunions comportent généralement plusieurs étapes. Les participants commencent d'abord par déterminer différents aspects du projet et par imaginer des scénarios optimistes pour chaque aspect. Dans un projet de construction, par exemple, ces scénarios pourraient porter sur une réalisation sans accident ou sans poursuites judiciaires, l'obtention d'un prix et l'utilisation de la prime obtenue pour avoir achevé le projet avant la date d'échéance. Le groupe étudie les scénarios, choisit ceux qui lui paraissent les plus attrayants et les transforme en énoncés de la vision du projet. L'étape suivante consiste à trouver des stratégies permettant de réaliser ces énoncés. Par exemple, si l'un d'eux porte sur le fait qu'il n'y aura pas de poursuites judiciaires, les participants doivent déterminer comment ils devront travailler avec le maître de l'ouvrage et les sous-traitants de façon à éviter les litiges. Par la suite, différents participants se portent volontaires pour être les champions de chaque énoncé. On publie ensuite l'énoncé de chaque vision, les stratégies et le nom du membre de l'équipe qui en assume la responsabilité, puis on distribue cette information aux acteurs concernés.

Dans une majorité de cas, des visions d'avenir communes émergent de façon informelle. Le gestionnaire de projet recueille l'essentiel des propos des participants sur ce qui stimule leur intérêt dans un projet. Il met ensuite des fragments de cette information à l'épreuve dans des conversations avec des membres de l'équipe pour jauger leur niveau d'intérêt à l'égard des idées exprimées par ses collègues. Jusqu'à un certain point, il procède à une simple étude de marché. Il saisit toutes les occasions possibles de galvaniser l'équipe en répétant par exemple une remarque désobligeante d'un cadre selon laquelle le projet ne sera jamais terminé à temps ou la menace qu'une entreprise rivale se lance dans un projet similaire. Il n'est pas essentiel de parvenir à un consensus dès le départ. Par contre, il faut que la partie centrale du groupe, formée d'au moins un tiers des membres de l'équipe, se passionne vraiment pour la vision proposée. Ce noyau fournira la masse critique nécessaire pour attirer les autres dans son sillage. Lorsque les mots ont été trouvés pour communiquer cette vision, son énoncé doit devenir un élément vital de chaque plan de travail. Le gestionnaire de projet devrait être préparé à livrer un discours « politique » à tout moment. Lorsque des problèmes ou des désaccords surviennent, il faut que toutes les solutions soient conformes à cette vision.

Il y a beaucoup de documentation sur la question de la vision et du leadership. Selon certains critiques, la notion de « vision » n'est qu'un simple substitut de celle des objectifs communs. D'autres affirment qu'il s'agit d'un moyen de distinguer les meneurs des gestionnaires. L'important est de découvrir ce qui intéresse les employés dans un projet, d'être capable d'exprimer cette source d'intérêt de façon attrayante et, enfin, de la protéger et de la développer pendant toute la durée du projet.

La gestion du système de récompense

Le gestionnaire de projet a la responsabilité de gérer le système de récompense qui stimule la performance de l'équipe et l'encourage à déployer des efforts supplémentaires. Son avantage, c'est que souvent les activités menant à l'exécution d'un projet portent en elles-mêmes leur lot de satisfaction, que ce soit sous la forme d'une vision inspirante ou simplement d'un sentiment du travail accompli. Un projet fournit à ses participants un changement de décor, une occasion d'acquérir de nouvelles habiletés et la possibilité de s'évader du « cocon » de leur service. Une autre récompense inhérente aux projets porte le nom, dans l'ouvrage de Tracy Kidder, de *pinball* (jeux électronique de poche) – autrement dit, le succès d'un projet donne généralement aux membres de l'équipe la possibilité de jouer une autre partie excitante.

Néanmoins, de nombreux projets sont sous-estimés ou ennuyeux, ils empiètent sur des projets prioritaires et sont considérés comme des fardeaux supplémentaires. Dans certains cas, la principale récompense consiste pour les membres de l'équipe à terminer le projet afin de pouvoir retourner à des activités qui leur plaisent davantage et qui se révèlent plus satisfaisantes sur le plan personnel. Malheureusement, quand cette attitude devient la principale motivation, elle est susceptible de nuire à la qualité du résultat. Dans ces circonstances, les récompenses externes occupent la plus grande place comme stimulants de la performance de l'équipe.

La plupart des gestionnaires de projet auxquels nous avons parlé recourent aux récompenses de groupe. Comme la plus grande partie du travail effectué pour exécuter un projet se fait en collaboration, il est logique que le système de récompense encourage le travail d'équipe. Reconnaître la valeur des membres individuellement sans tenir compte de ce qu'ils ont accompli peut nuire à l'unité du groupe. Dans un projet, les tâches dépendent étroitement les unes des autres, de sorte qu'il peut se révéler problématique de distinguer qui a vraiment plus de mérite que ses coéquipiers. Les primes et les mesures incitatives de nature financière doivent être liées aux aspects prioritaires du projet. Il serait ridicule de récompenser une équipe pour avoir achevé son travail plus tôt que prévu quand la priorité principale est le contrôle des coûts.

Les primes sous forme de sommes forfaitaires ont l'inconvénient d'être trop souvent absorbées dans le budget familial pour payer le dentiste ou le mécanicien. Pour avoir de la valeur, les récompenses devraient avoir une signification durable. Beaucoup d'entreprises transforment les primes en argent en vacances, correspondant parfois à du temps sans travail. Ainsi, une société a récompensé une équipe qui avait terminé son projet avant l'échéance en offrant à ses membres et à leur famille un voyage de quatre jours tous frais compris à Walt Disney World. Non seulement ces vacances resteront gravées dans la mémoire de tous ces gens pendant des années, mais elles auront également servi à reconnaître le mérite des conjoints et des enfants qui ont, d'une certaine manière, contribué eux aussi au succès du projet. Dans la même veine, d'autres entreprises offrent à leurs employés des ordinateurs domestiques et des chaînes audio-vidéo. Le gestionnaire de projet avisé négocie un budget discrétionnaire afin de récompenser les équipes qui franchissent les étapes en avance avec des chèques-cadeaux pour des restaurants à la mode ou des billets pour assister à des événements sportifs. Ils recourent aussi à des fêtes improvisées – repas de pizzas ou de grillades – pour célébrer les succès importants.

Le gestionnaire de projet doit parfois utiliser des mesures « coercitives » pour stimuler le rendement des membres de son équipe. R. R. Ritti, par exemple, raconte l'histoire d'un gestionnaire de projet qui avait la responsabilité de construire une nouvelle usine devant servir d'exemple d'excellence. Son équipe travaillait avec un certain nombre d'entreprises de sous-traitance. Le projet prenait du retard, principalement à cause d'un manque de coopération entre les participants. Le gestionnaire de projet n'exerçait aucune autorité directe sur un grand nombre d'acteurs essentiels, en particulier les sous-traitants engagés par d'autres entreprises. Il pouvait cependant convoquer des réunions à sa guise. Il a donc institué des réunions quotidiennes « de coordination » auxquelles tous les principaux acteurs devaient se présenter et qui avaient lieu à 6 h chaque matin. Les réunions se sont poursuivies pendant environ deux semaines, jusqu'à ce que l'on ait rattrapé le temps perdu. À ce moment, le gestionnaire de projet a annoncé qu'il annulait la réunion suivante et par la suite il n'a jamais eu à planifier d'autres réunions au lever du soleil.

Le gestionnaire de projet tend à privilégier les récompenses de groupe. Dans certains cas, toutefois, il doit souligner le rendement individuel. Il le fait non seulement pour reconnaître un effort extraordinaire, mais aussi pour attirer l'attention des autres participants sur un comportement exemplaire. De façon plus précise, voici quelques récompenses qu'il utilise pour motiver et reconnaître les contributions individuelles.

▸ **Des lettres de recommandation**   Le gestionnaire de projet n'a pas toujours la responsabilité d'évaluer le rendement des membres de son équipe. Il peut toutefois rédiger des lettres faisant l'éloge de leur performance dans un projet particulier. Il suffit ensuite d'adresser ces lettres au chef de section de ces employés pour qu'elles soient déposées dans leur dossier personnel.

▸ **Une reconnaissance publique pour un travail hors de l'ordinaire**   Il faut reconnaître publiquement les efforts des employés particulièrement productifs. Certains gestionnaires de projet commencent chaque réunion par l'état d'avancement des travaux et par une brève mention des membres de leur équipe qui ont dépassé les objectifs qu'on leur avait fixés dans le projet.

▸ **L'assignation des tâches**   Le bon gestionnaire de projet admet que, bien qu'il ait peu d'autorité sur le plan budgétaire, il exerce un contrôle important sur qui fait quoi, avec qui, quand et où. Un bon travail mérite d'être récompensé par des assignations de tâches convoitées. Le gestionnaire devrait connaître les préférences des membres de son équipe et les satisfaire quand il le peut.

▸ **La souplesse**   Consentir à faire des exceptions aux règles, lorsqu'on s'y prend avec discernement, peut constituer une récompense extrêmement satisfaisante. Permettre à un membre de l'équipe de travailler à la maison lorsqu'un enfant est malade ou pardonner un écart de conduite mineur peut faire naître une loyauté durable.

En résumé, il faut recourir aux récompenses individuelles de façon judicieuse, et l'accent doit être mis sur les incitations collectives. Rien ne mine davantage la cohésion d'une équipe que lorsque certains de ses membres ont l'impression que d'autres ont droit à un traitement de faveur ou qu'ils sont eux-mêmes traités de façon injuste. La camaraderie et la collaboration peuvent disparaître rapidement et faire place à des querelles mesquines et à une préoccupation obsessionnelle concernant des intrigues au sein du groupe. Ce type de tracasseries sape une quantité considérable d'énergie qui, autrement, aurait pu être consacrée à l'exécution du projet. Les récompenses individuelles ne devraient généralement être utilisées que lorsque tous les membres de l'équipe reconnaissent qu'un des leurs mérite une distinction particulière.

L'orchestration du processus de prise de décision

Dans un projet, la plupart des décisions ne requièrent pas que tous les membres de l'équipe se réunissent pour débattre des options et déterminer des solutions. Les décisions sont plutôt prises en temps réel à l'intérieur de modèles d'interactions quotidiennes entre les gestionnaires de projet, les acteurs et les membres de l'équipe. Par exemple, en réponse à une question de routine du type «comment ça avance?», un gestionnaire de projet apprend qu'un ingénieur mécanicien ne trouve pas le moyen de répondre aux critères de rendement du prototype qu'il est chargé de fabriquer. Tous deux se rendent chez les concepteurs, expliquent leur problème et demandent s'il est possible de faire quelque chose et quoi. Les concepteurs précisent alors les critères qui leur paraissent essentiels et ceux qui pourraient faire l'objet d'un compromis. Le gestionnaire de projet s'adresse ensuite aux employés du groupe de mise en marché pour s'assurer que ces modifications leur semblent acceptables. Ils donnent leur accord à l'ensemble des modifications à l'exception de deux. Le gestionnaire de projet consulte de nouveau l'ingénieur mécanicien pour savoir si les changements proposés l'aideraient à résoudre son problème. Sur sa réponse affirmative, il communique avec le promoteur du projet, lui explique la situation et obtient son consentement avant d'autoriser les changements en question. C'est un exemple de la façon dont le gestionnaire de projet peut, grâce à la gestion sur le terrain, consulter des membres de son équipe, leur demander de suggérer des idées, déterminer les solutions optimales et créer ainsi un sentiment de participation propre à susciter la confiance et l'engagement à appliquer les décisions.

Pourtant, en cours de projet, certains problèmes et certaines décisions requièrent la sagesse collective des membres de l'équipe et des acteurs concernés. On devrait recourir à la prise de décision en groupe lorsqu'il s'agit d'améliorer la qualité des solutions à des questions importantes. C'est souvent le cas pour les problèmes complexes dont la résolution nécessite l'apport de différents spécialistes. On devrait également faire appel à ce processus lorsqu'il faut obtenir de l'équipe un solide engagement envers la décision qui sera prise et que la probabilité d'acceptation serait faible si une seule personne prenait cette décision. La participation générale vise à réduire la résistance et à s'assurer du soutien collectif. On se sert aussi de la prise de décision en groupe lorsque surviennent des problèmes qui suscitent la controverse et qui ont des répercussions importantes sur les activités du projet ou lorsque la confiance fait défaut au sein de l'équipe. Voici des lignes de conduite pour la gestion des prises de décision en groupe.

Des moyens de faciliter les prises de décision en groupe

Le gestionnaire de projet joue un rôle essentiel dans l'orientation du processus de prise de décision en groupe. Il doit garder à l'esprit que sa tâche ne consiste pas à prendre une décision, mais bien à faciliter les discussions au sein de l'équipe afin que celle-ci parvienne à un consensus sur la meilleure solution possible. Dans un tel contexte, un consensus ne signifie pas que tout le monde appuie la décision à 100%, mais que tous s'entendent sur la meilleure solution selon les circonstances. Il y a essentiellement quatre grandes étapes qui facilitent la prise de décision en groupe. Chacune est brièvement décrite ci-après, accompagnée de suggestions sur la manière de gérer le processus.

1. **Déterminer la nature du problème**   Le gestionnaire de projet doit prendre garde de ne pas énoncer le problème sous forme de choix, par exemple, devrait-on procéder de la façon X ou de la façon Y ? Il doit plutôt décrire le problème sous-jacent pour lequel ces possibilités et probablement d'autres encore constituent des solutions potentielles. Cette manière de procéder permet aux membres de l'équipe de proposer des solutions et non simplement de choisir parmi celles que le gestionnaire de projet leur suggère. Une façon de définir les problèmes consiste à considérer l'écart entre la situation actuelle (son état actuel) et la situation idéale du projet (l'état d'avancement souhaitable). Il est possible, par exemple, que le projet ait pris quatre jours de retard ou que le prototype pèse un kilo de plus que les spécifications. Peu importe que l'écart soit considérable ou négligeable, il s'agit de l'éliminer. Le groupe doit trouver une ou plusieurs lignes de conduite qui permettront de modifier l'état actuel du projet en l'état d'avancement souhaité.

   Lorsque le gestionnaire de projet perçoit une attitude défensive au cours de la discussion sur la détermination du problème, il serait peut-être sage, si possible, de retarder l'étape de sa résolution. Les esprits auraient ainsi le temps de se calmer et les membres du groupe pourraient adopter une nouvelle perspective sur les questions à débattre.

2. **Trouver des solutions**   Lorsque les membres de l'équipe se sont entendus sur la nature du problème, l'étape suivante consiste à trouver des solutions de rechange. Quand le problème requiert de la créativité, on recommande généralement une séance de remue-méninges. Le groupe dresse alors une liste des solutions possibles sur un tableau à feuilles volantes ou sur un tableau noir. Pendant ce temps, le gestionnaire de projet annonce une interruption des critiques et des évaluations de toutes les suggestions. Les participants sont encouragés à reprendre à leur compte les idées des autres en les développant ou en les combinant pour en produire de nouvelles. L'objectif consiste à obtenir le plus grand nombre possible de solutions aussi bizarres qu'elles puissent paraître. Selon certains gestionnaires de projet, lorsqu'un problème se révèle vraiment ardu, il est avantageux de tenir des séances de ce type en dehors des lieux de travail. Il semble qu'un changement de décor stimule l'imagination.

3. **Parvenir à une décision**   L'étape suivante consiste à évaluer les mérites des solutions de rechange. Au cours de cette phase, il est utile de disposer d'un ensemble de critères pour juger de la valeur des différentes solutions. Dans bien des cas, le gestionnaire de projet s'inspire de l'ordre de priorité des objectifs du projet. Il demande au groupe d'évaluer chaque possibilité en fonction de ses répercussions sur le coût, l'échéancier et le rendement ainsi que sur sa capacité à réduire l'écart constaté. Quand la durée constitue un élément essentiel du projet, par exemple, on choisira la solution susceptible de régler le problème le plus rapidement possible.

   Au cours des discussions, le gestionnaire de projet tente d'établir un consensus au sein de l'équipe. Ce processus s'avère parfois compliqué. Il faut fournir aux membres du groupe des résumés périodiques pour les aider à déterminer où ils en sont. Le gestionnaire de projet doit aussi protéger ceux qui soutiennent des idées minoritaires et s'assurer que leur point de vue est entendu comme celui des autres. Il doit veiller à ce que chacun ait l'occasion de faire connaître ses opinions et à ce qu'aucune personne ni aucun sous-groupe ne domine la discussion. Il est parfois utile de se munir d'un chronomètre réglé aux deux minutes pour contrôler le temps de parole accordé à chacun. Lorsque des conflits surviennent, le gestionnaire de projet peut appliquer certaines idées et techniques présentées dans la section suivante.

   Le gestionnaire de projet doit en quelque sorte tester le consensus pour savoir sur quels points l'équipe s'entend et sur quels autres le désaccord persiste. Il faut prendre garde d'interpréter un silence comme un acquiescement. Mieux vaut faire confirmer l'accord de chacun en posant des questions. Enfin, après des échanges nourris par une réflexion profonde, l'équipe parvient à une «rencontre des esprits» en ce qui a trait à la meilleure solution pour le projet.

4. **Assurer un suivi** Une fois la décision prise et mise en application, il importe que l'équipe trouve le temps d'en évaluer l'efficacité. Si cette décision n'a pas fourni la solution escomptée, il faut se demander pourquoi et en tirer des leçons qui seront ajoutées à la mémoire collective de l'équipe de projet.

La gestion des conflits dans le contexte d'un projet

Des désaccords et des conflits surviennent inévitablement à l'intérieur d'une équipe au cours de la durée de vie d'un projet. Des participants ne s'entendront pas sur l'ordre de priorité, l'allocation des ressources, la qualité d'un travail particulier, les solutions aux problèmes qui se présentent, et ainsi de suite. Certains conflits favorisent la réalisation des objectifs du groupe et améliorent le rendement. Par exemple, deux collègues discutent d'une décision de compromis sur la conception qui concerne plusieurs caractéristiques d'un produit. Ils affirment que leur caractéristique préférée est précisément celle que le principal client souhaite vraiment obtenir. Ce désaccord les oblige à s'adresser au client et à en obtenir des renseignements supplémentaires. Ils découvrent alors qu'aucune des deux caractéristiques en question n'a d'importance pour lui et que, en réalité, il s'attend à quelque chose d'autre. Toutefois, les conflits peuvent aussi nuire au rendement du groupe. Des différends d'opinions en début de projet peuvent dégénérer en disputes animées à l'issue desquelles les deux parties quittent la pièce en claquant la porte et refusent de continuer à travailler ensemble.

D'après les recherches de H.J. Thamhain et de D.L. Wilemon, les sources de conflits se modifient à mesure que les projets avancent dans leur cycle de vie. La figure 11.5 résume les principales d'entre elles à chaque étape d'un projet.

Au cours de la phase de définition du projet, les plus sérieuses sources de conflits sont l'ordre de priorité, les procédures administratives, le calendrier et les ressources. Des con-

FIGURE 11.5

L'intensité des conflits au cours du cycle de vie d'un projet

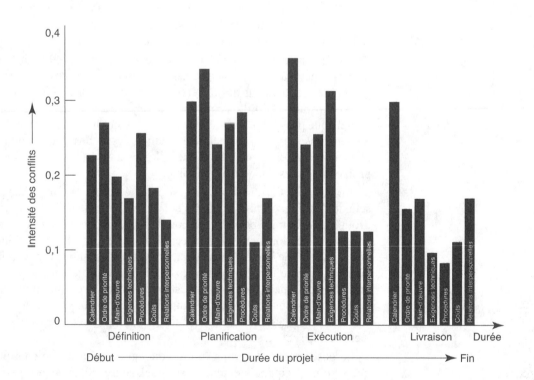

La gestion des projets non prioritaires

Jusqu'ici, dans notre discussion sur la formation des équipes, nous nous sommes intéressés principalement aux projets importants qui requièrent de l'attention et un engagement de la part des employés qui y sont affectés. Qu'en est-il des projets qui ne sont pas prioritaires pour les membres de l'équipe, c'est-à-dire des groupes de travail inintéressants auxquels les employés se joignent à contrecœur, du travail de comité auquel des ressources sont affectées, de ces projets à temps partiel qui empêchent leurs participants de se consacrer au travail important qu'ils préféreraient effectuer, des projets qui incitent les employés à se demander entre eux pourquoi ils doivent perdre du temps à les exécuter?

Il n'existe pas de baguette magique capable de transformer des équipes de projet à temps partiel peu intéressées en équipes très performantes. Nous avons interrogé plusieurs gestionnaires de projet à ce sujet. Tous s'entendent pour dire qu'il s'agit souvent d'affectations très difficiles et plutôt frustrantes et qu'il y a des limites à ce que l'on peut faire. Ils nous ont cependant suggéré des trucs et des conseils pour tirer parti de situations peu prometteuses. La plupart de ces conseils portent sur la nécessité de susciter un engagement envers le projet là où il n'est pas naturellement présent.

Un gestionnaire de projet conseille d'orchestrer à l'avance un important investissement de temps pour de tels projets, soit sous forme d'une longue réunion ou d'une affectation importante dès le début. Selon lui, il s'agit d'une sorte d'acompte que les membres de l'équipe perdront s'ils n'achèvent pas le projet.

D'autres mettent l'accent sur la nécessité de privilégier autant d'occasions d'amusement que possible dans les activités à réaliser. C'est ici que les rituels dont nous avons parlé dans la section sur l'établissement d'une identité d'équipe entrent en jeu. Les membres d'une équipe acceptent de s'investir dans un projet, car ils éprouvent du plaisir à travailler ensemble. Une gestionnaire de projet nous a même confié que la qualité des beignes qu'elle fournissait constituait la principale raison de la présence de tous les membres de son équipe à chaque réunion.

Une autre stratégie consiste à rendre les effets bénéfiques du projet aussi concrets que possible pour les membres de l'équipe chargée de l'exécuter. Un gestionnaire de projet affirme avoir raffermi la détermination des membres d'un groupe de travail sur la prévention des accidents en invitant des victimes d'un accident à une réunion. Pour raviver l'énergie de ses effectifs, un autre gestionnaire avait demandé au principal promoteur du projet, un cadre de haut niveau, de venir leur expliquer l'importance de leur travail pour son entreprise.

La plupart des gestionnaires de projet insistent sur l'importance de développer une solide relation personnelle avec chaque membre de leur équipe. Lorsque cette relation existe, les employés travaillent avec acharnement non pas parce qu'ils s'intéressent vraiment au projet, mais parce qu'ils ne veulent pas décevoir son gestionnaire. Sans parler en toutes lettres de monnaie d'influence, ces gestionnaires de projet ont souligné la nécessité de connaître tous les membres de leur équipe, de leur présenter des gens qui peuvent les aider, de leur fournir des encouragements et de leur rendre service le cas échéant.

Enfin, tous les gestionnaires de projet interrogés préviennent leurs collègues qu'il ne faut rien tenir pour acquis dans les projets non prioritaires. Ils leur recommandent de rappeler aux membres de leur équipe les réunions à venir et d'apporter des exemplaires supplémentaires du matériel nécessaire pour ceux qui auraient oublié le leur ou qui ne le trouveraient plus. Les gestionnaires de projet devraient en outre s'entretenir fréquemment avec les membres de leur groupe et leur rappeler les tâches qu'ils doivent effectuer. L'un d'eux a bien résumé leurs dernières recommandations par la phrase suivante : « Parfois, ça revient à dire qu'il suffit d'être un enquiquineur efficace ! »

flits surviennent à propos de l'importance relative du projet par rapport à d'autres activités, de la structure de gestion à privilégier (en particulier, le degré de contrôle que le gestionnaire de projet devrait exercer), du personnel à affecter à certaines tâches et de la planification des projets en lots de travaux déjà existants.

Au cours de la phase de planification, les principales sources de conflits demeurent l'ordre de priorité, suivi du calendrier, des procédures et des exigences techniques. Il s'agit de la phase au cours de laquelle le projet passe d'un concept général à un ensemble de plans détaillés. Des désaccords apparaissent souvent au sujet du calendrier final, de la disponibilité des ressources, des procédures de communication et de prise de décision ainsi que des exigences techniques liées au projet.

Pendant la phase d'exécution, des frictions se produisent en raison de retards dans le calendrier, de problèmes techniques et de questions de personnel. Les étapes clés deviennent plus difficiles à atteindre à cause des retards accumulés. Il en résulte une tension au sein de l'équipe, car ces retards empêchent d'autres employés de commencer leur tâche ou de la terminer. La gestion des compromis entre la durée, les coûts et le rendement se révèle alors primordiale. Le gestionnaire de projet doit choisir entre laisser le calendrier se rallonger, investir des fonds supplémentaires pour rattraper le temps perdu ou réduire le contenu du projet pour économiser du temps. Il peut s'agir aussi de trouver des solutions à des problèmes techniques imprévus et d'intégrer au projet les contributions de différents employés. La tension que ces difficultés de toutes sortes engendrent peut s'exprimer sous forme de conflits interpersonnels, mais aussi de pressions visant à ce que l'on exploite les ressources plus efficacement.

Dans la phase de livraison, le calendrier reste une source majeure de conflits lorsque, en raison des retards, il devient de plus en plus difficile de respecter les dates cibles de fin de projet. Les pressions qui s'exercent en vue de la réalisation des objectifs combinées à l'anxiété croissante au sujet de futures affectations augmentent les tensions entre les participants. À ce stade, on observe rarement des problèmes techniques puisque la plupart d'entre eux ont été résolus au cours des phases antérieures.

Le potentiel des conflits fonctionnels

La ligne de démarcation entre les conflits fonctionnels et les conflits dysfonctionnels n'est ni claire ni précise. Dans une équipe, des participants peuvent se livrer à de violentes critiques émaillées de jurons et finalement réussir à régler leur différend. Par contre, dans une autre, le même comportement donnerait lieu à des dissensions irréconciliables et empêcherait à jamais les employés en cause de travailler de nouveau ensemble de façon productive. Le critère de distinction entre ces deux catégories tient à l'influence que le conflit exerce sur l'exécution du projet et non à ce que ressentent les employés. Les membres d'une équipe peuvent se sentir vexés et insatisfaits à la suite d'un échange animé. Cependant, si leur désaccord favorise l'avancement des objectifs du projet, le conflit est considéré comme fonctionnel. Le gestionnaire de projet reconnaît que les conflits constituent une partie inévitable et parfois même souhaitable du travail en équipe. Il s'agit pour lui de savoir tirer parti de ceux qui sont fonctionnels et de gérer ceux qui ne le sont pas.

Une vision partagée peut contribuer à transcender les éléments incongrus liés à un projet et inspirer une volonté commune de canaliser les discussions de façon constructive. Sans objectifs communs, il ne peut y avoir de terrain d'entente. Dans l'exemple précédent qui portait sur une décision de compromis en matière de conception, lorsque les parties s'accordent sur le fait que la satisfaction du client est leur principal objectif, il existe une base pour régler la dispute de façon objective. Il est donc primordial de s'entendre à l'avance sur l'importance relative du coût, du calendrier ou du contenu pour permettre à l'équipe de choisir la solution la plus appropriée.

Parfois, ce n'est pas la présence, mais l'absence de conflit qui pose un problème. Il arrive en effet qu'en raison de pressions dues à la compression des durées, du manque de confiance en soi ou du désir de préserver l'harmonie de l'équipe, certains employés hésitent à exprimer leurs objections. Cette réticence prive le groupe de renseignements utiles qui pourraient favoriser l'élaboration de meilleures solutions ou éviter des erreurs graves. Le gestionnaire de projet doit encourager une saine contestation en vue d'améliorer la résolution des problèmes et de stimuler l'innovation. Il peut en démontrer la nécessité en posant des questions rigoureuses et en mettant en doute les raisonnements qui sous-tendent certaines recommandations. Il lui est aussi possible d'organiser des conflits constructifs en invitant des employés aux points de vue opposés à faire valoir leurs arguments au moment de réunions importantes.

Le gestionnaire de projet peut légitimer la contestation au sein de son équipe en désignant un employé qui se fera l'avocat du diable ou en demandant aux membres du groupe de trouver en un quart d'heure toutes les raisons pour lesquelles ils ne devraient pas opter pour telle ligne de conduite. Les conflits fonctionnels jouent un rôle crucial, car ils permettent d'obtenir une meilleure compréhension des questions à débattre et de parvenir aux meilleures décisions possible.

Il est essentiel que le gestionnaire de projet donne l'exemple en adoptant une attitude appropriée lorsqu'un employé est en désaccord avec ses idées ou qu'il les met en doute. Plutôt que de rester sur la défensive, il a intérêt à encourager une discussion critique. Il doit faire preuve d'une grande capacité d'écoute et résumer les principales idées en jeu avant de répondre. Il doit aussi vérifier si d'autres membres du groupe acceptent le point de vue opposé. Enfin, il lui faut apprécier et même protéger les contestataires. Les entreprises tendent à valoriser ceux qui les approuvent aveuglément ; or, l'empereur a toujours besoin d'une personne pour le prévenir lorsqu'il se promène sans vêtements.

La gestion des conflits dysfonctionnels

La gestion des conflits dysfonctionnels est une tâche beaucoup plus complexe que celle d'encourager les conflits fonctionnels. D'abord, il s'avère difficile de reconnaître un conflit dysfonctionnel. Un gestionnaire peut avoir dans son équipe deux professionnels chevronnés qui se haïssent profondément mais qui, dans le feu de l'action, produiront des résultats admirables. Une telle situation n'a rien de plaisant, mais s'agit-il d'un conflit dysfonctionnel ? Non, puisqu'il contribue à la progression du projet. Par contre, il arrive qu'un conflit fonctionnel se dégrade et devienne dysfonctionnel. Un tel changement se produit lorsque des désaccords sur le plan technique se transforment en conflits irrationnels entre les personnalités ou lorsque l'incapacité de résoudre un problème entraîne des retards injustifiés dans l'exécution des tâches critiques d'un projet.

La seconde grande difficulté pour le gestionnaire de projet, c'est qu'il n'y a souvent aucune solution simple à un conflit dysfonctionnel. Il doit faire un choix entre différentes stratégies pour gérer des conflits de ce type. En voici cinq.

1. **Servir de médiateur dans le conflit** Le gestionnaire intervient et tente de négocier une réconciliation à l'aide du raisonnement et de la persuasion, en suggérant par exemple différentes solutions de rechange. Il importe, tout particulièrement, d'essayer de trouver un terrain d'entente. Dans certains cas, le gestionnaire de projet fera valoir l'argument que l'échange pour déterminer un gagnant et un perdant a dégénéré au point que tous les deux y perdent et que le temps est venu de faire des concessions de part et d'autre.

2. **Arbitrer le conflit** Le gestionnaire impose une solution au conflit après avoir écouté chaque partie. Il ne s'agit pas pour lui de décider qui a raison, mais bien de favoriser l'exécution du projet. Il est donc important qu'il recherche une solution honorable pour les deux parties ; autrement, sa solution n'apportera qu'un répit temporaire. Une gestionnaire de projet nous a confié qu'elle réussit généralement à résoudre des conflits en adoptant la méthode du roi Salomon. Elle propose une solution sachant qu'elle ne plaira à aucune des deux parties, puis donne aux adversaires deux heures pour en trouver une autre sur laquelle ils pourraient s'entendre.

3. **Exercer un contrôle sur le conflit** Une stratégie efficace consiste à réduire l'intensité du conflit en atténuant les différences ou en y mettant une touche d'humour. Lorsque les discussions s'enflamment, le gestionnaire peut interrompre la séance en espérant que le lendemain les parties auront repris leur sang-froid. Si le conflit continue de s'envenimer, il pourrait être nécessaire de réorganiser les assignations de tâches de manière que les deux employés concernés n'aient pas à travailler ensemble.

4. **Accepter les conflits** Dans certains cas, le conflit subsistera même après l'achèvement du projet. Bien qu'il cause un certain dérangement, le gestionnaire doit malheureusement s'en accommoder.

5. **Éliminer le conflit** Parfois, un conflit atteint des dimensions telles qu'il devient intolérable. Dans ce cas, le gestionnaire retire les employés concernés du projet. Quand un seul employé est clairement fautif, alors c'est lui qui doit partir. Si, comme c'est souvent le cas, les deux adversaires ont tort, il serait sage, si possible, de les retirer tous les deux

du projet. Leur départ indiquerait sans ambiguïté aux autres membres de l'équipe le caractère inacceptable de ce type de comportement.

En résumé, le gestionnaire de projet établit les fondements des conflits fonctionnels en déterminant avec précision les rôles et les responsabilités de chacun, en favorisant l'élaboration d'une vision ou d'objectifs communs et en privilégiant des mesures incitatives de groupe pour récompenser le travail en collaboration. Il doit se montrer habile à interpréter le langage corporel pour reconnaître les désaccords qui ne sont pas exprimés verbalement. Il doit aussi être au fait de tous les aspects du déroulement du projet pour déceler dès le départ les petits problèmes qui pourraient se transformer en conflits importants. Un peu d'humour au bon moment et une réorientation des efforts vers ce qui favorise le plus l'exécution du projet peuvent atténuer les tensions interpersonnelles susceptibles de surgir au sein d'une équipe.

Des méthodes pour revigorer une équipe de projet

Au cours d'un long projet, il arrive qu'une équipe dévie de sa trajectoire et perde l'élan qu'elle avait au départ. Le gestionnaire de projet doit alors passer à l'action pour réorienter les efforts de son équipe en vue de la réalisation des objectifs du projet et faire avancer les choses. Pour y parvenir, il existe des stratégies traditionnelles et d'autres qui le sont moins. De façon «décontractée», le gestionnaire de projet peut instaurer de nouveaux rituels, par exemple celui de l'insecte phosphorescent que nous avons vu, pour redonner de l'énergie à son équipe. Dans le cas d'un projet qui connaissait de sérieuses difficultés, le gestionnaire de projet a interrompu le travail et a amené les membres de son équipe jouer aux quilles pour qu'ils puissent se libérer de leurs frustrations. Dans un autre cas, une gestionnaire de projet a fait voir à son équipe le film intitulé *À l'ombre de Shawshank* pour ranimer l'espoir et la volonté de faire du projet un succès.

Une autre option consiste à inviter le promoteur du projet à livrer un discours d'encouragement aux «troupes». Il est aussi possible de revigorer l'équipe en lui proposant de relever un défi amical. Par exemple, le promoteur d'un projet a déjà offert de cuisiner un repas à cinq services pour le groupe si ses membres réussissaient à remettre le projet sur les rails et à atteindre la prochaine étape clé.

Parfois, il faut recourir à des mesures plus conventionnelles. Par exemple, il peut se révéler nécessaire d'organiser une séance de développement de l'esprit d'équipe consacrée à l'amélioration de ses processus de travail. Cette réunion est particulièrement utile lorsque le gestionnaire de projet se rend compte que son équipe est près d'un point de transition dans son développement. Elle a pour but d'augmenter l'efficacité de l'équipe par une meilleure gestion des exigences du projet et du travail du groupe. Il s'agit pour ses membres d'effectuer un examen introspectif de son rendement, de son fonctionnement et de sa culture en vue de raffermir les comportements fonctionnels et d'éliminer ceux qui ne le sont pas. L'équipe de projet critique sa performance, analyse ses façons de procéder et tente d'élaborer des stratégies qui lui permettraient d'améliorer son fonctionnement.

Souvent, on engage un expert-conseil de l'extérieur ou encore un spécialiste en gestion du personnel à l'interne pour faciliter cet exercice. Cette mesure apporte au groupe un point de vue différent et plus objectif, libère le gestionnaire de projet de la participation à ce processus et fournit l'aide d'un spécialiste de la dynamique de groupe. En outre, lorsqu'il faut recueillir des renseignements préliminaires, les membres de l'équipe se montreront probablement plus francs et moins réservés avec une personne de l'extérieur. Toutefois, une mise en garde s'impose au sujet des consultants externes : trop souvent, le gestionnaire de projet recourt à eux pour régler un problème qu'il n'a pas pu ou qu'il n'a pas voulu résoudre lui-même. Le spécialiste reçoit alors la directive de le faire à sa place. En agissant ainsi, le gestionnaire de projet ne se rend pas compte qu'un des principaux moyens de corriger ce qui ne va pas dans une équipe consiste à améliorer les relations de travail entre son chef et les autres membres. Pour que de telles séances soient profitables, il doit accepter que l'on examine son propre rôle et être prêt à changer ses comportements et ses habitudes de travail en fonction des commentaires et des suggestions des membres de son équipe.

Les experts-conseils utilisent un large éventail de techniques de développement de l'esprit d'équipe pour améliorer le rendement des groupes. Voici une brève description d'une méthode couramment utilisée. En premier lieu, il s'agit de recueillir de l'information et de poser un premier diagnostic sur la performance du groupe. Dans des entrevues individuelles ou un forum, le consultant pose des questions générales sur le rendement de l'équipe, c'est-à-dire sur les obstacles qui l'empêchent de mieux performer. Il résume ensuite cette information sous forme de thèmes. Lorsque tous les participants ont compris le contenu de ces thèmes, ils les classent d'après leur importance et la capacité d'influence qu'a l'équipe sur ceux-ci. Ce dernier aspect est crucial. Par « capacité d'influence », on entend l'influence directe que l'équipe peut avoir ou ne pas avoir sur chaque élément. Par exemple, une équipe exerce généralement peu d'influence sur la livraison du matériel fourni par des sous-traitants. Ses membres exercent toutefois un contrôle sur la vitesse à laquelle ils se communiquent les uns aux autres des modifications imprévues à leurs plans. Lorsque le groupe se préoccupe de facteurs qui échappent à son influence, la réunion peut rapidement dégénérer en séance de plaintes démoralisantes. Par conséquent, on choisit comme sujets de discussions les principaux domaines sur lesquels l'équipe exerce un contrôle direct. Au cours de la rencontre, de nombreux renseignements sur les relations interpersonnelles et la procédure du groupe apparaissent, et ils devront également être examinés. Ainsi, le groupe doit travailler à deux ensembles d'éléments, les éléments inscrits à l'ordre du jour et ceux qui ressortent de l'interaction des participants. C'est là que la compétence d'un expert-conseil de l'extérieur devient essentielle, car elle sert à repérer les diverses catégories d'interaction et leurs répercussions sur le rendement de l'équipe.

À mesure que les participants discutent des problèmes importants, ils proposent différents types d'actions possibles. À la fin de la séance, ils choisissent des mesures précises pour remédier aux problèmes et établissent des dates cibles en précisant qui fera quoi et quand. Il est possible de revoir ces affectations aux réunions sur l'état d'avancement du projet ou au cours d'une seconde séance spéciale.

Il est devenu à la mode d'associer les activités de développement de l'esprit d'équipe des groupes à des activités en plein air. Ces expériences, qu'il s'agisse de descentes en eau vive ou d'escalade de parois rocheuses, placent les membres du groupe dans diverses situations physiquement éprouvantes qui doivent être maîtrisées par un effort d'équipe et non individuel. Travailler ensemble pour surmonter des obstacles périlleux est censé avoir pour effet chez les membres de l'équipe d'augmenter la confiance en soi, le respect pour les capacités des autres et la volonté de participer à l'effort collectif. Il n'existe aucune donnée empirique permettant de confirmer ces résultats sauf l'appui enthousiaste des participants. Ces activités constituent une expérience commune intense susceptible d'accélérer le développement des relations sociales dans l'équipe. Il s'agit d'un investissement de temps et d'argent qui indique l'importance du travail d'équipe et que certains considèrent comme un avantage associé à la participation à un projet. Toutefois, quand les leçons tirées de ces expériences ne peuvent être immédiatement appliquées à un projet réel, elles peuvent perdre tout leur sens.

La gestion d'équipes de projet virtuelles

Former une équipe de projet très performante comprenant un mélange d'employés qui travaillent à temps plein et à temps partiel est une tâche ardue. Imaginez à quel point la difficulté de cette tâche s'accroît quand il faut constituer une équipe dont les membres n'ont aucune interaction directe ! C'est le cas des équipes de projet virtuelles. Comme leurs membres travaillent dans des régions géographiquement éloignées, ils peuvent rarement, sinon jamais, se rencontrer. Par exemple, le siège social de la division des circuits intégrés de Hewlett-Packard (HP) et une partie de ses installations de recherche et développement se situent à Palo Alto en Californie, tandis que ses deux usines de fabrication de plaquettes se trouvent à Corvallis, en Oregon, et à Fort Collins, au Colorado, et que le processus d'emballage se fait par chaînes de montage principalement à Singapour et en Corée. Or, il arrive que des professionnels de chaque endroit participent à un même projet. Lorsque les membres d'une même équipe sont répartis sur différents continents et dans différents fuseaux horaires, les occasions de communication directe sont extrêmement limitées. Les ressources électroniques comme Internet, les courriels et les téléconférences ont une grande importance dans ce type de projets, car elles constituent les principaux moyens de communication. À ce propos, voyez la rubrique à la page 400, pour en découvrir le fonctionnement.

Les deux plus grands défis de la gestion d'une équipe de projet virtuelle sont la nécessité de développer des relations de confiance et celle de disposer de modes de communication efficaces. La confiance constitue un élément essentiel dans la gestion de ce type de projets. Contrairement à l'équipe traditionnelle dans laquelle les membres peuvent constater si le travail confié à l'un d'eux a été fait comme il le dit, ceux d'une équipe virtuelle doivent se contenter de la parole de collègues éloignés. Pourtant, il semble difficile de faire confiance à une personne que l'on a rencontrée seulement une ou deux fois, voire pas du tout. L'éloignement géographique empêche aussi toutes les interactions sociales en dehors du travail, souvent essentielles au développement d'une camaraderie entre les membres d'un même groupe. Comme le disait un professionnel membre d'une telle équipe, il n'y a pas moyen de prendre une bière ensemble par Internet !

Dans ces conditions, comment un gestionnaire de projet favorise-t-il le développement d'une relation de confiance au sein d'une équipe virtuelle ? D'abord, quand il est impossible de tenir une réunion de démarrage en un même endroit, le gestionnaire de projet orchestre un échange de renseignements de nature personnelle – qui sont les membres de l'équipe et quelles sont leur formation et leur expérience – au cours de la communication électronique initiale. Ensuite, il indique clairement le rôle de chaque participant. Idéalement, il devrait assigner des tâches précises à chacun d'eux pour qu'ils puissent contribuer immédiatement au projet. Dans les projets virtuels, la confiance se renforce grâce à la fiabilité, à la constance et à la réceptivité des membres de l'équipe. Enfin, le gestionnaire de projet doit toujours manifester de l'enthousiasme et indiquer l'orientation qu'il donne au projet dans tous ses messages. Il reste à espérer que cet état d'esprit se propagera aux autres membres de l'équipe.

Le deuxième grand défi de la gestion d'équipe de projet virtuelle concerne l'établissement de types de communication efficaces. Les courriels et les télécopies constituent d'excellents moyens de communiquer des faits. Toutefois, ils ne laissent aucune place aux sentiments. Ils ne permettent pas non plus des communications en temps réel. Les conférences téléphoniques et les bavardoirs ont leur utilité, mais aussi leurs limites. La vidéoconférence représente une nette amélioration par rapport aux autres formes de communication électroniques non visuelles. Toutefois, il s'agit d'un média très coûteux, et seuls les systèmes les plus perfectionnés et les plus coûteux disposent de l'interaction en temps réel. Même en se servant des meilleurs systèmes, le gestionnaire de projet doit encore surmonter l'obstacle des différences de fuseaux horaires et des particularités culturelles de même que la difficulté de trouver un moment qui convienne à tout le monde. Voici quelques conseils pour atténuer les problèmes de communication et pour améliorer le rendement des équipes virtuelles.

1. **Si possible, prévoir une réunion en un endroit commun**   Il faut tenir une réunion de démarrage avec tous les membres de l'équipe pour qu'ils puissent se rencontrer et bavarder. Il faut aussi tenir d'autres réunions semblables à des étapes importantes du projet pour favoriser l'établissement de liens entre les participants et une résolution efficace des problèmes.

2. **Tenir les membres de l'équipe au courant de l'état d'avancement du projet dans son ensemble**   On peut utiliser un partagiciel ou développer un accès central, tel qu'un site Web ou un réseau local, pour fournir à l'équipe des calendriers à jour. Ses membres ont besoin de savoir où ils se situent dans l'ensemble.

3. **Ne pas laisser des membres de l'équipe se volatiliser**   Les membres des équipes virtuelles ont souvent de la difficulté à communiquer les uns avec les autres. À l'aide d'un logiciel de planification disponible via Internet, il est possible de garder en mémoire l'emploi du temps de chacun d'eux.

4. **Établir un code de conduite pour éviter les retards**   Les membres de l'équipe doivent s'entendre non seulement sur les types de renseignements qu'ils échangeront ainsi que sur le moment et la manière dont ils le feront, mais également sur le moment et la manière dont ils y répondront. Il importe donc d'élaborer un système de priorité permettant de distinguer les messages qui requièrent une réponse immédiate de ceux qui nécessitent des durées plus longues.

5. **Établir des normes et des protocoles clairs pour les hypothèses et les conflits qui apparaissent**   Comme la communication est essentiellement non visuelle, le gestionnaire de projet ne peut pas se fier au langage corporel et aux expressions faciales pour se faire une idée de ce qui se passe. Il doit aller plus en profondeur dans ses échanges avec les membres de l'équipe pour les obliger à expliquer clairement leurs points de vue, leurs actions et leurs préoccupations. Ensuite, il s'assure qu'il a bien compris ce qui lui a été dit.

Dans une large mesure, la gestion d'une équipe de projet virtuelle ne diffère pas beaucoup de la gestion d'une équipe de projet ordinaire. L'important est de fonctionner à l'intérieur des contraintes imposées par la situation pour développer des moyens efficaces de permettre aux membres de l'équipe d'interagir et de combiner leurs compétences en vue d'exécuter le projet.

Les dangers qui menacent les équipes de projet

Les équipes de projet très performantes peuvent parvenir à des résultats spectaculaires. Toutefois, comme toute bonne chose, elles ont un aspect moins reluisant que le gestionnaire doit connaître. Il s'agit du phénomène de la «projectite» dont il a été question au chapitre 3. Dans la présente section, nous examinerons certaines des «pathologies» qui menacent les équipes de projet extrêmement efficaces et soulignerons ce que le gestionnaire peut faire pour réduire la probabilité que de tels problèmes se produisent.

La pensée de groupe

I.L. Janis a reconnu pour la première fois la «pensée de groupe» comme l'un des facteurs qui a influé sur la malencontreuse tentative d'invasion de Cuba par la baie des Cochons en 1961. L'expression sert à désigner la tendance des membres de groupes où règne une forte cohésion à perdre leur capacité d'évaluation critique. Cette anomalie apparaît lorsque des pressions visant à assurer la conformité se combinent à une illusion d'invincibilité pour suspendre toute discussion critique des décisions. Il en résulte que l'équipe prend des décisions rapides sans bien considérer toutes les solutions de rechange. En général, cette façon

La gestion d'équipes internationales virtuelles*

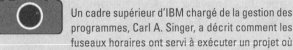

Un cadre supérieur d'IBM chargé de la gestion des programmes, Carl A. Singer, a décrit comment les fuseaux horaires ont servi à exécuter un projet où chaque minute comptait. Le projet faisait appel à des spécialistes de différentes disciplines pour documenter les meilleures pratiques existantes dans le domaine de l'entretien des systèmes et enregistrer ces données dans un logiciel de gestion des connaissances. Les plus grands experts disponibles se trouvaient aux antipodes les uns des autres, en Australie et en Écosse. La révision et le contrôle du projet se faisaient à partir des États-Unis.

La direction s'est rendu compte qu'il ne suffisait pas de travailler plus fort et plus intelligemment que d'habitude pour atteindre ses cibles en matière de durée et de qualité. Dans ce projet, elle a donc utilisé la dimension temporelle à son avantage. En appliquant des principes de gestion éprouvés et en tirant parti de divers systèmes de communication électroniques, l'équipe a réussi à créer une journée de travail virtuelle de 24 heures pour permettre des rétroactions rapides et des révisions accélérées.

Chaque équipe était composée de professionnels chevronnés habitués aux rigueurs des projets de consultation limités par le temps. On a choisi une personne-ressource sur place pour chaque équipe et on a établi des cibles à atteindre, une terminologie et des procédés sur lesquels tous les groupes se sont entendus.

Le gestionnaire de projet a organisé une réunion de démarrage de tous les participants au cours de laquelle ceux-ci ont pu bavarder, se faire expliquer les contraintes locales propres au projet et recevoir des précisions sur les éléments d'un plan qu'ils ont tous accepté. La réunion a eu lieu dans un hôtel de la société où les repas étaient fournis. L'endroit était considéré comme un « havre assisté de vie communautaire » destiné aux experts-conseils d'IBM. Il permettait de se remettre plus rapidement du décalage horaire et constituait un environnement de travail libre de toute interruption.

En revenant chez eux, les membres de chaque équipe ont créé la majorité de leurs produits livrables indépendamment les uns des autres, mais en participant périodiquement à des conférences téléphoniques à trois pour maintenir une bonne coordination des activités. On a établi un manuel électronique de contrôle pour que tous les membres puissent avoir accès aux derniers documents concernant le projet.

La dernière phase du projet exigeait un travail d'interfaçage et de révision intense d'une équipe à l'autre. Ces révisions ont nécessité des changements pour répondre à diverses préoccupations, éliminer des différences entre les sous-projets, et ainsi de suite. C'est à ce stade que la nature internationale du projet a été mise à profit. En utilisant une méthode de « nettoyage à sec » (arrivé à 17 h, prêt le lendemain matin à 9 h), les membres des équipes d'Australie et d'Écosse ont réussi à s'attaquer immédiatement aux questions soulevées dans les révisions externes effectuées aux États-Unis et à fournir des réponses concrètes dès le début de la journée de travail suivante. On a recouru à des conférences téléphoniques à 6 h (heure de l'Est aux États-Unis) pour coordonner les réponses et résoudre les problèmes. Des conférences téléphoniques à la fin de la journée de travail de l'équipe étasunienne servaient à préciser les questions et les tâches. La figure 11.6 décrit l'horloge de 24 heures qui a servi à coordonner les horaires de communication.

On a utilisé des conférences téléphoniques plutôt que des vidéoconférences en raison du délai d'exécution de ce dernier moyen et parce qu'il aurait obligé les participants à quitter leur bureau. Par contre, on a largement employé les courriels pour les communications générales. Les efforts de part et d'autre des océans ont été coordonnés à l'aide d'un Intranet contenant le travail accompli sur le projet. En pratique, chaque participant pouvait rédiger le brouillon d'un document, l'entrer dans l'Intranet et le retrouver le lendemain matin à son réveil annoté de suggestions de révision. De même, il avait la possibilité de commencer sa journée en vérifiant le contenu d'un répertoire spécifique rempli de documents à réviser et de questions à traiter. Avec le temps, des expressions typiquement australiennes et écossaises ont fait leur apparition dans le vocabulaire des Américains – une indication claire de la cohésion de l'équipe.

Dans son ouvrage, M. Singer indique les leçons à retenir après l'exécution du projet. En voici quelques-unes.

▸ La réunion de démarrage avec l'ensemble des participants joue un rôle crucial dans l'établissement des objectifs et des procédures de même que des règles de courtoisie.

▸ Il faut donner carte blanche aux participants, c'est-à-dire établir clairement ce que doivent être les produits livrables et s'effacer pour laisser les professionnels effectuer leur travail.

▸ Il faut établir des normes de qualité et de production pour les produits livrables acceptées par tous et veiller à ce qu'elles soient appliquées.

▸ Il importe de respecter un calendrier de conférences téléphoniques régulier bien que ce soit uniquement pour se dire :

de procéder entraîne des échecs qui, après coup, paraissent totalement invraisemblables. Voici quelques symptômes de la pensée de groupe.

▸ *L'illusion d'invulnérabilité* L'équipe se sent invincible. Ce sentiment se manifeste par un degré élevé d'esprit de corps, une foi implicite dans sa propre sagesse et un optimisme démesuré qui permet aux membres du groupe de ne jamais douter de la qualité de leurs décisions.

▸ *La disparition de toute pensée critique* Les membres du groupe se contentent de discuter de quelques solutions seulement sans tenir compte des autres options possibles.

« Bonjour ! Rien à signaler aujourd'hui ! Au revoir ! » Les conférences téléphoniques devraient être encadrées par des horaires
et des procédures de prise de notes et de révisions préétablis.

* SINGER, Carl A. « Leveraging a Worldwide Project Team », *PM Network*,
avril 2001, p. 36-40.

FIGURE 11.6   Une horloge planétaire de 24 heures

États-Unis (côte est)	Australie	Écosse	Commentaires
Minuit	14 h	5 h	
1 h	15 h	6 h	
2 h	16 h	7 h	
3 h	17 h	8 h	
4 h	18 h	9 h	Transfert par les Australiens de la révision de fin de journée
5 h	19 h	10 h	
6 h	20 h	11 h	Première fenêtre de conférence à trois
7 h	21 h	Midi	Première fenêtre de conférence à trois
8 h	22 h	13 h	Première fenêtre de conférence à trois
9 h	23 h	14 h	
10 h	Minuit	15 h	
11 h	1 h	16 h	
Midi	2 h	17 h	Transfert par les Écossais de la révision de fin de journée
13 h	3 h	18 h	
14 h	4 h	19 h	
15 h	5 h	20 h	
16 h	6 h	21 h	Seconde fenêtre de conférence à trois
17 h	7 h	22 h	Seconde fenêtre de conférence à trois
18 h	8 h	23 h	Transfert par les Américains de la révision de fin de journée
19 h	9 h	Minuit	
20 h	10 h	1 h	
21 h	11 h	2 h	
22 h	Midi	3 h	
23 h	13 h	4 h	
Minuit	14 h	5 h	

☐ Heure de pointe   ☐ Période d'ajustement   ☐ Temps d'arrêt

Quand ils ont choisi une ligne de conduite, ils évitent d'en examiner les conséquences et
rejettent rapidement toute solution de rechange qui, à première vue, ne leur paraît pas
satisfaisante.

▸ *L'adoption de stéréotypes négatifs pour les gens de l'extérieur*   Grâce au développement de stéréotypes du genre « les bons et les méchants », les membres de l'équipe considèrent tous ceux qui ne font pas partie du groupe et qui s'opposent à leurs décisions
comme des « méchants ». Ils les tiennent pour incompétents et malintentionnés et esti-
ment que leurs arguments ne méritent pas d'être considérés sérieusement.

> *Une pression directe* Lorsqu'un membre du groupe ose contester une décision ou mettre en doute l'orientation de l'équipe, ses coéquipiers exercent sur lui une pression directe. Ils lui rappellent que la vitesse constitue un facteur important et que l'objectif est de s'entendre et non de se disputer.

Le syndrome du contournement de la voie hiérarchique

Les équipes de projet sont souvent autorisées à effectuer un travail sans avoir à tenir compte de l'ensemble des règlements administratifs établis par la société mère. Contourner les canaux hiérarchiques est à la fois attrayant et dynamisant. Toutefois, lorsque ce comportement devient un mode de vie, il en résulte un rejet des politiques et des procédures administratives qui assurent la cohésion de l'ensemble de l'entreprise. Une équipe qui fonctionne en dehors des règles et des normes de l'entreprise peut irriter les employés obligés de s'y conformer. À la longue, les bureaucrates dont l'équipe défie l'autorité peuvent trouver des moyens de lui mettre des bâtons dans les roues et de faire échouer son projet.

L'esprit d'équipe dégénère en fanatisme

L'appartenance à une équipe très performante peut constituer une source de satisfaction personnelle considérable. Travailler à un projet stimulant, avec toute l'excitation, l'anarchie totale et la joie qui en découlent, est sûrement une expérience dynamisante. H.J. Leavitt et J. Lipman-Blumen prétendent même que les membres d'une équipe se comportent alors comme s'ils étaient amoureux. Ils se laissent séduire par le défi que représentent leur projet et les compétences de leurs collègues. Une absorption complète dans un projet et dans l'équipe qui y travaille, tout en contribuant beaucoup au succès du projet, peut laisser sur son passage une série de ruptures tant sur le plan des relations entre collègues que sur le plan personnel qui risquent d'entraîner un épuisement professionnel et de la désorientation une fois le projet achevé.

L'adoption d'un point de vue différent

À l'époque coloniale, le corps diplomatique britannique employait l'expression « adopter la manière de vivre des habitants » pour décrire le comportement d'agents qui se laissaient imprégner par les coutumes, les valeurs et les privilèges de leur pays d'affectation. Ils le faisaient à tel point qu'ils cessaient de veiller aux intérêts du gouvernement britannique pour défendre ceux des habitants du pays. Le même phénomène peut se produire dans les équipes qui travaillent à l'étranger ou qui s'identifient étroitement à leurs clients. Essentiellement, dans ce cas, les intérêts du client passent avant ceux de la société mère. Ce déplacement du point de vue peut donner lieu à une expansion progressive du contenu et pousser une équipe à défier ouvertement la politique de l'entreprise et à négliger ses intérêts.

Il s'avère difficile de corriger ces anomalies car, la plupart du temps, il s'agit d'une déformation d'un comportement souhaitable plutôt que d'un simple mal. Pour éviter de tels problèmes, il faut d'abord savoir qu'ils existent. Il faut ensuite adopter des mesures préventives pour diminuer les risques que les groupes tombent dans ce type de pièges. Le gestionnaire de projet, par exemple, peut réduire l'isolement de son équipe en créant des liens de travail avec l'extérieur. Ces interactions existent naturellement dans un environnement matriciel où les participants travaillent à de multiples projets et gardent des liens avec leur service d'origine. De même, il est possible de diminuer l'isolement des équipes entièrement axées sur un projet en faisant appel à la participation en temps opportun de spécialistes de l'extérieur. Dans tous les cas, la participation active des membres de la société mère concernés aux réunions de l'équipe sur l'état d'avancement du projet contribue à maintenir un lien entre le projet et le reste de l'entreprise. Quand l'équipe semble succomber à la pensée de groupe, le gestionnaire doit favoriser un conflit fonctionnel. Il se fait alors l'avocat du diable

Coup d'œil sur un cas réel

La technique du groupe nominal*

Les sociétés GE Appliances, U.S. West, Marriott Corp. et HP sont parmi les nombreuses entreprises qui utilisent la technique du groupe nominal pour orienter leurs décisions de projet. Cette technique de prise de décision consiste d'abord à réunir les membres de l'équipe de projet ou les acteurs autour d'une table et à déterminer le problème à résoudre. Chaque participant écrit alors sa solution sur un bout de papier et la présente ensuite au groupe. Le gestionnaire de projet inscrit les propositions au fur et à mesure au tableau. Personne n'est autorisé à formuler des critiques. Le processus se poursuit jusqu'à ce que toutes les idées aient été exprimées. Ensuite, le groupe discute et clarifie chaque solution. Lorsque toutes les suggestions ont été examinées, les membres du groupe classent les solutions chacun de leur côté par ordre de préférence. On procède à un compte des bulletins pour établir un ordre d'importance des solutions. Au besoin, on peut répéter ces étapes dans le but de peaufiner la liste et de déterminer la solution qui obtient le plus de suffrages.

La technique du groupe nominal constitue un procédé méthodique pour traiter les problèmes potentiellement explosifs. Elle prévient également l'éclosion d'une pensée de groupe. En outre, elle décourage les pressions visant à faire accepter ce que souhaite un membre du groupe plus prestigieux et plus influent que les autres puisque toutes les idées sont discutées et que toutes les préférences sont exprimées sous le couvert de l'anonymat. C'est aussi un moyen de stimuler la créativité, car les participants ont l'occasion de proposer une solution basée sur leurs compétences et leur point de vue. Enfin, elle permet de prendre des décisions importantes d'une manière relativement opportune. Cette méthode se révèle particulièrement efficace dans le cas d'un problème clairement défini.

* DELBEEQ, Andrew, Andrew H. VAN DE VEN et D.H. GUSTAFSON. *Group Techniques for Program Planning*, Glenview, Illinois, Scott Foresman, 1975.

et encourage la dissension ou recourt à une méthode de résolution de problème structurée telle que la technique du groupe nominal. (À ce propos, voyez la rubrique précédente.) Enfin, des séances traditionnelles de développement de l'esprit d'équipe peuvent servir à révéler au grand jour des normes non fonctionnelles et permettre de réorienter l'attention de l'équipe sur les objectifs du projet.

Résumé

Le gestionnaire de projet travaille souvent dans des conditions qui sont loin d'être idéales pour mettre sur pied une équipe qui affiche une certaine cohésion et dont les membres sont déterminés à collaborer pour exécuter le projet qui leur est confié à la pleine mesure de leurs habiletés. Il doit engager du personnel d'autres services et gérer son appartenance temporaire son équipe. Autrement dit, il a la responsabilité de réunir des employés qui ne se connaissent pas et d'établir rapidement un ensemble de procédures de fonctionnement qui permettra d'unir leurs efforts et leurs contributions. En outre, il doit faire preuve d'habileté dans la gestion des réunions pour qu'elles deviennent non pas un fardeau collectif, mais un moyen de progresser. Il lui faut également guider son équipe dans la recherche d'une identité et d'une vision communes qui retiendront l'attention de tous ses membres et auxquelles ils resteront fidèles. Le gestionnaire de projet mettra en œuvre des mesures incitatives de groupe pour encourager le travail d'équipe tout en sachant reconnaître le mérite particulier de certains employés au moment opportun. Il lui faut encourager les conflits fonctionnels susceptibles de contribuer à l'élaboration de meilleures solutions tout en prenant garde aux conflits non fonctionnels susceptibles de diviser une équipe. Ce faisant, il aurait avantage à ne pas en faire trop et à éviter les dangers que constitue une cohésion de groupe excessive.

Bien que les ordres du jour, les chartes, les visions communes, les récompenses, etc., constituent des techniques et des outils indispensables, nous avons tenté de démontrer dans ce chapitre et dans le précédent que l'instrument le plus important dont dispose le gestionnaire de projet pour mettre sur pied une équipe efficace demeure son propre comportement. À l'image des membres fondateurs d'une entreprise qui inspirent par leur style la culture de leur organisation, le gestionnaire de projet façonne et influence la culture interne de son équipe. Par son exemple constructif, il peut définir la façon dont les participants réagiront aux changements et s'acquitteront de nouvelles tâches ainsi que les relations qu'ils entretiendront les uns avec les autres et avec le reste de l'entreprise. Donner l'exemple est une entreprise difficile. Il faut des convictions personnelles, de la discipline et une certaine sensibilité à la dynamique de l'équipe. Le gestionnaire de projet doit aussi être toujours conscient de la manière dont les autres perçoivent ses moindres gestes.

Mots clés

conflit dysfonctionnel
conflit fonctionnel
équipe de projet virtuelle
formation de l'esprit d'équipe

pensée de groupe
remue-méninges
réunion de démarrage
     d'un projet

rituel d'une équipe
synergie positive
technique du groupe nominal
vision d'un projet

Questions de révision

1. Quelles différences y a-t-il entre le modèle à cinq étapes du développement des équipes et le modèle de l'équilibre ponctué ?

2. Quelles sont les composantes d'une vision de projet efficace ? Pourquoi sont-elles importantes ?

3. Pourquoi un gestionnaire de projet devrait-il privilégier les récompenses de groupe plutôt que les récompenses individuelles ?

4. Quelle différence y a-t-il entre un conflit fonctionnel et un conflit dysfonctionnel dans le contexte d'un projet ?

5. Quand serait-il approprié de tenir une séance de développement de l'esprit d'équipe au cours d'un projet ?

6. Quels sont les défis propres à la gestion d'une équipe de projet virtuelle ?

7. Que peut faire le gestionnaire de projet pour éviter certains dangers qui menacent les équipes affichant une grande cohésion ?

Exercices

1. Les questions suivantes portent sur un projet de groupe auquel vous avez participé. Il peut s'agir d'un projet étudiant, parascolaire ou d'un projet en entreprise.

   a) Analysez le développement de l'équipe en vous basant sur le modèle à cinq étapes et le modèle de l'équilibre ponctué. Quel modèle décrit le mieux l'évolution de votre équipe ?

   b) Analysez votre équipe en vous basant sur les neuf facteurs conjoncturels qui influent sur le développement des équipes. Quels facteurs ont contribué de façon positive au rendement du groupe ? Quels facteurs ont eu un effet négatif ? Comment le groupe a-t-il tenté de surmonter les effets de ces facteurs négatifs ? Quelles modifications auriez-vous pu apporter au projet pour les contrer ?

   c) Analysez l'efficacité avec laquelle le groupe a géré ses réunions. Qu'est-ce que le groupe a réussi à faire ? Quelles erreurs a-t-il commises ? Si cette équipe devait être reformée, quelles recommandations formuleriez-vous sur la façon dont elle devrait gérer ses réunions ?

2. Vous avez le choix entre les solutions suivantes en matière de prise de décision : 1) vous prenez la décision vous-même à l'aide des renseignements disponibles ; 2) vous consultez d'autres personnes avant de prendre votre décision ; et 3) vous convoquez une réunion et vous cherchez à obtenir un consensus pour arriver à une décision finale qui

conviendra à tout le monde. Quelle stratégie préconiseriez-vous pour prendre chacune des décisions suivantes. Pourquoi?

a) Vous êtes le gestionnaire du projet «Soirée au casino» sur le campus. Cet événement bénéfice, organisé par votre équipe pour amasser des fonds pour les sans-abri, a connu un franc succès et a généré un bénéfice net de 3 500 $. Avant la soirée, votre équipe a effectué une recherche sur des organismes locaux venant en aide aux sans-abri pour déterminer lesquels d'entre eux recevraient les sommes amassées. Vous choisissez deux organismes, «Le coin de l'âtre» et «La soupière de Saint-Joseph». Enfin, votre groupe a décidé de verser les fonds à «La soupière de Saint-Joseph». Vous vous apprêtez à faire un chèque à cet organisme lorsque vous apprenez en lisant le journal du quartier qu'il vient de fermer ses portes. Que devriez-vous faire des fonds amassés?

b) Vous êtes architecte spécialisé en terrains de golf. Le club de golf Les Trois Bouleaux vous demande de réaménager son parcours. Vous avez travaillé en étroite collaboration avec le conseil d'administration du club pour élaborer un nouvel aménagement qui constitue à la fois un défi pour les golfeurs et un plaisir pour la vue. Tout le monde est enthousiasmé par les plans que vous proposez. Le projet est exécuté aux trois quarts lorsque vous vous heurtez à des problèmes au 13e trou. Il s'agit d'une normale trois de 125 verges, où le coup de départ doit survoler un étang et aboutir sur un vert ondulé. Au cours de la construction du nouveau tertre de départ, les ouvriers ont découvert un cours d'eau souterrain qui circule sous ce tertre jusqu'à l'étang. Vous avez inspecté le site et vous êtes d'accord avec le contremaître que cette situation risque de poser de sérieux problèmes, en particulier durant les mois de pluie. Après avoir examiné les alentours, la seule solution acceptable consisterait à allonger le trou à 170 verges et à construire des tertres de départ élevés sur le flanc de la colline adjacente.

c) Vous êtes chargé du projet de développement d'un nouveau produit. Votre équipe a travaillé d'arrache-pied pour mettre au point un produit de la troisième génération dans lequel est intégrée une nouvelle technologie et qui satisfait aux exigences du client. Le projet est presque à moitié terminé lorsque vous recevez un rapport du service de marketing d'après lequel un concurrent s'apprête à mettre sur le marché un produit similaire. Ce produit semble résulter de l'utilisation de principes de conception originaux qui en accroissent la fonctionnalité. Une telle nouvelle met sérieusement en péril le succès de votre projet. La direction générale de l'entreprise envisage même la possibilité de l'annuler et de le recommencer. Elle désire que vous lui formuliez des recommandations.

3. Les questions suivantes portent sur un projet de groupe récemment exécuté auquel vous avez participé. Il peut s'agir d'un projet étudiant, parascolaire ou d'un projet de travail.

a) Jusqu'à quel point l'identité de votre équipe s'est-elle affirmée dans ce projet? Expliquez-en les raisons.

b) Qu'auraient pu faire les participants pour renforcer cette identité?

c) En dehors du travail, à quel type d'activités pourrait-on recourir pour revigorer l'équipe? Pourquoi ces activités pourraient-elles s'avérer efficaces?

Références   CLELAND, D.I. «Team Building: The New Strategic Weapon», *PM Network,* vol. 11, n° 1, 1997.

COUTU, D.L. «Organization Trust in Virtual Teams», *Harvard Business Review,* vol. 76, n° 3, 1998, p. 20-21.

DEMARCO, T. et T. LISTER. *Peopleware: Productive Projects and Teams,* 2e éd., New York, Dorsett Housing, 1999.

FOTI, R. « The Virtual Handshake », *PM Network,* mars 2004, p. 28-37.

FRAME, J.D. *Managing Projects in Organizations,* San Francisco, Jossey-Bass, 1995.

JANIS, I. L. *Groupthink,* Boston, Houghton Mifflin, 1982.

JOHANSEN, R., D. SIBBET, S. BENSON, A. MARTIN, R. MITTMAN et P. SAFFO. *Leading Business Teams : How Teams Can Use Technology and Group Process Tools to Enhance Performance,* Reading, MA, Addison-Wesley, 1991.

KATZ, R. « How a Team at Digital Equipment Designed the "Alpha" Chip », *The Human Side of Managing Technology Innovation,* 2ᵉ édition, éd. Ralph Katz, New York, Oxford Press, 2004, p. 121-133.

KATZENBACH, J.R. et D.K. SMITH. *The Wisdom of Teams,* Boston, Harvard Business School Press, 1993.

KIDDER, T. *The Soul of a New Machine,* New York, Avon Books, 1981.

KIRKMAN, B.L., B. ROSEN, C.B. GIBSON, P.E. TESLUK et S.O. MCPHERSON. « Five Challenges to Virtual Team Success : Lessons From Sabre, INC. », *Academy of Management Executive,* vol. 16, nᵒ 2, 2002, p. 67-79.

LEAVITT, H.J. et J. LIPMAN-BLUMEN. « Hot Groups », *Harvard Business Review,* vol. 73, 1995, p. 109-116.

LINETZ, B.P. et K.P. REA. *Project Management for the 21st Century,* San Diego, Academic Press, 2001.

MAIER, N.R.F. *Problem Solving and Creativity in Individuals and Groups,* Belmont, CA, Brooks-Cole, 1970.

PETERS, T. *Thriving on Chaos : Handbook for a Management Revolution,* New York, Knopf, 1988.

RITTI, R.R. et S. LEVY. *The Ropes to Skip and the Ropes to Know : Studies in Organizational Behavior,* 6ᵉ éd., New York, Wiley, 2003.

SENGE, P.M. *The Fifth Discipline,* New York, Doubleday, 1990.

THAMHAIN, H.J. et D.L. WILEMON. « Conflict Management in Project Life Cycle », *Sloan Management Review,* vol. 16, nᵒ 3, 1975, p. 31-41.

THOMS, P. « Creating a Shared Vision With a Project Team », *PM Network,* janvier 1997, p. 33-35.

TOWNSEND, A.M., S. DEMARIE et A.R. HENDRICKSON. « Virtual Teams : Technology and the Workplace of the Future », *Academy of Management Executive,* vol. 12, nᵒ 3, 1998, p. 17-29.

TUCHMAN, B.W. et M.C. JENSEN. « Stages of Small Group Development Revisited », *Group and Organizational Studies,* vol. 2, 1997, p. 419-427.

VROOM, V.H. et A.G. JAGO. *The New Leadership,* Englewood Cliffs, NJ, Prentice Hall, 1988.

ZANDER, A. *Making Groups Effective,* San Francisco, Jossey-Bass, 1982.

Étude de cas

Les fournitures de bureau Casgrain

Assise à la tête d'une grande table dans la cantine de Fournitures de bureau Casgrain, Agathe Brais jette nerveusement un coup d'œil à sa montre. Il est 15 h 10. Seules 10 des 14 personnes qui doivent assister à la première réunion du groupe de travail formé pour organiser les festivités du dixième anniversaire de la société Casgrain sont arrivées. Au même moment, deux personnes entrent rapidement et s'assoient en marmonnant des excuses pour leur retard. Mme Brais toussote et annonce le début de la réunion.

LES FOURNITURES DE BUREAU CASGRAIN

Les Fournitures de bureau Casgrain, située à Charleroi, se spécialise dans la fabrication et la vente de mobilier et de matériel de bureau haut de gamme. Elle a connu une croissance constante au cours des cinq premières années de son existence et a employé plus de 1 400 personnes dans ses périodes les plus fastes. Par la suite, victime de la récession qui a frappé tout le pays, elle a dû mettre à pied 25 % de ses effectifs. Cette période a été très traumatisante pour l'entreprise. Toutefois, depuis que Justin Tremblay en est devenu le nouveau directeur général, la situation a lentement commencé à s'améliorer. Bien résolu à stimuler la participation des employés, M. Tremblay a redéfini la conception des activités en fonction du concept d'équipes autogérées. Peu de temps après, l'entreprise a lancé une gamme de mobilier ergonomique révolutionnaire conçu pour réduire les douleurs au dos et au canal carpien qui a connu un succès retentissant. La société Casgrain est rapidement devenue le chef de file de ce secteur. L'entreprise, qui compte en ce moment 1 100 employés, figure pour la deuxième fois d'affilée dans le *Courrier de Charleroi* parmi les 10 meilleurs employeurs de sa région.

AGATHE BRAIS

Âgée de 42 ans, Agathe Brais est spécialiste en ressources humaines chez Casgrain depuis cinq ans. Au cours de cette période, elle a effectué toutes sortes d'activités associées à l'embauche, à la formation, à la rémunération et à la formation de l'esprit d'équipe. David Lebrun, vice-président aux ressources humaines, lui a assigné la tâche d'organiser la célébration du dixième anniversaire de l'entreprise. Ce projet enthousiasme Mme Brais, car il relève directement de la haute direction.

M. Tremblay l'a mise au courant du but et des objectifs de cette fête. Il a insisté sur le fait que ce doit être un événement mémorable et qu'il importe de célébrer le succès de Casgrain après la période sombre des mises à pied. En outre, il lui a confié qu'il venait de lire un ouvrage sur les cultures organisationnelles et que, selon lui, de tels événements sont importants pour la transmission des valeurs de leur entreprise. Il a ajouté qu'il voulait que ce soit une fête des employés et non simplement un événement préparé par la haute direction. Par conséquent, il a affecté à Mme Brais un groupe de travail de 14 employés provenant de chacun des principaux services pour planifier et organiser cette célébration avec elle. L'équipe doit présenter un plan préliminaire et un budget des festivités à la haute direction d'ici trois mois. Au sujet du budget, le directeur général a révélé qu'il s'attendait à ce que le coût total se situe aux environs de 150 000 $. Il a mis fin à la conversation en offrant à la jeune femme de l'aider de toutes les façons possibles à faire de cet événement un succès.

Peu de temps après, Mme Brais a reçu la liste des noms des membres de son groupe de travail. Elle a communiqué avec chacun d'eux par téléphone ou par courriel pour organiser la réunion d'aujourd'hui. Elle a dû faire des pieds et des mains pour trouver une salle appropriée. Son bureau aux ressources humaines était trop petit pour recevoir un tel groupe, et toutes les salles de réunion de l'entreprise étaient réservées ou en rénovation. Elle a choisi la cantine, car cet endroit est généralement désert en fin d'après-midi. Avant la rencontre, elle a affiché l'ordre du jour sur un tableau à feuilles volantes (*voir la figure C11.1*) à côté de la table. Compte tenu des horaires chargés de tous les participants, la réunion ne durera pas plus d'une heure.

FIGURE C11.1

Le groupe de travail
de la célébration

Emploi du temps

15 h	Présentation des membres du groupe
15 h 15	Aperçu du projet
15 h 30	Règles de base
15 h 45	Dates des réunions
16 h	Ajournement

LA PREMIÈRE RÉUNION

La gestionnaire de projet commence la réunion en saluant tout le monde. « Pour ceux qui ne me connaissent pas, je m'appelle Agathe Brais et je travaille aux ressources humaines. J'ai reçu le mandat d'organiser la célébration du dixième anniversaire des Fournitures de bureau Casgrain. La haute direction souhaite en faire un événement spécial. En même temps, elle insiste pour que cet événement nous appartienne, à nous, les employés. C'est pourquoi nous sommes réunis ici aujourd'hui. Chacun de vous représente un des principaux services de l'entreprise, et notre tâche consiste à planifier et à organiser ensemble cette célébration. » La spécialiste en ressources humaines passe ensuite en revue l'ordre du jour et demande à chaque participant de se présenter. Une jeune femme rousse de grande taille assise à sa droite est la première à rompre le silence en disant : « Bonjour ! Je m'appelle Clara Millaire du service de plasturgie. J'imagine que mon patron m'a demandé de faire partie de ce groupe de travail, car j'ai la réputation d'organiser des fêtes où l'on s'amuse bien ! »

Tour à tour, chaque employé assis autour de la table fait de même. Voici un échantillon de quelques-unes de leurs déclarations.

« Salut. Je m'appelle Michel Ouellet ; je travaille au service d'entretien. Je ne sais pas très bien pourquoi je suis ici. Ça tourne un peu au ralenti dans notre service, alors mon patron m'a demandé d'assister à cette réunion. »

« Moi, c'est Manon Plinski. Je m'occupe des ventes sur le marché intérieur. En fait, je me suis portée volontaire pour cette tâche. Je pense que ça va être pas mal amusant de planifier une grosse fête. »

« Allô ! Nicolas Psias du service de la comptabilité. Mon patron devait choisir l'un de nous pour faire partie de ce groupe de travail, et je suppose que c'était à mon tour... »

« Richard Ferdinand. Je suis le seul employé du service des achats qui fait partie de l'entreprise depuis ses débuts. Nous avons traversé des périodes difficiles. C'est pourquoi je crois qu'il est important de prendre le temps de célébrer ce que nous avons accompli ! »

« Je suis Ingrid Hénault du service des ventes à l'étranger. Cette fête est une excellente idée, mais je dois vous prévenir que je serai à l'extérieur du pays durant une grande partie du prochain mois. »

« Moi, c'est Béatrice Bélair du service d'ingénierie. Je suis désolée d'être en retard, mais nous sommes débordés en ce moment. »

Agathe Brais encercle le nom des deux employés absents et fait circuler une liste sur laquelle figurent le numéro de téléphone et l'adresse électronique de chacun des participants pour qu'ils y apportent des corrections au besoin. Elle résume ensuite sa conversation avec Justin Tremblay et explique qu'il s'attend à ce que le groupe présente officiellement un plan à la haute direction d'ici 10 semaines. Elle reconnaît que tout le monde a ses occupations et que c'est à elle qu'incombe la responsabilité de gérer le projet le plus efficacement possible. Elle rappelle cependant l'importance de ce projet et le fait que ce sera un événement public. « Autrement dit, si ça tourne au gâchis, tout le monde le saura ! »

La gestionnaire de projet révise ensuite les règles de base. Elle insiste sur le fait qu'à partir de maintenant les réunions commenceront à l'heure prévue et qu'elle s'attend à ce que tout employé qui ne pourra venir la prévienne. Elle résume la première partie du projet en disant que celle-ci est axée sur cinq questions clés : qui, quoi, où, quand et combien. Elle crée tout un émoi dans le groupe lorsque, en réponse à une question concernant le coût, elle annonce que la haute direction est prête à investir jusqu'à 150 000 $ dans l'événement. Manon Plinski provoque des éclats de rire en s'exclamant : « Ça promet d'être toute une fête ! »

Mme Brais attire alors l'attention de ses coéquipiers sur la nécessité de s'entendre au sujet de la date de la prochaine réunion. Après un quart d'heure d'essais infructueux, elle met un frein aux discussions et demande à tous les participants de lui fournir d'ici vendredi un horaire de leurs temps libres pour le prochain mois. À l'aide de cette information et d'un nouveau logiciel de planification, elle déterminera elle-même les dates les plus appropriées. Elle termine la réunion en remerciant tous les membres du groupe de s'être déplacés et les invite à commencer à solliciter des idées de leurs camarades de travail sur la façon dont le dixième anniversaire devrait être célébré. Elle annonce également qu'elle rencontrera chacun d'eux individuellement pour préciser son rôle dans le projet. La réunion se termine à 16 h.

1. Critiquez la gestion de cette première réunion dirigée par Agathe Brais. Sur quels points, s'il y en a, aurait-elle dû procéder différemment ?
2. Quels obstacles devra-t-elle probablement surmonter pour exécuter ce projet ?
3. Comment pourrait-elle surmonter ces obstacles ?
4. Que devrait-elle faire d'ici la prochaine réunion ?

Les Équipements Franklin ltée*

Fondée il y a 75 ans, la société Les Équipements Franklin ltée (EFL), dont le siège social et les principales usines se trouvent à Saint-Jean au Nouveau-Brunswick, fabrique des machines de grande taille conçues sur mesure pour les entreprises de construction des provinces maritimes. Au fil des ans, elle a eu pour stratégie d'orienter sa conception de gammes de produits vers la fabrication d'équipement de concassage de roches pour la construction de digues et d'autoroutes et pour quelques autres marchés qui requièrent le traitement d'agrégats. De nos jours, EFL conçoit, fabrique et assemble des usines stationnaires et mobiles de concassage de pierres et assure l'entretien de ses propres produits ainsi que de ceux de ses concurrents.

Dans les années 1970, EFL a étendu son marché au reste du Canada. Elle possède maintenant plusieurs bureaux et usines de fabrication un peu partout au pays. Plus récemment, elle a entrepris des démarches pour exporter ses produits sur les marchés internationaux.

Le mois dernier, EFL a signé un contrat pour concevoir et construire une usine de concassage de pierres au Moyen-Orient en vue d'un projet de construction appelé « Abu Dhabi ». Charles Massé, qui a obtenu le contrat, a été nommé gestionnaire du projet. Il s'agit d'une belle réussite aux yeux de la haute direction qui désirait pénétrer les marchés de cette région du monde depuis longtemps et qui a éprouvé de la difficulté à faire comprendre à ses clients potentiels que l'entreprise est d'origine canadienne et non étasunienne. Ces clients tendent à mettre tous les vendeurs nord-américains dans le même panier. En outre, ils se montrent réticents à commercer avec eux pour des raisons de politique internationale.

Un projet de cette envergure commence généralement par la sélection d'une équipe de gestionnaires chargés des différents aspects de la conception, de la fabrication, de la livraison et de l'installation du produit. Il s'agit d'une étape cruciale, car la conception du produit et sa fabrication varient en fonction des besoins particuliers de chaque client. Par exemple, le terrain, les caractéristiques de la roche, les conditions météorologiques et des questions de logistique posent des problèmes particuliers à toutes les étapes de la conception de l'usine et de son fonctionnement. De plus, les questions environnementales et les conditions de travail varient selon le client et la région.

Outre le gestionnaire de projet, tous les projets de l'entreprise comportent un ingénieur concepteur, un directeur technique qui supervise la fabrication et le montage sur place et un comptable des coûts de revient qui contrôle tous les aspects financiers et l'enregistrement des coûts du projet. Ces employés doivent travailler en étroite collaboration les uns avec les autres pour assurer la livraison d'une usine qui fonctionne bien, tout en respectant les délais prévus et les contraintes de coûts. Comme ses contrats internationaux obligent souvent EFL à employer des travailleurs locaux pour le montage de l'usine et à leur fournir la formation requise en vue de l'exécution des activités, on nomme aussi un directeur des ressources humaines qui se joint à l'équipe de projet. Le cas échéant, ce directeur doit comprendre les détails des spécifications de l'usine puis se servir de ces connaissances pour concevoir des procédés de sélection et évaluer les besoins particuliers en matière de formation. Il doit aussi se renseigner sur les lois du travail en vigueur dans le pays du client.

* Gracieuseté de John A. Drexler Jr.

EFL affecte des gestionnaires à des équipes en fonction de leurs compétences et de leur disponibilité à travailler à un projet particulier compte tenu de leurs autres engagements. Autrement dit, des gestionnaires qui ne participent pas à des projets d'envergure au moment de la sélection seront l'objet de nouvelles affectations. Par exemple, un gestionnaire qui vient de terminer un projet héritera probablement du poste de directeur d'une nouvelle équipe. En général, le gestionnaire de projet n'a pas vraiment son mot à dire sur le choix des membres de son équipe.

Comme il a obtenu le contrat d'Abu Dhabi et qu'il a établi des relations de travail cordiales avec le client, M. Massé a été nommé gestionnaire du projet. D'ailleurs, il a déjà piloté avec succès des projets similaires. Les autres gestionnaires de l'équipe sont Bill Pépin, brillant ingénieur concepteur, Jean-François Lessard, directeur technique qui a la responsabilité de la fabrication et de l'installation, Élaine Bruder, directrice des finances et de la comptabilité des coûts de revient, et Samuel Lapierre, directeur des ressources humaines. Chacun de ces gestionnaires a déjà travaillé avec les autres en de nombreuses occasions.

Il y a quelques années, EFL a commencé à octroyer des contrats de services de facilitateurs à divers cabinets d'experts-conseils pour que les nouvelles équipes de projet se montrent plus efficaces. Le mois dernier, l'entreprise a engagé Carl Joubert, provenant de l'un de ces cabinets, comme consultant interne à plein temps. De nombreux gestionnaires, y compris M. Massé, ont été si impressionnés par ses compétences qu'ils ont convaincu la haute direction de l'entreprise du besoin d'engager un facilitateur interne permanent et du fait que M. Joubert convenait parfaitement à la tâche.

Ayant facilité l'embauche de Carl Joubert, M. Massé se réjouit à l'idée de faire appel à lui pour favoriser le développement d'un esprit d'équipe au sein du groupe. En fait, il est très fier d'avoir obtenu ce contrat de projet pour EFL, et il s'attendait à en être nommé le gestionnaire. Il sait que le succès de ce projet pourrait lui procurer de très grandes possibilités d'avancement.

M. Massé l'a clairement indiqué à Carl Joubert. «Ce projet revêt une grande importance aux yeux de EFL et aux miens. J'ai absolument besoin de ton aide pour mettre sur pied une équipe dont les membres travaillent bien ensemble à la réalisation des objectifs du projet dans les limites budgétaires prévues. J'ai pu constater ton habileté à améliorer l'esprit d'équipe dans d'autres projets. Je m'attends à ce que tu fasses de même cette fois aussi. Si tu contribues au bon déroulement de ce projet, tu pourras compter sur mon appui dans l'entreprise.»

M. Joubert a donc donné un aperçu à M. Massé sur la façon dont il entendait procéder. Il commencerait par interviewer individuellement les membres de l'équipe pour découvrir leurs perceptions les uns des autres ainsi que des promesses et des embûches que leur réservait leur engagement dans ce projet. Après les entrevues, il organiserait des réunions de l'ensemble du groupe. Grâce aux renseignements recueillis, il les aiderait à établir une identité d'équipe et une vision commune.

Carl Joubert a d'abord interviewé Élaine Bruder qui lui a exprimé son scepticisme quant au succès d'un tel projet. Durant l'entrevue, Mme Bruder est restée distante. M. Joubert ne comprend pas pourquoi il n'a pas réussi à établir une relation cordiale avec elle. La jeune femme a laissé entendre qu'elle s'attendait à de nombreux dépassements de coûts et à autant d'échéances de production non respectées. Toutefois, comme elle connaissait mal M. Joubert, elle s'est montrée réticente à préciser sa pensée quant aux obstacles susceptibles de menacer le succès du projet. Bien qu'elle ne l'ait pas dit clairement, il est évident qu'Élaine Bruder ne souhaite pas participer au projet Abu Dhabi. À l'issue de cette entrevue, M. Joubert était perplexe et se posait de nombreuses questions.

M. Joubert a ensuite interviewé le directeur technique, Jean-François Lessard. M. Lessard travaille pour EFL depuis 15 ans. Il en est tout de suite venu au fait. « Ce projet-là ne fonctionnera pas. Je ne comprends pas pourquoi la haute direction continue à m'affecter aux mêmes projets que Pépin. Nous ne pouvons tout simplement pas travailler ensemble, car nous ne nous entendons pas. Je n'ai jamais pu le supporter. Il passe son temps à faire des allusions au sujet des je ne sais combien de diplômes d'études supérieures qu'il a obtenus et à dire comment se font les choses là-bas. Je sais qu'il est plus instruit que moi et qu'il est vraiment intelligent, mais moi aussi je suis intelligent et je connais drôlement bien mon métier. Pépin n'a aucune raison de me donner l'impression que je suis un imbécile du fait que je n'ai pas de diplôme. Je vais être franc avec vous : Pépin est ici depuis cinq ans seulement, mais je le tiens personnellement responsable de mon problème d'alcool et de ses effets sur mon mariage. Si j'ai divorcé l'année dernière, c'est entièrement sa faute ! »

Carl Joubert a ensuite eu une conversation avec Bill Pépin. « Je me fous de ce que vous allez faire. Lessard et moi, nous ne pourrons pas travailler en étroite collaboration pendant les neuf mois que durera ce projet. L'un de nous deux finira par tuer l'autre ! Depuis mon arrivée à EFL, Lessard me déteste et fait tout en son pouvoir pour saboter mes conceptions. En général, on s'inquiète des modifications que le client pourrait apporter à sa commande mais ici, c'est le directeur technique qui essaie de tout changer.

Lessard prévoit tout ce que je fais et modifie mes conceptions de son propre chef et, naturellement, il s'agit toujours de mauvaises décisions. Il est complètement cinglé. Je parie qu'il se réveille la nuit pour inventer des moyens de faire échouer mes plans. Je n'ai aucun problème de ce type avec les autres gestionnaires. »

À l'issue de ces entrevues, M. Joubert était totalement découragé et ne savait pas quel autre problème il découvrirait au cours de son entrevue avec Samuel Lapierre. Pourtant, à sa grande surprise, M. Lapierre a fait preuve de beaucoup d'enthousiasme. « J'aime beaucoup ces projets internationaux qui donnent l'occasion de voyager à l'étranger et de se familiariser avec des cultures différentes. J'ai hâte de commencer ce nouveau projet. »

M. Joubert a alors interrogé M. Lapierre sur la capacité de différents membres de l'équipe à travailler ensemble. « Aucun problème, a répondu M. Lapierre. Nous l'avons tous déjà fait sans difficulté. Évidemment, il y a eu quelques irritants et des blessures d'amour-propre entre Pépin et Lessard. Pépin se montre parfois arrogant. Quant à Lessard, il tend à être obstiné. Mais il n'y a jamais rien eu d'impossible à régler entre eux. Et puis tous deux sont excellents dans leur domaine ; ce sont de vrais professionnels. Ils sauront se conduire correctement. »

Carl Joubert est plus perplexe que jamais. M. Massé lui a dit que le succès de ce projet repose sur son habileté à harmoniser les relations entre les membres du groupe. Déjà, la directrice des finances semble souhaiter ne pas faire partie de l'équipe. L'ingénieur concepteur et le directeur technique admettent ouvertement qu'ils se détestent et qu'ils sont incapables de travailler ensemble. Quant au directeur des ressources humaines, qui a déjà participé à des projets avec Pépin et Lessard, il s'attend à des relations au beau fixe et ne prévoit aucun problème dans cet arrangement.

M. Joubert rencontre M. Massé une seconde fois. Avant même de lui parler de la conception des séances d'harmonisation fonctionnelle, il lui pose quelques questions sur ce qu'il pense de la capacité des membres de l'équipe à travailler en collaboration. M. Massé reconnaît qu'il existe une forte inimitié entre Pépin et Lessard. « C'est pourquoi nous t'avons engagé. Ta tâche consiste à t'assurer que ce qui s'est passé entre ces deux-là ne nuise pas au succès du projet Abu Dhabi. C'est toi qui es chargé de les faire travailler ensemble efficacement. Je compte sur toi. »

Voici le dialogue qui a eu lieu entre eux à la fin de cette rencontre.

Joubert : Compte tenu de leurs relations dans le passé, pourquoi t'attends-tu à ce que Pépin et Lessard puissent travailler efficacement ensemble ? Quelles raisons auraient-ils de le faire ?

Massé : Tu dois savoir que EFL requiert la détermination d'objectifs clairs concernant les rapports entre les gestionnaires de projet et les gestionnaires fonctionnels au début de chaque projet. Je l'ai déjà fait avec Bruder, Lapierre, Lessard et Pépin. Lessard et Pépin ont des objectifs explicites d'après lesquels ils doivent travailler ensemble de façon efficace et coopérer l'un avec l'autre.

Joubert : Que se passera-t-il s'ils ne remplissent pas leurs obligations ?

Massé : J'en ai déjà discuté avec la haute direction. Si je constate qu'après deux mois Lessard et Pépin n'arrivent pas à s'entendre, Pépin sera congédié.

Joubert : Est-ce que Lessard le sait ?

Massé : Oui.

1. Évaluez les critères utilisés par EFL pour l'affectation de gestionnaires à des équipes de projet. Quels sont leurs résultats en matière d'efficacité ? Quels problèmes en résultent ?

2. Pourquoi est-il particulièrement important que les membres d'une équipe de projet puissent travailler efficacement ensemble à des projets internationaux comme Abu Dhabi ?

3. Analysez le dilemme devant lequel Carl Joubert se trouve.

4. Qu'est-ce que M. Joubert devrait recommander à M. Massé ?

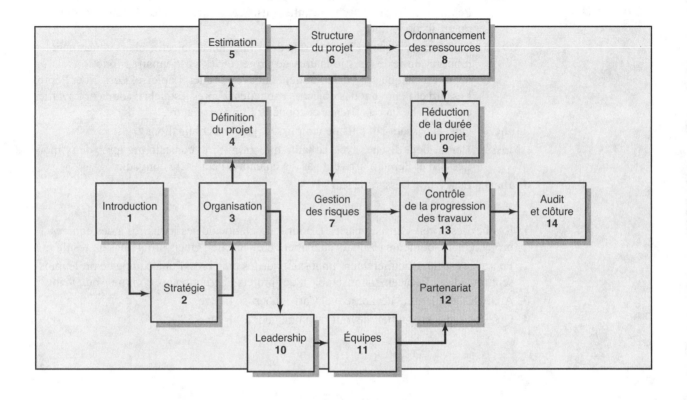

Le partenariat : gérer les relations interorganisationnelles

Une introduction au projet de partenariat

Les activités préliminaires au projet – Préparer les bases d'un partenariat fructueux

La mise en œuvre du projet – Maintenir les relations de collaboration

La fin du projet – Célébrer le succès

Pourquoi les efforts de partenariat échouent-ils parfois ?

L'art de négocier

Un mot sur la gestion des relations avec les clients

Résumé

Annexe 12.1 : La gestion des contrats

CHAPITRE 12

Le partenariat : gérer les relations interorganisationnelles

Être un bon partenaire est devenu un atout majeur pour une entreprise. C'est ce que j'appelle la « force de collaboration d'une entreprise ». Dans l'économie mondiale, créer et entretenir des relations de collaboration fructueuses procurent à l'entreprise une longueur d'avance sur ses concurrents.

– Rosabeth Moss Kanter, professeure à la Harvard Business School

De nos jours, rares sont les entreprises capables d'exécuter complètement un projet d'envergure à l'interne. L'impartition de segments importants d'un projet et la sous-traitance sont pratique courante. Neuf États américains, par exemple, ont tenté d'unifier la comptabilité de leurs différents secteurs. Ils ne disposaient toutefois pas des ressources internes nécessaires pour assurer la mise en œuvre d'un projet d'une telle ampleur. Ils ont alors formé des équipes de projet regroupant des spécialistes d'entreprises de logiciels, de matériel informatique et de comptabilité afin d'exécuter le projet. Les petites entreprises de haute technologie, de leur côté, confient à d'autres sociétés le soin de déterminer les caractéristiques recherchées par les consommateurs pour les nouveaux produits qu'ils développent. Même des géants de l'industrie comme Microsoft et Intel font couramment appel à des sociétés indépendantes pour tester leurs nouveaux produits.

La sous-traitance constitue depuis longtemps la norme dans l'industrie de la construction. Les entreprises embauchent ainsi des entrepreneurs généraux qui, à leur tour, engagent et gèrent des sous-traitants pour construire des édifices et des structures. Le projet d'Eurotunnel, qui a consisté à construire un tunnel entre la France et l'Angleterre, a nécessité la contribution de plus de 250 organisations. La sous-traitance ne se limite pas aux grands projets. Par exemple, une compagnie d'assurances a confié à un entrepreneur le développement d'un service de réponse téléphonique pour diriger efficacement les clients vers les services et les employés concernés. Selon la tendance actuelle, un nombre croissant de projets seront réalisés grâce à des ressources issues de différentes organisations.

Le présent chapitre poursuit la discussion des deux chapitres précédents dans lesquels il a été question de la création et de la gestion d'un réseau de relations. Nous explorerons plus particulièrement les relations de travail avec les ressources d'autres organisations dans le but de mettre en œuvre un projet. Le terme *partenariat* décrit ce processus. Le partenariat consiste en un processus visant à réunir les composantes contractuelles en une équipe homogène dont les membres collaborent pour régler les problèmes associés à un projet afin de satisfaire les besoins du client. Le présent chapitre définit d'abord ce qu'est un partenariat et en donne les grands principes. Cette introduction est suivie d'une description générale du processus de partenariat et des obstacles à la collaboration. Il est ensuite question de l'art de négocier, compétence fondamentale d'un partenariat efficace. Les compétences et les techniques de négociation pour résoudre les désaccords et trouver les solutions optimales sont ensuite présentées. Ce chapitre se termine par un bref exposé sur la gestion des relations avec les clients. L'annexe, à la fin du chapitre, traite de la gestion des contrats. On y expose quelques différences dans la nature des ententes de partenariat selon le type de contrat.

Une introduction au projet de partenariat

Le terme *partenariat,* employé dans le contexte de la gestion de projet, s'est imposé dans l'industrie de la construction, dans les années 1980. À cette époque, un rapport du Construction Industry Institute concluait: «L'industrie de la construction aux États-Unis est malade.» Ce rapport s'était penché sur le déclin général de la productivité enregistré au cours des deux décennies précédentes. Les retards dans la construction étaient fréquents et coûteux. En outre, les litiges touchant la conception et la construction augmentaient de façon exponentielle. Selon un entrepreneur en bâtiments: «Les seuls à faire de l'argent dans la construction sont les avocats.» L'industrie de la construction aux États-Unis éprouvait alors de la difficulté à obtenir des contrats outremer. Des représentants de différents pays avaient même déclaré: «Les entreprises de construction étasuniennes n'ont même pas été considérées par peur des litiges possibles, pendant et après le projet.»

L'industrie a réagi, de sorte que quelques maîtres de l'ouvrage et entreprises de construction ont eu l'audace de faire l'expérience d'un partenariat. Ils ont gardé intact le contrat en bonne et due forme. Cependant, durant la mise en œuvre du projet, les interactions entre le maître de l'ouvrage et l'entreprise de construction ont changé. La documentation sur le sujet fournit plusieurs définitions du partenariat. Voici l'une des plus populaires:

> Le projet de partenariat transforme les intervenants de la relation contractuelle en une équipe cohérente et coopérative. Leurs objectifs communs et les procédures qu'ils ont établies permettent de régler les différends de manière efficace (Cowan, Gray et Larson, 1992).

Le partenariat est bien plus qu'une liste d'objectifs et de procédures; c'est un état d'esprit et une philosophie sur la façon de faire des affaires avec d'autres organisations. Le partenariat est une forme de coopération où tous les participants à un projet s'engagent à collaborer et à faire preuve de respect et de confiance. De nos jours, les industries recourent toutes au partenariat, car il constitue une démarche intelligente.

Le partenariat s'inspire de l'hypothèse selon laquelle les traditionnels rapports d'opposition entre le maître de l'ouvrage et l'entrepreneur s'avèrent inefficaces et improductifs. Cette rivalité provient du conflit inévitable entre les coûts que devra assumer le maître de l'ouvrage et les profits que réalisera l'entrepreneur. Il s'agit d'une situation gagnant-perdant. Le conflit d'intérêts apparent prédispose le maître de l'ouvrage et l'entrepreneur à se méfier l'un de l'autre. Comme le maître de l'ouvrage est sur ses gardes, il tente d'exercer un contrôle excessif sur la performance de l'entrepreneur, remet en question la moindre de ses requêtes de modification des plans ou du budget et le force à respecter l'entente qui les lie en le privant des sommes d'argent qui lui reviennent. L'entrepreneur, de son côté, exploite les failles du contrat. Il dissimule ou manipule alors des renseignements ou profite de l'ignorance du maître de l'ouvrage pour gonfler ses estimations et facturer du travail inutile.

La méfiance nuit à la résolution des problèmes. Les erreurs et les problèmes demeurent souvent occultés. Quand ils font surface, la responsabilité de les corriger devient une question épineuse dont les acteurs essaient de se débarrasser. En général, quand un conflit surgit, on le signale à un échelon plus élevé dans la hiérarchie. Cela engendre des délais coûteux, mais aussi quelquefois des réactions discutables, la haute direction étant souvent très peu au courant de la situation pour prendre une décision éclairée. Plusieurs différends se retrouvent ainsi devant les tribunaux, car chaque partie se rend compte que le litige constitue la seule façon de protéger ses intérêts. Dans la plupart des cas, les litiges aboutissent au même résultat: les gestionnaires consacrent autant de temps à préparer leur défense qu'à exécuter leur projet. Le drame, c'est que souvent les petits problèmes se transforment en obstacles insurmontables, car ils n'ont pas été réglés sur-le-champ.

L'idée du partenariat s'est naturellement imposée quand on s'est rendu compte que les traditionnels rapports d'opposition gagnant-perdant entre maître de l'ouvrage et entrepreneur aboutissent systématiquement à une situation perdant-perdant coûteuse pour toutes les parties. Le partenariat suppose que les parties ont en commun suffisamment d'objectifs pour tabler sur une relation de collaboration. Par exemple, l'entrepreneur et le maître de l'ouvrage espèrent que leur projet se déroule sans incident et qu'il respecte le calendrier. Personne ne souhaite reprendre des travaux. Les parties préfèrent éviter les litiges coûteux, et chacune cherche à réduire les coûts tout en améliorant la qualité.

Les objectifs communs, les coûts exorbitants associés aux rapports d'opposition et les bénéfices à partager incitent les parties à transformer une situation de concurrence en une relation de collaboration. Le tableau 12.1 présente les différences entre l'approche traditionnelle et l'approche de partenariat dans la gestion des relations contractuelles.

TABLEAU 12.1

Les pratiques dans une relation de partenariat par opposition aux pratiques traditionnelles

Les pratiques dans une relation de partenariat	Les pratiques traditionnelles
La *confiance mutuelle* constitue la base de solides relations de travail.	Le doute et la méfiance; chaque partie se méfie des motifs de l'autre avant d'accéder à une demande.
Les *buts et les objectifs communs* assurent une même orientation.	Les buts et les objectifs des parties sont semblables, mais chacune les poursuit dans son propre intérêt.
Une *équipe de projet conjoint* prend forme quand ses membres sont en interaction constante.	Des équipes de projet indépendantes; les équipes sont physiquement éloignées, et les interactions sont indirectes.
Les *communications ouvertes* évitent le travail inutile et favorisent les relations de travail efficaces.	Les communications sont structurées et surveillées.
L'*engagement à long terme* favorise l'amélioration continue.	L'exécution d'un seul projet est considérée comme normale.
La *critique objective* se veut une évaluation bienveillante de la performance.	L'objectivité fait défaut par peur de représailles, et les occasions favorisant l'amélioration continue sont rares.
L'*accès* aux ressources des organisations est possible.	L'accès aux membres de l'équipe est restreint et devient possible seulement dans un contexte de procédures structurées; la protection de ses intérêts a préséance sur l'optimisation du projet.
La *participation entière de l'entreprise* sous-entend l'engagement de tous, du chef de la direction jusqu'aux membres de l'équipe.	En général, la participation se limite au personnel associé de près au projet.
L'*intégration* des systèmes administratifs prend place.	La duplication des efforts et les changements d'orientation entraînent des coûts et des retards.
Les partenaires *se partagent le risque,* ce qui encourage l'innovation et l'amélioration continue.	La responsabilité du risque incombe à l'autre partie.

Le partenariat à long terme procure de grands avantages, et c'est encore mieux quand les deux parties exécutent de nombreux projets ensemble. Corning et Toyota, tout comme de nombreuses autres entreprises, par exemple, ont mis sur pied un réseau de partenariats stratégiques à long terme avec leurs fournisseurs. De nos jours, une grande entreprise forme environ 30 alliances comparativement à moins de 3 au début des années 1990, selon une étude récente. Voici quelques avantages d'un partenariat à long terme.

▸ **Une réduction des frais administratifs** Les coûts de soumission et de sélection d'un entrepreneur sont éliminés. Les frais administratifs associés aux contrats sont moindres, car les partenaires connaissent leurs exigences mutuelles.

▸ **Une utilisation plus efficace des ressources** D'un côté, les entrepreneurs ont déjà un calendrier de contrats à réaliser ; de l'autre, les maîtres de l'ouvrage sont libres d'affecter leur main-d'œuvre à la réalisation des tâches courantes, sans devoir consacrer trop d'énergie à soutenir le projet.

▸ **Une communication améliorée** Comme les partenaires acquièrent de l'expérience à travailler ensemble, ils acquièrent une perspective et un langage communs, ce qui réduit les malentendus et renforce la collaboration.

▸ **Un sens accru de l'innovation** Les partenaires discutent d'innovations et des risques associés à leur projet plus ouvertement. En outre, ils partagent les avantages et les inconvénients avec équité.

▸ **Une meilleure performance** Avec le temps, les partenaires se familiarisent avec les normes et les attentes de l'autre partie et tirent des leçons des projets précédents.

Le partenariat va bien au-delà d'une simple poignée de main. En général, un partenariat exige beaucoup de temps et de ressources pour que ses membres éprouvent un profond sentiment d'appartenance à l'équipe, bien qu'ils soient issus d'organisations différentes. Il faut également créer des mécanismes destinés à maintenir et à accroître la collaboration tout au long du projet. Le processus de développement d'un partenariat prendra différentes formes selon la nature du projet et du contrat, le nombre d'organisations engagées et leurs expériences de travail communes. Cependant, notre expérience nous a appris que les premières tentatives de partenariat sont toujours associées à certains éléments clés, comme l'illustre la figure 12.1.

FIGURE 12.1

La structure d'un partenariat

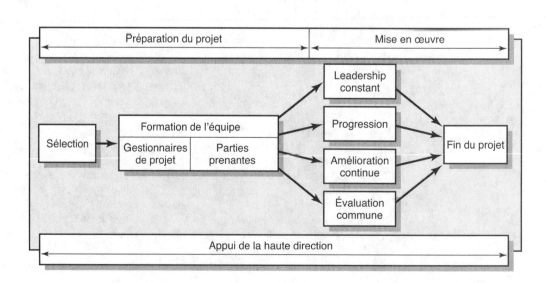

Les activités préliminaires au projet – Préparer les bases d'un partenariat fructueux

Le choix des partenaires

Idéalement, l'entrepreneur et le maître de l'ouvrage sont sélectionnés en fonction du succès qu'ils ont obtenu lors de partenariats précédents. Le maître de l'ouvrage ne choisira que des entrepreneurs qui ont un intérêt et qui ont déjà fait l'expérience d'un partenariat. De son côté, l'entrepreneur choisira en priorité ses contrats en fonction de l'engagement du maître de l'ouvrage envers les principes de partenariat. Dans certains cas, l'appel d'offres contiendra explicitement des clauses relatives au partenariat, écrites noir sur blanc dans le contrat. Dans d'autres, ce n'est qu'après l'attribution du contrat qu'il y aura entente sur l'approche de partenariat.

Dans les deux cas, la première étape consistera à s'assurer de l'engagement de la haute direction de toutes les entreprises impliquées à utiliser l'approche de partenariat. Par exemple, dans le cas d'un contrat attribué pour des travaux publics, le maître de l'ouvrage avait prévu rencontrer l'entrepreneur général. Il a profité de l'occasion pour féliciter l'entrepreneur d'avoir remporté le contrat et a exprimé le souhait de gérer le projet selon les principes du partenariat. Le maître de l'ouvrage a décrit en détail comment il entrevoyait ce partenariat et les avantages que les deux parties en retireraient. Le maître de l'ouvrage a pris soin de formuler sa proposition comme une invitation. Il a laissé entendre à l'entrepreneur qu'il était libre d'opter pour le partenariat. Notons que le partenariat a peu de chances de succès si les parties ne s'y engagent pas librement. Quand une partie recourt à l'intimidation ou aux pots-de-vin ou s'engage sans conviction, le partenariat est inévitablement voué à l'échec.

La constitution d'une équipe : les gestionnaires de projet

Lorsque la haute direction des différentes parties a consenti au partenariat, il faut bâtir une relation de collaboration entre les acteurs clés de chaque organisation chargés de gérer le projet. Il s'agit généralement des représentants principaux ou des gestionnaires de projet des différentes organisations. Pour les gestionnaires chevronnés, une simple rencontre suffit. Les parties y examinent leurs objectifs et y décrivent la mise en application de leur partenariat. Les gestionnaires moins expérimentés devront sans doute s'engager dans des activités plus élaborées. Lors d'un projet de 34 millions de dollars, par exemple, la haute direction d'une entreprise a fait suivre une formation sur le leadership d'une durée d'une semaine à ses gestionnaires afin qu'ils apprennent les principes du travail d'équipe et de la communication efficace. Non seulement cette formation a-t-elle renforcé leur conception de la collaboration, mais elle a surtout accéléré l'évolution de leurs relations, ces étrangers devenant partenaires. Cette expérience excitante a créé des liens entre les gestionnaires et a suscité l'émergence d'objectifs communs.

La constitution d'une équipe : les parties prenantes

Maintenant que les principaux gestionnaires se sont personnellement engagés dans un partenariat, l'étape suivante consiste à étendre cet engagement aux autres gestionnaires clés et aux spécialistes appelés à travailler ensemble. Des ateliers de consolidation d'équipe ont lieu avant la mise en œuvre du projet. Tous les acteurs clés des différentes organisations, comme les ingénieurs, les architectes, les avocats, les experts et les autres, y participent. Dans bien des cas, les entreprises considèrent comme utile d'engager un consultant externe pour concevoir et animer les séances. Ce consultant possède généralement une grande connaissance de la consolidation d'équipes interorganisationnelles et il apporte un point de

Coup d'œil sur un cas réel

Le partenariat : un vaccin contre les litiges dans les projets*

Avant d'entreprendre la construction d'une école financée par l'émission d'obligations, l'État de l'Ohio s'inspire des comédiens un soir de première en réalisant une répétition générale. Guidés par des consultants en gestion de projet, les fonctionnaires municipaux, les officiers de l'État, les directeurs de construction et les architectes se réunissent avant de commencer le projet pour déterminer les façons de communiquer et de régler les problèmes.

Comme une répétition générale permet à une troupe de théâtre d'ajuster les derniers détails de sa pièce, le partenariat de préparation des travaux permet de trouver rapidement des solutions aux problèmes avant qu'ils ne se transforment en poursuite judiciaire.

« Le partenariat fonctionne bien car, traditionnellement, chaque participant à un projet faisait le travail qui lui revenait en vase clos », affirme Jeffrey Applebaum, avocat en construction et directeur de la firme Project Management Consultants, filiale en propriété exclusive du cabinet d'avocats Thompson, Hine and Flory. « Nous emboîtons le pas, car c'est plus efficace. »

« Ce processus nous enchante », conclut Randy Fischer, directeur exécutif de l'Ohio School Facilities Commission, qui distribue les fonds des États pour les projets de construction d'écoles. « Nous administrons un fonds de trois milliards de dollars d'investissement public et nous ne sommes aux prises avec aucun litige majeur. »

Crystal Canan est directrice en chef des contrats de la commission. Elle décrit le partenariat au moyen d'une métaphore médicale, comparant celui-ci à un vaccin contre la grippe qui protège les projets des effets débilitants des litiges, des arrêts de travail et des défaillances de communication. « Chaque projet de construction est sujet à la grippe, affirme Crystal Canan. Nous considérons le partenariat comme un vaccin. »

* WISNEISKI, Mary. « Partnering Used to Curb Costs in Ohio School Construction », *Bond Buyer,* 22 novembre 2000, n° 334.

vue impartial à l'atelier. Dans d'autres cas, les gestionnaires de projet conçoivent et animent conjointement les séances.

La durée et le déroulement des séances de consolidation d'équipe dépendent de l'expérience, de l'engagement et du niveau de compétence des participants. Par exemple, lors d'un projet où le maître de l'ouvrage et les entrepreneurs étaient peu expérimentés, mais vendus à l'idée de partenariat, ces derniers ont décidé de participer à un atelier de trois jours. La première journée a été consacrée à des activités visant à rompre la glace et à découvrir les avantages du partenariat. Des exercices et des mini-conférences sur le travail d'équipe, la synergie, les situations gagnant-gagnant et la rétroaction positive sont venus renforcer la base conceptuelle. La deuxième journée, les participants ont examiné les problèmes et les obstacles qui ont nui à la collaboration dans le passé. On a séparé les représentants des diverses organisations et posé à chacun les questions suivantes :

▸ Quelles sont les actions dans lesquelles s'engagent les autres groupes et qui nous causent des ennuis ?

▸ Quelles sont les actions dans lesquelles nous nous engageons et qui pourraient, à notre avis, leur causer des ennuis ?

▸ Quelles recommandations pourrions-nous formuler pour améliorer la situation ?

Les groupes ont partagé leurs réponses et ont demandé des précisions au besoin. Ils ont déterminé les ressemblances et les différences dans les listes et cerné les problèmes précis. Après avoir noté les aspects problématiques possibles, chaque groupe devait préciser ses intérêts et ses objectifs particuliers pour le projet. Les groupes ont fait connaître leurs objectifs et ont pris soin de noter ceux qu'ils avaient en commun. La reconnaissance des objectifs communs est critique pour faire des différents groupes une équipe homogène.

Les membres des différentes organisations ont ensuite formé de petits groupes composés des homologues de chacune d'elles. Tous les avocats ont formé un groupe, par exemple. On a présenté à chaque groupe des problèmes particuliers à leur domaine de responsabilité pour lesquels ils devaient proposer une solution. À la fin de la deuxième journée, chaque groupe a fait part de ses solutions aux autres participants pour obtenir leurs commentaires et leur approbation.

La dernière journée a été consacrée à la consolidation des efforts de la veille. Les participants ont ainsi préparé une série d'accords et de procédures qui serviraient de guide au processus de partenariat. La séance s'est terminée par la création d'une charte de projet, signée par tous les participants. La charte décrit les objectifs communs et les procédures qui serviront à atteindre ces objectifs. La première page d'une telle charte est illustrée à la figure 12.2.

Il est impératif de préparer la mise en œuvre d'un projet avec soin. En général, les gestionnaires accordent trop d'importance aux plans et aux défis techniques et présument que les questions concernant les participants au projet se régleront d'elles-mêmes avec le temps. Dans un partenariat, les facteurs humains s'avèrent aussi importants, sinon davantage, que les facteurs techniques. Après tout, qui résout les problèmes techniques ? Le fait que les participants appartiennent à des cultures organisationnelles qui ont chacune leurs propres normes, habitudes et priorités n'entrave en rien la collaboration. Les séances de consolidation d'équipe donnent aux participants l'occasion de discuter de leurs ressemblances et de leurs différences et d'établir leurs premiers contacts avec leurs homologues avant même le début du projet. Au mieux, une culture d'équipe commune fondée sur le succès du projet peut émerger. Au pire, les participants apprennent à se comprendre, différentes cultures peuvent coexister, et des objectifs communs peuvent être atteints.

La mise en œuvre du projet – Maintenir les relations de collaboration

La séance de consolidation d'équipe a notamment pour objectif d'amener les participants au projet à adopter une attitude centrée sur le groupe plutôt qu'une attitude de confrontation interorganisationnelle. Certaines entreprises renforcent cette attitude en regroupant sous un même toit les équipes de gestion des différentes organisations. Notre expérience confirme que le fait de rassembler les participants en un lieu de travail unique a un impact majeur et compense largement pour les frais et les inconvénients qui pourraient en découler. Le deuxième objectif de la séance consiste à établir à l'avance des mécanismes pour assurer que l'esprit d'équipe résiste aux problèmes et aux pépins qui surgiront inévitablement. Ces mécanismes devront obtenir le soutien constant, inconditionnel et enthousiaste des cadres supérieurs. La résolution de problèmes, l'amélioration continue, l'évaluation commune et un leadership fort constituent les mécanismes les plus utiles.

La résolution de problèmes

Le principe fondamental de cette méthode consiste à résoudre le problème à l'échelon le plus bas, dans un délai prescrit, par exemple, 24 heures ; autrement le problème est confié à l'échelon suivant. Si le problème n'est toujours pas résolu, il est une fois de plus confié à l'échelon suivant. On procède ainsi jusqu'à ce que le problème soit réglé. L'inaction n'est pas une option, pas plus qu'un participant ne peut forcer un coéquipier à faire des concessions en reportant la décision. Il n'y a aucune honte à confier les problèmes importants à un échelon supérieur. Par contre, si ces problèmes peuvent être résolus à un échelon inférieur, les gestionnaires ne devraient pas hésiter à en faire part aux ressources concernées.

L'amélioration continue

Dans un partenariat, l'amélioration continue est synonyme de volonté commune. Elle a pour objectif d'éviter toute forme de gaspillage et de chercher des occasions qui généreraient des économies de coûts. Les parties partageront les risques et les avantages du partenariat en parts égales. Le maître de l'ouvrage sera informé rapidement des problèmes et des inconvénients qui surgiront inévitablement au cours du processus d'approbation du projet. L'encadré, à la page 425, présente une autre forme d'arrangement impliquant deux partenaires et un maître de l'ouvrage.

FIGURE 12.2 Une charte de projet

Charte de projet

Edwards AFB – Construction du chasseur F-22 1870

La United States Air Force (USAF) F-22 CTF, 411 FLTS
Les ingénieurs civils Edwards AFB • La Computer Science Corporation (CSC)
Lockheed Martin • Telecom Solutions • Le Corps of Engineers
Valenzuela Engineering, Inc. • VRR & Associates

Nous, partenaires de l'équipe de conception et de fabrication du F-22, conscients de la nature unique de ce projet, nous engageons à créer un climat de confiance et de communication afin de concevoir et de fabriquer un produit de qualité qui comble ou dépasse les attentes du client. Nous nous engageons à maintenir un environnement de travail positif et optimiste dans lequel les objectifs de tous les partenaires se réaliseront.

- La qualité dans notre projet :
  - Répondre aux exigences du programme pour le système de soutien du F-22.
  - Terminer le projet à temps et respecter le budget établi.
  - Intégrer les leçons apprises lors des projets F-22 précédents.
  - Créer un environnement qui favorise un profit juste et raisonnable.
  - Créer un environnement de travail agréable.

- La sécurité dans notre projet :
  - Créer un environnement qui ne présente aucun danger.
  - Éviter le temps perdu en raison d'accidents.

- Maintenir des relations positives et des relations de coopération :
  - Des communications claires et directement adressées aux employés concernés
  - Aucune surprise
  - Aucun ordre du jour dissimulé
  - Délais minimes dans le travail de bureau
  - Résolution immédiate des problèmes en se basant sur l'opinion des employés

Le concept de partenariat repose sur une relation d'équipe qui favorise la réalisation d'objectifs mutuels. Cette charte de projet ne donne pas lieu à des droits ou à des obligations légales. Tout changement dans les contrats doit être apporté par les agents de négociation selon les conditions mentionnées dans les contrats écrits.

L'évaluation commune

Tous les participants se rencontrent régulièrement pour évaluer et passer en revue le processus de partenariat. Ils mesurent l'efficacité du processus de partenariat au moyen de critères précis, comme le travail d'équipe et le délai d'intervention pour régler les problèmes. Ces forums permettent de cerner et de résoudre rapidement les problèmes que posent le projet et les relations de travail. En général, l'évaluation du processus de partenariat comprend un sondage périodique. La comparaison des réponses au sondage, pour chaque période, fait ressortir les aspects à améliorer ainsi que les problèmes possibles. La figure 12.3 présente une partie d'un sondage.

Un leadership fort

Devant les problèmes, le gestionnaire de projet et ses subordonnés doivent en tout temps conserver une attitude de collaboration et non de confrontation. C'est particulièrement vrai au début d'un projet, car la confiance mutuelle sera mise à l'épreuve par la façon dont les partenaires réagiront à leurs premiers désaccords ou difficultés. Le gestionnaire de projet doit récompenser quiconque, dans son organisation, adhère aux principes du partenariat et faire des remontrances à toute personne dont les pratiques tendent vers la rivalité. Au moment de fêter le succès de la première étape, peu importe qui en est responsable, toutes les parties devraient prendre part à la célébration. Cela renforce, chez chacune, le sentiment de travailler dans un but commun.

FIGURE 12.3

Un extrait d'une évaluation de partenariat

Évaluation du processus de partenariat : attitudes, travail d'équipe et processus
(Données recueillies individuellement auprès du maître de l'ouvrage et de chaque entrepreneur ; elles sont ensuite comparées et colligées.)

1. Les communications entre le maître de l'ouvrage et le personnel des entrepreneurs sont :

1	2	3	4	5
difficiles, empreintes de méfiance				faciles, ouvertes, rapides

2. Le soutien de la haute direction au processus de partenariat est :

1	2	3	4	5
incertain ou inégal				manifeste et constant

3. Les problèmes, les points à discuter et les inquiétudes sont :

1	2	3	4	5
ignorés				traités rapidement

4. La coopération entre le maître de l'ouvrage et le personnel de l'entrepreneur est :

1	2	3	4	5
mitigée, réfractaire, sans réaction, presque inexistante				authentique, sans réserve, complète

5. Les réactions aux problèmes, aux points à discuter et aux inquiétudes sont souvent :

1	2	3	4	5
prises personnellement				traitées comme des problèmes associés au projet

La fin du projet – Célébrer le succès

Lorsque le projet est terminé, les cadres des différentes parties revoient ensemble les succès et les problèmes qu'ils ont vécus, puis en tirent des leçons pour l'avenir. En général, cet examen officiel s'accompagne d'un pique-nique ou d'un banquet qui réunit tous les participants. La haute direction profite de cette occasion sociale pour souligner les contributions particulières. Cette forme de célébration procure le sentiment du devoir accompli et renforce une fois de plus l'idée de collaboration associée au projet.

Pourquoi les efforts de partenariat échouent-ils parfois ?

En raison d'une restructuration et de la volonté d'exploiter des compétences fondamentales, un nombre croissant d'entreprises font appel à l'impartition pour la mise en œuvre ou l'exécution de leurs projets. La popularité grandissante du partenariat se confirme. Le partenariat s'avère indispensable à l'émergence d'organisations et de projets virtuels, comme il est expliqué à la page 400. Le défi consiste à terminer le projet à temps, dans les limites du budget établi et selon les spécifications du client. Bien que les partenariats fructueux aboutissent parfois à des résultats phénoménaux, nous avons noté trois aspects susceptibles de mettre fin à cette association et un quatrième dont on oublie souvent de tenir compte.

Le principal problème concerne la haute direction, c'est-à-dire le maître de l'ouvrage et l'entrepreneur. Tous deux doivent avoir des raisons impérieuses pour que la relation de partenariat soit un succès. Bien que la plupart des ententes de partenariat soient empreintes de bonnes intentions au départ, dès que la haute direction ne considère plus comme prioritaires le projet et le partenariat, leur association est menacée.

En général, la rupture se produit à cause d'un problème à résoudre. L'équipe confie un problème mineur à un échelon supérieur au lieu de le régler elle-même, de peur d'en assumer le risque. Le maître de l'ouvrage et l'entrepreneur négligent de réexpédier le problème au premier échelon, là où il aurait dû être résolu dès le départ. Bientôt, tous les problèmes prennent des proportions alarmantes et les relations se détériorent. Les parties ne cessent de s'accuser pour finalement être sur la défensive. La haute direction doit indiquer clairement que les membres de l'équipe ont le pouvoir de prendre des décisions à l'échelon le plus bas possible et les inciter en ce sens. Le même type de problème se présente quand la haute direction néglige de régler une situation dans les délais prévus. La haute direction ne montre pas la voie ; elle ne peut pas soutenir le processus de partenariat sur demande, car le leadership et l'engagement doivent être entiers et constants. Le partenariat obtiendra du succès, à condition que la haute direction y mette du sien !

Nombre d'entreprises éprouvent du mal à composer avec les différences culturelles des organisations participantes. C'est pourquoi, bien souvent, elles mettront fin à leur entente de partenariat. Des différences dans les styles de gestion, la terminologie, les directives opérationnelles et les perspectives temporelles sont susceptibles de provoquer un choc culturel allant à l'encontre du développement et du maintien de bonnes relations entre les participants. Pour éviter ce choc, les cultures doivent se fondre en une culture d'équipe commune et tendre vers un seul et même objectif : le succès du projet. Ce processus commence par des séances de développement de l'esprit de corps. Ces séances, tout au long du projet, devront devenir une priorité. Elles permettront d'appliquer l'information sur la formation d'une équipe très performante dont il a été question dans les chapitres précédents. Chaque organisation doit aussi apporter un soin particulier à trouver et à placer, dans des positions stratégiques, des professionnels ayant un bon jugement et sachant tisser des liens

Un système de stimulation du partenariat pour un projet

Voici ce qui est ressorti d'une conversation avec un gestionnaire de projet.

Le projet consistait à concevoir et à construire un navire de forage à la fine pointe de la technologie utilisé dans la mer du Nord. Le navire devait être en mesure de localiser un positionnement géographique avec une exactitude de 1 mètre carré et de retenir l'emplacement pour le forage. Le maître de l'ouvrage et deux partenaires majeurs participaient au projet. Plus tôt, avant la signature du contrat, les trois parties confirmaient que les avantages d'un partenariat les intéressaient au plus haut point. Elles souhaitaient toutes terminer le projet à temps, dans les limites du budget, et se conformer aux spécifications.

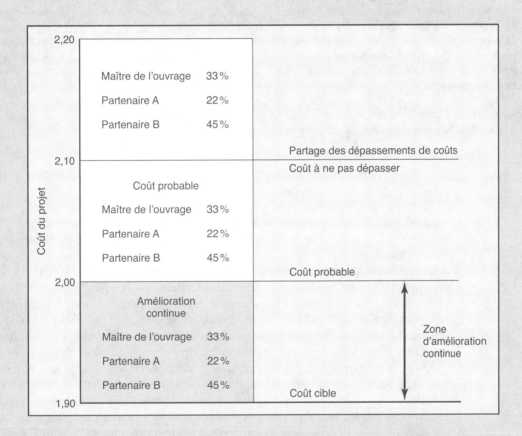

Après quelques réunions, le maître de l'ouvrage et les partenaires se sont entendus sur un système de stimulation simple afin d'encourager l'amélioration continue durant la mise en œuvre du projet. Essentiellement, ce système impliquait un partage *proportionnel* des économies ou des dépassements de coûts pour l'ensemble du projet. Les proportions étaient déterminées en fonction des sommes investies par chacun: 33% pour le maître de l'ouvrage et 22% et 45% respectivement pour chaque partenaire.

Le gestionnaire de projet a présenté les données et le processus à l'ensemble des acteurs, à l'aide de l'exemple précédent. Les partenaires ont accepté les trois types de coûts, soit le coût à ne pas dépasser, le coût probable et le coût cible. Le gestionnaire de projet a confié ce qui suit: « S'entendre sur ces coûts ne s'est pas fait tout seul, mais nous y sommes parvenus. » Chacun est sorti gagnant, selon le gestionnaire de projet. Le projet a été exécuté à temps et en deçà du coût cible. Qui plus est, il était conforme aux spécifications et à la hauteur des attentes. De l'avis du gestionnaire, le succès du projet est attribuable notamment aux trois facteurs suivants:

1. Le système de stimulation a incité le maître de l'ouvrage à emboîter le pas.

2. Le partage des responsabilités était proportionnel aux coûts.

3. Les trois équipes de projet ont été réunies sous un même toit. La responsabilité de la mise en œuvre, du contrôle et des améliorations du projet a été confiée à l'équipe de projet mixte.

Au dire du gestionnaire de projet, le dernier facteur – regrouper les participants dans un même lieu – augmente considérablement les chances de succès du partenariat.

Lutter contre des géants*

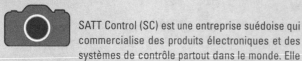

SATT Control (SC) est une entreprise suédoise qui commercialise des produits électroniques et des systèmes de contrôle partout dans le monde. Elle compte 550 employés en Suède et autant à l'étranger. Comment SC arrive-t-elle à soumissionner contre des géants électroniques tels que ABB, Siemens et Hewlett-Packard (HP) et à décrocher des contrats majeurs pour du matériel qu'elle n'a encore jamais vendu ? Selon Hedberg et ses collègues, SC y parvient en agissant comme intégrateur de systèmes. À ce titre, SC recrute des soumissionnaires. Pour ce faire, elle prépare une description du système, divise celui-ci en plusieurs sous-systèmes, puis en confie une partie à chaque soumissionnaire retenu. La capacité à décrire un système et à le diviser en sous-systèmes constitue la grande force de l'entreprise suédoise.

SC excelle aussi dans la gestion de projet. Après avoir obtenu un contrat, l'entreprise ne tarde pas à établir les spécifications des travaux en compagnie du client. Bien que l'exercice exige beaucoup de temps, il n'en demeure pas moins un gage de succès. La première étape consiste à décrire avec précision l'utilité du système avant de décider des moyens d'y parvenir – il s'agit de la conception et de l'architecture du système. Il importe que les spécifications soient très précises dès le départ; sinon des erreurs pourraient se répéter tout au long du projet. SC consacre beaucoup d'énergie pour que ses partenaires s'entendent sur un même concept de base.

SC est passée maître dans l'art de développer l'esprit de collaboration. Pour ce faire, elle table sur le principe que « ce qui est bon pour toi est bon pour moi ». Les partenaires y parviennent avec le temps en faisant preuve de respect et en rédigeant des contrats où les risques sont partagés.

* HEDBERG, B. *et al. Virtual Organizations and Beyond,* New York, Wiley, 1997, p. 82-84.

avec des employés qui ne partagent pas nécessairement les mêmes priorités, la même notion du temps et les mêmes habitudes de travail.

Un partenariat peut être aussi mis en péril du fait qu'il n'existe aucun processus d'évaluation officiel ou que ce processus se révèle plutôt défaillant. À notre avis, à peine 20 % des entreprises font appel à un tel processus. Sans évaluation régulière, la situation ne pourra être redressée, les problèmes et la détérioration du processus n'étant pas cernés assez rapidement. Quelle que soit la façon de procéder (questionnaire, entrevue avec des fournisseurs externes et réunion d'évaluation hebdomadaire), l'évaluation devrait permettre de cerner les problèmes et les occasions au niveau des exécutants. L'évaluation devrait aussi permettre de jauger et de suivre l'évolution de la relation de partenariat. Une fiche de rendement se révélerait utile et encouragerait l'engagement des membres de l'équipe. En outre, elle permettrait d'établir si la relation entre les partenaires s'améliore ou se détériore.

Enfin, la plupart des ententes de partenariat négligent trop souvent l'amélioration continue. Dans plusieurs projets en partenariat, les entrepreneurs promettent de tabler sur l'amélioration continue, mais il s'agit de vœux pieux. Comme l'affirme un maître d'œuvre : « Je sais que si j'engage un fabricant de logiciels, il me fera ce genre de promesse. » Ceux qui ont réussi y sont parvenus, car ils ont mis sur pied un programme de stimulation pour encourager l'entrepreneur à chercher des façons d'améliorer et d'innover tout au long de la mise en œuvre du projet. Il faut établir une procédure avant le début du projet. En fait, un entrepreneur éprouve peu de motivation à miser sur des objectifs d'amélioration, si ce n'est la possibilité de décrocher un autre contrat ou de se faire une bonne réputation – à plus forte raison si les risques associés aux innovations lui reviennent. Le partage des risques en parts égales semble efficace et permet d'économiser des millions de dollars sur plusieurs projets, par exemple sur la recherche et le développement, sur la construction ou sur le temps de mise en marché. Le maître de l'ouvrage et l'entrepreneur partagent les coûts (risques), comme les bénéfices, pour toute innovation. L'encadré de la page suivante explique comment le U.S. Department of Defense tire avantage des bénéfices de l'amélioration continue grâce à l'ingénierie de la valeur.

Le partenariat consiste en un réel effort de la part de la haute direction pour créer un esprit de collaboration entre les participants au projet de diverses organisations. Pour assurer le succès du partenariat, les participants doivent être d'habiles négociateurs capables de

Les prix d'ingénierie de la valeur du U.S. Department of Defense*

Sergent Ken Hammond, USAF.

Pour réduire certains coûts, le U.S. Department of Defense remet des prix de l'ingénierie de la valeur tous les ans. L'ingénierie de la valeur consiste en un processus systématique d'analyse des fonctions d'un produit ou d'un processus. Son objectif est de trouver des moyens de réduire les coûts, d'augmenter la qualité et d'améliorer le déroulement des missions, qu'il s'agisse des systèmes, des processus ou des organisations. Le Value Engineering Awards Program (« Programme de prix de l'ingénierie de la valeur ») se veut une façon de reconnaître les réalisations exceptionnelles et d'encourager les projets afin d'améliorer la productivité du personnel à l'interne et des entrepreneurs.

En 2002, HBA Architecture, Engineering and Interior Design, une entreprise de Virginia Beach, a été choisie « Entrepreneur exceptionnel de la marine ». Les réalisations de HBA concernant trois projets ont été citées dans l'attribution du prix :

▶ Conception de l'entretien et du soutien opérationnel du 2nd Marine Division Reconnaissance Battalion, à Camp Lejeune, en Caroline du Nord. Le caractère unique du projet consistait à construire un mur de verre courbé conçu pour empêcher toute forme d'infiltration par des appareils d'écoute traditionnels ainsi qu'une tour de séchage en forme de parachute pouvant doubler de superficie et se transformer en une plate-forme d'entraînement.

▶ Rénovation d'un hangar d'entretien des avions construit en 1954, à Cherry Point, en Caroline du Nord. Une grande partie des travaux a été confiée à Under-Floor Aqueous Fire Fighting Foam qui a installé un système d'extinction des incendies dans toutes les travées du hangar.

▶ Construction d'un nouveau hangar servant au décapage des avions au Naval Aviation Department, à Cherry Point, en Caroline du Nord. Un hangar de décapage au plastique et des aires de formation ont été prévus afin de permettre à la marine de décaper des avions aussi gros que le V-22 (Ospry). Le décapage au plastique est un processus de décapage à l'abrasif sec qui remplace le dépouillage chimique et le décapage au jet de sable traditionnel.

HBA est reconnue pour ses technologies électroniques avant-gardistes qu'elle utilise pour concevoir des produits adaptés et fonctionnels, réduire les coûts d'un projet et satisfaire le client. Ses efforts ont permis d'économiser 20 millions de dollars en coûts des travaux de conception et 1,6 million de dollars en coûts du cycle de vie.

Durant l'année financière 2001, le U.S. Department of Defense a accepté plus de 2 100 propositions d'ingénierie de la valeur en provenance du personnel à l'interne ou des entrepreneurs, réalisant ainsi des économies de plus de 768 millions de dollars.

* [http://www.defenselink.mil/news/Nov2002/b11222002_bt596-02.html]

déceler des intérêts communs aux différentes parties, de trouver des solutions aux problèmes et de contribuer activement au succès du projet et de l'association. La section suivante présente certaines compétences et techniques nécessaires à la négociation efficace.

L'art de négocier

Négocier avec efficacité est essentiel au succès d'un partenariat. Une seule mauvaise parole peut être suffisante pour démolir une entente de partenariat. De plus, la négociation est omniprésente dans tous les aspects de la gestion de projet. Le gestionnaire de projet négocie pour obtenir l'appui et le financement de la haute direction. En outre, il négocie avec les gestionnaires fonctionnels pour qu'on lui prête du personnel et des ressources techniques. Il travaille en coordination avec d'autres gestionnaires de projet et négocie les priorités et les activités à venir. Le gestionnaire de projet détermine également les tâches des membres, les échéances, les normes et les priorités de son équipe par le biais de négociations. Enfin, le gestionnaire de projet discute des prix et des normes avec les marchands et les fournisseurs. Une solide compréhension du processus de négociation s'avère essentielle au succès du projet.

Plusieurs perçoivent la négociation comme un affrontement entre deux compétiteurs. Chaque négociateur en présence essaie d'obtenir le plus possible. Le succès est évalué selon les gains obtenus d'un côté par rapport à ceux obtenus de l'autre. Bien qu'il en soit ainsi pour la négociation du prix d'une maison, il en va autrement pour la gestion de projet. *La gestion de projet n'est pas un combat entre deux adversaires.* En premier lieu, les participants au projet, qu'ils proviennent de différentes entreprises ou de plusieurs services de la même organisation, ne sont ni des ennemis ni des concurrents, mais bien des alliés ou des partenaires. Ils créent une alliance temporaire en vue d'exécuter un projet. Pour assurer le succès de cette alliance, il faut un certain degré de confiance, de coopération et d'honnêteté. En deuxième lieu, bien que les parties aient des priorités et des normes différentes, elles sont liées par leur désir de réussir. Quand un conflit s'envenime au point de faire échouer les négociations et de paralyser le projet, tout le monde y perd. En troisième lieu, contrairement aux relations de passage avec les vendeurs ambulants, dans un projet, les participants continuent à travailler ensemble. Il leur revient donc de régler leurs désaccords pour établir des relations de travail durables. En dernier lieu, nous l'avons mentionné au chapitre précédent, un conflit peut aussi avoir de bons côtés. Bien réglé, il peut mener à des innovations, à de meilleures décisions et à une résolution de problèmes plus créative.

Le gestionnaire de projet approuve cette vision non concurrentielle de la négociation. Il comprend qu'il s'agit d'un processus en deux volets, le premier consistant à conclure un accord et le second, à appliquer cet accord. Ce n'est pas l'accord, mais l'application de cet accord qui détermine le succès des négociations. Trop souvent, certains gestionnaires de projet concluent un accord pour se rendre compte plus tard qu'ils n'ont pas tenu leurs promesses ou que leurs réalisations s'avèrent de beaucoup inférieures aux attentes de leur client. Le gestionnaire de projet d'expérience est bien conscient que l'application d'un accord a pour objectif la satisfaction de l'autre partie, non seulement en fonction du résultat obtenu, mais aussi par la façon d'y parvenir. Lorsque quelqu'un a le sentiment d'avoir été trompé ou forcé à faire quelque chose, sa frustration se traduira invariablement par une acceptation peu enthousiaste et par une résistance passive.

Le gestionnaire de projet comptant une longue pratique s'efforce de respecter les intérêts individuels, tient compte du succès du projet et trouve des solutions aux problèmes. Fisher et Ury du Harvard Negotiation Project préconisent une approche de négociation qui englobe ces objectifs. Ces chercheurs expliquent comment imaginer des solutions gagnant-gagnant tout en se protégeant des personnes qui pourraient abuser de la franchise de

TABLEAU 12.2

La négociation à la satisfaction des parties

1. Différencier les participants des problèmes.
2. Mettre l'accent sur les intérêts plutôt que sur les positions.
3. Trouver des solutions avantageuses pour les deux parties.
4. Si possible, opter pour des critères objectifs.

certains collaborateurs. Leur approche est désignée sous le nom de *négociation à la satisfaction des parties* dont il est question au tableau 12.2 et aux sections suivantes.

Différencier les participants des problèmes

Trop souvent, les relations personnelles viennent compliquer les questions de fond. Au lieu de s'attaquer au problème, les gens s'attaquent mutuellement. Quand une personne se sent attaquée ou menacée, elle cherche à se défendre et non pas à régler le problème. La clé consiste alors à mettre l'accent sur le problème et non sur l'autre personne, durant la négociation. On doit éviter de rendre la négociation personnelle et de la mener comme un combat. Il faut plutôt se concentrer sur le problème à résoudre. «Faites preuve de dureté envers le problème, mais de douceur envers les gens», conseillent Fisher et Ury.

En se concentrant sur les problèmes et non sur les personnalités de chacun, les négociateurs permettent à l'autre partie de souffler et de se ressaisir. Quand les problèmes sont de taille, il est fréquent de voir les personnes contrariées, frustrées et fâchées. Une attaque agressive provoque une levée de boucliers, la discussion monte d'un cran. Elle se transforme en une querelle hostile puis en une réaction en chaîne d'émotions. Dans certains cas, la colère n'a d'autre but que d'intimider la partie adverse et de la forcer à faire des concessions, celle-ci souhaitant préserver la relation. Lorsque les émotions prennent le dessus, les négociateurs gardent la tête froide et se rappellent le vieux proverbe chinois : «Dans la colère, le sage pense à ses suites.» En d'autres mots, devant de tels débordements, on s'imagine réfléchir aux suites néfastes que pourrait apporter notre surcharge émotionnelle. Ainsi, lorsque la situation s'envenime, on doit éviter de se sentir visé et ignorer les attaques personnelles pour se concentrer sur le problème à résoudre. En outre, on ne doit pas réagir aux manifestations émotives, mais plutôt tenter de comprendre ce qui les a provoquées. Le négociateur habile demeure calme en situation de stress. Il fait preuve d'empathie et reconnaît les sources communes de frustration et de colère.

Il est capital de différencier les participants et les problèmes au cours des négociations. Il importe tout autant d'avoir établi et entretenu des relations amicales avec l'autre partie. Ces relations font écho à l'importance du réseau social dont il a été question au chapitre 10 – «nouer des relations avant d'en avoir besoin». On réduit les risques d'être mal compris et on s'évite de partir du mauvais pied en ayant déjà à son actif plusieurs interactions amicales bienveillantes avec l'autre partie. Si, dans le passé, ce lien a été ponctué d'échanges de bons procédés dans lesquels chaque partie a tenu compte des intérêts de l'autre, aucune des deux parties n'affichera spontanément une attitude gagnant-perdant. De plus, une relation positive ajoute un intérêt commun qui l'emporte sur les points litigieux. Non seulement les deux parties souhaitent-elles conclure un accord qui réponde à leurs intérêts personnels, mais elles désirent aussi le faire de façon à préserver leur relation. Chaque partie s'efforce alors de trouver des solutions mutuellement avantageuses.

Mettre l'accent sur les intérêts plutôt que sur les positions

Les négociations tournent court quand les parties restent sur leurs positions :

«Je suis prêt à payer 10 000 $. Non, ça coûtera 15 000 $.»

«J'en ai besoin pour lundi. C'est impossible, ce ne sera pas prêt avant mercredi.»

Ces réparties sont fréquentes durant les premières discussions. C'est pourquoi le gestionnaire doit en tout temps décourager cette forme d'interventions. Quand les positions sont énoncées, attaquées et défendues, chaque partie se durcit et détermine une limite qu'elle ne franchira pas. Cette limite entraîne une situation gagnant-perdant où l'une des deux parties doit perdre et franchir la limite afin de conclure un accord. Le cas échéant, les négociations se transforment en une lutte de pouvoir où faire des concessions signifie perdre la face.

La clé consiste à s'arrêter aux intérêts derrière sa position (ce que l'on tente d'accomplir) et de faire une distinction entre ses objectifs et son ego. Non seulement se laissera-t-on guider par ses intérêts, mais on cherchera également à connaître ceux de l'autre partie. On doit se demander pourquoi le coût est si élevé ou pourquoi ce ne sera pas prêt lundi. On doit alors faire connaître ses intérêts. On ne doit pas se contenter de dire que c'est capital pour soi de l'avoir lundi ; on doit expliquer ce qui arrivera si ce n'est pas fait lundi.

Parfois, quand les véritables intérêts des deux parties sont connus, il n'y a plus matière à conflit. Choisissons arbitrairement un lundi par opposition à un mercredi. Supposons que le différend oppose un gestionnaire de projet et le directeur de production d'une petite entreprise locale dont les services ont été retenus pour fabriquer des prototypes d'une nouvelle génération de souris. Le gestionnaire de projet a besoin des prototypes ce lundi pour en faire la démonstration à un groupe type d'utilisateurs. Le directeur de production est incapable de répondre à cette demande. Le gestionnaire de projet, de son côté, affirme que cette situation serait très embarrassante, considérant que le service du marketing a consacré beaucoup de temps à l'organisation de cette démonstration. Le directeur de production refuse de nouveau la requête. Il confirme qu'il a déjà autorisé des heures supplémentaires pour livrer les souris à temps mercredi prochain. Le gestionnaire de projet explique que le groupe type a pour but d'évaluer la réaction des consommateurs quant à la forme et à la couleur des souris, et non pas sur le produit fini. Dès lors, le conflit prend fin. Le directeur de production dit au gestionnaire de projet qu'il peut passer prendre les échantillons en ce jour s'il le souhaite, car il y a une quantité supplémentaire de coques de souris.

Quand on demeure centré sur ses intérêts, il faut *d'abord chercher à comprendre l'autre partie et, seulement par la suite, à être compris.* C'est un principe fondamental des communications interpersonnelles efficaces. Il s'agit de l'écoute empathique, selon Stephen Covey. Cette attitude est basée sur une relation d'écoute qui consiste à obtenir la perception exacte du cadre de référence de l'autre partie et à éprouver ce qu'elle ressent. Selon Covey, nous éprouvons tous le profond besoin d'être compris. Les besoins satisfaits ne motivent pas le comportement humain, seuls les besoins insatisfaits y parvenant. Les gens essaient de dormir quand ils sont fatigués, et non pas quand ils sont frais et dispos. Tant et aussi longtemps que l'une des parties se heurtera à une incompréhension, elle consacrera temps et énergie à se faire comprendre. Elle répétera et reformulera ses arguments. Par contre, si la partie concernée tente de satisfaire ce besoin en cherchant d'abord à comprendre, l'autre partie sera portée à son tour à comprendre ses intérêts et à se concentrer directement sur le problème. La compréhension requiert discipline et compassion. Au lieu de réagir en affirmant ses exigences, on doit plutôt résumer les faits et les sentiments perçus dans les paroles de l'autre partie tout en vérifiant qu'on les comprend bien.

Trouver des solutions avantageuses pour les deux parties

Après avoir fait connaître leurs intérêts, les parties sont alors disposées à chercher des solutions avantageuses pour chacune. La démarche s'avérera difficile. Les négociations tendues nuisent à la créativité et à la liberté d'expression. Il faudra donc favoriser un remue-méninges au cours duquel les participants travailleront ensemble à régler le problème pour aboutir à une situation gagnant-gagnant. Pour assurer le succès du remue-méninges, on doit isoler la phase des idées et la phase de décision. Une période de 15 minutes est consacrée à l'émergence d'idées. Toute idée, si excentrique soit-elle, ne doit pas être critiquée ou rejetée sur-le-champ. Les participants s'inspirent des idées des autres pour trouver de nouvelles solutions. Quand les pistes de solutions sont épuisées, on ne conserve que les plus prometteuses.

En clarifiant les intérêts et en explorant les solutions mutuellement avantageuses, les parties espèrent en arriver à des combinaisons heureuses. Ainsi, une partie analyse les solutions qui lui demandent peu, mais qui revêtent une grande importance aux yeux de l'autre partie. Cette démarche n'est possible que lorsque chaque partie connaît les besoins de l'autre. Au moment de négocier un prix avec un fournisseur de pièces, par exemple, un gestionnaire de projet apprend que celui-ci subit actuellement un déséquilibre de trésorerie à la suite de l'achat d'une machine très coûteuse. Le besoin de liquidité du fournisseur explique d'emblée pourquoi il s'était montré intraitable sur le prix à négocier. Durant la séance de remue-méninges, l'une des solutions proposées consistait à régler d'avance la commande, ce qui allait à l'encontre des modalités de livraison habituelles. Le gestionnaire de projet a consenti à payer à l'avance l'ensemble des pièces à son fournisseur, en échange d'un délai de livraison plus rapide et d'une réduction de prix fort intéressante. Les négociateurs passent souvent à côté des solutions qui ne font que des gagnants, obsédés qu'ils sont à régler leur problème plutôt que de chercher à résoudre le problème de l'autre partie.

Si possible, opter pour des critères objectifs

La plupart des industries et des professions ont établi des normes et des règles qui les aident à trancher les différends les plus fréquents. Les acheteurs et les vendeurs de voitures d'occasion, par exemple, consultent le *Red Book* pour connaître la valeur des véhicules automobiles. L'industrie de la construction s'est dotée de codes du bâtiment et de guides pratiques pour vérifier la qualité des travaux et assurer une organisation du travail sûre. La profession d'avocat, de son côté, recourt aux arrêts qui font jurisprudence pour déterminer s'il y a eu acte répréhensible.

Dans la mesure du possible, on recourt à des critères externes et objectifs pour régler un litige. Par exemple, un désaccord oppose une ligne aérienne régionale et une équipe de comptables indépendante chargée de préparer leurs états financiers annuels. Le transporteur aérien a effectué un investissement majeur en louant plusieurs aéronefs usagés d'une ligne plus importante. Faut-il considérer cette location comme un contrat de location-exploitation ou un contrat de location-acquisition ? Cette distinction a son importance pour la ligne aérienne, car si l'achat constitue une location-exploitation, la dette contractée ne doit pas être présentée dans les états financiers. Cependant, si l'achat est considéré comme une location-acquisition, la dette sera présentée dans les états financiers. Le ratio capitaux d'emprunts/capitaux propres pourrait alors refroidir les actionnaires ou les investisseurs potentiels. Les deux parties règlent leur différend en s'en remettant à certaines normes comptables du Financial Accounting Standards Board (FASB). Conclusion : l'équipe de comptables a raison. Heureusement, la décision de s'en remettre à des normes objectives fait en sorte que les directeurs de la ligne aérienne, bien qu'ils soient déçus, ne peuvent tenir rigueur à l'équipe de comptables et qu'ils maintiendront sans doute leurs relations professionnelles avec celle-ci.

Traiter avec des gens déraisonnables

La plupart des participants à un projet sont d'avis qu'il s'avère avantageux, à long terme, de trouver des solutions mutuellement satisfaisantes. Malgré tout, on rencontrera parfois des personnes avec qui il sera difficile de négocier et qui afficheront une attitude gagnant-perdant dominante. À ce sujet, les auteurs Fisher et Ury recommandent de recourir à la « négociation jujitsu ». Autrement dit, quand une telle personne commence à pousser, on doit éviter de la pousser à son tour. Comme dans les arts martiaux, on se dispense de gaspiller ses forces à lutter contre les forces de cette personne. Il faut plutôt se montrer habile en évitant le coup et exploiter la force de l'autre à son avantage. On ne doit ni rejeter ni accepter la position que la personne cherche à imposer à tout prix. On doit plutôt la considérer comme une solution possible et chercher ensuite les intérêts qu'elle pourrait présenter. Au lieu de défendre son point de vue, on se montre ouvert aux critiques et aux conseils. On demande à la personne pourquoi elle juge notre idée mauvaise, pour mieux cerner son intérêt.

Quiconque recourt à la négociation jujitsu dispose de deux armes principales. Première-ment, les négociateurs posent des questions au lieu de déclarer quelque chose. Les questions permettent de cerner les intérêts cachés de l'autre partie ; en outre, elles ne lui fournissent aucune raison de passer à l'attaque. La seconde arme est le silence. Supposons que la proposition s'avère déraisonnable et que l'une des parties soit l'objet d'attaques person-nelles. Dans ce cas, la partie doit demeurer impassible et silencieuse, et attendre que la par-tie adverse fasse les premiers pas en répondant à sa question ou en apportant une nouvelle suggestion.

La meilleure défensive contre le négociateur déraisonnable qui affiche une attitude gagnant-perdant consiste à opter pour une meilleure solution de rechange (MSR), selon Fisher et Ury. De l'avis des auteurs, par la négociation avec l'autre partie on peut tenter d'arriver à un accord rentable si un meilleur résultat de rechange existe. Ce résultat (MSR) permet de déterminer si l'on doit accepter cet accord. Une MSR solide donne le pouvoir de refuser et de dire : « Il n'y aura pas d'entente tant que l'on ne trouve pas une solution gagnant-gagnant. »

La MSR reflète le degré de dépendance d'une partie par rapport à l'autre partie. La MSR sera solide lorsqu'on négocie des prix et des dates de livraison et que l'on dispose de plusieurs fournisseurs réputés. Par contre, il en est tout autrement quand un seul fournisseur sera en mesure de livrer à temps un matériel indispensable. Dans ce contexte, la partie sera sans doute obligée de se plier aux exigences du fournisseur. Entre-temps, elle commencera à explorer d'autres avenues afin que la MSR soit plus viable au cours de ses prochaines négociations. Une façon d'y parvenir consiste à diminuer sa dépendance vis-à-vis de ce fournisseur. Le négociateur cherchera alors du matériel de substitution ou négociera de meilleurs délais de livraison avec d'autres fournisseurs.

La négociation est un art. Tant de facteurs entrent en ligne de compte ! Nous avons présenté dans cette section quelques principes de négociation éprouvés. Pour ce faire, nous nous sommes inspirés du travail remarquable de Fisher et Ury. Étant donné l'importance de la négociation, nous vous encourageons à lire leur ouvrage ainsi que d'autres livres sur le sujet. De plus, nous vous encourageons à participer à des ateliers de formation qui vous per-mettraient de mettre vos compétences à l'épreuve. Profitez également de vos interactions quotidiennes pour perfectionner vos talents de négociateur.

Un mot sur la gestion des relations avec les clients

Au chapitre 4, nous avons expliqué que l'ultime succès d'un projet ne reposait pas tant sur le respect des délais, les limites du budget et les spécifications, comme sur la satisfaction du client. Les mauvaises nouvelles circulent plus vite et vont plus loin que les bonnes. Pour chaque client satisfait, un client mécontent fera part de son insatisfaction à huit personnes. Le gestionnaire de projet doit entretenir des relations de travail positives avec les clients pour assurer le succès du projet et préserver sa réputation.

La satisfaction du client est un phénomène complexe. Comment comprendre ce concept ? En estimant la capacité globale d'un produit ou d'un service à satisfaire les besoins du client après achat. Selon ce modèle, la satisfaction du client est reliée à sa perception de la performance (ou du résultat) en comparaison de ses attentes. On représente cette relation mathématiquement à l'aide du ratio entre la performance perçue et la performance attendue, comme l'illustre la formule ci-après. Quand la performance s'avère inférieure aux attentes

FIGURE 12.4

Le modèle des attentes comblées relatives aux exigences du client

$$\underset{\text{Insatisfait}}{0,90} = \frac{\text{Performance perçue}}{\text{Performance attendue}} = \underset{\text{Très satisfait}}{1,10}$$

(ratio < 1), le client est insatisfait. Lorsque la performance correspond aux attentes (ratio = 1), le client est satisfait. Quand la performance dépasse les attentes (ratio > 1), le client est très satisfait, voire ravi.

L'objectif de la plupart des projets consiste à satisfaire pleinement le client. En général, tout dépassement des attentes engendre des coûts supplémentaires. Un projet de construction terminé deux semaines avant la date prévue peut entraîner des dépenses en heures supplémentaires considérables. Dans le même ordre d'idées, dépasser les normes de fiabilité d'un nouveau composant électronique nécessitera sans doute un plus grand effort de conception et de rodage. Dans la plupart des cas, l'arrangement le plus profitable consistera à dépasser très légèrement les attentes du client. Selon le modèle mathématique proposé ci-dessus, l'idéal est de viser un ratio de 1,05 et non de 1,5!

Selon ce modèle, la satisfaction ou l'insatisfaction repose non pas sur des faits tangibles et des données objectives, mais bien sur les perceptions et les attentes du client. Par exemple, un client est susceptible de se montrer insatisfait d'un projet terminé avant la date prévue et sans dépassement de coûts, lorsque le travail est de mauvaise qualité et que l'équipe de projet a fait fi de ses craintes et de ses objections. À l'inverse, un client sera très satisfait d'un projet, malgré un retard et un dépassement de coûts, quand il constate que l'équipe de projet a tout mis en œuvre pour protéger ses intérêts et fait de son mieux dans un contexte difficile.

Le gestionnaire de projet doit savoir gérer les attentes et les perceptions du client. Trop souvent, il cherche à satisfaire ces attentes seulement après les événements et à atténuer l'insatisfaction du client en prenant soin de lui expliquer pourquoi le projet nécessitera plus de temps et plus d'argent que prévu. Il vaut mieux que le gestionnaire de projet se montre davantage proactif et soit à l'écoute des attentes du client tout au long du projet. Il doit se concentrer autant sur les attentes du client, c'est-à-dire les normes qui serviront à évaluer la performance perçue, que sur la perception du client quant à la performance réelle. L'objectif ultime consiste à éduquer le client afin qu'il porte un jugement valable sur la performance du projet et à réduire les risques de malentendu de manière à éviter toute forme de déception et d'insatisfaction.

La gestion des attentes du client commence au cours de la phase d'approbation préliminaire du projet. Il faut résister à la tentation de vanter exagérément les vertus du projet dans le but de le faire approuver, car cette surenchère pourrait créer des attentes irréalistes trop difficiles, voire impossibles, à combler. En même temps, les promoteurs de projet sont bien connus pour limiter les attentes du client bien en deçà des possibilités de celui-ci. Supposons, par exemple, que la date d'achèvement prévue d'un projet soit de 10 à 12 semaines. De son côté, le promoteur parlera plutôt d'une date d'achèvement se situant entre 12 et 14 semaines. Le but consiste prétendument à augmenter ses chances de dépasser les attentes du client en «terminant le projet plus tôt».

Une fois le projet approuvé, le gestionnaire de projet et son équipe travaillent en étroite collaboration avec le personnel du client pour définir les objectifs, les paramètres et les limites du projet. L'énoncé de projet s'avère essentiel pour établir les attentes du client. Il est capital que les parties s'entendent sur ce qui sera accompli. Il est tout aussi important qu'elles ne laissent planer aucun doute pour éviter les malentendus. Il importe également qu'elles fassent part des risques susceptibles de nuire au déroulement du projet. Les clients détestent les mauvaises surprises. Quand ils sont conscients des problèmes potentiels, ils en acceptent bien mieux les conséquences.

Des gestionnaires de projet en technologie de l'information jouent le rôle de relationnistes-conseils pour le client*

Les auteurs Webber et Torti ont étudié les nombreux rôles du gestionnaire de projet dans des projets de technologie de l'information (TI). À partir d'une série complète d'entrevues avec des gestionnaires de projet et des clients de trois entreprises de services de technologie de l'information, ils ont établi cinq rôles essentiels à la mise en œuvre efficace de projets de TI dans les entreprises des clients : entrepreneur, politicien, ami, spécialiste du marketing et conseiller. Le tableau 12.3 décrit partiellement ces rôles.

TABLEAU 12.3

Les rôles du gestionnaire de projet : les défis et les stratégies

Rôles du gestionnaire de projet	Défis	Stratégies
Entrepreneur	Apprivoiser un nouvel environnement.	Faire preuve de persuasion pour influencer les autres.
Politicien	Comprendre deux cultures (l'organisation de son employeur et celle du client).	Se ranger du côté des employés qui ont du pouvoir.
Ami	Déterminer les relations importantes à développer et à conserver en dehors de l'équipe.	Déterminer les expériences et les intérêts communs pour développer une amitié avec le client.
Spécialiste du marketing	Comprendre les objectifs stratégiques de l'organisation du client.	Modifier les nouvelles idées et les propositions en fonction des objectifs stratégiques de l'organisation du client.
Conseiller	Motiver les membres de l'équipe du client sans faire preuve d'autorité.	Confier des tâches exigeantes aux membres de l'équipe afin qu'ils développent leurs compétences.

Webber et Torti ont observé que, au lieu d'avoir une relation clairement définie avec le client, le gestionnaire de projet finit par devenir un membre à part entière de l'organisation du client. En outre, le gestionnaire de projet adopte un style vestimentaire semblable à celui du client, agit comme lui et participe aux activités de son organisation – réunions mondaines, collectes de sang, etc. Il se fond à un point tel dans l'entreprise que bien des employés du client croient qu'il est au service de leur organisation. Ce phénomène contribue à établir un climat de confiance essentiel à la collaboration.

* WEBBER, S.S. et M.T. TORTI. « Project Managers Doubling as Client Account Executives », *Academy of Management Executive*, vol. 18, n° 1, 2004, p. 60-71.

Le client doit suivre de près le déroulement du projet. L'époque où le client décrivait simplement ses attentes pour ne revenir qu'à la fin du projet est bel et bien révolue. Un nombre croissant d'entreprises, tout comme les gestionnaires de projet à leur service, considèrent leurs clients comme des membres à part entière de l'équipe de projet et les font participer activement aux aspects clés des travaux. Quand des démarches de consultation s'imposent, le gestionnaire de projet se *métamorphose* parfois en un membre de l'entreprise cliente, comme l'illustre l'encadré ci-dessus.

Le gestionnaire de projet tient son client informé du déroulement du projet afin que celui-ci puisse modifier ses propres plans. Quand un changement de contenu ou de priorité s'impose, le gestionnaire de projet réagit rapidement. Il explique de son mieux au client les enjeux de ces changements pour l'aider à faire un choix éclairé. Grâce à sa participation active, le client est en mesure de modifier ses attentes en fonction des décisions et des faits nouveaux. De plus, sa présence fait en sorte que l'équipe de projet demeure centrée sur ses objectifs.

La participation active du client permet également d'évaluer le rendement des projets avec plus de précision. Le client constate non seulement les résultats, mais aussi les efforts et les initiatives qui ont produit ces résultats. Naturellement, comme le gestionnaire de projet souhaite que ce constat soit favorable à son équipe, il apporte le plus grand soin à interagir avec lui, avec compétence et professionnalisme. À certains égards, la perception du client quant au rendement est façonnée davantage par le comportement de l'équipe dans l'adversité plutôt que par les résultats réels. Le gestionnaire de projet peut impressionner le client en réglant rapidement les problèmes et les contretemps. Dans la même veine, les analystes de l'industrie ont observé que le client passe quelquefois de l'insatisfaction à la satisfaction quand il constate que l'équipe de projet corrige rapidement les erreurs et qu'elle prend ses inquiétudes au sérieux.

La gestion des relations avec les clients est un sujet très vaste dont nous n'avons abordé que les grandes lignes. Voici deux recommandations de gestionnaires de projet d'expérience.

Véhiculer le même message   Rien n'ébranle davantage la confiance du client que recevoir des messages contradictoires de plusieurs membres de l'équipe. Le gestionnaire de projet doit rappeler cette réalité à ses membres et veiller à ce que le client reçoive de chacun le même message.

Parler le même langage   Trop souvent les participants au projet répondent aux questions du client dans un jargon technique incompréhensible. Le gestionnaire de projet et les membres de son équipe doivent apprendre à décrire les problèmes, les compromis et les solutions dans un langage que leur client comprendra.

Résumé

Un nombre croissant d'entreprises cherchent à établir des relations de collaboration avec d'autres organisations afin d'être concurrentielles. Le projet de partenariat constitue une solution proactive aux nombreux défis que représente le travail entre membres de différentes organisations. Au préalable, le gestionnaire de projet investit temps et efforts pour établir de bonnes relations avec les acteurs et développer avec eux des procédures et des règles qui lui permettront de composer avec les occasions et les problèmes avant qu'ils ne se présentent. Les procédures comprennent des évaluations conjointes de l'efficacité du partenariat, des directives efficaces et rapides de résolution de conflits et des mesures favorisant l'amélioration continue et le partage des risques. Le succès d'un partenariat repose avant tout sur un leadership fort. Le gestionnaire de projet doit prêcher par l'exemple. En tout temps, il doit donner le ton, réagir rapidement aux problèmes et compter sur la collaboration des autres. Dans la même veine, la haute direction doit montrer l'importance qu'elle accorde à l'ouverture d'esprit, à la confiance et à l'esprit d'équipe.

Le partenariat ne se limite pas aux relations contractuelles. De plus en plus d'entreprises misent sur cette forme d'association pour gérer des projets internes exigeant différents services et filiales. Dans une entreprise de haute technologie, par exemple, une équipe composée de 49 personnes de diverses disciplines a opté pour un partenariat afin d'établir une relation de collaboration plus solide et mettre en œuvre le segment de son projet.

De bonnes techniques de négociation s'avèrent essentielles au succès du partenariat. Les différends doivent se régler à l'échelon le plus bas possible afin d'empêcher le projet de dérailler. La négociation n'est pas une compétition, mais un ensemble de démarches et de discussions pour parvenir à un accord. Pour ce faire, le gestionnaire de projet doit différencier les personnes des problèmes, se concentrer sur les intérêts plutôt que sur les positions de chacun, trouver des solutions mutuellement avantageuses et faire appel à des critères objectifs. Le gestionnaire de projet reconnaît aussi l'importance de miser sur une solide MSR, car elle servira de levier pour trouver des solutions communes.

La satisfaction du client constitue l'épreuve décisive pour confirmer le succès d'un projet. Le gestionnaire de projet doit adopter une approche proactive pour gérer les attentes et la perception du client. C'est pourquoi il l'invite à participer aux décisions clés et l'informe de tout développement important. La participation active du client permet à l'équipe de demeurer concentrée sur les objectifs du projet, de réduire les risques de malentendu et d'éviter toute forme de déception et d'insatisfaction.

Mots clés

charte de projet
échelle de résolution
   des problèmes
évaluation commune

meilleure solution de rechange
   (MSR)
modèle des attentes comblées

négociation à la satisfaction
   des parties
projet de partenariat

Questions de révision

1. Pourquoi un entrepreneur et un maître de l'ouvrage souhaiteraient-ils former une entente de partenariat ?

2. Pourquoi les tenants du partenariat affirment-ils que cette forme d'association constitue une approche proactive de la gestion de projet ?

3. Que signifie l'expression *échelle de résolution des problèmes* ? Pourquoi ce processus décisionnel s'avère-t-il indispensable au succès d'un projet de partenariat ?

4. Pourquoi la négociation à la satisfaction des parties est-elle recommandée au moment de négocier des accords au cours d'un projet ?

5. Que signifie l'acronyme *MSR* ? En quoi cette technique s'avère-t-elle importante pour négocier avec efficacité ?

6. Comment un gestionnaire de projet peut-il exercer une influence sur les attentes et la perception du client ?

Exercices

1. Formez des équipes de quatre ou de cinq étudiants. La première moitié des groupes joueront le rôle du maître de l'ouvrage ; la seconde, celui de l'entrepreneur.

   Les maîtres de l'ouvrage Après avoir épargné pendant des années, vous vous apprêtez à choisir un entrepreneur pour faire construire la maison de vos rêves. Quels sont vos objectifs pour ce projet ? Quelles inquiétudes et questions vous viennent à l'esprit à l'idée de travailler avec un entrepreneur général ?

   Les entrepreneurs Vous êtes spécialisés dans la construction de maisons sur mesure. Vous vous préparez à rencontrer des maîtres de l'ouvrage et à négocier un contrat pour construire la maison de leurs rêves. Quels sont vos objectifs pour ce projet ? Quelles inquiétudes et questions vous viennent à l'esprit à l'idée de travailler avec des maîtres de l'ouvrage ?

   Chaque groupe de maîtres de l'ouvrage rencontre un groupe d'entrepreneurs afin d'échanger sur leurs objectifs, leurs questions et leurs inquiétudes.

   Déterminez les objectifs, les questions et les inquiétudes que vous avez en commun et ceux qui sont uniques. Discutez de la façon dont vous travaillerez ensemble pour réaliser vos objectifs. Quels points clés devrez-vous respecter pour devenir de bons partenaires ?

2. À l'aide d'un moteur de recherche, recherchez de l'information sur le partenariat et visitez différents sites Web. Vous obtiendrez de meilleurs résultats si vous saisissez les

expressions *projet de partenariat* ou *partenariat de construction,* plutôt que le mot *partenariat* seul. Qui semble porter un intérêt au partenariat ? Quel type de projet se prête bien au partenariat ? Le partenariat a-t-il la même signification pour tout le monde ?

Références   CHARLES COWAN, C., C.E. GRAY et E. LARSON. « Project Partnering », *Project Management Journal,* vol. 12, nº 4, décembre 1992, p. 5-15.

COVEY, S.R. *The Seven Habits of Highly Effective People,* New York, Simon and Schuster, 1990.

DiDONATO, L.S. « Contract Disputes : Alternatives for Dispute Resolution (Part 1) », *PM Network,* mai 1993, p. 19-23.

DREXLER, J.A. et E. LARSON. « Partnering : Why Project Owner-Contractor Relationships Change », *Journal of Construction Engineering and Management,* vol. 126, nº 4, juillet-août 2000, p. 293-397.

DYER, S. *Partner Your Project,* Warwickshire, UK, Pendulum Pub., 1997.

ECONOMY, P. *Business Negotiating Basics,* Burr Ridge, IL, Irwin Professional Publishing, 1994.

FISHER, R. et W. URY. *Getting to Yes : Negotiating Agreement without Giving In,* 2ᵉ éd. New York, Penguin Books, 1991.

KANTER, R.M. « Collaborative Advantage : The Art of Alliances », *Harvard Business Review,* juillet-août 1994, p. 92-113.

KEZSBOM, D.S., D.L. SCHILLING et K.A. EDWARD. *Dynamic Project Management,* New York, Wiley, 1989.

LARSON, E. « Project Partnering : Results of a Study of 280 Construction Projects », *Journal of Management Engineering,* vol. 11, nº 2, mars-avril 1995, p. 30-35.

LARSON, E. « Partnering on Construction Projects : A Study of the Relationship between Partnering Activities and Project Success », *IEEE Transactions in Engineering Management,* vol. 44, nº 2, mai 1997, p. 188-195.

LARSON, E. et J. A. DREXLER. « Barriers to Project Partnering : Report from the Firing Line », *Project Management Journal,* vol. 28, nº 1, mars 1997, p. 46-52.

NAMBISAN, S. « Designing Virtual Customer Environments for New Product Development : Toward a Theory », *Academy of Management Review,* vol. 27, nº 3, 2002, p. 392-413.

QUINN, R.E., S.R. FAERMAN, M.P THOMPSON et M.R. McGRATH. *Becoming a Master Manager : A Competency Framework,* New York, Wiley, 1990.

SCHULTZEL, H.J. et V.P. UNRUH. *Successful Partnering : Fundamentals for Project Owners and Contractors,* New York, Wiley, 1996.

SHELL, G.R. *Bargaining for Advantage : Negotiation Strategies for Reasonable People,* New York, Penguin, 2000.

Étude de cas

Le partenariat – Le projet d'installation d'un progiciel comptable

Assise à son bureau, Karine Côté dresse un bilan des quatre derniers mois du projet dont elle est responsable. Le projet consistait à installer un progiciel comptable dans une grande entreprise. Tout semblait si bien préparé avant le début du projet. Chaque division de l'entreprise disposait d'un groupe de travail chargé d'apporter des suggestions concernant l'installation et de repérer les problèmes potentiels. Les divisions avaient toutes reçu une formation et des directives sur la façon dont chacune interfacerait et utiliserait le nouveau progiciel comptable. Les six entrepreneurs, dont l'un faisait partie des cinq plus grandes entreprises de consultants, ont participé à l'élaboration d'une structure de découpage du projet (SDP), des coûts, des devis et des calendriers.

Mme Côté a retenu les services d'un consultant pour donner un atelier d'une journée sur le partenariat. Ont participé à cet atelier les principaux cadres comptables, un membre de chaque groupe de travail et des représentants clés de chaque entrepreneur. Plusieurs séances de consolidation d'équipe ont permis de souligner l'importance de la collaboration et de la communication efficace. Tout le monde a ri quand Mme Côté est tombée dans une fosse d'acide imaginaire durant un exercice simulant la construction d'un pont. L'atelier s'est achevé sur une note optimiste, alors que tous les participants ont signé la charte de projet, exprimant ainsi leur engagement à travailler comme de véritables partenaires.

DEUX MOIS PLUS TARD

Un membre d'un groupe de travail se plaint à Mme Côté de l'entrepreneure responsable de la facturation, car elle fait fi de ses inquiétudes concernant les problèmes qui pourraient se présenter au sein de la division Virginia, une fois la facturation consolidée. En effet, l'entrepreneure lui a répondu qu'elle a d'autres choses beaucoup plus importantes à faire que de s'occuper de la consolidation de la facturation dans la division Virginia. Mme Côté répond : « Tu peux régler cette situation toi-même. Explique à l'entrepreneure que le problème est sérieux et qu'il doit être réglé avant la fin du projet. »

Plus tard dans la semaine, dans le coin repas, Mme Côté entend un entrepreneur consultant se plaindre du travail d'un autre : « Il est toujours en retard, l'interface n'est jamais codée. » Dans le hall d'entrée, le même jour, le superviseur d'un service comptable lui dit que des tests démontrent que le nouveau logiciel ne sera jamais compatible avec les pratiques comptables de la division Georgia.

Bien qu'elle soit préoccupée, Mme Côté considère ces problèmes du même ordre que ceux déjà éprouvés au cours de projets de moindre envergure mais de même nature.

QUATRE MOIS PLUS TARD

Le projet semble sur le point de s'effondrer. Qu'est-il advenu de l'enthousiasme et de l'attitude positive affichés à l'atelier de consolidation d'équipe ? Un entrepreneur écrit une lettre officielle dans laquelle il se plaint d'un homologue qui ralentit leur travail, mettant beaucoup de temps à rendre une décision touchant le codage. « Nous ne pouvons être tenus responsables et pénalisés pour les retards causés par autrui », écrit-il. Le projet accuse déjà deux mois de retard. Les problèmes ne sont que plus sérieux et réels. Mme Côté convoque tous les participants au projet et tous les membres figurant dans l'entente de partenariat.

Mme Côté demande d'abord aux participants de lui faire part des problèmes auxquels ils se sont heurtés jusqu'ici. De peur d'être perçus comme plaignards, les participants restent sur leurs gardes, mais bientôt les accusations et les attaques fusent et dépassent les bornes. Invariablement, tous se font accusateurs. Des participants se plaignent que certaines décisions qui tardent à être prises entravent la conduite des travaux. « Il est impossible de déterminer qui est responsable de quoi », affirme un consultant. Bien que les membres d'un groupe se rencontrent séparément pour discuter des problèmes mineurs, jamais les groupes ne se rencontrent pour évaluer les situations risquées qui se présentent.

Mme Côté a l'impression que la réunion dégénère et qu'aucun redressement de situation n'est possible. L'engagement envers le projet et le partenariat semble avoir disparu.

Mme Côté met fin à la réunion dans l'espoir que chacun reprenne son calme. « Il est clair que nous éprouvons de sérieux problèmes et que le projet est en péril. Il faut remettre le projet sur ses rails et mettre de côté toute forme de dénigrement. Je vous convoque tous à une réunion vendredi matin. Chacun de nous fera part de ses suggestions pour remettre le projet sur la bonne voie. Nous sommes tous dépendants les uns des autres. Nous devons garder à l'esprit qu'un environnement gagnant-gagnant s'avère indispensable au succès de notre projet. Quand nous aurons remis le projet sur la bonne voie, nous déciderons des moyens pour qu'il y reste. »

1. Pourquoi ce projet de partenariat semble-t-il voué à l'échec ?
2. Que feriez-vous à la place de Mme Côté pour remettre le projet sur la bonne voie ?
3. Quelles mesures prendriez-vous pour que le projet demeure sur la bonne voie ?

Étude de cas

Exercice de négociation – Goldrush Electronics

OBJECTIF

La présente étude de cas vous permettra d'éprouver vos talents de négociateur.

MARCHE À SUIVRE

Première étape

La classe est divisée en quatre groupes. Chaque groupe est responsable de la gestion de l'un des quatre projets actuellement en cours chez Goldrush Electronics.

Deuxième étape

Lisez la section « Information de base » ci-dessous et les directives du projet auquel vous êtes affecté. Bientôt, vous rencontrerez les gestionnaires des autres projets afin d'échanger du personnel. Planifiez le déroulement de ces réunions.

INFORMATION DE BASE

Goldrush Electronics (GE) fabrique une gamme de produits électroniques. La gestion de projet n'a aucun secret pour les membres de l'entreprise, car ils évoluent dans un environnement où de nouveaux projets sont constamment mis de l'avant pour conserver une place enviable sur le marché. Le système de rétribution se base sur une formule $40 + 30 + 30$. Les employés reçoivent 40 % en salaire de base, 30 % pour leur performance au cours du projet et 30 % pour la performance globale de l'entreprise.

Quatre nouveaux projets de développement de produits viennent d'être approuvés. Ils portent les noms de code Alpha, Bêta, Thêta et Zêta. Les affectations préliminaires du personnel sont présentées ci-après. On vous affecte à l'un de ces projets à titre de gestionnaire.

Comme le veut la politique chez GE, une fois les affectations préliminaires terminées, les gestionnaires de projet sont libres d'échanger du personnel pour autant que les deux parties y consentent. Vous aurez l'occasion de modifier votre équipe, s'il y a lieu, en négociant avec vos homologues.

Projet Alpha		
Ingénieur en logiciel	**Ingénieur en matériel informatique**	**Ingénieur concepteur**
Julie	Cameron	Michel
Jean	Chandra	Martine

Projet Bêta		
Ingénieur en logiciel	**Ingénieur en matériel informatique**	**Ingénieur concepteur**
Jacques	Cassandre	Michael
Stéphanie	Charles	Maria

Projet Thêta		
Ingénieur en logiciel	**Ingénieur en matériel informatique**	**Ingénieur concepteur**
Jules	Claude	Monique
Johanne	Colette	Marc

Projet Zêta		
Ingénieur en logiciel	**Ingénieur en matériel informatique**	**Ingénieur concepteur**
Jade	Carlos	Maxime
Jorge	Chad	Mireille

Il est possible d'échanger une ressource contre une autre ou plusieurs autres.

Troisième étape

Rencontrez les autres gestionnaires de projet et négociez avec eux.

Quatrième étape

Les résultats individuels obtenus sont comptabilisés et affichés.

Cinquième étape

Questions de discussion

1. Quelle était votre stratégie avant de commencer les négociations ? Quelle était votre perception des autres groupes ?
2. Avez-vous modifié votre stratégie initiale après le début des négociations ? Le cas échéant, pourquoi ?
3. Qu'aurait pu faire la haute direction de GE pour faciliter la conclusion d'un accord avec les autres groupes ?

Annexe 12.1

La gestion des contrats

Dans la gestion des projets, le travail interorganisationnel est surtout de nature contractuelle. Pour mieux comprendre cet aspect contractuel, cette annexe présente les différents types de contrats, leurs forces et leurs faiblesses et la façon dont ils façonnent les motifs et les attentes des participants.

Un contrat consiste en une entente officielle entre deux parties, dont l'une (l'entrepreneur) s'engage à exécuter une prestation de service, et l'autre (le client) s'engage à faire quelque chose en retour, habituellement sous une forme de rémunération. Une compagnie d'assurances signe un contrat avec une société d'experts-conseils afin qu'elle reprogramme des segments de son système d'information pour le rendre conforme à l'an 2000.

En fait, un contrat est beaucoup plus qu'une entente entre deux parties. C'est une codification du droit privé qui régit les relations entre les parties. Il définit les responsabilités respectives, établit les conditions d'opération, énumère les droits des parties dans les relations qui les unissent et prévoit des mesures compensatoires pour une partie quand l'autre partie faillit à ses obligations. Un contrat réunit, en termes précis, toutes les obligations transactionnelles des parties engagées ainsi que les provisions relatives à l'exécution du contrat. Un contrat ambigu ou incompatible s'avère difficile à comprendre et à appliquer.

Il existe essentiellement deux types de contrats. Le premier type de contrat est un contrat à forfait par lequel est stipulé un prix fixé d'avance et de manière invariable, à moins qu'il y ait modification dans le contenu du projet ou dans les dispositions du contrat. Le second type de contrat est un contrat en régie aux termes duquel les coûts réels engagés pour l'exécution des travaux sont remboursés à l'entrepreneur, en totalité ou en partie, selon des modalités convenues au préalable. Contrairement au contrat à forfait, le coût final du contrat en régie ne sera pas connu avant la fin du projet. Pour chaque type de contrats, il existe plusieurs variantes.

LES CONTRATS À FORFAIT

Dans une entente à prix forfaitaire, l'entrepreneur consent à exécuter tous les travaux précisés au contrat à un prix fixé d'avance. Le client tente d'obtenir le meilleur prix possible à l'aide d'un appel d'offres. Quand le client fait paraître un appel d'offres dans lequel il précise toutes ses exigences, il recevra généralement des soumissions dont les coûts sont raisonnables. L'entrepreneur intéressé prend connaissance des appels d'offres de différentes façons. Dans le cas des grandes entreprises ou d'organismes gouvernementaux, il demande que son nom soit inscrit sur la liste de ses homologues. Dans les autres cas, les appels d'offres paraissent dans les médias de l'industrie, comme les journaux, les revues professionnelles et les sites Web. Le maître de l'ouvrage impose quelquefois des restrictions aux soumissionnaires en exigeant, par exemple, qu'ils aient obtenu leur certification ISO 9000.

Dans les soumissions forfaitaires, l'entrepreneur se montre très prudent dans son estimation des coûts cibles et du calendrier, car une fois le contrat signé, il ne peut plus revenir sur le prix. Quand le coût cible proposé dans la soumission s'avère trop élevé, l'entrepreneur peut perdre le contrat au profit d'un concurrent dont le coût proposé est inférieur. Par contre, lorsque le coût indiqué est beaucoup trop bas, l'entrepreneur peut décrocher le contrat, mais générer peu de profit ou même des pertes importantes.

Le maître de l'ouvrage et l'entrepreneur préfèrent le contrat à forfait quand le contenu du projet est clairement défini, les coûts, prévisibles et les risques, minimes. La fabrication de pièces ou de composants à partir de devis, la conception de programmes de formation ou l'organisation d'un banquet en constituent trois bons exemples. Dans un contrat à forfait, le client ne se préoccupe pas des coûts du projet. Il se contente plutôt d'observer le déroulement des travaux et les spécifications fonctionnelles. L'entrepreneur, quant à lui, préfère le contrat à forfait, car le client a moins tendance à exiger des modifications ou des ajouts. Comme les changements sont minimes la plupart du temps, l'incertitude associée au projet s'avère moins grande. L'entrepreneur est donc en mesure de gérer plus efficacement ses ressources, bien qu'il y ait de multiples projets en cours.

Pour le maître de l'ouvrage, le contrat forfaitaire a pour inconvénient d'être plus difficile et plus coûteux à préparer. Pour assurer la validité du contrat, les spécifications doivent être décrites en détail afin de ne laisser planer aucun doute sur ce qui doit être accompli. Comme la marge bénéficiaire de l'entrepreneur dépend de la différence entre la soumission et le coût réel, celui-ci sera tenté d'utiliser des matériaux de moindre qualité, de faire exécuter certains travaux par de la main-d'œuvre moins qualifiée ou de reporter la date de fin en vue de réduire les coûts. Le client déjouera ces tactiques en établissant des spécifications pointues pour le produit fini et pour le calendrier ou en supervisant lui-même les travaux. En général, le client confiera la tâche de superviser les travaux de l'entrepreneur et de protéger ses intérêts à un expert consultant.

Du côté de l'entrepreneur, le contrat à forfait a pour principal désavantage de l'exposer à une sous-estimation des travaux. Or, lorsqu'un projet connaît de sérieux ennuis, les dépassements de coûts risquent d'engloutir sa marge bénéficiaire et, parfois, de le mener directement à la faillite. Pour éviter ce risque, il doit consacrer beaucoup de temps et d'argent à ses estimations, s'assurant ainsi qu'elles sont justes.

Le contrat dont le délai d'exécution est long – les projets de construction et de production, par exemple – contient parfois des clauses de révision qui protègent l'entrepreneur contre toute augmentation des coûts du matériel, de la main-d'œuvre ou des frais généraux. Un prix, par exemple, pourrait être conditionnel à l'indice d'inflation de façon à pouvoir le modifier si jamais une hausse du coût des matériaux ou de la main-d'œuvre survenait ; ce prix pourrait aussi être révisé lorsque les coûts sont connus. Plusieurs types de révision de contrats existent. Certains fixent un prix plafond et n'acceptent que les révisions à la baisse ; d'autres permettent des révisions à la hausse et à la baisse ; certains autres établissent une période d'ajustement à la fin du projet ; d'autres encore fixent plusieurs périodes d'ajustement en cours de projet. Les contrats à révision périodique s'avèrent surtout utiles quand les efforts d'ingénierie et de conception sont difficiles à estimer ou quand le prix final ne peut être déterminé, faute de données précises sur les coûts.

En principe, le contrat à révision périodique permet d'effectuer les modifications qui s'imposent quand les coûts sont incertains. Cependant, il donne parfois lieu à certains abus. Un entrepreneur véreux, par exemple, décroche un contrat parce que ses prix étaient très bas. Les travaux commencent, puis l'entrepreneur découvre soudain que les coûts s'avèrent beaucoup plus élevés que prévu. L'entrepreneur profite alors de la clause de révision et de l'ignorance du client et fait augmenter le coût. Le contrat d'origine devient alors un contrat en régie.

Pour parer certains inconvénients des contrats à forfait et se prémunir contre les incertitudes associées au coût final, les clients rédigent parfois des contrats forfaitaires comprenant des clauses incitatrices dans le but de motiver les entrepreneurs à réduire leurs coûts et à améliorer leur efficacité. Prenons l'exemple d'un entrepreneur qui négocie en vue de réaliser des travaux à un prix cible à partir des coûts cibles et d'un profit cible. L'entrepreneur fixe également un prix plafond et un profit optimum. Si le coût total s'avère moins élevé que le coût cible, l'entrepreneur générera un plus gros profit et se rapprochera du profit optimum. S'il y a dépassement de coûts, l'entrepreneur absorbera une partie de l'excédent jusqu'à ce qu'il atteigne le profit minimal.

Le profit est déterminé à l'aide d'une formule de partage des frais. Un partage des coûts dans un rapport de 75 à 25 signifie que, pour chaque dollar dépensé au-delà des coûts cibles, le client paie 0,75 $ et l'entrepreneur, 0,25 $. Cette clause motive l'entrepreneur à maintenir ses coûts peu élevés, car il verse 0,25 $ pour chaque dollar dépensé excédant le coût prévu et touche 0,25 $ de plus pour chaque dollar économisé en deçà du coût prévu. En général, le contrat à forfait comprenant des clauses incitatrices est généralement employé au cours des projets à longue échéance dont les estimations de coûts sont raisonnablement prévisibles. La clé consiste à arriver à négocier un coût cible raisonnable. Certains entrepreneurs sans scrupules ont déjà profité de l'ignorance du client pour négocier un coût cible exagérément élevé et utiliser des mesures incitatives liées au rendement pour réaliser des profits démesurés.

Un partenariat peut-il être viable dans le secteur public ?*

Les ententes de partenariat sont-elles viables dans les projets de travaux publics, tels que la réfection d'une partie d'une autoroute ou la construction d'une école publique ? D'aucuns se posent la question. En général, les contrats pour ce genre de projets sont, en vertu de la loi, accordés au soumissionnaire qui propose le prix le moins élevé lors d'un appel d'offres. C'est pourquoi les organismes gouvernementaux ne retiennent pas les entrepreneurs en fonction de leur expérience ou de leur volonté de travailler en partenariat. Les opposants à cette pratique soutiennent que, comme il est obligatoire de sélectionner le moins-disant, il est plus difficile de trouver les meilleures solutions quand des problèmes imprévus se présentent, la souplesse étant moins grande. Parmi les autres inconvénients, l'espoir de décrocher d'autres contrats – la principale raison pour laquelle les entrepreneurs adhèrent au principe de partenariat – s'avère peu probable, car chaque contrat est accordé au moyen d'appels d'offres ouverts.

Malgré ces obstacles, des ingénieurs de l'armée américaine ont établi des ententes de partenariat avec des entrepreneurs à qui ils ont attribué des contrats par appel d'offres. La Division de l'armée américaine à Portland, en Oregon, par exemple, a réalisé en partenariat le projet Bonneville Lock de 330 millions de dollars. Grâce à une entente de partenariat s'apparentant à celle décrite dans le présent chapitre, le projet s'est terminé trois mois avant la date prévue. En outre, il a permis d'économiser plus de 1,8 million de dollars en coûts d'ingénierie et n'a fait l'objet d'aucun litige. Les auteurs Weston et Gibson ont comparé les résultats de 16 projets en partenariat attribués par l'armée avec 28 autres sans entente de partenariat. Ils rapportent que les projets en partenariat ont permis de plus grandes économies. Selon le colonel Charles Cowan, responsable du projet Bonneville Lock, malgré l'importance de la constitution d'un esprit d'équipe, des évaluations communes et des autres aspects du partenariat, le projet a été une réussite surtout parce que ses participants ont pris conscience que cette forme d'association était une façon bien plus agréable de travailler ensemble.

* WESTON, D.C. et G.E. GIBSON. « Partnering-Project Performance in U.S. Army Corps of Engineers », *Journal of Management Engineering*, vol. 9, n° 4, 1993, p. 410-425.

LES CONTRATS EN RÉGIE

Dans un contrat en régie, l'entrepreneur se voit rembourser tous les coûts directs admissibles (matériaux, main-d'œuvre et déplacements) et reçoit une somme supplémentaire couvrant les coûts indirects et les profits. Ces sommes se négocient selon des modalités préalablement convenues et consistent généralement en un pourcentage des coûts totaux. Dans un projet modeste, on désigne ce genre de contrat sous le nom de « contrat temps et matériaux ». Le client consent alors à rembourser les frais de main-d'œuvre et de matériaux à l'entrepreneur. Les frais de main-d'œuvre sont basés sur un taux horaire ou sur un tarif journalier, et comprennent les coûts directs et indirects ainsi que le profit. L'entrepreneur doit bien sûr justifier les frais de main-d'œuvre et de matériaux qu'il présente.

Contrairement au contrat à forfait, le contrat en régie fait porter le fardeau du risque au client. Le contrat n'indique pas le coût du projet tant que celui-ci n'est pas terminé. Les entrepreneurs font de leur mieux pour répondre aux exigences techniques du contrat. Toutefois, ils ne peuvent être tenus responsables si, malgré leur bonne volonté, les travaux ne respectent ni le budget ni le calendrier prévus. Ces contrats font souvent l'objet de critiques, car rien n'incite l'entrepreneur à contrôler les coûts ou à terminer le projet à temps. Il sera payé de toute façon, quel que soit le coût final. Le non-respect des dates prévues pourrait à la longue ternir la réputation de l'entrepreneur et réduire ses chances d'obtenir d'autres contrats. C'est là le seul facteur qui pourrait l'inciter à surveiller les coûts et à respecter les délais. Le gouvernement a restreint le nombre de contrats en régie au profit de contrats d'intéressement pour mettre fin aux abus des entrepreneurs.

L'inconvénient majeur du contrat en régie est largement compensé par une série de clauses d'intéressement qui incitent l'entrepreneur à contrôler les coûts, à maximiser le rendement et à éviter tout retard. Les coûts sont remboursés à l'entrepreneur. Mais au lieu que la somme soit fixe, cette somme est déterminée au moyen d'une formule de rémunération avec prime d'incitation et elle est sujette à des affectations supplémentaires. Cette façon de faire s'apparente aux contrats forfaitaires à intéressement. La somme est cependant déterminée sur le coût réel au lieu du coût cible, à l'aide d'une formule de partage des frais.

La négociation du coût constitue un aspect fondamental de la plupart des contrats. Cependant, comme la rapidité et le facteur temps jouent un rôle prépondérant dans le monde des affaires d'aujourd'hui, un nombre croissant de contrats comprennent des clauses relatives aux dates d'achèvement. Dans une certaine mesure, les stimulants associés au calendrier sont de bons moyens de contrôler les coûts, car les retards entraînent généralement des dépassements de coûts. Les contrats prévoient des incitations ou des pénalités relatives au calendrier en fonction de l'importance que le maître de l'ouvrage accorde au facteur temps. De lourdes pénalités seraient sans doute prévues au contrat si jamais la construction d'un nouveau stade n'était pas terminée pour le match d'ouverture. À l'inverse, le projet en temps pré-déterminé, que le maître de l'ouvrage doit absolument terminer le plus tôt possible, comportera sans doute des incitations attrayantes afin de motiver l'entrepreneur à exécuter le projet le plus rapidement possible. Par exemple, une entreprise de logiciels, pressée de mettre sur le marché un nouveau produit, peut offrir à une entreprise de tests une prime intéressante pour chaque jour où les tests sont réalisés avant la date promise.

UN SYSTÈME DE CONTRÔLE DES CHANGEMENTS DANS LES CONTRATS

Un système de contrôle des changements dans les contrats permet de déterminer en quoi un contrat est susceptible d'être modifié. Le système comprend les tâches administratives, un système de suivi, une méthode de règlement de conflit et les différents échelons d'autorisation nécessaires pour effectuer les changements. Un contrat peut être l'objet de modifications pour plusieurs raisons. Un client peut souhaiter changer la conception ou le contenu du projet initial une fois le projet amorcé. Cette situation est fréquente quand le projet passe du concept à la réalité. Par exemple, un maître de l'ouvrage peut manifester le désir d'ajouter des fenêtres à une maison en chantier qu'il inspecte. L'ajout de nouvelles fonctions à un matériel peut être dicté par des changements sur le marché, comme ces mêmes changements pourraient inciter le fabricant d'un matériel à augmenter ses exigences en matière de rendement. Une diminution des ressources financières obligerait sans doute le maître de l'ouvrage à réduire l'ampleur du projet. Un entrepreneur pourrait apporter certains changements au contrat si jamais il était aux prises avec des problèmes imprévus. Il est possible qu'un entrepreneur en construction renégocie son contrat en raison de la présence d'eaux souterraines ou d'une pénurie de matériaux. Dans certains cas, des facteurs externes forcent les parties à modifier le contrat, par exemple, l'obligation de se conformer à de nouvelles normes de sécurité du gouvernement fédéral.

Des procédures formelles, acceptées par les deux parties, s'avèrent indispensables quand il faut apporter des modifications au contrat original. Les avis de modification de contrat font souvent l'objet d'abus. D'une part, l'entrepreneur profite parfois de l'ignorance du maître de l'ouvrage pour gonfler les coûts associés aux modifications et récupérer le profit qu'il a perdu en soumissionnant très bas. D'autre part, le maître de l'ouvrage « se reprend » en remettant à plus tard l'approbation des modifications de contrat, ce qui a pour effet de retarder les travaux et d'augmenter les coûts de l'entrepreneur. Les parties doivent s'entendre à l'avance sur les règles et les procédures pour effectuer des modifications, conformément aux modalités initiales du contrat.

LA GESTION DE PROJET DANS LA PRATIQUE

La gestion de projet n'est pas une science exacte. Depuis plusieurs décennies, le gouvernement fédéral américain tente d'améliorer son système d'administration des contrats. Malgré ces efforts, les médias ne cessent de rapporter de nouveaux cas d'abus. En effet, dans chaque nouvelle mise à jour des procédures du gouvernement, il semble y avoir une nouvelle faille que des gens sans scrupules s'empresseront d'exploiter. Le système de gestion des contrats parfait n'existe toujours pas. Étant donné les nombreuses incertitudes entourant la plupart des projets, aucun contrat ne peut tenir compte de tous les rebondissements possibles. Les contrats en bonne et due forme ne peuvent remplacer ou éliminer la nécessité de développer des relations de travail efficaces entre les parties, fondées sur des objectifs mutuels, la confiance et la coopération. C'est pourquoi les thèmes du projet de partenariat et des négociations efficaces abordés précédemment sont de la plus haute importance.

QUESTIONS DE RÉVISION DE L'ANNEXE

1. Quelles différences fondamentales existe-t-il entre un contrat à forfait et un contrat en régie ?
2. Pour quels types de projets recommanderiez-vous un contrat à forfait ? Pour quels types de projets recommanderiez-vous un contrat en régie ?

RÉFÉRENCES DE L'ANNEXE

ANGUS, R.B., N.A. GUNDERSON et T.P. CULLINANE. *Planning, Performing, and Controlling Projects,* Upper Saddle River, NJ, Prentice Hall, 2003.

CAVENDISH J. et M. MARTIN. *Negociating and Contracting for Project Management,* Upper Darby, PA, Project Management Institute, 1982.

FLEMING, Q.W. *Project Management : Contracting, Subcontracting, Teaming,* Tustin, CA, FMC Press, 2003.

FRASER, J. *Professional Project Proposals,* Aldershot, Royaume-Uni, Gower/Ashgate, 1995.

WORTHINGTON, M.M. et L.P. GOLDMANS. *Contracting with the Federal Government,* 4e éd., New York, Wiley, 1998.

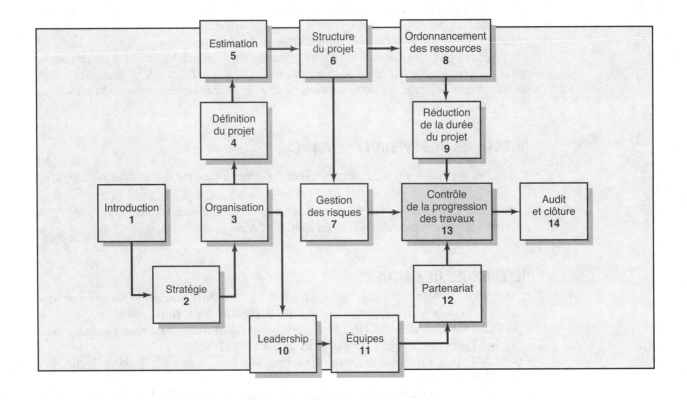

Estimation 5	Structure du projet 6	Ordonnancement des ressources 8
Définition du projet 4		Réduction de la durée du projet 9
Introduction 1	Organisation 3	Gestion des risques 7	Contrôle de la progression des travaux 13	Audit et clôture 14
Stratégie 2		Partenariat 12
	Leadership 10	Équipes 11

La mesure et l'évaluation de l'avancement et des performances

La structure d'un système d'information pour le suivi des projets

Le processus de contrôle des projets

Le contrôle des délais

La nécessité d'un système d'information intégré

L'élaboration d'un rapport sur l'état d'avancement: un exemple hypothétique

Des indices pour le suivi de l'avancement

La prévision du coût final du projet

D'autres considérations reliées au contrôle

Résumé

Annexe 13.1: L'application de règles supplémentaires de la valeur acquise

Annexe 13.2: L'obtention de renseignements sur le rendement d'un projet à l'aide du logiciel MS Project

CHAPITRE 13

La mesure et l'évaluation de l'avancement et des performances

Comment un projet prend-il une année de retard ?
... Une journée à la fois.
Frederick P. Brooks, « The Mythical Man Month ».

L'évaluation et le contrôle font partie intégrante de la tâche du gestionnaire de projet. Il lui est possible de régler la plupart des problèmes qui surviennent dans les petits projets au moyen de la gestion sur le terrain ou d'une participation au travail. Toutefois, les projets de grande envergure requièrent une forme élaborée de contrôle. Le contrôle permet d'établir la responsabilité de chaque ressource, d'éviter que de petits problèmes prennent des proportions considérables et de se concentrer sur les objectifs. Exception faite des contrôles comptables, la plupart des entreprises ne disposent d'aucun processus de surveillance des projets acceptable. Il s'agit d'un des domaines les plus négligés de la gestion de projet. Malheureusement, on observe souvent une certaine résistance aux processus de contrôle. En réalité, les gens qui minimisent l'importance du contrôle négligent une belle occasion de devenir des gestionnaires efficaces et peut-être même d'assurer un avantage concurrentiel à leur entreprise. Cette forme de négligence devient encore plus grave dans un environnement à multiples projets. Pour exercer un contrôle efficace, le gestionnaire de projet a besoin d'un système d'information unique pour recueillir des données et faire rapport sur les progrès en matière de coûts, de calendrier et de spécifications. Nous étudierons maintenant la structure générale d'un tel système.

La structure d'un système d'information pour le suivi des projets

Pour établir un système de suivi des projets, on doit d'abord *déterminer les données à recueillir, comment* s'y prendre, *quand* le faire et *qui* s'en chargera. Il faut aussi analyser ces données et faire des rapports sur les progrès au fur et à mesure.

Quelles données recueillir ?   On détermine les données à recueillir d'après les mesures qui seront utilisées pour le suivi du projet. Les principales données généralement recueillies touchent les durées réelles des activités, l'utilisation des ressources et leurs pourcentages, ainsi que les coûts réels que l'on compare ensuite aux durées, aux ressources et aux coûts prévus. Comme une grande partie du système de suivi porte sur des préoccupations de coûts et de délais, il est essentiel de fournir aux gestionnaires et aux acteurs des projets les données qui leur permettront de répondre à des questions comme celles-ci :

- Quel est l'état d'avancement actuel du projet en ce qui a trait aux délais et aux coûts ?
- Combien en coûtera-t-il pour achever le projet ?
- Quand le projet sera-t-il terminé ?
- Quels problèmes potentiels faudrait-il régler maintenant ?
- Quelles sont les causes des dépassements de coûts ou des délais ? Qui en est responsable et où se situent ces dépassements ?
- Qu'a-t-on accompli avec les sommes déjà dépensées ?
- S'il y a déjà un dépassement de coûts à mi-chemin du projet, peut-on en prévoir l'ampleur à la fin du projet ?

Les mesures de performance à recueillir devraient permettre de répondre à ces questions. Plus loin dans le présent chapitre, nous examinerons des exemples de mesures et d'outils expressément conçus pour recueillir des données.

La collecte et l'analyse de données Après avoir déterminé les données à recueillir, il faut ensuite décider qui s'en occupera, quand et comment. Est-ce la tâche de l'équipe de projet, de l'entrepreneur, des ingénieurs en évaluation des coûts indépendants ou du gestionnaire de projet ? Les données devraient-elles être dérivées électroniquement de formulaires existants tels que les flux de trésorerie, les heures-machines, les heures de main-d'œuvre ou les matières utilisées ? Quelle période devrait couvrir le rapport – une heure, une journée, une semaine ou autre ? Existe-t-il un dépôt de données qui centralise la conservation des données recueillies ? Qui est responsable de la diffusion des données ?

L'emploi de moyens électroniques a grandement amélioré la collecte de données, leur analyse et leur diffusion. De nombreux éditeurs de logiciels offrent des programmes et des outils qui permettent à chaque entreprise d'analyser les données recueillies et de les présenter sous une forme qui facilite le suivi d'un projet, la détermination des sources de problèmes et la mise à jour du plan.

Les rapports et la publication de l'information Qui doit recevoir les rapports d'étape ? Nous avons indiqué que les acteurs et les niveaux de gestion ont besoin de différents types de renseignements sur un même projet. En général, les cadres dirigeants cherchent surtout à savoir si le projet respecte ses limites de temps et ses limites budgétaires et, sinon, quelles actions correctives appliquer pour y remédier. De même, un gestionnaire de système d'information qui travaille à un projet se préoccupe principalement des produits livrables et de lots de travaux précis. Autrement dit, il faut concevoir les rapports en fonction des besoins de leurs destinataires.

En général, les rapports d'étape sont conçus et présentés sous forme écrite ou orale. Voici un exemple de mode de présentation typique de leurs éléments.

- Progrès effectués depuis le dernier rapport
- État actuel d'avancement du projet
  1. Calendrier
  2. Coûts
  3. Contenu
- Tendances globales d'ici la fin du projet
- Problèmes et questions soulevés depuis le dernier rapport
  1. Actions et résolution des problèmes précédents
  2. Nouveaux écarts et problèmes établis
- Action corrective prévue

Étant donné la structure et la nature des rapports générés par le système d'information de l'entreprise, il est possible d'utiliser celui-ci pour assurer l'interface avec le processus de contrôle du projet et le faciliter. Il faut des interfaces appropriées et des liaisons transparentes pour que le contrôle de projet soit efficace.

Le processus de contrôle des projets

Le processus de contrôle des projets consiste à comparer les résultats réels au plan du projet pour déterminer les écarts, évaluer diverses lignes de conduite possibles et recourir aux actions correctives appropriées. Voici les étapes de contrôle d'un projet permettant de mesurer et d'évaluer ses progrès.

1. Établissement d'une base de référence
2. Mesure des progrès et du rendement
3. Comparaison entre le plan et l'état réel du projet
4. Adoption de mesures correctives

Chaque étape est décrite ci-après.

Première étape : l'établissement d'une base de référence

La base de référence fournit les outils nécessaires pour mesurer les performances. On établit la base de référence à partir des renseignements sur les coûts et la durée contenus dans la banque de données de la structure de découpage du projet (SDP) et des données sur la suite chronologique des activités provenant du réseau et des décisions de planification des ressources. La SDP définit le travail sous forme de lots de travaux distincts les uns des autres et associés à des produits livrables et à des services de l'entreprise. En outre, chaque lot de travaux indique le travail à effectuer, la durée du travail et le budget qui y est associé. À partir de la SDP, on se sert du calendrier du réseau du projet pour effectuer le découpage temporel de l'ensemble du travail, des ressources et des budgets qui résultera en une référence.

Deuxième étape : la mesure des progrès et du rendement

Les durées et les budgets sont des mesures quantitatives du rendement qui trouvent facilement leur place dans un système intégré d'information. Le plus souvent, on détermine des mesures qualitatives telles que le respect des spécifications techniques du client et de la fonction d'un produit par une inspection sur place ou par l'utilisation du produit. Ce chapitre porte exclusivement sur des mesures quantitatives de durée et de budget. La mesure des performances en matière de délais s'avère relativement facile et évidente à déterminer. Il suffit de savoir si le projet est en avance sur le chemin critique, à temps ou en retard. Autrement dit, la marge des chemins sous-critiques diminue-t-elle au point de faire apparaître de nouvelles activités critiques ? La mesure des performances par rapport au budget, c'est-à-dire l'argent, les heures de travail, etc., se révèle plus complexe et *ne* se limite *pas* à comparer les coûts réels au budget prévu. On a besoin de la valeur acquise pour obtenir une estimation réaliste des performances par rapport à un budget réparti dans le temps. Nous définissons la valeur acquise (VA) comme le coût budgété du travail effectué (CBTE).

Troisième étape : la comparaison entre le plan et l'état réel du projet

Comme les plans se réalisent rarement comme prévu, il devient indispensable de mesurer les écarts par rapport au plan pour déterminer s'il s'avère nécessaire d'adopter des actions correctives. Un suivi et une mesure périodiques de l'état d'avancement du projet permettent de comparer la situation réelle aux plans prévus. Il importe de produire des rapports périodiques assez souvent pour déceler rapidement les variations par rapport au plan et en corriger les causes le plus tôt possible. En général, on recommande d'établir des rapports sur l'état d'avancement du projet toutes les semaines et au plus tard tous les mois pour qu'ils soient utiles et qu'ils permettent de corriger la situation par anticipation.

Quatrième étape : l'adoption de mesures correctives

Lorsque les écarts par rapport aux plans se révèlent importants, il faut effectuer des actions correctives pour que le projet soit de nouveau conforme au plan initial ou révisé. Dans certains cas, les conditions ou le contenu du projet peuvent changer, ce qui entraînera une modification dans la base de référence pour tenir compte des nouveaux renseignements.

Dans le reste du chapitre, nous décrirons des systèmes, des outils de suivi qui aident à la gestion ainsi qu'au contrôle des projets. Nous fournirons aussi des exemples sur ces éléments. Nombre d'outils que nous avons élaborés dans les chapitres sur la planification et l'ordonnancement serviront maintenant d'entrées dans le système d'information en vue du suivi des performances. Nous examinerons d'abord le contrôle des délais et nous nous intéresserons ensuite au suivi des coûts.

Le contrôle des délais

L'un des principaux objectifs des rapports d'avancement des projets consiste à mettre en évidence le plus tôt possible tout écart négatif par rapport au plan pour déterminer si une mesure corrective s'impose. Fort heureusement, il est relativement facile de surveiller des performances en matière de délais. Le calendrier du réseau du projet, dérivé de la SDP et de l'organigramme fonctionnel, sert de référence dans la comparaison avec les performances réelles.

Le diagramme de Gantt et la carte de contrôle de la durée du projet sont couramment employés pour rendre compte de l'état d'avancement d'un projet. Nous l'avons vu au chapitre 6, le diagramme de Gantt constitue l'outil le plus apprécié, le plus utilisé et le plus facile à comprendre. On l'appelle communément diagramme de Gantt de suivi. En effet, le diagramme de Gantt et la carte de contrôle permettent de faire le suivi des travaux et de déterminer les tendances des performances en matière de délais. Leur présentation visuelle facile à comprendre en fait l'outil préféré pour communiquer l'état d'avancement du calendrier d'un projet, en particulier pour la haute direction qui, le plus souvent, n'a pas le temps de s'embarrasser de détails. Lorsqu'on y ajoute les estimations de durées réelles et révisées, le diagramme de Gantt donne un aperçu rapide de l'état d'avancement du projet au moment du rapport.

Le diagramme de Gantt de suivi

Le diagramme de Gantt de la base de référence et le diagramme de Gantt de suivi de la figure 13.1 portent sur un projet qui a atteint la fin de la période 6. La barre pleine sous la barre du calendrier initial représente les dates réelles de début et de fin des activités terminées ou de toute partie achevée d'une activité – *voir* les activités A à E. L'activité C, par exemple, a réellement commencé à la période 2, et sa fin réelle se situe à la période 5. Sa durée réelle est de trois unités de temps au lieu des quatre périodes planifiées. Les activités en cours apparaissent de leur point de départ réel jusqu'au moment présent. Les barres prolongées représentent le reste de la durée prévue – *voir* les activités D et E. Le diagramme illustre le restant de la durée prévue pour les activités D et E à l'aide d'une barre hachurée. Dans le cas de l'activité F qui n'a pas commencé, on observe une estimation révisée de son début (9) et de sa fin (13) réels.

Notons que certaines activités peuvent avoir des durées qui diffèrent de celles du calendrier initial, comme les activités D et E. Soit que l'activité est terminée et que l'on en connaît la durée réelle, soit que de nouveaux renseignements indiquent qu'il faut réviser l'estimation de la durée et l'intégrer à l'état d'avancement. Ainsi, on s'attend à ce que la durée révisée de l'activité D soit de quatre unités de temps, c'est-à-dire une unité de temps de plus que dans le calendrier initial. Le diagramme de Gantt ne montre pas toujours les liens de dépendance. Toutefois, lorsqu'on le combine à un réseau, on peut facilement repérer ces liens, au besoin.

FIGURE 13.1

Un diagramme
de Gantt de la base
de référence

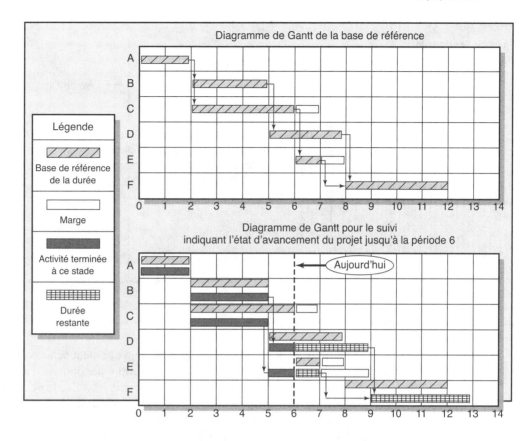

La carte de contrôle de la durée du projet

La carte de contrôle de la durée du projet est un autre outil employé pour faire le suivi des résultats passés et présents en matière de délais du projet ainsi que pour estimer les tendances à venir à cet égard. La figure 13.2 en présente un exemple. Ce type de graphique sert à déterminer la différence entre la durée prévue dans le chemin critique à la date du rapport et la durée réelle. Bien que l'on puisse constater que le projet a commencé à prendre du retard très tôt, la carte de contrôle suggère que des mesures correctives ont permis de rattraper le temps perdu. Si la tendance se maintenait, le projet pourrait être terminé avant la date prévue. Comme les durées planifiées des activités représentent des valeurs moyennes, quatre observations tendant dans une même direction indiquent une probabilité très élevée que la cause soit identifiable. La cause devrait être déterminée, et des actions correctives devraient être adoptées, le cas échéant. Les tendances observées dans les cartes de contrôle s'avèrent très utiles, car elles signalent les problèmes potentiels de façon que l'on puisse prendre les mesures qui s'imposent au besoin.

On se sert aussi fréquemment des cartes de contrôle pour faire le suivi des progrès accomplis en vue d'atteindre les étapes clés qui constituent des événements et qui, à ce titre, n'ont aucune durée. Les étapes clés ou jalons se définissent comme des événements significatifs du projet qui marquent des progrès majeurs. Pour être efficaces, elles doivent correspondre à des événements concrets, précis et mesurables. Les acteurs du projet doivent tous être en mesure de les reconnaître facilement. Il peut s'agir par exemple de la fin des essais sur un produit. Les activités critiques de fusion constituent de bons choix pour la détermination des jalons. On utilise souvent des graphiques très semblables à l'exemple de la figure 13.2 pour enregistrer et communiquer les progrès accomplis en vue d'atteindre une étape jalon.

FIGURE 13.2

La carte de contrôle des délais d'un projet

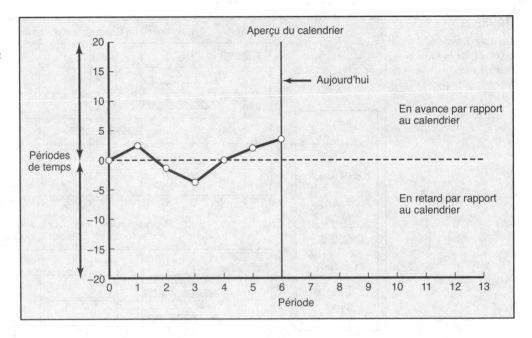

Les retards d'un jour dans le calendrier attirent rarement beaucoup d'attention. Toutefois, les journées perdues ici et là ont tôt fait de s'additionner pour devenir de gros problèmes de retard. Un travail en retard tend à le demeurer, car il est difficile de rattraper le temps perdu. Parmi les causes de retard, mentionnons des estimations de durées peu fiables, une révision même mineure de la conception, une expansion furtive du contenu et des problèmes de disponibilité des ressources. L'utilisation des marges au début d'un chemin critique peut susciter des problèmes à quiconque a la responsabilité d'une activité à exécuter plus tard. Elle réduit la souplesse et toutes sortes d'autres possibilités. Établir des points de contrôle fréquents clairement définis pour l'exécution des lots de travaux peut augmenter considérablement les chances de déceler tôt un éventuel retard. Une détection précoce diminue le risque que de petits retards, en devenant gros, réduisent les possibilités d'actions correctives qui permettraient de revenir à la planification initiale. À ce propos, voyez la rubrique à la page suivante.

La nécessité d'un système d'information intégré

En pratique, il existe un grand nombre de systèmes de suivi et de contrôle qui peuvent être adaptés aux besoins particuliers d'une entreprise. En général, la forme et la présentation de ces systèmes se ressemblent beaucoup. Toutefois, dans un trop grand nombre de cas, un élément petit mais crucial en ce qui a trait aux coûts les rend tellement inutiles qu'ils fournissent même des renseignements erronés. En général, la différence entre ces systèmes se situe dans le manque de liens avec un calendrier de référence réparti dans le temps.

De tels systèmes ne permettent pas de comparer le travail réel accompli, peu importe la période, avec les coûts budgétés du travail prévus pour la même période. S'ils n'établissent aucune correspondance entre les budgets à répartition temporelle et le coût réel du travail exécuté, nous verrons qu'il est impossible de mesurer de façon fiable l'évolution des coûts. Un exemple de projet hypothétique servira à démontrer la nécessité d'élaborer un budget par découpage du temps conforme au calendrier du projet.

Supposons qu'une entreprise de technologie de pointe mette en œuvre un projet de recherche et développement. La planification initiale prévoit que ce projet aura une durée de

Coup d'œil sur un cas réel

Les rapports sur l'état d'avancement chez Microsoft*

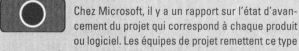

Chez Microsoft, il y a un rapport sur l'état d'avancement du projet qui correspond à chaque produit ou logiciel. Les équipes de projet remettent ce type de rapports chaque mois à Bill Gates, à d'autres cadres supérieurs et aux directeurs de tous les projets de la même famille. Il s'agit de rapports concis présentés dans un format standard. Bill Gates peut rapidement lire la plupart d'entre eux et déceler des retards potentiels ou les changements qu'il ne désire pas. Il surveille tout particulièrement les retards dans les calendriers, l'élimination d'un trop grand nombre de caractéristiques ou la nécessité de modifier une spécification. En général, il répond aux gestionnaires ou aux concepteurs concernés directement par courriel. Les rapports sur l'état d'avancement des projets constituent un mécanisme de communication important entre la haute direction et les équipes de projet.

Comme l'explique Bill Gates : « Je reçois tous les rapports sur l'état d'avancement des projets. En ce moment, il doit y avoir une centaine de projets en cours… [Ces rapports] contiennent le calendrier, y compris les dates des jalons, toute modification des spécifications et des commentaires du type "On ne peut pas embaucher suffisamment de gens !" ou "Si le OLE (Liaison et intégration des objets) 2 Mac ne sort pas, nous prendrons un sérieux retard". Les gestionnaires savent que leur rapport passe par les mains de tous les employés qui gèrent des groupes avec qui ils ont des liens de dépendance. Donc, s'ils ne parlent pas de leurs difficultés dans leur rapport et qu'ils les signalent seulement deux mois plus tard, il y a une rupture dans la communication. Étant donné que le groupe à l'interne fonctionne entièrement de cette manière, on peut dire qu'il y a consensus. »

* D'après *Microsoft Secrets: The World's Most Powerful Software Company Creates Technology*. Tous droits réservés. © 1995 par Michael A. Cusumano et Richard W. Selby.

10 mois à raison de 200 000 $ par mois pour un coût total de deux millions de dollars. Après cinq mois, la haute direction souhaite évaluer l'état d'avancement du projet. Voici les renseignements dont elle dispose.

▸ Le coût réel des cinq premiers mois se chiffre à 1,3 million de dollars.

▸ Les coûts budgétés prévus pour la même période se limitaient à un million de dollars.

Il est possible que la direction conclue que le projet présente un dépassement de coûts de 300 000 $. Il pourrait s'agir d'une conclusion correcte mais pas obligatoirement. Il est possible aussi que le projet soit en avance sur son calendrier et que la somme de 300 000 $ représente les paiements de la main-d'œuvre pour des travaux exécutés avant le moment prévu. Il se peut aussi qu'il s'agisse d'un dépassement de coûts et d'un retard dans le calendrier. Ces données ne décrivent pas l'ensemble de la situation.

À l'aide du même exemple, mais avec un autre ensemble de données sur les résultats, nous verrons encore une fois que l'on ne peut pas tirer de conclusions précises après cinq mois, car les renseignements ne sont pas pertinents.

▸ Les coûts réels pour les cinq premiers mois se chiffrent à 800 000 $.

▸ Les coûts budgétés pour cette période étaient de un million de dollars.

En se basant sur ces renseignements, on pourrait conclure que le projet se révèle moins coûteux que prévu de 200 000 $. Est-ce vrai ? Si le projet a pris du retard, cette somme peut représenter du travail planifié qui n'a pas encore été exécuté. Il est donc possible que le projet soit en retard par rapport à l'échéancier et qu'il y ait aussi dépassement de coûts.

En examinant les données de ces deux exemples, on comprend facilement pourquoi les systèmes d'entreprises qui n'utilisent que les coûts réels et les coûts planifiés puissent induire en erreur les gestionnaires et les clients dans l'évaluation de l'avancement et des résultats de leur projet. Les écarts entre les coûts budgétés et les coûts réels ne suffisent pas. Ils ne permettent pas de mesurer la somme de travail effectuée par rapport aux sommes dépensées.

Nous avons souligné le fait que les systèmes traditionnels sont inadéquats. *Sans un découpage temporel des coûts qui correspond aux activités planifiées, le suivi des coûts ne peut pas fournir une information fiable aux fins de contrôle.*

Un système d'analyse de la valeur acquise tente de surmonter ces problèmes. Le concept n'est pas nouveau. Utilisé au départ dans les contrats militaires, ce système a récemment été adopté par le secteur privé qui s'en sert pour gérer les projets de grande envergure ou de multiples projets.

Dans les années 1960, le U.S. Department of Defense a été le premier à utiliser le système de la valeur acquise original en fonction du coût et du délai. Le but consistait à mettre un terme aux dépassements de coûts et au manque de cohésion entre les entrepreneurs. Le U.S. Department of Defense recherchait un système capable de faire le suivi du calendrier et des coûts dans de vastes contrats de projets. Essentiellement, ce système permet une certaine rigueur dans le processus de mesure de l'avancement d'un projet. Le secteur privé s'est rapidement rendu compte de sa valeur en tant que système de gestion de projet entièrement intégré. On peut probablement dire sans crainte de se tromper que les gestionnaires de projet de la plupart des grands pays industrialisés y font appel sous une forme quelconque. En outre, ce système ne se limite pas au domaine de la construction ou aux contrats sur commande. On s'en sert aussi pour des projets à l'interne dans les secteurs de la fabrication, des produits pharmaceutiques et de la technologie de pointe. Des entreprises telles que EDS, NCR, Levi Strauss, Tektronics et Disney emploient des systèmes d'analyse de la valeur acquise pour faire le suivi de leurs projets. La structure de base de ce système a résisté à l'épreuve du temps. La plupart des logiciels de gestion de projet comprennent la structure initiale de ce système. On a ajouté à un grand nombre d'entre eux des modifications propres à chaque secteur qui permettent de suivre avec plus de précision les progrès et les coûts de projets particuliers. Dans le présent chapitre, nous examinerons le cadre traditionnel d'un système intégré d'information coût/délai.

Le système d'analyse de la valeur acquise est basé sur les coûts répartis dans le temps qui constituent la base de référence budgétaire du projet et que l'on appelle « valeur prévue » (VP), ou « coût budgété du travail prévu ». À partir de cette référence à découpage temporel, il est possible de comparer le calendrier et les coûts réels planifiés à l'aide du concept de la valeur acquise. En se servant de données provenant d'une SDP, du réseau de projet et du calendrier, le système intégré coût/délai indique les écarts de date et de coûts et permet aussi de prévoir les coûts restants du projet en cours. Le concept de valeur acquise lui fournit les liens qui manquent dans les systèmes traditionnels de coûts et de budgets. À n'importe quel moment, ce système peut produire un rapport sur l'état d'avancement du projet. Nous traiterons du développement d'un système intégré coût/délai dans la section suivante.

L'élaboration d'un système intégré coût/délai

Dans le système de la valeur acquise en fonction du coût et du délai, on utilise divers sigles et équations aux fins d'analyse. Le tableau 13.1 présente une série de termes accompagnés de leurs sigles respectifs dont vous aurez besoin à titre de référence. Au cours des dernières années, on a simplifié ces sigles pour qu'ils soient plus faciles à retenir sur le plan phonétique. Ces efforts sont visibles dans le matériel proposé par le Project Management Institute (PMI), les logiciels de gestion de projet et les utilisateurs. La présente édition du manuel tient compte de la nouvelle tendance. Les sigles entre crochets correspondent aux anciennes appellations. Pour les débutants, les expressions employées dans la pratique peuvent paraître rébarbatives, voire intimidantes. Toutefois, la connaissance d'un certain nombre de termes de base dissipera cette impression.

Pour s'assurer que le système coût/délai est intégré, il faut suivre minutieusement les cinq étapes présentées ci-après. Les trois premières étapes correspondent à la phase de planification. On effectue ensuite les deux dernières étapes de façon consécutive au cours de la phase d'exécution du projet.

TABLEAU 13.1

Un glossaire des termes employés

VA	La valeur acquise pour une tâche correspond simplement au pourcentage d'achèvement multiplié par son budget initial. Autrement dit, la VA constitue le pourcentage du budget initial acquis par le travail réellement achevé à ce stade. [Également désignée ainsi : CBTE – coût budgété du travail effectué.]
VP	La base de référence de la valeur prévue répartie dans le temps. Il s'agit d'une estimation approuvée de coût pour les ressources planifiées sur une base de référence cumulative [CBTP – coût budgété du travail prévu].
CR	Le coût réel est la somme des coûts engagés dans l'exécution du travail [CRTE – coût réel du travail effectué].
EC	L'écart des coûts est la différence entre la valeur acquise et les coûts réels des activités réalisées jusqu'à ce moment, c'est-à-dire que EC = VA – CR.
EP	L'écart des prévisions se définit comme la différence entre la valeur acquise et l'élément dans la référence correspondant à la date du rapport où EP = VA – VP.
CBA	Le coût budgété à l'achèvement, ou budget à l'achèvement, est le coût total budgété dans la référence ou les comptes de coûts de revient du projet.
CFE	Le coût final estimé comprend les coûts au moment du contrôle auxquels on additionne les estimations révisées des coûts pour le travail qui reste à faire.
CEA	Le coût estimé pour achèvement.
ECA	L'écart des coûts à l'achèvement, soit CBA – CFE_e, où CFE_e est dérivé par les estimateurs sur le terrain. On peut aussi définir l'écart à l'achèvement comme CBA – CFE_f, où CFE_f est dérivé d'une formule constituée des coûts réels et de la valeur acquise. L'ECA indique les dépassements ou les économies de coûts réels à l'achèvement.

1. Définir le travail à l'aide d'une SDP. Cette étape comporte l'élaboration de documents renfermant les renseignements suivants :
   a) le contenu ;
   b) les lots de travaux ;
   c) les produits livrables ;
   d) les services ou ateliers de l'entreprise participants ;
   e) les ressources ;
   f) les budgets pour chaque lot de travaux.
2. Développer des calendriers du travail et des ressources :
   a) à l'aide d'un ordonnancement des ressources en fonction des activités ;
   b) à l'aide d'un découpage temporel des lots de travaux à l'intérieur d'un réseau.
3. Élaborer un budget réparti dans le temps au moyen des lots de travaux contenus dans une activité. Les valeurs cumulatives de ces budgets deviendront la référence et porteront le nom de « coût budgété du travail prévu », ou « valeur prévue » (VP). Leur somme devrait être égale aux sommes budgétées pour tous les lots de travaux dans les comptes de coûts de revient.
4. Au niveau des lots de travaux, recueillir les coûts réels du travail effectué. On désignera les coûts par l'expression « coût réel » (CR). On détermine le pourcentage d'achèvement et on le multiplie par le budget initial pour obtenir la valeur du travail déjà achevé. Chaque valeur sera appelée « valeur acquise » (VA).
5. Calculer l'écart de prévisions (EP = VA – VP) et l'écart des coûts (EC = VA – CR). Il faut élaborer des rapports de l'état d'avancement hiérarchiques pour chaque niveau de gestionnaires, du directeur des lots de travaux jusqu'au client ou au gestionnaire de projet. Ces rapports devraient également comprendre des résumés de séquences d'activités

par unités fonctionnelles de l'entreprise et par produits livrables. En outre, il faudrait vérifier les performances réelles en matière de durée en comparant celles-ci au calendrier dérivé du réseau de projet.

La figure 13.3 donne un aperçu schématique du système intégré d'information qui comprend les techniques et les systèmes décrits dans des chapitres précédents. Ceux qui ont travaillé avec ténacité pour comprendre les premiers chapitres pourront se réjouir ! Les deux premières étapes ont déjà été développées avec précision. Notons qu'il est possible de suivre les données de contrôle en remontant jusqu'à tel produit livrable et au service qui en a la responsabilité.

Le développement des bases de références de projet

La référence (VP) sert de repère pour mesurer les performances. Il s'agit à la fois d'un document concret et d'un engagement. Elle fournit les coûts budgétés et les délais prévus en comparaison desquels on mesure les coûts et les délais réels. On peut aussi s'en servir comme base de développement des flux monétaires et des versements de récompenses liées à l'avancement. L'élaboration de la référence du projet fait partie intégrante du processus de planification. Il en est question dans ce chapitre, car elle constitue le principal ensemble de données du système coût/délai que nous décrirons. Les composantes ou les données nécessaires à l'établissement de la base de référence ont déjà été mises en place. La répartition des lots de travaux à l'intérieur des activités du réseau sert essentiellement à assigner des dates de départ à ces lots. Elle permet aussi le *découpage temporel des budgets* liés à ces lots de travaux. On exprime finalement les budgets en unités monétaires, par exemple en dollars, en yens, en euros, etc. On ajoute ces budgets répartis dans le temps le long d'une séquence chronologique des activités pour produire la base de référence du projet. La somme cumulative de tous ces budgets découpés en unités de temps devrait être égale à celle de tous les lots de travaux inscrits dans les comptes de coûts de revient. La figure 13.4 illustre la relation des données utilisées pour établir la base de référence.

FIGURE 13.3

Un aperçu du système d'information de gestion de projet

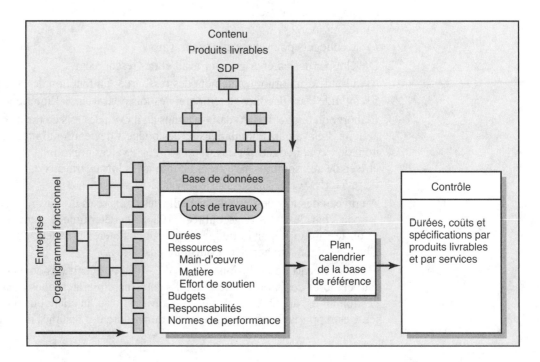

FIGURE 13.4

Les relations entre
les données de la base
de référence

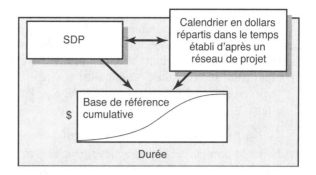

Les coûts inclus dans la base de référence

La VP de la base de référence correspond à la somme de tous les comptes de coûts de revient. Chaque compte de coûts de revient représente la somme des lots de travaux qui y sont inscrits. En général, trois coûts se trouvent dans les références : la main-d'œuvre, le matériel et la matière. On y ajoute parfois des coûts spécifiques au projet.

Les coûts spécifiques représentent des activités associées au temps. Ces activités, telles que le soutien administratif, le soutien informatique, le contentieux, les relations publiques, etc., sont disponibles pour un lot de travaux, un segment du projet ou la durée complète du projet, et entraînent toutes des coûts spécifiques. Comme ces coûts s'avèrent très différents les uns des autres, il arrive souvent qu'on les sépare des coûts de la main-d'œuvre, de la matière et du matériel et qu'on calcule des écarts distincts pour eux. La capacité à contrôler les coûts spécifiques est très faible ; c'est pourquoi on les inclut dans la catégorie des coûts spécifiques du projet. On peut aussi les relier à un groupe d'activités qui couvre un segment complet d'un projet. Lorsqu'on les rattache à des lots de travaux qui n'ont aucun produit mesurable, les coûts de ces lots sont budgétés sous forme de tarif par unité de temps, par exemple 200 $ par jour. Les coûts spécifiques associés aux lots de travaux devraient représenter une très petite partie des coûts d'un projet, soit de 1 % à 10 %. Quelques rares circonstances justifient des coûts spécifiques élevés. Le coût d'une équipe de travailleurs en Alaska pour la construction d'un pipeline, par exemple, excéderait le coût direct de leur travail réel. On a calculé à titre de coût spécifique les sommes allouées au logement, à la nourriture et aux 10 jours de congé pour chaque période de travail de 23 jours. Ce coût dépassait le niveau habituel de 10 %. Des situations similaires se présentent dans l'industrie nucléaire lorsque des équipes travaillent dans des lieux dangereux. Après avoir été exposés à une quantité déterminée de rem (unité d'équivalent de dose ou *roentgen equivalent man*), les travailleurs doivent s'interrompre jusqu'à ce que cette quantité s'abaisse à un niveau acceptable. Pendant la période d'attente, ils reçoivent un salaire, et on considère ce coût comme un coût spécifique. Il s'agit d'exemples exceptionnels et, dans des circonstances normales, mieux vaudrait réduire les coûts spécifiques autant que possible.

La plupart des lots de travaux devraient être distincts les uns des autres, être de courte durée et comporter des livrables mesurables. En général, les principaux coûts qu'on leur attribue sont ceux de la main-d'œuvre, des machines ou de la matière. Lorsque la matière représente une partie importante du coût des lots de travaux, on pourrait la budgéter dans des lots de travaux et des comptes de coûts de revient séparés.

Les règles concernant l'inscription des coûts dans les bases de référence

Les bases de référence servent principalement à suivre l'avancement des travaux, à en faire état et à estimer les flux de trésorerie. Il est donc primordial de les intégrer aux systèmes de mesure du rendement. On inscrit les coûts répartis par unité de temps dans les bases de référence très précisément de la façon dont les gestionnaires s'attendent à ce qu'ils soient

« acquis ». Cette stratégie facilite leur suivi jusqu'à leur point d'origine. En pratique, on procède à cette intégration à l'aide des mêmes règles d'attribution des coûts dans la base de référence que celles dont on se sert pour mesurer l'avancement au moyen de la valeur acquise. En réalité, les entreprises emploient diverses règles, mais le pourcentage d'achèvement constitue l'outil de base le plus couramment utilisé. Un employé qui connaît chaque tâche est chargé d'estimer le pourcentage de la quantité de travail achevé et de ce qui reste à faire.

La règle du pourcentage d'achèvement

La règle du pourcentage d'achèvement constitue la base de tout système d'analyse de la valeur acquise. La meilleure façon d'attribuer des coûts dans une base de référence à l'aide de cette règle consiste à établir de nombreux points de contrôle au cours de la durée d'un lot de travaux et d'assigner les pourcentages d'achèvement en dollars. Par exemple, on pourrait utiliser des unités déjà terminées pour attribuer des coûts de référence et, plus tard, pour mesurer les progrès accomplis. Il peut s'agir de lignes de code, d'heures, de dessins terminés, de mètres cubes de ciment coulés, de journées de travail, de prototypes achevés, etc. Une méthode formelle d'établissement du pourcentage d'achèvement ajoute de l'objectivité aux observations subjectives souvent employées. Lorsqu'on mesure ce pourcentage pendant la phase de suivi du projet, on limite habituellement la somme acquise à 80 % ou 90 % jusqu'à ce que le lot de travaux soit achevé à 100 %.

Les méthodes d'analyse des écarts

En général, la méthode de mesure des réalisations se base sur deux calculs essentiels. Il s'agit :

1. de comparer la valeur acquise à la valeur prévue dans le calendrier ;
2. de comparer la valeur acquise aux coûts réels.

Il est possible d'effectuer ces comparaisons au niveau du projet ou à différents autres niveaux jusqu'à celui du compte des coûts de revient. On peut déterminer l'état d'avancement du projet pour la période la plus récente, pour toutes les périodes jusqu'au moment de la comparaison et aussi, sous forme d'estimation, jusqu'à la fin du projet.

Pour évaluer l'état d'avancement à ce jour d'un projet à l'aide du système d'analyse de la valeur acquise coût/délai, il faut trois types de données : 1) le coût budgété du travail prévu, ou valeur prévue (VP) ; 2) le coût budgété du travail effectué, ou valeur acquise (VA) ; et 3) le coût réel du travail réalisé (CR). À partir de ces données, on calcule l'écart des prévisions (EP) et l'écart des coûts (EC) pour chaque période sur laquelle on fournit un rapport. *Un écart positif dénote une situation souhaitable ; un écart négatif indique des problèmes ou certains changements apportés au projet.*

L'écart des coûts permet de déterminer si le travail effectué a coûté plus ou moins que prévu à n'importe quel moment du cycle de vie du projet. Lorsqu'on ne fait pas de distinction entre les coûts de la main-d'œuvre et les coûts de la matière, il faut analyser avec soin tout écart de façon à en attribuer la cause aux uns ou aux autres, ou aux deux.

L'écart de prévision fournit une évaluation globale de *tous* les lots de travaux du projet planifiés à une date donnée. Notons que cet écart ne contient aucun renseignement concernant le chemin critique. Il mesure l'avancement en dollars plutôt qu'en unités de temps. Par conséquent, il est peu probable qu'une conversion des dollars en temps fournisse des renseignements précis indiquant si le travail accompli pour atteindre un jalon ou réaliser qu'un chemin critique est en avance, à temps ou en retard, bien que le projet se déroule exactement comme prévu. *La seule méthode précise permettant de déterminer la véritable progression temporelle d'un projet consiste à comparer le calendrier du réseau du projet à son réseau réel pour vérifier s'il respecte les délais établis,* comme l'illustre la figure 13.1,

FIGURE 13.5

Un diagramme coût/délai

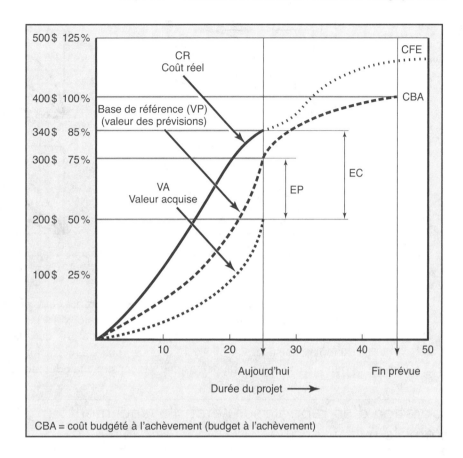

CBA = coût budgété à l'achèvement (budget à l'achèvement)

à la page 451. Toutefois, l'écart de prévision (EP) se révèle fort utile au moment d'évaluer la direction que prend l'ensemble du travail effectué dans le projet, lorsque 20 % ou plus des activités du projet sont achevées.

La figure 13.5 fournit un exemple de diagramme coût/délai dans lequel on a indiqué les écarts pour un projet à la date du rapport périodique des travaux. Ce diagramme montre aussi ce qui reste à faire et les tendances favorables ou défavorables. L'indication « Aujourd'hui » précise la date du rapport (la période 25) sur la situation du projet dans le passé et la situation éventuelle du projet. Comme il s'agit d'un système hiérarchique, on peut élaborer des diagrammes semblables pour les différents niveaux de gestion. La ligne supérieure du diagramme représente les coûts réels (CR) engagés jusqu'à « aujourd'hui » dans l'exécution du projet. La ligne médiane constitue la référence (VP) et aboutit à la fin de la durée prévue du projet (45). La ligne inférieure correspond à la valeur budgétée du travail achevé à ce jour, soit la valeur acquise (VA). La ligne pointillée qui prolonge la ligne des coûts réels de la date du rapport jusqu'à la nouvelle date d'achèvement prévue représente l'estimation révisée des coûts réels *prévus*. Autrement dit, d'après les renseignements supplémentaires disponibles, les coûts à l'achèvement du projet différeront des coûts planifiés. Notons que la durée du projet a été prolongée et que l'écart des coûts à l'achèvement (ECA) est négatif (CBA – CFE).

Il serait possible d'interpréter ce diagramme, cette fois à l'aide de pourcentages. À la fin de la période 25, le calendrier prévoyait que 75 % du travail serait achevé. À ce même moment, la valeur du travail effectué s'établit 50 %. Le coût réel du travail achevé « aujourd'hui » se chiffre à 340 $, soit 85 % du budget total du projet. D'après le diagramme, le dépassement de coûts devrait être d'environ 12 % et le retard, de 5 unités de temps. L'état

FIGURE 13.6

Un exercice
de révision de la
valeur acquise

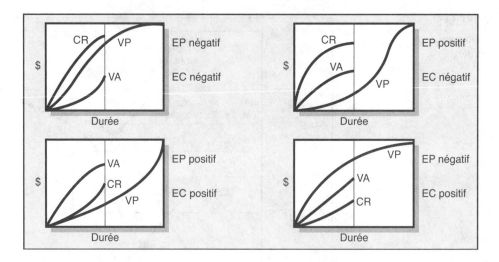

d'avancement actuel du projet indique que l'écart des coûts (EC) excède le budget de 140 $ (VA – CR = 200 – 340 = –140). L'écart de prévisions (EP) est de –100 $ (VA – VP = 200 – 300 = –100), ce qui laisse croire que le projet a pris du retard. Avant de passer à notre exemple, consultez la figure 13.6 pour vous exercer à interpréter les résultats des diagrammes coût/délai. Rappelons que VP constitue la référence et le point de comparaison.

L'élaboration d'un rapport sur l'état d'avancement : un exemple hypothétique

À l'aide d'un exemple, nous verrons comment la base de référence sert de chemin balisé à partir duquel on peut faire le suivi d'un projet au moyen des techniques de la valeur acquise.

Les hypothèses

Le processus se complexifie rapidement à mesure que l'on ajoute des renseignements sur le projet. C'est pourquoi nous recourrons à quelques hypothèses simplificatrices pour illustrer le processus plus facilement.

1. On suppose que chaque compte de coûts de revient correspond à un seul lot de travaux et qu'il sera représenté sous la forme d'une activité dans le réseau.
2. On suppose que les dates de début au plus tôt inscrites dans le réseau du projet serviront de base à l'attribution des valeurs de la base de référence.
3. On suppose que, à partir du moment où une tâche commence, des coûts réels seront engagés à chaque période jusqu'à ce que l'activité soit achevée.

L'élaboration de la base de référence

Reportez-vous à la section «La synthèse du projet», à la page 115, et à la figure 4.7, à la page 116. La figure 13.7, à la page suivante, illustre une SDP simplifiée (SDP/OF) de l'exemple de l'appareil photo numérique. Il y a six produits livrables (Spécifications de conception, Boîtier et énergie, Mémoire et logiciel, Système de zoom, Montage et Essais) et cinq services qui en ont la responsabilité (Conception, Boîtier, Stockage, Zoom et Montage). La somme totale des comptes de coûts de revient s'élève à 320 000 $, ce qui représente le coût total du projet. La figure 13.8, dérivée de la SDP, présente un diagramme de Gantt de planification pour le projet d'appareil photo. Le projet a une durée prévue de

FIGURE 13.7 La SDP accompagnée des comptes des coûts de revient

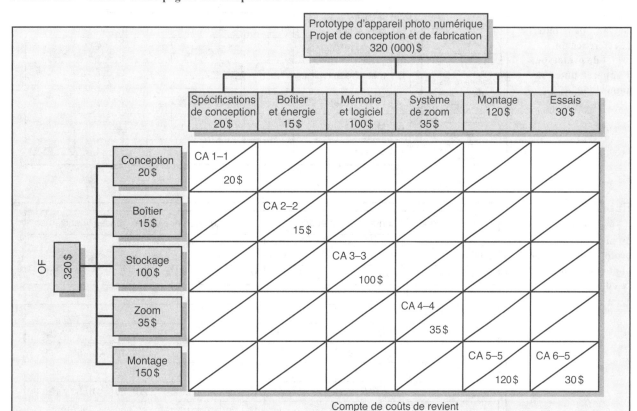

11 unités de temps. Cette information permet de répartir dans le temps le budget ou les coûts de la base de référence. La figure 13.9, à la page 462, présente un tableur dans lequel la référence est développée à partir de la date de début au plus tôt et qui comporte l'attribution des coûts. Ces coûts sont alloués exactement de la façon dont les gestionnaires ont planifié de faire le suivi et la mesure des performances en matière de délais et de coûts.

L'élaboration du rapport sur l'état d'avancement

Le rapport sur l'état d'avancement des travaux ressemble à une photo instantanée d'un projet à un moment précis dans le temps. À l'aide de la valeur acquise, il permet de mesurer les performances en matière de délais et de coûts. La mesure de la valeur acquise commence au niveau des lots de travaux. Les lots de travaux se trouvent dans une des trois situations suivantes au jour du rapport sur l'état d'avancement, soit :

1. qu'ils ne sont pas encore commencés ;
2. qu'ils sont terminés ; ou
3. qu'ils sont en cours ou partiellement terminés.

Les valeurs acquises correspondant aux deux premières situations ne présentent aucune difficulté de mesure. Les lots de travaux qui ne sont pas encore commencés comptent pour 0 % de la VP (budget) et les lots terminés, pour 100 % de leur VP. En ce qui concerne les lots de travaux en cours d'exécution, on applique la règle du pourcentage d'achèvement à la VP de la base de référence pour en mesurer la valeur acquise (VA). Dans l'exemple de l'appareil photo, nous utiliserons uniquement la règle du pourcentage d'achèvement pour mesurer l'évolution du projet.

FIGURE 13.8

Un diagramme de Gantt de la base de référence du projet de prototype d'appareil photo numérique

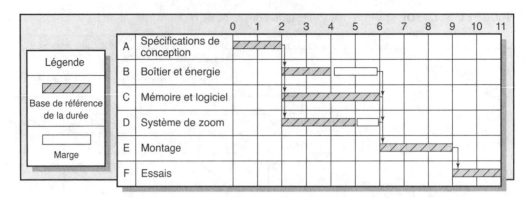

FIGURE 13.9

La base de référence du projet de prototype d'appareil photo numérique (x 1 000)

Activité/Lot de travail	Durée	Début hâtif	Fin tardive	Marge	VP totale	0	1	2	3	4	5	6	7	8	9	10	11
A	2	0	2	0	20	10	10										
B	2	2	6	2	15			5	10								
C	4	2	6	0	100			20	30	30	20						
D	3	2	6	1	35			15	10	10							
E	3	6	9	0	120							30	40	50			
F	2	9	11	0	30										10	20	
VP totale par période						10	10	40	50	40	20	30	40	50	10	20	
VP cumulative par période						10	20	60	110	150	170	200	240	290	300	320	

(Header: Renseignements sur le calendrier | Base de référence des exigences financières — Période de temps)

Le tableau 13.2, à la page suivante, présente les rapports complets et séparés de l'état d'avancement du projet de prototype d'appareil photo numérique pour les périodes 1 à 7. On a recueilli le pourcentage d'achèvement et le coût réel de chaque période pour chaque tâche auprès du personnel sur le terrain. On a calculé les écarts de calendrier et de coûts pour chaque tâche et pour le projet à chaque fin de période. Par exemple, d'après l'état d'avancement en période 1, seule la tâche A (Spécifications de conception) est en cours d'exécution ; son pourcentage d'achèvement se chiffre à 50 % et son coût réel, à 10. La valeur prévue à la fin de cette période pour la tâche A est de 10 (*voir le tableau 13.2*). Il n'y a aucun écart de prévisions des coûts ni délai, ce qui indique que le projet respecte les limites budgétaires et la durée. *À la fin de la période 3,* la tâche A est terminée. La tâche B (Boîtier et énergie) est réalisée à 33 %, et les coûts réels (CR) sont de 10. La tâche C a un pourcentage d'achèvement de 20 % et un CR de 30. Enfin, la tâche D est terminée à 60 % et a un CR de 20. Encore une fois, lorsqu'on examine le tableau 13.2, on constate qu'à la fin de la période 3 la VP de la tâche A se chiffre à 20 (10 + 10 = 20), celle de la tâche B, à 5, celle de la tâche C à 20 et celle de la tâche D à 15. Il est donc clair à ce moment que le coût réel (CR) dépasse le travail réalisé ou la valeur acquise (VA). L'écart de coût pour le projet à la fin de la période 3 est de –24. L'écart de prévision est de +6, ce qui laisse croire que le projet pourrait être en avance sur son calendrier.

Comme on calcule les valeurs acquises d'après les coûts ou encore, dans certains cas, d'après les heures de travail ou toute autre mesure, la relation entre les coûts et la durée n'est pas univoque. Par exemple, il est possible d'avoir un écart de prévision (EP) négatif bien que, en fait, le projet soit en avance en ce qui concerne la réalisation des activités du chemin critique. Il faut donc se rappeler que EP est exprimé en dollars et qu'il ne s'agit pas

TABLEAU 13.2

Les rapports de l'état d'avancement des périodes 1 à 7 du projet de prototype d'appareil photo numérique

Écart de coûts   EC = VA − CR
Écart de prévision EP = VA − VP

Rapport de l'état d'avancement à la fin de la période 1

Tâche	Pourcentage d'achèvement	VA	CR	VP	EC	EP
A	50 %	10	10	10	0	0
Totaux cumulatifs		**10**	**10**	**10**	**0**	**0**

Rapport de l'état d'avancement à la fin de la période 2

Tâche	Pourcentage d'achèvement	VA	CR	VP	EC	EP
A	Terminée	20	30	20	−10	0
Totaux cumulatifs		**20**	**30**	**20**	**−10**	**0**

Rapport de l'état d'avancement à la fin de la période 3

Tâche	Pourcentage d'achèvement	VA	CR	VP	EC	EP
A	Terminée	20	30	20	−10	0
B	33 %	5	10	5	−5	0
C	20 %	20	30	20	−10	0
D	60 %	21	20	15	+1	+6
Totaux cumulatifs		**66**	**90**	**60**	**−24**	**+6**

Rapport de l'état d'avancement à la fin de la période 4

Tâche	Pourcentage d'achèvement	VA	CR	VP	EC	EP
A	Terminée	20	30	20	−10	0
B	Terminée	15	20	15	−5	0
C	50 %	50	70	50	−20	0
D	80 %	28	30	25	−2	+3
Totaux cumulatifs		**113**	**150**	**110**	**−37**	**+3**

Rapport de l'état d'avancement à la fin de la période 5

Tâche	Pourcentage d'achèvement	VA	CR	VP	EC	EP
A	Terminée	20	30	20	−10	0
B	Terminée	15	20	15	−5	0
C	60 %	60	100	80	−40	−20
D	80 %	28	50	50	−22	−7
Totaux cumulatifs		**123**	**200**	**150**	**−77**	**−27**

Rapport de l'état d'avancement à la fin de la période 6

Tâche	Pourcentage d'achèvement	VA	CR	VP	EC	EP
A	Terminée	20	30	20	−10	0
B	Terminée	15	20	15	−5	0
C	80 %	80	110	100	−30	−20
D	Terminée	35	60	35	−25	0
Totaux cumulatifs		**150**	**220**	**170**	**−70**	**−20**

Rapport de l'état d'avancement à la fin de la période 7

Tâche	Pourcentage d'achèvement	VA	CR	VP	EC	EP
A	Terminée	20	30	20	−10	0
B	Terminée	15	20	15	−5	0
C	90 %	90	120	100	−30	−10
D	Terminée	35	60	35	−25	0
E	0 %	0	0	30	0	−30
F	0 %	0	0	0	0	0
Totaux cumulatifs		**160**	**230**	**200**	**−70**	**−40**

FIGURE 13.10

Un résumé graphique de la situation du projet de prototype d'appareil photo numérique (x 1 000)

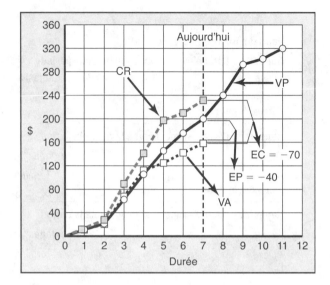

d'une mesure précise du temps ; par contre, il constitue un indicateur relativement fiable de l'ensemble du projet par rapport au calendrier établi lorsque le projet affiche un pourcentage d'achèvement de plus de 20 %. Seuls le réseau du projet ou un diagramme de Gantt de suivi et le travail réellement effectué permettent d'évaluer avec exactitude les performances en matière de délais jusqu'à l'échelon des lots de travaux.

En examinant les rapports séparés de l'état d'avancement pour les périodes 5 à 7, on constate qu'il y aura un dépassement de budget et un retard dans le calendrier. À la période 7, les tâches A, B et D sont terminées, mais toutes ont occasionné des coûts supplémentaires, soit –10, –5 et –25. La tâche C (Mémoire et logiciel) a un pourcentage d'achèvement de 90 %. La tâche E est en retard, et elle n'est pas commencée, car la tâche C n'est pas encore terminée. Il en résulte qu'à la fin de la période 7 le projet d'appareil photo numérique dépasse de 70 $ son budget, avec un écart de prévision de plus de 40 $.

La figure 13.10 contient les résultats de tous les rapports de l'état d'avancement jusqu'à la période 7 sous forme de diagramme. Ce diagramme représente les données du tableau 13.2. Les coûts réels (CR) cumulatifs et la valeur acquise des coûts budgétés (VA) jusqu'à « aujourd'hui » sont inscrits en regard de la référence initiale du projet (VP). À cette date, la somme cumulative des coûts réels s'élève à 230 $ et celle de la valeur acquise (VA), à 160 $. Compte tenu de ces valeurs cumulatives, l'écart des coûts (EC = VA – CR) a une valeur négative, – 70 $ (160 – 230 = –70). L'écart de prévisions (EP = VA – VP) a également une valeur négative, –40 $ (160 – 200 = –40). Encore une fois, rappelons que seuls le réseau du projet ou le diagramme de Gantt pour le suivi peuvent fournir une évaluation précise des performances en matière de délais jusqu'au niveau des lots de travaux.

Un diagramme de Gantt pour le suivi du projet de prototype d'appareil photo numérique est présenté à la figure 13.11. En examinant ce diagramme, on constate que la tâche C (Mémoire et logiciel), qui avait une durée initiale de quatre unités de temps, devrait maintenant en requérir six. Ce délai de deux unités de temps aura pour effet de retarder les tâches E et F de deux unités. En conséquence, l'ensemble du projet sera en retard de deux unités de temps.

La figure 13.12 contient une synthèse des activités du projet extrêmement simplifiée à la fin de la période 7. On a établi cette synthèse par produits livrables et par services de l'entreprise qui participent au projet. Par exemple, le produit livrable « Mémoire et logiciel » a un écart de prévisions de –10 $ et un écart de coûts de –30 $. Le service de stockage qui en a la charge devrait pouvoir expliquer ces différences. De même, le service de montage qui a la responsabilité des produits livrables des activités « Montage » et « Essais » affiche

FIGURE 13.11

Le diagramme de Gantt de suivi indiquant l'avancement du projet d'appareil photo numérique jusqu'à la période 7

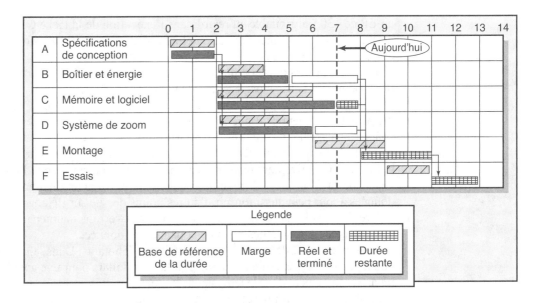

FIGURE 13.12   Une synthèse du projet à la fin de la période 7 (x 1 000)

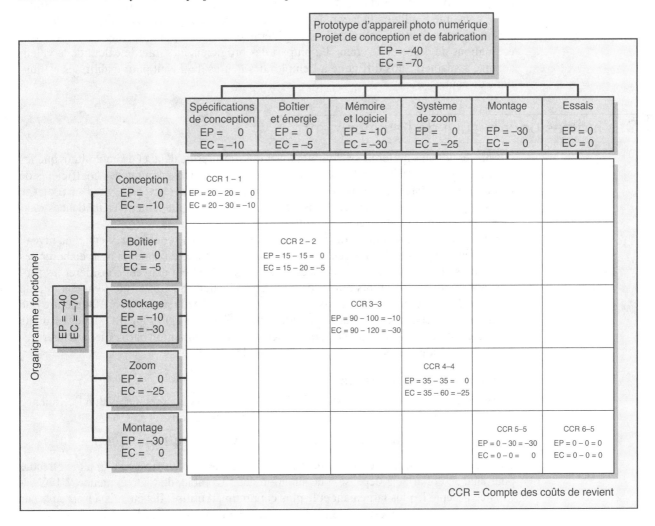

un EP de −30 $ attribuable au retard dans l'exécution de la tâche C, comme l'illustre la figure 13.11, à la page précédente. La plupart des produits livrables ont de mauvais résultats en ce qui concerne les écarts de délais et de coûts.

Dans des projets plus complexes, les tabulations croisées des comptes de coûts de revient par produits livrables et par services de l'entreprise concernés peuvent être très révélatrices et plus fouillées. Notre exemple illustre les principes de base de l'élaboration d'un rapport d'état d'avancement et d'une référence ainsi que de la mesure des écarts de délais et de coûts. L'analyse des résultats n'y comporte qu'un seul niveau au-dessus de celui des comptes de coûts de revient. Comme tous les renseignements sont dérivés de la base de données détaillée, il est relativement facile de déterminer l'état d'avancement d'un projet à tous les niveaux de la SDP et de l'organigramme fonctionnel. Fort heureusement, cette base de données à jour peut aussi fournir d'autres points de vue sur l'état actuel d'un projet et permettre de prévoir les coûts à l'achèvement. Nous verrons maintenant comment dériver ces renseignements supplémentaires de la banque de données.

Une mise en garde s'impose à l'endroit des débutants. Dans la pratique, les budgets ne donnent pas nécessairement la somme totale en dollars pour une activité. Souvent, ils sont répartis séparément dans le temps pour les matières et la main-d'œuvre de façon à rendre le contrôle sur les coûts plus efficace. Assez souvent, on utilise les heures de travail au lieu des dollars dans le système d'analyse de la valeur acquise. On ne convertit les heures en dollars que plus tard. L'utilisation des heures de travail avec le système d'analyse de la valeur acquise constitue d'ailleurs la façon de procéder dans la plupart des travaux de construction. Ces unités sont faciles à comprendre. En général, on s'en sert pour préparer de nombreuses estimations de durée et de coûts. La plupart des progiciels intégrant le calcul de la valeur acquise s'adaptent sans difficulté à l'emploi des heures de travail pour établir des estimations de coûts.

Des indices pour le suivi de l'avancement

Les professionnels préfèrent parfois employer des mesures de délai et de coût plutôt que les valeurs absolues de EP et de EC, car ils peuvent être considérés comme des coefficients de rendement. Les diagrammes de performance préparés pendant le cycle de vie d'un projet se révèlent parfois très utiles et éclairants. On peut y discerner facilement les tendances relatives aux produits livrables et à l'ensemble du projet.

En général, on se sert des indices au niveau des comptes de coûts de revient et au niveau plus agrégé du projet. En pratique, on recourt aussi aux bases de données pour élaborer des indicateurs grâce auxquels le gestionnaire de projet et le client peuvent considérer les progrès accomplis de différents points de vue. Un indicateur de 1,00 (100 %) atteste que le projet se déroule conformément aux prévisions. Un indicateur supérieur à 1,00 montre que l'avancement dépasse les attentes. Un indicateur inférieur à 1,00 suggère que les résultats se révèlent moins bons que prévu et qu'ils nécessitent une attention particulière. L'interprétation de ces indicateurs est expliquée dans le tableau 13.3.

Les indices de performance

Deux indices permettent d'évaluer l'efficience des résultats. Le premier évalue l'efficience des coûts du travail accompli jusqu'au moment de l'évaluation.

$$\text{Indice de performance des coûts (IPC)} = \text{VA/CR} = 160/230 = 0,696 \text{ ou } 0,70$$

L'IPC de 0,696 montre que l'équivalent de 0,70 $ du travail planifié à ce jour a été effectué pour chaque dollar déjà dépensé, une situation peu favorable, de toute évidence. L'IPC est l'indice accepté le plus largement et le plus couramment utilisé. Il a été mis à l'épreuve sur une longue période et s'est révélé le plus précis, le plus fiable et le plus stable de tous.

Le second indice permet de mesurer l'efficience en matière de délai jusqu'au moment de l'évaluation.

$$\text{Indice de performance des délais (IPD)} = \text{VA/VP} = 160/200 = 0,80$$

D'après cet indicateur, l'équivalent de 0,80 $ du travail a été exécuté pour chaque dollar de travail prévu à cette date. Le tableau 13.3 explique comment interpréter les deux indices. Le diagramme de la figure 13.13 illustre ces indices pour l'exemple du projet d'appareil photo numérique jusqu'à la période 7. Il s'agit d'un autre exemple des diagrammes utilisés dans la pratique.

L'indice de performance d'achèvement d'un projet

Il existe deux indicateurs de pourcentage d'achèvement de sorte que l'on peut choisir celui qui semble le mieux convenir au projet à analyser. Avec le premier indice, on suppose que le budget initial du travail réalisé constitue l'information la plus fiable pour mesurer le pourcentage d'achèvement du projet. Avec le second indice, ce sont les coûts réels à la date de l'analyse et le coût prévu à l'achèvement qui constituent les renseignements les plus fiables pour effectuer l'évaluation. Ces indicateurs comparent les progrès accomplis à ce jour à l'état du projet achevé.

Voici les trois enjeux sous-jacents à l'utilisation de ces indices : 1) les conditions ne changeront pas ; 2) aucune correction ni amélioration ne sera prise ou apportée ; et 3) les renseignements contenus dans la base de données sont exacts. Le premier indicateur porte sur le pourcentage d'achèvement en fonction des sommes inscrites dans le budget.

TABLEAU 13.3

L'interprétation des indices

Indice	Coût (IPC)	Délai (IPD)
> 1,00	Inférieur au coût	En avance sur le calendrier
= 1,00	Égal au coût	À jour
< 1,00	Supérieur au coût	En retard

FIGURE 13.13

Les indices pour les périodes 1 à 7

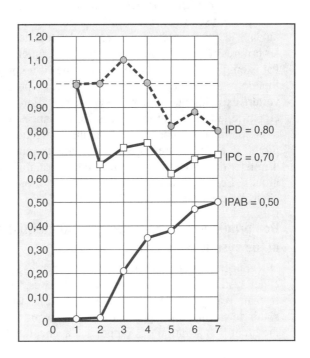

$$\text{Indice de performance d'avancement du budget}$$
$$\text{IPAB} = \text{VA/CBA} = 160/320 = 0,50 \ (50\%)$$

D'après cet indicateur, le travail accompli représente 50% du coût budgété à l'achèvement (CBA) en dollars à ce jour. Notons que ce calcul ne tient pas compte des coûts réels engagés. Comme les dollars réellement engagés ne garantissent pas l'avancement du projet, de nombreux gestionnaires préfèrent se servir de cet indice lorsque les estimations du budget initial inspirent un niveau de confiance élevé.

Avec le second indice, on considère le pourcentage d'achèvement en fonction des dollars réels engagés pour effectuer le travail à ce jour et des dollars réels prévus pour l'achèvement du projet (CFE). Par exemple, à la fin de la période 7, le personnel effectue une nouvelle estimation et découvre que le CFE sera de 575 au lieu de 320. On exprime comme suit ce changement.

$$\text{Indice de performance d'avancement des coûts}$$
$$\text{IPAC} = \text{CR/CFE} = 230/575 = 0,40 \ (40\%)$$

Certains gestionnaires préfèrent cet indicateur, car il contient des estimations réelles et révisées qui tiennent compte de renseignements nouveaux et plus complets qu'au départ.

Ces deux types de pourcentage d'achèvement présentent d'autres aspects possibles du véritable pourcentage d'achèvement. Ils peuvent donner des résultats très différents, comme on peut le constater ci-dessus. (*Remarque*: l'IPAC n'apparaît pas dans la figure 13.12. Ce sont les estimateurs sur le terrain qui dérivent les nouvelles données du CFE à chaque période.)

La mesure des performances techniques

La mesure des performances techniques se révèle aussi importante que celle des performances en matière de délais et de coûts. Bien que l'on suppose souvent que les résultats de ce type soient adéquats, ce n'est pas nécessairement le cas. Les répercussions des lacunes dans ce domaine s'avèrent souvent plus sérieuses qu'il n'y paraît – le résultat fonctionne ou ne fonctionne pas selon que l'on respecte ou que l'on ne respecte pas les spécifications techniques. L'évaluation des performances techniques d'un système, d'une installation ou d'un produit se fait souvent par l'examen des documents compris dans le cahier de charges ou dans la documentation concernant les lots de travaux. Ces documents devraient préciser les critères et les limites de tolérance sur lesquels il faut se baser pour mesurer les résultats. Par exemple, les performances techniques d'un projet de logiciel ont souffert du fait que la fonction « glisser-déplacer » a été éliminée du produit final. Inversement, le prototype d'une voiture expérimentale a dépassé la spécification technique du nombre de kilomètres au litre et, par le fait même, amélioré ses performances techniques. Il s'avère très difficile de préciser comment mesurer les performances techniques, car celles-ci dépendent de la nature du projet. Il suffit de dire qu'il s'agit d'une mesure incontournable. On a très souvent besoin d'utiliser des processus de contrôle de la qualité dans le domaine des performances techniques. Le gestionnaire de projet doit se montrer inventif pour trouver des moyens de contrôler cet aspect crucial d'un projet.

Des progiciels pour les systèmes d'établissement du prix de revient et les systèmes de gestion de projet

Des concepteurs de progiciel ont développé des systèmes d'établissement du prix de revient et des systèmes de gestion de projet complexes. Ces progiciels repèrent et présentent de l'information à jour sur le budget ainsi que sur les valeurs réelles, acquises et engagées. Il peut s'agir de valeurs telles que les heures de travail, la matière ou les coûts. Ces renseignements facilitent l'élaboration des rapports d'avancement coût/délai, les mesures de performance et la gestion des flux de trésorerie. Nous l'avons vu au chapitre 5, le budget, les coûts réels et les coûts engagés sont généralement présentés dans des cadres temporels différents, comme l'illustre la figure 5.3, à la page 146. Un rapport de l'état d'avancement type produit par ordinateur renferme les renseignements suivants :

1. L'écart de prévision (VA – VP) par compte de coûts de revient et par SDP et organigramme fonctionnel (OF)
2. L'écart des coûts (VA – CR) par compte de coûts de revient et par SDP et organigramme fonctionnel (OF)
3. Les mesures de performance – le pourcentage total d'avancement et l'indicateur des performances
4. Le total cumulatif des coûts réels à ce jour (CR)
5. Le coût final estimé (CFE)
6. Les sommes engagées payées et non payées

L'éventail de progiciels existants, avec leurs caractéristiques particulières et leur constante mise à jour, est trop large pour être présenté dans le présent manuel. Les concepteurs et les distributeurs de logiciels ont accompli un excellent travail pour fournir des produits qui répondent aux besoins d'information de la majorité des gestionnaires de projet. Au cours de la dernière décennie, les différences entre ces logiciels ont principalement porté sur l'amélioration de leur convivialité et sur une présentation des résultats claire et facile à comprendre. Quiconque comprend les concepts et les outils décrits aux chapitres 4, 5, 6, 8 et 13 aura peu de difficulté à se débrouiller avec les résultats de n'importe lequel des progiciels de gestion de projet les plus répandus.

Des règles supplémentaires sur la valeur acquise

Bien que la règle du pourcentage d'achèvement soit la méthode la plus employée pour l'assignation des budgets aux bases de référence et pour le contrôle des coûts, deux règles supplémentaires peuvent se révéler très utiles pour diminuer les coûts indirects liés à la collecte de données détaillées sur le pourcentage d'achèvement de chaque lot de travaux. (Évidemment, ces règles ont aussi pour avantage d'éliminer le jugement souvent subjectif des entrepreneurs sur le pourcentage de travail réellement effectué.) Il s'agit des règles 0/100 % et 50/50. On s'en sert généralement pour des activités de courte durée ou peu coûteuses.

▸ **La règle 0/100 %** Avec la règle 0/100 %, on suppose que les sommes correspondant à l'exécution d'un travail sont « acquises » lorsque ce travail est terminé. Par conséquent, 100 % du budget est acquis lorsque le lot de travaux est achevé. Cette règle s'applique à des lots de travaux de très courte durée.

▸ **La règle 50/50** Cette fois, 50 % de la valeur du budget d'un lot de travaux a été acquise au démarrage et 50 % de la valeur sera acquise à l'achèvement du lot. En général, on applique cette règle aux lots de travaux de courte durée et quand les coûts totaux s'avèrent peu élevés.

Notons, encore une fois, qu'il suffit de savoir si l'on a commencé le lot de travaux et si on l'a terminé. Ces deux règles sont très appréciées des gestionnaires de projet, mais les entrepreneurs se montrent moins enthousiastes lorsqu'on les applique à de gros lots de travaux ou qu'ils éprouvent eux-mêmes des problèmes de flux de trésorerie. Quiconque souhaiterait en savoir davantage sur l'application de ces règles ou étudie en vue d'obtenir une accréditation trouvera à l'annexe 13.1 deux exercices relatifs à ces règles et à la règle du pourcentage d'achèvement.

La prévision du coût final du projet

En gros, deux méthodes permettent de réviser les estimations des futurs coûts d'un projet. Dans bien des cas, on les utilise toutes les deux pour certains segments d'un projet. Il en résulte une confusion de termes dans les manuels et les logiciels ainsi que parmi les utilisateurs sur le terrain. Nous avons choisi de mettre en lumière les différences entre ces méthodes. La première permet aux spécialistes du domaine de modifier les durées et les coûts de la base de référence initiale lorsque de nouveaux renseignements leur montrent que les estimations de départ sont imprécises. Nous nous sommes servis de CFE_c pour représenter les révisions apportées par les spécialistes et les professionnels associés au projet. Ce type de révisions est presque toujours utilisé au cours de projets de moindre envergure.

La seconde méthode sert aux projets de grande envergure dont le budget initial s'avère peu fiable. Cette méthode se base sur les coûts réels à ce jour et sur une mesure de performance (IPC = VA/CR) appliquée au reste du travail à accomplir. Lorsque, dans une estimation, on recourt à un IPC pour prévoir les coûts à l'achèvement, on utilise le sigle CFE_f dont voici l'équation.

L'équation de ce modèle prévisionnel s'exprime comme suit.

$$CEA = \frac{\text{Travail restant}}{IPC} = \frac{CBA - VA}{VA/CR}$$

$$CFE_f = CEA + CR$$

où CEA = coût estimé de l'achèvement du travail restant
   IPC = indice des coûts cumulatifs à ce jour
   VA = coût budgété cumulatif du travail effectué à ce jour
   CR = coût réel cumulatif du travail effectué à ce jour
  CBA = budget total de la référence
  CFE_f = coût final estimé

Voici quelques renseignements tirés de notre exemple précédent. On calcule comme suit le coût final estimé CFE_f.

Coût budgété à l'achèvement CBA pour le projet	320 $
Valeur acquise cumulative (VA) à ce jour	160 $
Coût réel cumulatif (CR) à ce jour	230 $

$$CFE = \frac{320 - 160}{160/230} + 230 = \frac{160}{0,7} + 230 = 229 + 230$$

$$CFE_f = 459\ \$$$

La prévision finale du coût du projet se chiffre à 459 $ contre 320 $ lors de la planification initiale.

L'indice de performance d'avancement des coûts (IPAC) est un autre indicateur couramment employé qui sert d'outil d'information supplémentaire dans le calcul de la prévision à l'achèvement (CFE_f). Ce coefficient calcule la valeur que chaque dollar *restant* du budget doit acquérir pour demeurer dans les limites budgétaires. Calculons cet indice pour le projet de l'appareil photo numérique à la fin de la période 7.

$$IPAC = \frac{CBA - VA}{CBA - CR} = \frac{320 - 160}{320 - 230} = \frac{160}{90} + 230 = 1,78$$

L'indice de 1,78 indique que chaque dollar restant du budget doit acquérir une valeur de 1,78 $. Il reste donc plus de travail à effectuer que de dollars dans le budget. De toute évidence, il serait difficile d'augmenter la productivité à un tel point pour pouvoir respecter les limites du budget prévu. Il faudra réduire le travail à effectuer ou accepter un dépassement des coûts. Lorsque l'IPAC est inférieur à 1,00, il devrait être possible d'achever le projet sans recourir à tout ce qui reste du budget alloué. Un indicateur inférieur à 1,00 ouvre la porte à diverses possibilités telles qu'une amélioration de la qualité, une hausse des bénéfices ou un élargissement du contenu.

D'après certaines recherches, ce modèle est efficace. Sa marge d'erreur se situe à moins de 10 % dans le cas de projets d'envergure achevés à plus de 15 %. On peut aussi employer ce modèle pour les comptes de coûts de revient des SDP et des organigrammes fonctionnels dont on s'est servi pour la prévision des coûts restants et du total des coûts. Toutefois, il importe de connaître les hypothèses sur lesquelles repose ce modèle, soit que les conditions ne changeront pas, que la base de données est fiable, que les valeurs acquises (VA) et les coûts réels (CR) sont cumulatifs et que l'état d'avancement du projet dans le passé est représentatif de ses progrès dans l'avenir. Cette prévision objective constitue un bon point de départ ou un bon point de repère que le gestionnaire peut utiliser pour comparer d'autres prévisions comportant des conditions différentes et des jugements subjectifs.

Le tableau 13.4 présente un rapport de l'état d'avancement mensuel abrégé similaire à ceux qu'utilisent les entreprises. Il s'agit d'un type de présentation employé pour tous les projets de leur portefeuille. (Notons que l'écart des prévisions de –22 176 $ ne se convertit pas directement en jours. Les 25 jours de retard proviennent du calendrier du réseau.)

TABLEAU 13.4

Un rapport d'étape mensuel

Numéro du projet : 163   **Gestionnaire de projet :** Colin Gagné
Ordre de priorité du projet à ce jour : 4
État d'avancement en date du : 1er avril 2006
Sommes de la valeur acquise :

VP	VA	CR	EP	EC	CBA
588 240	566 064	596 800	(22 176)	(30 736)	1 051 200

CFE	ECA	CFEf	IPC	IPCB	IPCCR
1 090 640	(−39 440)	1 108 278	0,95	0,538	0,547

Description du projet : convoyeur contrôlé électroniquement capable de déplacer et de disposer des objets sur la courroie avec une précision de moins d'un millimètre.

Résumé de l'état d'avancement : le projet est en retard d'environ 25 jours par rapport à son calendrier. L'écart de coûts est de (30 736 $).

Explications : l'écart de prévision s'est déplacé d'activités non critiques vers les activités qui se trouvent dans le chemin critique. La première étape d'intégration, dont le démarrage était planifié pour le 26 mars, devrait maintenant commencer le 19 avril, ce qui représente environ 25 jours de retard. Ce retard se justifie par la perte de la seconde équipe de conception, qui a rendu impossible le démarrage de la documentation sur les installations le 27 février tel que prévu. Cette réduction d'effectif illustre les répercussions de la perte de ressources importantes sur un projet. L'écart de coûts à ce jour est dû en grande partie à un changement dans la conception qui a coûté 21 000 $.

Principaux changements depuis le dernier rapport : la perte d'une des équipes de conception du projet constitue le principal changement.

Coût total des modifications à la conception approuvées : 21 000 $. La plus grande partie de cette somme est attribuable à l'amélioration de la conception des programmes de gestion d'entrée/sortie.

Coût prévu à l'achèvement : la prévision à l'achèvement (CFEf) se chiffre à 1 108 278. Il s'agit d'un dépassement de coûts de 57 078 $, compte tenu d'un IPC de 0,95. Cet IPC explique pourquoi la prévision est supérieure à l'ECA (−39 440 $).

À surveiller : rien n'indique que le niveau de risque a varié, peu importe le segment.

Coup d'œil sur un cas réel

Le projet de mise hors service de la centrale nucléaire Trojan

Portland General Electric (PGE) a été chargée de mettre hors service la centrale nucléaire Trojan. Il s'agit d'un projet complexe qui s'étendra sur deux décennies. La première partie du projet, qui consistait à déplacer les réacteurs usés vers un lieu d'entreposage, est terminée. Elle a été primée à titre de projet de l'année 2000 par le PMI. La seconde partie, qui consiste à décontaminer les structures restantes et les déchets, se poursuit toujours.

Le tableau, à la page suivante, présente le rapport sur l'état d'avancement du projet du point de vue de la valeur acquise en décembre 2000. Dans ce rapport, on mesure les performances délai/coût pour le suivi du projet. Le TDF représente la VA initiale au 1er janvier 2000. Les modifications au contenu ($) ou au calendrier de la base de référence ont entraîné des variations du CBTP actuel. (Notons que l'on mesure l'indice de délai par rapport au TDF.) Ce rapport sert aussi de base de discussion dans les demandes de modifications de tarifs auprès de la Public Utilities Commission.

D'après l'indice des délais (0,88), le projet prend du retard par rapport à son calendrier. En résolvant certaines questions avec un important fournisseur et en trouvant des solutions à des problèmes techniques, l'entreprise devrait venir à bout de ces problèmes de retard. L'indice des coûts (1,14) du projet a une valeur positive. Une partie de cette excellente performance des coûts est attribuable à un partenariat et à des mesures incitatives négociées avec les fournisseurs et les syndicats.

* Entrevue avec Michael B. Lackey, directeur général, Trojan, PGE, septembre 2001.

Joel W. Rogers/Corbis.

Un autre résumé de rapport accompagne la rubrique précédente. Comparez les différences de format.

D'autres considérations reliées au contrôle

Les modifications à la base de référence

Au cours du cycle de vie d'un projet, certains changements sont inévitables. Nombre d'entre eux se révèlent très avantageux pour les résultats du projet. Toutefois, on souhaite éviter ceux qui auront un effet défavorable. Une définition du projet préparée avec soin peut réduire le besoin d'apporter des changements. Une mauvaise définition, par contre, est susceptible d'occasionner des changements qui entraîneront des dépassements de coûts, des retards dans le calendrier, une baisse d'enthousiasme chez les membres de l'équipe et certains dérapages. Les changements viennent de sources externes ou internes. Parmi les sources externes, les clients exigent parfois des modifications qui ne figurent pas dans le cahier des

Performances coût/budget (VA et TDF) — Coûts cumulatifs de la mise hors service — Dollars non indexés de l'année

Société Portland General Electric – Centrale nucléaire Trojan — Date du rapport: 23 janvier 2001 8 h 13 — Numéro du rapport: DECT005

Description	Décembre 2000			Cumul annuel jusqu'à ce jour				2000	2000	IPC	IPD
	VP	VA	CR	VP	VA	CR	Écart CBP/CRP	VP	TDF	VA/CR	VA/VP
ISFSI	193014	182573	162579	3655677	3586411	3263995	322416	3855877	4348754	1,10	0,83
RVAIR	0	0	0	0	0	399	(399)	0	0	0,00	0,00
Déplacement de l'équipement– AB/FB	79083	79649	73899	497197	504975	308461	196514	497197	479534	1,64	1,05
Déplacement de l'équipement – Autre	0	0	0	0	(36822)	519	(37341)	0	0	0,00	0,00
Conduites enfouies – AB/FB	3884	0	2118	532275	540232	515235	24997	532275	763579	1,05	0,71
Conduites enfouies – Autres	0	0	3439	175401	210875	79235	131640	175401	195405	2,86	1,08
Décontamination de surface – AB/FB	29935	23274	21456	1266685	1293315	1171712	121603	1266665	1453029	1,10	0,90
Décontamination de surface – Autres	2875	2	11005	308085	199853	251265	(51413)	308085	141183	0,80	1,24
Décontamination de surface – Confinement	680502	435657	474427	5271889	4950528	4823338	127190	5271889	4693551	1,03	0,96
Élimination des déchets radioactifs	884873	453032	(28675)	10680118	8276616	10807916	(2531300)	10880118	10645292	0,77	0,78
Vérification finale	58238	57985	27091	780990	780990	700942	80048	780990	1568600	1,11	0,50
Zones non radiologiques	92837	91956	58538	2471281	2376123	834643	1541480	2471281	3579292	2,85	0,66
Personnel	714806	714509	468858	9947775	9947775	8241383	1706392	9947775	9772793	1,21	1,02
ISFSI – Activités à long terme	85026	85028	19173	2004398	2004398	337206	1667192	2004398	2707316	5,94	0,74
Charge de travail	258289	258289	240229	3216194	3216194	2755604	460590	3216194	3216194	1,17	1,00
Charge de la matière	17910	17910	(95128)	211454	211454	136973	74481	211454	211454	1,54	1,00
Gestion d'entreprise	153689	228499	228521	1814523	1814523	1814520	3	1814523	2277711	1,00	0,80
Coûts non distribuables	431840	401720	242724	5541679	5575879	4007732	1567947	5541679	5455764	1,39	1,02
Total de la mise hors service	3688481	3008081	1905084	48375399	45453119	40051079	5402040	48375399	51507451	1,13	0,87
Total (moins ISFSI et RVAIR)	3493467	2845508	1743485	44719720	41886710	36788680	5080024	44719720	47160700	1,14	0,88

charges initial et qui requièrent des changements importants au projet et, par conséquent, à la base de référence. Le gouvernement impose aussi quelquefois des normes qui ne faisaient pas partie de la planification initiale et qui nécessitent une révision du contenu du projet. Parmi les sources internes, les acteurs peuvent constater des problèmes imprévus ou des améliorations susceptibles de modifier le contenu du projet. Dans de rares cas, les changements de contenu proviennent de plusieurs sources à la fois. Ainsi, le système de manutention automatique des bagages de l'aéroport international de Denver est un rajout de dernière minute. Il s'agit d'une décision appuyée par différents acteurs du projet, entre autres les administrateurs de la ville, des experts-conseils et au moins un client, une compagnie aérienne. Cet ajout a occasionné des coûts supplémentaires astronomiques de deux milliards de dollars et a retardé l'ouverture de l'aéroport de 16 mois. Si on avait inclus un tel changement de contenu dans la planification, il en aurait coûté seulement une fraction du dépassement de coûts, et les délais auraient été réduits de façon significative. Il faut enregistrer tout changement de contenu ou de la base de référence dans le système de contrôle des changements mis en place au cours de la planification du contrôle des risques (*voir le chapitre 7*).

En général, le gestionnaire de projet fait un suivi attentif des changements de contenu, qu'ils devraient autoriser uniquement dans certaines circonstances : s'il est clair que le projet échouerait sans le changement proposé, que le projet serait considérablement amélioré par ce changement ou que le client désire un tel changement et qu'il est prêt à en assumer les coûts. Il s'agit d'une mise en garde exagérée, mais elle indique dans quel esprit il faut envisager des changements à la base de référence. Les effets d'un changement de contenu et de la base de référence devraient être acceptés et approuvés par le client. La figure 13.14 illustre l'effet sur les coûts d'un changement de contenu dans la base de référence à un moment dans le temps, soit « aujourd'hui ». Dans le cas de la courbe A, le changement de contenu entraîne une augmentation des coûts ; dans le cas de la courbe B, il occasionne une baisse de coûts. L'enregistrement des modifications du contenu de la base de référence, aussitôt qu'elles sont approuvées, assure que les valeurs acquises calculées restent valables. Lorsqu'on tarde à le faire, il en résulte des écarts de coûts et de planification.

Il faut se garder d'utiliser des changements à la base de référence pour masquer de mauvaises performances dans le travail accompli ou en cours. On peut suspecter ce type de manœuvre lorsqu'une base de référence sans cesse révisée semble correspondre aux résultats.

FIGURE 13.14

Des changements de contenu à une base de référence

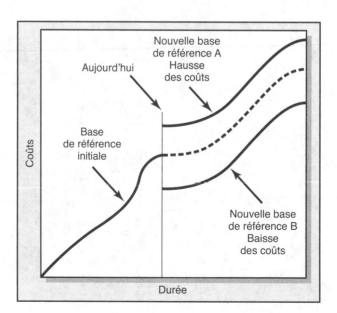

Le gestionnaire expérimenté parle alors de référence élastique, car celle-ci s'étire pour se conformer aux données. La plupart des changements ne déclenchent pas de modifications de contenu majeures, et ils devraient être absorbés sous forme d'écarts positifs ou négatifs. Par contre, il ne faut pas autoriser de changements rétroactifs pour du travail déjà accompli. On ne doit pas non plus permettre de transfert d'argent entre les comptes des coûts de revient après que le travail est terminé. Il est possible de parer aux changements imprévus au moyen de réserves pour éventualités. En général, le gestionnaire de projet prend lui-même cette décision. Dans le cas d'un projet de grande envergure, une équipe de révision des changements, formée de membres de l'équipe de projet en partenariat avec les clients, prend toutes les décisions concernant les changements.

Les réserves pour éventualités

Les plans se réalisent rarement dans tous leurs détails comme prévu à cause des risques qui surviennent, reconnus ou non reconnus, d'erreurs d'estimation, de changements exigés par le client ou encore de changements technologiques. Le calendrier parfait n'existant pas, il faut s'entendre sur certaines réserves pour éventualités avant le début du projet pour parer les imprévus. L'importance de ces réserves devrait dépendre de l'incertitude et du risque d'erreurs dans les estimations de coûts et de durée. Par exemple, quand un projet comporte peu d'éléments nouveaux pour une équipe, la réserve pour éventualités pourrait représenter entre 1 % et 2 % du coût total du projet. À l'inverse, lorsqu'il s'agit de quelque chose de nouveau pour tous les membres de l'équipe, la réserve pourrait varier entre 5 % et 20 % du coût total. D'après une règle générale appliquée par une entreprise de gestion de construction, il faut se fier au pourcentage de conception déjà effectué au moment où le projet démarre. Ainsi, lorsque seulement 30 % de la conception est terminée, on calcule une réserve pour éventualités de 25 % à titre de couverture contre l'incertitude. Lorsque 60 % de la conception est achevée, la réserve se situe à 15 %. Dès que 95 % de la conception est terminée, cette somme correspond à seulement 10 %. Les réserves pour éventualités assurent une certaine marge de manœuvre au gestionnaire de projet qui lui permet de faire progresser les travaux.

Toutefois, chacun ne peut pas puiser à volonté dans une réserve pour éventualités. Seul le gestionnaire de projet devrait pouvoir y libérer des sommes en se basant sur des renseignements détaillés et documentés. Les fonds de la *réserve budgétaire* pour éventualités, rappelons-le, ne sont pas destinés aux changements de contenu, ceux-ci étant plutôt couverts par les fonds de la *réserve de gestion*. Le chapitre 7 donne une description détaillée des réserves pour éventualités budgétaires et de gestion. De nos jours, les gestionnaires tendent à faire connaître la valeur de la réserve pour éventualités à tous les acteurs, dont les sous-traitants. Cette stratégie repose sur la confiance, l'ouverture et l'autodiscipline des acteurs du projet qui concentrent tous leurs efforts à réaliser le même ensemble d'objectifs.

Les coûts et les problèmes associés à la collecte de données

La rubrique, à la page suivante, expose quelques-uns des nombreux problèmes que suscite la résistance à la collecte de données sur le pourcentage d'achèvement pour les systèmes de la valeur acquise. Des pseudo-systèmes de pourcentage d'achèvement similaires au système de base sont utilisés et semblent fonctionner efficacement dans les environnements à multiples projets qui comprennent des projets de petite et moyenne envergure. En supposant que la période couverte par le rapport est hebdomadaire, il faut s'efforcer d'élaborer des lots de travaux d'une durée approximative d'une semaine pour déceler rapidement des problèmes éventuels. Dans le cas des projets de grande envergure, aucun système ne peut remplacer le système du pourcentage d'achèvement qui dépend de données recueillies par l'observation à des points de contrôle clairement définis.

Une stratégie basée sur la pseudo-méthode de la valeur acquise du pourcentage d'achèvement

Un consultant du Service des forêts des États-Unis a suggéré d'utiliser la valeur acquise pour faire le suivi de plus de 50 projets de vente de bois en grume qui se déroulaient concurremment dans une circonscription forestière. Dès que des projets étaient terminés, d'autres démarraient. Les gestionnaires ont fait l'essai du système d'analyse de la valeur acquise pendant environ neuf mois, puis un groupe de travail a été chargé d'analyser le processus. Le groupe a reconnu que le système fournissait des renseignements pertinents pour faire le suivi de l'avancement des projets et en prévoir le déroulement. Par contre, les coûts et les problèmes associés à la collecte de données en temps opportun sur le pourcentage d'achèvement étaient inacceptables, car aucun budget n'était dédié à cette tâche.

Il a aussi été question du degré de détail à viser, mais aucune suggestion n'a permis de résoudre ce problème. On a reconnu, au cours de l'analyse, qu'un nombre insuffisant de données ne permet pas d'exercer un contrôle adéquat, tandis qu'une grande quantité de rapports exige beaucoup de documents et de personnel, ce qui est coûteux. Le groupe de travail a donc conclu qu'il était possible de mesurer l'avancement et les performances à l'aide d'une pseudo-version de la méthode du pourcentage d'achèvement tout en conservant un degré d'exactitude acceptable pour l'ensemble du projet. Cette méthode modifiée requérait que les lots de travaux très imposants, c'est-à-dire environ 3 % à 5 % de tous les lots de travaux d'un projet, soient scindés en lots plus petits pour permettre un contrôle plus rigoureux et une identification plus rapide des problèmes. Le groupe a déterminé que la durée idéale des lots de travaux serait, à première vue, d'une semaine. Grâce au nouveau système, il suffisait d'un appel téléphonique et de réponses de type «oui ou non» à l'une des questions suivantes pour attribuer un pourcentage d'achèvement.

L'exécution du lot de travaux est-elle commencée ?	Non =	0 %
L'exécution du lot de travaux est-elle en cours ?	Oui =	50 %
L'exécution du lot de travaux est-elle terminée ?	Oui =	100 %

Un membre du personnel interne a ainsi pu recueillir des données pour le pseudo-système d'analyse de la valeur acquise du pourcentage d'achèvement sur les 50 et quelques projets en travaillant un peu moins de 8 heures chaque semaine.

Une augmentation de l'envergure du projet

Il est facile de cerner les gros changements dans le contenu d'un projet. Ce sont les «retouches mineures» qui, en s'accumulant, finissent par devenir des changements majeurs. Ces retouches posent le plus de problèmes. Ces petites retouches donnent lieu à ce que l'on appelle dans le domaine une augmentation de l'envergure du projet. Le client d'un concepteur de logiciel, par exemple, a demandé de petits changements dans l'élaboration d'un progiciel de comptabilité personnalisé. Après plusieurs retouches mineures, il est devenu évident que ces modifications représentaient une extension importante du contenu initial du projet. Il en a résulté un client insatisfait, et l'entreprise y a perdu de l'argent et… sa réputation.

Bien que l'on considère généralement les changements de contenu de façon défavorable, ils se traduisent dans certains cas par de véritables récompenses. Ils constituent parfois aussi des occasions d'affaires intéressantes. Dans le secteur du développement de produits, l'ajout d'une petite caractéristique peut se transformer en un énorme avantage concurrentiel. Une légère modification à un processus de production est susceptible de devancer d'un mois la sortie d'un produit sur le marché ou d'en réduire les coûts.

L'augmentation de l'envergure du projet se voit surtout en début de projet, en particulier dans le cas du développement d'un nouveau produit. Les clients qui réclament des caractéristiques supplémentaires, l'utilisation d'une nouvelle technologie, des hypothèses de conception erronées, etc., constituent autant de raisons d'effectuer des changements de contenu. Souvent, il s'agit de petits changements qui passent inaperçus jusqu'à ce que l'on constate des retards ou des dépassements de coûts. L'augmentation des paramètres du projet a des effets sur l'entreprise, l'équipe de projet et les fournisseurs. De tels changements modifient les besoins de l'entreprise en matière de flux de trésorerie en ce sens qu'il y a plus ou moins de ressources disponibles, ce qui peut aussi avoir des répercussions sur l'exécution d'autres projets. Par ailleurs, des changements fréquents finissent par venir à bout de la motivation de l'équipe et de sa cohésion. Ayant été modifiés, des objectifs clairs au départ deviennent plus ou moins imprécis et cessent de canaliser les efforts du groupe. Tout recommencer frustre et démoralise les membres de l'équipe, perturbe le rythme de travail et réduit la productivité. Les fournisseurs voient d'un mauvais œil des changements fréquents de contenu, car ils entraînent des hausses de coûts et ils ont les mêmes effets sur leur équipe que sur celle du projet.

Pour gérer efficacement l'augmentation des paramètres des projets, il faut opter pour un autre mode de gestion. Un gestionnaire d'un bureau d'architectes racontait que ce phénomène était l'un des plus grands risques auxquels son cabinet faisait face dans l'exécution de projets. La meilleure protection contre une telle augmentation consiste à définir clairement le contenu des projets. Les cahiers de charges mal préparés constituent l'une des causes majeures de l'augmentation de l'envergure du projet.

Une autre stratégie consiste à énoncer ce que le projet n'est pas pour éviter toute erreur d'interprétation par la suite. (Il a été question de ce processus au chapitre 7. Consultez la figure 7.4, à la page 228, pour revoir les principales variables utilisées dans la documentation des changements à l'intérieur d'un projet.) La base de référence initiale doit être clairement définie et acceptée par le client. Avant le début du projet, il est essentiel d'établir une marche à suivre claire pour autoriser et documenter toute modification du contenu du projet par le client ou l'équipe de projet. Quand il est nécessaire de recourir à un changement de contenu, il faut documenter ses effets sur la base de référence de façon précise, par exemple, indiquer les variations de coûts, de durée, de liens de dépendance, de spécifications, de responsabilités, etc. Enfin, on doit rapidement ajouter ce changement à la base de référence initiale pour refléter la modification survenue dans le budget et le calendrier. Il est également essentiel de communiquer tout changement et ses effets à l'ensemble des acteurs du projet.

Résumé

Le meilleur système d'information ne permet pas automatiquement d'exercer un contrôle efficace sur un projet. Le gestionnaire de projet doit savoir utiliser l'information disponible pour mener le projet à terme, contre vents et marées. La carte de contrôle et le diagramme de Gantt s'avèrent fort utiles pour observer les délais d'exécution. Le système coût/délai permet au gestionnaire d'exercer une influence positive sur les coûts et le calendrier au moment opportun. La capacité d'influencer les coûts diminue avec le temps. Par conséquent, il importe que le gestionnaire de projet dispose de rapports en temps utile cernant les tendances défavorables en matière de coûts pour être en mesure de réaligner le projet sur le budget et le calendrier de départ. Le modèle intégré coût/délai qui lui fournit, ainsi qu'aux autres acteurs, un instantané de l'état actuel et à venir du projet, offre les avantages suivants.

1. Il mesure le travail accompli par rapport au plan et aux produits livrables.

2. Il permet de repérer directement les lots de travaux et les unités de l'entreprise à l'origine d'un problème.

3. Très tôt, il attire l'attention de tous les acteurs sur les problèmes et favorise l'adoption rapide de mesures correctives proactives.

4. Il améliore les communications, car les acteurs utilisent tous la même base de données.

5. Il renseigne le client sur l'état d'avancement du projet et le rassure sur le fait que l'argent dépensé a un lien direct avec les progrès anticipés.

6. Il impute chaque partie du budget au service approprié.

Mots clés

base de référence budgétaire
coût final estimé (CFE)
découpage temporel
écart des prévisions (EP)
écart des coûts (EC)

écart des coûts à
 l'achèvement (ECA)
indice de performance
 des coûts (IPC)

indice de performance
 des délais (IPD)
valeur acquise (VA)
valeur prévue (VP)

Questions de révision

1. Comment la valeur acquise donne-t-elle une idée plus claire du calendrier et des coûts qu'un simple plan en regard d'un système réel?

2. En quoi une base de référence facilite-t-elle l'intégration de la planification et du contrôle des projets?

3. Pourquoi est-il important que le gestionnaire de projet résiste aux changements proposés à la base de référence d'un projet? Dans quelles conditions peut-il modifier cette base de référence? Quand ne devrait-il pas permettre qu'on la modifie?

4. Comment la synthèse d'un projet peut-elle aider à déceler des problèmes de coût et de délai?

5. Il est possible de rassembler ou de disperser des coûts de façon horizontale et verticale. Quels sont les avantages d'une telle façon de procéder?

6. Quelles différences y a-t-il entre le coût budgété à l'achèvement (CBA) et le coût final estimé (CFE)?

Exercices

1. Au neuvième mois, on dispose des renseignements suivants: le coût réel du projet s'élève à 2 000 $, la valeur acquise, à 2 100 $ et le coût prévu, à 2 400 $. Calculez l'EP et l'EC du projet.

2. Au 51e jour de la mise en œuvre, un projet a une valeur acquise de 600 $, un coût réel de 650 $ et un coût prévu de 560 $. Calculez l'EP, l'EC et l'IPC du projet. Quelle est votre évaluation du projet à cette date?

3. À l'aide du réseau et des renseignements ci-après, remplissez d'abord le tableau pour élaborer par la suite un rapport de l'état d'avancement du projet à la fin de la période 4 et de la période 8. D'après les données recueillies et calculées pour les périodes 4 et 8, quels renseignements pouvez-vous donner au client sur l'état d'avancement du projet à la fin de la période 8?

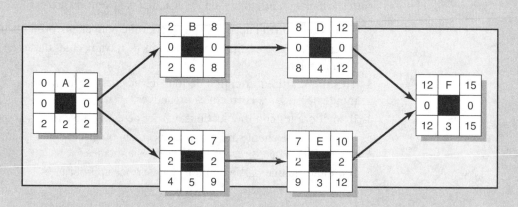

Tâche	Durée	DH	FT	Marge	Budget (VP)	\multicolumn{16}{c	}{Base de référence du projet (VP) (en $)}
						0	1	2	3	4	5	6	7	8	9	10	11	12	13	14	15
A	2	0	4	0	400	200	200														
B	6	2	8	0	2400			200	600	200	600	200	600								
C	9	2	9	2	1500			200	400	500	100	300									
D	4	8	12	0	1600										400	400	400	400			
E	3	7	12	2	900									300	400	200					
F	3	12	15	0	600														200	100	300
\multicolumn{6}{r	}{VP totale par période}	200	200	400	1000	700	700	500	900	800	600	400	400	200	100	300
\multicolumn{6}{r	}{VP totale cumulative}	200	400	800	1800	2500	3200	3700	4600	5400	6000	6400	6800	7000	7100	7400

Fin de la période 4

Tâche	Pourcentage d'achèvement réel	VA	CR	VP	EC	EP
A	Terminée	___	300	400	___	___
B	50 %	___	1 000	800	___	___
C	33 %	___	500	600	___	___
D	0	___		0	___	___
E	0	___		0	___	___
Totaux cumulatifs		___	___	___	___	___

Fin de la période 8

Tâche	Pourcentage d'achèvement réel	VA	CR	VP	EC	EP
A	Terminée	___	300	400	___	___
B	Terminée	___	2 200	2 400	___	___
C	Terminée	___	1 500	1 500	___	___
D	25 %	___	300	0	___	___
E	33 %	___	300		___	___
F	0	___		0	___	___
Totaux cumulatifs		___	___	___	___	___

4. À l'aide du réseau de projet, de la base de référence et des renseignements sur l'avancement du projet suivants, dressez des rapports périodiques pour les périodes 1 à 4 et remplissez le graphique de résumé présenté à la page suivante (ou un diagramme similaire). Indiquez les valeurs finales de EP, EC, IPC et IPAB. D'après les données calculées, quelle est votre évaluation de l'état du projet à cette date ? À l'achèvement ?

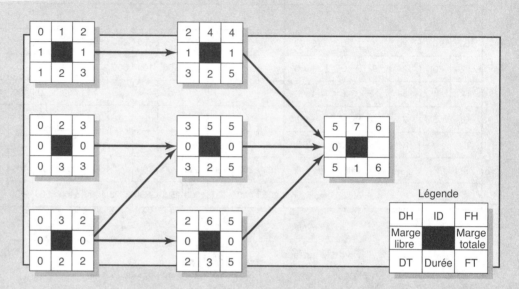

	Renseignements sur le calendrier					Base de référence des besoins budgétaires (en milliers de dollars)						
Activité et lot de travaux	Durée	DH	FT	Marge	VP totale	Période						
						0	1	2	3	4	5	6
1	2	0	3	1	12	4	8					
2	3	0	3	0	15	3	7	5				
3	2	0	3	1	8	4	4					
4	2	2	5	1	6			3	3			
5	2	3	5	0	10				6	4		
6	3	2	5	2	9			3	3	3		
7	1	5	6	0	5							5
VP totale par période						11	19	11	12	7	5	
VP cumulative par période						11	30	41	53	60	65	

Rapport périodique : fin de la période 1

Tâche	Pourcentage d'achèvement	VA	CR	VP	EC	EP
1	50 %		6	4		
2	40 %		8	3		
3	25 %		3			
Totaux cumulatifs			**17**			

Rapport périodique : fin de la période 2

Tâche	Pourcentage d'achèvement	VA	CR	VP	EC	EP
1	Terminée		13			
2	80 %		14			
3	75 %		8			
Totaux cumulatifs			**35**			

Rapport périodique : fin de la période 3

Tâche	Pourcentage d'achèvement	VA	CR	VP	EC	EP
1	Terminée	12	13			
2	80 %		15			
3	Terminée		10			
4	50 %		4			
5	0		0			
6	33,3 %		4			
Totaux cumulatifs						

Rapport périodique : fin de la période 4

Tâche	Pourcentage d'achèvement	VA	CR	VP	EC	EP
1	Terminée	12	13			
2	Terminée	15	18			
3	Terminée		10			
4	Terminée		8			
5	30 %		3			
6	66,7 %		8			
7	0		0			
Totaux cumulatifs						

Graphique de résumé

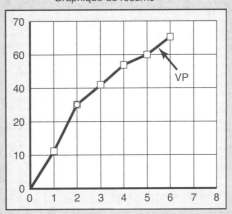
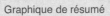

5. On a recueilli les données suivantes concernant les heures de travail effectuées au cours des périodes 1 à 6 d'un projet de nanotechnologie. Calculez les valeurs de EP, EC, IPD et IPC pour chaque période. Dans le graphique de résumé fourni ici ou dans un diagramme similaire, reportez les valeurs de VA et de CR. Reportez les indices IPD, IPC et IPAB dans le diagramme indiciaire proposé ou dans un diagramme similaire. Quelle est votre évaluation du projet à la fin de la période 6 ?

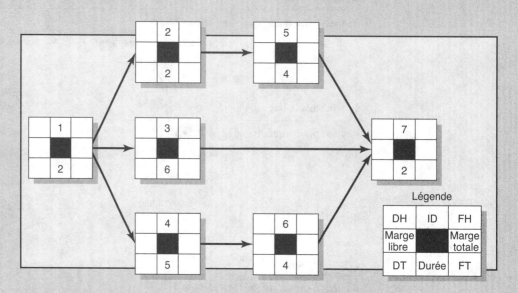

Activité et lot de travaux	Renseignements sur le calendrier					Base de référence des besoins budgétaires (par tranches de 100 heures)														
	Durée	DH	FT	Marge totale	VP totale	Période														
						0	1	2	3	4	5	6	7	8	9	10	11	12	13	14
1	2	0	2	0	20	10	10													
2	2	2	7	3	24			16	8											
3	6	2	11	3	30			5	5	10	3	2	5							
4	5	2	7	0	25			10	10	2	2	1								
5	4	4	11	3	16					4	4	4	4							
6	4	7	11	0	20							5	5	6	4					
7	2	11	13	0	10												5	5		
VP totale par période						10	10	31	23	16	9	7	14	5	6	4	5	5		
VP cumulative par période						10	20	51	74	90	99	106	120	125	131	135	140	145		

Rapport périodique : fin de la période 1

Tâche	Pourcentage d'achèvement	VA	CR	VP	EC	EP
1	50 %	___	500	1 000	___	___
Totaux cumulatifs		___	**500**	**1 000**	___	___

Rapport périodique : fin de la période 2

Tâche	Pourcentage d'achèvement	VA	CR	VP	EC	EP
1	Terminée	___	1 500	2 000	___	___
Totaux cumulatifs		___	**1 500**	**2 000**	___	___

Rapport périodique : fin de la période 3

Tâche	Pourcentage d'achèvement	VA	CR	VP	EC	EP
1	Terminée	2 000	1 500	2 000	___	___
2	0		0		___	___
3	10 %		200		___	___
4	20 %		500		___	___
Totaux cumulatifs			**2 200**		___	___

Rapport périodique : fin de la période 4

Tâche	Pourcentage d'achèvement	VA	CR	VP	EC	EP
1	Terminée	2 000	1 500	2 000	___	___
2	50 %		1 000		___	___
3	30 %		800		___	___
4	40 %		1 500		___	___
Totaux cumulatifs			**4 800**		___	___

Rapport périodique : fin de la période 5

Tâche	Pourcentage d'achèvement	VA	CR	VP	EC	EP
1	Terminée	2 000	1 500	2 000	___	___
2	Terminée		2 000		___	___
3	50 %		800		___	___
4	60 %		1 500		___	___
5	25 %		400		___	___
Totaux cumulatifs			**6 200**		___	___

Rapport périodique : fin de la période 6

Tâche	Pourcentage d'achèvement	VA	CR	VP	EC	EP
1	Terminée	2 000	1 500	2 000	___	___
2	Terminée		2 000		___	___
3	80 %		2 100		___	___
4	80 %		1 800		___	___
5	50 %		600		___	___
Totaux cumulatifs			**8 000**		___	___

Période	IPD	IPC	IPAB	
1				**IPD = VA/VP**
2	____	____	____	**IPC = VA/CR**
3	____	____	____	**IPAB = VA/CBA**
4	____	____	____	
5	____	____	____	
6	____	____	____	

Graphique de résumé

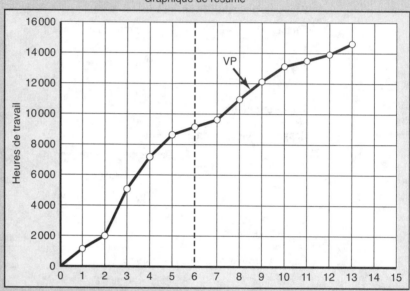

Indices des périodes 1 à 7

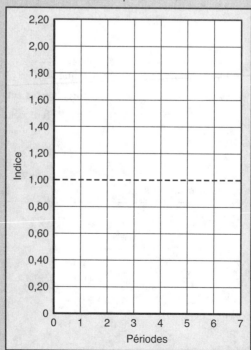

6. Les données suivantes ont été recueillies pour un projet de système de technologie de l'information destiné à des services de santé en Grande-Bretagne. Elles proviennent de rapports bimensuels pour les périodes 2 à 12. Calculez les valeurs de EP, EC, IPD et IPC pour chaque période. Dans le graphique de résumé fourni ici, reportez les valeurs de VA et de CR. Reportez les indices IPD, IPC et IPAB dans le diagramme indiciaire proposé. Vous pouvez aussi tracer vos propres diagrammes. Quelle est votre évaluation du projet à la fin de la période 12 ?

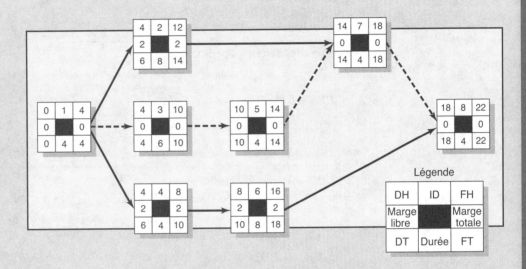

Base de référence du projet (VP) (par tranches de 100 $)																	
Tâche	Durée	DH	FT	Marge	VP*	0	2	4	6	8	10	12	14	16	18	20	22
1	4	0	4	0	8	4	4										
2	8	4	14	2	40				10	10	10	10					
3	6	4	10	0	30				10	15	5						
4	4	4	10	2	20				10	10							
5	4	10	14	0	40							20	20				
6	8	8	18	2	60						20	20	10	10			
7	4	14	18	0	20									10	10		
8	4	18	22	0	30											20	10
VP totale par période						4	4	30	35	35	50	30	20	10		20	10
VP totale cumulative						4	8	38	73	108	158	188	208	218		238	248

* par tranches de 100 $

Rapport périodique : fin de la période 2

Tâche	Pourcentage d'achèvement	VA	CR	VP	EC	EP
1	50 %	___	4	___	___	___
Totaux cumulatifs		___	**4**			

Rapport périodique : fin de la période 4

Tâche	Pourcentage d'achèvement	VA	CR	VP	EC	EP
1	Terminée	___	10	___	___	___
Totaux cumulatifs		___	**10**			

Rapport périodique : fin de la période 6

Tâche	Pourcentage d'achèvement	VA	CR	VP	EC	EP
1	Terminée	___	10	___	___	___
2	25 %	___	15	___	___	___
3	33 %	___	12	___	___	___
4	0	___	0	___	___	___
Totaux cumulatifs		___	**37**			

Rapport périodique : fin de la période 8

Tâche	Pourcentage d'achèvement	VA	CR	VP	EC	EP
1	Terminée	___	10	___	___	___
2	50 %	___	20	___	___	___
3	30 %	___	25	___	___	___
4	40 %	___	0	___	___	___
Totaux cumulatifs		___	**55**			

Rapport périodique : fin de la période 10

Tâche	Pourcentage d'achèvement	VA	CR	VP	EC	EP
1	Terminée	___	10	___	___	___
2	60 %	___	30	___	___	___
3	Terminée	___	40	___	___	___
4	50 %	___	20	___	___	___
5	0	___	0	___	___	___
6	30 %	___	24	___	___	___
Totaux cumulatifs		___	**124**			

Rapport périodique : fin de la période 12

Tâche	Pourcentage d'achèvement	CBTE	CRTE	CBTP	EC	EP
1	Terminée	___	10	2 000	___	___
2	Terminée	___	50	___	___	___
3	Terminée	___	40	___	___	___
4	Terminée	___	40	___	___	___
5	50 %	___	30	___	___	___
6	50 %	___	40	___	___	___
Totaux cumulatifs		___	**210**	___	___	___

Indices

Période	IPD	IPC	IPAB
2			
4	———	———	———
6	———	———	———
8	———	———	———
10	———	———	———
12	———	———	———

IPD = VA/VP

IPC = VA/CR

IPAB = VA/CBA

Graphique de résumé

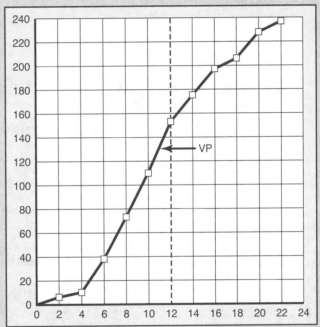

Indices des périodes 2 à 12

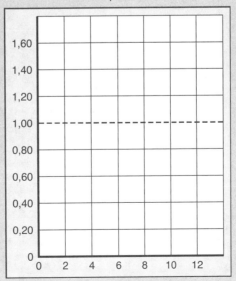

Références   ABRAMOVICI, A. «Controlling Scope Creep», *PM Network,* vol 14, n° 1, janvier 2000, p. 44-48.

ANBARI, F.T. «Earned Value Project Management Method and Extensions», *Project Management Journal,* vol. 34, n° 4, décembre 2003, p. 12-22.

BRANDON, D.M. Jr. «Implementing Earned Value Easily and Effectively», *Project Management Journal,* vol. 29, n° 3, juin 1998, p. 11-17.

FLEMING, Q. et J.M. KOPPELMAN. *Earned Value Project Management,* 2e éd., Project Management Institute, Newton Square, PA, 2000.

KERZNER, H. «Strategic Calendrier for A Project Office», *Project Management Journal,* vol. 34, n° 2, juin 2003, p. 13-25.

WEBB, A. *Using Earned Value : A Project Manager's Guide,* Gower Publishing Co., Aldershot, UK, 2003.

Étude de cas

Un projet de numériseur à balayage

Vous êtes gestionnaire de projet à la société Electroscan. Vous supervisez un projet qui est en cours d'exécution. Rédigez un rapport périodique détaillé à l'intention du conseil d'administration de cette chaîne de magasins. Votre rapport doit traiter des progrès des travaux à ce jour et à l'achèvement. Soyez le plus précis possible ; pour ce faire, reportez-vous aux données qui vous sont fournies et à celles que vous calculerez. Gardez à l'esprit que vos interlocuteurs ne sont pas habitués au jargon des gestionnaires de projet et du personnel du service des technologies de l'information. Il sera peut-être nécessaire de leur donner certaines explications. Votre rapport sera évalué sur l'utilisation détaillée que vous ferez des données, votre point de vue global de l'état actuel et à venir du projet et les changements que vous recommanderez, le cas échéant.

Electroscan inc.
555, rue Bourdoin
Montréal (Québec)

Projet de 29 numériseurs à balayage en magasin
(en milliers de dollars)
Avancement réel en date du 1er janvier

Nom	VP	VA	CR	EP	EC	CBA	CFE$_f$
Projet de numériseur à balayage	420	395	476	-25	-81	915	1103
M 1.0 Matériel	92	88	72	-4	16	260	213
M 1.1 Spécifications du matériel (SC)	20	20	15	0	5	20	15
M 1.2 Conception du matériel (SC)	30	30	25	0	5	30	25
M 1.3 Documentation sur le matériel (DOC)	10	6	5	-4	1	10	8
M 1.4 Prototypes (CP)	2	2	2	0	0	40	40
M 1.5 Essais des prototypes (T)	0	0	0	0	0	30	30
M 1.6 Commande des cartes à circuits (CP)	30	30	25	0	5	30	25
M 1.7 Production préliminaire des modèles (CP)	0	0	0	0	0	100	100
SE 1.0 Système d'exploitation	195	150	196	-45	-46	330	431
SE 1.1 Spécifications essentielles (SC)	20	20	15	0	5	20	15
SE 1.2 Programme de gestion (pilote)	45	55	76	10	-21	70	97
SE 1.2.1 Lecteurs de disques (DEV)	25	30	45	5	-15	40	60
SE 1.2.2 Lecteurs entrées/sorties (DEV)	20	25	31	5	-6	30	37
SE 1.3 Logiciel de codes	130	75	105	-55	-30	240	336
SE 1.3.1 Logiciel de codes (C)	30	20	40	-10	-20	100	200
SE 1.3.2 Documentation sur le logiciel (DOC)	45	30	25	-15	5	50	42
SE 1.3.3 Interfaces de codes (C)	55	25	40	-30	-15	60	96
SE 1.3.4 Logiciel de test clientèle (T)	0	0	0	0	0	30	30
S 1.0 Services	87	108	148	21	-40	200	274
S 1.1 Spécifications des services (SC)	20	20	15	0	5	20	15
S 1.2 Services de sous-programmes (DEV)	20	20	35	0	-15	20	35
S 1.3 Services complexes (DEV)	30	60	90	30	-30	100	150
S 1.4 Documentation sur les services (DOC)	17	8	8	-9	0	20	20
S 1.5 Test clientèle sur les services (T)	0	0	0	0	0	40	40
IS 1.0 Intégration du système	46	49	60	3	-11	125	153
IS 1.1 Décisions en matière d'architecture (SC)	9	9	7	0	2	10	8
IS 1.2 Intégration du matériel et du logiciel (DEV)	25	30	45	5	-15	50	75
IS 1.3 Essais sur le système matériel et logiciel (T)	0	0	0	0	0	20	20
IS 1.4 Documentation sur le projet (DOC)	12	10	8	-2	2	15	12
IS 1.5 Essais de mise en service (T)	0	0	0	0	0	30	30

Annexe 13.1

L'application de règles supplémentaires de la valeur acquise

L'exemple et les exercices ci-après vous permettront de vous familiariser avec l'application des trois règles de valeur acquise suivantes :

- la règle du pourcentage d'achèvement ;
- la règle 0/100 % ;
- la règle 50/50.

Reportez-vous au présent chapitre pour obtenir des explications sur chacune de ces règles.

QUELQUES HYPOTHÈSES SIMPLIFICATRICES

Nous utiliserons ici les mêmes hypothèses simplificatrices que dans l'exemple et les exercices du chapitre.

1. Chaque compte de coûts de revient correspond à un seul lot de travaux ; il sera représenté sous forme d'une activité dans le réseau.
2. Les dates de début au plus tôt du réseau serviront de base pour l'attribution des valeurs de la base de référence.
3. Sauf lorsqu'on utilise la règle 0/100 % ou la règle 50/50, on assigne les valeurs de la base de référence de façon linéaire, à moins d'indications contraires. (*Remarque :* en pratique, on applique les estimations de coûts exactement comme on les prévoit ; on s'assure ainsi que les mesures des performances de délais et de coûts seront utiles et fiables.)
4. Pour les exemples, on suppose que, à partir du début de l'activité, des coûts réels seront engagés à chaque période jusqu'à ce que l'activité soit achevée.
5. Lorsqu'on utilise la règle 0/100, on inscrit le coût total de l'activité dans la base de référence à la date de la fin au plus tôt.
6. Lorsqu'on utilise la règle 50/50, on inscrit 50 % du coût total dans la base de référence à la date du début au plus tôt et 50 % à la date de la fin au plus tôt.

EXERCICES DE L'ANNEXE

1. Compte tenu des renseignements fournis ci-après concernant les périodes 1 à 7 du développement d'un projet de garantie de produit, calculez les valeurs de EP, EC, IPD et IPC pour chaque période. Indiquez sur le diagramme de la VP fourni la position de VA et de CR. Expliquez au maître de l'ouvrage votre évaluation du projet à la fin de la période 7 et l'état à venir prévu du projet à l'achèvement. Le réseau du projet et sa base de référence sont présentés à la figure A13.1A et à la figure A13.1B, respectivement. Dans la base de référence, on a indiqué les activités pour lesquelles on utilise les règles 0/100 % (troisième règle) et 50/50 (deuxième règle). Par exemple, la troisième règle s'applique à l'activité 1. Bien que le début au plus tôt de cette activité corresponde à la période 0, le budget n'apparaît pas dans la base de référence avec répartition dans le temps avant la période 2 alors que l'activité devait être terminée selon le plan (FH). On a procédé de la même manière pour assigner les coûts des activités 2 et 7 auxquelles on a appliqué la règle 50/50. Ainsi, on a assigné 50 % du budget de chaque activité à leurs

dates respectives de début au plus tôt (la période 2 pour l'activité 2 et la période 11 pour l'activité 7) et 50 % à leurs dates de fin au plus tôt. Gardez à l'esprit que, lorsque vous assignez une valeur acquise en cours de projet et qu'une activité démarre réellement plus tôt ou plus tard, il faut déplacer ce type de valeurs pour qu'elles correspondent aux dates réelles. Par exemple, si l'activité 7 commence en réalité à la période 12 plutôt qu'à la période 11, la tranche de 50 % n'est pas acquise avant la période 12.

FIGURE A13.1A

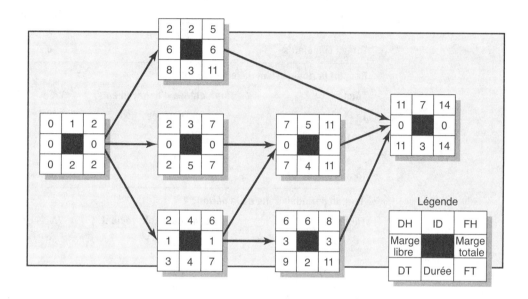

FIGURE A13.1B

Règle VA	Activité et lot de travaux	Durée	DH	FT	Marge totale	VP totale	0	1	2	3	4	5	6	7	8	9	10	11	12	13	14
③	1	2	0	2	0	6		6													
②	2	3	2	11	6	20			10		10										
①	3	5	2	7	2	30			9	6	6	6	3								
①	4	4	2	7	0	20			8	2	5	5									
①	5	4	7	11	0	16									4	4	4	4			
①	6	2	6	11	3	18									9	9					
②	7	3	11	14	0	8													4		4
VP totale par période							0	6	27	8	21	11	12	13	4	4	4	4	0		4
VP cumulative par période							0	6	33	41	62	73	85	98	102	106	110	114	114		118

Renseignements sur le calendrier — Base de référence des besoins budgétaires (en milliers de dollars) — Période

Règles
1 = Pourcentage d'achèvement
2 = 50/50
3 = 0/100 %

Rapport périodique : fin de la période 1

Tâche	Pourcentage d'achèvement	VA	CR	VP	EC	EP
1	0	___	3	0	___	___
Totaux cumulatifs		___	**3**	**0**	___	___

Rapport périodique : fin de la période 2

Tâche	Pourcentage d'achèvement	VA	CR	VP	EC	EP
1	Terminée	6	5	___	___	___
Totaux cumulatifs		**6**	**5**	___	___	___

Rapport périodique : fin de la période 3

Tâche	Pourcentage d'achèvement	VA	CR	VP	EC	EP
1	Terminée	6	5	___	___	___
2	0	___	5	___	___	___
3	30 %	___	7	___	___	___
4	25 %	___	5	___	___	___
Totaux cumulatifs		___	**22**	___	___	___

Rapport périodique : fin de la période 4

Tâche	Pourcentage d'achèvement	VA	CR	VP	EC	EP
1	Terminée	6	5	___	___	___
2	0	___	7	___	___	___
3	50 %	___	10	___	___	___
4	50 %	___	8	___	___	___
Totaux cumulatifs		___	**30**	___	___	___

Rapport périodique : fin de la période 5

Tâche	Pourcentage d'achèvement	VA	CR	VP	EC	EP
1	Terminée	6	5	___	___	___
2	50 %	___	8	___	___	___
3	60 %	___	12	___	___	___
4	70 %	___	10	___	___	___
Totaux cumulatifs		___	**35**	___	___	___

Rapport périodique : fin de la période 6

Tâche	Pourcentage d'achèvement	VA	CR	VP	EC	EP
1	Terminée	6	5	___	___	___
2	50 %	___	10	___	___	___
3	80 %	___	16	___	___	___
4	Terminée	___	15	___	___	___
Totaux cumulatifs		___	**46**	___	___	___

Rapport périodique : fin de la période 7

Tâche	Pourcentage d'achèvement	VA	CR	VP	EC	EP
1	Terminée	6	5	___	___	___
2	Terminée	___	14	___	___	___
3	Terminée	___	20	___	___	___
4	Terminée	___	15	___	___	___
5	0	___	0	___	___	___
6	50 %	___	9	___	___	___
Totaux cumulatifs		___	**63**	___	___	___

Période	IPD	IPC	IPAB
1	——	——	——
2	——	——	——
3	——	——	——
4	——	——	——
5	——	——	——
6	——	——	——
7	——	——	——

IPD = VA/VP

IPC = VA/CR

IPAB = VA/CBA

FIGURE A13.1C

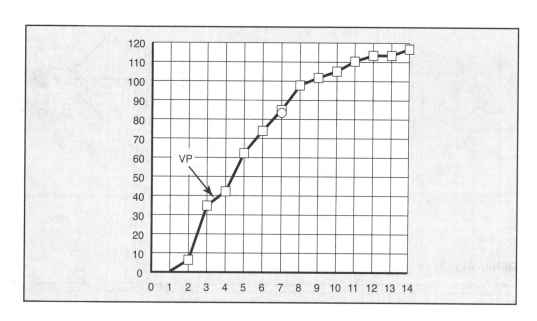

FIGURE A13.1D

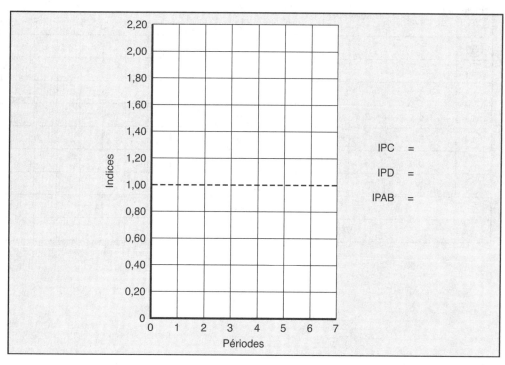

2. À l'aide des renseignements sur les périodes 1 à 5 concernant l'élaboration d'un processus de retour des produits achetés par correspondance, attribuez des valeurs de la VP (au moyen des trois règles) pour établir une référence du projet. Calculez les valeurs de EP, EC, IPD et IPC pour chaque période. Expliquez au maître de l'ouvrage votre évaluation du projet à la fin de la période 5 et l'état à venir prévu du projet à l'achèvement.

FIGURE A13.2A

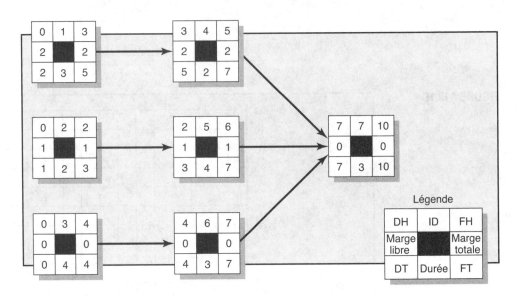

FIGURE A13.2B

Règle VA	Activité et lot de travaux	Durée	DH	FT	Marge totale	VP totale	0	1	2	3	4	5	6	7	8	9	10	11	12	13	14
	Renseignements sur le calendrier						Base de référence des besoins budgétaires (en milliers de dollars)														
																	Période			
③	1	3	0	5	2	30															
②	2	2	0	3	1	20															
①	3	4	0	4	0	30															
①	4	2	3	7	2	10															
①	5	4	2	7	1	40															
①	6	3	4	7	0	30															
②	7	3	7	10	0	60															
	VP totale par période																				
	VP cumulative par période																				

Règles
1 = Pourcentage d'achèvement
2 = 50/50
3 = 0/100%

Rapport périodique : fin de la période 1

Tâche	Pourcentage d'achèvement	VA	CR	VP	EC	EP
1	40 %	___	8	___	___	___
2	0	___	12	___	___	___
3	30 %	___	10	___	___	___
Totaux cumulatifs		___	**30**	___	___	___

Rapport périodique : fin de la période 2

Tâche	Pourcentage d'achèvement	VA	CR	VP	EC	EP
1	80 %	___	20	___	___	___
2	100 %	20	18	___	___	___
3	50 %	___	12	___	___	___
Totaux cumulatifs		___	**50**	___	___	___

Rapport périodique : fin de la période 3

Tâche	Pourcentage d'achèvement	VA	CR	VP	EC	EP
1	100 %	___	27	___	___	___
2	100 %	___	18	___	___	___
3	70 %	___	15	___	___	___
4	0	___	5	___	___	___
5	30 %	___	8	___	___	___
Totaux cumulatifs		___	**73**	___	___	___

Rapport périodique : fin de la période 4

Tâche	Pourcentage d'achèvement	VA	CR	VP	EC	EP
1	100 %	___	27	___	___	___
2	100 %	___	18	___	___	___
3	100 %	___	22	___	___	___
4	0	___	7	___	___	___
5	60 %	___	22	___	___	___
Totaux cumulatifs		___	**96**	___	___	___

Rapport périodique : fin de la période 5

Tâche	Pourcentage d'achèvement	VA	CR	VP	EC	EP
1	100 %	___	27	___	___	___
2	100 %	___	18	___	___	___
3	100 %	___	22	___	___	___
4	100 %	___	8	___	___	___
5	70 %	___	24	___	___	___
6	30 %	___	10	___	___	___
Totaux cumulatifs		___	**109**	___	___	___

Période	IPD	IPC	IPAB
1	_____	_____	_____
2	_____	_____	_____
3	_____	_____	_____
4	_____	_____	_____
5	_____	_____	_____

IPD = VA/VP

IPC = VA/CR

IPAB = VA/CBA

FIGURE A13.2C

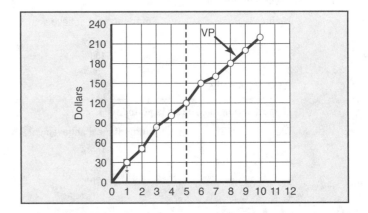

Annexe 13.2

L'obtention de renseignements sur le rendement d'un projet à l'aide du logiciel MS Project

La présente annexe a pour objectif d'expliquer comment obtenir les renseignements sur le rendement dont il a été question dans ce chapitre à l'aide du logiciel MS Project 2002. La souplesse constitue l'un des principaux avantages de ce logiciel. En effet, il offre de nombreuses options pour enregistrer, calculer et présenter de l'information sur un projet. Toutefois, cette grande souplesse constitue aussi son principal point faible, car il y a un si grand nombre de possibilités qu'à la longue la frustration et la confusion peuvent prendre le dessus chez les utilisateurs. Notre intention étant de faciliter les choses, nous nous contenterons de présenter les étapes de base pour obtenir de l'information sur les résultats d'un projet. Les étudiants qui souhaitent en savoir davantage auraient intérêt à explorer le didacticiel ou à consulter un des nombreux ouvrages sur le sujet offerts dans les librairies.

Pour cet exercice, nous utiliserons les données du projet d'appareil photo numérique présenté dans le présent chapitre. Cette fois, le projet commence tel que prévu le 1er mars 2006, et nous sommes le 6 mars 2006. Voici quelques renseignements sur le travail réalisé jusqu'à ce jour.

▶ L'activité «Spécifications de conception» a été effectuée en deux jours au coût total de 20 $.

▶ L'activité «Boîtier et énergie» a été achevée en trois jours au coût total de 25 $.

▶ L'activité «Mémoire et logiciel» est en cours d'exécution: quatre jours de travail sont terminés, et il en reste deux. Le coût jusqu'à ce jour s'élève à 100 $.

▶ L'activité «Système de zoom» a été effectuée en deux jours et a coûté au total 25 $.

Toutes les tâches ont commencé à la date prévue.

1re ÉTAPE : L'ENTRÉE DE DONNÉES SUR L'AVANCEMENT DU PROJET

Nous inscrivons ces données sur l'avancement du projet dans la section « Tableau de suivi »
de la partie « Graphique de Gantt ».

TABLEAU A13.2A   Tableau de suivi

N°	Tâche	Début réel	Fin réelle	Pourcentage d'achèvement	Durée réelle	Durée restante	Coût réel	Heures de travail réelles
1	**Prototype de l'appareil photo numérique**	**Mardi 01/03/2006**	s.o.	61 %	6,72 jours	4,28 jours	170,00 $	272 h
2	Spécifications de conception	Mardi 01/03/2006	Mercredi 02/03/2006	100 %	2 jours	0 jour	20,00 $	32 h
3	Boîtier et énergie	Jeudi 03/03/2006	Lundi 07/03/2006	100 %	3 jours	0 jour	25,00 $	40 h
4	Mémoire et logiciel	Jeudi 03/03/2006	s.o.	67 %	4 jours	2 jours	100,00 $	160 h
5	Système de zoom	Jeudi 03/03/2006	Vendredi 04/03/2006	100 %	2 jours	0 jour	25,00 $	40 h
6	Montage	s.o.	s.o.	0 %	0 jour	3 jours	0,00 $	0 h
7	Essais	s.o.	s.o.	0 %	0 jour	2 jours	0,00 $	0 h

N° = Identification

Notons que le logiciel calcule automatiquement le pourcentage d'achèvement, la date de
fin, les coûts et le nombre d'heures réels. Dans certains cas, il ne faut pas tenir compte de
ces calculs quand ils ne concordent pas avec la réalité. **Vérifiez** si les renseignements contenus dans ce tableau sont présentés d'une manière qui vous convient.

L'étape finale consiste à enregistrer la date du rapport (6 mars 2006). Pour ce faire,
cliquez sur Projet, Information sur le projet et entrez la date dans la fenêtre de l'état du projet à ce jour.

2e ÉTAPE : L'ACCÈS AUX RENSEIGNEMENTS SUR L'AVANCEMENT

MS Project offre différentes possibilités pour obtenir de l'information sur l'avancement
d'un projet. On accède aux renseignements les plus élémentaires en cliquant sur Affichage,
Rapport, Coût, et Valeur acquise.

TABLEAU A13.2B   Le tableau des valeurs acquises

N°	Tâche	CBTP	CBTE	CRTE	EP	EC	CFE	CBA	ECA
2	Spécifications de conception	20,00 $	20,00 $	20,00 $	0,00 $	0,00 $	20,00 $	20,00 $	0,00 $
3	Boîtier et énergie	15,00 $	15,00 $	25,00 $	0,00 $	(10,00 $)	25,00 $	15,00 $	(10,00 $)
4	Mémoire et logiciel	100,00 $	65,00 $	100,00 $	(35,00 $)	(35,00 $)	100,00 $	100,00 $	(53,85 $)
5	Système de zoom	35,00 $	35,00 $	25,00 $	0,00 $	10,00 $	25,00 $	35,00 $	10,00 $
6	Montage	0,00 $	0,00 $	0,00 $	0,00 $	0,00 $	120,00 $	120,00 $	0,00 $
7	Essais	0,00 $	0,00 $	0,00 $	0,00 $	0,00 $	30,00 $	30,00 $	0,00 $
		170,00 $	135,00 $	170,00 $	35,00 $	(35,00 $)	320,00 $	320,00 $	(53,85 $)

N° = Identification

Lorsqu'on modifie la taille de ce tableau à 80 %, on obtient tous les renseignements pertinents sur les valeurs de EC, EP et ECA sur une seule page.

Notons que le logiciel emploie les anciens sigles, c'est-à-dire que :

CBTP = VP

CBTE = VA et

CRTE = CR

3e ÉTAPE : L'ACCÈS AUX RENSEIGNEMENTS SUR L'IPC

Pour obtenir des renseignements supplémentaires sur les coûts, tels que l'IPC et l'IPAC, cliquez à partir de la fenêtre Graphique de Gantt sur Table, Plus de tables, Valeur acquise et Indicateur de coût où seront affichés les renseignements suivants.

TABLEAU A13.2C   Le tableau des indicateurs de coûts de la valeur acquise

Nº	Tâche	CBTP	CBTE	EC	EC %	IPC	CBA	CFE	ECA	IPAC
1	**Prototype de l'appareil photo numérique**	240 00 $	140 00 $	(30,00 $)	−21 %	0,82	320,00 $	388,57 $	(68,57 $)	1,2
2	Spécifications de conception	20,00 $	20,00 $	0,00 $	0 %	1,00	20,00 $	20,00 $	0,00 $	4294967295,0
3	Boîtier et énergie	15,00 $	15,00 $	(10,00 $)	−66 %	0,60	15,00 $	25,00 $	(10,00 $)	0
4	Mémoire et logiciel	100,00 $	70,00 $	(30,00 $)	−42 %	0,70	100,00 $	142,86 $	(42,86 $)	4294967295,0
5	Système de zoom	35,00 $	35,00 $	10,00 $	28 %	1,40	35,00 $	25,00 $	10,00 $	0
6	Montage	70,00 $	0,00 $	0,00 $	0 %	0	120,00 $	120,00 $	0,00 $	1,0
7	Essais	0,00 $	0,00 $	0,00 $	0 %	0	30,00 $	30,00 $	0,00 $	1,0

Nº = Identification

Remarque : le CFE (388,57) diffère de la valeur apparaissant dans le tableau de la valeur acquise à l'étape 2, car il s'agit de CFE_f.

Remarque : le nombre inscrit dans la case d'IPAC pour les tâches intitulées « Spécifications de conception » et « Mémoire et logiciel » est une anomalie récurrente du logiciel dont il ne faut pas tenir compte.

4e ÉTAPE : L'ACCÈS AUX RENSEIGNEMENTS SUR L'IPD

Pour obtenir de l'information supplémentaire sur le calendrier comme l'IPD, à partir de la fenêtre du Graphique de Gantt, cliquez sur Table, Plus de tables et Valeur acquise où seront affichés les renseignements suivants.

TABLEAU A13.2D

Le tableau des indicateurs des délais de la valeur acquise

Nº	Tâche	CBTP	CBTE	EP	EP %	IPD
1	**Prototype de l'appareil photo numérique**	170,00 $	140,00 $	(30,00 $)	−17 %	0,82
2	Spécifications de conception	20,00 $	20,00 $	0,00 $	0 %	1,00
3	Boîtier et énergie	15,00 $	15,00 $	0,00 $	0 %	1,00
4	Mémoire et logiciel	100,00 $	70,00 $	(30,00 $)	−29 %	0,70
5	Système de zoom	35,00 $	35,00 $	0,00 $	0 %	1,00
6	Montage	0,00 $	0,00 $	0,00 $	0 %	0
7	Essais	0,00 $	0,00 $	0,00 $	0 %	0

Nº = Identification

5ᵉ ÉTAPE : L'ÉLABORATION D'UN DIAGRAMME DE GANTT DE SUIVI

Pour créer un diagramme de Gantt de suivi comme celui qui est présenté ci-dessous, il suffit de cliquer sur Affichage, Gantt de suivi.

FIGURE A13.3A   **Un diagramme de Gantt de suivi**

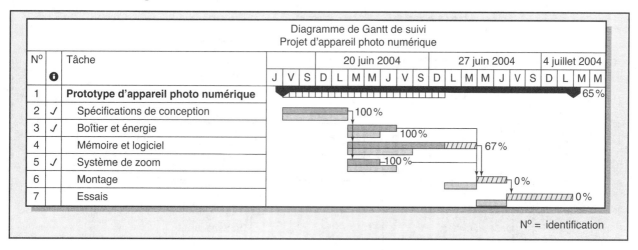

6ᵉ ÉTAPE : L'OBTENTION DE L'IPAB ET DE L'IPAC

La présente version de MS Project ne permet pas de produire les indices IPAB et IPAC. Vous devrez les calculer à l'aide des formules présentées dans le présent chapitre.

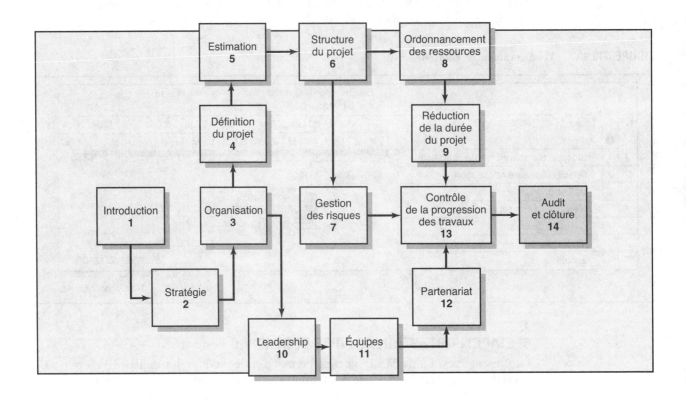

L'audit et la clôture de projet
L'audit de projet
Le processus d'audit de projet
Une vue d'ensemble des audits de projet
La clôture de projet
Les évaluations de l'équipe, des membres de l'équipe et du gestionnaire de projet
Résumé
Annexe 14.1 : Une liste de vérification de la clôture de projet

CHAPITRE 14

L'audit et la clôture de projet

Quiconque ne peut se souvenir du passé est condamné à le revivre.
George Santayana, 1863-1952

Des erreurs sont commises ; l'imprévu se produit ; les conditions changent. Dans les entreprises qui mènent de front plusieurs projets, c'est faire preuve de prudence que d'effectuer des audits périodiques des projets en cours et des projets récents et d'examiner leur rôle dans l'avenir de l'entreprise. L'audit de projet comprend trois tâches principales :

1. Évaluer si le projet a été à la hauteur des attentes de tous les acteurs. Le projet a-t-il été bien géré ? Le client est-il satisfait ?
2. Déterminer les éléments qui ont été mal exécutés et les éléments qui ont contribué au succès du projet.
3. Noter les changements à apporter aux prochains projets afin d'améliorer ceux-ci.

L'audit de projet et les rapports périodiques favorisent l'amélioration continue et la gestion de la qualité. Les erreurs et les bons coups du passé sont formateurs.

Malheureusement, environ 90 % des projets ne sont ni revus ni vérifiés avec sérieux. « Nous sommes trop occupés pour évaluer nos méthodes de gestion de projet », entend-on trop souvent. C'est une grave erreur. Quand il n'y a aucune analyse rétrospective, les leçons apprises seront vite oubliées et les erreurs, répétées. Malheureusement, les projets qui font l'objet de vérification sont souvent ceux qui ont abouti à un échec retentissant. Il s'agit d'une autre grave erreur. À la suite d'un échec, les gens tendent à retenir ce qu'ils *ne doivent pas faire* au lieu de ce qu'ils doivent faire. En analysant ses succès et ses échecs, l'entreprise pourra, dans l'avenir, intégrer des pratiques d'excellence dans son système de gestion de projet.

Nous avons observé que les entreprises qui revoient leur projet avec sérieux sont des leaders dans leur domaine. Elles sont profondément engagées dans l'amélioration continue et l'apprentissage organisationnel.

Dans le présent chapitre, nous examinerons d'abord divers types d'audit de projet et le processus qui les sous-tend. Il sera ensuite question de l'émergence de méthodes de référence qui ont marqué l'évolution des pratiques de gestion de projet et des enjeux associés à la clôture d'un projet. Nous terminerons le chapitre sur la façon d'évaluer le rendement de l'équipe de projet et de chacun de ses membres.

L'audit de projet

L'audit de projet s'avère plus élaboré que les rapports d'évaluation des résultats des projets, ou rapports périodiques, dont il a été question au chapitre précédent. L'audit de projet fait appel, lui aussi, à des mesures du rendement et à des informations prévisionnelles ; il se révèle toutefois plus complet. L'audit de projet permet de déterminer pourquoi un projet a été retenu. Il comprend une réévaluation du rôle du projet dans les priorités de l'entreprise. L'audit de projet consiste à examiner la culture de l'entreprise et à s'assurer qu'elle correspond au type de projet mis en œuvre. Il permet d'évaluer si l'équipe de projet travaille bien et si le personnel est suffisant. L'audit de projet en cours se penche sur les facteurs extérieurs susceptibles de modifier l'orientation du projet ou son importance – la technologie, les lois gouvernementales et les produits concurrents, par exemple. Cette forme de vérification comprend une revue de tous les facteurs associés au projet et à la gestion des projets futurs.

L'audit de projet a lieu en cours de projet ou à la fin, et seuls quelques points les distinguent.

L'audit en cours de projet   L'audit en cours de projet s'entreprend très tôt. Il permet d'apporter des mesures correctives, s'il y a lieu, non seulement au projet faisant l'objet de l'audit, mais aussi aux autres projets actuellement en cours. Il se concentre sur le déroulement et sur le rendement du projet et examine si les conditions sont les mêmes. Par exemple, les priorités ont-elles changé ? La mission du projet s'avère-t-elle toujours pertinente ? Il arrive, bien qu'assez rarement, que l'audit recommande l'interruption d'un projet en cours.

L'audit après le projet   En général, l'audit après le projet se révèle plus détaillé et plus profond que celui en cours de projet. L'audit d'un projet terminé vise principalement à améliorer la gestion des projets futurs. Sa portée est généralement à long terme, contrairement à l'audit en cours de projet. L'audit après le projet tient compte du rendement du projet, mais il va plus loin : il examine le rôle du projet dans l'entreprise en vérifiant, par exemple, si les avantages stratégiques prévus se sont matérialisés.

TABLEAU 14.1

Facteurs influençant la profondeur et les détails de l'audit

- Taille de l'organisation
- Importance du projet
- Type de projet
- Risques du projet
- Taille du projet
- Problèmes du projet

La profondeur et les détails de l'audit dépendent de plusieurs facteurs. Le tableau 14.1 en fournit quelques-uns. Comme l'audit exige temps et argent, il ne doit pas monopoliser plus de ressources ou de temps que nécessaire. L'audit en cours de projet semble superflu au début, à moins que de sérieux problèmes ou inquiétudes se manifestent. Bien entendu, si c'est le cas, l'audit s'approfondit. Comme l'audit en cours de projet risque parfois de préoccuper ou de démotiver l'équipe, le gestionnaire de projet s'assure que ses membres gardent le moral. L'audit en cours de projet devrait s'effectuer rapidement, et le rapport devrait être aussi positif et constructif que possible. L'audit après le projet est plus détaillé, a une plus grande portée et comprend les données recueillies par l'équipe de projet.

En résumé, il faut planifier l'audit et l'effectuer dans un délai restreint. Par exemple, dans un audit après le projet, un délai d'une semaine constitue un bon point de repère, sauf pour les projets d'envergure. Au-delà d'une semaine, le retour d'information diminue rapidement. Dans les projets de petite envergure, une ou deux ressources suffisent généralement pour effectuer l'audit en une journée ou deux.

L'équipe de pilotage possède la compétence pour choisir les projets et en contrôler le rendement par rapport au budget et au calendrier. Cependant, l'examen et l'évaluation des projets et la façon dont ils sont gérés sont habituellement confiés à des groupes de vérificateurs indépendants. Chaque groupe examine et évalue *tous* les facteurs associés au projet et tente d'améliorer la gestion des projets futurs. Le résultat d'un audit de projet est un rapport.

Le processus d'audit de projet

Voici quelques conseils à noter avant d'entreprendre un audit de projet afin d'améliorer ses chances de réussite.

Quelques conseils utiles à la réalisation d'un audit de projet

1. D'abord et avant tout, se rappeler que l'audit de projet n'est pas une chasse aux sorcières.

2. Les commentaires sur les employés ou les groupes participant au projet sont inappropriés. On doit demeurer centré sur les questions concernant le projet et non pas sur qui a fait quoi.

3. Le rapport d'audit doit prêter une attention particulière aux émotions et aux réactions qu'il peut provoquer. Il faut atténuer le plus possible les menaces pesant sur les employés faisant l'objet de l'évaluation.

4. Les données doivent être vérifiables; sinon il faut préciser qu'il s'agit d'une remarque subjective, d'un jugement de valeur ou d'une rumeur.

5. La haute direction doit afficher son soutien à l'audit du projet et voir à ce que le groupe de vérification ait accès à toute l'information et puisse rencontrer les participants au projet ainsi que les clients (dans la plupart des cas).

6. L'attitude des participants envers l'audit de projet et ses conséquences dépend des méthodes des auditeurs et de leurs supérieurs. Le but de l'audit n'est pas de faire le procès des participants au projet, mais d'apprendre et de concentrer les ressources de l'organisation là où des erreurs se sont produites. La gentillesse, l'empathie et l'objectivité encouragent la coopération et réduisent l'anxiété.

7. L'audit doit s'effectuer le plus rapidement possible.

8. L'auditeur doit pouvoir communiquer avec les supérieurs du gestionnaire de projet.

En plus de tenir compte de ces recommandations, un bon processus d'audit se divise commodément en trois étapes: l'engagement du processus d'audition et l'affectation du personnel, la collecte et l'analyse de données et la rédaction du rapport. Les sections suivantes traitent de chaque étape.

Première étape : l'engagement du processus d'audition et l'affectation du personnel

L'engagement du processus d'audition dépend principalement de la taille de l'organisation, de l'importance du projet et d'autres facteurs. Cependant, il importe de faire tout en son pouvoir pour que l'audit soit perçu comme un processus normal et non pas comme un événement surprise. Dans les petites entreprises dont les projets sont modestes et où les participants communiquent toujours directement, l'audit peut être informel et s'effectuer au cours d'une réunion du personnel. Cependant, même dans cet environnement, il faut examiner les conclusions d'un audit de projet formel et prendre bonne note des leçons apprises. Dans les moyennes entreprises qui mènent de front plusieurs projets, l'audit peut venir d'un groupe de révision formel, de l'équipe de pilotage ou se faire de façon automatique. Dans le dernier cas, tous les projets sont vérifiés à différents stades du cycle de vie, par exemple lorsque les travaux achevés représentent 10 %, 20 %, 50 % ou 100 % de l'ensemble du projet et du budget alloué. Ce processus automatique s'avère efficace, car il empêche les employés de croire que leur projet a été ciblé pour être évalué et qu'ils seront peut-être victimes d'une chasse aux sorcières. Dans les projets d'envergure, l'audit peut s'effectuer au cours des étapes clés.

En de rares circonstances, des audits de projet non planifiés ont lieu, mais ils demeurent l'exception. Par exemple, dans un projet de développement d'un gros système comptable informatisé dans plusieurs succursales, l'une des nombreuses sociétés d'experts-conseils a annoncé qu'elle se retirait du projet sans raison apparente. Alarmé, le client s'est demandé si cette société avait renoncé au projet après avoir découvert une faille fondamentale. Un audit de projet a donc été entrepris révélant le problème. Certains membres d'une petite société d'experts-conseils, agissant en sous-traitance sur le projet, avaient été trouvés coupables de harcèlement sexuel envers des membres de leur employeur. Le contrat de la petite société a été annulé, et une autre, ayant une expertise similaire, l'a remplacée. La société chapeautant les petites entreprises de consultation a consenti à demeurer dans le projet et à y participer activement. Il existe bien d'autres façons de cerner et de gérer les problèmes, mais l'audit de projet a permis de résoudre celui-là. D'autres circonstances, associées ou non au projet, forcent parfois la tenue d'un audit imprévu, dont d'importants dépassements de budget ou de temps, l'affectation d'un autre gestionnaire de projet ou des manœuvres de camouflage. Quoi qu'il en soit, les audits imprévus sont réservés aux circonstances exceptionnelles.

Voici un principe fondamental de l'audit de projet : la conclusion représente un point de vue neutre et extérieur. Garder un point de vue neutre et objectif est un défi de taille, car les acteurs du projet ont souvent une perception négative des audits. En effet, ils peuvent nuire à leur carrière et à leur réputation, bien que leur organisation tolère les erreurs. Dans les entreprises moins tolérantes, les erreurs entraînent parfois un congédiement ou une rétrogradation dans un autre service. À l'inverse, le résultat favorable d'un audit aura des retombées positives sur les carrières et les réputations. Comme les audits de projet sont un terrain fertile pour les luttes de pouvoir internes, certaines organisations confient d'ordinaire cette tâche à des sociétés d'experts-conseils. Dans tous les cas, l'auditeur en chef doit posséder les caractéristiques suivantes :

1. Aucun lien ou intérêt direct dans le projet.
2. Le respect (perçu comme impartial et juste) de la haute direction et des autres acteurs du projet.
3. Une grande disposition à écouter.
4. L'indépendance et l'autorité suffisantes pour révéler les résultats de la vérification sans craindre les réactions des parties intéressées.
5. Perçu comme ayant à cœur l'intérêt de l'entreprise au moment de prendre des décisions.
6. Une vaste expérience de l'entreprise ou de l'industrie.

Les autres auditeurs doivent posséder des caractéristiques semblables, bien qu'ils soient choisis surtout pour leur expertise dans un domaine particulier. Certains membres de l'équipe de projet participeront aussi activement à l'audit. En raison de la légère différence d'orientation entre les deux, leur présence sera plus marquée au cours d'un audit après le projet qu'au cours d'un audit en cours de projet. Certains craignent que les membres de l'équipe laissent leur parti pris les influencer pendant l'audit, mais cette crainte s'avère souvent exagérée. En général, les membres de l'équipe de projet ont à cœur d'améliorer le processus de gestion des projets futurs et s'évertuent à demeurer objectifs.

Deuxième étape : la collecte et l'analyse de données

Le modèle traditionnel d'audit de projet comprend deux approches. La première évalue le projet du point de vue de l'entreprise. La seconde représente le point de vue de l'équipe de projet. Un petit groupe formé principalement d'employés n'ayant aucun intérêt direct dans le projet reflète l'approche de l'entreprise. Un groupe composé de membres de l'équipe et d'employés indépendants du projet, par souci d'objectivité, représente l'approche de l'équipe de projet.

À l'image de chaque projet, chaque organisation est unique. En conséquence, bien des facteurs sont à considérer. Par exemple, les caractéristiques de l'industrie, la taille du projet, la nouveauté de la technologie et l'expertise en matière de projets peuvent influer sur la nature de l'audit. Cependant, l'information et les données sont recueillies afin que l'entreprise soit en mesure de répondre à des questions semblables à celles présentées ci-après.

Le point de vue de l'organisation

1. La culture organisationnelle a-t-elle bien appuyé ce type de projet ? Pourquoi ?
2. Le soutien de la haute direction a-t-il été adéquat ?

3. Le projet a-t-il atteint son objectif?

    a) Le lien entre la stratégie et les objectifs de l'entreprise est-il manifeste?

    b) Le système de priorité reflète-t-il l'importance accordée à l'avenir de l'entreprise?

    c) L'environnement interne ou externe a-t-il changé la nécessité d'exécuter le projet (en supposant que le projet soit toujours en cours)?

4. Les risques ont-ils été adéquatement reconnus et évalués? Des plans de secours ont-ils été utilisés? Étaient-ils réalistes? Des événements présentant des risques dont l'ampleur a dépassé les prévisions se sont-ils produits?

5. Les employés affectés au projet avaient-ils l'expertise et les compétences nécessaires?

6. En supposant que le projet soit terminé, le personnel a-t-il été affecté avec équité à de nouveaux projets?

7. Que suggère l'évaluation des entrepreneurs de l'extérieur?

8. Le démarrage et le transfert du projet ont-ils réussi? Pourquoi? Le client est-il satisfait?

Le point de vue de l'équipe de projet

1. La planification et les systèmes de contrôle étaient-ils appropriés pour ce type de projet? Les projets de nature et de taille semblables devraient-ils tous faire appel à ces systèmes? Pourquoi?

2. Le projet était-il conforme au plan? A-t-on surutilisé ou sous-utilisé les crédits prévus au budget? A-t-on terminé le projet avant ou après la date prévue? Expliquez pourquoi.

3. Les interfaces et les communications avec les acteurs du projet étaient-elles adéquates et efficaces?

4. En supposant que le projet soit terminé, le personnel est-il affecté avec équité à de nouveaux projets?

5. L'équipe a-t-elle eu accès facilement aux ressources organisationnelles, comme le personnel, le budget, les groupes de soutien et le matériel? Y a-t-il eu des conflits de ressources avec d'autres projets en cours? L'équipe a-t-elle été bien gérée?

6. Que suggère l'évaluation des entrepreneurs de l'extérieur?

Les auditeurs ne se limitent pas à ces questions. Ils posent aussi d'autres questions touchant à l'organisation et au type de projet, comme la recherche et le développement, le marketing, les systèmes d'information, la construction et les installations. Les questions d'ordre général formulées précédemment, bien qu'elles se chevauchent, constituent un bon point de départ. En outre, elles s'avèrent utiles pour repérer les problèmes associés aux projets et les formules gagnantes pour les futurs projets.

Troisième étape: la rédaction du rapport

Le but ultime du rapport d'audit est d'améliorer la façon de gérer les projets dans l'avenir. Le rapport tente de cerner l'essentiel des changements à apporter et les leçons apprises dans un projet en cours ou terminé. Le rapport constitue un outil de formation dont se servira le gestionnaire de projet dans l'avenir.

Le rapport d'audition doit s'adapter au projet et à l'environnement organisationnel. Cependant, un modèle d'audit permet aux vérificateurs et aux gestionnaires, qui le lisent et agissent en conséquence, de concevoir une base de données et d'avoir une vue d'ensemble du projet. Voici les éléments d'une vue d'ensemble que l'on trouve généralement dans la pratique:

1. La classification du projet

2. L'analyse de l'information recueillie

3. Les recommandations

4. Les leçons apprises

5. L'annexe

La classification

Chaque projet fait l'objet d'une classification, car sa gestion et son traitement diffèrent selon ses caractéristiques. Un gestionnaire de projet affecté à la programmation d'un logiciel aura peu d'intérêt pour la construction d'une pièce supplémentaire ou le recyclage des cartouches d'encre des imprimantes. Le gestionnaire d'un projet de petite envergure voit moins l'utilité de la planification et des systèmes de contrôle que celui qui s'apprête à gérer un projet de très grande envergure. La classification des projets par caractéristiques permet au lecteur du rapport et au gestionnaire de projet d'être sélectifs dans leur lecture. Voici les catégories comprises dans une classification type.

▶ Le type de projet : le développement, le marketing, les systèmes et la construction

▶ La taille : l'aspect financier

▶ Le nombre de ressources

▶ Le niveau de technologie : peu élevé, assez élevé, très élevé ou nouvelle technologie

▶ Un projet stratégique ou un projet de soutien

Seront aussi ajoutées les classifications particulières à l'organisation.

L'analyse

Dans le rapport, la partie consacrée à l'analyse comprend tous les éléments du projet, dont :

▶ la mission et les objectifs du projet ;

▶ les procédures et les systèmes utilisés ;

▶ les ressources organisationnelles utilisées.

Les recommandations

En général, les recommandations du rapport d'audition prennent la forme de mesures correctives majeures à instaurer. Cependant, il importe tout autant de signaler les bons coups et d'encourager l'équipe en ce sens pour les projets futurs. L'audit après le projet constitue sans doute l'occasion idéale de souligner la contribution exceptionnelle de l'équipe de projet.

Les leçons apprises

Les leçons apprises ne se présentent pas nécessairement sous forme de recommandations. Elles sont plutôt des rappels des erreurs qu'il sera facile d'éviter dans les prochains projets et des mesures simples à adopter pour assurer le succès. Dans la pratique, les nouvelles équipes de projet considèrent comme très utile de revoir les audits de projets antérieurs semblables au projet qu'elles entreprennent. Les membres de l'équipe diront plus tard : « Les recommandations étaient appropriées. Toutefois, la section "Leçons apprises" nous a réellement aidés à éviter bien des pièges et à faciliter la mise en œuvre. » À ce sujet, reportez-vous à l'encadré de la page ci-contre.

L'annexe

L'annexe comprend des données auxiliaires ou des détails de l'analyse susceptibles d'intéresser certaines personnes. Elle doit contenir exclusivement de l'information critique et pertinente et jamais d'information inutile.

Un sommaire exécutif des leçons apprises

Enfin, il est utile de conserver un texte qui contiendra les principales leçons apprises. Il faut donner les références du rapport de vérification archivé à quiconque souhaite obtenir plus d'information. Ce processus peut sembler quelque peu officiel, mais les gens consultent, plus souvent qu'on le croirait, ces résumés et les documents archivés.

La mission *Eagle Claw**

© Shutterstock.

Le 4 novembre 1979, en Iran, une foule envahit l'ambassade américaine et saisit 52 otages. Après six mois de vaines négociations, il est décidé de procéder à la mission *Eagle Claw*, mission militaire visant à libérer les otages américains.

Le plan prévoit que huit hélicoptères RH-53D se rendront dans un endroit isolé en Iran portant le nom de code Desert One. Des avions citernes KC-130 leur permettront de faire le plein dans l'obscurité. Les hélicoptères s'envoleront ensuite vers le site de l'assaut, un faubourg de Téhéran, où les pilotes rencontreront des agents spéciaux déjà sur les lieux. Les agents conduiront les pilotes en lieu sûr, où ils attendront le moment de porter l'assaut sur l'ambassade, la nuit suivante. L'équipe de sauvetage escortera alors les otages sur un terrain d'aviation à proximité, protégé par une deuxième équipe d'assaut, d'où ils seront transportés en lieu sûr.

Ce qui s'est passé ne ressemble en rien à ce plan.

Les pilotes ont reçu l'ordre de voler à une hauteur maximale de 60 mètres afin d'éviter les radars. Résultat: ils se sont retrouvés dans des tempêtes de sable appelées « haboob ». Deux hélicoptères ont alors éprouvé des difficultés et fait demi-tour. Les autres ont affronté les tempêtes de sable et atterri à Desert One une heure plus tard. Le coup de grâce est survenu quand on a découvert qu'un troisième hélicoptère avait une faille hydraulique qui le rendait hors d'usage. Comme on ne disposait plus que de cinq appareils, alors que l'opération en demandait six, la mission a avorté. Cependant, les choses ont empiré quand un des hélicoptères s'est placé en position pour faire le plein et a heurté un avion KC-130. Les deux appareils se sont enflammés. Au total, huit soldats sont morts, et des douzaines d'autres ont été blessés. Par la suite, les Iraniens ont dispersé les otages partout dans le pays, rendant impossible toute tentative de sauvetage.

Pour les services armés, l'audit de chaque exercice et opération fait partie des activités courantes. Étant donné la gravité de la situation, une commission spéciale de six membres a été nommée par le chef du personnel pour faire enquête sur l'échec de la mission. Ils ont découvert plusieurs facteurs qui ont contribué au désastre. L'un d'eux a été le choix du personnel navigant. Des pilotes de la marine ayant peu d'expérience en vol long-courrier au-dessus de zone terrestre ou en ravitaillement en carburant ont été sélectionnés, alors qu'une centaine de pilotes de l'armée de l'air auraient été disponibles. L'absence d'un programme complet de répétition de la mission constitue un autre facteur. Dès le départ, la répétition ne s'est pas déroulée du début à la fin, on l'a plutôt compartimentée par service et réalisée un peu partout aux États-Unis. Le peu de répétitions effectuées n'a permis d'évaluer que partiellement la mission.

Le nombre d'hélicoptères est un autre facteur. La commission a conclu que 10 ou 12 hélicoptères auraient dû participer pour assurer le minimum requis de 6 appareils nécessaires pour accomplir la mission. Enfin, la méthode de ravitaillement au sol a été critiquée. Si les responsables de la planification avaient opté pour le ravitaillement en combustible en vol, l'échec de la mission Desert One aurait pu être évité. Le rapport de la commission a fait état de plusieurs recommandations importantes visant à empêcher qu'une telle tragédie se reproduise.

* GIANGRECO, D.M. et Terry A. GRISWOLD. *Delta : America's Elite Counterterrorist Force*, New York, Motorbooks International, 1992.

Une vue d'ensemble des audits de projet

L'audit ponctuel et l'audit après le projet donnent aux membres de l'équipe l'occasion de tirer de précieuses leçons qu'ils appliqueront aux prochains projets. Quand les audits s'effectuent sur une base régulière, ils donnent lieu à des améliorations significatives du côté des techniques et des processus que préconisent les organisations au moment d'exécuter un projet. Dans une optique encore plus large, l'entreprise peut adopter une méthode de référence. Ces méthodes, d'ailleurs très nombreuses, ont pour objectif de permettre à l'entreprise d'évaluer ses progrès dans l'application des pratiques d'excellence de son industrie et de continuer à s'améliorer. Il importe de comprendre que le modèle ne constitue pas une garantie de succès ; il n'est qu'une règle jaugée et un indicateur de progrès.

L'expression *méthode de référence* ou modèle de maturité a vu le jour vers la fin des années 1980, dans une étude du gouvernement américain et de l'Institut de génie logiciel, à la Carnegie-Mellon University. Le gouvernement souhaitait obtenir un outil prédisant l'efficacité avec laquelle des entrepreneurs sont susceptibles de développer des logiciels. Cette recherche a donné la méthode de référence de processus. La méthode sert à guider et à évaluer les organisations dans l'application de pratiques d'excellence concrètes pour la gestion des projets de développement de logiciels. Depuis, cette méthode s'est répandue dans toutes les industries. Actuellement, plus de 2 400 entreprises de partout dans le monde envoient leur rapport d'évaluation à l'Institut de génie logiciel (http://www.sei.cmu.edu/cmm/).

Un nouveau modèle fait couler beaucoup d'encre. En janvier 2004, après huit années de développement, le Project Management Institute (PMI) a présenté sa seconde version de la méthode de référence de projet organisationnel, appelée « OPM3 » (http://www.pmi.org/opm3). De façon générale, les méthodes se divisent en un continuum de niveaux de croissance : initial, reproductible, défini, géré et optimisé. La figure 14.1 illustre notre version qui s'inspire largement d'autres modèles. Nous avons tenté de nous concentrer davantage sur le niveau de rendement que finit par atteindre une entreprise dans sa gestion de projet plutôt que sur le processus pour y arriver.

Premier niveau : la gestion improvisée de projet   Aucun processus cohérent de gestion de projet n'est en place. La façon dont se gère un projet dépend de chaque individu. Voici les caractéristiques du premier niveau :

▸ Aucun système de sélection de projet n'existe : les projets sont mis en œuvre parce que des personnes ont choisi de le faire ou parce qu'un cadre haut placé en a décidé ainsi.

▸ La façon dont se gère un projet varie en fonction des personnes et demeure imprévisible.

▸ Aucun investissement en formation sur la gestion de projet n'est consenti.

▸ L'exécution d'un projet est une lutte de tous les instants, ce qui va à l'encontre des politiques et des procédures établies.

Deuxième niveau : la gestion formelle de projet   L'organisation applique des procédures et des techniques de gestion de projet déjà établies. À ce niveau surviennent souvent des tensions entre les gestionnaires de projet et les gestionnaires hiérarchiques, car le projet les force à redéfinir leur rôle. Voici les caractéristiques du deuxième niveau :

▸ La gestion de projet se conforme à des normes dont l'utilisation de rapports de contenu, de structures de découpage du projet (SDP) et de listes d'activités.

▸ La recherche de la qualité vise surtout le produit ou le service associé au projet ; la qualité fait l'objet d'une inspection, mais elle n'est jamais intégrée dans le processus même du projet.

▸ L'entreprise évolue en renforçant l'organisation matricielle ; les gestionnaires de projet et les gestionnaires hiérarchiques jouent leur rôle respectif.

FIGURE 14.1

Modèle de référence de la gestion de projet

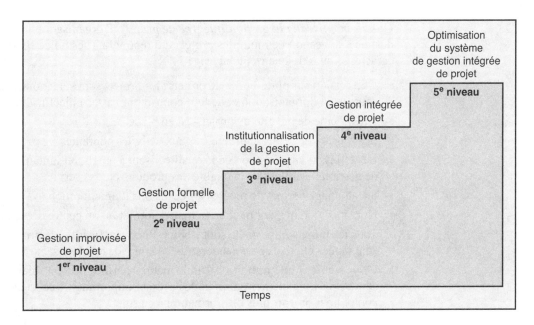

L'organisation reconnaît davantage le besoin de contrôler les coûts, pas seulement le contenu et le calendrier.

Officiellement, il n'existe aucun système de priorité.

La formation en gestion de projet existe, mais elle se révèle plutôt limitée.

Troisième niveau : l'institutionnalisation de la gestion de projet   Un système de gestion de projet est établi à l'échelle de l'organisation ; il est taillé sur mesure pour les besoins de l'organisation, mais possède la souplesse nécessaire pour ajuster le processus aux caractéristiques du projet. Voici les caractéristiques du troisième niveau :

L'utilisation de modèles de planification, d'un système de rapports périodiques et de listes de vérification à chaque stade du cycle de vie du projet indique clairement l'existence d'un processus de gestion de projet.

Les projets sont choisis en fonction de critères officiels.

La gestion de la qualité et la conception technique simultanée sont des parties intégrantes de la gestion de projet.

Les équipes de projet ne se contentent pas de vérifier la qualité ; elles tentent de l'intégrer dans leur façon de travailler.

L'organisation évolue vers un système de récompense de l'équipe afin de souligner l'exécution du projet.

L'évaluation des risques à partir de l'organigramme, des analyses techniques et des commentaires du client est en place.

L'organisation offre une formation étendue en gestion de projet.

Des budgets à échéance permettent de mesurer et de contrôler le rendement à partir de la valeur acquise.

Il existe, pour chaque projet, un système de contrôle des changements applicable aux besoins, au coût et au calendrier ainsi qu'un système d'autorisation de travail.

En général, les vérifications de projet ont lieu seulement quand le projet échoue.

Quatrième niveau : la gestion intégrée de projet L'organisation met au point un système destiné à la gestion de multiples projets qui répondra à ses objectifs stratégiques. Voici les caractéristiques du quatrième niveau :

▶ Une gestion par portefeuille de projets ; les projets sont sélectionnés en fonction des ressources de l'organisation et de leur contribution à ses objectifs stratégiques.

▶ Un système de priorité de projets est en place.

▶ Les travaux du projet sont intégrés aux activités courantes.

▶ Les efforts d'amélioration de la qualité visent à améliorer autant la qualité du processus de gestion de projet que la qualité des produits ou des services.

▶ L'étalonnage permet de repérer les occasions d'amélioration.

▶ L'organisation met sur pied un bureau de projet ou un centre d'excellence.

▶ Tous les projets importants sont l'objet d'une vérification de projet ; les leçons apprises sont notées et prises en considération au cours des projets subséquents.

▶ Un système d'intégration de l'information permet de contrôler l'utilisation des ressources et le rendement de tous les projets importants. Reportez-vous à l'encadré ci-contre pour obtenir plus d'information à ce sujet.

Cinquième niveau : l'optimisation du système de gestion intégrée de projet L'entreprise, ici, se concentre sur l'amélioration continue. Progressive, cette amélioration est visible du côté des pratiques existantes et des innovations liées aux nouvelles technologies et aux nouvelles méthodes. Voici les caractéristiques du cinquième niveau :

▶ Un système d'information de gestion de projet bien rodé ; l'information condensée et pertinente est transmise aux différents acteurs.

▶ L'organisation valorise une culture informelle de l'amélioration bien plus que des politiques et des procédures.

▶ Il est plus facile d'adapter le processus de gestion de projet aux exigences d'un projet précis.

Le passage d'un niveau à un autre ne se fait pas en un jour. L'Institut de génie logiciel évalue les temps moyens pour y parvenir :

Du premier niveau de maturité au deuxième niveau de maturité :	22 mois
Du deuxième niveau de maturité au troisième niveau de maturité :	19 mois
Du troisième niveau de maturité au quatrième niveau de maturité :	25 mois
Du quatrième niveau de maturité au cinquième niveau de maturité :	13 mois

Pourquoi est-ce si long ? L'inertie de l'organisation est une des raisons. Les organisations sociales complexes éprouvent de la difficulté à apporter des changements significatifs tout en maintenant l'efficacité de leurs activités. « Comment trouverons-nous le temps d'instaurer des changements quand nous avons déjà du mal à nous maintenir à flot ? »

Une autre raison consiste en ce qu'il est impossible d'escamoter un niveau. Tout comme un adolescent doit souvent vivre ses propres expériences plutôt que d'appliquer toutes les leçons apprises de ses parents, les employés de l'organisation n'ont d'autre choix que de faire face aux défis et aux problèmes particuliers à chaque niveau pour passer au suivant. Bien entendu, un apprentissage d'une telle ampleur nécessite du temps, et il n'existe aucun truc pour y échapper.

D'après nos estimations, la plupart des entreprises se situent entre les deuxième et troisième niveaux, et 10 % des entreprises qui pratiquent activement la gestion de projet ont atteint les quatrième et cinquième niveaux.

Coup d'œil sur un cas réel

La société d'informatique Acer s'attaque aux délais coûteux*

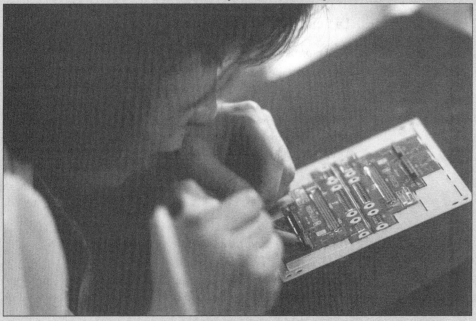

Tom Wagner/Corbis.

Dans notre monde en perpétuelle évolution, le risque de ne pas développer des produits à temps pour les lancer sur le marché fait la différence entre le succès et l'échec. Le Mobile Systems Unit (MSU) de Acer à Taiwan, qui fabrique des ordinateurs portatifs, doit composer avec des temps d'accès au marché extrêmement serrés. En 1988, les cycles de développement du MSU n'étaient plus que de huit mois. Malgré tout, rater la mise en marché par un mois seulement, quel que soit le modèle, effaçait le profit potentiel de l'unité pour ce modèle.

Le MSU a procédé à une analyse, à l'échelle de l'entreprise, pour comprendre les causes de ces délais coûteux dans ses projets. Il a découvert plusieurs causes, toutes liées à des changements dans les calendriers. À l'occasion, les vendeurs ne livraient pas à temps et en quantité suffisante une nouvelle composante. Des clients majeurs comme IBM modifiaient leurs exigences. Des problèmes de conception de la carte-mère prolongeaient le temps alloué à la conception. Les négociations entre les parties occasionnaient parfois des modifications dans les spécifications. La pression qu'exerçait l'administration sur les ingénieurs ainsi que les procédures insuffisamment documentées écourtaient les périodes d'essai, avec pour conséquence que des travaux importants devaient être repris à grands frais.

Acer s'est attaquée à ces multiples causes sur plusieurs fronts. D'abord, la haute direction de MSU a créé des ressources supplémentaires en annulant deux projets déjà en retard, ce qui lui a donné une plus grande marge de manœuvre. Cette décision s'est révélée difficile, car un de ces projets prévoyait la fabrication d'un modèle haut de gamme. L'annulation du projet a suscité une vive controverse. Le MSU s'est ensuite tourné vers l'amélioration de la documentation des directives d'exploitation afin de perfectionner la période d'essai et de faciliter la formation des jeunes ingénieurs. Ces mesures ont permis de réduire le nombre de boucles de correction durant la phase de développement du produit et d'améliorer la qualité de l'accélération de la fabrication. Acer a également attribué à un seul groupe la responsabilité d'établir les caractéristiques du produit, réduisant ainsi les boucles de négociation et les changements de caractéristiques internes. Les deux années suivantes, le MSU a plus que doublé ses ventes et a gagné une importante part du marché.

* EINHORN, B. « Acer's About Face », *Business Week, International Edition*, 23 avril 2000.

La clôture de projet

Chaque projet arrive tôt ou tard à sa conclusion. Pour certains projets, le moment de la fin n'est pas aussi clairement défini qu'on le souhaiterait. Bien que le rapport de contenu puisse indiquer un moment précis, la fin réelle peut s'avérer différente. Les vérifications de projet régulières et une équipe de pilotage détermineront les projets dont les dates de fin devraient différer des dates prévues.

Les conditions inhérentes à la clôture de projet

Une clôture normale

La circonstance la plus normale pour terminer un projet est au moment où son exécution a pris fin. Dans le cas d'un projet clé en main, comme la construction d'une usine de fabrication ou la création d'un système d'information sur mesure, la clôture du projet est déterminée par le transfert de la propriété au client ou le démarrage de l'utilisation du livrable. Dans plusieurs projets de développement, la clôture représente le moment où la conception finale fait place à la production et à la création d'un nouveau produit ou service en ligne. Pour d'autres projets internes, comme des systèmes de mise à niveau ou la création de systèmes de contrôle des stocks, la fin survient quand le résultat du projet est intégré aux activités courantes. Certaines modifications de contenu, de coût et de calendrier se sont probablement révélées nécessaires pendant la mise en œuvre.

Une clôture prématurée

Un projet peut parfois se terminer plus tôt que prévu, certaines parties ayant été annulées. Dans un projet de développement d'un produit, par exemple, un directeur de la mise en marché peut insister pour avoir des modèles de production avant qu'ils aient été mis à l'essai :

> Donnez-moi le nouveau produit maintenant. Son entrée hâtive sur le marché nous fera réaliser de gros profits ! Je sais que l'on peut en vendre à la tonne. Si on n'agit pas maintenant, l'occasion ne se représentera plus !

Le directeur de la mise en marché fait donc des pressions pour que le projet se termine rapidement et que l'article soit acheminé à la production. Avant de céder, la haute direction et tous les acteurs du projet examineront et évalueront attentivement les enjeux et les risques associés à cette décision. Trop souvent, les bénéfices s'avèrent illusoires, dangereux et très risqués. Pourquoi le contenu original du projet a-t-il soudain changé ? Pour qu'un projet se termine plus tôt que prévu, tous les acteurs doivent y consentir. Cette décision relève du groupe de vérification, de l'équipe de priorités ou de la haute direction.

Une clôture perpétuelle

Certains projets semblent ne jamais se terminer. On croirait que le projet finit par avoir une raison d'exister par lui même. Bien que ces projets soient marqués par de nombreux retards, ils sont toujours appréciés une fois terminés. On reconnaît ce genre de projet à ses ajouts multiples. Le promoteur, ou d'autres personnes, requiert toujours de petits changements pour améliorer le résultat du projet, c'est-à-dire le produit ou le service. Ces modifications représentent habituellement un surplus perçu comme faisant partie de l'entente de projet originale. Un client, par exemple, peut demander d'ajouter des caractéristiques aux projets de logiciel, de conception de produit, de systèmes ou de construction. Ces ajouts continuels sont le signe d'une conception de projet déficiente. Si l'on apportait plus de soin à définir le contenu et les limites du projet, le nombre d'ajouts serait réduit d'autant.

Arrive un moment où le gestionnaire de projet ou le groupe d'auditeurs doit mettre un terme aux modifications dans la conception et terminer le projet. Bien que ces projets soient l'objet de glissements de contenu, de coût et de calendrier, admettre qu'il est temps d'y mettre un terme n'est pas si simple. Une étude intéressante d'Isabelle Royer fait état de deux projets « perpétuels » d'entreprises françaises qui se sont prolongés sur plus d'une décennie. Essilor, fabricant de lentilles progressives pour corriger la myopie, et Lafarge, fabricant de matériaux de construction, ont entrepris des projets avec éclat, projets qui, finalement, ont fait peu de progrès significatifs. Les signes de problèmes n'ont pas été pris au sérieux et,

Un projet annulé*

L'Allemagne est le carrefour du camionnage commercial international de l'Europe. Le gouvernement allemand s'est rendu compte de la nécessité de mettre à contribution les camions internationaux (plus de 12 tonnes) circulant sur ses routes afin d'assumer les coûts associés à l'entretien et à la construction de nouvelles infrastructures. Les objectifs du projet étaient clairs : un nouveau système électronique de péage automatique pour les camions afin d'imposer des frais justes, facilement payables, sur les autoroutes d'Allemagne, de Suisse et d'Autriche, pour le 31 août 2003. La technologie reposait sur le système de positionnement mondial (GPS), les télécommunications et un logiciel pour enregistrer le kilométrage et les frais, sans poste de péage le long des autoroutes.

Plusieurs problèmes ont saboté le projet. Il a été impossible de réaliser les temps d'accès au marché. En effet, il a fallu reporter des dates de lancement à cause de problèmes techniques avec l'unité de pistage des camions et du logiciel défectueux. L'interface de communication avec le public et les parties prenantes privées a échoué.

En conséquence, l'échéance du mois d'août 2003 n'a jamais été respectée, pas plus que l'échéance révisée de novembre 2003. En mars 2004, le gouvernement allemand mettait fin au projet.

L'annulation du projet a eu de sérieux impacts sur d'autres programmes gouvernementaux. On a évalué à 1,6 milliard de dollars le manque à gagner découlant de l'échec du nouveau système de péage. Certains de ces revenus étaient destinés à l'implantation d'un train à lévitation magnétique grande vitesse à Munich et à d'autres projets d'infrastructure.

Les leçons apprises ont révélé que le manque de connaissances en gestion de projet était flagrant. Plus important encore, le défaut de prévoir et d'évaluer l'impact des risques associés au calendrier et à une technologie complexe a torpillé le projet. Le système à faisceaux hertziens, plus simple et abordable, que les Suisses et les Autrichiens avaient proposé de réaliser pour 2005 aurait peut-être suffi.

* « Case Analysis : Taking a toll », *PM Network*, vol. 18, n° 3, mars 2004, p. 1.

conséquemment, ces projets voués à l'échec ont végété pendant 10 ans avant d'être abandonnés. Les deux entreprises ont englouti des millions de dollars d'investissement.

Les gestionnaires de projet, les groupes d'audition et les groupes de priorités disposent de quelques solutions pour les projets qui s'éternisent. Ils en redéfinissent la fin ou le contenu et en forcent la clôture. Ils peuvent limiter le budget ou les ressources ou encore imposer une date limite. La solution retenue vise à mettre un terme au projet le plus rapidement possible afin de limiter les coûts supplémentaires et, malgré tout, en tirer des bénéfices comme si le projet avait été entièrement achevé. Le groupe d'audit devrait formuler des recommandations sur la façon de clore ce genre de projet. En général, les groupes d'audit reconnaissent facilement les projets voués à l'échec et y mettent un frein. Cependant, ils s'efforcent de communiquer les raisons techniques justifiant la clôture du projet. En effet, les participants ne doivent pas rester avec le sentiment humiliant d'avoir travaillé à un projet qui a échoué.

Les projets qui échouent

En de rares circonstances, les projets échouent pour toutes sortes de raisons. Le développement du prototype d'un produit de nouvelle technologie peut révéler, par exemple, que le concept original est irréalisable. Aussi, l'élaboration d'un médicament peut avorter, les effets secondaires étant jugés trop risqués. Reportez-vous à l'encadré précédent pour en savoir davantage.

Les changements de priorités

L'équipe de pilotage ajuste sans cesse les choix de projets en fonction de l'orientation de l'organisation. En général, ces changements sont minimes pendant une certaine période mais, périodiquement, surviennent des revirements majeurs qui obligent l'organisation à apporter des changements draconiens dans les priorités. Dans cette période de transition, les projets en cours sont habituellement modifiés ou annulés. Ainsi, il peut arriver qu'un projet démarre avec une haute priorité, mais que son importance s'émousse ou disparaisse complètement durant son cycle de vie en raison des conditions changeantes. Par exemple, un fabricant de jeux sur ordinateur se rend compte que son principal concurrent vient de lancer un jeu 3D avec la technologie 64 bits, alors que ses projets de développement de produits sont encore centrés sur des jeux avec la technologie 32 bits. Dès ce moment, ces projets de jeux deviennent désuets et sont éliminés sur-le-champ. L'équipe de priorités revoit alors les priorités de l'organisation. Les groupes de vérification n'éprouvent aucun mal à recommander la clôture de plusieurs projets, mais ceux en marge ou dans les zones grises exigent un effort considérable d'analyse et des décisions difficiles.

Dans certains cas, l'importance du projet a été mal évaluée au départ; dans d'autres, les besoins ont changé. Dans d'autres situations encore, la mise en œuvre du projet est complexe ou irréalisable. Comme le groupe d'audit et l'équipe de priorités revoient le projet à intervalles réguliers, le moindre changement dans la façon de percevoir l'ensemble du projet (priorité) saute rapidement aux yeux. Quand le projet cesse de contribuer à la stratégie de l'organisation, le groupe d'audit ou l'équipe de priorités doit en recommander l'abandon. Dans plusieurs cas, ces projets sont cependant intégrés à des projets connexes ou aux activités courantes.

Interrompre des projets en raison d'un «changement de priorités» demeure une tâche difficile. L'équipe de projet peut avoir l'impression que la priorité du projet est encore élevée par rapport aux autres projets en cours. La fierté des employés, et même parfois leur emploi, est en jeu. Pour les employés ou les équipes touchés, le succès est à portée de la main. Abandonner le projet revient à un échec. En général, on admire l'équipe qui croit au projet même quand tout va mal, mais pas celle qui se résigne. Ces situations émotionnelles rendent pénible la fermeture d'un projet.

Il y a peu d'avantages à chercher des coupables. Il faut «justifier» par d'autres moyens la clôture prématurée d'un projet ou l'identification d'un problème. Par exemple, les besoins ou les goûts du client ont changé, la technologie a une longueur d'avance sur le projet ou la concurrence possède un produit ou un service supérieur ou plus performant. Ces exemples sont extérieurs à l'organisation et perçus comme échappant au contrôle de quiconque. De plus, changer des membres de l'équipe ou le gestionnaire de projet nuit à la cohésion et à la loyauté de cette équipe. Cette approche amoindrit l'engagement de l'équipe, ce qui facilite la clôture du projet, mais il ne faut y recourir qu'en dernier ressort. Le groupe de révision des projets doit avoir comme objectif premier de ménager la fierté des participants quand il met fin à un projet.

Quelques indices permettant de déterminer s'il faut poursuivre ou abandonner un projet

Certaines études sur les obstacles à un projet et les facteurs qui contribuent à son succès se révéleraient fort utiles aux employés qui se préparent à faire partie d'un groupe de vérification de projet pour la première fois. La connaissance de ces facteurs indique les points à surveiller au moment d'une vérification. Ces facteurs renseignent sur l'existence possible de modèles à problèmes ou à succès. Dans de rares cas, leur existence signale des problèmes et la nécessité de mettre fin à un projet en cours.

Plusieurs études ont examiné cette réalité, et leur ressemblance s'avère étonnante. Par exemple, elles ont toutes, ainsi que d'autres, révélé qu'une définition inadéquate du contenu du projet constitue un obstacle majeur au succès de celui-ci. Rien ne prouve que ces facteurs ont changé au cours des années, bien que quelques différences d'une importance relative aient été notées dans diverses industries. Reportez-vous à l'encadré ci-contre pour en savoir davantage. Le tableau 14.2 présente les obstacles signalés par 1 654 gestionnaires de projet qui ont participé à une enquête de Gobeli et Larson. Les facteurs présentés au tableau 14.2 s'avèrent utiles aux groupes de vérification dans leur examen préliminaire des projets en cours et leur vérification après un projet.

La décision de mettre fin à un projet

La décision de poursuivre ou d'abandonner un projet inachevé demeure fondamentalement une question d'allocation des ressources. L'entreprise devrait-elle consacrer davantage de

L'étude *Chaos* sur les projets de logiciel*

Standish Group International (SGI) est une société d'experts-conseils spécialisée dans les études de marché de logiciels stratégiques et le commerce électronique. Elle a mené et publié une recherche approfondie sur le succès et l'échec des projets de développement et d'application de logiciels. La recherche, qui porte le nom de code « Chaos », montre qu'un nombre stupéfiant de projets de logiciel, soit 31 %, sont abandonnés en cours de route. De plus, 53 % des projets coûteront 189 % de plus que leur estimation de départ. En ce qui a trait aux projets réussis, seulement 16 % en moyenne des projets de logiciel sont terminés à temps et sans dépassement de coûts. Dans les grandes entreprises, le taux de succès s'avère beaucoup plus faible, soit 9 %. SGI a évalué que, en 1995, les entreprises et les organismes gouvernementaux étasuniens ont dépensé 81 milliards de dollars en projets de logiciel qui ont finalement avorté.

L'étude *Chaos* s'appuie sur des faits tirés de relevés de recherche et d'entrevues personnelles. Les répondants étaient des cadres supérieurs en technologie de l'information (TI). L'échantillon comprenait des entreprises grandes, moyennes et petites de différents secteurs de l'industrie, par exemple, les activités bancaires, le commerce de valeurs mobilières, la fabrication, la vente au détail, la vente en gros, les soins de santé, les assurances ainsi que les organisations locales, provinciales et fédérales. L'échantillon comprenait au total 365 répondants représentant 8 380 projets.

En s'appuyant sur une comparaison approfondie entre les projets de logiciel réussis et les projets qui ont échoué, SGI a dressé un tableau illustrant les facteurs clés potentiellement associés au succès d'un projet. Les critères de succès ont été déterminés à partir de l'information provenant des gestionnaires en TI qui ont participé à l'enquête. Le critère le plus important, la « participation de l'utilisateur », a récolté 19 points, alors que le moins important, le « dur travail et l'engagement du personnel », n'a reçu que 3 points. Le tableau ci-après présente les critères par ordre d'importance.

Critères de succès	Niveau d'importance
1. La participation de l'utilisateur	19
2. Le soutien des cadres supérieurs	16
3. La clarté des exigences de l'énoncé	15
4. Une planification adéquate	11
5. Des attentes réalistes	10
6. Des étapes déterminantes plus courtes	9
7. Du personnel compétent	8
8. Le sentiment d'appartenance de l'équipe de projet	6
9. La clarté de la vision et des objectifs	3
10. Le dur travail et l'engagement du personnel	3
Total	100

* Utilisé avec la permission de *Standish Group International, Inc.*, 196 Old Town House Road, West Yarmouth, MA 02673. L'étude *Chaos* a été mise à jour en 2001. Bien qu'il y ait eu amélioration depuis (les dépassements de coûts ont diminué à 145 %), l'ampleur du problème reste la même.

ressources pour terminer le projet et réaliser ses objectifs ? La question est complexe. En général, le raisonnement menant à la décision de poursuivre ou d'abandonner le projet repose sur plusieurs facteurs associés aux coûts, surtout subjectifs et critiques. En conséquence, il faut éviter à tout prix des remarques sur des groupes ou des employés. Le rapport d'audit doit rester centré sur les objectifs organisationnels, les conditions variables et les changements de priorités qui exigent des réaffectations de ressources organisationnelles déjà restreintes.

TABLEAU 14.2

Les obstacles au
succès d'un projet

Activité*	Barrière	Incidence (en pourcentage)
Planification 32%	Définition ambiguë	16
	Mauvaise prise de décision	9
	Information erronée	3
	Changements	4
Établissement du calendrier 12%	Calendrier serré	4
	Dépassement de calendrier	5
	Gestion de calendrier inexistante	3
Organisation 11%	Manque de responsabilité ou d'engagement	5
	Gestionnaire de projet mou	5
	Ingérence de la haute direction	1
Affectation du personnel 12%	Personnel inadéquat	5
	Gestionnaire de projet incompétent	4
	Roulement des membres de l'équipe	2
	Processus de dotation inadéquat	1
Direction 26%	Coordination inadéquate	9
	Communication inadéquate	6
	Leadership insuffisant	5
	Peu d'engagement	6
Contrôle 7%	Suivi inadéquat	3
	Contrôle inadéquat	2
	Aucun système de contrôle	1
	Ignorance des problèmes	1

* Interprétation du tableau : 32 % des 1 654 participants ont classé les barrières sous le poste « Planification », 12 % dans « Établissement du calendrier », et ainsi de suite.

Quand le groupe d'audit ou l'équipe de pilotage suggère la clôture, il est préférable que l'annonce en soit faite par un cadre si les répercussions sont nombreuses ou s'il faut ménager les susceptibilités de certains. Cependant, dans la plupart des cas, la décision de mettre fin au projet revient au groupe de vérification ou à l'équipe de priorités. Au moment de l'annonce de la clôture, il faut avoir établi préalablement les nouvelles affectations des membres de l'équipe de projet.

Le processus de clôture du projet

Quand le projet se rapproche de la fin de son cycle de vie, les employés et le matériel sont réorientés vers d'autres activités ou projets. Il importe de gérer la phase de clôture de projet avec autant de soin que les autres phases. Comme les grands défis sont maintenant chose du passé, le gestionnaire de projet et les membres de son équipe éprouvent souvent du mal à effectuer les tâches obligatoires de fin de projet. Par exemple, les professionnels participant à un projet trouvent ennuyeux de dresser un inventaire du matériel et de rédiger des rapports finaux, car ils sont des gens d'action. Ils sont toujours à l'affût de nouvelles occasions et de défis à relever. L'élaboration d'un plan, l'affectation du personnel, la communication du plan et sa mise en œuvre font partie des principales activités de la clôture d'un projet.

Un plan type de clôture de projet comprend des questions semblables à celles-ci :

▶ Quelles sont les tâches nécessaires pour clore le projet ?

▶ Qui sera responsable de ces tâches ?

▶ À quel moment la clôture du projet commencera-t-elle et se terminera-t-elle ?

▶ Comment le projet sera-t-il livré au client ?

Quand, dans la pratique, l'évaluation de l'équipe est mal effectuée, y a-t-il vraiment un impact? Joseph Fusco a fait enquête auprès de 1 667 gestionnaires de projet associés à 134 projets différents. Parmi les répondants, 52 % ont indiqué que leur équipe n'était l'objet d'aucune évaluation collective pour ce qui est de leur rendement. Des 22 % qui ont été évaluées, une analyse plus pointue a montré que leur évaluation avait été plutôt informelle et qu'elle avait duré tout au plus une vingtaine de minutes. Ce manque flagrant de pratiques d'évaluation d'équipe peut lancer les participants sur une fausse piste. En effet, chaque membre peut se dissocier du faible rendement de l'équipe et dire: « Moi, j'ai fait ce que j'avais à faire. » Les bonnes pratiques d'évaluation d'équipe valorisent l'attitude « nous ne faisons qu'un » plutôt que le rendement individuel. Dans l'étude de Fusco, très peu d'entreprises disposaient d'un système approprié de récompense pour souligner la qualité de la gestion de projet.

* FUSCO, Joseph. « Better Policies Provide the Key to Implementing Project Management », *Project Management Journal*, vol. 28, n° 3, septembre 1997, p. 38.

L'affectation du personnel revêt peu d'importance quand la clôture du projet n'est pas un règlement de compte. Lorsque le projet est subitement abandonné en chemin, il serait judicieux de choisir une autre personne que le gestionnaire de projet pour y mettre fin. À l'opposé, quand le projet s'est terminé avec succès, le gestionnaire de projet est la personne toute désignée pour y mettre la touche finale. Dans ce cas, il est préférable que le gestionnaire de projet connaisse déjà sa prochaine mission afin qu'il conclue le projet le plus tôt possible avant de relever de nouveaux défis.

Communiquer le plan et le calendrier de clôture d'une façon hâtive a pour avantage 1) d'aider les membres de l'équipe à se faire à l'idée que le projet tire à sa fin et 2) de les préparer à leurs nouvelles fonctions. Idéalement, les prochaines affectations des membres de l'équipe sont déjà déterminées quand la clôture du projet est annoncée. Par contre, la phase de clôture pose un dilemme majeur, car les participants se montrent impatients d'entreprendre le prochain projet et de saisir toutes les occasions qui s'offrent à eux. Le gestionnaire de projet doit relever le défi de garder son équipe centrée sur le projet en phase finale et sur la livraison au client, tant que tout n'est pas terminé. Il doit s'efforcer de maintenir son enthousiasme malgré la clôture du projet et sensibiliser son équipe aux échéances trop souvent négligées en fin de projet.

La mise en œuvre du plan de clôture comprend différentes activités de fermeture. De nombreuses entreprises finissent, avec l'expérience, par dresser de longues listes de choses à accomplir pour terminer le projet. Grâce à elles, rien n'est oublié. La mise en œuvre de la clôture comprend cinq activités importantes:

1. Obtenir l'approbation du client pour la livraison.
2. Interrompre l'approvisionnement des ressources et les diriger vers de nouvelles activités.
3. Réaffecter les membres de l'équipe de projet à d'autres fonctions.
4. Fermer les comptes et voir au paiement de toutes les factures.
5. Évaluer l'équipe de projet, les membres de l'équipe de projet et le gestionnaire de projet.

La figure 14.2 présente une liste de vérification partielle pour un projet de conversion à l'euro pour une firme aérospatiale. L'annexe 14.1 comprend aussi un exemple de ce type de liste.

Orchestrer la clôture du projet s'avère parfois une tâche ardue et un défi pour le gestionnaire et son aptitude à diriger du personnel. En général, la mise en œuvre de la clôture se fait dans une atmosphère de joie lorsque le projet est couronné de succès. La joie fait ensuite place à la tristesse, parce que certains y perdent des amitiés naissantes et que chacun doit maintenant suivre son propre chemin. C'est une tradition d'organiser une fête pour

FIGURE 14.2   Lancement de véhicules spatiaux européens, AG – Liste de vérification de clôture de projet

Projet	*Conversion à l'euro*	Client	*Service des finances*
Gestionnaire de projet	*Hans Kramer*	Date de fin	*12 décembre XX*

	Échéance	Responsable	Notes
1. Approbation des documents par le service des finances	16 décembre	Hans	
2. Formation du client sur les logiciels	28 décembre	Joan	Donner la formation à tous les services avant la conversion.
3. Archivage			
Calendriers planifiés et actuels	31 décembre	Maeyke	
Budget et coûts réels	31 décembre	Maeyke	
Changements	31 décembre	Maeyke	
4. Clôture de tous les comptes avec les fournisseurs	31 décembre	Guido	
5. Clôture de tous les bons de travail	31 décembre	Mayo	
6. Clôture de tous les comptes de partenariat	31 décembre	Guido	
7. Réaffectation du personnel du projet	16 décembre	Sophie	
8. Évaluation des :			
membres du personnel	31 décembre	Sophie	Confier le développement et l'administration au service des ressources humaines.
fournisseurs	31 décembre	Mayo	Utiliser le questionnaire habituel destiné aux fournisseurs.
9. Réunion pour dresser le rapport final et les leçons apprises	4 janvier	Hans	Faire parvenir un avis à tous les acteurs.
10. Leçons apprises archivées dans la base de données	10 janvier	Maeyke	Communiquer avec le service TI.
Soirée des hommages		Sophie	Aviser tous les acteurs.

célébrer la fin du projet, qu'il s'agisse d'une réunion informelle autour d'une pizza, après le travail, ou d'un banquet plus officiel comprenant des discours et des récompenses ou des marques de reconnaissance envers les participants. Ces célébrations marquent la finalité du projet et permet aux participants de libérer certaines émotions, alors qu'ils se disent au revoir. Cependant, pour les projets moins réussis, la clôture ressemble parfois à une veillée funèbre. Même dans ces circonstances moins festives, la clôture peut aussi marquer une finalité, alors que les participants se tournent désormais vers l'avenir.

Il importe aussi de se rappeler que retarder le processus de clôture entraîne des coûts qui s'accumulent pendant la durée du projet. Quand le projet n'est toujours pas terminé et qu'il rapporte les bénéfices promis, les intérêts des dépenses associées au projet continuent à s'accumuler, tout comme d'autres coûts. De plus, pour certains projets, le paiement final s'effectue seulement après la clôture du projet.

Les évaluations de l'équipe, des membres de l'équipe et du gestionnaire de projet

L'audit comprend des évaluations du rendement de l'équipe de projet, de chacun de ses membres et du gestionnaire de projet. Reportez-vous à la section précédente pour en savoir davantage. L'évaluation du rendement est essentielle, car elle est porteuse de changements de comportement. En outre, elle favorise le développement professionnel de chacun et l'amélioration continue au sein de l'organisation. «Évaluer» signifie comparer des mesures à des critères précis. En effet, l'expérience confirme que, avant d'entreprendre un projet, tout doit déjà être en place : les attentes, les normes, une culture organisationnelle favorable au projet et les contraintes. Autrement, l'efficacité du processus d'évaluation en souffrira.

Au sens large, il est prouvé de nos jours que l'évaluation du rendement pour chacun de ces aspects est bâclée. Voici pourquoi, selon les responsables de cette évaluation :

1. L'évaluation du membre de l'équipe relève toujours du superviseur du service pour lequel il travaille.

2. En général, les mesures du rendement de l'équipe se limitent au calendrier, au budget et aux spécifications.

La plupart des organisations se contentent de ces trois mesures, alors que les autres sont tout aussi importantes. Les organisations doivent évaluer le processus de consolidation d'équipe, l'efficacité des décisions de groupe et des techniques de résolution de problèmes, la cohésion du groupe, la confiance mutuelle et la qualité des échanges d'information. L'évaluation des équipes, des membres des équipes et des gestionnaires de projet s'avère extrêmement complexe, et elle est tributaire des projets. Les sections suivantes présentent quelques observations et approches importantes.

L'évaluation de l'équipe

Pour assurer l'efficacité et l'utilité de l'évaluation d'une équipe de projet, un minimum de conditions doivent être en place avant le début du projet, comme le précise le chapitre 11. Voici quelques-unes des conditions sous forme de questions :

1. Existe-t-il des modèles pour mesurer le rendement ? (On ne peut pas gérer ce que l'on ne peut pas mesurer.) Les objectifs sont-ils clairs pour l'équipe et pour chaque membre qui la compose ? Les objectifs sont-ils intéressants ? Réalisables ? Prometteurs ?

2. Les responsabilités de chaque coéquipier et de l'équipe elle-même, tout comme les normes de rendement, sont-elles connues de chacun ?

3. Les récompenses réservées aux efforts d'équipe sont-elles appropriées ? Témoignent-elles de l'importance que la haute direction accorde à la synergie des équipes ?

4. Existe-t-il concrètement un cheminement de carrière pour le gestionnaire de projet qui réussit bien ?

5. L'équipe peut-elle gérer les difficultés à court terme à sa discrétion ?

6. La culture organisationnelle témoigne-t-elle d'un niveau élevé de confiance ?

7. L'évaluation de l'équipe ne doit pas se limiter au calendrier, au budget et aux spécifications. Quels sont les autres critères ? À l'aide des «caractéristiques couramment associées aux équipes très performantes», décrites au chapitre 11, il est possible de mesurer facilement l'efficacité des équipes.

Ces conditions, une fois établies, servent de base à toutes les formes d'évaluation des équipes et de leurs membres.

Dans la pratique, le processus d'évaluation de l'équipe se présente sous différentes formes, surtout quand il va au-delà du calendrier, du budget et des spécifications. Le mécanisme habituel d'évaluation des équipes consiste en une enquête effectuée par un consultant, un employé des ressources humaines ou au moyen du courrier électronique. En général, l'enquête concerne uniquement les membres de l'équipe mais, dans certains cas, elle comprend aussi d'autres acteurs du projet qui interagissent avec l'équipe. Une fois les résultats obtenus, l'équipe rencontre la haute direction, et elles discutent des résultats. Le tableau 14.3 présente un exemple d'enquête. Cette rencontre s'apparente aux séances de développement de l'esprit d'équipe décrites au chapitre 11 sauf que, cette fois, ce sont les résultats de l'enquête qui servent à évaluer le développement de l'équipe, ses forces et ses faiblesses et les leçons apprises qui serviront aux projets futurs. Les résultats de l'enquête d'évaluation d'équipe permettent de modifier les comportements et insistent sur l'importance d'adopter une approche d'équipe tout en favorisant l'amélioration continue.

L'évaluation des membres de l'équipe et du gestionnaire de projet

L'évaluation de l'équipe est cruciale, mais tôt ou tard, le gestionnaire de projet sera appelé à évaluer le rendement de chacun de ses membres. En général, cette évaluation fait partie du processus de clôture, et elle sera incorporée dans le système d'évaluation annuelle du rendement de l'entreprise. Ces évaluations constituent un élément majeur du dossier personnel d'un employé. La plupart du temps, elles servent de référence pour décider des promotions, des affectations futures, des hausses de salaire au mérite et autres marques d'appréciation.

La participation du gestionnaire de projet au processus d'évaluation varie selon les organisations. Dans les organisations où les projets sont gérés dans un cadre fonctionnel, ou une matrice fonctionnelle, le chef de service est responsable des évaluations plutôt que le gestionnaire de projet. Il est possible que le chef de service demande l'opinion du gestionnaire de projet quant au rendement d'un employé pour un projet donné et qu'il en tienne compte dans l'évaluation de son rendement général. Dans une matrice équilibrée, le chef de service et le gestionnaire de projet évaluent ensemble le rendement d'un employé. Dans la matrice de projet, ou organisation spécialisée dans les projets, où la plus grande part du travail d'un employé est liée aux projets, le gestionnaire de projet est responsable d'évaluer le rendement de celui-ci. Un nouveau procédé semble gagner en popularité : la rétroaction tous azimuts, ou «évaluation multisources». Le procédé consiste à obtenir des commentaires sur le rendement de l'employé de la part de ses clients internes ou externes. Les gestionnaires de projet, les chefs de service, les collègues, les subordonnés, voire les clients peuvent participer à la rétroaction tous azimuts. Reportez-vous à la rubrique, à la page suivante, pour en savoir davantage.

TABLEAU 14.3

Un échantillon d'une évaluation d'équipe et d'une enquête

Évaluez chaque énoncé à l'aide de l'échelle suivante.

	En accord				En désaccord
1. L'équipe avait le sentiment d'avoir un but commun, et chaque membre souhaitait atteindre les objectifs du projet.	1	2	3	4	5
2. Chaque membre de l'équipe respectait les points de vue de ses coéquipiers. Les différences de vues étaient encouragées et librement exprimées.	1	2	3	4	5
3. Toutes les interactions entre les membres se sont inscrites dans une atmosphère de camaraderie.	1	2	3	4	5

La rétroaction tous azimuts*

Un nombre croissant d'entreprises mettent de côté le processus traditionnel de rétroaction supérieur-subordonné et le remplacent par la rétroaction tous azimuts. Cette forme d'évaluation recueille les observations auprès de différentes sources dans l'organisation quant au comportement de l'employé, y compris son autoévaluation. L'employé remplit le même questionnaire d'évaluation structuré que ses supérieurs, les membres de son équipe, ses collègues et, dans bien des cas, les clients afin d'évaluer son propre rendement. En général, on fait appel à des questionnaires d'enquête enrichis de quelques questions ouvertes pour recueillir l'information.

Les résultats sommaires sont comparés avec les stratégies, les valeurs et les objectifs opérationnels de l'organisation. Un cadre des ressources humaines ou un consultant extérieur communique les commentaires à l'employé. Un nombre croissant d'entreprises recourent à cette technique, dont General Electric (GE), AT&T, Mobil Oil, Nabisco, Hewlett-Packard (HP) et Warner-Lambert.

L'objectif de la rétroaction tous azimuts consiste à déterminer les aspects que l'employé doit améliorer. Quand l'employé compare la rétroaction des autres avec son autoévaluation, il obtient une image plus réaliste de ses forces et de ses faiblesses. Quand il découvre pour la première fois ces faiblesses, il aura tendance à modifier certains comportements. C'est ce qui est arrivé à Jerry Wallace, gestionnaire de projet ambitieux chez General Motors. « On m'a clairement signifié que je devais déléguer davantage, dit-il. Je pensais que je le faisais déjà. Mais je dois le faire encore davantage et plus rapidement. Mes employés me disent: "Fais-moi confiance" ».

Plusieurs entreprises recueillent la rétroaction des clients internes et externes participant au projet. Un client, par exemple, peut évaluer un gestionnaire de projet ou un membre de l'équipe sur la manière dont il s'acquitte du travail sans créer d'animosité inutile. La rétroaction des clients dans le processus d'évaluation rappelle à l'employé l'importance de collaborer avec le client et de répondre à ses attentes pour le succès du projet.

William J. Miller, directeur de programme chez Du Pont, a contribué à instaurer un système de rétroaction tous azimuts destiné à 80 scientifiques et employés de soutien. « Une bonne ou une mauvaise note ne révélait rien sur la compétence d'un scientifique à inventer du téflon, affirme M. Miller. Mais la rétroaction nous a permis d'améliorer grandement la capacité des employés de travailler en équipe. Ils ont maintenant de la considération pour leurs collègues, et leurs comportements nuisibles et égocentriques ont changé. »

* O'REILLY, Brian. « 360 Feedback Can Change Your Life », *Fortune*, 17 octobre 1994, p. 93-100; HOFFMAN, Robert. « Ten Reasons You Should Be Using 360 Degree Feedback », *HR Magazine*, avril 1995, p. 82-85; COCHRAN, Dick. « Finally a Way to Completely Measure Project Manager Performance », *PM Network*, septembre 2000, p. 75-80.

En général, l'évaluation du rendement sert deux fonctions importantes. La première est de nature évolutive; les forces et les faiblesses de l'employé sont mises en relief afin que l'on trouve des moyens d'améliorer son rendement. La seconde fonction est évaluative et consiste à observer dans quelle mesure l'employé a fourni un bon rendement afin d'effectuer le rajustement salarial qui s'impose ou de donner une augmentation de salaire au mérite. Ces deux fonctions ne sont pas compatibles. Les employés, pressés de connaître le salaire qu'ils recevront, tendent à faire la sourde oreille devant les commentaires constructifs qu'on leur apporte sur la façon d'améliorer leur rendement. Les gestionnaires, pour leur part, semblent plus préoccupés de justifier leur décision que d'amorcer une discussion enrichissante sur la façon dont l'employé peut améliorer son rendement. Il est malaisé d'être à la fois accompagnateur et juge. En conséquence, plusieurs experts en systèmes d'évaluation du rendement recommandent que les organisations séparent les examens du rendement, qui visent l'amélioration de l'employé, des rajustements salariaux, qui concernent l'attribution des récompenses.

Dans certaines structures matricielles, le gestionnaire de projet s'occupe des examens de rendement, tandis que le chef de secteur voit aux rajustements salariaux. Dans d'autres cas, les examens de rendement font partie du processus de clôture du projet, et les rajustements salariaux sont l'objectif premier de l'évaluation annuelle du rendement. D'autres organisations évitent le dilemme en accordant des récompenses à l'équipe pour le travail accompli au cours du projet. Les sections suivantes traitent des évaluations visant à améliorer le rendement puisque les rajustements salariaux, bien souvent, ne sont pas du ressort du gestionnaire de projet.

Les examens de rendement

Les organisations recourent à une grande variété de méthodes pour évaluer le rendement d'un employé au cours d'un projet. En général, les méthodes d'évaluation du rendement se basent toutes sur les compétences techniques et sociales que l'employé a démontrées lors du projet et au sein de son équipe. Certaines entreprises se contentent d'une discussion spontanée entre le gestionnaire de projet et le membre de l'équipe évalué. D'autres demandent à leurs gestionnaires de projet de soumettre par écrit une description ou une évaluation du rendement de l'employé durant le projet. Plusieurs entreprises préconisent des échelles de niveaux semblables à celles de l'enquête pour l'évaluation de l'équipe. Le gestionnaire de projet évalue ici le rendement de l'employé selon une échelle, par exemple, de 1 à 5, et un nombre de critères relatifs au rendement – par exemple, le travail d'équipe et les relations avec le client. Certaines entreprises enrichissent les échelles en ajoutant une description du comportement pour le premier niveau, le deuxième niveau, et ainsi de suite. Chaque méthode comporte ses forces et ses faiblesses. Malheureusement, dans plusieurs entreprises, les systèmes d'évaluation sont conçus en fonction des activités courantes et non pas uniquement pour les projets. En conclusion, le gestionnaire de projet doit exploiter le plus possible le système d'examen du rendement que préconise son entreprise.

Quelle que soit la méthode retenue, le gestionnaire de projet doit rencontrer chaque membre de l'équipe et discuter avec lui de son rendement. Voici quelques trucs qui facilitent le déroulement des examens de rendement :

▸ On commence toujours par demander à l'employé d'évaluer son rendement. En premier, cette approche peut fournir une information précieuse que l'on ignorait. En deuxième lieu, elle permettra sans doute de comprendre certaines disparités dans les évaluations. En dernier lieu, l'employé aura moins l'impression d'être jugé.

▸ On évite autant que possible d'établir des comparaisons avec d'autres membres. On tente plutôt d'évaluer l'employé en fonction des normes établies et des attentes. Les comparaisons sapent la cohésion au sein de l'équipe et détournent l'attention de l'employé de ce qu'il doit faire pour améliorer son rendement.

▸ Quand on doit se montrer critique envers un coéquipier, on oriente ses reproches sur les comportements incorrects plutôt que sur lui directement. On décrit avec précision à quel point le comportement a nui au projet.

▸ On doit être cohérent et juste dans sa façon de traiter les membres de l'équipe. Rien ne génère autant de ressentiment que d'apprendre par l'entremise d'un tiers que l'on est traité différemment des autres membres.

▸ On traite l'examen comme une étape parmi d'autres dans un processus continu. On convient avec l'employé d'une façon d'améliorer son rendement.

De façon générale, les gestionnaires et les subordonnés redoutent tout autant l'examen de rendement. Aucune des deux parties n'est à l'aise avec la nature évaluative de la discussion, et les risques de malentendu et d'orgueil froissé. Une grande part de cette anxiété tombe quand le gestionnaire de projet fait bien son travail. Le gestionnaire de projet doit donner une rétroaction aux membres de son équipe tout au long du projet. Chacun a ainsi une bonne idée de son rendement et connaît le point de vue du gestionnaire avant la rencontre officielle.

Bien que, la plupart du temps, le gestionnaire de projet se prête au même processus d'évaluation du rendement que les membres de son équipe, les organisations l'élaborent davantage étant donné l'importance de la fonction de gestionnaire de projet au sein de l'entreprise. C'est ici que la rétroaction tous azimuts s'avère la plus populaire. Dans les entreprises spécialisées dans la réalisation de projets, les directeurs ou les vice-présidents de la gestion de projet veilleront à recueillir les renseignements concernant un gestionnaire de projet auprès des clients, des fournisseurs, des membres de l'équipe, des collègues et des autres directeurs, pour un projet précis. Cette approche s'avère très prometteuse pour former des gestionnaires de projet encore plus compétents.

Résumé

L'audit de projet favorise les changements et l'amélioration aussi bien des employés que des organisations. Dans ce chapitre, nous nous sommes penchés sur les processus pour mener à bien des vérifications de projet et rédiger des rapports. Il y a aussi été question des clôtures de projet et de l'importance des évaluations des équipes et de chaque membre. Voici les éléments clés du chapitre :

- Il est préférable que les évaluations se fassent à des dates prédéterminées ou à certaines étapes clés afin d'éviter les surprises.
- Les vérifications des projets, surtout ceux en cours, doivent s'effectuer avec délicatesse et sensibilité envers les réactions des employés. La vérification se concentre sur les faits, les problèmes et les succès et ne fait aucunement référence aux groupes et aux employés.
- Il est conseillé que les personnes effectuant la vérification soient extérieures au projet.
- Les rapports de vérification doivent être utiles et facilement accessibles. Les vérifications renforcent une culture organisationnelle nettement orientée vers l'amélioration continue et l'apprentissage organisationnel.
- Quel que soit le type de clôture de projet, il faut planifier et exécuter celle-ci avec méthode.
- Certaines conditions de base doivent être mises en place pour effectuer l'évaluation de l'équipe ou de l'employé.
- Il faut effectuer les deux types d'évaluation, celle de l'équipe et celle de l'employé ; les examens de rendement doivent être séparés des augmentations au mérite et des rajustements salariaux.

Dans des conditions de concurrence normale, il semble légitime que plusieurs organisations privilégient l'amélioration continue et l'apprentissage organisationnel. Procéder avec constance aux audits a pour effet d'améliorer nettement les méthodes de gestion de projet. Comme un plus grand nombre d'employés de différentes organisations apprennent par les erreurs et les succès, le processus de gestion de ces entreprises ne cesse de s'améliorer. L'audit et le rapport de projet constituent les deux outils les plus importants pour adopter cette philosophie.

Comme le but de la vérification consiste à améliorer le rendement, la méthode de référence de projet constitue une bonne approche pour vérifier le rendement de la gestion de projet et les gains à long terme pour l'entreprise. Quand la méthode sert de repère dès le début du projet, les améliorations du mode de gestion se retrouvent facilement à des niveaux plus élevés.

Mots clés

audit	évaluation de l'équipe	projet en cours
audit après le projet	examen du rendement	rapport d'audit de projet
clôture de projet	méthode de référence	rétroaction tous azimuts

Questions de révision

1. En quoi l'audit de projet diffère-t-il des systèmes de mesure du rendement dont il a été question au chapitre 13 ?
2. Quelle information importante devrait-on trouver dans un audit de projet ?

3. Pourquoi est-il difficile de réaliser un audit réellement indépendant et objectif?

4. Quelles caractéristiques et compétences chercheriez-vous dans le choix d'un auditeur principal?

5. Comment réagiriez-vous au commentaire suivant? «Nous ne pouvons pas nous permettre d'annuler le projet maintenant. Nous avons déjà dépensé plus de 50% du budget prévu.»

6. Pourquoi faut-il séparer les examens du rendement des rajustements salariaux?

7. Il y a plusieurs grands avantages pour une entreprise à utiliser une méthode de référence de projet. Nommez-en trois.

Exercices

1. Pensez à un cours que vous avez suivi récemment. Effectuez un audit du cours, le cours représentant un projet, et le plan du cours équivalant au plan du projet. Résumez les résultats de votre audit sous forme de rapport, à l'aide du modèle des pages 505 et 506.

2. Vous effectuez une vérification pour le Programme de la station spatiale internationale. Recherchez de l'information sur l'état actuel du projet, dans la presse et dans Internet. Quels sont les succès et les échecs rencontrés jusqu'à maintenant? Quelles prévisions élaboreriez-vous concernant la fin du projet? Pourquoi? Quelles recommandations formuleriez-vous à la haute direction du programme? Pourquoi?

3. Effectuez une recherche dans Internet pour trouver de l'information sur la mission *Eagle Claw*. Qu'apprenez-vous de plus sur la valeur des audits et des leçons apprises dans ce projet qui a mal tourné?

4. Interrogez un gestionnaire de projet qui travaille dans un environnement multiprojets. À partir des méthodes de référence de projet présentées dans ce chapitre, demandez-lui d'évaluer et de justifier le degré de maturité des projets de son entreprise. Présentez les conclusions de votre entretien sous forme de rapport.

Références

COCHRAN, D. «Finally, a Way to Completely Measure Project Manager Performance», *PM Network,* septembre 2000, p. 75-80.

FINCHER, A. et G. LEVIN. «Project Management Maturity Model», *Proceedings of the 28th Annual PMI Symposium,* Newtown Square, PA, Project Management Institute, 1997, p. 1028-1035.

GOBELI, D. et E. LARSON. «Barriers Affecting Project Success», in *1986 Proceeding Project Management Institute: Measuring Success*, Upper Darby, PA, Project Management Institute, 1986, p. 22-29.

HOFFMAN, R. «Ten Reasons You Should Be Using 360 Degree Feedback», *HR Magazine,* avril 1995, p. 82-85.

IBBS, W.C. et Y.H. KWAK. «Assessing Project Maturity», *Project Management Journal,* vol. 31, n° 1, mars 2000, p. 32-43.

KWAK, Y.H. et W.C. IBBS. «Calculating Project Management's Return on Investment», *Project Management Journal,* vol. 31, n° 2, mars 2000, p. 38-47.

PIPPETT, D.D. et J.F. PETERS. «Team Building and Project Management: How Are We Doing?», *Project Management Journal,* vol. 26, n° 4, décembre 1995, p. 29-37.

ROYER, I. «Why Bad Projects are so Hard to Kill», *Harvard Business Review,* février 2003, p. 49-56.

INSTITUT DE GÉNIE DU LOGICIEL (SEI), [en ligne], [http://www.sei.cmu.edu/cmm/] (page consultée le 21 juin 2006).

STEWART, W.E. «Balanced Scorecard for Projects». (2000 International Student Paper Award Winner) *Project Management Journal,* vol. 32, n° 1, mars 2001, p. 38-47.

WHEATLY, M. «Over the Bar», *PM Network,* vol. 17, n° 1, janvier 2003, p. 40-45.

YATES, J.K. et S. ANIFTOS. «ISQ 9000 Series of Quality Standards and the E/C Industry», *Project Management Journal,* vol. 28, n° 2, juin 1997, p. 21-31.

Annexe 14.1

UNE LISTE DE VÉRIFICATION DE LA CLÔTURE DE PROJET

Section 5: Clôture de projet

Liste de vérification de transition pour une clôture de projet

Fournissez l'information de base pour le projet: Nom du projet – nom qui permet de reconnaître le projet; Nom provisoire du projet – nom ou acronyme utilisé pour le projet; Secrétaire du promoteur du projet – secrétaire de qui relève le promoteur du projet ou secrétaire qui commandite le projet; Agence de promotion – agence responsable de la gestion du projet; Préparé par – personnes qui préparent le présent document; Date et numéro de contrôle – date à laquelle la liste de vérification se termine et numéro de contrôle du changement ou de la nouvelle configuration.

Nom du projet:	**Nom provisoire du projet:**
Secrétaire du promoteur du projet:	**Agence de promotion:**
Préparé par:	**Date et numéro de contrôle:**

Remplissez les colonnes *Avancement* et *Commentaires*. Dans la colonne *Avancement,* indiquez *Oui* quand la tâche a été accomplie et achevée; indiquez *Non* lorsque la tâche n'a pas été accomplie ou qu'elle est inachevée; inscrivez les lettres *s.o.* quand la tâche ne s'applique pas à ce projet. Dans la dernière colonne, apportez des commentaires ou dressez un plan pour réaliser la tâche.

Section 5: Clôture de projet

	Tâche	Avancement	Commentaires et plan de réalisation
1	Les produits et services livrés au client ont-ils tous été acceptés?		
1.1	Y a-t-il des provisions ou des conditions associées à l'acceptation du client? Le cas échéant, décrivez-les dans la colonne *Commentaires*.		
2	A-t-on évalué le projet sous l'angle de chaque rendement établi dans le plan de rendement?		
3	A-t-on calculé le coût réel du projet? L'a-t-on comparé au budget de départ?		
3.1	A-t-on décrit toutes les modifications approuvées qui ont été apportées au budget de départ? A-t-on décrit aussi leur impact sur le projet?		
4	A-t-on comparé les dates de réalisation des étapes clés aux dates du calendrier de départ?		
4.1	A-t-on décrit toutes les modifications approuvées qui ont été apportées au budget de départ? A-t-on décrit aussi leur impact sur le projet?		

(suite)

Section 5 : Clôture de projet (*suite*)

	Tâche	Avancement	Commentaires et plan de réalisation
5	A-t-on décrit toutes les modifications approuvées qui ont été apportées au budget de départ ? A-t-on décrit aussi leur impact sur le projet ?		
6	La gestion de la production a-t-elle officiellement accepté la responsabilité pour ce qui est de la qualité des produits et des services du projet ?		
6.1	A-t-on remis la documentation associée à l'exploitation des produits ou des services à la gestion de la production ? La gestion de la production a-t-elle approuvé la documentation ?		
6.20	A-t-on assuré la formation et la transmission des connaissances relatives à l'exploitation de l'entreprise ?		
6.3	Le coût annuel projeté pour exploiter les produits ou les services diffère-t-il de l'estimation présentée dans la proposition de projet ? Le cas échéant, expliquez cette différence dans la colonne *Commentaires*.		
7	Les ressources affectées au projet ont-elles été réaffectées à d'autres services de l'organisation ?		
8	A-t-on, comme prévu, archivé ou conservé dans le plan du projet la documentation du projet ?		
9	A-t-on, comme prévu, mis par écrit les leçons apprises dans le guide de gestion de projet du Commonwealth ?		
10	A-t-on fixé une date de suivi ?		
10.1	A-t-on nommé la personne ou le service responsable affecté au suivi ?		

Signatures

Les signatures des personnes ci-dessous attestent qu'elles comprennent que les éléments clés de la phase de clôture sont complets et que le projet est officiellement terminé.

Emploi et titre	Nom	Date	Numéro de téléphone

Source : http://www.vita.virginia.gov/projects/cpm/cpmDocs/CPMG-SEC5-Final.pdf

Le projet Maximum Megahertz

Bruno Furlotte, directeur général de Télécommunications sans fil, fait face à un dilemme. L'année dernière, il a accepté la proposition de projet Maximum Megahertz faite par six jeunes génies en recherche et développement. Bien que M. Furlotte ne saisisse pas toute l'importance technique du projet, les créateurs du projet n'exigent que 600 000 $, ce qui lui semble un risque raisonnable. Le groupe lui demande maintenant 800 000 $ de plus et une prolongation de six mois pour un projet déjà en retard de quatre mois. Cependant, l'équipe a bon espoir que le vent tournera en sa faveur. Le gestionnaire de projet et l'équipe de projet pensent que, s'ils persévèrent encore un peu, ils arriveront à surmonter les obstacles, en particulier la réduction de la puissance, l'augmentation de la vitesse et l'utilisation d'une batterie de technologie nouvelle. Certains gestionnaires, qui connaissent bien le projet, font entendre que le problème associé au bloc d'alimentation peut être résolu, contrairement au problème de la batterie. M. Furlotte se sent coincé dans ce projet ; son instinct lui dit que le projet ne se concrétisera jamais et qu'il devrait y mettre fin. Jean Pratte, directeur des ressources humaines, lui suggère d'engager un consultant pour interrompre le projet. M. Furlotte pense que c'est probablement ce qu'il doit faire puisque le projet doit se terminer tôt ou tard.

M. Furlotte téléphone à son amie Jocelyne Brien, directrice générale d'une entreprise de logiciels comptables. « Que fais-tu quand les coûts et les échéances d'un projet augmentent en flèche ? Comment gères-tu les projets douteux ? — Demande à un gestionnaire de projet d'examiner le projet. Demande-lui : "Si l'on te confiait ce projet demain matin, te serait-il possible de l'exécuter à temps sans dépassement de coûts, tout en tenant compte de la prolongation et des fonds supplémentaires exigés ?" Si la réponse était négative, je rencontrerais l'équipe de haute direction. Je lui demanderais d'examiner le projet douteux en fonction des autres. » M. Furlotte considère que c'est un sage conseil.

Malheureusement, le projet Maximum Megahertz n'est pas un cas isolé. Au cours des cinq dernières années, trois projets n'ont jamais été terminés. « Nous avions l'impression que l'on continuait à dilapider de l'argent dans des projets que nous savions en train de mourir. Le coût de ces projets était élevé ; les ressources auraient pu servir à de meilleures fins dans d'autres projets. » M. Furlotte se demande : « N'apprenons-nous jamais de nos erreurs ? Comment pourrions-nous développer un moyen de déceler tôt les projets qui s'annoncent mal ? Plus important encore, comment retire-t-on avec délicatesse un gestionnaire et une équipe d'un projet qui prend une mauvaise tangente ? » M. Furlotte ne veut pas perdre ses six génies du projet Maximum Megahertz.

M. Furlotte réfléchit. Comment son entreprise de télécommunications en pleine croissance pourrait-elle reconnaître les projets qu'elle doit interrompre au plus tôt ? Comment laisser le droit à l'erreur à de bons gestionnaires sans blesser leur fierté ? Que faire pour que ces erreurs permettent à tout un chacun d'apprendre ?

Présentez un plan d'action à M. Furlotte qui lui permettrait de résoudre ces trois problèmes. Soyez on ne peut plus précis et fournissez quelques exemples pertinents.

Étude de cas de la simulation en gestion de projet*

L'étude de cas de la simulation de gestion de projet est exclusive au présent manuel. Les résultats de cette simulation varieront selon le groupe de participants, et le logiciel de simulation générera un scénario unique pour chacune. La simulation par ordinateur proposée ici est unique en ce qu'elle permet d'apprendre aussi bien les rudiments que les subtilités de la gestion de projet.

La simulation n'est pas une nouvelle méthode pédagogique ; en fait, elle existe depuis plusieurs années. Comme votre professeur, vous recourez parfois à la simulation, qu'elle soit passive ou active. Les exercices pratiques de simulation (EPS) de la présente section vous permettront d'explorer la simulation de gestion de projet et de plonger dans les activités courantes d'un projet, telles que le recrutement des participants, la gestion du processus et le contenu d'un projet.

Les EPS ont été conçus en fonction de votre manuel, et nous les avons numérotés par chapitre pour vous faciliter la tâche. La simulation par ordinateur vous fournira les détails nécessaires quant au scénario proposé. Quelques détails supplémentaires tirés du chapitre et de la simulation vous aideront à effectuer les EPS.

Deux équipes participent au projet : l'*équipe de projet* et l'*équipe de classe*. L'équipe de *projet* sera composée des ressources mises à votre disposition. La simulation vous fournira plus de détails sur la description des paramètres de la simulation. Pendant la *simulation,* vous et votre équipe prendrez les décisions au nom de l'équipe de *projet*. Vous et quelques collègues formerez l'équipe.

Le professeur choisira les EPS. Il indiquera si vous devez les effectuer à titre d'équipe de *projet* ou d'équipe de *classe.*

Après avoir lu le présent manuel, appliqué ses principes à la simulation à l'aide des EPS et participé à la simulation, vous serez sans doute prêt à utiliser vos compétences dans une situation réelle de travail.

* Préparée par Diane Parente, Penn State University (Erie).

Exercices pratiques de simulation (EPS)

EPS 1.1 : La définition d'un projet

But

Reconnaître que la simulation de gestion de projet possède toutes les caractéristiques d'un véritable projet. [*Équipe de projet*]

Consignes

Consultez la description de la simulation et relevez les cinq principales caractéristiques du projet.

Travail à faire

▶ Décrire le projet brièvement.

▶ Décrire en détail les cinq principales caractéristiques du projet.

EPS 1.2 : Le cycle de vie d'un projet

But

Permettre à l'équipe de projet de déterminer certaines activités des différents stades du cycle de vie. [*Équipe de projet*]

Consignes

Passez en revue les quatre stades du cycle de vie d'un projet. Adaptez les tâches associées à chaque stade en fonction de votre simulation. Énumérez les types de ressources – ingénieurs, programmeurs ou menuisiers – nécessaires à chaque activité clé.

Travail à faire

Décrire les stades du cycle de vie d'un projet, les activités qui s'y rattachent et les ressources prévues.

EPS 2.1 : L'adaptabilité d'un projet

But

Expliquer en quoi le projet s'inscrit dans la mission de l'entreprise. [*Équipe de projet*]

Consignes

Première étape   Déterminez d'abord les acteurs du projet. Décrivez ensuite les intérêts de chaque groupe d'acteurs – les intérêts qu'ont les membres de l'équipe de projet à ce que le projet soit mené à bon port, par exemple.

Seconde étape   À l'aide de la mission de l'entreprise de la simulation, déterminez en quoi cette mission et les intérêts des acteurs se rejoignent.

Travail à faire

▶ Rédiger un court texte sur la mission de l'entreprise.

▶ Fournir une liste des acteurs du projet.

▶ Décrire les intérêts de chaque acteur.

▶ Analyser les ressemblances et les différences entre la mission de l'entreprise et les intérêts des acteurs.

EPS 2.2 : La détermination des objectifs

But

Établir des objectifs réalistes et précis. [*Équipe de projet* ou *équipe de classe*]

Consignes

Votre professeur déterminera au préalable si vous ferez partie de l'équipe de classe ou de l'équipe de projet. Par écrit, établissez trois objectifs et présentez-les en format SMART (*voir la description au chapitre 2*).

> *Remarque :* Vos objectifs doivent être spécifiques, mesurables, attribuables, réalistes, et temporels. Vous devez y ajouter aussi les mises en garde ou les limitations. Votre objectif doit produire trois niveaux de performance. Par exemple, pour l'objectif d'augmenter les ventes de 10 % au cours de la prochaine année sans réduire les prix, les trois niveaux de performance pourraient être les suivants : satisfaisant si les ventes augmentent de 10 %, bon si les ventes augmentent de 13 % et remarquable si les ventes augmentent de 15 %.

Travail à faire

Présenter les trois objectifs de l'équipe en format SMART.

EPS 2.3 : L'analyse coût-avantage

But

Déterminer la période de récupération de l'investissement et le taux de rendement interne (TRI) du projet. [*Équipe de projet*]

Consignes

Déterminez les coûts et les avantages de votre projet au cours de son cycle de vie. Calculez les flux de trésorerie, le taux de rendement interne et la période de récupération de l'investissement. Le projet est-il réaliste ? Quels critères permettraient d'en déterminer la faisabilité ?

Travail à faire

Déterminer les coûts, les avantages, les flux de trésorerie, le taux de rendement interne et la période de récupération.

EPS 2.4A : L'enlignement stratégique

But

Établir un lien entre les options stratégiques et une analyse FFPM (forces, faiblesses, possibilités, menaces). [*Équipe de classe*]

Consignes

Déterminez le principal objectif de votre projet ou choisissez l'un des objectifs établis à l'EPS 2.2. Réalisez une analyse FFPM pour l'équipe dans laquelle vous travaillerez. Trouvez d'abord un minimum de trois forces, faiblesses, opportunités et menaces. Trouvez ensuite au moins quatre pistes stratégiques à l'aide de l'analyse FFPM qui vous permettront d'atteindre votre objectif. Expliquez en quoi cette analyse vous permettra d'atteindre votre objectif.

Travail à faire

Rédiger un texte d'une ou deux pages qui comprendra l'objectif de l'équipe, l'analyse FFPM et les quatre pistes stratégiques.

EPS 2.4B : Le choix d'une piste stratégique

But

Déterminer, sur le plan qualitatif, la meilleure piste stratégique. [*Équipe de classe*]

Consignes

Discutez des avantages et des inconvénients de chaque possibilité stratégique dont il a été question à l'EPS 2.3. Recommandez une option qui permettra à votre équipe d'atteindre son objectif.

Travail à faire

Rédiger un texte d'une ou deux pages qui comprendra les quatre possibilités et justifier les recommandations.

EPS 2.5 : La proposition de projet

But

S'initier à la préparation d'une proposition de projet. [*Équipe de projet*]

Consignes

Préparez votre proposition de projet et votre analyse des risques à l'aide des figures 2.5A et 2.5B, aux pages 42 et 43.

Travail à faire

À l'aide des figures 2.5A et 2.5B, aux pages 42 et 43, préparer la proposition de projet et l'analyse des risques.

EPS 3.1 : La structure d'organisation de projet

But

Analyser la structure d'organisation de projet. [*Équipe de projet*]

Consignes

À l'aide des renseignements présentés dans le projet Sim, formulez des recommandations à l'intention de la haute direction dans lesquelles vous préciserez la structure d'organisation de projet qui conviendrait le mieux à votre équipe. Présentez un diagramme de la structure que vous proposez. Analysez les forces et les faiblesses de cette structure ainsi que les problèmes potentiels qu'elle présente.

Travail à faire

Formuler des recommandations à la haute direction sur la structure d'organisation de projet qui conviendrait le mieux à l'équipe. Y joindre une lettre de présentation, un diagramme de la structure et les justifications.

EPS 3.2 : La culture organisationnelle d'un projet

But

Comprendre les éléments de la culture organisationnelle d'une équipe de projet. [*Équipe de classe*]

Consignes

À l'aide des caractéristiques de la culture d'une entreprise dont il est question dans le manuel, évaluez votre *équipe* sur la base de chacune d'elles. Le manuel explique aussi comment reconnaître ces caractéristiques. Notez, sous forme de tableau, les résultats de votre évaluation, puis comparez-les aux caractéristiques de la figure 3.9, à la page 85. Discutez des différences et proposez des modifications.

Travail à faire

▶ Évaluer les caractéristiques de la culture d'une entreprise.

▶ Dresser un histogramme.

▶ Décrire les différences soulevées et les modifications proposées.

▶ Décrire les enjeux de l'évaluation.

EPS 4.1 : Le contenu d'un projet

But

Rédiger un rapport de contenu. [*Équipe de projet*]

Consignes

Rédigez un rapport de contenu de projet à l'aide des renseignements présentés dans la simulation, de même qu'à l'aide de consignes et d'exemples du manuel. Comme dans un véritable projet, vous devrez extrapoler certaines données, dont les exigences et les limitations, et utiliser ce rapport pour obtenir des clarifications et l'approbation préliminaire auprès du client.

Travail à faire

Rédiger un rapport de contenu qui comprendra les objectifs, les livrables, les étapes clés, les exigences techniques, les limites, les exclusions et les clarifications du client, le cas échéant.

EPS 4.2 : Les coûts d'un projet

But

Déterminer le coût des livrables et le coût total du projet. [*Équipe de projet*]

Consignes

Relevez tous les livrables du projet et déterminez le coût de chacun. Calculez le coût total du projet et comparez-le à votre budget. Indiquez les mesures qui vous permettraient de corriger les problèmes que vous avez soulevés.

Travail à faire

▶ Comparer le coût budgété et le coût prévu de chaque livrable.

▶ Fournir un plan d'action pour contrer les déficits. (*Remarque :* les coûts prévus seront engagés selon le plan existant. En général, ce plan comprend les dépenses engagées jusqu'à ce jour et les dépenses prévues d'ici la fin du projet.)

EPS 4.3 : La matrice des responsabilités

But

Élaborer une matrice des responsabilités. [*Équipe de classe*]

Consignes

Dressez une liste des tâches de votre projet. Créez une matrice des responsabilités pour le semestre. Assurez-vous d'attribuer les responsabilités principales et les responsabilités secondaires.

Travail à faire

Élaborer une matrice des responsabilités.

EPS 4.4 : La matrice des priorités

But

Comprendre les priorités relatives d'un projet. [*Équipe de projet*]

Consignes

Dans votre organisation fictive, le succès du projet dépendra de l'ordonnancement des priorités concurrentielles. En vous fondant sur l'état de votre projet à ce jour, comment évalueriez-vous l'importance relative du temps, des coûts, de la fonctionnalité et de la qualité (la satisfaction de l'acteur) ?

Élaborez une matrice des priorités. Répartissez 100 points entre les 4 priorités concurrentielles dont il est question au paragraphe précédent. Justifiez brièvement le nombre de points accordés à chacune.

Travail à faire

- Élaborer une matrice des priorités.
- Attribuer un nombre de points à chaque priorité concurrentielle – temps, coût, fonctionnalité et satisfaction du client.
- Fournir des justifications quant au nombre de points attribués à chaque priorité.

EPS 4.5 : Les tâches du projet et la structure de découpage du projet (SDP)

But

Évaluer une structure de découpage du projet (SDP).

Consignes

Évaluez d'abord les tâches du projet. Créez ensuite une SDP complète qui comprendra les estimations de temps, les prévisions budgétaires et les responsabilités de chaque ressource. Reportez-vous aux pages 108 et suivantes pour effectuer votre travail.

Travail à faire

Élaborer une SDP complète annotée.

EPS 5.1 : Le budget d'un projet

Buts

Dresser un budget détaillé du projet et le comparer au budget agrégé. [*Équipe de projet*]

Consignes

À l'aide des renseignements présentés dans la simulation, dressez un budget détaillé du projet. Comparez-le au budget de l'EPS 4.2 et justifiez les différences entre les deux. Déterminez votre plan d'action pour résoudre les approches ascendante et descendante. Quelle est la meilleure approche ? (Vous devrez sans doute faire preuve de créativité si, dans certains cas, vous n'avez accès ni aux coûts ni aux avantages. Formulez des hypothèses raisonnables que vous serez en mesure de justifier.)

Travail à faire

- Effectuer une estimation ascendante du projet et la comparer avec l'approche descendante.
- Rédiger un plan d'action qui permettra d'aplanir les différences entre les deux budgets.
- Fournir quelques explications à propos des approches retenues.

EPS 5.2 : Une comparaison de la durée et du coût

But

Estimer la durée et le coût d'un projet. [*Équipe de projet*]

Consignes

Tracez un diagramme du coût budgété du travail prévu en comparaison des périodes de travail. Discutez de toute question que soulève votre estimation.

Travail à faire

◗ Dresser un diagramme du coût budgété du travail en comparaison des périodes de travail.

◗ Fournir quelques explications à propos des questions soulevées.

EPS 5.3 : Le calcul de la valeur actuelle nette

But

Calculer la valeur actualisée nette (VAN) du projet. [*Équipe de projet*]

Consignes

À l'aide des renseignements des EPS 2.3, 5.1 et 5.2, calculez la valeur actualisée nette du projet. Déterminez et justifiez le taux d'actualisation utilisé.

Travail à faire

◗ Calculer la valeur actuelle nette du projet.

◗ Fournir des explications qui détermineront s'il vaut la peine d'aller de l'avant.

EPS 5.4 : Des principes directeurs pour établir des estimations

But

Préparer un ensemble de principes directeurs pour établir des estimations. [*Équipe de projet*]

Consignes

Préparez un ensemble de principes directeurs pour établir des estimations destinées à la simulation. Servez-vous des sept principes directeurs dont il est question aux pages 136 et 137.

Travail à faire

◗ Énumérer les principes directeurs du projet.

◗ Estimer un échantillon de lot de travaux.

EPS 5.5 : La précision des estimations

But

Comparer les estimations et le rendement du projet. [*Équipe de projet*]

Consignes

Préparez plusieurs estimations pour le projet. Comparez les résultats à la fin du projet et expliquez les différences.

Travail à faire

◗ Dresser un budget et le comparer au rendement actuel.

◗ Fournir une analyse des écarts et expliquer ces écarts.

EPS 6.1 : L'analyse d'un réseau de projet

Buts

Préparer et analyser un réseau. [*Équipe de projet*]

Consignes

Après avoir procédé à l'affectation du personnel et estimé la durée des tâches, développez et imprimez le réseau du projet. Déterminez les aspects potentiellement problématiques que vous noterez en examinant ce réseau.

Travail à faire

▸ Dresser un diagramme du réseau.

▸ Établir une liste des problèmes associés à la planification.

EPS 6.2 : La comparaison du réseau de projet avec un diagramme de Gantt

But

Comparer un diagramme de Gantt au réseau de projet. [*Équipe de projet*]

Consignes

Préparez un diagramme de Gantt et comparez-le au réseau de projet de l'exercice précédent. Discutez des avantages et des inconvénients de chacun.

Travail à faire

▸ Tracer un diagramme de Gantt.

▸ Comparer le diagramme de Gantt et le réseau de projet.

EPS 7.1 : Le risque et la stratégie de réponse

Buts

Évaluer les risques avec objectivité et élaborer des plans de substitution. [*Équipe de projet*]

Consignes

Déterminez les sources potentielles de risques. Reportez-vous à la figure 7.3, à la page 228, pour concevoir une matrice de la gravité des risques et une matrice de stratégie de réponse aux risques.

Travail à faire

Élaborer une matrice de la gravité des risques et une matrice de stratégie de réponse aux risques.

EPS 7.2 : La gestion du contrôle des changements

But

Faire valoir l'importance de la gestion du contrôle des changements. [*Équipe de projet*]

Consignes

Concevez un processus de contrôle des changements et la documentation appropriée.

Travail à faire

Élaborer la procédure de contrôle des changements, y compris les formulaires, les écrans, les responsabilités et les instructions pas à pas sur la façon d'amorcer un changement, de le faire approuver et de le mettre en œuvre.

EPS 7.3 : L'analyse des modes de défaillance

Buts

Apprendre et effectuer une analyse des modes de défaillance. [*Équipe de projet*]

Consignes

Préparez une évaluation des risques ou utilisez celle que vous avez élaborée à l'EPS 7.1. Effectuez une analyse des modes de défaillance, de leurs effets et de leurs criticités (AMDEC). Classez les risques en trois catégories et justifiez votre classement.

Travail à faire

Fournir une AMDEC et classer les trois catégories de risques.

EPS 8.1 : La limitation des ressources

But

Comprendre la limitation des ressources. [*Équipe de projet*]

Consignes

Vous passez en revue la disponibilité des ressources humaines et vous effectuez un appel d'offres. Vous vous rendez compte que, dans certains cas, vous avez réussi à embaucher quelques ressources mais que, dans certains autres, vous avez échoué.

Répondez aux questions suivantes.

1. Quelle était votre stratégie d'embauche ?
2. Supposons que vous n'atteigniez pas vos objectifs d'embauche. Quelle incidence aurait alors cet échec sur le temps, le coût, la fonctionnalité et la satisfaction de la partie intéressée ?
3. En quoi consistent vos plans de substitution ?

Travail à faire

Une évaluation écrite du processus d'embauche des ressources humaines.

EPS 8.2 : Les contraintes de temps imprévues

But

Déterminer comment réagir face à une contrainte de temps imprévue. [*Équipe de projet*]

Consignes

Dans la simulation, on précise qu'un événement particulier subit une contrainte de temps. Dressez un plan d'action pour échapper à cette contrainte et mettez-le en œuvre.

Travail à faire

Décrire l'impact du temps sur la simulation et dresser un plan d'action pour échapper à la contrainte de temps.

EPS 8.3 : Les contraintes de ressources imprévues

But

Déterminer comment réagir face à une contrainte de ressources imprévue. [*Équipe de projet*]

Consignes

La simulation indique une contrainte de ressources. Dressez un plan d'action pour échapper à cette contrainte et mettez-le en œuvre.

Travail à faire

Décrire l'impact des ressources sur la simulation et dresser un plan d'action pour échapper à la contrainte de ressources.

EPS 8.4 : Les contraintes imprévues

But

Reconnaître les contraintes autres que les contraintes de temps et de ressources. [*Équipe de projet*]

Consignes

Déterminez les autres contraintes de votre simulation – matériel, équipement, fonds de roulement, etc.

Travail à faire

Décrire d'autres formes de contraintes de ressources et décrire brièvement un plan de substitution pour chacune.

EPS 9.1 : La compression d'un projet

But

Comprendre les enjeux de la compression. [*Équipe de projet*]

Consignes

L'échéance de votre simulation a été devancée. Apportez les changements nécessaires à votre plan de projet pour vous conformer à la nouvelle échéance. Déterminez les aspects du projet qui seront les plus touchés.

Travail à faire

- ▶ Dresser le nouveau plan de projet et la liste des mesures à prendre.
- ▶ Effectuer une évaluation des résultats probables de ces mesures.

EPS 9.2 : Les résultats de la compression de projet

But

Évaluer les résultats découlant de la compression de projet. [*Équipe de projet*]

Consignes

La nouvelle échéance établie à l'EPS 9.1 comporte quelques conséquences dont vous évaluerez la portée. Pour ce faire, tenez compte du temps, du coût, de l'encaisse, de la cohésion de l'équipe, de la satisfaction des partie prenantes et des caractéristiques fonctionnelles du livrable.

Travail à faire

Effectuer une analyse de l'impact de la compression du projet.

EPS 10.1 : Les participants au projet

But

Comprendre la relation entre les participants au projet. [*Équipe de projet*]

Consignes

Tracez un diagramme du réseau des participants de votre simulation. Déterminez si les participants ont un impact direct ou indirect sur le projet.

Travail à faire

Tracer un diagramme du réseau des participants accompagné d'une mention précisant s'ils ont un impact direct ou indirect sur le projet.

EPS 10.2 : Les monnaies organisationnelles

But

Comprendre les monnaies organisationnelles associées à un projet et leurs fonctions. [*Équipe de projet*]

Consignes

Établissez et justifiez les monnaies organisationnelles actuellement utilisées ou qui s'avéreront utiles à votre simulation.

Travail à faire

Dresser une liste des monnaies organisationnelles et expliquer en quoi elles s'avèrent utiles à la simulation.

EPS 11.1 : Le modèle de consolidation d'équipe

But

Appliquer le modèle de développement des équipes en cinq étapes. [*Équipe de classe*]

Consignes

Discutez de votre équipe de classe en fonction du modèle de développement des équipes en cinq étapes. Prenez soin de spécifier les caractéristiques et l'opportunité de chaque étape ainsi que le fonctionnement global de l'équipe tout au long du projet. Décrivez les améliorations qu'il aurait fallu apporter pour faciliter l'harmonisation fonctionnelle des groupes.

Travail à faire

Rédiger un texte décrivant l'harmonisation fonctionnelle des groupes.

EPS 11.2 : Les conflits

But

Désamorcer les conflits au sein d'une équipe. [*Équipe de classe*]

Consignes

Donnez un exemple de conflit fonctionnel et de conflit dysfonctionnel au sein de votre équipe. Expliquez comment résoudre chaque conflit.

Travail à faire

Rédiger un court rapport sur la façon de désamorcer les conflits.

EPS 11.3 : L'évaluation d'une équipe de projet virtuelle

But

Expliquer le fonctionnement d'une équipe de projet virtuelle. [*Équipe de classe*]

Consignes

Si votre équipe de classe est virtuelle, passez en revue les mécanismes qui vous permettraient de la gérer avec efficacité et les mécanismes que vous jugez inefficaces.

Travail à faire

Rédiger un court rapport expliquant le fonctionnement d'une équipe de projet virtuelle.

EPS 11.4 : Les équipes très performantes

Buts

Former une équipe très performante et comprendre ses caractéristiques. [*Équipe de classe ou équipe de projet*]

Consignes

Relisez la section «La mise sur pied d'équipes de projet très performantes», à la page 376. Élaborez une stratégie d'embauche pour votre équipe. Déterminez les qualités importantes que vous recherchez et qui contribueront au succès de l'équipe. Préparez un plan d'action pour trouver ces ressources.

Travail à faire

Rédiger un bref rapport sur la formation d'une équipe très performante.

EPS 11.5 : Les modèles de comportements

But

Établir des directives comportementales. [*Équipe de classe*]

Consignes

Préparez une liste de directives pour votre équipe de classe. Penchez-vous sur les caractéristiques et les questions présentées à la page 379. Les membres de votre équipe doivent s'entendre sur un minimum de 10 directives, indiquer les conséquences de chacune, puis inscrire la date sur les documents finaux et les signer.

Travail à faire

▸ Dresser une liste qui comprendra un minimum de 10 étudiants travaillant dans des résidences d'été.

▸ Rédiger un bref rapport sur la formation d'une équipe très performante.

EPS 12.1 : La mise en partenariat de projets

But

Évaluer la possibilité d'une mise en partenariat de projets. [*Équipe de classe ou équipe de projet*]

Consignes

Déterminez les aspects de la simulation qui vous permettraient de travailler en partenariat avec une autre organisation. Rédigez une proposition officielle à l'intention de la haute direction dans laquelle vous solliciterez l'approbation de l'entente de partenariat. Expliquez les conditions que vous proposez pour l'entente et évaluez les avantages et les risques de votre proposition.

Travail à faire

Rédiger une proposition d'affaires officielle qui comprendra une note à la direction ainsi qu'une analyse coût-bénéfice de la proposition.

EPS 13.1 : Le rapport sur l'état d'avancement

But

Rédiger un rapport sur l'état d'avancement. [*Équipe de projet*]

Consignes

Préparez un rapport sur l'état d'avancement semblable à celui de la figure 13.10, à la page 464. Votre rapport comprendra notamment les coûts réellement engagés, les écarts de budget et les raisons de ces écarts. Dressez aussi un tableau de la valeur acquise et un diagramme de Gantt.

Travail à faire

Rédiger un rapport sur l'état d'avancement qui sera à la fois officiel et complet.

EPS 13.2 : Le rapport de l'état d'avancement mensuel

But

Rédiger un rapport de l'état d'avancement mensuel. [*Équipe de classe*]

Consignes

Préparez un rapport de l'état d'avancement mensuel semblable à celui du tableau 13.5, à la page 473. Assurez-vous de prévoir la durée et les coûts restants. Fournissez aussi des explications et des plans qui permettront de remettre le budget sur les rails.

Travail à faire

Rédiger un rapport de l'état d'avancement officiel qui comprendra une analyse des écarts et quelques explications sur ces écarts.

EPS 14.1 : Le rapport de vérification de projet

But

Préparer un rapport de vérification de projet. [*Équipe de classe ou équipe de projet*]

Consignes

Votre professeur déterminera au préalable si vous ferez partie de l'équipe de classe ou de l'équipe de projet. À partir des consignes du chapitre, préparez un rapport de vérification de projet qui comprendra la classification du projet, une analyse de l'information recueillie, quelques recommandations et les leçons à tirer. Vous pouvez aussi ajouter en annexe un dossier justificatif.

Travail à faire

Rédiger un rapport de projet final qui expliquera toutes les étapes du projet.

EPS 14.2 : Le système d'évaluation du rendement individuel

But

Mettre en œuvre un processus d'évaluation du rendement. [*Équipe de classe*]

Consignes

À l'aide du processus élaboré à l'EPS 2.3, évaluez le rendement de chaque membre de votre équipe. Rédigez un bref rapport sur l'efficacité du processus.

Travail à faire

Effectuer une évaluation du rendement de chaque membre de l'équipe et une évaluation sommaire du processus.

Exercices à l'aide d'un logiciel de gestion de projet

Quand nous avons préparé les exercices, nous avons dû faire certains compromis afin d'enrichir l'expérience d'apprentissage. Au début, les étudiants devaient composer avec une surabondance d'information et de détails. Ils éprouvaient alors du mal à cerner les problèmes associés au projet et aux données et à comparer les solutions de rechange. Bien que le projet proposé dans l'exercice soit tiré de la réalité, nous l'avons abrégé. Nous avons ainsi éliminé quantité de détails à plusieurs reprises pour demeurer concentrés sur l'application des principes de gestion de projet et pour en comprendre les effets. Nous avons aussi simplifié certaines hypothèses pour permettre aux étudiants et aux professeurs de cerner les problèmes et d'en discuter les enjeux. Ces hypothèses s'éloignent quelque peu de la réalité, mais elles remplissent l'objectif de l'exercice et réduisent la frustration des étudiants qui ne saisissent pas toutes les subtilités des logiciels de gestion de projet. La différence entre les exercices et les projets réels consiste principalement en une question d'abondance de détails. Voici les hypothèses simplifiées. Assurez-vous qu'elles sont incluses dans les sections « Par défaut », « Préférences » ou « Options » du logiciel utilisé.

Le projet Silver Zuma

La société ARC se spécialise dans le développement et la vente d'une large gamme de scouteurs de grande qualité. Au dire des représentants commerciaux de l'entreprise, la demande des scouteurs haute performance est en croissance. Robin Aubin, président de l'entreprise, est enthousiaste à l'idée de voir ses « petits bolides » participer un jour à des compétitions de sports extrêmes. ARC est une petite entreprise dont la structure matricielle permet d'exploiter au maximum une main-d'œuvre limitée.

Voici la matrice des priorités du projet Silver Zuma.

	Durée	Contenu	Coût
Contrainte		X	
Amélioration	X		
Approbation			X

Première partie

Votre équipe de projet a pour mandat de concevoir le scouteur *Silver Zuma*. Le tableau A2.1 contient toute l'information nécessaire pour établir le calendrier. Voici quelques renseignements utiles à propos du projet :

1. Le projet commence le 1ᵉʳ janvier 2007.
2. Le jour de l'An, Pâques, la Saint-Jean-Baptiste, la fête de la Confédération, la fête du Travail, l'Action de grâces, Noël et le lendemain de Noël sont des jours fériés.
3. Si une journée de fête tombe un samedi, ce sera congé la veille ; si la fête tombe un dimanche, ce sera congé le lendemain.
4. L'équipe de projet travaille sur une base quotidienne de huit heures par jour, du lundi au vendredi.

Préparez un schéma d'ordonnancement et une note qui répondra aux questions suivantes.

1. À quel moment le projet doit-il prendre fin ? Quelle sera la durée du projet ?
2. Quel est le chemin critique du projet ?
3. Quelle activité dispose de la plus grande marge ?
4. À quel point le réseau de projet est-il sensible ?
5. Nommez deux étapes clés sensibles et justifiez vos choix.
6. Comparez les avantages et les inconvénients de présenter le calendrier sous la forme d'un réseau de projet et d'un diagramme de Gantt.

TABLEAU A2.1   Projet Silver Zuma

Numéro d'identification	Activité	Durée (en jours)	Prédécesseurs	Ressources
1	Projet de développement de produit			
2	Étude de marché	25		Marketing (4) Conception (1)
3	Conception du produit	40	2	Marketing (1) Conception (4) Développement (1) Industriel (1)
4	Étude de fabrication	20	2	Industriel (4) Développement (2)
5	Choix de conception du produit	10	3, 4	Marketing (2) Conception (3) Développement (2) Industriel (2) Achats (0,25)
6	Plans de marketing détaillés	15	5	Marketing (4)
7	Processus de fabrication	30	5	Conception (1) Développement (2) Industriel (4)
8	Conception détaillée du produit	50	5	Marketing (1) Conception (4) Développement (2) Industriel (1)
9	Essai du prototype	10	8	Conception (3) Développement (2)
10	Conception finale du produit	25	7, 9	Marketing (1) Conception (3) Développement (3) Industriel (2)
11	Commande des composants	7	10	Achats (1)
12	Commande du matériel de production	14	10	Achats (1)
13	Installation du matériel de production	25	11 FD + 20 jours, 12 FD + 40 jours	Développement (3) Industriel (4)
14	Célébration	1	13	Développement (4) Industriel (4) Conception (4) Marketing (4) Achats (1)

Ajoutez les documents suivants.

⯈ Un diagramme de Gantt.

⯈ Un réseau de projet illustrant le chemin critique.

⯈ Un calendrier sous forme de tableau qui comprendra la date de début au plus tôt, la date de début au plus tard, la date de fin au plus tôt et la date de fin au plus tard ainsi que les marges de chaque activité.

Deuxième partie

Le personnel suivant a été affecté à l'équipe de projet :

⯈ Quatre spécialistes du marketing

⯈ Quatre ingénieurs concepteurs

⯈ Quatre ingénieurs de développement

⯈ Quatre ingénieurs industriels

⯈ Un acheteur

À l'aide du dossier créé pour la première partie et des tableaux A2.1 et A2.2, affectez les ressources au calendrier du projet.

TABLEAU A2.2

Les ressources affectées au projet Silver Zuma

Ressources	Taux horaire (en dollars)	Nombre disponible
Spécialiste du marketing	60	4
Ingénieur concepteur	90	4
Ingénieur de développement	80	4
Ingénieur industriel	70	4
Acheteur	50	1

Partie A

Préparez une note qui répondra aux questions suivantes.

1. Existe-t-il une affectation excédentaire des ressources ?
2. Quelles activités requièrent une affectation excédentaire des ressources ?
3. Supposons que le projet soit limité dans le temps. Tentez de résoudre les problèmes d'affectation excédentaire des ressources à l'aide des marges. Que se passe-t-il ?
4. Quel est l'impact de l'ajustement du plan de projet sur la sensibilité du réseau ? Accompagnez le calendrier d'un diagramme de Gantt, après avoir modifié les marges.

Partie B

Préparez une note qui répondra aux questions suivantes.

1. Supposons que le projet soit limité en ressources et qu'aucun membre du personnel ne soit disponible. Quelle sera la durée du projet, considérant les ressources disponibles ? (Pour répondre à la question, ne tenez pas compte de la modification des marges apportée dans la partie A.) *Remarque :* vous ne pouvez pas fractionner les activités.
2. Comment la durée nouvellement déterminée se compare-t-elle avec la date de fin de la partie 1 ? Quel est l'impact des ressources sur le calendrier ?

Tracez un diagramme de Gantt et établissez un calendrier montrant que les ressources sont limitées.

Troisième partie

La haute direction est insatisfaite du calendrier que vous avez préparé lors de la deuxième partie. Le président de l'entreprise a promis aux détaillants que la production des nouveaux scouteurs commencerait le 2 janvier, ce qui signifie que le projet doit se terminer avant la nouvelle année.

1. Quelles sont les options possibles pour respecter cette nouvelle échéance, en tenant pour acquis que le projet n'est pas limité en ressources ?

2. Quelles sont les options possibles pour respecter cette nouvelle échéance, en tenant pour acquis que le projet est limité en ressources ?

Alexis Martin, directeur du développement de produit, a trouvé du personnel qu'il affectera à certaines activités précises du projet. Comme il y a une grave pénurie de main-d'œuvre chez ARC, il vous demande de faire appel uniquement au personnel supplémentaire nécessaire pour respecter la nouvelle échéance. Votre objectif consiste à établir un calendrier qui respectera l'échéance et à employer un minimum de ressources supplémentaires. Le personnel disponible et l'impact sur la durée de l'activité sont illustrés au tableau A2.3.

Préparez une note qui répondra aux questions suivantes.

1. Quelles affectations de personnel choisiriez-vous pour exécuter le projet selon l'échéance initiale ? Expliquez pourquoi vous avez choisi certaines affectations et non d'autres options.

2. Expliquez en quoi ces changements ont influé sur la sensibilité du réseau.

Tracez un diagramme de Gantt et dressez un tableau dans lequel vous présenterez le nouveau calendrier.

Remarque : vous ne pouvez pas revenir en arrière et modifier les affectations une fois de plus. La disponibilité des nouvelles ressources n'est valable que pour les tâches indiquées dans le nouveau calendrier créé à la fin de la deuxième partie.

TABLEAU A2.3

Les compressions possibles de la durée du projet Silver Zuma

Activité	Ressources supplémentaires	Estimations des durées révisées (en jours)
Conception du produit	Conception (1) Développement (1)	25
Étude de fabrication	Industriel (1)	12
Plans de marketing détaillés	Marketing (1)	12
Processus de fabrication	Industriel (1)	20
Conception finale du produit	Conception (1) Développement (1)	20
Installation du matériel de production	Industriel (1) Développement (1)	18

Quatrième partie

M. Aubin et la haute direction ont approuvé le calendrier exigé à la fin de la troisième partie. Enregistrez le fichier qui contient ce calendrier et utilisez-le comme référence.

Préparez une note qui répondra aux questions suivantes.

1. Quel est le coût estimatif du projet ?

2. Selon les estimations, quelle est l'activité dont le coût s'avérera le plus élevé ?

3. Quelle ressource coûte le plus cher ?

4. Selon les prévisions, quel mois devrait coûter le plus cher ? Quel mois devrait coûter le moins cher ? Quels sont ces coûts ?

5. Quels coûts probables ne font pas partie de ce budget ?

Dressez un tableau qui comprendra les coûts estimatifs de chaque activité de même qu'un tableau des flux de trésorerie pour chaque mois d'activité du projet.

Cinquième partie

Nous sommes le 28 juillet 2007. Le tableau A2.4 contient un résumé des activités réalisées à ce jour.

TABLEAU A2.4

Une mise à jour du projet Silver Zuma

Activité	Date de début	Date de fin	Durée	Durée d'ici à la fin
Étude de marché	07-01-03	07-02-03	24	
Conception du produit	07-02-06	07-03-17	30	
Étude de fabrication	07-04-03	07-04-14	10	
Choix de conception du produit	07-04-17	07-04-26	10	
Processus de fabrication	07-07-14		10	10
Conception détaillée du produit	07-05-01	07-07-25	60	
Essai du prototype	07-07-26		2	8

M. Aubin exige un rapport écrit de la situation pour le projet Silver Zuma.

1. Votre rapport comprendra un tableau illustrant la valeur prévue, la valeur acquise (VA), le coût réel (CR), le budget à l'achèvement (CBA), la prévision à l'achèvement, l'écart des prévisions (EP), l'écart des coûts (EC) et l'indice de performance des coûts (IPC), pour chaque activité et pour l'ensemble du projet. Votre rapport devra aussi répondre aux questions suivantes.

   a) Comment le projet progresse-t-il pour ce qui est des coûts et du calendrier ?

   b) Quelles activités se sont bien déroulées ? Quelles activités se sont mal déroulées ?

   c) Que révèlent l'IPAB et l'IPAC sur la part du projet réalisée à ce jour ?

   d) Quel est le coût budgété à l'échéance prévue ? Quel est l'écart à la réalisation ?

   e) Rendez compte du TCIP et interprétez-le à ce stade du projet.

   f) Quelle est la date de fin prévue ?

   g) Comment le projet se déroule-t-il sur le plan des priorités ?

Présentez les renseignements énumérés précédemment de façon à susciter l'intérêt de la haute direction.

Accompagnez votre rapport d'un diagramme de Gantt.

Remarque : le rapport périodique sera daté du 27 juillet puisque vous le préparez le 28 du même mois.

2. Pendant que vous préparez votre rapport, Olivier Drouin, un homologue, vous téléphone et vous demande si l'un de vos ingénieurs industriels serait disponible pour travailler à son projet du 10 au 15 août 2007. Que lui répondrez-vous ?

Sixième partie

M. Aubin vous demande de mettre à jour l'avancement du projet et d'établir le coût estimatif du projet à l'achèvement. Le tableau A2.5 présente ces estimations révisées.

À partir de cette nouvelle information, préparez une note qui répondra aux questions suivantes.

1. À quelle date le projet sera-t-il terminé? Comment cette date se compare-t-elle avec la date de fin initiale?

2. Quel est le nouveau coût final estimé (CFE)? Quel est le nouveau ECA? Comment cette prévision se compare-t-elle avec le ECA basé sur le coût prévu à l'achèvement déterminé dans la cinquième partie? Lequel des ECA vous inspire le plus confiance? Pourquoi?

3. À votre avis, comment réagira M. Aubin face aux priorités du projet?

Accompagnez votre calendrier des durées estimées d'un diagramme de Gantt de suivi.

TABLEAU A2.5

La prévision à l'achèvement du projet Silver Zuma

Activité	Date de début	Date de fin	Durée (en jours)
Étude de marché	07-01-03	07-02-03	24
Conception du produit	07-02-06	07-03-17	30
Étude de fabrication	07-04-03	07-04-14	10
Choix de conception du produit	07-04-17	07-04-28	10
Plans de marketing détaillés	07-09-08	07-09-26	13
Processus de fabrication	07-07-14	07-08-10	18
Conception détaillée du produit	07-05-01	07-07-25	60
Essai du prototype	07-07-26	07-08-07	9
Conception finale du produit	07-08-11	07-09-01	16
Commande des composants	07-09-25	07-10-07	10
Commande du matériel de production	07-09-05	07-09-22	14
Installation du matériel de production	07-11-20	07-12-18	20
Célébration	07-12-19	07-12-19	1

Le projet du transporteur à courroie

Première partie

La description du projet

Le nouveau transporteur à courroie assisté par ordinateur place et déplace les articles sur la courroie à moins d'un millimètre les uns des autres. Grâce à ce projet, il sera possible de fabriquer un nouveau système destiné aux futures installations et de remplacer les anciens à peu de frais. Le nouveau transporteur deviendra, selon toute vraisemblance, une unité critique dans 30 % des systèmes installés dans les usines. En outre, considérant les nouvelles technologies, il sera plus facile d'en assurer la mise à jour.

Voici la matrice des priorités du projet.

	Durée	Contenu	Coût
Contrainte	X		
Amélioration		X	
Approbation			X

Reportez-vous au tableau A2.6 pour effectuer les exercices.

TABLEAU A2.6

La SDP du projet du transporteur à courroie

Projet du transporteur à courroie	
Matériel	Spécifications du matériel
	Conception du matériel
	Documentation du matériel
	Prototypes
	Commande des cartes de circuits imprimés
	Assemblage des échantillons de présérie
Système d'exploitation	Spécifications du noyau
	Pilotes
	▸ Pilotes de disque
	▸ Pilotes d'entrée-sortie séquentielle
	Gestion de la mémoire
	Documentation du système d'exploitation
	Interface avec le réseau
Logiciels utilitaires	Spécifications des utilitaires
	Utilitaires de routine
	Utilitaires complexes
	Documentation des utilitaires
	Système essentiel
Intégration du système	Conception fonctionnelle
	Première phase de l'intégration
	Essai du matériel et des logiciels
	Documentation du projet
	Test de réception de l'intégration

Tâche

Dessinez une structure de découpage du projet (SDP) à l'aide de votre logiciel.

Question

La SDP permet-elle d'établir certaines étapes clés du projet ? Pourquoi ? Le cas échéant, lesquelles ?

Remarque : enregistrez vos fichiers en prévision des prochains exercices.

Deuxième partie

Effectuez le prochain exercice à l'aide de votre fichier de la première partie et du tableau A2.7.

1. Chaque lot de travaux représente une activité.

2. Le projet commence le 3 janvier 2007.

3. Le jour de l'An, Pâques, la Saint-Jean-Baptiste, la fête de la Confédération, la fête du Travail, l'Action de grâces, Noël et le lendemain de Noël sont des jours fériés.

4. Si la journée de fête tombe un samedi, ce sera congé la veille ; si la fête tombe un dimanche, ce sera congé le lendemain.

5. L'équipe de projet travaille huit heures par jour, du lundi au vendredi.

Mise en garde : les étudiants apprennent à leurs dépens qu'il vaut mieux enregistrer des copies de sauvegarde pour chaque exercice, les logiciels n'étant pas parfaits !

TABLEAU A2.7   *Le calendrier de projet du transporteur à courroie*

Activité	Description	Ressources	Durée (en jours)	Prédécesseur
1	Conception fonctionnelle	Conception	25	—
2	Spécifications du matériel	Développement et conception	50	1
3	Spécifications du noyau	Conception	20	1
4	Spécifications des utilitaires	Développement et conception	15	1
5	Conception du matériel	Conception et développement	70	2
6	Pilotes de disque	Assemblage et développement	100	3
7	Gestion de la mémoire	Développement	90	3
8	Documentation du système d'exploitation	Conception et documentation	25	3
9	Utilitaires de routine	Développement	60	4
10	Utilitaires complexes	Développement	80	4
11	Documentation des utilitaires	Documentation et conception	20	4
12	Documentation du matériel	Documentation et conception	30	5
13	Première phase de l'intégration	Assemblage et développement	50	6 à 12 inclusivement
14	Prototypes	Assemblage et développement	80	13
15	Pilotes d'entrée-sortie séquentielle	Développement	130	13
16	Essai du matériel et des logiciels	Assemblage	25	14 et 15
17	Commande des cartes de circuits imprimés	Achats	5	16
18	Interface avec le réseau	Développement	90	16
19	Système essentiel	Développement	60	16
20	Documentation du projet	Documentation et développement	50	16
21	Assemblage des échantillons de présérie	Assemblage et développement	30	17 FD, délai de 50 jours
22	Test de réception de l'intégration	Assemblage et développement	60	18 à 21 inclusivement

Préparez un réseau de projet pour le projet du transporteur à courroie ainsi qu'une note qui répondra aux questions suivantes.

1. À quel moment le projet doit-il prendre fin ? Quelle sera la durée du projet ?

2. Quel est le chemin critique du projet ?

3. Quelle activité dispose de la plus grande marge ?

4. À quel point le réseau de projet est-il sensible ?

5. Nommez deux étapes clés sensibles et justifiez vos choix.

6. Comparez les avantages et les inconvénients de présenter le calendrier sous la forme d'un réseau de projet et d'un diagramme de Gantt.

Ajoutez les documents suivants.

▶ Un diagramme de Gantt.

▶ Un réseau de projet illustrant le chemin critique.

▶ Un calendrier sous forme de tableau qui comprendra la date de début au plus tôt, la date de début au plus tard, la date de fin au plus tôt et la date de fin au plus tard ainsi que les marges de chaque activité.

Indice : le projet ne doit pas dépasser 530 jours.
Remarque : enregistrez vos fichiers en prévision des prochains exercices.

Troisième partie

Rappelez-vous : le plan d'un projet ne constitue pas un calendrier tant que les ressources n'ont pas été affectées. Le présent exercice illustre bien cette différence subtile mais importante.

Partie A

Si ce n'est déjà fait, saisissez les ressources et les coûts dans vos fichiers de la deuxième partie. Reportez-vous aux tableaux A2.7 et A2.8 pour ce faire.

TABLEAU A2.8

Les ressources de l'organisation

Nom	Groupe	Coût (taux horaire)
Conception en recherche et développement	Recherche et développement (2 équipes)	100 $
Développement	Recherche et développement (2 équipes)	70
Documentation	Recherche et développement	60
Assemblage et essai	Recherche et développement	70
Achats		40

Préparez une note qui répondra aux questions suivantes.

1. Existe-il une affectation excédentaire des ressources ?
2. Quelles activités requièrent une affectation excédentaire des ressources ?
3. Supposons que le projet soit limité dans le temps ; tentez de résoudre les problèmes d'affectation excédentaire des ressources à l'aide des marges. Que se passe-t-il ?
4. Quel est l'impact de la modification du plan de projet sur la sensibilité du réseau ?
5. Quelles sont les options possibles à cette étape du projet ?

Accompagnez le calendrier d'un diagramme de Gantt, après avoir modifié les marges.

Remarques : vous ne pouvez pas fractionner les activités. Vous ne devez pas affecter partiellement une ressource à une activité (les ressources doivent être affectées à 100 %).

Partie B

Vous présentez le schéma d'ordonnancement à vos supérieurs, ce qui les ébranle visiblement. Après quelques explications et négociations, ils vous proposent le compromis suivant :

▶ Le projet doit prendre fin au plus tard le 1er février 2008 (530 jours).

▶ On vous permet d'affecter deux autres équipes de développement.

▶ Si ce nombre s'avérait insuffisant, vous devrez faire appel à des équipes de développement de l'extérieur. Engagez ce type d'équipes le moins possible, car il en coûtera 50 $ de plus l'heure comparativement au personnel à l'interne.

Les équipes internes de développement

Ajoutez le nombre d'équipes de développement nécessaires pour éviter que la durée du projet dépasse 530 jours. Si vous avez besoin de plus de deux équipes, examinez toutes les possibilités. Choisissez les possibilités les plus économiques ! Changez le moins d'activités possible. Il vaut mieux réaliser à l'interne les lots de travaux qui requièrent la coopération de plusieurs unités organisationnelles. À vous de décider de la meilleure façon d'y parvenir.

Indice : éliminez le nivellement proposé à la section précédente avant d'ajouter de nouvelles ressources.

Après avoir préparé le calendrier qui reflétera les contraintes de temps et de ressources, préparez une note qui répondra aux questions suivantes.

a) Quels changements avez-vous apportés ? Pourquoi ?

b) Quelle sera la durée du projet ?

c) Comment ces changements influeront-ils sur la sensibilité du réseau ?

Tracez un diagramme de Gantt et dressez un nouveau calendrier.

Quatrième partie

À l'aide du fichier de la troisième partie, préparez une note qui répondra aux questions suivantes.

a) Quel sera le coût du projet ?

b) Que vous apprend l'état des flux de trésorerie sur la façon dont sont distribués les coûts tout au long du projet ?

Dressez un tableau mensuel des flux de trésorerie et des coûts du projet.

Enregistrez le fichier contenant le calendrier final et utilisez-le comme fichier de référence.

Faites une copie de sauvegarde du fichier avant de l'utiliser comme fichier de référence.

Cinquième partie

Préparez des rapports périodiques pour les quatre premiers trimestres du projet à l'aide des renseignements suivants. Vous devez donc enregistrer votre calendrier des ressources pour vous en servir comme base de référence et saisir la date du rapport dans le logiciel. Considérez qu'aucun travail n'a été effectué le jour du rapport périodique.

Votre rapport comprendra un tableau illustrant la valeur prévue, la valeur acquise (VA), le coût réel (CR), le budget à l'achèvement, la prévision à l'achèvement, l'écart des prévisions (EP), l'écart des coûts (EC) et l'indice de performance des coûts (IPC) pour chaque activité et pour l'ensemble du projet. Votre rapport devra aussi répondre aux questions suivantes.

a) Comment le projet progresse-t-il pour ce qui est des coûts et du calendrier ?

b) Quelles activités se sont bien déroulées ? Quelles activités se sont mal déroulées ?

c) Que révèlent l'IPAB et l'IPAC sur la part du projet réalisée à ce jour ?

d) Quel est le coût budgété à l'échéance prévue ? Quel est l'écart à la réalisation ?

e) Rendez compte du TCIP et interprétez-le à ce stade du projet.

f) Quelle est la date de fin prévue ?

g) Comment le projet se déroule-t-il sur le plan des priorités ?

Présentez les renseignements énumérés précédemment de façon à susciter l'intérêt de la haute direction.

Accompagnez chaque rapport d'un diagramme de Gantt.

Premier trimestre, 1er avril

Le tableau A2.9 contient un résumé des activités réalisées à ce jour.

Enregistrez votre fichier après chaque rapport trimestriel et utilisez-le pour préparer le rapport suivant.

TABLEAU A2.9

1er avril 2007

Activité	Date de début	Date de fin	Durée à ce jour	Durée d'ici à la fin
Spécifications du matériel	07-02-08		38	7
Spécifications du noyau	07-02-07	07-03-13	25	0
Pilotes du disque	07-03-14		14	86
Gestion de la mémoire	07-03-14		14	76
Documentation des systèmes d'exploitation	07-03-14		14	6
Spécifications des utilitaires	07-03-07	07-03-28	16	0
Utilitaires complexes	07-03-29		3	84
Conception fonctionnelle	07-01-03	07-02-06	25	0

Deuxième trimestre, 1er juillet

Le tableau A2.10 contient un résumé des activités réalisées depuis le dernier rapport.

TABLEAU A2.10

1er juillet 2007

Activité	Date de début	Date de fin	Durée à ce jour	Durée d'ici à la fin
Spécifications du matériel	07-02-08	07-04-11	45	0
Conception du matériel	07-04-12		58	9
Spécifications du noyau	07-02-07	07-03-13	25	0
Pilotes du disque	07-03-14		79	31
Gestion de la mémoire	07-03-14		79	17
Documentation des systèmes d'exploitation	07-03-14	07-04-17	25	0
Spécifications des utilitaires	07-03-07	07-03-28	16	0
Utilitaires de routine*	07-04-26		48	17
Utilitaires complexes	07-03-29		65	26
Documentation des utilitaires	07-05-03	07-06-02	22	0
Conception fonctionnelle	07-01-03	07-02-06	25	0

* Selon le gestionnaire de projet de l'équipe externe de développement chargée de concevoir les utilitaires de routine, l'équipe ne pourra commencer l'activité le 26 avril 2007 en raison de son engagement envers d'autres clients.

Troisième trimestre, 1er octobre

Le tableau A2.11 contient un résumé des activités réalisées depuis le dernier rapport.

TABLEAU A2.11

1er octobre 2007

Activité	Date de début	Date de fin	Durée à ce jour	Durée d'ici à la fin
Spécifications du matériel	07-02-08	07-04-11	45	0
Conception du matériel	07-04-12	07-07-17	67	0
Documentation du matériel	07-07-18	07-08-23	27	0
Spécifications du noyau	07-02-07	07-03-13	25	0
Pilotes du disque	07-03-14	07-08-16	110	0
Gestion de la mémoire	07-03-14	07-07-31	98	0
Documentation des systèmes d'exploitation	07-03-14	07-04-17	25	0
Spécifications des utilitaires	07-03-07	07-03-28	16	0
Utilitaires de routine	07-04-26	07-07-27	65	0
Utilitaires complexes	07-03-29	07-08-10	95	0
Documentation des utilitaires	07-05-03	07-06-02	22	0
Conception fonctionnelle	07-01-03	07-02-06	25	0
Intégration de la première phase	07-08-24		27	23

Quatrième trimestre, 1er janvier 2008

Le tableau A2.12 contient un résumé des activités réalisées depuis le dernier rapport.

TABLEAU A2.12

1er janvier 2008

Activité	Date de début	Date de fin	Durée à ce jour	Durée d'ici à la fin
Spécifications du matériel	07-02-08	07-04-11	45	0
Conception du matériel	07-04-12	07-07-17	67	0
Documentation du matériel	07-07-18	07-08-23	27	0
Prototypes	07-11-10	07-03-13	33	45
Spécifications du noyau	07-02-07	07-08-16	25	0
Pilotes du disque	07-03-14	07-07-31	110	0
Pilotes d'entrée-sortie séquentielle	07-11-10	07-04-17	33	120
Gestion de la mémoire	07-03-14	07-03-28	98	0
Documentation des systèmes d'exploitation	07-03-14	07-07-27	25	0
Spécifications des utilitaires	07-03-07	07-08-10	16	0
Utilitaires de routine	07-04-26	07-06-02	65	0
Utilitaires complexes	07-03-29	07-02-06	95	0
Documentation des utilitaires	07-05-03	07-11-09	22	0
Conception fonctionnelle	07-01-03		25	0
Intégration de la première phase	07-08-24		55	0

Sixième partie

Partie A

Vous avez reçu les estimations révisées des activités restantes à la fin du quatrième trimestre.

- Les prototypes seront terminés le 5 mars 2008.
- Les pilotes d'entrée-sortie séquentielle seront terminés le 28 juin 2008.
- Les essais du matériel et des logiciels commenceront le 29 juin 2008. La durée estimative des essais est de 25 jours.
- Les cartes de circuits imprimés seront commandées le 26 juillet 2008 et nécessiteront 5 jours.
- L'assemblage de l'échantillon de présérie commencera le 12 octobre 2008. La durée estimative de l'assemblage est de 18 jours.
- La rédaction de la documentation du projet devrait commencer le 6 août 2008. La durée estimative de la rédaction est de 55 jours.
- L'interface avec le réseau commencerait le 6 août 2008. La durée estimative des travaux est de 100 jours.
- L'établissement des systèmes essentiels devrait commencer le 6 août 2008. La durée estimative des travaux est de 55 jours.
- Le test d'intégration finale devrait commencer le 28 décembre 2008. La durée estimative du test est de 54 jours.

Préparez une note qui répondra aux questions suivantes.

a) Quelle est la nouvelle prévision à l'achèvement ? Quelle devrait être la durée du projet considérant les estimations révisées ?

b) Accompagnez votre note d'un tableau des coûts et d'un diagramme de Gantt.

Partie B

La haute direction insiste pour que le projet se termine au plus tard le 1er février 2009. Pour accélérer les travaux, les directeurs s'entendent pour que du personnel de renfort vienne en aide aux équipes de développement. Il en coûtera 150 $ de plus l'heure pour chaque équipe de développement. Vous avez prévu l'impact du personnel de renfort sur les activités restantes.

- La durée des essais du matériel et des logiciels sera de 22 jours.
- La durée de l'assemblage de l'échantillon de présérie sera de 15 jours.
- La rédaction de la documentation nécessitera 50 jours.
- L'interface avec le réseau nécessitera 85 jours.
- L'établissement des systèmes essentiels nécessitera 50 jours.
- Le test de réception intégré nécessitera 50 jours.

Déterminez les activités auxquelles vous affecteriez le personnel de renfort (à un coût supplémentaire de 150 $ l'heure) afin que vous puissiez respecter l'échéance du 1er février. Une équipe de développement se joindrait à l'équipe d'assemblage pour la réalisation des essais de matériel et de logiciel.

Préparez une note dans laquelle vous expliquerez votre décision et répondrez aux questions suivantes.

a) Quelle sera la durée du projet?

b) Quel sera le coût du projet?

c) À votre avis, la haute direction sera-t-elle satisfaite de ces prévisions, considérant les priorités du projet?

Accompagnez votre note d'un calendrier révisé et d'un tableau des coûts.

GLOSSAIRE

A

achèvement au plus tard (*late finish*) Date la plus tardive à laquelle une activité peut prendre fin sans retarder l'activité qui la suit.

achèvement au plus tôt (*early finish*) Date la plus hâtive à laquelle une activité peut prendre fin lorsque toutes les activités qui la précèdent sont terminées à leur achèvement au plus tôt.

activité (*activity*) Dans un projet, tâche ou ensemble de tâches qui consomme du temps pendant que le personnel ou le matériel effectue du travail ou attend.

activité de fusion ou activité de raccordement (*merge activity*) Activité immédiatement précédée de plus d'une activité.

activité fictive (*dummy activity*) Activité qui n'exige ni temps ni ressources ; elle est représentée dans la méthode du diagramme fléché sous forme de ligne pointillée. Une activité fictive assure un numéro d'identification unique pour des activités parallèles et maintient des liens de dépendance entre les activités du réseau d'un projet.

activité souche (*burst activity*) Activité immédiatement suivie par plus d'une activité.

activités parallèles ou activités en parallèle (*parallel activity*) Une ou plusieurs activités pouvant être effectuées simultanément.

adopter la manière de vivre des habitants (*going native*) Faire siennes les coutumes, les valeurs et les prérogatives d'une culture étrangère.

analyse de scénarios (*scenario analysis*) Processus au cours duquel on détermine et on analyse les événements représentant des risques potentiels.

analyse des modes de défaillance, de leurs effets et de leurs criticités ou AMDEC (*failure mode and effects analysis* ou FEMA) Évaluation de chaque risque potentiel en fonction de l'importance de ses effets, de la probabilité qu'un tel événement ait lieu et de la facilité avec laquelle il est possible de le déceler.

anticipation des résultats (*project vision*) Représentation des résultats anticipés d'un projet.

approche sociotechnique (*sociotechnical perspective*) Théorie qui met l'accent sur l'interaction entre les outils ou les méthodes et les personnes.

B

base de données sur les prix de revient et le temps (*time and cost databases*) Ensemble de valeurs réelles et de valeurs estimées relatives à la durée et aux coûts des lots de travaux recueillies pour nombre de projets en vue d'estimer les tâches associées à de nouveaux projets et d'anticiper leur marge d'erreur possible.

budget à l'achèvement (*budget at completion* ou BAC) Coût budgété à l'achèvement ; coût budgété total du référentiel ou ensemble des comptes de coûts de revient d'un projet.

budget par découpage du temps, budget par découpage temporel ou budget échelonné dans le temps (*time-phased budget*) Méthode dans laquelle les coûts planifiés sont décomposés en fonction de périodes distinctes (par exemple, 5 000 $ par semaine) pour un lot de travaux par opposition à un budget alloué à l'ensemble d'un projet ou d'un travail (par exemple, une somme totale de 130 000 $ pour 6 mois). Le découpage du temps assure un meilleur contrôle des coûts, car il permet de mesurer le taux réel de dépenses par opposition au taux de dépenses prévues sur de petits segments du projet.

bureau des projets (*project management office* ou PMO) Dans une organisation ou une section, unité centralisée chargée de superviser et d'améliorer la gestion des projets.

C

calcul à rebours (*backward pass*) Méthode servant à déterminer le début au plus tard et la date d'achèvement la plus tardive de chaque activité du réseau d'un projet.

calcul au plus tôt (*forward pass*) Méthode servant à déterminer le début au plus tôt et la date d'achèvement au plus tôt de chaque activité du réseau d'un projet.

chemin (*path*) Suite d'activités reliées.

chemin critique (*critical path*) Chemin ou ensemble de chemins d'activités le plus long à travers le réseau ; il est possible de déterminer le chemin critique en établissant l'éventail d'activités qui disposent toutes de la même marge minimale.

choc culturel (*culture shock*) Désorientation psychologique naturelle ressentie par la plupart des gens lorsqu'ils se trouvent devant une culture différente de la leur.

colocalisation (*co-location*) Situation dans laquelle les membres d'une équipe de projet, y compris ceux d'autres entreprises, travaillent ensemble au même endroit.

comité de gestion ou équipe de pilotage (*priority team*) Groupe (parfois le bureau du projet) chargé du choix, de la supervision et de la mise à jour des critères de sélection pour l'établissement de l'ordre de priorité des projets.

compte de coûts de revient (*cost account*) Point de vérification d'un ou de plusieurs lots de travaux qui sert à planifier, à ordonnancer et à contrôler le projet. La somme de tous les comptes de coûts de revient représente le coût total du projet.

conception participative ou ingénierie simultanée (*concurrent engineering* ou *simultaneous engineering*) Équipe interfonctionnelle qui participe à des projets de développement de nouveaux produits et qui s'occupe simultanément de la conception des produits, de l'évaluation de la qualité conceptuelle et de l'étude des techniques de production.

conflit dysfonctionnel (*dysfunctional conflict*) Différend qui ne contribue pas à la réalisation des objectifs d'un projet.

conflit fonctionnel (*functional conflict*) Différend qui contribue à la réalisation des objectifs d'un projet.

construction d'un réseau social (*social network building*) Processus d'identification et de construction de relations de coopération avec des personnes clés.

construction en régime accéléré (*fast-tracking*) Façon d'accélérer l'achèvement d'un projet, généralement par la réorganisation de l'ordonnancement du réseau et par l'utilisation de liaisons initiales.

contrat (*contract*) Entente explicite entre deux parties par laquelle une partie (le contractant) s'engage à exécuter une prestation de service et l'autre partie (le client), à fournir quelque chose en retour, généralement sous forme d'un paiement au contractant.

contrat à prix coûtant majoré ou marché en régie (*cost-plus contract*) Contrat aux termes duquel le contractant est remboursé pour tous les coûts admissibles directs (matériel, main-d'œuvre et déplacements) et reçoit des sommes supplémentaires qui lui permettent de couvrir ses coûts indirects et ses bénéfices.

contrôle en cours de projet (*in-process project audit*) Ensemble de vérifications réalisées au début d'un processus qui permettent d'apporter, s'il y a lieu, des corrections au projet qui fait l'objet du contrôle ou à d'autres projets en cours.

courbe d'apprentissage (*learning curves*) Représentation mathématique qui permet de prévoir un mode de réduction du temps d'exécution d'une tâche répétitive.

coût budgété du travail effectué (*budgeted cost of the work performed* ou *BCWP*) Valeur du travail accompli mesurée en fonction du budget planifié pour son exécution ; valeur produite ou coût budgété initial du travail effectivement accompli.

coût final estimé (*estimate at completion* ou *EAC*) Somme des coûts réels à la date de l'estimation à laquelle s'ajoutent les coûts estimés pour le travail qui reste à faire dans la structure de découpage du projet.

coût réel (*actual cost* ou *AC*) Coût réel du travail accompli dans une période de temps donnée ; somme des coûts engagés pour l'exécution d'un travail.

coût réel du travail effectué (*actual cost of the work performed* ou *ACWP*) Cette expression a été remplacée par « coût réel ».

coûts directs (*direct costs*) Coûts directement imputables à un lot de travaux – généralement la main-d'œuvre, les matières ou le matériel.

coûts indirects (*indirect costs*) Coûts qu'il n'est pas possible d'imputer directement à un projet ou à un lot de travaux particuliers.

coûts indirects ou frais généraux (*overhead costs*) En général, coûts d'une organisation qui ne sont pas directement liés à un projet. Ces coûts englobent les frais généraux, par exemple ceux qui ont trait à la haute direction, aux services juridiques, à la commercialisation et à la comptabilité. En général, les coûts indirects sont imputés par unité de temps ou sous forme de pourcentage des coûts de main-d'œuvre ou des matières.

culture (*culture*) Ensemble des comportements, des croyances, des institutions et de tout autre produit du travail et de la pensée humaine transmis socialement et caractéristique d'une collectivité ou d'un pays.

culture organisationnelle (*organizational culture*) Système de normes, de convictions, de valeurs et d'idées de base commun à tous les membres d'une organisation.

cycle de vie d'un projet (*project life cycle*) Ensemble des étapes de tout projet : définition, planification, exécution et livraison.

D

début au plus tard (*late start*) Date la plus tardive à laquelle une activité peut commencer sans retarder l'activité suivante. Il s'agit de l'achèvement au plus tard le plus tardif de toutes les activités qui la précèdent immédiatement.

début au plus tôt (*early start*) Date la plus hâtive à laquelle une activité peut commencer. Il s'agit de l'achèvement au plus tôt le plus tardif de toutes les activités qui la précèdent immédiatement.

délai d'achèvement minimal (*crash time*) Période la plus courte durant laquelle il est possible d'exécuter une activité, en supposant que l'on dispose d'un niveau raisonnable de ressources.

diagramme coût-durée d'un projet (*project cost-duration graph*) Diagramme dans lequel les coûts d'un projet sont représentés en fonction du temps ; tient compte des coûts directs et indirects ainsi que du coût total d'un projet dans un intervalle de temps approprié.

diagramme de Gantt (*Gantt chart*) *Voir* graphique à barres.

directeur de projet, chef de projet ou gestionnaire de projet (*project manager*) Personne chargée de la gestion d'un projet.

directeur fonctionnel (*functional manager*) Personne responsable de la gestion des activités au sein d'un service ou d'une fonction spécialisés, par exemple, ingénierie, mise en marché ou finances.

donner l'exemple (*leading by example*) Adopter des comportements que l'on souhaiterait observer chez les autres.

durée (*duration* ou DU) Temps requis pour mener à terme une activité, le parcours d'un chemin ou l'exécution d'un projet.

durée d'exécution minimale (*crash point*) Limite à laquelle la durée des activités d'un projet peut être comprimée avec réalisme compte tenu des ressources à la disposition de l'organisation.

durée de l'activité (*activity duration*) Estimation du temps (en heures, en jours, en semaines, en mois, etc.) requis pour accomplir une tâche nécessaire à l'exécution d'un projet.

E

écart de mise en oeuvre (*implementation gap*) Écart entre la réalité et les objectifs fixés par la haute direction et ceux qui ont été établis indépendamment par des niveaux inférieurs de gestion ; entraîne généralement de la confusion et une mauvaise répartition des ressources de l'entreprise.

écart de prévision (*schedule variance* ou SV) Différence entre la valeur en dollars planifiée du travail vraiment accompli et la valeur du travail qui doit être terminé à un point donné dans le temps. L'écart de prévision ne contient aucun renseignement sur le chemin critique.

écart des coûts (*cost variance* ou CV) Différence entre les coûts budgétés du travail effectué et les coûts réels de ce travail ; cette différence indique si le travail accompli a coûté plus ou moins que les sommes prévues, peu importe l'étape du projet.

écart des coûts à l'achèvement (*variance at completion* ou VAC) Indice du dépassement ou de la sous-utilisation des crédits au moment où le projet se termine par rapport au coût réel anticipé.

énoncé de portée ou énoncé de l'envergure (*scope statement*) Définition du résultat final ou de l'objectif d'un projet. En général, un énoncé de portée indique les objectifs, les produits ou services à livrer, les étapes clés, les spécifications ainsi que les limites et les exclusions d'un projet.

entente de partenariat (*partnering charter*) Document officiel qui énonce des objectifs communs et les procédures de coopération à suivre pour atteindre ces objectifs et qui est signé par toutes les parties travaillant au même projet.

équipe de projet dédiée (*dedicated project team*) Structure organisationnelle dans laquelle toutes les ressources nécessaires à l'exécution d'un projet sont mobilisées à plein temps à cette fin.

équipe de projet virtuelle (*virtual project team*) Équipe de projet séparée dans l'espace et dont les membres ne peuvent communiquer entre eux sauf de façon électronique.

étape jalon ou étape clé (*milestone*) Événement qui constitue une étape importante et identifiable en vue de l'achèvement d'un projet.

état des travaux (*plan of record*) Plan officiel à jour d'un projet en ce qui a trait à l'ampleur, au budget et au calendrier d'exécution de ce projet.

évaluation à 360 degrés (*360-degree feedback*) Système d'évaluation basé sur des renseignements relatifs au rendement recueillis auprès de nombreuses sources, dont des supérieurs, des collaborateurs, des employés et des clients.

évaluation agrégée (*macro estimating*) Estimation rudimentaire de haut en bas de la durée et des coûts d'un projet à partir de substituts ; utile à la prise de décision concernant la sélection et la poursuite des projets.

évaluation conjointe (*joint evaluation*) Processus par lequel différentes parties qui prennent part à un même projet évaluent le degré d'efficacité de leur collaboration.

évaluation de l'équipe (*team evaluation*) Processus d'évaluation du rendement d'une équipe de projet effectué à l'aide d'un minimum de conditions en place avant le début du projet. Les méthodes d'évaluation devraient mettre l'accent sur l'ensemble de l'équipe et accorder peu d'importance au rendement individuel.

évaluation détaillée (*micro estimating*) Estimation de bas en haut constituée d'évaluations détaillées des lots de travaux généralement effectuées par les personnes qui connaissent le mieux les tâches concernées.

évaluation du rendement ou bilan de compétences (*performance review*) En général, toute méthode d'évaluation du rendement fondée sur les compétences techniques et sociales d'une personne selon les exigences d'un projet. Ce type d'évaluation est axé sur le perfectionnement individuel et sert souvent aux décisions touchant les salaires et les promotions.

évaluation en phase (*phase estimating*) Méthode qui commence par une estimation agrégée du projet puis, à mesure que son exécution progresse, passe à des estimations beaucoup plus précises de ses phases.

événement (*event*) Point dans le temps où une ou plusieurs activités commencent ou se terminent. L'événement n'a aucune durée dans le temps.

exécution de projets par phase (*phase project delivery*) Livraison par étapes de parties utiles d'un projet plutôt qu'une fois le projet entièrement terminé.

expansion (furtive) de l'envergure (*scope creep*) Tendance d'un projet à prendre l'envergure une fois qu'il a démarré.

F

flottement ou battement (*float*) *Voir* marge.

G

gestion de projet ou direction de projet (*project management*) Application de connaissances, de compétences, d'outils et de techniques à des activités inhérentes à un projet en vue de répondre aux exigences de ses concepteurs.

gestion des projets d'entreprise (*enterprise project management* ou EPM) Sélection et gestion centralisées d'un portefeuille de projets pour s'assurer que la répartition des ressources qui y sont affectées est équilibrée et s'oriente vers l'objectif stratégique de l'entreprise.

gestion sur le terrain (*management by wandering [walking] around*) Mode de gestion qui consiste pour les gestionnaires à passer la plus grande partie de leur temps en dehors de leur bureau à interagir avec des personnes clés.

graphique à barres (*bar chart*) Représentation graphique des activités d'un projet sous forme de diagramme en bâtons avec échelle de temps ; appelé aussi «diagramme de Gantt».

groupe d'activités (*hammock activity*) Regroupement d'activités ayant un objectif précis ; sert à déterminer l'utilisation de ressources ou de coûts fixes dans un segment

de projet, par exemple, un consultant. Sa durée dépend du temps disponible parmi d'autres activités.

H

harmonisation fonctionnelle des groupes ou consolidation d'équipe d'apprentissage collectif (*team-building*) Processus qui permet d'améliorer le rendement des équipes.

I

impartition ou externalisation (*outsourcing*) Entente conclue pour l'utilisation de sources (ou de compétences) externes pouvant aider à l'exécution d'un projet.

indice de performance des coûts (*cost performance index* ou CPI) Rapport entre les coûts budgétés et les coûts réels.

indice de performance des délais (*schedule performance index* ou SPI) Rapport entre le travail effectué et le travail planifié.

infrastructure (*infrastructure*) Ensemble des services de base, par exemple, les communications, les transports et l'énergie, nécessaires pour assurer l'achèvement d'un projet.

interface d'un projet (*project interface*) Points de contact entre une équipe de projet et d'autres groupes de personnes à l'intérieur et à l'extérieur d'une organisation.

intrigue d'entreprise (*organizational politics*) Geste d'une personne ou d'un groupe de personnes pour acquérir, développer et utiliser le pouvoir et d'autres ressources en vue d'obtenir les résultats recherchés en cas d'incertitude ou de désaccord relativement aux choix à faire.

ISO 9000 (*ISO 9000*) Ensemble de normes qui régissent les exigences en matière de documentation d'un programme de qualité.

L

liaison de dépendance (*lag relationship*) Relation entre le début ou la fin d'une activité d'un projet et le début ou la fin d'une autre activité. La liaison directe, la liaison finale, la liaison initiale et la liaison inverse sont les relations d'ordre les plus courantes.

loi de réciprocité (*law of reciprocity*) Loi d'après laquelle une personne est obligée d'accorder une faveur comparable à celle qu'elle a reçue.

M

marché à prix fixe ou contrat à forfait (*fixed-price contract* ou *lump sum contract*) Contrat par lequel le contractant accepte d'exécuter tout le travail qui y est stipulé en échange d'une somme d'argent prédéterminée.

marge (*slack*) Période de temps pendant laquelle il est possible de retarder une activité avant que la situation ne devienne critique.

marge libre (*free slack*) Période de temps maximale durant laquelle il est possible de retarder une activité à partir de son début au plus tôt sans qu'il y ait aucune répercussion sur le début au plus tôt de toute activité qui la suit immédiatement.

marge pour aléas (*management reserve*) Pourcentage du budget total d'un projet réservé aux imprévus. Ce fonds sert de couverture en cas de problèmes nouveaux et imprévisibles, et non pour des dépassements de coûts inutiles. Il permet aussi de réduire le risque des retards dans un projet. En général, la marge pour aléas est contrôlée par le maître de l'ouvrage ou le directeur de projet. *Voir* réserve budgétaire.

marge totale (*total slack*) Période de temps que l'on peut allouer à une activité sans influer sur la durée du projet.

matrice ou structure matricielle (*matrix*) Toute structure organisationnelle dans laquelle le directeur d'un projet partage avec les directeurs fonctionnels la responsabilité d'établir un ordre de priorité et de diriger le travail des participants au projet.

matrice de sélection de projets ou matrice de filtrage de projets (*project screening matrix*) Matrice qui permet d'évaluer et de comparer les valeurs relatives des projets qu'une entreprise se propose de réaliser.

matrice des responsabilités (*responsibility matrix*) Matrice dont le point d'intersection illustre la relation entre une activité (lot de travaux) et la personne ou l'équipe chargée de l'exécuter.

matrice des risques (*risk severity matrix*) Outil qui permet d'évaluer l'effet des risques sur un projet.

matrice équilibrée (*balanced matrix*) Structure matricielle qui permet au directeur de projet et aux directeurs fonctionnels d'exercer sensiblement la même autorité sur un projet. Le directeur de projet décide du travail qui doit être accompli ; le directeur fonctionnel s'occupe de la façon dont ce travail sera exécuté.

matrice faible (*weak matrix*) Structure matricielle dans laquelle les directeurs fonctionnels exercent un contrôle dominant sur les activités d'un projet, tandis que le directeur du projet se contente de coordonner les tâches qui mènent à son exécution.

matrice forte (*strong matrix*) Structure matricielle dans laquelle le directeur de projet exerce un contrôle dominant sur les activités d'un projet, tandis que les directeurs fonctionnels se contentent de soutenir le travail de l'équipe de projet.

mentor (*mentor*) En général, directeur expérimenté qui agit à titre de conseiller particulier d'une personne et qui la soutient dans ses ambitions.

méthode de Monte Carlo (*Monte Carlo simulation*) Méthode de simulation de la durée de chaque activité d'un projet basée sur les probabilités. À l'aide de milliers de simulations, cette méthode permet de déterminer le pourcentage d'activités et de chemins mesurables dans le temps qui sont essentiels.

méthode de répartition proportionnelle (*apportionment method*) Allocation des coûts à un segment particulier d'un projet au moyen d'un pourcentage du coût total prévu – par exemple, la construction de la structure d'une maison ou la programmation d'un module d'enseignement peuvent représenter 25 % et 40 % de leurs coûts globaux respectifs.

méthode des antécédents (*precedence diagram method* ou PDM) Méthode qui sert à établir le réseau d'un projet dans lequel on utilise des nœuds (par exemple, des rectangles) pour représenter les activités et des arcs qui les relient pour indiquer leurs dépendances.

méthode des ratios (paramétriques) (*ratio parametric methods*) Méthode qui fait appel au ratio de coûts réels passés provenant de tâches similaires pour estimer le coût d'un projet potentiel. Cette méthode macroéconomique de prévision des coûts ne constitue pas une base solide pour contrôler les coûts des projets puisqu'elle ne tient aucun compte des différences entre eux.

méthode du chemin critique (*critical path method*) Méthode d'ordonnancement basée sur des estimations du temps requis pour exécuter des activités sur le chemin critique. Cette méthode permet de déterminer les moments du début au plus tôt et du début au plus tard ainsi que les marges de chaque activité à l'intérieur d'un réseau. Elle sert aussi à planifier la durée du projet quand celle-ci n'est pas imposée dès le départ.

méthode du délai de récupération (*payback method*) Période de temps requise pour récupérer l'investissement dans un projet (investissement / épargne annuelle nette). Cette méthode ne tient pas compte de la valeur temporelle de l'argent ou de la durée de l'investissement.

méthode du diagramme fléché (*arrow diagramming method* ou ADM) Méthode de représentation des activités par des flèches qui sert à tracer des réseaux pour les projets. Chaque activité y est indiquée par une flèche.

mise en partenariat de projets (*project partnering*)
Méthode qui, sans engager les parties, vise à transformer une relation contractuelle en une équipe de projet. L'équipe de projet est caractérisée par la coopération et la cohésion et elle partage un ensemble d'objectifs et de procédures prédéterminées qui lui permettent de résoudre rapidement ses différends.

modèle de satisfaction des clients (*met-expectations model*) Modèle d'après lequel la satisfaction des clients est une fonction du degré auquel le rendement perçu dépasse les attentes.

modèle d'évolution d'un projet (*capability maturity model* ou CMM) Schéma descriptif des étapes de l'évolution des systèmes de gestion de projet.

monnaie organisationnelle (*organizational currencies*)
Ensemble de monnaies d'échange dans une organisation qui servent à exercer une influence sur le comportement de ses membres.

N

niveau d'efforts (*level of efforts*) Ensemble de lots de travaux qui représentent des activités liées au temps. Ces activités, comme le soutien administratif, le soutien informatique, le soutien juridique, les relations publiques, etc., s'étendent sur un segment du projet ou pendant toute sa durée. Les lots de travaux à niveau d'efforts ne donnent pas de résultats mesurables.

O

objectif (*objective*) But que l'on cherche à établir ou auquel on veut parvenir; devrait être précis, mesurable, réaliste, susceptible d'être atteint par l'équipe et comporter un calendrier d'exécution.

organigramme fonctionnel (*organizational breakdown structure* ou OBS) Structure qui sert à l'attribution de la responsabilité des lots de travaux.

organisation fonctionnelle (*organizational function*)
Structure organisationnelle hiérarchique dans laquelle les services correspondent à des domaines précis tels que l'ingénierie, la mise en marché et les achats.

organisation par projets (*projectized organization*)
Structure organisationnelle dans laquelle l'essentiel du travail est accompli par des équipes de projet.

P

parcellisation du travail (*splitting*) Technique d'ordonnancement qui consiste à interrompre une activité, à affecter la ressource employée à une autre activité pendant une période de temps donnée et à la réaffecter à l'activité initiale.

parrain d'un projet (*project sponsor*) En général, cadre supérieur qui défend et appuie un projet.

partage des risques (*sharing risk*) Répartition proportionnelle des risques entre différentes parties.

partenariat (*partnering*) *Voir* mise en partenariat de projets.

partie prenante ou acteur (*stakeholder*) Personne et organisation qui participent activement à un projet ou dont les intérêts peuvent être touchés de façon positive ou négative par l'exécution ou l'achèvement d'un projet; la personne et l'organisation peuvent aussi exercer une influence sur le projet et ses résultats.

pensée de groupe (*groupthink*) Tendance des membres d'un groupe étroitement liés à perdre leur sens critique.

pensée systémique (*systems thinking*) Approche globale de considération des problèmes qui met l'accent sur la compréhension des interactions entre les différents facteurs à l'origine de problèmes.

plan d'urgence ou plan de substitution (*contingency plan*) Plan qui couvre les risques potentiels associés à un projet et susceptibles de se matérialiser pendant la durée de vie de celui-ci.

plan de comptes (*chart of accounts*) Système de numérotation hiérarchique qui permet de déterminer les tâches à exécuter, les résultats concrets attendus et la responsabilité de l'entreprise dans la division du travail (structure de découpage du projet).

points de fonction ou points fonctionnels (*function points*) Éléments dérivés de projets de logiciels antérieurs qui permettent d'estimer la durée et le coût d'un projet, compte tenu de ses caractéristiques propres.

portefeuille de projets (*project portfolio*) Ensemble de projets choisis en vue d'être exécutés; ce choix se fait de façon équilibrée en fonction du type de projets, du risque qu'ils représentent et de leur classement selon des critères précis.

prévision à l'achèvement (*forecast at completion*)
Coût prévu à l'achèvement du projet, basé sur une équation de prévision.

principe de négociation (*principle of negotiation*) Processus de négociation qui vise à atteindre des résultats qui satisferont toutes les parties.

prise de décision consensuelle (*consensus decision making*) Fait de parvenir à une décision sur laquelle toutes les parties concernées sont fondamentalement d'accord et qu'elles appuient.

prise en compte du risque (*mitigating risk*) Mesure prise pour réduire la probabilité d'un risque ou des répercussions que ce risque pourrait avoir sur un projet.

proactif (*proactive*) Se dit de quelqu'un qui travaille dans sa sphère d'activité (d'influence) pour accomplir quelque chose.

processus de fractionnement des activités (*process breakdown structure*) Regroupement par phases des activités d'un projet qui sert à définir l'ensemble du domaine de ce projet ; chaque fois que l'on passe à un niveau inférieur, on obtient une description de plus en plus détaillée du travail à effectuer.

profil de risque (*risk profile*) Liste de questions qui portent sur des domaines traditionnels d'incertitude concernant un projet.

projectite (*projectitis*) Phénomène social caractérisé par le fait que les membres d'une équipe de projet manifestent une loyauté sans borne mais indue envers ce projet.

projet (*project*) Effort complexe non répétitif qui requiert de l'initiative pour fabriquer un produit ou fournir un service dans des limites précises de temps et de budget et selon des spécifications.

projet avec contraintes de ressources (*resource constrained project*) Projet pour lequel les ressources sont limitées (fixes) et, par conséquent, dont la durée est variable.

projet avec contraintes de temps (*time-constrained project*) Projet pour lequel on suppose disposer d'une période de temps déterminée et pour lequel d'autres ressources seront ajoutées au besoin.

R

rapport d'audit d'un projet (*project audit report*) Rapport qui comporte une classification du projet, une analyse de l'information recueillie, des recommandations, les leçons à tirer et, en annexe, un dossier justificatif.

référence ou base de référence (*baseline*) Document et engagement concrets ; constitue le premier plan réel avec l'attribution des coûts, des horaires et des ressources. Les coûts et l'exécution du calendrier prévus servent à mesurer les coûts et le rendement pour ce qui est de l'exécution du calendrier réel ; sert de référence pour mesurer les résultats.

règle d'or (*golden rule*) Règle qui s'énonce comme suit : « Ne fais pas aux autres ce que tu ne voudrais pas qu'ils te fassent. »

remue-méninges (*brainstorming*) Activité qui consiste à exprimer le plus grand nombre possible d'idées ou de solutions sans les soumettre à un jugement.

renforcement négatif (*negative reinforcement*) Technique de motivation qui consiste à n'éliminer les stimuli négatifs que lorsqu'on obtient le comportement désiré.

réseau (*network*) Diagramme logique préparé dans un format prescrit (par exemple, diagramme des antécédents ou diagramme fléché) qui représente des activités, des enchaînements, des interrelations et des dépendances.

réseau fermé (*insensitive network*) Réseau dans lequel le chemin critique devrait en principe demeurer stable tout au long de la durée du projet.

réseautage d'entreprises (*network organization*) Alliance d'entreprises établie dans le but de fabriquer des produits et de fournir des services à des clients.

réserve budgétaire (*budget reserve*) Réserve établie pour couvrir des risques connus qui peuvent se concrétiser et avoir des répercussions sur les tâches ou les coûts du référentiel. En général, ce type de réserve est sous la responsabilité du directeur de projet et de son équipe. *Voir* marge pour aléas.

réserve pour éventualités (*contingency reserve*) En général, somme d'argent ou période de temps prévue pour parer aux risques prévisibles ou imprévisibles associés à un projet.

ressource (*resource*) Personne, groupe, compétence, matériel ou matière qui sert à l'exécution d'une tâche, d'un lot de travaux ou d'une activité.

retard ou délai (*lag*) Laps de temps qui s'écoule entre la fin d'une activité et le début d'une autre ; durée attribuée à la consécutivité d'une activité ; période de temps minimale pendant laquelle le début ou la fin d'une activité peut être retardé.

réunion de démarrage d'un projet (*project kickoff meeting*) En général, première réunion d'une équipe de projet.

risque (*risk*) Possibilité qu'un événement indésirable se produise relativement à un projet et conséquences de tous ses résultats possibles.

S

sensibilité du réseau (*network sensitivity*) Probabilité que le chemin critique varie au cours d'un projet.

signalisation progressive (*escalation*) En résolution de problèmes, mécanisme de contrôle par lequel les personnes situées au niveau approprié le plus bas tentent de résoudre un problème dans une limite de temps prédéterminée après quoi, en cas d'échec, le problème est acheminé vers le prochain niveau supérieur de gestion.

structure de découpage du projet (SDP) (*work break-down structure* **ou WBS**) Méthode hiérarchique de subdivisions successives du travail à effectuer dans un projet en éléments de plus en plus petits.

synergie positive (*positive synergy*) Caractéristique des équipes à haut rendement dans lesquelles le travail de l'ensemble est supérieur à la somme des contributions individuelles de leurs membres.

système d'ordre de priorité (*priority system*) Processus servant à la sélection des projets. Dans ce système, on utilise des critères précis pour évaluer et choisir des projets étroitement liés à des stratégies et à des objectifs de niveau supérieur.

système de gestion des changements (*change management system*) Processus clairement défini permettant d'autoriser et de documenter tout changement dans la portée (ou l'ampleur) d'un projet.

T

tableau de bord de performance (*balanced scorecard method*) Méthode qui permet de mesurer les résultats à long terme des principales activités d'un programme dans quatre domaines – les clients, l'interne, l'innovation et l'apprentissage ainsi que les finances.

tâche (*task*) *Voir* activité.

technique du groupe nominal (*nominal group technique* **ou NGT**) Processus de résolution de problèmes rigoureux dans lequel les membres d'un groupe, chacun de leur côté, classent par ordre d'importance les solutions qu'ils privilégient.

transfert de risque (*transferring risk*) Déplacement de la responsabilité d'un risque vers une autre partie.

V

«vache sacrée» (*sacred cow*) Projet privilégié par un cadre important qui s'en fait généralement le défenseur.

valeur acquise (*earned value* **ou EV**) Travail physique accompli auquel on ajoute le budget approuvé pour ce travail; également désignée sous le nom de «coût budgété du travail effectué».

valeur actualisée nette ou VAN (*net present value* **ou NPV**) Facteur d'actualisation du rendement minimal souhaité (par exemple, 15%) qui permet de calculer la valeur actualisée de toutes les rentrées et sorties de fonds à venir.

valeur du plan (*plan value* **ou PV**) Référentiel planifié avec découpage du temps de la valeur du travail projeté; autrefois désignée sous le nom de «coût budgété du travail prévu».

A

Activity Activité

Activity duration Durée de l'activité

Actual cost ou AC Coût réel

Actual cost of the work performed ou ACWP Coût réel du travail effectué

Arrow diagramming method Méthode du diagramme fléché

Apportionment method Méthode de répartition proportionnelle

B

Backward pass Calcul à rebours

Balanced matrix Matrice équilibrée

Balanced scorecard method Tableau de bord de performance

Bar chart Graphique à barres

Baseline Référence ou base de référence

Brainstorming Remue-méninges

Budget at completion ou BAC Budget à l'achèvement

Budgeted cost of the work performed ou BCWP Coût budgété du travail effectué

Budgeted cost of the work scheduled ou BCWS Coût budgété du travail prévu

Budget reserve Réserve budgétaire

Burst activity Activité souche

C

Capability maturity model ou CMM Modèle d'évolution d'un projet

Change management system Système de gestion des changements

Chart of accounts Plan de comptes

Co-location Colocalisation

Concurrent engineering ou simultaneous engineering Conception participative ou ingénierie simultanée

Consensus decision making Prise de décision consensuelle

Contingency plan Plan d'urgence ou plan de substitution

Contingency reserve Réserve pour éventualités

Contract Contrat

Cost account Compte de coûts de revient

Cost performance index ou CPI Indice de performance des coûts

Cost-plus contract Contrat à prix coûtant majoré ou marché en régie

Cost variance ou CV Écart des coûts

Crash point Durée d'exécution minimale

Crash time Délai d'achèvement minimal

Critical path Chemin critique

Critical path method Méthode du chemin critique

Culture Culture

Culture shock Choc culturel

D

Dedicated project team Équipe de projet dédiée

Direct costs Coûts directs

Dummy activity Activité fictive

Duration ou DU Durée

Dysfunctional conflict Conflit dysfonctionnel

E

Early finish Achèvement au plus tôt

Early start Début au plus tôt

Earned value ou EV Valeur acquise

Enterprise project management ou EPM Gestion des projets d'entreprise

Escalation Signalisation progressive

Estimate at completion ou EAC Coût final estimé

Event Événement

F

Failure mode and effects analysis ou FMEA Analyse des modes de défaillance, de leurs effets et de leurs criticités ou AMDEC

Fast-tracking Construction en régime accéléré

Fixed-price contract ou lump sum contract Marché à prix fixe ou contrat à forfait

Float Flottement ou battement

Forecast at completion Prévision à l'achèvement

Forward pass Calcul au plus tôt

Free slack Marge libre

Function points Points de fonction ou points fonctionnels

Functional conflict Conflit fonctionnel

Functional manager Directeur fonctionnel

G

Gantt chart Diagramme de Gantt

Going native Adopter la manière de vivre des habitants

Golden rule Règle d'or

Groupthink Pensée de groupe

H

Hammock activity Groupe d'activités

I

Implementation gap Écart de mise en œuvre

Indirect costs Coûts indirects

Infrastructure Infrastructure

In-process project audit Audit en cours de projet

Insensitive network Réseau fermé

ISO 9000 ISO 9000

J

Joint evaluation Évaluation conjointe

L

Lag Retard ou délai

Lag relationship Liaison de dépendance

Late finish Achèvement au plus tard

Late start Début au plus tard

Law of reciprocity Loi de réciprocité

Leading by example Donner l'exemple

Learning curves Courbe d'apprentissage

Level of efforts Niveau d'efforts

M

Macro estimating Évaluation agrégée

Management by wandering [walking] around Gestion sur le terrain

Management reserve Marge pour aléas

Matrix Matrice ou structure matricielle

Mentor Mentor

Merge activity Activité de fusion ou activité de raccordement

Met-expectations model Modèle de satisfaction des clients

Micro estimating Évaluation détaillée

Milestone Étape jalon ou étape clé

Mitigating risk Prise en compte du risque

Monte Carlo simulation Méthode de Monte Carlo

N

Negative reinforcement Renforcement négatif

Net present value ou NPV Valeur actualisée nette ou VAN

Network Réseau

Network organization Réseautage d'entreprises

Network sensitivity Sensibilité du réseau

Nominal group technique ou NGT Technique du groupe nominal

O

Objective Objectif

Organizational breakdown structure ou OBS Organigramme fonctionnel

Organizational culture Culture organisationnelle

Organizational currencies Monnaie organisationnelle

Organizational function Organisation fonctionnelle

Organizational politics Intrigue d'entreprise

Outsourcing Impartition ou externalisation

Overhead costs Coûts indirects ou frais généraux

P

Parallel activity Activités parallèles ou activités en parallèle

Partnering Partenariat

Partnering charter Entente de partenariat

Path Chemin

Payback method Méthode du délai de récupération

Performance review Évaluation du rendement ou bilan de compétences

Phase estimating Évaluation en phase

Phase project delivery Exécution de projets par phase

Plan of record État des travaux

Planned value ou PV Valeur prévue

Positive synergy Synergie positive

Precedence diagram method Méthode des antécédents

Principle of negotiation Principe de négociation

Priority system Système d'ordre de priorité

Priority team Comité de gestion ou équipe de pilotage

Proactive Proactif

Process breakdown structure Processus de fractionnement des activités

Project Projet

Project audit report Rapport d'audit d'un projet

Project cost-duration graph Diagramme coût-durée d'un projet

Project interface Interface d'un projet

Projectitis Projectite

Project kickoff meeting Réunion de démarrage d'un projet

Project life cycle Cycle de vie d'un projet

Project management Gestion de projet ou direction de projet

Project management office ou PMO Bureau des projets

Project manager Directeur de projet, chef de projet ou gestionnaire de projet

Projectized organization Organisation par projets

Project partnering Mise en partenariat de projets

Project portfolio Portefeuille de projets

Project screening matrix Matrice de sélection de projets ou matrice de filtrage de projets

Project sponsor Parrain d'un projet

Project vision Anticipation des résultats

R

Ratio parametric methods Méthode des ratios (paramétriques)

Resource Ressource

Resource constrained project Projet avec contraintes de ressources

Responsibility matrix Matrice des responsabilités

Risk Risque

Risk profile Profil de risque

Risk severity matrix Matrice des risques

S

Sacred cow « Vache sacrée »

Scenario analysis Analyse de scénarios

Schedule performance index ou SPI Indice de performance des délais

Schedule variance ou SV Écart de prévision

Scope creep Expansion (furtive) de l'envergure

Scope statement Énoncé de portée ou énoncé de l'envergure

Sharing risk Partage des risques

Slack Marge

Social network building Construction d'un réseau social

Sociotechnical perspective Approche sociotechnique

Splitting Fractionnement du travail

Stakeholder Partie prenante ou acteur

Strong matrix Matrice forte

Systems thinking Pensée systémique

T

Task Tâche

Team-building Harmonisation fonctionnelle des groupes ou groupes d'apprentissage collectif

Team evaluation Évaluation de l'équipe

Time and cost databases Base de données sur les prix de revient et le temps

Time-constrained project Projet avec contraintes de temps

Time-phased budget Budget par découpage du temps, budget par découpage temporel ou budget échelonné dans le temps

Total slack Marge totale

Transferring risk Transfert de risque

V

Variance at completion ou VAC Écart des coûts à l'achèvement

Virtual project team Équipe de projet virtuelle

W

Weak matrix Matrice faible

Work breakdown structure ou WBS Structure de découpage du projet (SDP)

AMDEC Analyse des modes de défaillance, de leurs effets et de leurs criticités (*Failure Mode and Effect Analysis* ou FMEA)

AOA Activités sur flèches (*Activity-on-Arrow*)

AON Activités sur nœuds (*Activity-on-Node*)

CBA Budget à l'achèvement (*Budget at Completion* ou BAC) ou coût budgété à l'achèvement

CBTE Coût budgété du travail effectué (*Budgeted Cost of the Work Performed* ou BCWP)

CBTP Coût budgété du travail prévu (*Budgeted Cost of the Work Scheduled* ou BCWS)

CEA Coût estimé pour achèvement (*Estimate to Complete* ou ETC)

CFE Coût final estimé (*Estimate at Completion* ou EAC)

CMM Modèle d'évolution d'un projet (*Capability Maturity Model*)

CR Coût réel (*Actual Cost* ou AC)

CRTE Coût réel du travail effectué (*Actual Cost of the Work Performed* ou ACWP)

DH Début hâtif

DT Début tardif

DUR Durée (*Duration* ou DU)

EC Écart des coûts (*Cost Variance* ou CV)

ECA Écart des coûts à l'achèvement (*Variance at Completion* ou VAC)

EP Écart des prévisions (*Schedule Variance* ou SV)

EPM Gestion des projets d'entreprise (*Enterprise Project Management*)

FFPM Forces, faiblesses, possibilités, menaces (*Strenghts, Weakness, Opportunities, Threats* ou SWOT)

FH Fin hâtive

FT Fin tardive

GIQ Gestion intégrale de la qualité

IPAB Indice de performance d'avancement du budget

IPAC Indice de performance d'avancement des coûts

IPC Indice de performance des coûts (*Cost Performance Index* ou CPI)

IPD Indice de performance des délais (*Schedule Performance Index* ou SPI)

ISO Organisation internationale de normalisation

MaL Marge libre

MaT Marge totale

MSR Meilleure solution de rechange

NGT Technique du groupe nominal (*Nominal Group Technique*)

OF Organigramme fonctionnel (*Organizational Breakdown Structure* ou OBS)

OP Organigramme du processus

PERT Technique d'évaluation et de suivi des projets (*Program Evaluation and Review Technique*)

PMI *Project Management Institute*

PMO Bureau des projets (*Project Management Office*)

PMP Professionnel en gestion de projet (*Project Management Professional*)

RCI Rendement sur le capital investi (*Return On Investment* ou ROI)

SDP Structure de découpage du projet (*Work Breakdown Structure* ou WBS)

SIG Système d'information de gestion

SMART Spécifiques, mesurables, attribuables, réalistes, temporels (*Specific, Measurable, Assignable, Realistic, Time related* ou SMART)

TI Technologie de l'information

TQM *Total Quality Management*

TRI Taux de rendement interne (*Internal Rate of Return* ou IRR)

VA Valeur acquise (*Earned Value* ou EV)

VAN Valeur actualisée nette (*Net Present Value* ou NPV)

VP Valeur prévue (*Planned Value* ou PV)

Page 36

$$\text{VAN du projet} = I_0 + \sum_{t=1}^{n} \frac{F_t}{(1+k)^t}$$

Page 174   FH = DH + Durée

Page 176   DT = FT − Durée

Page 178   Ma = DT − DH = FT − FH

Page 229   Niveau de risque = Impact × Probabilité × Détection

Page 255

$$d_m = \frac{d_o + 4d_r + d_p}{6}$$

Page 255

$$\sigma_{d_m} = \left(\frac{d_p - d_o}{6} \right)$$

Page 255

$$\sigma_{D_m} = \sqrt{\Sigma \sigma_{d_m}^{\;2}}$$

Page 256

$$Z = \frac{D_p - D_m}{\sqrt{\Sigma \sigma_{d_m}^{\;2}}}$$

Page 315

$$\text{Pente des coûts} = \frac{\text{Élévation}}{\text{Distance}} = \frac{\text{Coût de réduction} - \text{Coût de revient rationnel}}{\text{Durée normale} - \text{Durée minimale}}$$

Page 433

$$\text{Modèle des attentes comblées relatives aux exigences du client} = \frac{0{,}90}{\text{Insatisfait}} = \frac{\text{Performance perçue}}{\text{Performance attendue}} = \frac{1{,}10}{\text{Très satisfait}}$$

Page 455   EC = VA − CR

Page 455   EP = VA − VP

Page 466   IPC = VA/CR

Page 467   IPD = VA/VP

Page 468   IPAB = VA/CBA

Page 468   IPAC = CR/CFE

Page 470   CEA = (CBA − VA)/(VA/CR)

Page 470 $\text{CFE}_f = \text{CEA} + \text{CR}$